영미문학의 길잡이 1

영미문학의 길잡이 1

영국문학

영미문학연구회 엮음

창비

책을 펴내면서

이 책은 제목 그대로 영미문학 공부의 길을 안내하고자 하는 의도로 만들어졌다. 영미문학은 1백년 전 우리나라에 처음 소개된 이후로, 우리 사회와 문화에 심대한 영향을 미쳐왔다. 대학 영문학과의 규모에서나 일반 독자들에게 소개된 작품들의 양에서나 영미문학의 영향력은 막대하고, 영어의 지배력이 강화됨에 따라 앞으로 더욱 커질 것으로 예상된다. 이제 영미문학을 이해하는 일은 영문학도는 물론이고 일반인에게도 필요한 일이 되고 있다. 그러나 오랜 역사와 방대한 업적을 산출한 영미문학에 전체적으로 접근하기는 전공자에게조차 쉬운 일이 아니다. 영미문학을 충실하게 소개하려면 한두 사람의 힘이 아니라 각 분야 전문가들의 협동이 필요하다. 제대로 된 안내서의 필요성을 절감하면서도, 우리 영문학계가 쉽사리 이 일을 해내지 못한 것은 이런 어려움 때문이다.

영미문학에 대해 개괄적인 이해와 지식을 전하고, 구체적인 작품의 해석과 평가를 보여주는 동시에 작품을 보는 눈을 훈련할 수 있는, 여기에다 상당한 전문적인 깊이까지 갖춘 그런 개설서는 없을까? 이 책은 바로 이같은 요청에 대한 영문학계의 첫 응답이다. 지금까지 출간된 영미문학 개설서들은 번역본 중심인데다 지나치게 소략하거나 내용이 허술하여 학생들에게 믿고 추천할 만한 것을 찾기 어려웠다. 이 오래고 절실한 문제를 해결하고자, 이 책의 기획과 집필에 참여한 69명의 소장 영문학자들은 기꺼이 힘을 모았던 것이다. 그것이 벌써 6년 전의 일이다.

영문학계에서 전례 없던 이같은 공동작업은 소장학자들로 구성된 '영미문학연구회'라는 조직이 있었기 때문에 이루어질 수 있었다. 활발하게 활동하고 있는 30,40대 영문학자들의 결집체인 '영미문학연구회'는 전공 시기와 분야에 따라 6개 분과로 나누어 각 분과마다 상시적인 세미나를 진행하고 있다. 우선 이 책의 기획을 위해 구성된 기획위원회는 각 분과의 대표자들과 수차례 합동회의를 열고, 안내서에 들어갈 항목(작가 및 작품)을 결정하였다. 이 과정에서 어떤 작가의 무슨 작품을 어느 정도 다룰 것인가의 문제를 둘러싸고 격렬한 논쟁이 수반되었고, 이 논쟁은 각 분과모임으로 확산되어 일종의 문학정전(正典) 논쟁이 연출되기도 하였다.

항목이 결정된 후, 각 항목에 적합한 필자를 정하는 일에서부터 최종원고를 확정하는 마지막 단계까지 최선의 안내서를 만들어낸다는 한가지 목적으로 토의를 거듭하였다. 이 책에 실린 모든 원고는 적어도 세 단계에 걸친 검토와 수정 절차를 거쳤다. 일차로 해당 분과의 전공자 2인 이상의 검토를 거쳐 수정된 초고는, 각 분과의 대표들을 중심으로 구성된 편집위원회에 넘겨졌다. 편집위원회에서는 이를 다시 검증하여 이상이 없는 경우 검토위원회로 넘겼으며, 마지막으로 검토위원회는 모든 원고를 일일이 정독하여 원고의 상태에 따라 1~3차의 수정을 거친 후 최종원고를 확정하였다. 이같이 엄격한 원고 검토과정은 많은 전문가들의 노고와 시간을 필요로 했으며, 영미문학에 대한 각 연구자의 지식과 관점이 부딪치고 토의되고 수렴되는 과정이었다. 그러나 집필자들은 끝까지 이 힘들고 지리한 과정에 동참하는 성실함을 보여주었고, 여기에 꼼꼼하기로 소문난 창작과비평사의 편집이 책의 신뢰성을 더 높여주었다.

이 책은 모두 두 권으로 구성되어 있다. 제1권은 영국문학을, 제2권은 미국문학과 비평이론을 각각 수록하였다. 영국문학과 미국문학을 시기별로 구분하여 각 시기마다 전체적인 개설을 붙였고, 주요작가들에 대한 소개와 작품 해설을 실었다. 비평이론 부분은 이론공부의 의의를 기술한 서론에 이어 각 주요 비평이론에 대한 개설로 이루어져 있다. 개별 작가들에 대해서는 영문학사에서 차지하는 각자의 비중에 따라 상이한 분량을 할당했으며, 일반적인 기술에만 그치지 않고 주요작품에 대한 비교적 상세한 해석을 시도하였다. 일반독자들도 읽을 수 있게 평이한 문체로 기술하되, 영문학도라면 심도 있는 이해와 문제의식을 끌어낼 수 있는 충실한 내용을 담으려고 노력하였다. 각 글의 말미에 참고할 만한 문헌을 추천하고 간단한 해제를 달아, 해당 분야에 좀더 깊이 있게 접근하려는 독자들에게 도움을 주고자 하였다.

　이제 책을 펴내자니, 힘겹지만 보람찼던 지난 6년간의 갖가지 일들이 머리를 스치고 지나간다. 이 책의 편집에 직접 관여하고 또 집필에 참여한 분들뿐 아니라, 원고검토 등 어려운 일을 마다 않고 해준 '영미문학연구회'의 여러 회원들께 감사드린다. 한마디로 이 책은 이 젊은 학회의 창조적인 협동의 산물이다. 어려운 고비마다 서로 격려하며 결국 영문학계의 숙원 가운데 하나를 이룩해낸 이 힘에 신뢰를 보내면서, 이제 겸허하게 독자들과의 만남을 기다린다.

2001년 8월
『영미문학의 길잡이』 편집·기획위원회

차 례

책을 펴내면서 5

영미문학, 어떻게 공부할 것인가 윤지관 13
   1. 영어와 영미문학／2. 영미문학을 보는 시각／3. 이론인가 작품인가
   4. 번역과 해석의 문제

1부 중세 영문학

중세 영문학 개관 강지수 27
   1. 중세 영문학의 정의／2. 고대 영어문학／3. 중기 영어문학

베어울프 최예정 42
   1. 제작연대와 필사본／2. 고대 영국 귀족사회와 영웅적 이상
   3. 이교와 기독교정신／4. 주된 이야기와 곁가지 이야기

제프리 초서 신광현 51
   1. 초서의 위대성과 중세／2. 중세 후기의 문화적 역동성과 초서
   3.『캔터베리 이야기』를 읽는 관점들／4.『캔터베리 이야기』의 문학적 성취와「전체 서문」

2부 르네쌍스 시대 영국문학

영국 르네쌍스 시대 개관 설준규 69
   1. 절대군주제, 국민국가, 영국혁명／2. 인문주의, 종교개혁, 지리적·자연과학적 발견
   3. 후견제와 검열제도／4. 시문학／5. 극문학

윌리엄 셰익스피어 이현석 86
   1. 진부한 셰익스피어, 낯선 셰익스피어／2. 격변기의 시인／3. 극장의 시인
   4. 텍스트／5. 작품 분석:『말괄량이 길들이기』『리어왕』

필립 씨드니 유재덕 104
   1. 씨드니와 귀족계급의 위기／2.『시를 위한 변론』과『아르카디아』
   3.『아스트로필과 스텔라』／4.『새로운 아르카디아』

에드먼드 스펜서 이진아 113
   1.『목자의 달력』／2.『선녀여왕』／3.『아모레띠와 축혼가』
   4.『아일랜드의 현사태에 대한 견해』

존 던 이미영 121
  1. '형이상학파'와 존 던/2. 창작·유통·수용방식/3. 성·사랑·결혼/4. 「시성(諡聖)」 분석
존 밀턴 이종우 130
  1. 밀턴의 문학여정과 역사적 상황/2. 밀턴과 르네쌍스 인문주의
  3. 「리씨더스」와 자기점검/4. 『실낙원』과 왕정복고 그리고 혁명 실패의 교훈

3부 17, 18세기 영국문학

왕정복고 시대와 18세기 영국문학 김일영 141
  1. 시대적 배경: 역동의 시기/2. 풍자문학의 융성/3. 중산층의 부상과 소설의 발생
  4. 감상주의의 영향/5. 고딕소설과 여성작가의 등장
존 드라이든 이경원 157
  1. 왕정복고기의 작가 드라이든/2. 민족주의 옹호와 『극문학론』
  3. 식민주의 담론과 영웅극
알렉산더 포우프 신양숙 169
  1. 포우프 풍자문학과 당대의 평가/2. 포우프를 보는 시각들
  3. 『비평론』 『머리타래의 강탈』 『인간론』
조너선 스위프트 전인한 182
  1. 분열된 자아: 스위프트의 생애/2. 통합되지 않는 의미: 『걸리버 여행기』
대니얼 디포우 여건종 195
  1. 디포우의 생애와 작품/2. 대중출판문화와 소설의 발생: 디포우의 소설사적 의의
  3. 『로빈슨 크루쏘우』: 서구 자본주의의 원형적 신화
헨리 필딩 김번 206
  1. 성장배경과 글쓰기의 사회·경제적 여건/2. 극작의 경험—자의식적 특성
  3. 첫 소설 『조지프 앤드루즈』/4. 대표작 『톰 조운즈』/5. 섭리적 예술관
쌔뮤얼 리처드슨 정이화 219
  1. 리처드슨의 생애와 작품/2. 『패밀러』/3. 『클러리써』/4. 『찰스 그랜디슨 경』/5. 결론

쌔뮤얼 존슨 이시연 230
　1. 존슨과 그의 시대/2. '작가' 존슨과 새로운 문학환경
　3. 존슨적 주제—『인간의 헛된 욕망』/4. 존슨의 문학비평—「셰익스피어 서문」

4부 19세기 영국문학

낭만주의 시대 개관 신경숙 243
　1. 낭만주의와 프랑스혁명/2. 산업혁명과 자본주의의 발흥/3. 낭만주의 시대의 작가

빅토리아 시대 개관 정남영 254
　1. 빅토리아조의 타협/2. 노동자들의 운동/3. 종교의 이데올로기적 기능/4. 교육의 확대
　5. 여성의 처지에 대한 각성/6. 빅토리아 시대의 문학과 근대 극복의 과제

윌리엄 블레이크 김옥엽 265
　1. '무명의 화가'에서 '시인'으로/2. 인간의 타락과 구원의 문제/3. 『순수와 경험의 노래』

워즈워스와 코울리지 박찬길 283
　1. 워즈워스와 코울리지: 좌절한 천재들의 만남/2. 『서정담시집』: 천재들의 협업과
　영국 낭만주의의 발생/3. 워즈워스—「틴턴 사원」과 시적 자서전/4. 코울리지—「늙은
　수부의 노래」와 낭만적 상상력

바이런, 셸리, 키츠 윤효녕 301
　1. 제2세대 낭만주의 시인들/2. 바이런/3. 셸리/4. 키츠

제인 오스틴 김순원 317
　1. 오스틴 소설의 성격/2. 『오만과 편견』에 대하여/3. 『설득』에 대하여

찰스 디킨즈 성은애 333
　1. 디킨즈의 대중성과 예술성/2. 『어려운 시절』—산업사회와 벤섬주의에 대한 반성
　3. 『막대한 유산』—고아에서 신사로 성장하는 이야기

브론테 자매 조애리 350
　1. 샬롯 브론테와 에밀리 브론테/2. 샬롯 브론테의 『제인 에어』
　3. 에밀리 브론테의 『워더링 하이츠』

죠지 엘리어트 한애경 368
　1. 엘리어트에 대한 접근/2. 『싸일러스 마너』/3. 『미들마치』

토머스 하디 장정희 385
　1. 웨쎅스와 리얼리즘/2. 여성·성·결혼/3.『테스』/4.『무명의 주드』

테니슨과 브라우닝 유명숙 403
　1. 테니슨과 브라우닝의 대표성/2. 테니슨과 브라우닝의 차이
　3. 혁명적 낭만주의의 유산/4. 극적 독백의 역사적 맥락/5. 내면화에서 재현으로
　6.「율리씨즈」와 페라라 공작/7. 결론을 대신하여

매슈 아놀드 윤지관 419
　1. 아놀드의 입지: 시인에서 비평가로/2. 아놀드의 교양 개념의 형성과 의미
　3. 비평, 문학 그리고 인문학적 인식

5부 20세기 영국문학

20세기 영국문학 개관 전수용 433
　1. 빅토리아 시대 말기와 에드워드 시대의 문학/2. 모더니즘과 다른 사조들
　3. 전후부터 현재까지

W. B. 예이츠 이두진 448
　1. 예이츠의 삶과 시/2. 대립과 갈등/3. 상징과 이미지/4. 작품

T. S. 엘리어트 서강목 461
　1. 머리말/2. 시인이 되기까지/3.「J. 앨프리드 프루프록의 사랑노래」와 현대의 삶에 대한 관찰/4.『황무지』와『재의 수요일』/5.『네 개의 사중주』: 절대적 질서를 찾아서/6. 맺음말

W. H. 오든과 딜런 토머스 이일환 479
　1. W. H. 오든/2. 딜런 토머스

조지프 콘래드 이미애 491
　1. 개인적 생애/2. 콘래드의 작가적 위상
　3. 콘래드의 작품세계:「어둠의 오지」『로드 짐』『노스트로모』

D. H. 로렌스 강미숙 508
　1. 생애와 작품세계/2.「목사의 딸들」의 두 선택/3.『무지개』와 근대적 남녀관계

제임스 조이스 홍덕선 523
  1. 조이스 문학의 독창성과 실험정신/2. 조이스의 모더니즘과 '의식의 흐름' 기법
  3. 『더블린 사람들』—아일랜드 민족의 도덕사/4. 『젊은 예술가의 초상』—
  개별자적 주체의 창조/5. 『율리씨즈』—현대인의 일상성과 내면의식

버지니어 울프 전은경 539
  1. 버지니어 울프의 현대성/2. 『댈러웨이 부인』/3. 『등대로』/4. 『나 혼자만의 방』
  5. 맺음말

윌리엄 골딩과 존 파울즈 박인찬 554
  1. 2차대전 이후 영국소설의 양상: 전통과 실험/2. 윌리엄 골딩의 『파리 대왕』
  3. 존 파울즈의 『프랑스 중위의 여자』

쌔뮤얼 베케트 황훈성 570
  1. 부조리극과 베케트/2. 『고도를 기다리며』 분석

카릴 처칠 이희원 584
  1. 처칠의 삶과 연극/2. 역사 다시 쓰기—『비니거 탑』
  3. 역학 연기와 성의 정치성—『클라우드 나인』/4. 결론

아체베와 루슈디 조규형 595
  1. 영문학에 대한 조망과 반성: 치누아 아체베/2. 영문학 되받아쓰기로서의 『몰락』
  3. 평화적·개방적 문화를 위한 희원/4. 비판적 공간으로서의 글쓰기: 쌀만 루슈디

찾아보기 609
글쓴이 소개 622

영미문학, 어떻게 공부할 것인가

　영미문학을 공부하는 데에 무슨 공인된 방법 같은 것은 없다. 그러므로 '영미문학, 어떻게 공부할 것인가'라는 제목의 이 서문이 그같은 방법을 제공할 것이라고 기대하지는 말기 바란다. 흔히 하는 말대로 공부란 끊임없이 수련하고 깨달아가는 과정이며 영미문학 공부도 예외는 아니다. 공부의 방법이란 것도 다름아닌 공부의 과정에서 획득되고 이룩되는 것이지 처음부터 정해져 있는 규칙 같은 것은 아니다. 영미문학 공부는 영어로 된 문학의 범주를 넘어 문학, 인문학, 학문 일반으로 넓어지고 깊어지는 통로라고 할 수 있다. 영미문학 공부가 삶과 사회에 대한 이해를 깊게 해주는 한편으로 삶과 사회에 대한 성숙한 시각은 영미문학을 보는 안목을 높여준다. 이 글에서는 영미문학을 공부하는 한 전공자의 입장에서, 이러한 공부길에서 부딪치게 마련인 몇가지 중요한 문제들을 함께 짚어보고자 한다.

1. 영어와 영미문학

　영미문학은 외국문학이며 그 텍스트는 영어로 씌어 있다. 물론 영미문학은 우리말 번역을 통해서도 접할 수 있고, 각 나라 말로 번역된 작품들은 그것들대로 의미를 가진다. 그러나 원작 없이 번역이란 것이 존재할 수 없는 이상, 원작에 대한 이해가 영미문학 공부에서 필수적임은 말할 것도 없다. 즉, 영미문학 공부에는 기본적인 요건이자 장애물로서 '영어'가 자리하며, 영미문학 연구자는 이 영어라는 외국어와의 싸움을 공부의 고비마다 마주할 수밖에 없다. 또한 대개 영미문학을 전공으로 택한 학생들의 경우도, 보통 처음에는 문학보다 영어 자체에 대한 관심과 필요에서 출발하는데, 현재 대학에서도 소위 실용영어가 중시되면서 영문학과에서조차 문학과목에 비해 영어과목들이 늘어나고 있는 실정이다.

그러나 영어와 영미문학을 별개로 여기거나 그 관계를 대립적으로 보는 것은 잘못이다. 영어를 어느정도 습득하는 것이 영미문학 공부에 꼭 필요한만큼, 영미문학에 대한 공부도 영어를 깊이있게 공부하는 데 필수적인 요건이다. 문학작품, 특히 소설처럼 대중화된 형식을 통해서 당대의 살아 있는 언어를 직접 대할 수는 있지만, 문학작품이 일상적인 의사소통 실력을 높이는 데 가장 효과적인 자료라고는 할 수 없다. 그러나 한 나라의 문학작품을 그 나라 언어로 읽는다는 것은 그 언어의 핵심에까지 다가가는 언어공부의 방법이다. 그것은 우리가 갖는 우리말에 대한 고도의 이해력이 우리 문학작품에 대한 독해력과 무관하지 않은 것과 마찬가지다.

핵심이 되는 것은 과연 언어를 어떤 차원에서 이해하느냐의 문제다. 언어는 일차적으로 사람들 사이의 소통도구이면서 창조를 위한 매개이기도 하고, 나아가 인간세계를 형성하는 근원이라고 이해되기도 한다. 영어를 공부하는 데서도, 단순히 기계적인 의사전달의 수단으로 보는가, 삶의 좀 더 깊은 차원에 연결된 가치의 담지체로 보는가에 따라 그 접근법이 달라진다. 소위 '실용영어'라는 개념이 생겨나고 그것이 영어 공부에 일반화되는 것 자체가 우리 사회에 전자를 향한 뚜렷한 편향이 형성되어 있음을 말해준다. 언어의 가장 낮은 차원에서 이루어지는 실무적이고 상식적인 차원의 소통이 그것으로, 이러한 '실용영어'의 습득 정도가 영미문학 공부의 성취와 비례하는 것은 아니다.

영미문학 공부가 영어 공부이기도 하다는 것은 이런 상황에서 오히려 더욱 중요한 의미를 띤다. 문학 공부를 통한 영어 공부는 영어가 단순한 소통 도구일 뿐 아니라 한 민족의 문화가 배어 있는 창조의 수단이라는 점을 일깨운다. 가령 셰익스피어를 공부함으로써 우리는 그 당시 르네쌍스 시대의 영어를 접하게 되는 것이지만, 오늘날 우리가 사용하는 영어도 결국 셰익스피어가 구사하고 활용하던 언어와 별개의 것이 아니다. 셰익스피어를 통해 길러진 영어에 대한 감각과 이해력은 기계적인 소통을 넘어선 높은 차원의 소통을 가능하게 한다. 더구나 셰익스피어의 언어나 기타 영문학의 중요한 성취들은 대개 그 당시 살아있는 민중언어를 활용하여 이루어진 것들이며, 이러한 크고작은 언어적 창조는 오늘날의 영어에서도 일어나고 있다.

영미문학 공부가 갖는 의미는 최근의 세계화 추세와 더불어 영어가 갈수록 큰 영향력을 발휘하고 있는 상황에서 더욱 커진다. 영어는 영국과 미국은 물론 구 영미권 식민지뿐 아니라 전세계적으로 가장 보편적인 소통수단이 되고 있다. 또한 정치·경제·문화적 유통과정에서 영어의 힘은 더욱 강화되고 있다. 특히 정보화시대에 영어는 정보를 전달하는 주된 언어가 되어 있다. 그러나 이처럼 영어의 권력화가 강화되는 가운데서도, 영미문학의 연구는 어떤 점에서는 주변화되는 면이 없지 않다. 즉 영어는 번성하지만 그 문학은 위기에 처한 것이다. 얼핏 모순되어 보이는 이 현상도 언어에 대한 상이한 태도에서 나온 것임을 고려하면 쉽게 납득할 수 있다. 즉 지금 발휘되고 있는 영어의 힘은 언어의 창조성이 아니라 일차적으로 실용적인 필요에서 생겨나는 것이며, 우리 사회의 영어열풍도 개인적·사회적으로 경쟁력을 확보하고자 하는 욕망의 소산이다.

여기서 영미문학 공부에 남다른 의미가 실리게 된다. 영미문학은 한 언어로서의 영어가 담고 있는 원초적인 생명력을 이해하고 복원할 수 있는 자료이다. 이를 공부하는 것은, 따라서, 영어를 도구화하여 수단으로만 삼는 주된 흐름에 맞서는 일이기도 하다. 영어를 모국어로 하는 나라의 문학활동 자체가 이같은 저항의 한 양태가 되겠지만, 영미문학의 전통 속에 간직된 창조적인 힘을 되살리고 활용하는 것은 지금 이곳의 영미문학 연구자의 몫이기도 하다. 공부를 제대로 하기 위해 영어라는 외국어를 깊이 이해하지 않으면 안된다는 것이 우리의 불리한 여건일 수는 있겠다. 그러나 바로 이 때문에 영미문학 공부는 영어에 대한 천박한 이해가 지배하는 현실에서 뜻깊은 싸움이 되기도 하는 것이다.

2. 영미문학을 보는 시각

외국문학으로서의 영미문학은 우리에게는 낯선 것이다. 영미문학을 공부한다는 것은 한국문학을 공부한다는 것과는 다르다. 즉 우리가 살고 있는 '이곳'이 아니라 영국이나 미국의 삶과 사회에서 형성된 '그곳' 특유의 문학을 이곳에서 공부한다는 말이다. 따라서 이곳에서의 영문학 공부는 영국이나 미국 본토에서의 공부와 차이가 날 수밖에 없다. 때로는 유학을 가 '그곳'에서 영미문학 공부를 할 수도 있겠지만, 그런 경우에도 한국인 연구자는 영미문학을 제 나라의 것으로 접하고 공부해온 영미인들과 같을 수 없다. 지리적으로 어디서 영미문학을 공부하든지 그것은 외국인이 대하는 외국문학으로서 우리에게 다가올 뿐이다.

한국인으로서 영미문학을 한다는 것은 따라서 이중의 지향을 가진다고 할 수 있다. 하나는 영미문학의 주체인 영미인의 문학활동을 그것대로 이해할 수 있는 능력을 기르는 일이다. 영미 혹은 크게는 서구라는 환경에서 발생하여 발전하고 영향력을 미쳐온 영미문학은 그 나름대로 위대한 창조적 성취이며, 이에 대한 객관적인 이해 없이는 어느 지역에서의 영미문학 연구도 단단하게 자리잡지 못할 것이다. 다른 하나는 한국인의 입지에서 그것을 읽고 비평하고 해석하는 일이다. 영미문학은 서구에서 발원한 것인데 반해 그것을 공부하는 우리는 한국이라는 땅에서 한국의 언어와 문화 속에서 성장해왔고 한국인이라는 정체성을 얻게 되었다. 학문활동 일반이 그러하듯, 문학공부에서도 연구자의 입지를 도외시한 연구는 실다운 학문으로 서지 못한다.

영미의 그것과 구별되는 시각이나 입지에서 이루어지는 영미문학 연구는 일반적으로 주체적인 연구라고 불린다. 주체적인 연구는 영미문학 연구가 우리의 현실을 바탕으로 우리의 시각에서 이루어져야 한다는 점을 강조한다. 영미문학을 외국문학으로 공부하자면 반드시 외국과 다른 우리의 입지에 대한 관심이 생겨나게 마련이고, 그같은 관심은 영미권과 우리 민족의 관계, 영미권이 우리에게 가지는 의미에 대한 좀더 폭넓은 공부로 연결된다. 이곳에서의 영미문학 공부가 그 나름대로 의미있는 성과를 낸 경우에는 대개 이처럼 주체에 대한 의식이 살아있다.

그러나 논리상으로 당연해 보이는 이러한 시각이 사실상 우리 영문학 공부에서 일반화되어온 것은 아니다. 그보다는 오히려 영미문학을 공부하되 영미인의 관점을 아무런 의식 없이 받아들이고 당연시해온 것이 우리 영문학계의 추세이다. 여기에는 영미문학 연구는 서구에서 선진적으로 이루어지고 있으니, 그것을 습득하고 보급하는 것이 이곳의 영문학자들의 몫이라는 생각이 깔려 있다. 실제로 서구의 영문학 연구의 역사와 업적은 우리의 경우와는 비교할 수 없게 풍성하고 또 계속 쌓여가고 있다. 그러므로 영미문학의 창작활동이나 그것에 대한 영미의 연구성과를 도외시하거나 배척하는 것이 곧 주체적인 태도는 아니다. 그 성과를 인정하면서도, 지금 이곳의 연구자라면 이같은 성과조차 비판적으로 검토하고 우리 입장에서 숙고해보는 자세를 가져야 할 것이다.

물론 우리의 이익이나 논리에 맞추어 영미문학을 읽는다고 주체성이 보장되는 것은 아니다. 자기자신 혹은 넓게는 자기 민족의 이해관계에 따라 문학을 읽는 것은 타자에 맞서 자신을 주장하는 방법이긴 하나, 서구중심적인 시각이 그릇된 것만큼이나 올바르지 못하다. 진정으로 주체적인 관점은 배타적인 태도와 자기중심적인 태도라는 양극단을 지양하는 가운데서, 즉 영미문학을 있는 그대로 보려는 비평적인 노력 가운데서 생겨나게 된다.

우리의 현실을 바탕으로 영미문학을 비평적으로 보려는 이같은 노력이 성숙할 때, 비로소 영미권 영문학 연구자들과는 다른, 혹은 그것을 능가하는 연구가 나올 전망이 생기는 것이다.

여기서 또 하나 고려해야 할 것은 영미문학이 우리와는 전혀 별개로 독립된 어떤 대상만은 아니라는 점이다. 외국문학인만큼 우리에게 낯선 것은 틀림없으나 그와 동시에 영미문학은 이미 우리 속에 널리 그리고 깊이 퍼져 있다. 영어라는 언어부터가 그렇듯이, 우리 문학이나 사회 일반에서 영미문학이 끼친 영향은 대단히 클 뿐 아니라 다른 어떤 외국문학보다 지배적이라고 해도 좋을 것이다. 지금 현실도 그러하지만, 이것은 한국이 근대 이후 근본적으로 서구 특히 영미권의 강한 영향력 아래 새로운 사회로 개편되어왔다는 점과 관계가 있다. 즉 영미문학 자체는 우리 근대문학을 형성하는 데, 나아가 우리의 근대성을 구성하는 데 중요한 요인이었고, 또 지금도 그러하다. 이런 의미에서 영미문학은 타자의 문학이지만 동시에 우리 자신의 일부이기도 하다. 영미문학 공부가 단순히 외국의 문학에 대한, 문밖에 서 있는 자의 거리를 둔 공부가 아니라, 다름아닌 우리 자신에 대한 공부이기도 한 것은 이 때문이다.

3. 이론인가 작품인가

영미문학을 공부하고자 하는 연구자는 작품을 읽는 일 외에도 이론의 문제에 부딪히게 된다. 한 사람의 독자로서 작품을 나름대로 즐기면 그만인 일반인과는 달리, 영미문학을 학문으로 공부하는 사람이면 작품에 대한 좀더 전문적인 이해를 필요로 한다. 이론은 이같은 전문적인 이해에 필수적인 것이므로, 영미문학 전공자는 이론에 대한 관심을 피해갈 수 없다. 그러나 이처럼 피할 수 없는 요청으로서의 이론의 세계는 사실 너무나 방대한 데다 현학적인 면이 강하여, 접근하기가 쉽지 않다. 따로 이론을 공부하지 않는 연구자라고 할지라도 어느정도 이론적인 논의에 익숙하지 않으면 작품에 대한 논의에서 뒤처질 수 있는 것이 영미문학계의 현실이기도 하다.

영미문학 연구에서 이처럼 이론이 압도적인 지위를 차지하게 된 현상이 꼭 바람직한 것은 아니다. 이론의 지배는 특히 20세기 초의 신비평에서 발원한 문학에 대한 과학주의적 접근법이 다양하게 발전한 결과로, 쏘쉬르(F. de Saussure)의 구조언어학에 기반한 구조주의와 탈구조주의가 영미의 문학연구에 유입되면서 가속화되었다. 이후 문학연구는 정신분석학·맑스주의·신역사주의·해체주의·페미니즘·문화연구·탈식민주의 등이 독자적으로 혹은 뒤섞여서 문학연구의 방법론으로 제기되면서, 복잡한 양상을 보여왔다. 또 이같은 이론들은 작품을 해석하는 방법론으로서만이 아니라, 이론 그 자체에 대한 이론으로 끊임없이 재생산되면서 20세기 후반을 '이론의 시대'로 규정할 만큼 압도적인 대세를 형성하게 된다.

문학을 공부하는 데도 여타의 학문처럼 일정한 방법론이 필요한만큼, 방법론으로서의 이론에 대한 공부를 외면하기는 어렵다. 그럼에도 이론에 대한 이론으로 이어진 영미문학 연구의 이론화 경향은, 초심자는 물론 기존의 대다수 연구자들에게도 난감한 현상임에 분명하다. 이론이 이처럼 힘을 얻고 있는 상황에서, 작품을 읽고 그것을 해석하려는 연구자는 이론을 활용해야 한다는 강한 유혹 혹은 압력을 받게 된다. 사실상 이론 중심의 연구가 득세하면서, 이같은 유혹이나 압력은 단순히 심리적인 것에 그치지 않고 공부의 방향을 좌우하는 실질적인 영향을 미치기도 한다.

그러나 영미문학 공부는 일차적으로 작품을 읽는 체험을 떠나서는 존립할 수 없다. 문학 일반이 그러하듯 영미문학의 주요 작품들에는 인간의 삶과 사회에 대한 깊은 통찰이 있고 언어의 창조성이 고도로 발현되어 있다. 한국의 연구자가 영미문학 작품들을 대면하는 순간은 영미의 환경에서 산출된 독특한 창조적인 성과가 이땅에서 의미를 획득하는 순간이기도 하다. 영미문학 공부의 토대를 이루는 것이 바로 이 만남이며, 연구자는 이러한 경험을 되풀이함으로써 공부가 깊어지게 된다. 작품을 읽는 방법론이나 이론은 이같은 연구자의 체험을 뒷받침하거나 체계화하는 데 도움을 주지만,

그것 자체만으로 문학 공부를 대신할 수는 없다.

 그러므로 영미문학 공부는 작품을 충실히 읽는 데서 시작된다. 풍부한 독서 체험을 토대로 할 때야 비로소 갖가지 전문적인 공부들도 진정한 실력이 된다. 반대로 이같은 독서체험이 결핍되어 있는 연구자는 아무리 이론적인 논의에 밝다 하더라도 영미문학을 올바로 알고 있다고 할 수 없다. 문학 공부에서의 앎이란 단순한 지식이 아니라 일정한 깨달음을 동반하는 것이며, 이것은 작품의 창조성을 대면함으로써 길러지는 감수성과도 연관되어 있다. 문학에서 이루어지는 훈련은 궁극적으로 이같은 감수성의 훈련이라고 할 수 있는데, 이를 통해 작품들 사이의 질적 차이와 성취도를 판단할 수 있는 능력이 길러진다. 이것이 바로 문학작품을 읽을 때에 없어서는 안될 비평력이다.

 흔히 비평은 이론과 같거나 유사한 의미로 쓰이기도 하지만, 반드시 그런 것은 아니다. 소박하게는 비평은 작품에 대한 해석이나 평가를 말하고, 이론은 문학의 일반적인 성격이나 기능에 대한 언설을 말한다는 구별도 있다. 그런 뜻에서 실제비평과 이론비평이라는 용어를 사용하기도 한다. 그러나 오늘날 이론은 실제 작품을 분석하고 해석하는 데도 흔히 동원되기 때문에 이같은 구별만으로는 불충분하고 오해를 불러일으키기 쉽다. 핵심적인 것은 이론이 어떤 체계에 의존하고자 하는 데 비해, 비평은 작품에 대한 이해력과 감각, 안목을 중시한다는 점이다. 작품을 논의하면서도 따로 체계를 설정하고 거기에 기대어 작품을 분석하거나 해부 혹은 해체하는 것은 이론이라고 할 수 있고, 거꾸로 문학의 성격에 대한 일반적인 논의를 하더라도 작품을 통해 길러진 안목이나 통찰을 보여주는 경우에는 비평이라고 할 수 있다.

 영미문학 공부의 목적은 이론적 지식을 획득하는 것이 아니라 비평적인 능력을 훈련하는 것이다. 이론에 대한 공부는 비평력을 기르는 데 도움을 주는 한에서만 문학 공부에 의미를 가진다. 현실적으로 이론 공부가 큰 비중을 차지하게 된 영미문학 연구에서 이론을 배격하는 공부방식은 바람직하지 않다. 그러나 동시에 이같은 이론 중심의 연구경향을 비판적으로 성찰하면서 접근하려는 노력 없이는 문학 공부의 참다운 길에서 벗어날 위험이 있다. 작품 자체에서 눈을 떼지 말 것, 이것이 영미문학 연구자의 기본자세가 되어야 할 것이다.

4. 번역과 해석의 문제

번역은 외국문학을 공부하는 사람이면 누구나 피할 수 없는 과제이다. 번역이라는 말과 더불어 해석이라는 표현도 외국어를 우리말로 옮기는 과정을 지칭하는 말로 쓰인다. 또 통상 교육현장에서 '해석'은 짧은 문장의 번역을 뜻하기도 하는데, 이것은 잘못된 용법이다. 엄밀한 의미에서 번역과 해석은 다르다. 번역이란 문자 그대로 한 나라의 말을 다른 나라말로 옮기는 것을 뜻하며, 해석은 어떤 텍스트를 일정한 관점에서 이해하는 방식을 지칭한다. 번역이 어느정도 기계적인 과정을 전제하는 데 비해서, 해석은 해석자의 주관이 개입할 여지가 더 크다고 할 수 있다. 그렇지만 영미문학 공부는 외국어로 씌어진 텍스트를 대하는만큼 해석행위란 것도 결국 번역의 문제를 떠나서는 생각하기 어렵다.

영미문학 연구자에게 번역은, 직접 외국문학 텍스트의 번역을 시도하지 않는 경우에도 항상 독서행위 속에 끼여든다는 점에서 더욱 중요하다. 번역은 언어간의 옮김이지만, 어떤 두 단어도 정확하게 동등한 의미를 가지지는 않기 때문에, 그 옮김의 과정에서 의미상의 변용과 교섭이 발생한다. 영미의 작품을 읽는 독자는 어느정도 그 작품의 암묵적인 번역자인 셈이며, 그런 읽기 즉 번역의 결과물은 독자들마다 동일한 것은 아니다. 이것은 번역의 과정에서 크든 작든, 의식하든 안 하든 해석행위가 개입함을 말한다. 두 언어 사이의 기계적인 옮김이 따라야겠지만, 특히 문학작품 번역에 있어 원래의 작품이 품고 있고 또 발현하는 어떤 의미를 포착하기 위해서는 그 이상의 것이 필요함은 말할 것도 없다.

이 때문에 영미문학 연구자에게는 영어에 대한 상당한 독해력이 요구되는 동시에 우리말에 대한 감각과 이해력도 필수적이다. 이것은 한국의 영미문학 연구자가 처한 어려움인 동시에 일종의 기회이기도 하다. 즉 한국인 연구자는 영미권 연구자들이 결코 경험할 수 없는 두 언어 사이의 교섭, 두 세계 사이의 교섭에 적극적으로 관여하고 그것을 새로운 사유의 계기로 삼을 기회를 부여받고 있는 것이다. 대개 번역은 원전에 비해서 이차적인 것이며, 심지어 열등하다는 것이 일반적인 인식이다. 그러나 비록 원전과의 관계를 떠날 수는 없다 하더라도, 번역과 번역행위는 그 나름의 의미를 창조해내는 작업이기도 하다. 해석행위를 포함하는 이같은 번역행위를 통해서 한국의 연구자는 이곳에서의 영문학 연구를 우리의 시각에서 실행할 수 있게 되고 그로써 영문학 연구 일반에 기여한다.

번역과 관련해 영문학 연구자가 마지막으로 유념하여야 할 것은, 무엇보다 번역은 원전의 의미에 충실하고자 하는 노력에 바탕해야 한다는 점이다. 번역은 해석행위의 일환이기는 하나, 어디까지나 원전을 토대로 한 해석이다. 일부 해체론이 그런 것처럼 '창조적 오독'을 내세우면서 충실한 번역의 의미를 망각하는 것은 올바른 공부의 태도가 아니다. 번역에 있어서도 연구자는 이론적 체계에 얽매일 것이 아니라 있는 그대로 작품을 보려는 비평적 시각을 견지해야 할 것이다. 〔윤지관〕

추천문헌
김용권 외 『영문학 교육과 연구의 문제들』(한신문화사 1996). 한국에서의 영문학 교육과 연구를 주제로 한 여러 편의 글을 모은 논문집.
김우창 「서양문학의 유혹——문학 읽기에 대한 한 반성」, 『법 없는 길——현대문학과 사회에 관한 에세이』(민음사 1993). 외국문학이 우리에게 행사하는 힘과 매력을 서구적인 근대성 개념과 관련지어 비판적으로 성찰한 글.
백낙청 「민족문학과 외국문학 연구」, 『민족문학의 새단계——민족문학과 세계문학 III』(창작과비평사 1990). 외국문학을 주체적으로 연구한다는 것이 무엇이며 그것이 우리 문학에 어떤 의미를 갖는지를 명쾌하게 설명한 글.
설준규·서강목 「영미문학 연구의 현황과 과제——그리고 『햄릿』의 경우」, 『창작과비평』(1991 겨울). 지금까지의 영미문학 연구관행을 비판하고, 『햄릿』 연구를 예로 주체적인 연구가 어떠해야 하는지를 논의한 글.

윤지관 「타자의 영문학과 주체──영문학 수용논의의 비판적 고찰」, 영미문학연구회 엮음 『안과밖』 창간호(1996). 한국에서의 영문학 연구가 취해온 몇가지 방법론적인 편향들을 비판적으로 검토하고 올바른 연구의 방향을 모색한 글.

1부 중세 영문학

중세 영문학 개관 강지수
베어울프 최예정
제프리 초서 신광현

중세 영문학 개관

1. 중세 영문학의 정의

 '중세 영문학'(Medieval English Literature)이라는 분야는 그 이후의 영문학의 시대적 구분, 예컨대 왕정복고기와 18세기의 영문학, 낭만주의 영문학 등과 비교해보면 상대적으로 매우 포괄적이고 광범위하다. 일단 서양사에서는 '중세'라는 시기를 5~15세기로 잡고 있다. 영문학에 국한해보더라도 고대 영시의 대표작이라 할 수 있는 『베어울프』(*Beowulf*)의 창작시기를 8세기로 추정하고 그때부터 헨리 7세에 의해 튜더 왕조가 시작될 때까지를 중세로 보면 중세 영문학이 포괄하는 시기는 700여 년에 걸쳐 있다고 할 수 있다. 이것은 초서(G. Chaucer) 이후 현재까지의 세월보다도 더 긴 기간인 것이다. 이렇듯 긴 세월 동안 문학에서도 형식적·사상적·언어적인 변화가 엄청났으리라는 것은 가히 짐작할 수 있다. 우선 이 시기에 영어 발달사에서 구분하는 고대영어와 중기영어의 시대가 걸쳐 있다. 특정한 언어적 훈련 없이는 현대 독자가 고대영어를 이해할 수 없다는 사실은 고대 영어문학을 영문학사에 포함시켜야 하는가에 대한 논란까지 일게 하였다. 그런가 하면 고대영어와 중기영어의 분기점이랄 수 있는 1066년의 노르만 정복(Norman Conquest) 이후 영국에서는 라틴어·프랑스어·영어 세 언어가 사용되었다. 종교와 학문에서는 단연 라틴어가 주된 언어였고 정치와 문화 부문에서는 프랑스어가 사용되었으며 영어는 평민들의 일상생활에서 사용되었다. 그러므로 영문학을 영어로 이루어진 문학으로 제한한다면 연구대상의 범위가 축소되고 후대의 영국문학 연구와 일관성을 갖게 된다는 장점이 있는 반면, 실제로 그 당시 영국에서 생산된 문학의 극히 일부만을 다루게 된다는 한계가 있다. 반면 영국내에서의 문학을 모두 '영문학'으로 본다면 라틴어로 씌어진 많은 시나 희곡, 프랑스어로 씌어진 문학 등도 다 영문학에 포함시켜야 하므로 연구대상이 너무 광범위해진다. 한편 이 시기에 무엇을 문학으로 규정하는가도 문제가 된다. 시나 희곡 등의 장르는 물론이지만 성자전이나 설교 등의 장르도 당시에는 모두 문학의 범주에 포함되었다. 이 글에서는 앞에서 영어작품으로 논의를 제한한 것과 마찬가지로 현재까지 문학으로 규정하는 데 별 이의가 없을 것으로 여겨지는 시와 대표적인 산문 그리고 희곡을 중심으로 초기 영문학을 논의해보고자 한다.

중세 영문학은 시기적으로 크게 고대 영어문학(Old English Literature) 시기와 중기 영어문학(Middle English Literature) 시기로 나뉜다. 고대 영어문학은 7세기 또는 8세기부터 11세기 중반부까지의 문학을 말하며 중기 영어문학은 가장 초기의 기록들을 발견할 수 있는 12세기부터라고 보지만 사실 13세기 말까지는 상대적으로 발견되는 작품이 몇 안 되며 14세기 후반부에 와서야 그 절정에 이르게 된다. 고대 영어문학의 전통은 군사적 승리로 영국인과 그들의 언어를 권좌에서 밀어낸 11세기의 노르만 정복에 의해 단절된다. 그리고 새로운 중기 영어문학의 전통은 영국에 대한 노르만의 문학적·언어적 지배가 점차 느슨해지고 새롭게 영어의 위상이 고양되면서 완전히 실현되었다고 볼 수 있다. 우리가 중기영어라고 통칭하는 이 자국어(vernacular language)는 고대 앵글로쌕슨족의 언어에서 비롯된 것이지만 그 전승과정중에 노르만과 프랑스의 언어와 문학은 물론 스칸디나비아의 언어적 전통까지 접목된 것이다. 영문학사에서 이러한 접목의 역사는 결과적으로 중세문학사를 비교적 분명하게 고대 영어문학 시대와 중기 영어문학 시대로 구분해주며 그 사이에는 약 1세기 가량의 공백기, 즉 그 시기의 것으로 추정되는 영어 텍스트는 거의 찾아볼 수 없는 과도기가 있다.

2. 고대 영어문학

고대 영어문학은 주로 고대 영시를 통하여 알려져 있으므로 여기서도 산문보다 시에 논의를 집중하겠다. 고대 영시는 서기 1000년을 기준으로 50년을 전후하여 제작된 것으로 추정되는 네 개의 사본에 담긴 30,000여 행 정도가 현존한다. 고대 영문학에서 필사본 제작시기와는 별도로 작품 자체의 창작연대를 추정한다는 것은 매우 어렵다. 역사적인 사실에 바탕을 둔 『몰던 전투』(The Battle of Maldon)가 991년 이후의 작품일 것이며, 8세기에 제작된 루스웰 십자가(Ruthwell Cross)에 그 일부가 룬 문자로 새겨져 있는 것으로 보아 『십자가의 꿈』(The Dream of the Rood)은 상당히 초기 작품이라는 것이 학자들이 동의하는 몇 안 되는 예 중 하나이다. 그러나 얼마 되지 않는 분량이라 할지라도 이 당시의 문학은 귀족적이면서 고도로 세련되고 성숙한 문화를 반영한다.

로마 지배하의 영국땅에 앵글로쌕슨족이 침입하여 원주민을 정복한 것이 450년경이다. 정복 초기의 작품으로 남아 있는 것은 없고 현존하는 것 중 가장 오래된 것으로 알려진 『캐드몬의 찬미가』는 『영국 교회사』(The Ecclesiastical History of the English People, 731년 완성)의 저자인 비드(Bede, 672/3~735) 시대의 것으로 추정된다.[1] 즉, 지금까지 전해지는 고대 영시는 모두 597년 영국에 기독교와 함께 문자 문화가 전래된 이후의 것이다. 식자층이 성직자들인데다 앞에서 언급한 필사본이 모두 수도원이나 종교적인

---

1. 『캐드몬의 찬미가』(Caedmon's Hymn)는 『영국 교회사』에 수록된 이야기다.

기관에서 제작된 것으로 추정되므로 고대 영어문학의 대부분이 종교적인 내용을 다루고 있다는 것은 어쩌면 당연한 일이다. 필사본 제작에는 여간 비용과 수고가 드는 것이 아니었기에 더욱 그러하다. 세속문학은 일차적으로 구전매체였다. 그러나 상대적으로 적은 세속시나마 필사본으로 남아 있는 것을 보면 분명 성직자들이 세속적 문학에 관심을 가졌음을 알 수 있다.

고대 영시의 대표적인 특징은 두운시(alliterative poetry)의 원칙을 지키는 운율형식에서 찾아볼 수 있다. 두운시는 게르만족의 구전시 전통에서 유래한 것으로 고대 영시 작법에 있어 필수적인 형식이다. 고대 영시는 각운으로 행간 연결이 되지 않기 때문에 한 행 단위로 살펴보아야 한다. 한 행은 중간에 있는 휴지부(caesura)를 중심으로 절반씩 나뉘는데 전반부와 후반부가 두운으로 연결되어 있다. 이후의 영시와는 달리 고대 영시는 각 행의 전체 음절수에 제한이 없다. 다만 한 행의 전반부와 후반부에 강세를 받는 음절이 보통 두 개씩 있는데 이 중 두운을 이루는 것이 전반부에 한 개 또는 두 개가 있을 수 있는 반면 후반부에는 반드시 제일 먼저 나오는 강세 음절만 두운으로 행 전체에 연결될 수 있다.[2]

고대 영시의 또다른 특징은 특정한 '시적 언어'의 사용이다. 고대 영시에는 산문에서는 거의 등장하지 않는 약 400개의 시적 단어 또는 어구가 있는데 이것은 고대 영시가 여느 구전시와 같이 관습에 의해 고착된 공식구(formulaic phrase)에 의존하고 있음을 보여주는 동시에 앵글로쌕슨족이 특별히 시인(scop)이라고 부른 전문가에 의한 예술을 명백히 구분했다는 의미도 된다. 시인에게는 시창작에 쓰는 비축된 어휘(wordhoard)가 따로 있었고 이런 표현들을 시에 사용함으로써 청중에게 색다른 의미를 환기시켰다. 물론 이것이 시인에게는 두운시의 형식적 요구를 만족시키는 데 도움을 주었다. 중세 후기에 등장하는 일군의 두운시는 형식이나 주제 면에

---

2. 고대 영시가 수록된 책이면 거의 어디서나 고대 영시의 대표적 특성인 두운시 작시법에 대한 설명을 찾을 수 있다. 가령 John C. Pope ed., *Seven Old English Poems* (New York: Norton 1981), 100~104면에 구체적인 설명이 있다.

서 매우 정교한 작품들로, 초서를 제외한 당시의 영문학을 대표하게 된다. 이는 노르만 정복 이후 사라진 것처럼 보였던 고대 영시 전통의 계승으로, 여기에는 앞서 언급한 고대 영시의 형식적·언어적 특징이 살아 있다.

주제를 중심으로 살펴보면 고대 영시는 크게 세 가지 유형으로 분류할 수 있다. 가장 큰 비중을 차지하는 것은 명백히 종교적인 주제를 다룬 작품들이다. 기독교적 주제를 표방하는 종교시로『십자가의 꿈』『캐드몬의 찬미가』등이 있고, 현존하는 고대 영시의 3분의 1 이상이 성서에 바탕을 둔 것이며 그중 4분의 3 이상이 구약성서에 나오는 이야기를 서술하고 있다. 한편 상대적으로 분량은 적지만 더 많이 알려져 있는 것이 소위 영웅시로 분류될 수 있는 작품들, 즉 가장 유명한 고대영어 서사시이자 대표적인 게르만족의 고대 서사시이기도 한『베어울프』와『몰던 전투』등이다. 물론 여기에도 기독교적 색채가 다분하지만 결코 이교도적 영웅문화가 교화의 대상으로 부정적으로 그려지지는 않는다. 오히려 과거의 영웅적 세계가 역사적 감각을 바탕으로 객관적으로 묘사되고 있다. 마지막으로, 주로 애가(elegy)의 형식으로 세속적이거나 기독교적인 삶의 지혜를 전달하는 지혜시가 있는데 전자의 예로『데이오』(*Deor*)가 있고 후자의 예로『방랑자』(*The Wanderer*)를 들 수 있다.

3. 중기 영어문학

웨스트 쌕슨족 수도승들에 의해 확립된 표준 문자어가 와해되고 영어를 사용한 저술활동이 권력과 후원의 중심부에서 배제되면서 영문학은 앵글로쌕슨족 왕들의 통치하에 누렸던 지위와 비교해볼 때 큰 변화를 겪게 된다. 앵글로 쌕슨족의 지배를 받던 영국은 10세기 후반에 웨쎅스 지역의 방언을 중심으로 놀라울 정도로 일관된 체계를 갖춘 문어(文語)를 발전시켰다. 현존하는 고대 영문학의 대표적인 작품들은 모두 이 언어로 씌어 있다. 상당히 일관된 언어를 사용하던 영국은 그러나 노르만 정복 이후에 다시

각 지역의 방언을 사용하는 처지가 되었다.

중기 영어문학 시대로 넘어 오게 되면 고대 영어문학과는 현격한 차이가 눈에 띈다. 고대영어 텍스트 역시 지역이나 시기에 따라 조금씩 다른 방언으로 씌어지긴 했으나 중기영어가 노르만어의 지배에서 벗어나 기록상에 드러낸 모습은 이전 영어와 거의 완전히 다른 언어였다. 그러나 변화는 언어적 차이에서뿐 아니라 문학의 기본적인 구조에서도 느껴진다. 중기 영어문학이 고대 영어문학과 구분되는 데는 12세기 로맨스의 발생과 더불어 완전히 달라진 유럽의 감각에 의한 영향이 컸다. 또한 중기 영어문학의 규모와 다양성은 고대 영어문학과 비교할 수 없을 정도이다. 훨씬 다양해진 목소리와 장르, 엄청나게 늘어난 자료가 이를 입증해준다. 단적으로 초서의 주요 작품이라고 간주되는 것들만 추려도 그 행수가 현재 남아 있는 고대 영시의 행수를 모두 합친 수를 초과한다.

기독교적 문학

중세는 무엇보다 기독교 그리고 좀더 구체적으로는 가톨릭교 개념의 보편성으로 특징지어지는 시대이다. 신은 문자 그대로 우주의 지배자로 여겨졌으며 과거, 현재, 미래는 신에게 있어 모두 동시적이고 세상 모든 것이 그의 섭리 아래 있다고 여겨졌고, 교회에서건 국가에서건 지상의 통치자는 신의 대리자로 간주되었다. 이런 의미에서 어떤 문학이든 정도의 차이는 있으나 종교적 성향을 가지고 있었다. 중세 유럽문학의 가장 큰 부분은 기독교와 관련된 것이며 중기 영어문학도 예외가 아니다. 소수이긴 했으나 글을 읽고 쓸 줄 아는 사람들은 대부분 교회와 관련이 있는 사람들이고 교회의 영향력은 장원·마을·길드·자치도시·학교·대학, 그리고 왕실에 이르기까지 막강한 것이었다. 모든 교구에는 그 교구가 소속된 관구의 주교를 보좌하는 신부가 있고 주교는 교황과 대주교에서 비롯되는 위계질서 속에 있었다. 그리하여 가장 외딴 지역의 교구도 최소한 형식적으로는 외부 세계의 문화와 연결되어 있었다. 뿐만 아니라 세상과 동떨어진 한적한 곳에서 명상의 삶을 사는 수도승과 수녀들까지도 대부분 장서가 있었다. 597년부터 영국에 자리를 잡은 베네딕뜨(Benedict)회나 500년 후에야 들어온 씨또(Citeaux)회 등의 수도회들도 도서관을 가지고 있었다. 그리고 세상에 나가 설교하는 것을 큰 사명으로 생각한 탁발수도회(도미니끄회, 프란체스꼬회, 까르멜회, 오스틴회)의 회원들은 특히 문학적인 활동에 관심이 많았다. 그들의 저술이 그들의 개인적 경건성과 종교적 열정을 반영함은 물론이다.

이 시대의 가장 탁월한 문학은 대개 종교에 초점을 맞추고 있다. 현대의 독자가 여기서 순전히 문학적인 즐거움을 누릴 수도 있겠지만 그 종교적인 취지를 파악하지 못한다면 이 시대 문학에 대한 역사적인 평가는 할 수 없을 것이다. 예를 들어 중기영어 초기의 『피터보로 연대기』(*Peterborough Chronicle*)는 베네딕뜨회 수도승들이 수도원에서 일어난 일을 기록, 보존하기 위해 집필한 것이며 그들이 선택한 사건들로부터 해석에 이르기까지 철저하게 수도원적이고 신중심적 사관에 입각해 있다. 잘 알려진 『부엉이와 나이팅게일』(*The Owl and the Nightingale*)의 경우에도 "세속적인" 나이팅게일은 세상의 연인들에게 매우 동정적이지만 "종교적인" 부엉이는 계속 논쟁을 종교의 영역으로 끌어온다. 중기영어 시대 초기 문학중 대표적인 산문인 『여성 은자를 위한 규범』(*The Anchoresses' Rule*)도 종교적인 주제를 가지고 있다.

13세기 말, 14세기 초에 이르면 중기 영어문학의 종류가 한결 다양해진다. 그러나 종교에 대한 절대적 강조는 변함없다. 매닝(R. Manning)은 이야기꾼으로서의 재능을 『죄에 대한 지침』(*Handling Sin*)이라는 교훈적이면서 생동감 넘치는 이야기를 저술하는 데 아낌없이 발휘했고, 익명의 종교적 서정시도 이 당시 많이 등장했다. '초서(G. Chaucer) 시대'로 알려진 14세기 후반은 상대적으로 세속적인 시기라 할 수 있다. 그러나 이 시기에 매우 중요한 종교적인 작품들이 산출되기도 했다. 인생에 대한 알레고리인 『세 연령의 집담회』(*Parliament of Three Ages*)는 당대의 시사적 언급과 세속 역사에 대한 인유도 많지만 의도는 다분히 내세적이다. 랭런드(W. Langland)의 대작 『농부 피어스』(Piers Plowman)도 인간과 사회의 구원에 대한 심오한 논의이며 가웨인 시인(Gawain-Poet)의 『진주』(Pearl) 역시 인간의 영혼에 관한 문제를 다루고 있다. 이 시기는 또한 위클리프(J. Wicliff)의 성서 번역이 이루어진 때이기도 하다.

15세기가 되면 롤러드(Lollard) 운동의 추종자들이 교회의 부패를 공격하고 교회의 서열을 경시하기 시작한다. 이 움직임은 위클리프의 추종자들이 평신도들에게 교회 권위의 바탕을 이루는 라틴어 성서의 자국어 번역판을 제공한 일과 같은 맥락에서 이루어졌다. 그러나 비교적 문학적으로 황폐한 15세기에도 중세 영국의 대표적인 여성작가이자 중세 후기에 전성기를 누린 신비주의를 대표하는 작가 줄리언 오브 노리치(Julian of Norwich)나 마저리 켐프(Margery Kempe)가 종교적인 작품을 남겼다. 두 작가 모두 자신과 신의 직접적 교류와 개인적인 영적 체험을 자신들이 체험한 환상을 중심으로 서술한다. 15세기는 또한 중세 드라마의 전성기이기도 하다. 길드 드라마(Mystery Drama)로서 남아 있는 것은 요크(York), 웨이크필드(Wakefield), 체스터(Chester) 등에서 공연된 싸이클 드라마에 불과하지만 기록에 의하면 훨씬 더 많은 도시에서 여러 직종과 기술을 대표하는 조직인 도시 길드에 의하여 기획, 연출되었다고 한다. 그리스도 성체 축일날(Corpus Christi Day) 거리의 이동무대에서 공연된 싸이클 드라마는 천지창조부터 예수 승천, 또는 그 이후까지의 성서적 역사를 주요 사건별로 나누어 극화한다. 잘 알려진 웨이크필드 극작가의 『두번째 목자 이야기』 (The Second Shepherd's Play)에서 볼 수 있듯이 당대의 사회적 문제에 대하여 풍자적으로 논평을 한 구절들이 흥미롭기는 하지만 이런 드라마의 일차적인 목적이 성서내용 전달과 관객의 신앙적 교화에 있음은 말할 필요도 없다. 이 시대에는 또한 도덕극이 발달하기도 했는데 여기서는 의인화된 악과 선이 '인류'나 '만인'의 영혼을 서로 가지려고 투쟁한다. 도덕극이 후에 엘리자베스 시대의 드라마 발전의 직접적 토대가 되었음은 잘 알려진 사실이다.

종교적 관점의 대표적인 산물 중 하나가 알레고리다. 중세 작가들은 알레고리라는 방법을 통해 작품의 의미를 강화하고 다양화했다. 그 당시 알레고리는 문학적 표현방법일 뿐 아니라 인식의 방법이자 우주관의 반영이었다. 교부철학자들은 성서에 있는 모든 것은 알레고리로 해석할 수 있다고 믿었다. 단어 하나에서 우화, 비유에 이르기까지 모두 숨겨진 영적 의미를 지니고 있다는 것을 보여주었고, 구약성서에 기록된 사건은 신약성서의 사건과 심지어는 세속사의 사건까지도 예표(豫表)하고 있다고 믿었다. 그리하여 성 아우구스티누스는 『신국』(*De Civitate Dei*)에서 노아의 방주는 그리스도의 교회를, 카인과 아벨은 로물루스(Romulus)와 레무스(Remus)를 예표한다고 해석했다. 성서 해설가들은 네 개의 다른 차원에서 텍스트를 해석하는 체계를 개발했다. 간단히 설명하자면 축자적 의미는 사실을 가르치고, 정신적 혹은 축소된 의미의 알레고리적 의미는 무엇을 믿어야 하는지 가르치며, 도덕적 의미는 사랑을 바탕으로 무엇을 해야 하는지 가르치고, 영적 혹은 신비적 의미는 무엇을 소망해야 하는지 가르친다. 예를 들어 구약의 출애굽 사건의 축자적 또는 역사적 의미는 이슬라엘 민족이 모세를 지도자로 하여 이집트에서 나와 신이 약속한 땅 가나안으로 가는 사건을 말하며, 알레고리적 의미는 예수 그리스도에 의해 인간이 죄에서 해방된 사건을 지칭하며 도덕적인 의미는 영혼이 죄에서 비롯된 속박에서 벗어나 자유로워지는 것을 의미하며 마지막으로 신비적 의미는 구원받은 영혼이 종말이 되어 새 하늘 새 땅에 들어가게 되는 것을 의미한다. 이 체계는 성서 주석가들만 사용한 것이 아니고 랭런드나 가워(J. Gower)처럼 교육을 받은 작가들 역시 두루 사용하였으며 설교를 들었거나 고딕 성당에서 신의 가르침을 예증하는 예술의 의미를 아는 평신도라면 익숙하게 수용할 수 있는 것이었다. 작가들은 또한 알레고리의 부산물이랄 수 있는 의인화와 예화를 통해 도덕적인 주제를 작품에 도입하기도 했다.

이와 더불어 중세문학의 또다른 특징으로 문학의 정의와 가치에 대한 자의식을 들 수 있다. 그 원인으로는 첫째, 엄격하게 조직화·서열화되어 있는 중세의 학문체계에 문학의 자리가 분명하게 없었다는 것이 문학활동을 어색하게 만드는 요인이 되었고, 둘째, 더 심각하게는 종교적으로나 도덕적으로 엄격한 교훈을 주된 내용으로 취급하지 않는 한 문학은 허구라는 속성 때문에 진실이 아니라는 도덕주의자들의 비난을 감수해야 했다는 사실을 들 수 있다. 여기에 대하여 시인들은 나름대로의 변론을 폈고 특히 후자에 대해서는 뻬뜨라르까(F. Petrarca)나 보까치오(G. Boccaccio)가 진실과 거짓이라는 이분법적인 사고에서 벗어나 여러 유형의 진실이 있음을 역설한 것이 이후 세속문학의 발전이라는 문학의 향방을 결정하는 데 크게 기여하였다. 문학활동이나 시인의 위치에 대한 이러한 자의식을 대표하는 인물이 초서이다. 그런가 하면 그런 전반적인 분위기 속에서도 스스로 난해한 기술의 명수로 자처하고, 시인으로서 자신의 정통함과 비중있는 사회적 역할에 대해 자부심을 보이며 주저없이 예언자적인 시인의 역할을 감당하는 일군의 시인이 있었으니 곧 중세 후기 '비(非) 초서적' 전통을 대표하는 두운시 작가들이었다. 이 중에서도 특히 랭런드는 『농부 피어스』에서, 그리고 가웨인 시인은 『진주』 『정결』(*Cleanness*) 『인내』(*Patience*)와 같이 종교적 주제를 전면에 부각시킨 작품에서 시적 기술에 대한 작가적 자신감을 보여주며 시의 위상이나 가치에 대한 변명을 하지 않고 시의 교화적 기능을 당당하게 수행한다.[3]

중기 영어문학의 다양성: 학문적 문학, 궁정풍 문학, 민중적 문학

종교가 중세문화에 미친 영향이 아무리 크다 할지라도 중기영어 시대의 뛰어난 작품들 중에는 종교적인 교화가 일차적인 목적이 아닌 것들이 있었다. 이런 작품들의 출전은 성서가 아니며 그 목적이 교리 설파에 있지도 않았다. 작가도 성직자가 아니며 청중도 당장 구원을 바라는 사람들이 아니었다. 그중 일부는 대학 등에서 교육을 받은 작가에 의해 씌어진 학문적인

---

3. T. Turville-Peter, *The Alliterative Revival* (Cambridge: Cambridge UP 1977).

글들이다. 형식에 있어 예술적이며 정교한 구성으로 이루어졌고 온갖 수사적 표현으로 장식되었으며 알레고리적 의미를 가지고 있는 경우가 많다. 또 한편으로 궁정풍의 작품들이 있었다. 이것은 주로 궁정풍 사랑의 관습과 기사도의 이상을 익숙하게 알고 있는 청중을 겨냥한 것으로 학문적 글들처럼 매우 예술적이기는 하나 대체로 허구적이다. 그리고 한편에는 민중적인 글들이 있었다. 그것은 농촌이나 도시의 소박한 평민들에게서 비롯된 것이며 온갖 민담에 의거한 내용을 담고 있고 대부분 구전된 것이어서 고정된 텍스트가 없는 것들이다. 상상력의 소산이라는 점에서는 궁정풍 문학과 비슷하나 구성의 정교함은 덜하다. 학문적인 글은 필경사를 통해, 궁정풍 문학은 음유시인에 의해, 그리고 민중문학은 발라드 가수에 의해 보급되었다고 보면 되겠다. 그 결과, 학문적인 글들이 가장 잘 보존되었고 궁정풍 문학과 민중적인 글들은 많이 사라지고 말았다.

 물론 중기 영어문학의 장르를 이런 식으로 구분할 때는 유의해야 한다. 이런 구분이 전반적인 특성을 이해하는 데에는 도움이 되지만 자칫 중세사회의 계층에 대응되는 문학의 분류가 가능하다는 잘못된 인상을 줄 수도 있기 때문이다. 중세사회는 크게 기도하는 자, 싸우는 자, 일하는 자로 이루어진, 이른바 세 위계의 질서를 표방하는 사회였고 이것이 각각 성직자·귀족·평민이라는 현실적 계층으로 구체화되었다. 그러나 첫째, 문학에서 이 세 계층의 특성이 작품마다 분명하게 구분되어 나타나는 것은 결코 아니었다. 운문 서사의 경우 12세기 말에 활동한 것으로 추정되는 라여먼(Layamon)의 『브룻』(Brut)이 좋은 예이다. 라여먼은 교구 사제였다. 그리고 『브룻』은 영국에서 사용된 불어인 앵글로-노르만어로 된 궁정풍 시의 영어 번역이었으나 그의 청중은 주로 영국 서부지방의 주민들이었으니 다분히 민중문학적인 요소가 있다. 그러나 또 한편으로 이 작품의 원전은 베네딕뜨회 수도승으로 추정되는 제프리 오브 몬머스(Geoffrey of Monmouth)가 세련된 라틴어로 쓴 산문 의사역사서(pseudo-history)인 『영국 왕실사』(Historia regum Britanniae)이며 이것은 분명 사제나 궁정인들 중에서도 상당한 학식을 갖춘 청중을 위해 씌어진 글이다. 그러므로 라여먼의 작품은 단순히 민중적 서사시로 보기보다는 학문적이기도 하고 궁정풍이기도 한 문학이 "대중화"된 것이라고 할 수 있다. 그리고 둘째, 14세기에 계속된 프랑스와의 백년전쟁으로 인한 왕실의 부족한 재정, 14세기 중반에 영국을 강타한 흑사병으로 초래된 노동인력의 감소, 그 결과의 일환인 1381년의 '농민반란' 그리고 로마와 아비뇽에서 각각 자신의 정통성을 주장하는 두 교황이 야기한 교황권의 분립으로 인한 혼란과 소요 등으로 이 시기는 종종 "위기의 시대"로 불리게 되는데 한편으로 이러한 위기는 특히 중산계층에게는 신분과 지위 상승의 기회를 제공하기도 하였다.[4] 14세기 작가 중 가장 잘 알려진 초서는 원래 상공인계층 출신이었으나 그의 생애는 주로 당대 최고 세력가이던 귀족 집안과 왕실을 중심으로 이루어졌다. 그의 생애 자체나 그가 라틴어로 된 학문적인 글을 번역했다든지(『보에스』 Boece) 당대 최고의 궁정풍 문학 중 하나로 평가받는 작품(『트로일러스와 크리쎄이더』 Troilus and Criseyde)을 집필했다는 사실이 특히 중세 후기의 신분이나 계급의 유동성을 입증한다.

    중세문학의 형식적 구분이 어려운 경우로 로맨스를 빼놓을 수 없다. 잘 알려진 초기 로맨스 『혼 왕』(King Horn)이 그 예이다. 중세 대표적인 문학 장르중 하나인 로맨스는 자신의 연인, 군주, 그리고 신을 위해 기사로서 임무를 수행하는 영웅의 시험과정을 그린 이야기라고 정의할 수 있다. 로맨스도 종류에 따라 형식이나 내용상 매우 정교한 것이 있는가 하면 다분히 민중적이고 종종 단순한 발라드로 개작되는 부류도 있다. 『혼 왕』은 후자에 속하며 실제로 구전 발라드의 형식으로 최근까지 남아 있었다. 그런가 하면 『오르페오 왕』(King Orfeo)은 고대신화인 오르페우스 이야기에 바탕을 둔 로맨스로서 이것 역시 발라드 형식으로도 남아 있지만 사랑의 힘에 대한 강조로 미루어보아 특히 궁정의 청중을 대상으로 했을 가능성이 높다.

4. Charles Muscatine, *Chaucer and the Age of Crisis* (Berkeley: The University of California Press 1968).

『가웨인과 녹색 기사』(Sir Gawain and the Green Knight)는 분명 한층 세련된 궁정풍 로맨스다. 이 작품은 청중이 제프리 오브 몬머스가 소개하는 아서왕의 운명에 대한 의사역사적 개념을 알고 있음을 가정하고 기사도에 내재된 구조적인 윤리문제를 강조하고 있다. 또한 기사가 사랑하는 여인을 위해 봉사함으로써 자기발전을 가져온다는 궁정풍 사랑의 전제의 인위성을 암시적으로나마 드러내고 있고 심리적 사실주의가 줄거리에 나오는 공상적인 요소들을 압도하며 알레고리적인 의미가 로맨스의 주제를 강화한다. 그리고 지금까지 알려진 바로는 이 작품이 발라드로 개작된 적은 없다.

그러므로 로맨스라는 것은 그저 영웅을 중심으로 전개되는 이야기라는 특징을 제외하면 특별히 그것을 규정할 다른 기준이 없는 것으로 보인다. 중세 운문 서사 중에는 분명 로맨스라고는 할 수 없는 것들이 있는데 이것들을 편의상 "이야기"(tale)라고 칭한다. 여기에는 동물우화나 주로 상공업계층의 삶을 희극적으로 다루는 파블리오(fabliau)등이 포함될 수 있다. 그런가 하면 또 이런 작품들과 도저히 함께 분류할 수 없는 성격의 작품들도 있다. 운문 형식의 『아서왕의 죽음』(Morte Arthure)은 기사들의 무용담이므로 종종 로맨스로 분류되기는 하나 아서왕의 로마 정복이나 몰락의 과정 등은 궁정풍이라기보다는 학문적이라고 할 수 있다. 그것은 제프리 오브 몬머스의 사관에 입각해 있고 5세기 로마의 철학자인 보에티우스 (Boethius)의 대작『철학의 위안』(De Consolatione Philosophiae)의 영향을 받아 아서왕을 운명의 수레바퀴에 구속된 희생자로 보고 있다. 이렇게 되면 바로 이런 희생자들의 예화만을 모아서 이야기한『캔터베리 이야기』 (The Canterbury Tales)의 수도승의 정의를 따라『아서왕의 죽음』은 중세 비극의 일례라 볼 수도 있다. "초서의 모방자"들의 시대이기도 한 15세기의 작가인 헨리슨(Robert Henryson)의 『크레씨드의 유언』(Testament of Cressid)도 여자 주인공의 비극적 몰락과정을 추적하고 있으므로 같은 부류로 볼 수 있다.

학문적이거나, 궁정풍, 또는 민중적 배경은 중세 서정시 전통에서도 나타난다. 잘 알려진 할리(Harley) 필사본의 서정시들은 서부 유럽의 방랑 학자들의 삶을 반영하지만 동시에 궁정풍 사랑의 색채를 띠고 있다. 그런가 하면 정치적 색채를 띠면서 궁정풍이기보다는 상공업 계층의 사고방식을 표방하는 작품들도 있다.

이 시대 주요 작품들의 예를 몇가지 더 들어보면 초서, 가웨인 시인, 랭런드와 함께 14세기 리처드왕 시대의 대표적 4인의 작가 중 한 사람인 가워의 『연인의 고백』(*Confessio Amantis*)은 사랑에 대한 백과사전인 프랑스 시 『장미의 이야기』(*Roman de la Rose*)에 기초한 것으로 궁정풍 사랑의 재연인 동시에 인간사에서나 신의 섭리 안에서 사랑의 역할을 분석하는 것이다.[5] 15세기의 대표적 작가인 하클리프(Thomas Hoccleve)의 『군주의 통치법』(*Regiment of Princes*)은 국가 통치에 대한 이전의 글들을 교회적 시각에서 개작한 것이며 다작으로 유명한 리드게이트(John Lydgate)의 『테베의 점령』(*The Siege of Thebes*)은 잘 알려진 고대 전설에서 소재를 차용, 중세 청중의 취향에 맞게 프랑스 산문 로맨스로 개작한 것을 다시 서사시로 개작한 것이다.

이쯤 되면 중세문학의 절대다수가 기존의 이야기를 개작한 결과라는 것이 분명해진다. 이 사실은 앞에서 언급한 중세문학의 작가적 자의식과 관계가 있으며 작품의 일차적 주제가 세속적일수록 그 정도가 심하다. 결과적으로 작가는 어떤 수준에 있건 대부분 전통적인 이야기를 개작하지 완전히 새로운 것, 또는 순전히 창의적인 것을 쓰지는 못했다. 중세 작가들은 중세 예술가 모두와 마찬가지로 소재나 형식의 독창성이라는 것에 그다지 신경을 쓰지 않았다. 실제로 중요한 것은 기술(craftsmanship)이었다. 예를 들어 로맨스 작가에게 요구되는 기술은 청중의 입맛에 맞게 주어진 소재와 형식을 잘 요리하는 것이었다. 15세기의 대표적인 작가 중 한 사람인 맬러

---

5. 리처드왕 시대의 '4인방'에 대해서는 John Burrow, *Ricardian Poetry: Chaucer, Gower, Langland and the Gawain Poet* (London: Routledg and Kegan Paul 1971) 참조.

리(T. Malory)는 그의 산문 로맨스 『아서왕의 죽음』(*Le Morte D'Arthur*)에서 자신의 이야기의 원전으로서 "어떤 프랑스어로 된 이야기(a French book)"를 반복해서 언급한다. 아서왕이나 그의 기사들에 관한 전설이 이미 수백년 된 것이고 여기에 정체가 모호하긴 하나 원전의 존재까지 거듭 밝히고 있다는 사실을 고려하면, 우리는 맬러리의 작품이나 그외 많은 중세 작품들을 논할 때 소재나 형식의 참신함보다는 작품이 보여주는 인간과 역사에 대한 통찰력과 장인으로서의 예술적 기량에 초점을 맞추어야 할 것이다. 그렇게 할 때만 비로소 중세문학에 대해 '중세적'이지만은 않은 문학적으로 보편적인 기준에서의 균형잡힌 평가가 더욱 용이해질 것이기 때문이다.

〔강지수〕

추천문헌

John Burrow, *Medieval Writer and Their Work: Middle English Literature and Its Background, 1100-1500* (Oxford: Oxford Univ. Press 1982). 중기 영어문학에 대하여 필수적인 내용만 수록한 입문서.

Malcolm Godden et al. eds., *The Cambridge Companion to Old English Literature* (Cambridge: Univ. of Cambridge Press 1991). 고대 영문학 이해에 필요한 배경과 주요 작품 해설 수록.

Derek Pearsall, *Old English and Middle English Poetry* (London: Routledge 1977). 상세한 시대 개관.

베어울프

1. 제작연대와 필사본

『베어울프』(*Beowulf*)는 현존하는 영국문학 중 가장 오래된 설화시 (narrative poem)이다. 이 시는 베어울프라는 영웅의 업적을 3,182행의 긴 길이로 그리고 있는데 그 작가가 누구인지, 그리고 정확히 어느 시기에 씌어졌는지는 알려져 있지 않다. 다만 이 시의 많은 등장인물들이 역사물 혹은 반(半)역사물(semi-historical works)에서 발견되는 인물들이어서, 적어도 이러한 인물들이 살았던 시대 이후에 이 시가 씌어졌을 것이라고 추정하는 정도이다. 전통적인 비평에서는, 이 시가 다루는 시기는 5세기말에서 6세기 정도이고 씌어진 것은 고대 영국의 문화적 번성기인 8세기 경으로, 머씨어(Mercia) 왕국이나 노섬브리어(Northumbria) 왕국에서 씌어진 후 필경자들이 옮겨 적어 현존하는 필사본(manuscript)의 형태로 남게 되었다는 견해에 대부분 동의하였다. 그러나 최근 비평에서는 이 시의 제작연대에 대한 합의가 크게 흔들리고 있다. 역사적·언어적·미학적 연구성과를 바탕으로 학자들은 이 시의 제작연대를 8~11세기 초의 어느 시기라고 폭넓게 추정하고 있어서 아직도 의견이 분분한 상태이다. 분명한 것은 이 시의 작자는 시가 다루는 시대에서 시간적으로 몇백년 떨어진 상태에서 과거를 회상하며 그리고 있다는 점이다.

원래 이 시가 수록된 필사본(British Library, Cotton Vitellius A. xv)은 서기 1000년경에 두 명의 필경사에 의해 필사되었다. 첫번째 필경사는 『베어울프』 앞에 수록된 세 편의 산문과 『베어울프』의 1939행까지를 베껴적었고 두번째 필경사는 『베어울프』의 나머지 부분과 부분적으로만 남아 있던 시인 『주디스』(Judith)를 베껴적었다. 16세기의 수도원 해산 때 많은 귀중한 필사본들이 소실되었지만 『베어울프』 필사본은 용케도 남아 17세기에는 앨프리드 왕(Alfred the Great)이 옮긴 아우구스티누스의 『독백』(Soliloquies)을 포함한 12세기의 필사본과 합해져 현재의 형태를 갖게 되었는데, 이 필사본은 비교적 양호한 상태로 남아 있다. 대부분의 고대 영시가 그렇듯이 이 시도 원래 이 시를 수록한 필사본에서는 제목이 붙어 있지 않았으나 현대 학자들이 이 시의 주인공의 이름을 따서 『베어울프』라는 이름을 붙여주었다.

2. 고대 영국 귀족사회와 영웅적 이상

영문학사 최초의 영웅서사시인 『베어울프』의 주인공이 앵글로 쌕슨족의 인물이 아니라, 스칸디나비아의 예아트족(Geats)의 인물이고 그가 젊은 시절 괴물 그렌들(Grendel)을 죽여 도움을 준 흐로스가(Hrothgar)는 데인족(Danes)의 왕이라는 사실은 이상한 일이 아니다. 『베어울프』의 시인이 시를 쓰던 무렵에는 헤레모드(Heremod), 실드(Scyld), 헤알프데인(Healfdene)과 같은 인물들이 앵글로 쌕슨 왕족과 9세기의 데인족 이민자들 양쪽의 공통 조상이라는 의식이 영국인들 사이에 퍼져 있었고, 따라서 이들 북방 게르만족 일파를 그리는 것은 곧 그들 자신의 역사를 그리는 것이라 여겼기 때문이다.

부족집단으로 이루어진 게르만족 사회에서 거의 일상적인 사건이던 전쟁과 반역의 화염 속에서 공동체를 꾸려나가야 하는 왕과 귀족사회의 모습이 『베어울프』에는 잘 그려져 있다. 시의 첫 문장에 등장하는 국왕/대왕(peodcyning)이라는 단어는 여러 족속들을 통일하고 외부로부터 자신의 족속을 보호하는 왕의 역할에 대한 시인의 관심을 잘 드러낸다. 이 시대의 군주에게 용맹과 후한 보상은 가장 칭송받는 덕목이었다. 군주와 귀족들은 혈연관계 혹은 그에 못지 않는 결속력을 갖는 계약관계(comitatus)로 맺어져 있었다. 왕은 귀족들의 용맹스런 전공(戰功)과 충성의 대가로 금이나 무기 등을 하사하였는데, 군주와 귀족 간의 관계의 이상적 모습은 베어울프의 영웅적 행위에 흐로스가가 보물들로 후히 답례하고, 베어울프는 고국으로 돌아가 자신이 받은 선물들을 자신의 삼촌이자 왕인 히엘락(Hygelac)에게 다시 바치고, 그에게 다시 칭송과 보상을 받는 장면들을 통해 암시된다.

홀(hall)은 봉사와 보상의 교환이 가장 이상적으로 이루어지는 장소로서 충성과 보상의 의식들이 행해지는 곳이었다. 왕과 귀족들은 홀에 모여 함께 식사하며 군주의 영웅적 덕목을 기리는 시를 들었다. 홀은 공동체의 상징이자 위험한 외부로부터의 피난처로서 안전과 안락, 문명의 상징이기도 했다. 따라서 그렌들이 흐로스가의 홀 헤오롯(Heorot)을 노략질하는 사건은 단순히 건물과 인물의 안전에 대한 위협을 넘어 공동체의 존립에 대한 위협이다. 사실상 영웅과 괴물의 싸움은 설화문학에서 원형적인 모티프이다. 다만 전래되는 설화문학이나 동화에서는 영웅과 괴물의 성품이 각각 선과 악의 이분법적 알레고리로 뚜렷이 규정되는 데 비해 『베어울프』에서는 그렇지 않다는 것이 다른 점이다. 사악함과 탐욕, 파괴성의 현현으로서의 성격이 그렌들과 그의 어미에게서 발견되는 것은 사실이지만 그것만으로 이들 괴물들과 그에 대항하는 영웅의 성격이 모두 설명되지는 않는다. 『베어울프』에서는 이 영웅과 괴물을 둘러싼 사회적 관계들, 규약과 가치관이 조밀하고도 구체적으로 기술되어 그렌들과 그 어미의 '사악함'을 종교적·윤리적 차원에서뿐 아니라 사회적 차원의 의미로도 규정할 수 있게 한다. "경계를 활보하는 자"(mearcstapa)라는 그렌들에 대한 묘사는 그가 공동체에 속하지 않는, 고향이 없는 존재라는 점을 부각시킨다. 그렌들을 카인의 자손이라고 설명하는 대목도 이런 점과 맥이 닿는 면이 있다. 성경에서 카인은 최초의 살인자인 동시에, 공동체에서 유리되어 방랑하는 최초의 인간이기 때문이다.

그런데 이렇게 일반인들과는 유리된 위치에 있는 그렌들에 맞서 싸울 상대자인 베어울프에 대한 묘사는 좀더 복합적인 성격을 띠고 있다. 그는 공동체의 운명에 가장 민감하게 반응하는 보호자이고, 사회질서의 모범적 수호자라는 의미에서 공동체의 삶 속에 가장 깊숙이 들어와 있는 존재이다. 동시에 그는 공동체와는 유리된 예외적이고 외로운 존재로도 그려진다. 가령 그는 그렌들과의 싸움에서 '홀로' 싸울 것을 강조한다. 그리고 그 이후 그렌들의 어미와의 싸움, 용과의 싸움에서는 그와 지척에 있던 사람들에게서조차 격리되는 모습을 보인다. 고대 영시의 특징적 면모가 바로 이 대목에서 드러난다. 영웅의 업적이 축제적이고 희열에 가득 찬 분위기가 아니라 어둡고 침울한 분위기로 그려지는 것이다. 시인은 영웅의 고독과, 그 고독한 영웅이 가버린 후에 남게 될 희망과 즐거움 없는 쓸쓸한 세계를 계속해서 독자들에게 보여주면서 영웅이 가져다줄 평화가 일시적인 것에 불과함을 암시한다. 끊임없이 싸워야 한다는 강박관념, 지상의 행복의 덧없음, 그리고 선과 악을 가리지 않고 무차별하게 작용하는 잔인한 운명(wyrd)은 결국 모든 것을 다시 망쳐놓는다는 비감한 의식이 드러난다. 여기서, 자신이 애써 만들어놓은 평화가 시간의 변화와 함께 곧 망가진다는 것을 알면서도 용기를 가지고 그 평화를 얻기 위해 다시금 싸우는 것은 영웅적 정신의 특징이라 할 수 있다.

3. 이교와 기독교정신

『베어울프』의 작중 시대가 집필시기보다 적어도 300여년 전이어서 이 시에는 이교(paganism)와 기독교라는 두 가지 상반된 세계관이 공존하게 된다. 이것은 작가에게는 어려운 도전이라 할 수 있다. 즉, 시인은 아직 기독교의 구원을 알지 못하는 이교도인 주인공을 그리되 그의 영웅적 면모를 훼손하지 않으면서도 동시에 작가의 기독교적 세계관을 온전히 드러내야 하는 이중적 어려움을 안게 되기 때문이다. 『베어울프』에 드러나는 이교와 기독교의 관계는 평자들에게 지속적으로 중대한 관심사였다.

앵글로 쌕슨족은 6세기 말이 되어서야 기독교를 받아들이기 시작했고 그 이후 영국에서 이교주의는 기독교 포교자, 설교자, 신자들에게 적으로, 그리고 기독교 세계관에 대한 위협으로 간주되었다. 이런 분위기 속에서 『베어울프』의 시인이 등장인물들을 칭송하는 것은 사실상 조심스러운 일이었다. 그러나 『베어울프』의 시인은 이 문제를 섬세한 필치로 균형있게 처리한다. 우선 그는 베어울프나 흐로스가, 윌라프(wyglaf)와 같은 등장인물들의 고결함을 칭송하면서도 동시에 그들의 종교적 믿음까지 승인하지는 않는다는 점을 분명히하고 있다. 때때로 그는 명백하게 훈시적인 논조로 그들의 믿음의 오류를 지적하기도 한다. 예컨대 시의 첫머리에서 그는 흐로스가와 그의 신하들이 그렌들을 없애 달라고 이방의 신들에게 제사를 지냈다고 말하면서, 그들은 지옥만을 생각하는 자들이며 조물주나 대제사장의 심판을 모르는 자들이고 하느님 품에서의 구원을 바라지도 않는다고 준엄하게 비판한다. 또한 시인은 이들의 이방인 습속을 은폐하지도 않는다. 가령 죽은 자를 화장하거나, 무덤에 죽은 자의 보화를 함께 묻는 습속 등은 앵글로 쌕슨 기독교에서 엄하게 금지한 것들인데 시인은 등장인물들이 이러한 이교적 풍습을 지키며 살았음을 숨김없이 보여준다. 그러나 시인은 이들이 이교도라는 점에서 한계가 있다고만 지적하지는 않는다. 시인은 작가의 조상이자 청자/독자들의 조상이기도 한 이들 등장인물들의 삶에서 드러나는 용기와 덕성, 업적과 명성을 자랑스러워하며 나아가서는 충성심과 관대함, 책임감, 용맹성을 구현하는 이들의 삶을 기독교인 독자들의 귀감으로 제시한다. 시인은 "우리는 당시 귀족들이 어떻게 용기를 보여주었는지 들었다"고 말하며 그들의 덕성과 업적을 읊음으로써 비록 이교도 조상이지만 기독교인 후손들이 그들의 삶을 기리도록 하고 있다.

이렇게 시 속의 등장인물들이 이교도이면서 미덕을 갖춘 인물로 제시될 수 있었던 것은, 고대영어에 내재한 이중적 의미의 애매성을 최대한 활용한 시인의 역량에 기인하는 바 크다. 가령 등장인물들은 "전능자" "옛 창조자" "통치자"라는 말들을 하는데, 현대영어 번역본에서는 등장인물들이 거론하는 '신'이 모두 대문자(God)으로 표기되어 있어서 마치 이들이 기독교의 하느님을 언급하는 것 같은 인상을 주기도 하지만(그래서 시인이 시대착오적이라는 부당한 비난을 받기도 한다), 고대영어의 원문은 대문자와 소문자의 구별이 없다는 점을 기억할 필요가 있다. 즉 이 시의 '신'이 기독교의 하느님인지 이방의 신인지는 단어 자체만으로는 알 수 없고 그 맥락을 고려해야만 의미를 규정할 수 있는 것이다. 그런데 이 시는 이교도 영웅의 행위와 생각을 기독교 시인이 전달하는 형식을 띠고 있기 때문에 어느 부분에서는 신에 대한 언급이 베어울프 자신의 생각인지 아니면 그 상황을 기술하는 시인의 시각인지 경계가 모호한 경우가 있다.

사실상 고대영어는 그 역사적 배경으로 인해 이중적 의미를 갖는 어휘가 많다. 이교주의 시대에 사용되던 어휘들이 기독교 포교 이후 기독교적 의미의 세례를 받음으로써 일군의 고대영어는 기독교 이전 시대의 세계관과 기독교적 세계관의 의미를 동시에 갖게 된다. 따라서 동일한 사물과 사건이라 하더라도 등장인물들이 인식하는 의미와 시인을 포함한 후세의 기독교 포교 이후의 독자들이 인식하는 의미 사이에는 차이가 생기게 되는데, 『베어울프』에서는 이러한 두 의미가 어느 한쪽이 배제되지 않은 채 동시에 작용하는 것이다. 가령 등장인물들은 괴물을 거인(eotenas), 괴물 종족(fifelcynn), 유령(scinnan), 악령(scuccan) 등으로 표현하는데, 이것들은 모두 이교 게르만족 귀신학(demonology)에서 따온 용어들이라 할 수 있다. 그러나 시인은 이들을 카인의 자손으로, 그리고 천주와 갈등상태에 있는 벌게이트(Vulgate) 성경[1]에 나오는 거인으로 설명한다. 이것은 작중인물들

---

1. 중세시대에 교회에서 정전(正典)으로 사용하던 라틴어 성경.

은 전혀 알지 못하는 의미들이다. 이러한 이중적 관점이 교차, 중첩되면서 작중인물들의 발언의 의미가 기독교적 관점에서 심화·확대될 수 있는 가능성이 열리게 된다. 가령 베어울프가 그렌들을 거인(pyrs)이라고 부르며 싸울 때 그는 자신도 알지 못하는 사이에 기독교의 하느님과 한편이 되어 그에 대항하는 악의 세력과 싸우는 셈이 된다. 이렇게 해서 결국 그는 하느님 편에 서 있는 자로 분류된다.

등장인물들의 발언들 역시 이중적 의미를 담게 된다. "흐로스가의 설교"라고 불리는 부분에서(1700~84행) 흐로스가는 베어울프에게 교만과 탐욕 그리고 성미가 급해서 행하는 폭력 등을 피하라고 가르친다. 그런데 흐로스가의 이 '설교'는 기독교의 가르침과 맞아떨어지는 부분들이 너무 많아서 어떤 학자들은 이것을 '일곱 대죄'(seven deadly sins)에 대한 설교와 연결시켜 성경의 유사한 구절들을 열거할 정도이다. 그러나 시인이 이 설교를 통해 흐로스가가 기독교인이었다고 주장하는 것처럼 보이지는 않는다. 다만 기독교적 관점에서 보아도 충분히 합치되고 또 기독교적인 울림을 가지면서도, 기독교 이전 시기에도 충분히 사람들이 생각했음직한 가르침과 인생에 대한 통찰(가령 이 세상의 영광은 헛것이고 곧 사라진다는 이 시의 전반적 기조는 기독교인이 아니더라도 얼마든지 생각할 수 있는 것이면서, 동시에 기독교에서 얼마나 애용하는 주제인가!)을 등장인물들이 말하도록 함으로써, 시인은 작중인물들의 이교적 배경을 잘 재현하면서도 동시에 기독교적인 의미가 존재하는 시를 만들어낸 것이다.

4. 주된 이야기와 곁가지 이야기

『베어울프』에서 곁가지 이야기(digression)는 상당한 분량을 차지하며 또한 주된 이야기의 흐름을 거침없이 끊어버리기도 한다. 이러한 점 때문에 평자들 중에는 이 시에서는 주된 이야기보다 곁가지 이야기가 더 중요하다는 주장을 하는 이까지 생길 정도이다. 물론 그러한 주장은 지나치다고 말할 수 있으나, 이 시의 곁가지 이야기는 없어도 되는 단순한 여담이 아니라 주된 이야기 속에서 벌어지는 사건들의 숨겨진 내적 의미를 일깨워주는 역할을 하고 있다는 점은 분명하다.

작품 속에 나오는 곁가지 이야기들은 대부분 작중 음유시인의 연상작용에 의해 자유롭게 등장한다. 어떤 사건이나 사람 혹은 사물을 설명하려다 말고 시인은 갑자기 그와 관련된 다른 이야기를 떠올리게 되고, 그러면 곧장 그 이야기를 한다. 가령 하사품으로 받은 목걸이 이야기를 하다가 그 목걸이의 내력과 그에 얽힌 싸움 이야기를 한다거나, 헤오롯의 멋지고 튼실한 건물 모습을 묘사하다 말고 곧 그 건물이 화염 속에 스러지게 되리라고 언급하고, 또 베어울프가 최후에 싸우게 된 용이 화가 난 이야기를 하다가 어떻게 그 용이 보물을 얻게 되었는지를 이야기하는 식이다. 보통의 '옛날이야기'와는 구별되는 이러한 전개양식은 시 속의 사건과 사물들이 각각 고립된 것이 아니라 역사의 연결고리로 이어져 있음을 상기시키며 현재 사건의 내력과 이유, 의미 등을 보여주는 역할을 한다.

시인의 곁가지 이야기 중에는 헤레모드, 헤알프데인 같은 데인족과 예아트족의 실제 역사 속의 인물들이 상당수 등장하거나 히엘락 왕의 프랑크왕국 원정 이야기처럼 반(半)역사적 삽화가 자주 등장한다. 이러한 역사적 삽화들을 통해 베어울프 같은 신화적·영웅적 인물 곁에 실드, 헤레모드, 핀(Finn), 오파(Offa)와 같은 게르만족의 역사적 영웅들이 함께 등장하게 되는데, 이것은 시인과 동시대에 살던 독자들로 하여금 자신이 속한 공동체의 역사를 자랑스럽게 받아들이고 공동체의식을 진작시키는 효과를 갖는다. 한편 역사적 삽화 중에는 데인족과 예아트족 간의 해묵은 반목의 역사를 짚어나가는 부분이 많은데, 가령 결혼을 통해 반목을 해결해보려다 오히려 더 큰 불행과 복수를 불러일으키는 헤도 바드(Heatho-Bard)의 잉겔드(Ingeld)와 프레아와루(Freawaru)의 이야기 등이 대표적인 예이다. 이러한 곁가지 이야기들은 되풀이되는 국가의 흥망성쇠, 반복되는 보복과 반목의 역사를 보여줌으로써 복수의 파괴성, 보복이 가져다주는 결과의 허망

함을 실감하게 만든다. 〔최예정〕

추천문헌

Frederick Klaeber ed., *Beowulf and the Fight at Finnsburg*. 3rd ed. (Lexington, Mass.: Heath 1950). 학문적 연구에서 주로 인용되고 구미 대학의 학부·대학원 강의에서 주로 사용되는 『베어울프』의 정본으로 필사본의 본문 내용을 잘 옮겼을 뿐 아니라 애널로그 (analogues)와 유사한 구절들을 충실하게 수록했다. 또한 변칙형과 운율의 불일치 등을 인용하는 텍스트 비평, 참고문헌 등 보조자료를 풍부하게 갖추고 있다.

E.T. Donaldson trans., "Beowulf" in M.H. Abrams gen. ed., *The Norton Anthology of English Literature*, 7th ed. (New York & London: W.W. Norton & Company 1999). 가장 많이 읽히는 현대영어 번역본이기는 하지만, 원문의 구문과 복합어를 축자적으로 옮긴 것이어서 읽기는 가장 어려운 번역 중 하나이다.

Charles W. Kennedy trans., *Beowulf: The Oldest English Epic*. rpt. in *The Oxford Anthology of English Literature*, gen. eds. Frank Kermode and John Hollander, 2 vols. (New York: Oxford Univ. Press 1973). 현대영어 운문번역본 중 가장 추천할 만하다. 고대영시의 작시법을 살려서 매 행에 네 개의 강세가 있는 단어를 주고 두운을 잘 살리고 있어서 고대영어 원문의 소리의 모방이라는 측면에서는 특히 탁월한데, 사실 독자들은 바로 이것(계속되는 두운) 때문에 지겨울 수도 있다.

C.L. Wrenn ed., revised by W.F. Bolton, *Beowulf with the Finnesburg Fragment* (London: Harrap 1953); rev. and enl. 1958. 3rd ed., rev. W.F. Bolton (London: Harrap 1973). 위에 소개한 클래버의 텍스트가 일반 학생들에게 너무 버겁다고 생각할 때 권장할 만한 책이다.

David Wright trans., *Beowulf: A Prose Translation with an Introduction* (Harmondsworth, Eng.: Penguin 1957). 현재 구할 수 있는 현대영어 산문번역본 중 가장 추천할 만하다. 고대영어의 문체적 특징을 잘 살린 번역은 아니지만 문장의 흐름이 자연스럽다.

제프리 초서

1. 초서의 위대성과 중세

초서(Geoffrey Chaucer, 1342/43~1400)의 위대성은 크게 세 가지 방식으로 표현되어왔다. 즉, 초서는 '중세적'이기 때문에, '근대적'이기 때문에, '탈근대적'이기 때문에 위대하다는 것이다. 그러나 이 세 가지 관점은 표면적인 차이에도 불구하고 모두 '중세'에 대한, 그리고 초서의 작품세계에 대한 편견을 바탕으로 하고 있다. 물론 각각의 관점은 초서의 작품세계를 설명하는 데 부분적인 유효성을 지닌다. 또한 방식은 다를지언정 모두 초서를 '현재화'하려는 노력에서 나온다는 점에서 긍정적인 면도 있다. 그럼에도 불구하고 이 관점들은 초서를 평가함에 있어 당대에 대한 객관적인 이해에 앞서 현재의 입장에서 중세를 해석하고 왜곡하기까지 한다.

서구에서 중세에 대한 관심과 이해가 커진 데에는 크게 세 가지 계기가 있다. 첫째, 19세기 산업화의 후유증, 둘째, 20세기 제국주의의 발흥과 1·2차대전 이후 유럽의 분열, 셋째, 비교적 최근에 부각된 근대성과 탈근대성을 둘러싼 논쟁이다. 우선 산업화로 인한 유럽사회의 변화를 혼돈과 무질서로 받아들인 예술인과 사상가들은 산업화 이전의 질서와 위계를 지닌 사회모델을 중세에서 찾으려 했다. 즉, 중세사회를 근대의 사회적 변화에 대립하는 복고적인 사회상으로 꾸민 것이다. 다음으로 자국의 유구한 역사와 전통을 주장하려는 제국주의 국가들이 중세 연구를 적극 지원하고 그 현재성을 강조했다. 또 전쟁이 남긴 지역적 분열상과 상처받은 자존심을 치유하기 위해 유럽사회 전체가 문화적 통일성을 강조하게 되면서, 중세시대는 바로 그러한 유럽의 통합을 상징하는 역사적 시기로서 정립된다. 즉, 중세는 기독교문화로 상징되는 유럽의 통일성과 연속성을 말해주는 시기이다. 마지막으로 근대성과 탈근대성 논쟁에서 '근대 이전'의 설정이 필요하게 되었던바, 중세가 바로 그러한 시기로 동원된다. 즉 중세는 근대를 기준으로, 근대를 정의하기 위해 필요한 이차적이고 부수적인 시대가 된다.

이처럼 중세는 항상 '현재'의 필요성에 의해 구성되어왔다. '현재'의 사회적 모순을 해소하기 위한 이데올로기적 허구로서, '현재'의 자기확장과 자기확인을 위한 영토화의 대상으로서, 혹은 '현재'의 자기정의를 위한 도구적 매개로서 봉사해왔다. 달리 말해 중세는 항상 근대의 타자로 설정되어 이상화와 주변화의 두 극단으로 내몰린 셈이며, 그 자체의 역동성은 무시되거나 간과되어온 것이다.

초서를 제대로 읽기 위해서는 이같은 현재 중심의, 그리고 근대 중심의 해석에서 벗어날 필요가 있다. 무엇보다도 초서가 보여주는 중세사회의 모습을 있는 그대로 구체적으로 읽어내는 일이 우선시되어야 한다. 초서의 작품세계 자체가 이를 요구한다. 중세의 역사를 알아야 초서의 작품을 이해할 수 있는 면이 있기는 하지만, 초서의 작품세계에는 그의 작품을 통해서만 접근하고 포착할 수 있는 중세의 역사적 진실이 담겨 있다. 초서의 작가적 위대성은 바로 여기에 있다.

2. 중세 후기의 문화적 역동성과 초서

초서가 당대의 역사적 진실을 드러낸다는 것은 그가 당대의 사회문제를 직접적으로 다루거나 사회현실을 사실적으로 재현했기 때문만은 아니다. 오히려 현대의 독자에게 초서의 작품은 당대의 급박한 사회적 문제에서 비껴나 있고 사실적이라고 보기도 어렵다고 느껴질 수 있다. 그럼에도 불구하고 초서는 중세 말기라는 새로운 역사적 상황에서 그 당시로는 새로운 방식으로 현실에 대응하고 거기에 충실했던 작가다.

초서가 살던 중세 후기는 봉건제에서 자본제로 이행하는 과정에서 역사적으로 의미있는 사회적 변화가 다방면에서 일어나던 시기였다. 기아와 흑사병, 전쟁, 지배계층 내부의 권력투쟁, 농민봉기 등이 중첩되면서 극도의 사회적 혼란과 어려움이 생겨나고, 봉건체제의 전통적 이념으로는 이러한 위기를 감당하기 어려웠다. 영국의 경우 특히 14세기 초 엄청난 재해들이 발생하여 민중들의 삶을 피폐하게 만들었다. 왕실과 귀족계층도 1337년부터 벌어진 프랑스와의 백년전쟁으로 인한 재정적 손실에다 왕과 대영주들 사이에 엎치락뒤치락하는 권력투쟁이 벌어져 통솔력의 위기를 맞게 된다. 또한 교회의 권위도 온전히 유지되지 못하여, 교회의 타락을 비판하고 그 권위를 격하하거나 그에 도전하는 여러 움직임이 이단시되는 경우도 많았다. 신비주의와 종말론적 정서의 확산이 여기에 포함된다. 특히 위클리프 (J. Wycliffe) 추종자들이 일으킨 롤러드(Lollard) 운동은 성경에 대한 믿음으로 교회의 권위를 대체하려 한 대중적인 이단운동으로서 당시의 종교적 상황을 잘 보여준다.

1381년의 농민봉기는 중세 말기의 변화를 집약적으로 보여준다. 흑사병으로 인구의 1/3 이상이 사망한 후, 영주와 농민 사이에 임금을 둘러싼 갈등이 표면화된다. 농민들은 더 많은 임금을 요구하는 반면, 영주들은 각종 법령을 제정해 이들을 통제하고 인두세 등의 세금을 부과해 착취하려 한다. 농민들의 누적된 불만은 대규모 봉기로 폭발했으며, 여기에 장원의 여러 계층과 교구신부 등 성직자들이 가세하고 도시민과 일부 런던 시민들도 합류하였다. 타일러(Watt Tyler)와 볼(John Ball)이 이끄는 봉기군은 에씩스 (Essex)와 켄트(Kent)에서 런던의 심장부까지 행진해 수감자들을 풀어주고 런던 탑을 공략했을 뿐 아니라, 당시 최고의 권력자인 랭커스터 공작, 즉 곤트의 존(John of Gaunt)의 궁전을 불태우고 캔터베리 주교를 참수했다.

이제 중세의 전통적 사회이념인 '세 신분 이론'(Three Estates Theory, 기도하는 성직자, 싸우는 기사, 일하는 농민의 세 계층이 사회를 구성한다는 이론)으로는 시대적 변화의 대세를 막을 수 없는 지경에 이른 것이다. 각 계층은 안정된 자기 자리를 박탈당하고, 이념과 현실 사이의 큰 괴리를 경험하며 정체성의 위기에 시달리게 된다. 1381년의 농민봉기는 이런 계층적 정체성의 위기가 현실화한 것으로, 적어도 일하는 계층이 자기 자리에서 주어진 일을 묵묵히 수행하며 지낼 수 없게 된 사회현실을 반영하고 있다.

또다른 중요한 변화는 중간계층의 확대이다. 중세 후기에 오면 도시를 거점으로 하는 중간계층이 전문기술과 상업과 무역을 통해 급성장한다. 이 중간계층의 확대는 당시의 사회구성에 큰 변화를 일으킨다. 토지를 떠나 도시로, 장원을 떠나 시장으로 유입된 농민들이 중간계층으로 새롭게 편입되는 한편, 중간계층의 일부는 축적된 부를 바탕으로 귀족계층에 편입되며 귀족계층의 층화와 분화를 가속화하기도 한다. 이처럼 이 시기의 중간계층은 기존의 사회계층들을 폭넓게 아우르며 사회적으로 가장 중요한 계층으로 부상하는 긴 행로에 발을 내딛게 된다. 또한 중간계층의 확대는 이 시대의 사회적 관계에도 핵심적인 변화를 일으켜 토지와 혈연을 기반으로 하는 봉건제의 사회적 관계는 기술과 계약을 기반으로 하는 새로운 사회적 관계로 이행된다.

이같은 격변 속에서 각 계층은 자신들의 계층적 입장을 정당화할 수 있는 담론과 이념을 찾으려 노력한다. 기존 지배계급은 자신들의 정치적 권력과 사회적 권위를 유지하기 위해 전통적인 이념에 더 깊은 애착을 가지며 다른 계층들에게도 이를 더욱 강요하게 된다. 새롭게 부상하는 중간계층은 계층상승 욕망을 충족시키기 위해 지배계층의 문화를 모방·흡수하는 한편, 이것을 변형하여 자신들의 계층적 현실에 맞는 담론과 이념을 창출하려 노력한다. 농민들과 피지배계층은 지배계층의 문화를 흡수하거나 새로운 담론을 만들어내려 노력하기보다는, 주어진 문화양식에 가능한 만큼 자신들의 목소리를 담아내려는 노력을 기울인다. 한마디로 당시의 문화적 상황은 다양한 계층적 목소리의 충돌과 자기 계층 담론을 향한 모색으로 특징지을 수 있다.

중세 후기의 문화적 역동성은 바로 이러한 충돌과 모색의 과정에서 분출된다. 주목할 점은 각 계층이 자기 고유의 상이한 담론체계를 생성하지 못했고 또 그것들이 서로 충돌하는 양상도 찾기 어렵다는 것이다. 이 시기의 사회계층들은 전통적인 지배담론을 자신들의 것으로 전유하려는 노력을 통해 자기표현을 하기도 하고 서로 투쟁하기도 한다. 충돌과 모색은 전통적인 지배담론을 재절합하는 작업, 즉 주어진 말을 필요한 문맥에 집어넣으면서 그 의미와 중요성을 굴절시켜 전유하는 작업을 통해 이루어진다. 따라서 그 당시 어떤 담론이나 이념도, 혹은 아무리 작은 용어라 할지라도 결코 중립적으로 존재하지 않으며, 동시에 특정한 계층에 의해 독점적으로 소유되지도 않는다. 그것들은 계층적 충돌과 모색의 장 안에서 다양한 힘에 의해 밀고당겨진 흔적을 가지고 있으며, 항상 이미 다른 계층의 목소리에 침윤되어 있다. 그러므로 피상적으로 보면 중세 후기의 문화는 지배담론 일색의 획일성을 지닌 듯하지만, 실제로는 그 지배담론 속에서 나름의 관점과 입장을 세우려는 수많은 힘들이 부딪치는 역동성을 지닌다.

이러한 문화적 역동성을 떠나서 초서의 작품들, 특히 『캔터베리 이야기』(The Canterbury Tales)를 올바로 이해하기는 힘들다. 각 계층이 지배담론을 전유하려 하면서 서로 충돌하는 그 시대 특유의 문화적 역동성이 『캔터베리 이야기』에 너무나 생생하게 담겨 있다. 바로 여기에서 다른 작품들이 이루지 못한 『캔터베리 이야기』의 문학적 성취를 찾을 수 있다. 『캔터베리 이야기』의 생동감은, 이 작품이 당대의 사회변동을 바탕으로 깔고 있고, 거기서 오는 문화적 활기를 원천으로 삼는 데서 온다. 중세의 다른 작가에서는 찾아보기 힘든 초서의 독특한 문학적 창조성이란, 다름 아니라 당대의 문화적 조건과 역사적 상황에 충실히 반응한 그의 역사적 성실성에서 나오는 것이다.

3. 『캔터베리 이야기』를 읽는 관점들

『캔터베리 이야기』에 대한 해석은 초서의 사회적 위치를 어떻게 규정하는지에 따라 몇가지로 분류할 수 있다. 첫번째 입장은 초서를 종교시인으로 보는 것으로, 로버트슨(D. W. Robertson)이 주도한 '역사주의 비평'이 그것이다. 이 입장은 1950,60년대에 초서 비평은 물론 사실상의 중세문학 비평 전반을 지배하였다. 이들은 『캔터베리 이야기』가 순례의 틀을 가지고 있다는 점을 강조하면서, 「본당 신부의 이야기」(The Parson's Tale)와 「철회」(Chaucer's Retraction)로 끝맺는 결말 부분을 부각하고, 이런 기독교적인 틀과 결말이 작품 전체의 의미를 규정한다고 주장한다. 캔터베리 순례에 참여하는 순례자들은 기독교적 관점에서 죄인이며, 순례를 통해 이들이 죄를 참회하고 영혼을 정화하게 하는 것이 이 작품의 뜻이라는 것이다. 문학기법 면에서는 『캔터베리 이야기』가 알레고리라는 점을 강조하면서, 작품을 교리로 환원하고자 한다. 그러나 이런 관점은 작품의 구체성과 사회성을 사상하는 단점이 있다.

두번째 입장은 초서를 휴머니스트로 본다. 도널드슨(E. Talbot Donaldson)이 주도한 이 입장은 첫번째 입장과 함께 초서 비평의 양대 흐름을 이루었다. 이들은 초서의 종교성보다는 세속성에 주목하고, 『캔터베리 이야기』에 담긴 기독교 교리보다는 인본주의적 포용성을 강조한다. 초서는 기독교인이라기보다는 세속적 인간으로 파악되며, 『캔터베리 이야기』는 기독교사회로 규정된 폐쇄적인 중세의 역사적 공간에서 풀려나 보편적이고 초역사적인 공간으로 옮겨진다. 즉 종교적인 관점에서 세상을 혐오하고 단죄하려는 것이 아니라, 인간적인 관점에서 세속적 현실의 한계를 인정하고 수용한다는 점을 강조한다. 이에 따라 순례자들의 인간적 특징들과 각 이야기에 표출되는 화자의 개성이 부각된다. 대개 작품 안의 역학적 작용에 관심을 지닌 신비평적 경향을 따르며, 문학기법 면에서는 알레고리가 아니라 아이러니를 중시해서, 현실의 한계를 보는 시선과 이 한계를 포용하는 넉넉함 사이에서 발생하는 아이러니가 각 작품에 드러나는 방식에 주목한다.

세번째 입장은 초서를 궁정시인으로 본다. 궁정에서 자라고 궁정에서 주어진 여러 공무를 처리하며 산 초서가 궁정의 문화적 전통을 바탕으로 궁정의 청자와 독자들을 위해 작품을 썼다는 것이다. 이 입장은 『캔터베리 이야기』 이전의 작품들에서 궁정적인 요소들이 결정적으로 작용한다는 점에서 출발해서, 『캔터베리 이야기』에 담긴 궁정적인 요소들을 찾아내려 한다. 하나의 통일된 작품으로서의 의미를 규명하려 하지 않는 대신, 한편으로는 궁정의 정치적·문화적 상황에 의해 『캔터베리 이야기』가 어떻게 구성되는지를 밝히고, 다른 한편으로는 이 작품이 당시에 궁정에서 했을 역할과 효과를 분석하려 한다. 문학기법 면에서는 『캔터베리 이야기』가 구사하는 수사법에 주목하며, 각 이야기가 사용하는 수사적 전략들을 포착하는 작업을 한다.

네번째 입장은 초서를 부르주아적 세계관을 가진 작가로 본다. 초서는 도시와 시장에 귀속되는 것이다. 이 입장은 초서를 중세를 대변하는 작가로서가 아니라 근대와 관련하여 이해하며, 그의 작품에 드러나는 근대적 요소를 부각한다. 구체적으로 초서는 중간계층 가운데서도 특히 도시에서 무역과 상업을 통해 부상하는 계층, 넓게 보아 부르주아라 부를 수 있는 계층에 속한 작가로 규정된다. 이 입장에서 보면 『캔터베리 이야기』는 교환과 계약을 위주로 하는 부르주아적 사회질서를 반영하며, 중세적 문화전통이 아니라 새롭게 확산되는 문화양식을 활용한다. 문학기법 면에서는 사실주의적 묘사를 높이 평가하면서, 실감나는 대화와 현실성 있는 언어 구사에서 나타나는 현실주의적 인식을 분석한다.

마지막으로 1980년대 이후 현재까지의 이론적 배경에서 나온 다양한 비평경향을 묶어서 볼 수 있겠다. 이들 가운데, 바흐쩐(M. Bakhtin)의 이론을 원용하는 비평은 초서를 당대의 민중적 문화전통에 접목해 본다. 이 입장은 『캔터베리 이야기』가 보여주는 대화성과 카니발적 요소를 부각하면서 이를 당대의 저항적인 민속문화와 연결지으려 한다. 다른 한편으로, 여성주의 시각을 가진 비평들 가운데 일부는 초서의 작가적 위치를 당대 여성의 사회적 위치와 나란히 놓고 보기도 한다. 중세 후기의 문화적 상황에서 세속문학은 기독교 담론에 비해, 그리고 여성은 남성에 비해 이차적이고 부수적일 수밖에 없다. 그런데 당시 기독교의 이분법적 위계 안에서, 세속문학과 여성은 영혼·의미·교리 등에 종속되어야 하는 몸·문자·쾌락 등의 가치를 지닌다는 공통점이 있다. 따라서 세속 시인으로서 초서는 여성의 주변적 위치에 공감하게 된다는 것이다. 이 두 입장은 초서의 사회적 위치를 민중과 여성에 근접해 본다는 점에서 새로운 관점을 제공한다. 이밖에도 신역사주의나 해체론, 탈근대주의 등 여러 이론들의 관점에서 초서를 보는 비평들이 새로운 해석을 내놓고 있다.

그런데 이와같은 다양한 입장들이 과연 중세 후기의 사회변화와 문화적 역동성과 관련하여 이 작품이 보여주는 사회적 전망을 해명하고 있는지는 미지수이다. 가령 『캔터베리 이야기』를 기독교적 세계관과 연결시켜 해석하는 입장을 보자. 기독교적 세계관은 『캔터베리 이야기』뿐 아니라 중세문학 전반을 해석하는 데 반드시 고려해야 하는바, 중세 후기 기독교의 위상과 역할은 당시의 문화적 역동성과 연관지어 이해할 필요가 있다. 각 계층이 필요에 따라 지배담론을 전유하던 이 시기에 대표적인 지배담론을 제공한 것이 바로 기독교이다. 즉 기독교는 그 종교적 권위를 빌려 자기 담론의 근거와 정당성을 확보하려는 다양한 계층들이 서로 충돌하는 담론적 투쟁의 장인 것이다. 겉으로 보기에 이 시대의 기독교의 역할은 사회를 평면적으로 단순화하고 획일적으로 통합하는 데 있는 것 같지만, 실제로는 사회의 다차원적인 역동성이 구현되는 장을 제공한 데 있다. 이처럼 기독교가 담론의 매개요 투쟁의 장이라는 점은 『캔터베리 이야기』의 곳곳에서, 특히 「바스의 여인의 서문」(The Wife of Bath's Prologue)에서 잘 드러난다. 그러므로 기독교적 세계관을 추상적으로 고정해놓고 여기에 작품의 의미를 환원시키는 비평은 기독교에 대한 『캔터베리 이야기』의 전망을 가릴 수밖에 없다. 『캔터베리 이야기』에서 기독교적 세계관은 작품의 의미를 결정하는 근거로 작용하기보다는 그 사회적 작용과 효과를 탐색하는 대상이 되는 면이 더 크기 때문이다.

　당대 사회가 어느 한 영역이나 계층이나 이념에 의해 지배되거나 결정되지 않는다는 점을 고려하면, 초서의 작품세계를 특정 영역이나 계층, 이념으로 환원하는 비평적 입장들로는 『캔터베리 이야기』를 올바로 읽어내기 어렵다는 것을 알 수 있다. 무엇보다, 앞서 정리한 여러 입장들은 초서의 작가적 전망을 교회·궁정·도시·인간사회 등에 귀속시켜 설명하려 하지만, 초서 자신의 사회적 위치는 이 중 어디에만 속한다고도 할 수 없는 복합성을 띤다. 초서는 기독교인이지만 교회의 타락을 엄하게 비판하는 한편, 기독교 담론의 권위와 부딪치며 세속시인으로서의 자기정당성을 확보해야 했다. 그는 부유한 포도주상인의 아들로서 부르주아 계층에 속하지만 어렸을 때부터 궁정에서 일하며 살았다. 궁정에서의 그의 위치는 당시 세속적 지배계층의 변화를 반영한다. 그는 혈연과 농토를 기반으로 형성된 귀족계층에 속하지는 않지만, 상속이 아니라 계약에 의해 자기 입지를 확보하고 전투력이 아니라 행정적인 능력으로 왕에게 봉사하는 새로운 계층, 젠틀(gentle)하지만 노블(noble)하거나 애리스토크래틱(aristocratic)하지는 않은 관료계층에 속하는데, 이런 그의 위상은 중세 후기로 갈수록 분화되고 층화되는 지배계층의 단면을 잘 보여준다. 초서의 이력은 당시의 사회변화의 한 단면을 전형적으로 보여주는 예이자 동시에 초서 자신에게는 당대 사회 전반을 폭넓게 경험할 수 있는 기회를 제공한다. 중간계층의 상층부에 속하면서 일찌감치 궁정사회에 편입된 그는 위로는 당시의 지배계층인 왕을 비롯한 귀족들에게 봉사하는 한편, 주어진 공무를 수행하는 과정에서는 중간계층 전반과 그 밑의 계층까지를 골고루 상대한다. 그는 지배적이지만 점차로 힘을 잃고 낡아가는 체제와 새롭게 부상하며 힘을 얻어가는 체제가 혼합된 절묘한 국면에 위치한 삶을 이끌며, 작가로서는 더이상 바랄 나위 없는 사회적 체험을 한다. 요컨대 초서의 사회적 위치 자체가 당시 사회의 한 영역이나 계층에 환원되지도, 또 전통적인 사회적 경계로 규정되지도 않는 성질의 것인 데다 그 자신이 이처럼 다영역적·다계층적인 상황의 어디에도 안착하지 못한 채 스스로의 작가적·사회적 정체성을 끊임없이 모색했다. 『캔터베리 이야기』의 등장인물들이 사회적 신분으로 호명되기는 하지만 동시에 바로 그 주어진 신분만으로는 충분히 정의되지 않는 상황에서, 스스로의 정체성을 찾아 표현하려 애쓰는 것은 결코 우연이 아닌 것이다. 물론 초서의 사회적 위치가 작가로서의 사회적 전망을 기계적으로 결정한다는 말은 아니다. 그러나 적어도 그의 사회적 정체성 자체가 끊임없는 모색의 대상이었다는 사실은 그의 사회적 전망을 특정한 영역이나 계층으로 귀속시키기 어렵다는 점을 시사한다. 그러므로 『캔터베리 이야기』를 읽을 때 당대 사회의 어느 한 층위의 질서나 한 계층의 이념을 작품의 근거로 삼는 입장으로는 이 작품을 제대로 해석하기 어렵다고 말할 수 있다. 즉, 상호충돌과 자기모색이라는 이 시대의 문화적 특징을 존중하지 않을 경우 이 작품의 문학적 성취를 제대로 이해하기는 힘들다.

4. 『캔터베리 이야기』의 문학적 성취와 「전체 서문」

　『캔터베리 이야기』의 문학적 성취는 이 작품이 당대의 사회적 역동성을 성공적으로 형상화한 데 있다. 『캔터베리 이야기』가 보여주는 사회적 전망은 어느 한 영역이나 계층에 의해 사회가 지배된다기보다는 모든 영역과 계층에 서로 다른 영역과 계층이 이미 들어와 갈등하고 투쟁하고 있고, 이런 갈등 속에서 각 영역과 계층이 자기 정의(定義)를 모색한다는 것이다. 이는 중세 후기의 사회변화 속에서 움튼 사회적 역동성을 포착한 것이다. 『캔터베리 이야기』가 이처럼 당대의 사회적 역동성을 형상화하며 문학적 성취를 이룰 수 있는 것은 이 역동성을 특징짓는 상호충돌과 자기모색이 『캔터베리 이야기』의 구성과 전개를 결정하는 기본원리이기 때문이다.

　『캔터베리 이야기』는 당대에 흔히 찾아볼 수 있는 이야기 모음집으로서 당시에 널리 알려진 이야기들을 편찬한 작품이지만, 이 작품의 구성과 전개방식은 여러 면에서 독창적이다. 이 독창성은 당대의 사회적 역동성을 반영하기 위한 노력에서 나온다. 『캔터베리 이야기』에서 초서의 순수한 창작물이며 작품의 독창성을 담보하는 요소는 이야기를 엮어내는 틀로서 작품의 액자를 이루는 부분이다. 「전체 서문」(The General Prologue)을 보면, 『캔터베리 이야기』는 캔터베리 순례길에 오른 순례자들이 우연히 써더크(Southwark)에 위치한 한 여관에 투숙하면서 시작한다. 다음날 아침 순례자들이 순례길에 오르려 할 때, 여관주인(The Host)이 이렇게 유쾌한 집단을 본 적이 없다면서 자기도 동참하겠다고 나선다. 여관주인은 순례길을 재미있게 보낼 방법을 제안하는데, 즉 순례를 가는 길에 각자 두 편의 이야기를 하고 오는 길에 다시 두 편의 이야기를 해서, 가장 잘된 이야기를 하는 사람에게 상을 주자는 것이다. 여관주인은 순례자들의 인도자요 재판관으로서 이야기놀이를 주재하며 순례길을 이끌게 된다. 순례자들은 목적지에 거의 다다를 때까지 이야기를 주고받으며 순례의 여정을 밟는다. 이 순례자들 속에는 초서가 포함되어 있다. 그는 여관에서 밤새 순례자들과 사귀며 그들에 대해 알게 된 바를 「전체 서문」에 적어 이들을 소개한 후, 순례길에서 들은 순례자들의 이야기를 옮기고 그들 사이에 벌어지는 일들을 기록해 『캔터베리 이야기』를 쓰게 된다. 결과적으로 『캔터베리 이야기』는 순례자들에 관한 큰 서사적 틀 속에 그들의 작은 이야기들을 모아놓은 작품이 된다. 『캔터베리 이야기』의 독창성은 작은 이야기들 하나하나에 구현되어 있기도 하지만, 그에 앞서 이야기를 하는 화자들에 대한 큰 이야기에서 찾아볼 수 있다. 바로 이 큰 이야기를 통해 이 작품은 중세 후기 사회의 역동성을 형상화하는 데 성공한다. 이 큰 이야기는 두 개의 상반된 틀을 도입함으로써 당대 사회의 이념적 갈등을 담아내고, 순례자들에 대한 관심을 통해서 사회구성원들의 자기정체성에 대한 성찰과 모색을 포착하고, 순례자들이 맺는 관계를 매개로 이야기놀이를 전개함으로써 그 사회의 계층적 대립과 담론적 투쟁을 드러낸다.

『캔터베리 이야기』는 순례와 이야기놀이라는 두 개의 서사적 틀을 갖고 있는데, 이 둘 사이의 긴장은 당대 사회의 이념적 상황을 담아낸다. 순례는 당시에 천상의 삶을 향한 길을 밟아가야 하는 지상의 삶의 비유로 널리 쓰인 데서도 알 수 있듯이, 종교적 구원을 향한 인간의 여정을 나타낸다. 반면에 이야기놀이는 인간 삶의 여정이 구원을 향한 길이라는 점보다는 즐겁게 가야 하는 길이라는 점을 강조한다. 따라서 순례가 서사적 틀로 사용되는 경우 작품 전체가 기독교적 전망에 의해 규정되지 않을 수 없는 반면, 이야기놀이를 서사적 틀로 사용하는 작품은 세속적인 관점에서 삶을 누리려는 욕망에 봉사할 수밖에 없다. 『캔터베리 이야기』는 상반된 함축성을 갖는 이 두 가지 틀을 동시에 채택함으로써, 제의적 성격과 축제적 성격, 직선적 서사진행과 파행적 전개, 교리적 의미와 세속적 재미 등의 대립적인 요소를 작품의 두 축으로 삼는다. 이에 따라 작품 전체의 의미구성에 커다란 긴장이 생긴다. 독자의 입장에서는 의미를 결정해야 하는 매순간, 순례의 틀과 이야기놀이의 틀이 강요하는 두 가지 상반된 의미체계 안에서 주저하고 방황하게 된다. 이런 독자의 상황이 바로 캔터베리 순례자들의 상황이요 중세 후기를 살아가는 사람들의 상황과 다름없다는 점에서, 『캔터베리 이야기』는 종교성과 세속성의 이념적 대립을 작품의 구성원리로 채택함으로써 당대의 이념적 상황을 성공적으로 담아냈다고 할 수 있다.

그러므로 『캔터베리 이야기』를 종교성이나 세속성의 어느 한쪽에 귀속시켜서는 곤란하다. 『캔터베리 이야기』는 단순히 종교적이거나 혹은 단순히 세속적인 작품이라고 말할 수 없는 복합성을 띠며, 종교성과 세속성의 대립 자체를 형상화하려는 문제의식을 보여주기 때문이다. 사실 『캔터베리 이야기』는 종교가 세속적인 삶을 규정하는 방식과 반대로 세속적 이해관계가 종교를 규정하는 방식을 강조한다. 예를 들어, 이 작품은 순례가 세속적인 목적으로 이루어졌다는 것과 이야기놀이가 교리적 의미 부여와 동떨어질 수 없다는 것을 동시에 보여준다. 『캔터베리 이야기』는 종교성과 세속성이 국면마다 다채롭게 혼재하는 양상을 부각시킴으로써, 획일적인 지배이념이 존재하지 않는 당시의 이념적 상황을 잘 드러낸다. 『캔터베리 이야기』

의 관심이 이처럼 종교성과 세속성이 삼투하는 과정에 놓여 있는만큼, 이 작품은 종교성과 세속성의 표면적인 대립을 뛰어넘는 다른 관점을 모색하고 있다고 보는 것이 타당할 것이다.

순례와 이야기놀이라는 두 개의 서사적 틀을 사용하여 당대의 이념적 상황을 재현해내는 한편, 『캔터베리 이야기』는 화자로서의 순례자들을 묘사하면서 이들이 개개인의 삶을 인도해줄 지배적인 이념이 주어지지 않은 상황에서 자기정체성을 모색하는 모습을 보여준다. 「전체 서문」은 순례자들을 계층과 직업으로 규정하지만, 이들의 계층과 직업이 전통적인 사회체제로 포괄되지 않는다는 점과 더 나아가 이들이 사회적 위치만으로는 완전히 설명되지 않는다는 점을 부각시킨다. 결과적으로 이들은 주어진 이념이나 관념이 현실적 유효성을 상실해가는 상태에서 자신의 삶을 이해하고 설명하기 위해 노력하는 인물들로 묘사된다. 「전체 서문」은 이들이 사회적 정체성을 모색해야 하며, 결국 자신의 개별적 정체성을 찾아나서야 할 상황이라는 점을 강하게 시사한다.

「전체 서문」도 그렇지만, 『캔터베리 이야기』의 본문 역시 순례자들이 각자의 이야기를 하는 행위가 자신의 사회적·개인적 정체성을 모색하려는 노력과 연결되어 있음을 보여준다. 이 점은 특히 이야기 앞에 붙인 화자의 긴 서문에서 잘 드러난다. 『캔터베리 이야기』의 여러 화자 가운데 세 명의 순례자, 즉 바스의 여인과 면죄사(The Pardoner)와 성당 참사회원의 시종(The Canon's Yeoman)은 이야기를 시작하기 전에 마치 고해라도 하듯이 서문에서 자신에 대한 이야기를 털어놓는다. 자기가 살아온 삶과 생활에 대한 이들의 말에서 자신을 규정하는 성과 계층 및 직업, 다시 말해 자신들에게 주어진 정체성에 이들이 만족하지 못한다는 사실이 확연하게 드러난다. 그러나 다른 한편 이들이 대안적 정체성을 표현할 언어를 가지고 있지 못하다는 사실도 함께 드러난다. 그러므로 이들의 서문에는 지배적인 담론으로 표현할 수 없는 자신들의 정체성을 바로 그 지배적인 담론을 매개로 표현해야 하는 데서 오는 긴장이 내재한다. 이들의 서문은 자신을 규정하는 지배적인 담론에 저항하려 하지만 달리 그것을 표현할 언어가 없어 저항의 대상인 바로 그 지배적 담론을 사용해야만 하는 역설적 상황을 보여준다. 사회적으로 주어진 정체성에 거리를 갖고 있지만 자기 담론이 없어 거기에 객관적인 거리를 확보하지는 못하는 상황에서 이들이 강박적으로 자기에 대해 늘어놓는 말들은 굴곡과 음영으로 가득 차 있어 일종의 증후로 해석해야 하는 면이 있다. 그러므로 이들의 서문은 이미 정해진 자신들의 정체성을 표현하는 장이라기보다는, 미지의 정체성을 절합해내려 하는 모색의 장이라고 보아야 한다. 따라서 이들의 이야기도 미리 정해진 이들의 정체성과 연관해 환원적으로 파악하기보다, 이들이 정체성을 찾는 과정과 연결해서 읽을 필요가 생긴다.

이 세 명의 순례자의 경우에서 알 수 있듯이, 초서는 『캔터베리 이야기』를 집필하면서 이야기 자체보다는 이야기를 하는 화자에 점점 더 많은 관심을 갖게 된다. 초서의 이런 관심이 모든 순례자에게 확산되지 못한 아쉬움이 있지만, 초서는 순례자/화자의 구체적 상황을 다루면서 당대 현실을 한결 직접적으로 형상화할 수 있게 되며, 무엇보다 중세 후기에 자기정체성을 모색하려 애쓰는 사람들의 모습을 생생하게 포착한다.

다른 한편으로, 이야기에서 이야기의 화자로 관심이 옮아간다는 것은 이야기를 담론적 문맥에 넣고 본다는 것을 의미한다. 초서는 이야기를 화자와 연결시켜 제시함으로써, 어떤 이야기가 중립적으로 존재하는 것이 아니라, 누가 하는 이야기인지에 따라 그 의미가 달라진다는 인식을 내보인다. 게다가 초서는 여기서 한 발 더 나아가, 어떤 이야기의 의미는 그 이야기가 누구를 겨냥해 하는 이야기인지, 또 그 이야기를 누가 듣고 어떻게 받아들이는지에 따라 달라진다는 인식을 가지고 있다. 초서의 이런 인식은 『캔터베리 이야기』의 전개방식에 그대로 투영되어, 캔터베리 순례자들의 이야기놀이는 당대 사회의 계층적 갈등을 표출할 수 있도록 전개된다.

초서가 당대 사회의 계층적 갈등을 표현할 수 있도록 『캔터베리 이야기』의 전개방식을 구상했다는 것은 처음 제시되는 두 이야기의 연결만 보아도 알 수 있다. 여관주인이 제안한 이야기놀이에 동의한 순례자들은 제비를 뽑아 처음 이야기할 사람을 고르는데, 마침 기사(The Knight)가 선정된다. 기사는 자신의 계층에 어울리는 장르인 로맨스를 골라 자신의 계층에 맞는 내용을 자신의 계층에 어울리는 고급한 언어로 이야기한다. 「방앗간 주인의 서문」(The Miller's Prologue)은 어떻게 방앗간 주인이 기사에 이어 화자가 될 수 있는지를 설명한다. 기사가 이야기를 마치자, 사람들은 귀족적인(noble) 이야기였다고 말한다. 여관주인은 이야기놀이가 제대로 시작되었다고 하면서 기사의 세속적 계층에 걸맞은 지위를 가진 수사(The Monk)에게 기사의 이야기에 답례할 것을 권한다. 이때 술에 취한 방앗간 주인이 자기도 귀족적인 이야기를 할 수 있으니 자신의 귀족적인 이야기로 기사에게 답례하겠다며 끼여든다. 여관주인이 술취한 방앗간 주인을 제지하려 하지만, 방앗간 주인은 끝내 물러서지 않고 이야기하려는 의지를 관철한다. 정작 그가 하는 이야기는 자신의 계층에 맞는 장르인 파블리오(fabliau)에 속하는, 말하자면 음담패설인데, 다루는 내용 자체는 기사의 이야기와 비슷한 면이 많다.

이와같은 이야기의 연결은 『캔터베리 이야기』에서 이야기놀이가 화자들 간의 계층적 긴장을 담론적 갈등으로 표현하도록 전개된다는 점을 알려준다. 「기사의 이야기」는 화자인 기사가 테세우스(Theseus)의 지배력과 통솔력을 정당화하며 자기 계층의 지배력과 통솔력을 유지하고 확인하려 하는 이야기로 읽을 수 있다. 다른 한편, 방앗간 주인은 1381년의 농민봉기에 동참해 바로 그런 지배력과 통솔력에 반기를 들고 일어선 계층이다. 한마디로 말해, 그는 기사의 귀족적인 이야기를 즐길 수 없으며, 더욱이 기사의 이야기가 전제하는 이데올로기를 견딜 수 없는 계층적 입장에 서 있다. 그러므로 방앗간 주인이 기사의 이야기를 들으며 내내 술을 들이켜고, 기사가 이야기를 마치자 반귀족적인 이야기로 기사의 귀족적인 이야기를 뒤집으며 앙갚음하는 것은 당연한 일이다. 「기사의 이야기」에서 「방앗간 주인의 서문」으로 넘어가는 이런 전개는 당시의 계층적 갈등을 포착하기 위한 것이라고 볼 수 있다.

『캔터베리 이야기』는 이처럼 짝을 이루며 갈등하는 순례자들이 이야기를 통해 상대방을 공격하고 서로에게 앙갚음하는 방식으로 전개된다. 이런 담론적인 상황에 편입되면서, 『캔터베리 이야기』의 이야기들은 새로운 의미를 띠게 된다. 『캔터베리 이야기』의 문학적 성취로 빼놓을 수 없는 것은, 그렇게 다양한 이야기를 모아놓았음에도 각각의 이야기가 여러 겹의 의미층을 갖도록 구조화하는 데 성공했다는 점이다. 『캔터베리 이야기』의 서사구조 안에서, 이야기 하나하나는 개별적인 텍스트로서, 화자와 연관된 이야기로서, 다른 화자들과의 갈등 속에 발화된 담론으로서, 『캔터베리 이야기』 작품 전체의 한 부분으로서의 다양한 위상을 갖는다. 이 다양한 위상들을 개별적으로 또 동시에 고려하지 않으면, 『캔터베리 이야기』의 이야기들을 제대로 해석할 수 없다. 『캔터베리 이야기』의 이야기들이 갖는 의미층 하나하나가 당대의 사회현실과 어떻게 연관되는지를 읽어내려 애쓰지 않더라도, 이와같이 복합적인 서사구조 안에서 각각의 이야기를 읽어나가는 해석적 순례에 동참하는 것만으로도 『캔터베리 이야기』의 문학적 성취를 경험할 수 있을 것이다.

〔신광현〕

추천문헌

David Aers, *Chaucer* (Atlantic Highlands: Humanities Press International, Inc. 1986). 주제별로 초서의 작품세계를 다룬 입문서로서, 초서 이해의 길잡이로 가장 적합한 책이다.

Carolyn Dinshaw, *Chaucer's Sexual Poetics* (Madison: The Univ. of Wisconsin Press 1989). 여성주의의 입장에 서서 초서 작품을 해석한 연구서로서 가장 잘 알려진 책이다.

Stephen Knight, *Geoffrey Chaucer* (Oxford: Blackwell 1986). 초서의 초기 작품부터 『캔터베리 이야기』까지를 작품별로 다룬 입문서. 입문서이기는 하지만 작가의 사회비판적 관점이 강하게 투영되어 있어 조심스럽게 받아들여야 하는 책이다.

Lee Patterson, *Chaucer and the Subject of History* (Madison: The Univ. of Wisconsin Press 1991). 초서의 작품세계를 당대 역사와 연결시켜 해석한 연구서로서 가장 뛰어난 책이다.

Paul Strohm, *Social Chaucer* (Cambridge: Harvard Univ. Press 1989). 초서의 작품세계를 당대 사회상황과 연결시켜 해석한 연구서이다.

2부 르네쌍스 시대 영국문학

영국 르네쌍스 시대 개관 설준규
윌리엄 셰익스피어 이현석
필립 씨드니 유재덕
에드먼드 스펜서 이진아
존 던 이미영
존 밀턴 이종우

영국 르네쌍스 시대 개관

1. 절대군주제, 국민국가, 영국혁명

    요크(York)가와 랭카스터(Lancaster)가를 주축으로 한 대영주들 사이의 왕위쟁탈전인 장미전쟁(1455~85)이 랭카스터가의 승리로 끝나고 헨리 7세(Henry VII, 재위 1485~1509)를 시조로 튜더 왕조가 열렸을 때, 지방분권적 봉건영주들의 세력은 전쟁과정에서 매우 약화되어 있었다. 튜더 왕들은 봉건영주들을 점차로 무장해제해 궁정의 영향권 안으로 끌어들임으로써 왕권을 강화해나갔고, 그 결과 귀족들이 영지 내에서 임의로 행사하던 권력의 대부분이 왕에게 집중되는가 하면, 그 일부는 귀족이 일정하게 배제된 하원으로 옮아갔다. 곧, 튜더 왕조의 성립은 중앙집권적 절대군주제의 정립 과정이면서 동시에 젠트리(gentry)──세습귀족은 아니되 많은 토지를 소유한──를 근간으로 한 의회세력의 강화 과정이기도 했던 것이다.

    절대군주제는 봉건적 사회질서의 전면적 변혁이기보다는 궁정을 중심으로 귀족세력이 결집한 결과라는 점에서 봉건제의 연속이라 할 수 있다. 절대군주제의 성립은 사회적 생산의 근간이 토지에서 상공업활동으로 옮아가는 초기자본주의 혹은 중상주의의 시대적 변화에 상응하는 봉건적 정치질서의 재편인 것이다. 권력의 중앙집중은 지방영주들의 자의적 권력 행사와 같은 봉건적 제약을 크게 제거하고 지역 단위로 이루어지던 교역을 전국적 규모로 통합함으로써 경제활동을 원활하게 하는 한편, 원시적 자본의 축적에 필요한 독과점적 상업활동 및 약탈무역 등에 유리한 조건을 형성했다. 또한 튜더 왕권은 궁정을 중심으로 행정제도를 안정시키고 인재들을 중용함으로써 재능있는 인력이 신분적 제약을 넘어 입신할 수 있는 기회를 넓히기도 했다. 절대왕권의 성립으로 왕과 궁정은 정치·종교·문화 전반에 걸쳐 국가의 중심이 되었다.

헨리 8세(Henry VIII, 재위 1509~47) 때 이루어진 종교개혁은 교황의 영향력을 배제함으로써 왕권을 한층 강화했을 뿐더러, 영국이 독자적 국민국가로 나아가는 중요한 계기가 되기도 했다. 종교적 관용, 과감하면서도 균형잡힌 외교정책 등, 영국인들을 사회적으로 통합하는 정치를 편 엘리자베스 여왕(Elizabeth, 재위 1545~1603)의 50년 가까운 통치기간을 거치면서 영국은 명실상부한 국민국가로서 유럽의 주변부에서 중심으로 나아가게 된다. 1588년 스페인 무적함대(the Invincible Armada)의 격파는 이 과정에서 한 상징적 사건이었다.

후사가 없는 엘리자베스 여왕의 뒤를 이어 스코틀랜드의 제임스 6세가 영국왕에 즉위하여 제임스 1세(James I, 재위 1603~25)가 됨으로써 스튜어트 왕조가 열린다. 왕조의 교체는 엘리자베스조 말까지 가까스로 봉합되어 오던 갖가지 사회적 갈등이 표면화되는 계기가 되었다. 새 왕은 자신의 정치적 기반을 넓히는 한편 부족한 왕실재정을 채우기 위해 작위를 남발함으로써 신분제도를 위태롭게 하는 등 사회적 갈등의 분출을 가속시킨다. 제임스 1세를 이은 찰스 1세(Charles I, 재위 1625~49)의 치세 동안에는 관료제를 정비하고 실효성있는 상비군을 갖춤으로써 왕권을 실질적으로 강화하려는 왕과 그에 맞서는 의회의 대립이 격화되어갔다. 1640년대에 이르면 자본주의적 발전에 따라 형성된 개인주의적인 사회세력이 폭력적인 탄압에 의하지 않고는 더이상 감당할 수 없을 정도로 강해졌지만, 스페인이나 프랑스의 왕들과 달리 찰스 1세는 그같은 폭력을 행사할 수 있는 명실상부한 절대권력을 갖추는 데 실패했다. 그 결과는 1642년의 내전 발발과 그에 뒤이은 혁명이었고 그 과정에서 왕의 피가 단두대를 적시게 된다.

내전이 일어났을 때 실질적인 군사행동을 주도한 세력은 의회를 중심으로 한 젠트리가 아니라 하층민들이었다. 내전의 와중에서는 이들 하층민의 역할이 불가결했지만, 사유재산의 철폐를 주장하기도 했던 이들의 급진적인 정치적 입장이 젠트리와 독과점상인을 위시한 유산계급에게는 큰 위협이 아닐 수 없었다. 혁명의 결과로 성립된 공화정이 크롬웰(Oliver Cromwell, 1599~1658)의 죽음과 더불어 급속히 붕괴하면서 1660년의 왕정복고로 가는 과정은 혁명에 가담했던 유산계급이 하층민을 용도폐기하는 과정이기도 했다.

영국혁명 당시 부르주아지는 1백여년 뒤 프랑스혁명의 경우와는 달리 독자적으로 혁명을 주도할 만한 세력으로 미처 성장하지 못했던 까닭에 일부 귀족을 위시한 대지주계급과 결탁하게 된다. 이런 점에서 영국혁명은 제한된 의미에서만의 부르주아혁명이라 할 수 있다. 하지만 혁명과 그 여파로 영국의 지배세력은 각종 봉건적인 제도적 제약을 철폐해나감으로써 자본주의의 원활한 전개를 위한 정지작업을 완수할 수 있었다. 그런가 하면 영국의 상당수 대지주들은 17세기가 끝나갈 무렵이면 성공한 자본가계급으로 변신한다. 하층민의 억압에 기초한 상층계급간의 타협이라는 이같은 영국혁명의 성격은 향후 영국사회의 중요한 특성을 이루게 된다.

2. 인문주의, 종교개혁, 지리적·자연과학적 발견

일반적으로 르네쌍스는 중세말 미술·건축·정치·문학 등이 고대 그리스와 로마 고전의 영향을 받아 교회의 틀에서 벗어나 새롭게 태어남(rebirth)을 뜻하며, 14세기 말 이딸리아에서 시작되어 15세기 이후 유럽 전역으로 퍼져나간 것으로 이해된다. 크게 보아 르네쌍스는 교황청으로 대변되는 중세적 기독교의 주도권이 이념적·물질적으로 해체되면서 근대를 맞이하게 되는 과정이라고 할 수 있는데, 이 해체의 과정은 서로 연관된 몇가지 요인 또는 경향으로 정리해볼 수 있다.

르네쌍스를 이끈 주된 이념이라 할 수 있는 인문주의는 신이 아니라 인간을 사유의 중심에 놓는 지적 경향으로서 인간이 삶을 영위하는 데 있어 이성이 주된 능력임을 강조했다. 몸과 마음을 두루 연마하여 정치·도덕·예술 등 여러 분야에 걸친 능력을 골고루 갖춘 인간, 다시 말해 무사나 정치가로서뿐만 아니라 철학자나 예술가, 심지어는 사교가로서도 일정한 조예를 지닌 '보편적' 인간(universal man)이 인문주의의 이상적 인간상이었다. 인문주의자들은 아리스토텔레스, 플라톤, 키케로 등 고전시대——고대 그리스와 로마——의 철학적·문학적 문헌들을 깊이 탐구하는 한편 중세까지 잘 알려지지 않았던 고전시대 작가들도 새롭게 발굴하여 소개했다. 이를 통해서 르네쌍스 시기 작가들은 새로운 문학적 형식과 관념, 주제 등을 끌어옴으로써 문학적 표현의 영역을 넓힐 수 있게 되었던 것이다.

인문주의는 절대군주제 시기 영국에서 실질적인 역할을 수행하기도. 했다. 권력이 강화되고 집중된 만큼 그 역할과 기능도 복잡해질 수밖에 없었던 궁정의 입장에서는 정치적 감각과 실무능력을 갖춘 새로운 유형의 인간을 육성하는 것이 중요한 과제였는데 인문주의가 바로 그 역할을 떠맡게 되었던 것이다. 인문주의 교육은 고대 그리스·로마의 고전과 성경을 기초로 하여 라틴어 문법·논리학·수사학·수학·기하학·천문학·음악 등과 아울러 정치적·도덕적·철학적 지식을 전수함으로써 여러가지 공적인 업무를 감당할 수 있는 인간을 양성해나갔거니와, 엘리자베스 여왕 자신이야말로 그같은 교육을 받은 전형적인 인물이었다.

튜더 왕조에 들어와 라틴어와 그리스어 문헌 학습을 중심으로 한 인문주의적 교육이 시작된 이래 1530년대에 오면 키케로, 오비디우스(Ovidius) 등의 고전시대 작가들 및 에라스무스(Desiderius Erasmus, 1466?~1536)가 문법학교(grammar school)에서 폭넓게 학습될 정도에 이르며, 셰익스피어

(William Shakespeare)와 같은 중산층 자녀들 다수가 그같은 문법학교에서 교육을 받았다. 옥스포드나 케임브리지 또는 법학원(Inns of Court) 같은 대학교육의 수요도 급격히 늘어났다. 대학교육의 확산은 말로우(Christopher Marlowe, 1564~93)를 위시한 다수의 중산층 대학 출신 재사들(university wits)을 배출함으로써 이 시기 문학의 수준을 높이는 데 크게 기여했다. 법률가 양성이 일차적인 목적이던 법학원은 지배계층의 후예들이 자신들이 타고난 지위를 유지하는 데 필요한 소양을 닦으면서 상호교제를 넓히는 기능을 하는 한편, 활달한 지적 분위기를 통해 던(John Donne)과 같은 작가들에게 문학수업의 장이 되기도 했다.

인문주의는 하나의 이념으로서 이 시기 전반에 큰 영향력을 행사했지만, 그 이상이 현실정치에서 온전하게 실현되었다고 보기는 어렵다. 에라스무스와 더불어 당대 유럽 최고의 인문주의자로 꼽혔고 명저 『유토피아』(*Utopia*)를 남기기도 한 모어(Thomas More, 1478~1535)가 헨리 8세의 종교개혁에 반대하여 끝내 죽음을 맞이하게 되는 것은 이 시기 인문주의와 현실정치의 관계를 드러내주는 한 계기였다.

모어를 포함한 르네쌍스 인문주의자들이 기독교의 교의를 멀리한 것은 아니었다. 그들은 고전시대의 사고방식과 개념들을 기독교의 교의와 조화시키려 노력했다. 그들은 종교적 구원을 얻기 위해 현세의 삶을 올바르게 사는 것이 중요함을 강조하는 한편, 과도한 금욕주의나 내세에 대한 집착을 경계했다. 씨드니(Sir Philip Sidney), 스펜서(Edmund Spenser), 밀턴(John Milton) 등에서 특히 두드러지는 이같은 경향은 흔히 기독교적 인문주의(Christian Humanism)라고 불리기도 한다.

1517년 루터(M. Luther)에 의해 촉발된 종교개혁은 기득권을 보존하려는 로마교회의 교권주의와 타락상에 대한 오래 누적되어온 불만의 결과였다. 종교적인 측면에서 보면 그것은 교황청이 하느님의 대변자를 자임함으로써 성경 해석의 권한을 독점하고 그 해석에 근거하여 기독교도들의 삶에 대해 최종적 권한을 행사하는 것에 대한 반발이었다. 초기 개혁가들은 교황청을 통하지 않고 신자 개개인이 성서에 나타난 복음을 믿음으로써 직접 절대자와 교감하고 또 그것을 통해 종교적 구원에 이를 수 있다고 설파했다. 르네쌍스 시기, 곧 초기자본주의 시기를 기점으로 퍼져나가는 근대적 개인주의의 종교적 발현이라 할 개혁의 여파는 여러 방면에 걸쳐 나타났다. 교황청이 종교적 권위를 내세워 개별 국가의 정치에 개입할 수 있는 길이 막히자 각 지역 군주들은 교회를 장악할 수 있게 되었을 뿐만 아니라 정치적으로도 독자성을 확보할 수 있게 되었고, 그 결과 교황청을 중심으로 천년 넘게 유지되어온 유럽의 기독교권이 와해되었다. 이는 바로 유럽사회 전반의 세속화를 의미하는 한편, 각 국가 단위의 정체성이 강화됨으로써 근대적 국민국가 형성의 길이 열림을 뜻했다.

영국에서 종교개혁이 이루어진 직접적 계기는 후사를 얻기 위해 스페인 출신의 왕비와 이혼하기를 원했던 헨리 8세의 정치적 동기였다. 스페인의 영향력 아래 있던 교황청이 이혼을 반대하자 헨리 8세는 1534년 스스로 영국교회의 수장(Supreme Head of the English Church)임을 선포하고 교황청과 결별한 다음 수도원을 해체하고 그 재산을 분배함으로써 지지세력을 확보했다. 그러나 헨리 8세의 종교개혁이 교회의 조직이나 사제의 복식, 예배의식 등 가톨릭적인 요소를 상당부분 답습한 것은 향후 오랜 기간 동안 종교적 분쟁의 빌미가 된다.

르네쌍스 인문주의자들이 정신적·지적 허기를 채우기 위해 고전시대를 새로이 탐사했다면, 이 시기 모험가들은 부와 영광을 보장해줄 새로운 땅을 찾기 위해 모험항해에 나섰다. 1492년 콜럼버스(C. Columbus)의 아메리카 대륙 발견으로 상징되는 새로운 세계의 발견은 곧 그 세계에 대한 대대적이고 기나긴——적어도 부분적으로는 지금까지도 계속되고 있는——약탈의 역사로 이어졌다. 찬란한 잉까와 아스떼까 문명이 유럽에서 온 모험가들의 총칼과 그들이 묻혀온 세균의 공격 아래 허물어졌다. 이 과정을 통해 유럽의 여러 국가들에서는 자본주의 성장의 전제조건인 이른바 자본의 본원적 축적이 진행되고 있었다. 지리적 발견에 대한 당대 사람들의 관심은 셰익스피어의 『폭풍』(*The Tempest*)과 같은 작품의 배경이 되기도 했다.

지리적 발견이 지구에 대한 새로운 이해를 가능하게 했다면, 우주에 대한 생각도 변화하기 시작했다. 지구가 우주의 중심이라는 중세적 우주관이 꼬뻬르니꾸스(N. Copernicus), 케플러(J. Kepler), 갈릴레이(G. Galelei) 같은 과학자들에 의해 도전받기 시작했을 뿐만 아니라, 초자연적 원리에 의해 천체가 운행한다는 신화적 우주관도 이성에 근거한 물리학적 우주관의 도전을 받을 수밖에 없었다. 이같은 합리주의적 사고는 장차 18세기 계몽주의의 시기에 가서 큰 영향력을 행사하게 될 테지만, 이 시기 작품 도처에서 이미 그같은 새로운 경향과 중세적 사고방식이 대립하는 양상을 볼 수 있다.

3. 후견제와 검열제도

엘리자베스조 초기 영국에서 작가가 된다는 것은 영예로운 일이기는 했으되 생계를 유지하는 방편으로는 불안한 것이었다. 명문가 출신의 씨드니가 생계나 출세 등의 외적인 목적과 무관하게 작품을 썼다면, 스펜서는 문필활동을 직접적인 생계의 수단으로보다는 입신의 발판으로 삼았다. 그리하여 출판기술이 보급된 지 백년이 지날 무렵에도 시인들 대다수는 친구들 사이에서 필사본으로 돌려볼 작정으로 시를 쓰고 있었다. 독자층이 점차로 확대되어나감으로써 사정이 조금씩 나아지긴 하지만 르네쌍스가 끝나갈 무렵까지도 작가가 자신의 작품을 출판하는 것만으로 생활을 꾸리기는 무척 어려웠다.

높은 신분을 타고나지 않은 이 시기 시인들이 금전적 지원과 아울러 신분을 보장받는 유일한 길은 인심이 후한 후견인(patron)을 얻는 것이었으므로, 시인들은 자신의 작품집에 후견인이 될 만한 인물에게 바치는 헌사를 달곤 했다. 씨드니 가문 사람들이나 에씩스 백작(Earl of Essex, 1566~

1601) 같은 적극적인 후견인들도 있긴 했지만, 후견을 얻으려는 사람에 비해 후견을 제공하려는 사람은 턱없이 부족했으므로 대다수 시인들은 궁핍함에 시달리면서 자신들을 알아보지 못하는 세태를 시로 읊는 것이 고작이었다. 이 시기 재능있는 다수의 작가들이 극작품에 매달린 것도 이런 사정과 무관하지 않다.

연극계의 후견제(patronage)는 특이한 양상을 띠었다. 이 시기 배우는 최하층의 사회적 신분으로 부랑자와 동등한 취급을 받았다. 그리하여 극단들은 명문가 또는 왕의 명목상의 하인 신분을 자처하고 소속 배우들은 그 신분에 맞는 의상과 배지를 착용했다. 배우들은 자기 후견인의 요청에 따라 때때로 연극 공연을 해주는 대신 사회적 신분을 보장받을 수 있었고, 후견인은 이렇다 할 금전적 지출 없이 자신의 이름을 단 극단을 거느릴 수 있었다. 셰익스피어가 속한 극단의 이름은 엘리자베스조에는 '체임벌린 경의 종복'(Lord Chamberlain's Men)이었고 제임스 1세 때는 '국왕의 종복'(King's Men)이었다.

제도적 절차가 완비되지 못했던 절대군주제 시기 영국의 정치는 왕을 포함한 지배세력 개개인의 인품이 정치적 상황에 상대적으로 큰 작용을 미칠 수밖에 없었다. 그런 까닭에 이 시기 작가들은 작품을 출판하거나 공연하기 위해 겹겹의 검열을 통과해야 했다. 정치적·종교적·외교적으로 문제가 될 법한 대목들은 사전검열에서 삭제되기 일쑤였고, 연극 공연의 경우 사전검열을 통과했어도 공연 당시 문제가 일어나면 극장을 폐쇄하고 배우를 체포하는 등 혹독한 처벌이 가해지기도 했다. 그러나 검열의 대상이 되는 것은 대체로 특정한 개인이나 특정한 외교적 동맹세력에 대한 문제성 있는 표현에 국한되었고, 추상화된 권력에 대한 비판이나 공격은 용인되는 경향이 컸다. 이런 상황에서 작가들은 작품의 무대를 먼 과거나 딴 나라로 잡는다든지 하는 우회적인 방법으로 당대 정치현실을 비판할 수도 있었다.

4. 시문학

헨리 7세의 궁정은 유럽대륙의 르네쌍스를 직접 받아들이지는 않았고 이 시기 시인들도 대체로 중세시의 전통 안에서 작품을 썼다. 영국 시인들이 대륙으로부터 쏘네트를 위시한 새로운 시형식들을 도입하기 시작하는 것은 그 자신 직접 시를 짓기도 했던 헨리 8세의 치세에 이르러서였다.

와이어트(Sir Thomas Wyatt the Elder, 1503~42)는 대륙의 시형식을 들여와 적극적으로 활용한 사람들 가운데 하나로 이딸리아의 뻬뜨라르까(F. Petrarca, 1304~74)가 지은 쏘네트들을 약강오보격(iambic pentameter) 시행의 영어로 자유롭게 옮겼다. 하워드(Henry Howard, Earl of Surrey, 1507~47)는 와이어트에 이어 쏘네트 형식을 더욱 가다듬어 세 사행시련(quatrain)과 하나의 이행시련(couplet)으로 이루어진 표준적인 영국 쏘네트 형식을 완성했다. 쏘네트는 씨드니, 스펜서, 셰익스피어 등에 의해 다양한 방식으로 그 시적 표현의 가능성이 실험됨으로써 르네쌍스 영국시의 중요한 형식 가운데 하나로 자리잡게 된다. 하워드는 또한 베르길리우스(Vergilius)를 영어로 옮기면서 무운행(blank verse)을 처음으로 사용한 사람으로 알려져 있는데, 압운하지 않는 약강오보격으로 된 이 무운행은 비단 말로우나 셰익스피어를 위시한 르네쌍스 극작가들뿐만 아니라 밀턴과 워즈워스(W. Wordsworth)에 이르기까지 중요한 시인들이 서사시에 적극적으로 활용함으로써 장차 영시를 대표하는 주된 시행으로 자리잡게 된다.

엘리자베스조 초기에는 몇몇 군소작가들이 활동하기는 했으나 널리 읽히는 탁월한 작품은 그다지 나오지 않았다. 스펜서가 『목자의 달력』(*Shepheardes Calender*)을 낸 1579년을 기점으로 기라성 같은 극작가와 시인들이 등장했는데, 말로우나 셰익스피어처럼 시인이면서 동시에 극작가로 활동한 다수의 작가들말고도 시와 산문 로맨스의 걸작을 남긴 씨드니, 시에 전념한 스펜서 등의 대작가들이 엘리자베스조 말기에 활동했다. 초서, 셰익스피어, 밀턴과 더불어 흔히 영문학사상 최정상급 작가로 칭송받기도 하는 스펜서는 생시에 이미 당대 최고의 작가로 인정되었다. 그는 서정시에서 서사시에 이르는 거의 모든 시형식에서 뛰어난 작품을 남겼는데, 그의 시 다수는 새로운 시행과 스탠저(stanza)에 대한 실험을 담고 있었으며 시어 또한 강한 개성을 지닌 언어적 실험을 바탕으로 한 것이었다. 또한 그는 시를 쓰는 일이 그 자체로서 고결함과 위엄을 지닌 직업이 될 수 있다는 인식을 영문학사상 처음으로 성숙시킨 인물로서 벤 존슨(Ben Jonson, 1572~1637)이나 밀턴 같은 시인에게 전범이 되었다. 스펜서에 관해서는 별도의 장에서 좀더 세부적으로 정리하기로 한다. 스펜서, 셰익스피어와 함께 르네쌍스 영문학을 대표하는 작가 중의 한 사람으로 꼽히는 씨드니는 인문주의 교육을 골고루 받았으며 궁정인이자 군인으로서 활동적인 삶을 사는 동시에 대륙 여러 나라에 견줄 만한 문학작품을 산출하겠다는 예술가로서의 이상을 추구하기도 했던 인물이다. 씨드니에 대해서도 별도의 장에서 좀더 상세히 다루기로 한다.

르네쌍스 작가들은 선대뿐만 아니라 동시대 작가들의 작품의 형식 및 거기에 담긴 생각, 이미지, 문학적 모티프, 즉 문학적 관습(convention)을 끌어쓰는 것을 꺼려하지 않았다. 더구나 고전시대의 전범을 잘 따른 작품은 훌륭한 작품으로 간주되기도 했다. 목가(pastoral)는 엘리자베스조의 중요한 문학적 관습 중 하나였다. 대체로 궁정의 타락상과 대비되는 소박한 농촌생활의 즐거움을 강조하는 목가는 출세와 입신의 좁은 기회가 궁정에 집중되어 있어서 다수의 지식인, 작가들이 좌절을 겪어야 했던 당시의 사회적·정치적 상황을 드러내기에 적절했다. 이 목가의 관습은 말로우와 롤리(Sir Walter Ralegh, 1552?~1618)의 짧은 목가적 서정시, 『목자의 달력』과 같은 연작 목가시, 그리고 셰익스피어의 『그대 좋으실 대로』(As You Like It) 같은 목가적 희극 등 여러 장르에 걸친 작품의 모태가 되었다. 또다른 로마 시인 오비디우스에서 비롯되는 신화적 구애시(mythological-erotic narrative)의 문학적 관습도 이 시기 작가들이 즐겨 끌어썼다. 그리스·로마 신화에 나오는 갖가지 육감적인 연애담에 기초해서 말로우와 셰익스피어는 각각 『히어로와 리앤더』(*Hero and Leander*) 『비너스와 아도니스』(*Venus and Adonis*)를 지었다.

던과 존슨 등은 셰익스피어와 동시대 사람으로서 엘리자베스조에 이미 활발한 활동을 벌였던 시인이지만, 왕조가 바뀐 다음에도 주요 작품을 계속 산출했을 뿐만 아니라 시의 경향이 스튜어트 왕조(1603~60) 시인들을 대표한다고 볼 만하다는 이유에서 대개 뒷시기에서 다루는 것이 일반적이다. 단순화의 위험을 무릅쓴다면 이 시기에 주로 활동한 시인들은 이른바 '형이상학파 시인'(metaphysical poets)과 '왕당파 시인'(cavalier poets)으로 나누어볼 수 있다. (실제로는 '형이상학파 시인'의 대표격인 던의 작품 가운데 '왕당파적'이라 할 시가 없지 않고 '왕당파 시인'의 대부라 할 존슨의 작품 가운데 '형이상학적'이라 할 시를 찾아내는 것이 그리 어렵지 않거니와, 나아가 한 편의 시 속에 이 두 경향이 섞여 있는 작품도 존재한다.)

'형이상학파 시인'이라는 개념은 드라이든(J. Dryden)이 존 던을 두고 중세 스콜라학파처럼 현학적이고 난삽한 표현을 잘 쓴다는 뜻으로 "형이상학을 즐긴다"라고 한 데서 비롯한 것으로, 17세기 시인들 중 던과 유사한 표현방식을 쓰는 시인 일반을 가리키게 되었다. 스펜서의 뻬뜨라르까식 쏘네트에서처럼 남녀간의 사랑을 이상화하는 경향에 맞서서 던은 성적·육체적 관계를 부각하는 시들을 많이 썼는데, 이들은 대개 다음과 같은 특성을 지닌다. 첫째 실제 대화를 주고받는 듯한 어법과 운율, 둘째 남성의 구애를 거부하는 여성이나 친구 또는 신 등과 열띤 논쟁을 벌이는 듯한 극적인 구도, 셋째 전혀 무관해 보이는 생각들을 기상천외한 논리로써 한데 묶는 충격적인 비유법 즉 '형이상학적' 기상(metaphysical conceit)의 활용 등이다. 던에 관해서는 다른 장에서 더 상세히 논할 것이지만, 허버트(George Herbert, 1593~1633), 크래셔(Richard Crashaw, 1613~49), 본(Henry Vaughan, 1621~95), 마블(Andrew Marvell, 1621~78) 등이 던의 영향 아래 유사한 경향을 띠는 시를 내놓았다. 이들 시인들의 시 가운데는 순탄한 시적 진술로써는 좀처럼 표현하기 어려운 복잡한 생각을 '형이상학적' 기상(奇想)에 힘입어 감각적 정서와 통합해내는 독특한 시적 효과를 내는 경우가 있는가 하면, '형이상학적' 기상이 시의 의미와 따로 놀면서 별스러운 수사적 치장에 그치고 마는 경우도 없지 않다. 후자의 경향은 특히 클리블런드(John Cleveland, 1613~67)나 카울리(Abraham Cowley, 1618~67) 같은 시인들에게서 두드러진다.

'왕당파 시인'은 존슨의 영향 아래 균형미를 지닌 세련되고 우아한 서정시를 주로 썼던 러블리스(Richard Lovelace, 1618~58), 써클링(Sir John Suckling, 1609~42), 헤릭(Robert Herrick, 1591~1674) 등의 시인들을 일컫는다. '왕당파'라는 표현은 이들 대다수가 찰스 1세의 궁정에서 활동하고 영국혁명 당시 왕의 편에 선 데에서 온 것인데, 이들은 교양있는 대화체에 가까운 언어를 구사하고 지적이면서 절제된 이미저리를 사용하는 한편, 고전시대 작가들과 같은 단아함과 간결함을 도모했다. 궁정인으로서 다양한 역할을 수행해야 했던 이들 대부분이 시 쓰는 것을 여기(餘技) 정도로 여긴 탓인지 주요 시인으로 꼽을 만한 사람은 이들 가운데 나오지 않았다.

밀턴은 스튜어트 왕조 영문학의 맥락에서뿐만 아니라 영문학사 전체에서 보아도 가히 독보적인 존재이다. '형이상학적'이지도 '왕당파적'이지도 않은 그의 작품세계도 남다르지만, 크롬웰의 외국어 담당 비서로 혁명의 대열에 적극 참여했고, 혁명이 실패로 돌아간 후의 좌절감을 실명의 고통 속에서 대서사시 『실낙원』(*Paradise Lost*)으로 승화해낸 그의 생애는 단연 돋보인다. 밀턴에 관해서는 별개의 장에서 구체적으로 논의하기로 한다.

5. 극문학

영국의 르네쌍스가 시의 영역에서 큰 성취를 이룬 것은 분명하지만, 이 시기를 휩쓴 주된 예술적 성과는 무엇보다 극문학 분야에서 이루어졌다. 특히 엘리자베스조의 극문학은 정치적·경제적·문화적으로 독자적인 국민국가를 형성해가는 도정에 있던 영국사회를 통합하는 데 중요한 역할을 담당할 만큼 양적·질적으로 높은 성과를 올렸다. 대중매체가 생겨나기 이전, 엘리자베스 시대 특유의 극장이라는 대중적 공간을 통해 다양한 사회구성원들의 갖가지 관점을 표출하고 또 그것을 사회적으로 유통, 검증하는 역할을 이 시기 극문학이 탁월하게 수행했던 것이다.

16세기 말에서 17세기 초로 이어지는 전성기 르네쌍스 극문학은 민중성과 예술성이 한데 어우러지기에 매우 좋았던 사회적 조건의 소산이기도 하다. 중세극은 극작에서 공연에 이르는 전과정이 전문가보다는 민중들의 참여에 의해 이루어졌으며 거칠면서도 축제적 활기가 넘치는 극전통이었는데, 이같은 민중적 활력이 인문주의적 교육의 일환으로 학습되던 쎄네카(Seneca), 플라우투스(Plautus) 등의 라틴어로 된 고대 로마극의 절제된 형식과 결합함으로써 르네쌍스 영국의 독특한 극문학이 탄생한 것이다. 그런 한편 대중들의 예술에 대한 활달한 욕구와 열정은 아직 청교주의와 자본주의에 의해 짓눌리기 전이었으며, 대중들 가운데 다수가 최상급의 연극을 이해하고 즐길 수 있었을 뿐만 아니라 대규모 공연을 경제적으로 떠받칠 수 있는 위치에 있었다. 귀족계급의 후견에 크게 의존하지 않았는가 하면 런던의 청교주의적 부르주아지의 직접적인 통제도 받지 않는 비교적 자유로운 조건에서 연극활동이 이루어질 수 있었던 것이다. 명문세가의 홀이나 여인숙 마당 등에 임시로 마련된 공간에서 공연되던 연극이 1576년 버비지(James Burbage)가 청교도들의 영향권을 피해 런던 외곽에 '극장'(The Theatre)을 지음으로써 전용 공연공간을 갖게 된 것은 그런 뜻에서 하나의 상징적 사건이었다.

소재의 세속성은 물론이고 짜임새 있는 줄거리와 인물 묘사의 일관성 및 세련된 대사 등 근대극의 기본적인 요건을 대체로 갖춘 최초의 본격적인 희극은 유덜(Nicholas Udall, 1505~56)의 『랠프 로이스터 도이스터』(*Ralph Roister Doister*, 1553)이고 비극은 노튼(Thomas Norton)과 쌔크빌(Thomas Sackville)이 함께 지은 『고버덕』(*Gorboduc*, 1561)이 최초인 것으로 알려져 있다. 특히 후자는 르네쌍스 극작품의 대표적 운율인 무운행으로 씌어졌다.

중세극의 경우 성서를 기반으로 한 기적극은 물론이고 좀더 세속화된 도덕극도 초월적 섭리라는 큰 틀 안에서 인간의 삶을 조망하고 인간의 행위나 성격 또한 그 틀 안에서 다룬 데 반해, 엘리자베스조의 극작품에서는 사회적 관계에서 비롯되는 행위의 결과에 대한 책임을 스스로 짊어져야 하는 근대적 주체가 다양한 방식으로 극화되기 시작한다.

엘리자베스조의 극문학은 말로우나 키드(Thomas Kyd, 1558~94) 같은 두드러진 예외가 있긴 하나 적어도 양적인 면에서는 희극이 주류였다. 재치있고 세련된 언어를 현란하게 구사한 릴리(John Lyly, 1554?~1606)와 필(George Peele, 1556~96), 시민계급의 자기 직업에 대한 자긍심을 축제적 분위기로 다룬 데커(Thomas Dekker, 1572?~1632?), 중세 로맨스와 고전시대의 신화, 당대의 시사적 관심사 등을 종합한 그린(Robert Greene, 1560?~92) 등 뛰어난 작가들이 많이 나왔다. 엘리자베스조가 끝나가면서 희극의 분위기는 풍자적이고 비판적인 방향으로 바뀌는데, 존슨과 마스튼(John Marston, 1576~1634)의 작품이 이런 경향을 강하게 드러낸다. 존슨은 『모두 제 기질대로』(*Everyman in His Humour*) 같은 작품을 통해 인간의 탐욕과 우매함을 신랄하게 꼬집는 비판적인 희극의 걸작들을 남긴 작가로, 당시에는 셰익스피어보다 오히려 더 큰 대중적 인기를 누렸다.

엘리자베스조의 극문학, 특히 비극을 명실상부하게 본격적인 궤도에 올려놓은 작가는 말로우였다. 말로우는 당시 유행하던 릴리 식의 세련되었지만 작위적인 대사를 버리고 등장인물의 극적 역할에 어울리는 과감하고 힘찬 대사를 구사함으로써 극적 갈등을 박진감있게 표출하는 데 성공했다. 그는 또한 『탬벌레인』(*Tamburlaine*) 『몰터의 유대인』(*The Jew of Malta*) 『파우스터스 박사』(*Doctor Faustus*) 등의 작품에서 인간의 한계를 여러 측면에서 초월하려는 인물들을 극화함으로써 르네쌍스 특유의 정신을 가장 선명하게 그려낸 작가로 평가된다. 말로우의 주인공들은 정치·사회·경제·문화 등 모든 분야에서 새로운 지평이 열리던 시기에 한 개인에게 주어질 수 있는 여러가지 가능성을 극한까지 시험하는 존재들이었던 것이다. 말로우는 셰익스피어에게 가장 큰 영향을 미친 극작가이기도 했다.

키드는 주로 복수극의 대표적 작품 가운데 하나인 『스페인 비극』 (Spanish Tragedy)에 힘입어 기억되는 작가이다. 복수극은 봉건제가 자본주의로 넘어가는 근대 초기의 과도기적인 사회적 조건에서 조성된, 공적 정의보다 사적 정의 곧 복수를 추구하는 경향을 반영한다고 볼 수 있는데, 셰익스피어의 『햄릿』을 위시하여, 터너(Cyril Tourneur, 1575~1626)의 『복수자의 비극』(The Revenger's Tragedy), 웹스터(John Webster, 1580~1625?)의 『몰피 여공작』(The Duchess of Malfi)에 이르기까지 르네쌍스 시기 비극 작품의 중요한 성과들이 복수극의 범주에 속한다.

비극과 희극을 막론하고 엘리자베스조 극문학의 절정은 당대 역사의 핵심적 움직임을 섬세하면서도 힘있게 형상화해낸 셰익스피어의 문학적 성과에서 찾아야겠지만, 이는 별도의 장에서 자세히 다루기로 한다.

대체로 보아 스튜어트 왕조의 극문학은 엘리자베스조에 비해 활력과 깊이가 떨어지면서 쇠퇴기를 맞이한다고 할 수 있다. 엘리자베스조에서부터 궁정에서 공연되기 시작한 가면극(masque)은 시극(poetic drama)과 연주·노래·춤·화려한 의상과 무대장치들이 결합된 고급한 궁정 여흥인데, 제임스 1세와 찰스 1세는 한 차례 공연에 막대한 비용이 드는 이 가면극을 무척 즐겼다. 궁정이 호화판 가면극을 즐기고 있는 한편에서는, 신분이 높고 경제적으로 여유가 있는 고급관객들을 대상으로 하는 옥내극장 공연이 일반대중을 대상으로 하는 옥외극장 공연으로부터 분리되는 경향이 점차로 커지면서, 보먼트(Francis Beaumont, 1584~1616)와 플레처(John Fletcher, 1579~1625)처럼 고급관객의 기호에 영합하여 극문학으로서 깊이가 결여된 희비극(tragicomedy)을 써내는 작가가 인기를 얻기도 한다.

하지만 이 시기 극문학을 지배한 정조는 냉소적인 환멸과 암담함이었다. 비극에 이같은 분위기가 강하게 번진 것은 물론이거니와, 희극의 경우도 벤 존슨의 대표작이라 할 『볼포니』(Volpone) 『연금술사』(The Alchemist) 등이 그러하듯 풍자와 비판이 이전에 비해 훨씬 신랄해지면서 거의 비극의 세계에 근접해갔다. 그런가 하면 비극은 기존하는 질서가 이미 허물어지고 새로운 질서에 대한 전망은 보이지 않는 캄캄한 세계를 펼쳐 보였다. 이 작품들은 도덕적으로 무감각한 마끼아벨리적 인물들이 자신과 타인을 파멸로 몰아가는 과정이라든가 부와 권력이 인간을 도덕적으로 타락시키는 양상, 그리고 높은 지위를 지닌 자들의 부패상이나 육욕에 사로잡힌 자들의 비인간적 행태 등을 집중적으로 탐구했다. 달리 보면 이 시기 작가들이 이처럼 당대 사회의 부정적인 면을 파헤치고 또 그것의 비극적 귀결을 공연을 통해 대중들에게 퍼뜨리는 일은 새로운 삶의 질서를 향한 암중모색의 과정이었다고도 할 수 있다. 사실 셰익스피어의 『리어왕』(King Lear)이나 『폭풍』 같은 작품은 절대왕정을 넘어선 사회질서에 대한 근본적 탐색이었으며, 웹스터의 『몰피 여공작』은 세습적 신분제를 넘어선 바람직한 사회질서를 위한 항변이었다고 해도 과언이 아니다. 하지만 영국혁명의 시기에 가까워지면서 대다수 극작품들은 기존 가치의 전면적인 붕괴를 극화하는 비관적인 분위기로 기운다. 남매간의 근친상간과 그 병적으로 참혹한 귀결을 충격적인 필치로 그려낸 포드(John Ford, 1586~1639?)의 『그녀가 창녀라니』('Tis Pity She's a Whore)는 이러한 경향의 압권이다.

청교도들의 영향 아래 있던 의회가 1642년 내전 발발과 더불어 극장의 폐쇄를 명령한 이후, 이 시기 작품들에 견줄 만한 본격적인 비극이 다시 등장하는 것은 근 3세기가 지난 다음의 일이다. 〔설준규〕

추천문헌

William J. Bouwsma, *The Waning of the Renaissance: 1550-1640* (New Haven: Yale Univ. Press 2000). 유럽 전체에 걸친 르네쌍스의 전개과정에 관한 통사적 개관.

Boris Ford ed., *The Pelican Guide to English Literature 2: the Age of Shakespeare* (Harmondsworth: Penguin 1969).

_____ ed., *The Pelican Guide to English Literature 3: from Donne to Marvell* (Harmondsworth: Penguin 1982). 르네쌍스 영국의 역사적 조건과 문학의 전개에 관한 상세한 입문서들.

Stephen Greenblatt, *Renaissance Self-Fashioning* (Chicago: The Univ. of Chicago Press 1980). 신역사주의의 대부격인 학자가 신역사주의 득세 이전에 내놓은 연구서로 르네쌍스 시기 주요 영국작가들에 관한 섬세한 분석이 돋보이는 저술.

윌리엄 셰익스피어

1. 진부한 셰익스피어, 낯선 셰익스피어

　셰익스피어(William Shakespeare, 1564~1616)는 아직도 '살아 있는' 작가이다. 그가 쓴 작품은 명색뿐인 고전이 아니다. 셰익스피어라는 작가와 그가 쓴 작품들은 현대인에게 큰 감동을 주기도 하고 격분의 대상이 되기도 하는, 혹은 특정 세력을 위한 정치적 도구로 이용되거나 많은 이들의 생계유지 수단이 되기도 하는, 그야말로 우리 눈앞에 존재하는 하나의 '사건'(event)이다. 심지어 그는 광고 카피에, 지폐 도안에, 방송극 대사에, 술집 간판이나 찻잔 받침에까지 예고 없이 출몰하여 그와는 무관하다고 생각하며 살아가는 많은 현대인들에게 말을 건다. 그리하여 우리는 싫든 좋든 그와 매우 친숙하다.
　그러나 그는 또한 사뭇 낯선 존재이기도 하다. 독자와의 사이에 놓인 400년이라는 긴 시간이 그렇고, 영어를 모국어로 하지 않는 독자들의 경우에는 언어적인 어려움 또한 녹록하지 않다. 그러나 이같은 장애를 넘어 그의 작품 속으로 육박해 들어간 독자들이라 할지라도 그에게서 느끼는 낯섦은 여전한 듯하다. 이미 진부할 정도로 익숙해진 문화상품으로서의 셰익스피어, 그러나 한편 해소할 길 없어 보이는 낯설음으로 우리를 당황하게 만드는 셰익스피어──이들 사이의 간극을 어떻게 설명할 것인가? 어떻게 그 간극을 메울 수 있을까? 아니 도대체 메울 수 있기나 한가?

2. 격변기의 시인

셰익스피어와 그의 작품에 다가가고자 하는 독자는 그가 살았던 시대의 특성에 주목해야 한다. 자본주의 경제체제의 태동, 절대군주제를 근간으로 한 국민국가의 성립, 종교개혁, 대중교육의 도입, 도시로의 인구 집중, 대가족제의 분열, 인쇄문화의 정착, 문화시장 형성 등 현재의 영국을 형성한 근원적인 변화들이 그 시기에 있었다. 그는 말하자면 근대 이전과 근대가 공존하던 시간을 산 작가였다. 셰익스피어의 모든 작품은 자신이 살고 있는 시간의 남다른 의미를 나름대로 탐색한 결과물이라고 해도 지나친 말이 아니다. 셰익스피어는 새로운 시대가 갖는 진보적 측면을 적극적으로 인정했던 것으로 보인다. 그는 다가오는 시대가 지난 세월 동안 인간들을 옥죄어온 여러 종류의 억압을 분쇄해줄 것이라 기대했는데, 결과적으로 볼 때 그의 기대는 상당 부분 실현되었다.

셰익스피어의 작품에서 중세 봉건사회의 기득권층을 구성하고 있던 토지귀족이나 기사 계급은 대개 매우 가혹한 대접을 받는다. 그들은 『헨리 4세』(Henry IV) 1부의 핫스퍼(Hotspur) 일당처럼 자신의 실력에 대한 터무니없는 과신으로 일을 그르치는 허풍선이이거나, 『헛소동』(Much Ado about Nothing)이나 『그대 좋으실 대로』(As You Like It)의 왕과 공작처럼 맹랑한 원칙에만 집착해서 위선적 행동을 일삼는 이상주의자, 혹은 『십이야』(Twelfth Night)의 토비 경(Sir Toby)의 예가 그러하듯 타인을 등치거나 하는 기생충 같은 향락주의자들로 그려진다. 이런 인물들이 주도한 과거 사회가 제대로 돌아갔을 리 없다. 기껏해야 젊은 연인들의 자연스러운 연애감정을 무리하게 억압하여 그들을 참혹한 죽음으로 몰아가고(『로미오와 줄리엣』), 기존의 질서를 위협하는 자가 있다면 작당해서 집요하게 추적하여 파멸시키는(『오셀로』) 일들이 벌어질 뿐이다.

셰익스피어는 이러한 시대가, 그리고 이러한 시대를 주도한 인물들이, 다가오는 시대와는 도무지 어울리지 않기 때문에 몰락할 수밖에 없음을 실감나게 보여준다. 이들을 대신할 인물들은 누구인가? 바로 합리적 이성으로 세계를 개혁하려 하는 인문주의자와 도시 부르주아지, 몰락한 토지귀족을 잇게 될 지주향반(landed gentry), 대외교역과 식민경영의 첨병 역할을 하게 되는 "모험상인들"(The Merchant Adventurers)이다. 이들은 한데 어울려 영국 자본주의의 물질적 기초를 다지기 시작한다. 셰익스피어는 이들을, 인간의 근본적 선과 진실을 믿고, 초월적 질서가 아니라 인간의 개인적 양심을 기준으로 삼아 행동하는 존재(『오셀로』)로 묘사한다. 새시대의 주역들은 폭력적 방식이 아니라 합리적 절차를 통해서 문제를 해결하려 하며(『햄릿』), 가문이나 혈통에 따라 자동적으로 사회적 지위가 정해지던 구시대의 관습을 부인한다(『리어왕』의 에드먼드 Edmund, 『맥베스』의 맥베스 Macbeth, 『리처드 2세』의 볼링브로크 Bolingbroke). 인간은 오로지 그가 지닌 능력을 통해서만 평가되어야 하기 때문이다. 따라서 셰익스피어의 인물들은 도처에서 옷을 갈아입고 변장을 한다(『십이야』의 바이올러 Viola, 『그대 좋으실 대로』의 로절린드 Rosalind, 『베니스의 상인』 The Merchant of Venice의 포셔 Portia). 인간의 정체성 (identity)이란 태생에 의해서 고정되는 것이 아니라, 옷과 같이 마음먹기 따라 얼마든지 바꿔입을 수 있는 것이다. 자유롭게 변신하는 이들의 임기응변은 곧 산업사회를 주도하게 될 자본가들의 능란한 현실적응 능력에 다름 아니다.

그러나 셰익스피어의 시선은 또한 진보의 이름으로 진행되는 변화의 이면에도 머문다. 새로운 시대의 도래는 돌이킬 수 없다는 점에서 필연적이라 할 만하지만, 그 필연성의 한켠에는 미심쩍고 불길한 기운 또한 무르익고 있었던 것이다. 엔클로저 운동(enclosure movement)과 식민지 개척으로 이어지는 소위 '본원적 축적' 시기의 시초부터 부르주아지들은 진보적 속성 못지 않게 특유의 천박성, 이기주의, 반인간적인 물질주의를 노골적으로 드러낸다. 셰익스피어는 이들의 긍정적 측면을 평가하는 데 인색하지 않았던 것만큼이나 부정적 측면 역시 에누리 없이 집어낸다. 이들이 주도할 미래에 대해 섣부른 낙관은 금물임을 지적할 때에도 그의 펜끝은 여전히 거침없다. 그리하여 구태의연한 전통을 깨부수고 새로운 질서를 창출하는 것으로 그려지던 혁명아 에드먼드는 "깊은 심연에 서식하는 괴물들"(monsters of the deep)처럼 끔찍한 이기주의의 화신임이 밝혀진다. 부르주아적 금욕주의를 지상에 강요하려 했던 안젤로(Angelo, 『자에는 자로』 Measure for Measure의 등장인물)나 청교도적 도덕성의 소유자로 행세하던 말볼리오(『십이야』)는 기실 누구보다 음란한 욕구를 품고 있는 위선자이고, "무인도"를 개척하여 새로운 질서를 창출해내는 프로스페로(Prospero)는 그곳의 원주민을 무자비하게 착취하는 잔인한 정복자이다(『폭풍』).

새로운 시대의 불길한 징조가 이처럼 전면에 떠오르면서 지금껏 지나쳐온 이전 시대의 아름다움이 새롭게 떠오른다. 봉건적 인물들은 시대의 변화에 무릎을 꿇을 수밖에 없는 신세지만 몰락하는 자리에서조차 나름의 인간적 품격을 과시하며(『리어왕』『리처드 2세』), 야심가가 발호하기 전의 세월은 한편으로는 공동체적 유대감이 넘쳐흐르던 '좋았던 옛 시절'(『맥베스』『햄릿』)이기도 한 것으로 형상화되는 것이다.

셰익스피어에게서 많은 독자나 관객들이 느끼는 낯설음은 그가 이처럼 격변하는 시대를 살면서, 그 시대를 전후한 변화의 양상을 비교적 주관을 섞지 않고 그려낸다는 데 연유하는 바 크다. 그의 작품은 특정 세력이나 이데올로기에 대한 명쾌한 지지발언을 기대하는 경향이 있는 현대의 독자나 관객을 실망시키곤 한다. 현대의 독자와 관객이 나름대로 마련한 관념의 그물로 셰익스피어를 포획했다고 생각하는 순간, 그는 언제나 저만큼 비켜서서 그물의 조악함을 지적하는 듯 낯선 웃음을 머금어 보이는 것이다.

물론 그의 작품 가운데는 이같은 특성보다 시대적 분위기를 반영하여 바람직한 현실의 모습을 비교적 단순 명쾌하게 보여주는 경향을 지닌 것도 있다. 그는 신구세력 모두를 포용하는 대안으로 인문주의의 세례를 받은 개명한 절대군주를 지목하기도 한다. 그러나 이러한 경향의 작품들에서조차 셰익스피어가 대안을 제시하는 방식은 결코 노골적이지 않다. 그는 자신의 대안에 잠재해 있는 위험성을 잊지 않고 지적한다. 그래서 그는 결국 언제나 "놀라울 정도의 철학적 중립성"을 발휘하여 당대 현실의 이모저모를 총체적으로 포착해내는 인물인 것이다.

3. 극장의 시인

이러한 '철학적 중립성'은 셰익스피어 자신의 남다른 '천재성'이 십분 발휘된 결과일 것이다. 그러나 셰익스피어의 작품은 그가 몸담고 산 시대적 환경의 산물이기도 하다. 잘 알려진 대로 그는 관객의 입장료 수입을 가지고 생계를 해결한 '전업 극작가' 중 첫 세대에 속하는 작가이다. 당시 런던에서는 자본주의적 경제발전의 결과 물질적으로 여유를 갖게 된 사람들이 많이 생겨났는데, 이들의 여가시간을 채워줄 목적으로 연중 쉬지 않고 공연을 하는 전문 극장과 극단, 배우 그리고 극작가가 영국 역사상 처음으로 등장했다. 공연의 성공 여부는 연극종사자 모두의 생계를 좌우하였다. 그런데 셰익스피어는 전업 극작가였을 뿐 아니라 소속 극단의 공동 소유주이기도 했다. 즉, 다른 작가들은 대개 작품이 완성되면 이를 극단에 팔아서 일시불을 챙길 뿐이지만, 셰익스피어는 흥행수입에 따라 일정 비율의 배당을 받게 되어 있었다. 따라서 그에게는 작품의 흥행결과에 대해서 다른 극작가보다 민감할 만한 이유가 충분하였다.

셰익스피어 시대의 극장은 부랑자에서부터 국왕까지 사회의 거의 모든 계층을 관객으로 확보하고 있었다는 점에서 역사상 비슷한 예를 찾기가 힘들다. 작품의 성공적인 흥행을 위해서 남달리 부심한 셰익스피어는 이들 관객 중 어느 쪽의 심기도 불편하게 만들지 않는 방향으로 작품을 쓰기 위해 노력했을 것이다. 셰익스피어의 작품활동 초기처럼, 관객층은 다양하되 그들의 정치적 견해나 경제적 이해는 별로 다르지 않던 시기라면 큰 어려움이 없었을 것이다. 그러나 인간들이 저마다 자기 목소리를 내며 국가경영의 주도권을 차지하려 들자 극장의 분위기는 일변하였다. 관객들은 공연되는 작품에서 자기 진영의 정치적 주장을 뒷받침해주는 구절을 사냥하는 데 골몰하였다. 그리고 작품이 자신들의 기대를 저버릴 때에는 언제든 야유를 퍼붓고 공연을 방해하기까지 했다. 셰익스피어 작품의 놀라울 정도의 '중립성', 관객의 상상력을 끊임없이 시험하는 다의성과 애매성은 이처럼 민감한 분위기 속에서 곡예사와도 같이 작품활동을 꾸려가야 했던 대중극작가의 처지에서 비롯된 바 크다.

현대의 독자나 관객들은 셰익스피어의 작품이 연극공연을 위한 대본의 성격을 지닌다는 사실을 또한 상기할 필요가 있다. 가령 현대의 독자나 관객들은 셰익스피어의 극중 인물들이 엄청난 양의 대사를 뱉어내는 데에 놀란다. 그런데 이러한 '대사 과잉'은 셰익스피어의 개성의 소산이기도 하지만 한편으로 그가 일하던 극장의 환경이 강요한 결과라는 측면도 지닌다. 당시의 극장에는 조명이나 음향, 무대장치 따위가 존재하지 않았으므로 작가는 오로지 배우들의 대사와 의상, 그리고 몇몇 소도구에만 의지할 수밖에 없었던 것이다.

그의 작품의 다의성이나 불확정성도 마찬가지이다. 셰익스피어 당시나 지금이나 연극대본은 작품 생산공정(工程)의 중간 단계에 잠시 모습을 보이다가 이내 최종 생산물 속으로 사라지는, 잠정적 형태에 불과하다. 연극대본은 완성된 작품으로서의 대우를 요구할 자격이 없고 그럴 필요도 없다. 극작가가 대본을 써서 극단에 내놓으면 극단은 그 대본을 필요에 따라 자연스럽게 수정하는 것으로 작가에 대한 예의를 표한다. 이들의 공동작업의 성과는 무대에서 그 형태를 드러낸다. 이러한 공동생산의 흔적은 그의 텍스트 도처에서 드러난다.

한편 셰익스피어 텍스트에는 연극대본 특유의 불확정성을 뛰어넘는 어떤 근본적 불확정성 또한 존재한다. 이것은 셰익스피어 당대의 격변기적 성격과 관련이 있다. 문학·예술 방면에서 셰익스피어 시대는 근대적 의미의 작가·작품 개념, 그것을 기반으로 작동하는 '문학제도'의 내포와 외연이 막 형성되어가던 시기였다. 셰익스피어는 여러 선배 작가들과 마찬가지로 자신의 텍스트를 개인의 독창적 재능의 산물이라고는 생각하지 않았다. 그는 선배 대가들의 작품에서 많은 부분을 자유롭게 따와서 '자신의' 작품 속에 집어넣었다. 텍스트가 그것을 쓴 작가의 사유물이 아니라 그것을 가능하게 한 공동체 전체의 공동재산으로 간주되는 시기에 '표절'이나 '도용'의 혐의는 성립할 수 없었다. 그는 근대 이전의 텍스트 생산 풍토 속에서 글을 쓰고 고치고 유통시킨 작가로서 자연스러운 행동을 했을 뿐인 것이다.

앞에서 살펴본 대로 셰익스피어는 재산 증식을 위해서라면 어떤 일도 서슴지 않는 자본주의적 인간을 질타해마지 않았다. 작품에 따라서 그는 새로이 도래하는 체제 자체를 부정하는 듯이 보이는 때도 있는데, 그럴 때 그 체제의 상징인 금(화폐)은 "인류 공동의 창녀"로서 "각국의 폭도들을 서로 싸우게 만"들며(『아테네의 타이먼』 *Timon of Athens*), "인간의 영혼에 치명적인 해악을 끼치는 독"(『로미오와 줄리엣』 *Romeo and Juliet*)으로 묘사되는 것이다. 이러한 내용적 측면과, 불확정성·다의성·애매성 등으로 요약되는 셰익스피어 텍스트 자체의 형식은 정확하게 서로 조응한다. 특정 개인의 소유권을 주장하는 것이 불가능할 정도로 다양한 출처에서 마음대로 이야기 줄거리를 따오고, 많은 선배 대가의 구절들을 자유롭게 차용하며, 이후 누군가의 가필정정에 대해서도 허심탄회하게 개방된 형태로 존재하는 그의 텍스트는 그가 쓴 어떤 대사보다도 근대사회의 문학과 예술의 생산풍토를 강하게 비판한다. 비록 작품의 어떤 대목에서는 새로운 시대의 조타수들을 내놓고 찬양하기도 하지만 말이다.

4. 텍스트

셰익스피어 텍스트의 복원작업은 쉽지 않다. 그가 직접 쓴 원문이 거의 전해지지 않은 데다가, 작가 자신 역시 작품을 자신의 의도대로 유지·전승하는 데 큰 관심이 없었다. 셰익스피어가 죽은 후 그의 텍스트를 펴내고자 한 사람들도 원문의 보존·전승에 관한 한 셰익스피어와 다른 태도를 지니지는 않았던 듯하다. 1623년에 최초의 셰익스피어 전집이 출판된 이후 재판, 삼판이 나왔지만, 그것들은 새로 편집한 것이 아니라 이전 판의 텍스트를 그대로 수록한 것이었다. 그런데 이렇게 거듭 찍어내는 과정에서 인쇄상의 오류가 다수 발생하였기 때문에 셰익스피어의 전집은 판을 거듭할수록 '잃어버린 원문'에 다가간 것이 아니라 오히려 더 멀어졌다. 이러한 오류를 수정하기 위해서는 누군가가 개악된 텍스트를 바로잡아야 했지만, 셰익스피어 사후 100년 가까운 세월 동안은 그런 움직임이 없었다.

현대의 셰익스피어 학자들을 만족시킬 만큼 '과학적'인 원칙을 수립하고 이에 따라 일관성 있게 편집작업을 수행한 최초의 인물은 에드먼드 멀로운(Edmond Malone, 1790년에 셰익스피어 전집을 편집·출판)이다. 그의 작업은 200년 가까이 계속되어온 셰익스피어 '원문' 훼손의 역사를 끝내고 텍스트를 확정하여 후대의 연구자·독자·관객이 안심하고 작품을 감상할 수 있는 기초를 놓았다고 평가된다.

현대의 편집자들은 셰익스피어가 살아 있을 동안 출판된 몇몇 단행본 보급판(인쇄된 책의 판형을 따서 흔히 '사절판'Quarto으로 불리는)들과 셰익스피어 사후 그의 동료 배우들이 펴낸 소장판 전집 초판본('제1이절판'The First Folio)을 편집의 기초자료로 삼아 그의 원문을 '복원'한다. 현대의 독자들이 셰익스피어의 텍스트와 관련된 기초적 사실들, 이를테면 어떤 작품이 셰익스피어가 쓴 것인지 아닌지, 썼다면 혼자 썼는지 다른 사람과 같이 썼는지, 언제 썼는지, 작품의 줄거리는 셰익스피어 자신이 만든 것인지 과거부터 존재하던 것인지 등등의 문제에 대해서 크게 고민하지 않아도 되는 것은 많은 부분이 이 편집자들 덕분이다. 그러나 이들의 작업에서도 주관 개입의 가능성을 완전히 배제할 수는 없다. 예컨대 현대의 편집자들은 『리어왕』의 3개의 이본(異本, 제1·2사절판과 이절판 전집)들을 나름대로 조합하여 현대의 독자들이 읽고 있는 것과 같은 『리어왕』을 만들었다. 그러나 이것이 '원문'이라는 보장은 어디에도 없다.

　최근의 편집자들은 근대 이후의 편집작업이 알게 모르게 의존해온 많은 전제들에 대해 근본적인 질문을 던지면서, 존재하지 않는, 아니 존재할 수 없는(!) 원문을 복구하는 것보다는 오히려 셰익스피어라는 이름을 달고 전해내려온 텍스트에 개방적으로 다가가는 것, 즉 전승된 텍스트 속에 들어 있는 다양한 "사회적 에너지"의 작동 모습을 섬세하게 읽어내는 작업이 더 보람있을 것이라고 주장하기도 한다. 셰익스피어 편집의 이처럼 새로운 움직임은 최근에 발간되는 텍스트에 상당 부분 반영되었다. 가령 『옥스퍼드 셰익스피어 전집』(*The Oxford Shakespeare*)은 두 편의 『리어왕』을 조합하지 않고 그대로 전재함으로써 기존의 원문 복구작업의 관행을 깨뜨렸고, 『신판 폴저 도서관 셰익스피어 전집』(*New Folger Library Shakespeare*)은 여러 판본들의 서로 다른 텍스트들을 다양한 표기방법을 구사하여 모두 같은 지면에(즉 과거처럼 각주나 후주로 돌리지 않고) 배치하고 있는 것이다.

5. 작품 분석: 『말괄량이 길들이기』 『리어왕』

『말괄량이 길들이기』

　『말괄량이 길들이기』(*The Taming of the Shrew*)는 셰익스피어의 작품들 중 그리 좋은 평가를 받지 못해왔다. 그 이유를 짐작하기란 그리 어렵지 않다. 작품의 만듦새부터 어딘지 어설퍼 보이는데다 작품 여기저기에 독자나 관객의 거부감을 불러일으킬 만한 장면들이 속출하기 때문이다.

　이 작품은 패듀어(Padua)의 명문가 출신의 두 자매 캐서린(Katherine)과 비안카(Bianca)가 각기 자기에 맞는 남자를 찾아 결혼하는 이야기를 중심으로 하고 있다. 이들의 아버지 뱁티스터(Baptista)는 두 딸을 나이순으로 결혼시키려 하지만 잘 되지 않는다. 큰딸인 캐서린이 누구도 통제할 수 없는 '말괄량이'이기 때문에 어떤 남자도 도대체 접근하려 들지 않는 것이다.

언니와는 달리 조신하기로 소문난 비안카에게는 연정을 품은 남자들이 줄을 서는데, 이들은 동생의 혼사를 가로막고 있는 언니를 결혼시키기 위해서 그녀를 마다하지 않을 색다른 취향의 총각을 물색한다. 그때 마침 결혼도 하고 돈도 벌 목적으로 한 사나이가 이 도시로 흘러든다. 그가 바로 남자 주인공격인 페트루치오(Petruccio)이다. 페트루치오는 캐서린의 '만행'을 보고도 눈도 꿈쩍 않을 뿐 아니라, 오히려 한술 더 떠서 자신이 엉뚱한 짓거리를 벌인다. 이후 이 작품은 페트루치오가 캐서린을 길들이기 위하여 동원하는 온갖 가학적이기까지 한 방책들을 보여주는 것으로 채워진다. 오늘날의 관객들 중 신부를 일부러 진창에 밀어넣고, 밥을 굶기거나 잠을 재우지 않는 등 숨가쁘게 전개되는 페트루치오의 '말괄량이 길들이기'를 즐거운 마음으로 관람할 수 있는 이는 별로 많지 않을 것이다.

그런데 캐서린의 결함이 얼마나 큰 것이기에 주변 사람들로부터 손가락질을 당하며 성장하고, 급기야 이렇게 불운한 처지에 빠지고 마는 것일까? 작품에서 드러나는 것이라고는 기껏해야 아버지의 명령에 순순히 따르지 않거나 남성들의 부당한 언사를 대놓고 나무라는 정도에 불과하다. 그런데 이는 결함이 아니라 어쩌면 그녀 나름의 개성이라 할 만한 것이며, 오늘날의 시각으로는 남성들의 부당한 간섭을 물리치고 자신의 주체성을 주장하는 여성 나름의 진취적 기상으로 평가할 수도 있을 것이다. 따라서 관객들이 페트루치오——와 이 극에 등장하는 남성 전체——의 행태에 대해 불만을 갖는 것은 너무나 당연하며, 그러한 '길들이기'가 멋들어지게 성공해서 캐서린이 누구보다 유순한 부인이 되는 식으로 작품을 마무리하는 셰익스피어에게 불만을 갖는 것 역시 당연하다 할 것이다.

그러나 『말괄량이 길들이기』를 이처럼 노골적으로 반여성적인 작품으로 읽어서는 곤란하다고 보는 입장도 있다. 그렇게 읽는 경우 셰익스피어가 애써 작품의 이곳저곳에 묻어놓은 미묘한 의미를 놓치게 된다는 것이다. 이러한 입장을 취하는 사람들에 의하면 이 작품 전체에 걸쳐 셰익스피어는 언제나 일정한 거리를 두고 페트루치오를 위시한 남성 일반을 묘사한다.

예컨대 작품의 끝에서 캐서린이 '길들여진' 숙녀가 되는 데 반해서 비안카는 오히려 적극적으로 자기 의사를 표시하는 당찬 면모를 보이기 시작한다. 이로써 비안카를 남성에 복종하는 이상적인 처녀로 보아온 작품 속 남성들의 시각은 별 근거가 없음이 드러난다. 이들은 또한 유명한 5막 2장의 캐서린의 대사도 좀더 섬세하게 분석할 필요가 있다고 본다. 겉으로만 보면 이 대사는 남편에게 완전히 세뇌당한 캐서린이 주변 여성들에게 가부장제의 핵심적 원칙을 강의라도 하는 듯 도도하게 이르는 내용이다. "신하가 군주에게 진 의무, 그것이 곧 아내가 남편에 대한 의무"이니 "남편이 원한다면 순종의 표시로 언제든 남편 앞에 머리를 조아리자"는 것이다. 그러나 남성에 완전히 복종할 것을 다짐하는 대사의 내용은 거칠 것 없이 당당하게 계속되는 연설조의 형식과 전혀 어울리지 않는다. 여기에다 이 대사를 하기에 앞서 그녀가 보여준 변화가 매우 느닷없는 것이었음을 상기한다면, 캐서린은 길들여지기는커녕 여전히 말괄량이로서의 기개를 지닌 채 순종하는 아내의 모습을 패러디하고 있을 뿐이라는 주장이 성립한다. 즉, 길들여진 쪽은 캐서린이 아니라 페트루치오라는 것이다.

  이러한 주장은 이 작품이 극중극의 형태를 띠고 있다는 사실과도 어느정도 맞아떨어진다. 페트루치오와 캐서린 등은 실상 슬라이(Sly)라는 이름의 주정뱅이를 위해서 공연되는 연극 속 인물이다. 영주는 사냥을 마치고 돌아가는 길에 술에 취해 널브러져 있는 슬라이를 발견하고 장난을 친다. 그가 깨어나면 스스로를 굉장한 인물로 착각하도록 만들자는 것이다. 영주의 계획대로 깨자마자 칙사 대접을 받은 슬라이는 자신의 본분을 잊고 우스꽝스러운 행동을 하게 된다. 그를 즐겁게 해주기 위해 영주가 마련한 여러 계획 가운데 하나가 그에게 연극을 보여주는 것인데, 그 결과 슬라이가 난생처음으로 보게 된 연극작품이 바로 『말괄량이 길들이기』이다. 따라서 이 극중극이 제아무리 난폭한 남성상을 보여준다 하더라도 그것은 결국 주정뱅이를 골려주기 위해 마련된 소극(笑劇)의 내용에 불과하므로 진지하게 받아들여서는 곤란하다는 것이다.

이러한 해석은 작품에 대한 정독에 기초하고 있다는 점, 그리고 셰익스피어가 후안무치한 반여성주의자라는 혐의를 벗게 해준다는 점에서 매력적이다. 그러나 극중극이라는 장치가 작품의 심층적 의미를 드러내는 데 그처럼 결정적인 것이라면 셰익스피어가 그것을 구사하다 말았다는 사실은 어떻게 설명할 수 있을까? 왜 슬라이가 나오는 본극(main play) 부분은 1막 1장으로 끝나고, 슬라이는 이후 사라져버리는 것일까? 제 아무리 작품의 세밀한 부분을 건사하는 데 소홀한 작가라 해도 이처럼 커다란 실수를 할 수 있을까?

우리가 읽는 『말괄량이 길들이기』(이하 『말괄량이』)는 전적으로 1623년에 나온 첫번째 이절판 전집에서 따온 것이다. 1594년에 저자를 명기하지 않은 형태로 『한 말괄량이 길들이기』(*The Taming of a Shrew*, 이하 『한 말괄량이』)라는 제목의 사절판이 나온 바 있지만 현대의 편집자들은 품질이 매우 조잡하다는 이유로 이를 거의 참조하지 않는다. 그런데 이 조악한 텍스트에는 슬라이가 극의 중간중간에 여러 번 등장하며, 극중극이 끝난 후에는 원래의 옷으로 갈아입고 술집으로 돌아간다. 즉, 최소한 구조의 일관성이라는 면에서 보자면 『한 말괄량이』가 좀더 그럴싸한 작품일 수도 있는 것이다. 『한 말괄량이』와 『말괄량이』의 관계를 두고 많은 논란이 벌어졌을 것임은 당연한 일이다. 크게 보아 『한 말괄량이』가 『말괄량이』보다 앞서 나온 작품이라는 설(그렇다면 셰익스피어가 『한 말괄량이』를 모방했거나 아니면 두 작품 모두가 사라진 미지의 작품을 제각각 따왔다는 이야기가 된다. 어떤 경우든 극중극 장치를 어색하게 처리한 것은 셰익스피어의 책임이다)과, 셰익스피어는 『말괄량이』를 이미 1594년 이전에 썼고, 『한 말괄량이』는 그것을 조악하게 찍어낸 '나쁜 사절판'에 불과하다는 설(그렇다면 『말괄량이』에서의 어설픈 부분은 셰익스피어가 아닌 누군가가 셰익스피어의 원작을 옮겨 적거나 개작하는 과정에서 범한 실수가 된다)이 대립하고 있다. 현대의 비평가들은 대개 두번째 설을 지지하는 듯하지만 논쟁이 완전히 끝난 것은 아니다. 또한 어느 쪽 견해를 택하더라도 극중극 장치를 구사하면서 셰익스피어가 노린 바가 무엇인가를 확정하기란 어려울 수밖에 없는 것이다.

『리어왕』

1600년을 전후해서 셰익스피어의 작품경향은 중대한 변화를 보인다. 좀 더 냉정하고 원숙해진 시선으로 인간과 사회를 깊이있게 들여다보는 작품들이 집중적으로 씌어지기 시작하는 것이다. 『햄릿』(Hamlet)『오셀로』(Othello)『리어왕』(King Lear)『맥베스』(Macbeth)와 같은, 흔히 셰익스피어의 대표작으로 이야기되는 주요 작품들이 1600년부터 대략 5,6년이 채 안 되는 기간에 모두 나왔다. 애국적 사극과 낭만적 희극의 작가로 이미 작가적 위치를 굳힌 바 있는 셰익스피어는 과연 무엇 때문에 비극으로 관심을 돌린 것일까?

이 시기의 영국에는 과거와 같은 정치적 통합이 더이상 존재하지 않았다. 이미 1597년경부터 궁정이 더이상 국민의 이익을 조화롭게 실현해내는 중심 노릇을 할 수 없음이 명백해졌다. 특히 부르주아 가운데 청교주의를 중심이념으로 삼아 뭉친 일부 급진적 분파는 왕실과 구귀족을 격렬하게 공격하였다. 계몽된 절대주의 군주가 인문주의를 지도이념으로 삼아 귀족 일부와 부르주아지, 하층민중을 통합한다는 이상적 시나리오는 이제 현실성을 잃게 되었다. 편을 나눌 수밖에 없는 이 험한 시대를 맞아 셰익스피어는 이 변화에 정면으로 맞서는 길을 택한다.

『리어왕』은 셰익스피어가 심연 속에서 분투노력한 결과 씌어진 비극 작품들 중 가장 스케일이 큰 작품이다. 거대한 변화를 담아내면서도 추상적 언설(言說)로 떨어지지는 않는, 그리하여 극적 긴장을 끝까지 유지할 수 있는 방법으로 셰익스피어가 선택한 해법이 이중구성(double plot)이라는 형식이다. 이 작품은 리어와 세 딸 사이에서 벌어지는 비극적 사건을 중심으로 전개된다. 하지만 리어의 중신(重臣)인 글로스터(Gloucester)와 그의 두 아들에 관한 이야기 역시 큰 비중을 차지한다. 두 이야기의 기본 골격은 같다. 리어는 두 딸 거너릴(Goneril)과 리건(Regan)의 배은망덕한 행동으로 비참한 최후를 맞고, 글로스터는 사생아 에드먼드(Edmund)의 흉계에 말려들어 역시 비극적인 죽음에 이르게 되는 것이다. 그러나 리어 이야기가 거시적인 문제, 가령 셰익스피어 당대의 정치경제적 변동이나 세계관·우주관의 변화와 같은 문제들을 담아내는 데 비해, 글로스터 가문의 이야기는 리어의 스토리가 때로 노출할 수밖에 없는 지나친 진지함이나 단조로움을 덜어주는 동시에 주제를 더욱 명확하게 한다.

『리어왕』의 등장인물은 리어와 글로스터에 대해서 어떤 태도를 취하는가에 따라서 크게 두 부류로 나뉜다. 코딜리어와 에드거, 그리고 켄트처럼 자식이나 신하로서 부여된 의무를 다하고 부모와 주군을 위해서 목숨을 건 모험도 서슴지 않는 부류가 그 하나라면, 리건, 거너릴, 콘월(Cornwall), 에드먼드와 같이 부모 세대에 반기를 드는 부류가 다른 하나이다. 이들은 모두 기독교가 영국에 도입되기 이전인 전설시대의 인물답게 자연신을 섬기며, 그 신의 이름으로 자신들의 행동을 합리화한다. 리어와 글로스터 등의 세대에게는 '자연'이란 현존하는 질서 그 자체이다. 군주를 중심으로 모든 백성이 각자 안분지족(安分知足)하는 것이야말로 이상적인 삶이다. 세상 만물에는 제각기 어울리는 위치가 주어지는데, 혹시라도 그에 만족하지 못하고 자연의 뜻을 어기면서 남의 자리를 넘보는 자가 생겨나면 우주의 질서는 깨어지고 세상은 혼돈 속으로 떨어진다는 것이다. 그러나 에드먼드처럼 자신이 세상으로부터 부당한 대우를 받는다고 생각하는 자의 입장에서 보자면 이는 그야말로 기득권 유지를 위한 이데올로기 이상도 이하도 아니다. 불가항력적인 운명이나 출생에 구애받지 않고 오직 개인의 능력에 따라 대우받고 출세할 수 있는 세상—에드먼드에게는 그러한 세상에서의 삶이야말로 "자연스러운" 삶이며, 이러한 삶을 실현하기 위해서는 완고한 아버지 세대를 해치우고 적자 상속으로 대표되는 현존 질서 모두를 뒤엎을 필요가 있는 것이다.

아버지에게 불효를 저지르고 흉계를 꾸며 재산과 지위를 가로채기까지

하는 자식들을 지지할 관객은 드물 것이다. 그러나 거너릴, 리건, 에드먼드의 입장에서 보자면 자신들의 행동이 그렇게 몹쓸 짓만은 아니다. 아버지 세대에게도 문제가 없지 않기 때문이다. 예컨대 리어는 두 딸에게 권력을 넘겨주고 나서도 100명이나 되는 종자(從者)를 거느리려 한다. 딸들이 이를 허용하지 않자 부녀의 사이는 급속하게 벌어진다. 새로이 정권을 잡은 딸들로서는 다른 누군가를 섬기는 무장병사들을 가까이에 둔다는 것이 도무지 내키지 않는 일일 수밖에 없다. 따라서 부녀간의 관계가 악화되는 원인을 제공하는 것은, 권력을 넘긴 후에도 현실을 인정하지 않고 여전히 전횡을 휘두르려는 리어 쪽이다. 리어가 다짜고짜 (더이상 유효하지도 않은) 군주의 특권을 내세우는 데 비해 두 딸들은 최소한 경제적 합리성이라는 기준을 내세우며 사태를 풀어가고자 하는 의지를 보이고 있지 않은가? 통일왕국을 쪼개서 자신에 대한 애정을 잘 표현하는 순으로 나눠주겠다는 리어의 엉뚱한 발상부터가 기실 봉건통치계급 특유의 오만과 아집에서 비롯된 것이었다는 사실을 상기한다면, 그의 몰락은 다른 누구의 탓이기보다 스스로 자초한 측면이 크다.

그러나 극이 중반을 향하면서 리어의 몰락에 속도가 붙음에 따라 관객의 동정심은 리어 쪽으로 급속도로 쏠리게 된다. 헐벗은 상태로 황야를 헤매던 리어가 크게 깨닫고 지금까지의 행태를 근본적으로 반성하는 모습을 보이기 때문이다. 상상도 할 수 없었던 민중의 참상을 직접 보고 겪은 후 그는 유력자들을 향해 비통하게 외친다.

아, 나는 지금까지 너무도 무관심했다. 영화를 누리고 있는 자들이여, 이걸 약으로 삼아라. 폭우에 시달려보고 가난뱅이들의 처지를 경험해봐라. 그러면 쓰고 남은 것을 이들에게 나눠주게 될 것이고 그래서 하늘의 도리는 우리가 생각하는 것보다는 공정함을 증명해 보여주게 될 것 아니냐. (3막 4장)

광기가 깊어질수록 역설적이게도 인간과 사회에 대한 리어의 반성은 더욱 근본적이고 급진적인 것이 되어간다. 앞의 대목은 통렬하긴 하나 보기에 따라서는 리어가 여전히 지배계급의 입장을 떠나지 않는 가운데 이들의 자체 반성을 촉구하는 듯한 느낌을 주는 것도 사실이다. 그러나 이제 리어는 이러한 입장에서 완전히 벗어나 기존의 사회구조를 총체적으로 비판하는 경지에까지 도달한다. 이제 그는 죄인을 벌주는 재판관이야말로 실은 더 큰 도둑이고, 갈보를 단속하는 경관의 마음속에는 갈보보다 더한 욕정이 꿈틀거린다는 사실을, 고통을 당하는 민중의 입장에서 지적하게 되는 것이다.

리어가 이처럼 처절한 자기반성을 하는 동안 글로스터는 콘월 부부에게 눈을 뽑히고, 역시 역설적이게도 눈이 멀게 되어서야 자신을 곤경에 빠뜨린 자가 다름아닌 에드먼드임을 '보게' 된다. 그 과정에서 젊은 시절의 방탕함을 경박하게 자랑하던 과거의 글로스터는 가고, 삶의 비극성에 머리를 부딪고 고뇌하는 글로스터가 출현하게 된다.

기득권 계급을 대표하던 리어와 글로스터가 곤경 속에서 새로운 인간으로 거듭나는 동안 콘월은 모반한 하인 손에 죽고, 거너릴과 리건은 두 사람 모두의 연인인 에드먼드를 차지하기 위해 치열하게 싸운다. 아버지를 구하기 위해 출정한 코딜리어와 프랑스 군대까지 쳐부순 이들은 이제 왕국을 독식하고 애인을 차지하기 위해 서로를 제거해야 하는 것이다. 중반 이후 이들은 자신의 행동을 합리화하기 위한 최소한의 명분도 내세우지 않고 오로지 자기이익의 실현을 위해 광분할 뿐인데, 이는 그나마 우호적이던 관객들조차 이들에게 등을 돌리게 하는 결정적 요인으로 작용한다.

셰익스피어는 결국 리어와 코딜리어, 그리고 글로스터가 죽는 것으로 작품을 마무리한다. 많은 이들은 이러한 결말에 아쉬움을 느낀다. 리어와 글로스터가 비록 과오를 범한 것은 사실이지만, 보통 인간이라면 도무지 견디기 힘들 정도의 고난을 겪음으로써 과오의 대가를 충분히 치르지 않았는가. 더욱이 코딜리어로 말하자면 그녀는 리어와 글로스터 같은 과오도 범한 바가 없다. 죽어야 할 아무런 이유도 없는 것이다. 따라서 그녀를 죽이는 것은 이른바 '시적 정의'(poetic justice)를 정면으로 거스르는 처사가 아닌가? 바로 이러한 아쉬움 때문에 내홈 테이트(Nahum Tate)라는 18세기 작가는 『리어왕』을 각색하면서 리어가 왕좌에 복귀하고 코딜리어와 에드거가 결혼하는 것으로 줄거리를 크게 바꾼 바 있다. 오늘날 테이트는 훌륭한 원작을 멋대로 훼손한 자라는 오명을 면치 못하고 있지만, 그의 각색 작품이 오랜 세월 동안 원작을 제치고 런던의 무대를 지배했다는 사실은 관객들이 원작에서 느꼈던 아쉬움의 정도를 짐작케 한다.

셰익스피어가 보기에 당시의 영국에는 에드먼드나 콘월, 그리고 두 딸들과 같은 인물들이 날로 세를 넓혀가고 있었다. 반면 리어와 켄트, 그리고 글로스터류의 인물들은 더이상 예전의 그들이 아니었다. 영문도 알 수 없는 시대의 변화 속에서 그들은 고집스럽게 과거의 삶의 방식을 고수하려 들었다. 새로운 인간들의 편협한 이기주의, 도구적 합리성, 끝간 데를 모르는 탐욕이나 위선과 비교해보면 이들이 어렵사리 꾸려나가는 삶에는 분명 사줄 만한 구석이 없지 않았으나 누가 보기에도 그것은 시대착오적인 삶일 수밖에 없었다. 셰익스피어는 이들이 스러져가는 과정을 무대 위에 형상화하고, 관객들은 그것을 보면서 비장한 아름다움을 느낀다. 그러나 셰익스피어는 미래를 이미 손안에 틀어쥔 듯이 행세하는 에드먼드 일당이 리어가 비우고 간 자리를 채우게 할 수 없었다. 그들은 더이상 영국의 근대 초기를 활력있고 살맛나게 만들던 과거의 그들, 진취적인 시민계급, 인문주의자들, 혹은 개화된 귀족들이 아니었기 때문이다.

그러나 연극은 종료되어야만 한다. 극적 형식은 모든 갈등이 최소한 표면적으로라도 봉합되기를 명한다. 셰익스피어는 그 명령에 복종하였다. 갈등을 봉합하고 지저분한 여기저기를 청소하고 막을 내렸다. 그 봉합의 주체는 누구인가? 셰익스피어의―아니 어쩌면 그의 입을 빌려 말하는 그의 시대 전체의―대답은 '없다'는 것이다. 현실공간에서 대안은 찾아볼 수 없다. 그러나 극 속에서는? 아무것도 아닌 인물, 깊이를 갖추고 있지 않은, 형식적 고안물일 뿐인, 마침표나 쉼표 같은 존재―올버니와 에드거말고 다

른 누가 있을까? 〔이현석〕

추천문헌

현재 출간되어 있는 셰익스피어의 텍스트는 대개 첫번째 이절판 전집과 다양한 사절판들을 편집자 나름대로 조합해서 편찬한 것들이다. 이중 최근에까지 전공 연구자들이 많이 이용해온 것으로는 *New Arden Shakespeare* 시리즈와 *The Riverside Shakespeare* 등을 들 수 있다. 이후 최근의 원문비평의 성과를 과감하게 반영하여 *The Oxford Shakespeare*가 나왔고, 이 텍스트를 바탕으로 하면서 일반 학생들도 쉽게 접근할 수 있도록 판형과 체제, 해설을 정비하여 *The Norton Shakespeare*가 출판되었다. 특별한 경우가 아니라면 이들 텍스트 중 어느 쪽을 택해도 무방하다.

A. C. Bradley, *The Shakespearean Tragedy* (1904; Penguin 1991). 주요 비극작품을 특히 작중 인물의 성격에 대한 정밀한 분석을 바탕으로 섬세하게 분석하고 있다. 낭만주의 시대에 태동한 성격 중심 비평의 절정이자 현대 연구자들에게 넘어야 할 벽을 제시한 모범적 연구 사례로 꼽힌다.

John Drakakis and Terence Hawkes eds., *Alternative Shakespeares I, II* (Vol. 1, Routledge 1985; Vol. 2, Routledge 1996). 문화유물론과 신역사주의뿐만 아니라 탈식민주의, 페미니즘 등을 망라하는 다양한 경향의 진보적 셰익스피어 연구자들이 10년의 세월을 두고 묶은 연구논문집.

Arnold Kettle ed., *Shakespeare in a Changing World* (London: Lawrence & wishart 1964). 출간 당시까지의 영국의 진보적 경향을 지닌 연구자들의 연구논문을 모은 기념비적인 성과물.

G. Wilson Knight, *The Wheel of Fire* (1930; Routledge 2001). 작품의 언어와 형상 분석을 통해 셰익스피어 작품의 통일적 특성을 밝힐 수 있다고 주장하고, 이를 다양한 작품론을 통해 정력적으로 입증함으로써 20세기 중반까지의 셰익스피어 연구, 나아가 문학연구 일반에 상당한 영향을 끼친 저자의 대표적 저작.

S. Schoenbaum, *William Shakespeare: A Compact Documentary Life* (1977; Oxford Univ. Press 1988). 셰익스피어의 생애와 작가로서의 경력 이곳저곳에는 아직도 의문스러운 점들이 산재해 있는데, 이 자그마한 전기는 이러한 부분에 대해 주관적 판단을 비교적 자제하면서 독자들에게 편안한 읽을거리를 제공하는 데 주력하고 있다.

필립 씨드니

1. 씨드니와 귀족계급의 위기

 33세의 나이로 짧은 삶을 마감한 씨드니(Sir Philip Sidney, 1554~86)의 삶과 문학은 엘리자베스 절대군주제하에서의 귀족들의 역사적 위상을 집약적으로 보여준다. 1569년 영국 북부지역 귀족들의 반란을 진압한 후 엘리자베스 궁정사회는 국내적으로 어느정도 안정된 상태에 접어들며, 상대적으로 전통귀족들은 영국사회 내에서 정치적으로 의미있는 집단으로서의 위치를 상실한다. 이제 전통귀족들은 더이상 자율성을 지닌 지역의 실권자가 아니라 절대군주에게 복종을 강요받는 궁정사회의 한 궁정인에 불과한 존재가 된다. 또한 전통귀족의 정체성을 구성하는 중요한 계기인 기사도적 무용(prowess)은 전술의 변화와 국제관계에서 외교가 차지하는 비중의 증대, 그리고 휴머니즘의 확대 등의 역사적 변화 속에서 궁정사회를 장식하는 혹은 궁정사회의 지배구조를 이데올로기적으로 재생산하는 도구로 변질된다. 로렌스 스톤(Lawrence Stone)의 지적대로 엘리자베스 절대군주제의 확립과정은 "귀족계급의 위기"가 가속화되는 과정이기도 한 것이다.
 비록 씨드니는 전통적인 의미의 대귀족 출신도 아니고 기사작위도 1583

년에 이르러서야 얻었지만, 엘리자베스 당대 가장 큰 영향력을 행사하던 레스터 백작(Earl of Leicester)의 잠재적인 상속자라는 자부심이 대단했다. 또한 몽레이(Phillipe de Monray)로 대표되는 프랑스의 전투적 프로테스탄티즘을 적극적으로 수용해서 귀족의 자율성과 독자성을 여러 형식을 통해서 강조하는 등 진정한 귀족의 모습을 모색하기 위한 노력을 계속한다. 씨드니의 이런 노력은 1560년대에 태어나 대학교육을 통해 휴머니즘의 영향을 강하게 받은 세대들의 일반적인 경향, 즉 숭고한 이상주의와 강렬한 개인적 야망과 결합하면서 엘리자베스의 현상유지를 기조로 하는 현실주의 정책에 비판적인 태도를 취하게 된다.

하지만 정치적 활동의 유일한 공간이던 엘리자베스 궁정사회에서 씨드니의 이상과 욕망은 실현되기 어려웠다. 프로테스탄트 동맹의 결성이라는 신이 부여한 평생의 임무는 엘리자베스의 현실정치 논리에 의해 번번이 좌절되고, 진정한 귀족성에 대한 자부심은 옥스퍼드 백작과의 테니스 코트 사건에서 알 수 있듯이 위계질서에 기반한 기존질서, 즉 "신분의 차이"라는 높은 벽 앞에서 무기력했다. 국내외적으로 당대 지식인들의 기대를 한몸에 받았지만, 유럽 대륙 곳곳을 여행하면서 얻은 소중한 경험과 당대 최고 지성들과의 만남을 통해서 습득한 지식은 "사내답지 못한 엘리자베스 궁정사회"라는 "정신을 무력화하는 헛된 즐거움"으로 가득한 공간 속에서 현실화되지 못한다.

엘리자베스 궁정사회에 비판적이면서도 자신의 삶과 이상을 현실화할 수 있는 유일한 공간인 궁정사회를 벗어날 수 없었던 씨드니의 삶은 실제 작품에서는 두 가지 모순적인 태도의 양립이라는 모습으로 투영된다.

풀케 그레빌(Fulke Greville)이 씨드니 사후 약 30년이 지난 후에 씨드니의 삶을 회고하면서 그의 대표작인 『아르카디아』(*Arcadia, Old Arcadia*. 이하 OA)의 목적이 "정신 속에서 일어나는 모든 마음가짐의 모습을 정확히 묘사"함으로써 우연에 의해 지배되는 삶에 버팀목을 제공하는 것이라고 지적하고 있듯이, 씨드니의 작품은 혼란스러운 삶의 미로를 헤쳐갈 수 있는 도덕적 이미지들을 풍부하게 제공한다. 씨드니 자신 역시 『시를 위한 변론』 (*The Defence of Poesy*, 이하 *DP*)에서 모든 학문이 "타락한 영혼을 가능한 한 가장 지순한 완성의 상태"(*DP*, 219면)로 올려놓는 것을 목적으로 하듯이 학문 중에서 가장 오래되고 효과적인 시의 목적 역시 이성적인 모범을 통해서 미덕의 소리에 귀기울이게 함으로써 고결한 실천을 행하게 하는 것임을 강조한다.

하지만 씨드니의 작품에는 도덕적 엄숙주의와는 사뭇 다른 목소리가 동시에 존재한다. "사람 눈에 띄기는 하지만 알려지지 않고, 사람들이 내 말을 듣기는 하지만 주목하지 않는" 상태와 "자기분열에 빠진 비참한 인간의 상태"를 호소하고 있는 도로스(Dorus, *OA*, 56~57면)나 격렬한 절망감을 일상적인 손님처럼 받아들이고 있는 아스트로필(Astrophil)의 모습에서 볼 수 있는 깊은 좌절감, 그리고 죄의식에 사로잡힌 목소리가 그것이다. 또한 『시를 위한 변론』에서 "도덕적 모범을 가장 이성적으로 구성"할 수 있는 시와 시인의 능력에 대한 자신에 찬 주장과는 달리 실제 씨드니의 작품에서는 양립할 수 없는 모순적 상황이 단순히 열거된다거나, 해결책을 회피하거나 지연하는 경향, 우유부단함, 비종결성 등을 접하게 된다.

2. 『시를 위한 변론』과 『아르카디아』

『시를 위한 변론』에서 씨드니는 비록 시에 대한 변론이란 소극적 형식을 취하면서도 자신감에 찬 자기주장을 매우 적극적으로 개진한다. 초서(G. Chaucer)에 비견되는 시인을 발견할 수 없는 황무지와 같은 상황 속에서 시가 "어린아이들의 우스갯거리"로 전락했다는 진단 속에 씨드니는 시에 대한 여러가지 비판에 대한 반론을 펴고 있다. 하지만 사실은 소극적인 변론을 넘어서 시와 시인이 한 사회에서 담당해야 할 역할을 적극적으로 주장한다. "올바른 시인"(right poet)은 "청동세계"에 불과한 타락한 자연을 단순히 모사하는 것이 아니라 "시인 자신의 이성이란 황도대를 자유롭게 오가면서" "도덕적 모범을 가장 이성적으로 구성"(*DP*, 216, 224면)하는 사람이다. 뿐만 아니라 철학이 지겨운 논리로 사람에게 지식을 가르치는 데 반해 시는 "아이들로 하여금 놀고 싶은 마음을 억제하고 노인들을 구들장에서 벗어나게 하는 이야기"(*DP*, 227면)를 통해 사람의 마음을 움직여서(moving) 타락한 인간이 기억하고 있는 "완전한 상태"로 이끌 수 있다는 것이다.

『시를 위한 변론』에서 발견할 수 있는 시와 시인의 자유, 창조성에 대한 적극적인 주장은 일차적으로는 시와 시인에 대한 평가에 인색하던 당대의 상황에서 시와 시인이 사회에서 담당하는 독자성을 강조하고 있다는 점에서 이후 스펜서(E. Spenser)나 존슨(B. Jonson)의 등장을 예감케 한다. 하지만 씨드니 자신도 시에 대해 변론하고 있는 자신의 임무가 "신에 의해 선택되지 못한 일"이라고 애써 낮추어 말하거나 문학행위를 "하찮은 일"로 거듭 언급하고 있는 점에서 스펜서나 존슨이 강조하는 '작가'의 독자성에 대한 주장과는 맥을 달리한다. 또한 스펜서나 존슨의 경우 '작가'의 독자성에 대한 주장이 어느정도는 궁정사회에 대한 환멸의 산물이라는 점에서, 비록 비판적이기는 하지만 궁정사회를 벗어난 적이 없는 씨드니의 태도와는 다르다고 할 수 있다. 『시를 위한 변론』이 저술된 시기가 그가 엘리자베스 여왕과 알렝쏭 백작(Duke of Alençon)의 결혼에 대해 반대의견을 개진한 후 궁정사회에서 소외된 시기라는 점을 고려한다면, 『시를 위한 변론』에서 발견할 수 있는 자신에 찬 목소리는 비록 현실정치에서는 소외되었지만 '시'라는 매개를 통해 당대 궁정사회의 문제들에 대해 자신의 독자적인 목소리를 내겠다는 선언으로 해석할 수 있을 것이다.

'문학'이란 형식을 통해서 자신의 정치적인 입장을 새롭게 구축하려는 씨드니의 시도는 『시를 위한 변론』에만 국한되지 않는다. 씨드니는 『아르카디아』에서 "어둡지만 즐거운 거처"인 동굴(*OA*, 157면)로 상징되는 불확실한 삶 속에서 삶을 지탱할 수 있는 도덕적 좌표를 탐색한다. 델포이 신탁의 예언을 피하기 위해 아르카디아를 버리고 은둔생활에 들어간 바씰리우스

(Basilius)의 이야기로 시작되는 『아르카디아』는 폭넓은 경험을 바탕으로 세상 속에서 미덕을 실천하기 위한 여행을 하고 있는 피로클레스(Phyrocles)와 무씨도로스(Musidorus)의 모험담과 바씰리우스의 두 딸인 필로클레아(Philoclea)와 파멜라(Pamela)에 대한 사랑의 이야기를 중심으로 진행된다. 이 과정에서 씨드니는 당대 궁정사회의 문제점들, 예컨대 군주의 자질, 전제정치, 무질서, 절대군주제하에서의 신하의 역할, 사회적 정의의 문제들과 함께 사랑이야기 속에서 드러나는 사랑과 욕망의 문제, 인간의 이기적인 탐욕의 문제들을 비판적으로 성찰하면서 '영원한 정의'(the everlasting justice, OA, 230면)가 실현되는 과정을 극적인 구조를 통해 보여준다.

하지만 잘 짜여진 구조를 통한 문제해결 속에는 제기된 많은 문제점들이 제대로 처리되지 않은 채로 남아 있다. 결과적으로 바씰리우스가 믿었던 델포이 신탁이 실현되지만 그 실현을 가능케 한 '영원한 정의'의 성격이 모호하다. "우리 자신을 자신의 죄에 대한 처벌자로 삼으며, 우리 자신의 행동이 우리의 잘못에 대한 징벌의 시작이 되게 하는"(OA, 230면) 영원한 정의는 이후 벌어지는 사건에서 알 수 있듯이 단순한 우연에 불과하다. 더욱이 사건의 말미에 문제를 해결하기 위해 등장하고 있는 에우아쿠스(Euarchus)가 비록 가장 이상적인 군주의 모습을 하고는 있지만, 그가 대변하는 사회적 정의는 잘못을 범할 수 있는 인간의 영역에 속하는 것이어서 에우아쿠스가 구현하고 있는 사회적 정의가 곧 영원한 정의의 표현이 될 수 없음을 암시하고 있으며, 또한 재판과정에서 보여준 에우아쿠스의 모습은 경직된 법 집행자에 불과한 것으로 되어 있다. 그러나 무엇보다도 『아르카디아』의 결말을 모호한 것으로 만드는 가장 근본적인 점은 에우아쿠스가 "인간다움의 뿌리"라고 언급하고 있는 신성한 결혼이라는 규범을 어긴 두 주인공들의 반인륜적인 죄(욕망)에 대한 단죄이다. 비록 바씰리우스가 다시 살아남으로써 두 주인공들의 두 가지 죄, 즉 바씰리우스 살해와 신성한 결혼의 규범을 어겼다는 죄 중에서 전자는 무효가 되겠지만 후자의 문제는 해결되지 않은 채 기네시아(Gynecia)에 대한 바씰리우스의 찬사와 두 주인공들의 결혼선언으로 무화된다. 비록 이런 방법을 통해서 씨드니는 기존의 군주제와 사회적 규범을 벗어나지 않는다 하더라도 작품과정에서 제기된 문제들, 특히 피로클레스와 무씨도로스의 '사랑'에 담긴 문제점들을 해결할 수 없음을 간접적으로 보여준다고 할 수 있다.

3. 『아스트로필과 스텔라』

『아스트로필과 스텔라』(*Astrophil and Stella*, 이하 *AS*)는 『아르카디아』에서 여전히 문제로 남았던 사랑의 내적 모순을 좀더 순수한 형태로 접근한다. 『아스트로필과 스텔라』는 비록 처음은 아니지만 뻬뜨라르까 쏘네트를 온전한 연작형식을 통해 영국에 도입한 최초의 시도이다. 하지만 씨드니의 쏘네트 연작은 여러 측면에서 기존 전통과는 남다른 특징을 보여준다.

자신이 스텔라를 사랑하게 된 과정이나 그 사랑의 본질이 기존의 전통과는 다르다는 점을 강조하면서 시작하고 있는 시들(*AS*, 1~3면)에서 아스트로필은 로라(Laura)를 처음 본 순간의 황홀감을 계속해서 표현하는 뻬뜨라르까와는 달리 화자의 내적인 긴장과 고통을 강조한다. 또한 스텔라에 대한 자신의 태도나 자신이 말하는 주제가 '사랑'임을 밝히고 있지만 화자의 사랑에 대한 태도에는 "불공평한 운명"이나 "잃어버린 자유" "지옥"(*AS*, 2면)이란 표현에서 알 수 있듯이 '사랑' 때문에 상실한 무언가에 대한 강한 박탈감·좌절감·절망감이 깔려 있다. 더욱이 스텔라가 화자에게 환기하는 힘의 성격 역시 도덕적으로 의심스런 것이다. 비록 화자가 거듭 스텔라에게서 "미덕의 위대한 미"(*AS*, 25, 13면)나 "육체에 깃들인 진정한 신성"(*AS*, 4, 13면)을 발견할 수 있다고 강조하지만 동시에 스텔라는 자신의 이성을 훼손하는 존재(*AS*, 21, 34면)이고, 스텔라에 대한 자신의 사랑은 한편으로는 미를 통해서 미덕과 선으로 인도하기도 하지만 동시에 자신의 존재를 옥죄고 있는 "폭군", 죄(*AS*, 14면), 수치심(*AS*, 19면), 그리고 무엇보다도 욕망(*AS*, 71면)의 산물인 질병으로 인식된다.

  스텔라에 대한 사랑이 도덕적으로 모호한 것처럼 스텔라에 대한 화자의 '진심'을 전하는 시, 언어 역시 문제적이다. 화자는 스텔라에 대한 자신의 마음을 기존의 방식으로는 전할 수 없음을 거듭 언급한다(AS, 1, 3, 6, 15, 28, 54, 55, 74, 90면 등). 이런 강조 속에는 기존의 궁정 수사학에 익숙한 "궁전 님프들"(The courtly Nymphs, AS, 54면)의 한 구성원인 스텔라에게 자신의 진심을 전달하는 것이 불가능하다는 인식이 자리잡고 있는 셈이다. 하지만 화자의 언어 역시 궁정사회의 기존 수사학을 벗어나지 못한다. 작품의 서두부터 화자는 스텔라에 대한 자신의 사랑이 진정한 것임을 강조하지만, 여기에서 화자는 낭만주의 시인들의 "감정의 자발적인 넘쳐흐름"과 같이 시인, 혹은 화자의 순수하고 자연스런 태도를 강조하는 것은 아니다. 결혼을 자연적 충동과 사회적 요구의 합법적인 결합으로 축복하는 스펜서와 달리, 화자의 실질적인 관심사가 충족될 수 없는 욕망이듯이 화자에게 중요한 점은 그가 겪은 경험의 진정성이 아니라 그 경험을 전하는, 혹은 욕망을 충족하기 위해 스텔라를 설득하기 위한 전달자의 기술(수사학)이 되기 때문이다. 그 결과 "잘 그려진 잔인한 싸움이 사람을 즐겁게 한다"(AS, 34면)는 부분에서 단적으로 표현되듯이 화자에게 중요한 것은 스텔라, 혹은 스텔라에 대한 자신의 진정성이 아니라 이것을 전달하는 '시' 그 자체의 문제이다.

  기존 궁정사회의 규범으로는 포괄되지 않는 자신의 경험을 사랑에 내재한 욕망의 문제를 중심으로 극화하고 있는 『아스트로필과 스텔라』는 "하늘을 보다가 진흙탕에 빠진" 사람처럼 서로 양립할 수 없는 이항대립적 구조를 벗어나지 못한다. 그 결과 화자는 아르카디아의 목동들처럼 "결혼의 신성함"을 노래할 수 없고, 단지 "철문 때문에 햇볕을 유용하게 사용할 수 없는 비참한 사람에게 황금빛 태양이 무슨 소용이 있는가?"(AS, 108면)라는 반어적인 질문 속에서 느낄 수 있는 희망 없는 고통을 노래할 뿐, 자신의 경험에 충실한 자신의 독자적인 언어를 발견하지 못하고 있다.

4. 『새로운 아르카디아』

씨드니는 네덜란드 독립전쟁을 돕기 위해 출발하기 전 어느 시점에 『아르카디아』를 개작한다. 『아르카디아』를 개작한 씨드니의 의도가 무엇인지에 대해서는 작품이 미완성으로 남아 있기 때문에 정확히 가늠하기 어렵다. 하지만 『새로운 아르카디아』(*New Arcadia*)가 이전의 작품에 비해 두 주인공들의 사적인 '사랑' 문제보다 좀더 공적이고 기사도적 무훈담에 집중하고 있다는 점이나, 전원적 로맨스에서 영웅적 로맨스로 변하고 있다는 점, 그리고 당대의 정치적 상황을 조망할 수 있는 다양한 정치적 시각들을 제공한다는 점 등을 고려한다면 씨드니의 개작 의도를 어렴풋하게나마 짐작할 수 있다. 하지만 청동세계에서 황금세계를 모색했던 씨드니의 시도는 미완성의 상태에 그친다. 『아르카디아』에서 발견하기 어려운 아갈루스(Argalus)와 파르디니아(Parthenia)의 결혼을 통한 이상적인 조화는 작품의 초두에 잠시 등장하는 우라니아(Urania)에 대한 "불안한 기억"(restless remembrance)처럼 정치적·성적인 혼란 속에서 덧없이 사라진다. 더욱이 작품의 두 주인공들 중 피로클레스는 여장을 한 채 반란을 일으킨 암피알루스(Amphialus)에게 감금되어 있는 상태이고 도로스는 신분상의 문제로 전장의 전면에 나서지 못하는 절망적인 상황에서 이 작품은 중단된다.

『새로운 아르카디아』에서 암시되는 비극적 결말은 씨드니의 실제 삶에서 그대로 재현된다. 비록 프로테스탄트 세력을 결집하기 위한 교두보로 삼았던 네덜란드 독립전쟁에 참가할 수는 있었지만 여러 편지에서 암시되듯 이미 자신의 대의를 실현할 가능성이 거의 없는 상황에서, 씨드니는 그레빌을 통해서 '전설'이 된 영웅적 순교자의 모습처럼 짧은 생을 마감한다. 그의 죽음이 상징적으로 말해주듯이 씨드니는 자신이 제기한 문제들을 해결하지는 못했지만, 당대 문제들에 대한 진지한 도덕적 탐색과 비판적인 성찰을 통렬한 풍자, 희극적 위트, 따스한 유머 등을 통해 표현함으로써 당대 다른 작가들에게서 보기드문 독특한 세계를 보여준다. 〔유재덕〕

추천문헌

씨드니의 작품은 일부 정치적 산문 외에는 생전에 한 편도 출간되지 않았다. 씨드니 사후에 이루어진 일련의 작품집 발간, 즉 풀케 그레빌의 주도로 발간된 1590년의 『새로운 아르카디아』(New Arcadia), 펨부르크 백작부인의 주도로 이루어진 1593년의 합본본(New Arcadia와 Old Arcadia의 3-5권을 합본한 것), 1595년에 발간된 『시를 위한 변론』(The Defence of Poesy, 혹은 An Apology for Poetry), 그리고 1598년에 세상에 나온 씨드니 전집 등을 통해 일반인들도 씨드니의 작품세계에 접할 수 있었다. 하지만 1580년경에 완성된 것으로 알려진 Old Arcadia는 1907년에 와서야 발굴되어서 1927년에 발간되었다. 『아르카디아』의 텍스트로 Katherine Duncan-Jones ed., *The Countess of Pembroke's Arcadia: The old Arcadia* (Oxford: Oxford Univ. Press 1985); Victor Skretkowicz ed., *The Countess of Pembroke's Arcadia: The New Arcadia* (Oxford: Clarendon Press 1987)를, 그외의 씨드니 작품들 *The Defence of Poesy, Astrophil and Stella* 등의 텍스트는 Katherine Duncan-Jones ed., *Sir Philip Sidney* (Oxford: Oxford Univ. Press 1989)를 참조할 수 있다.

씨드니의 작품이 당대 역사적 맥락과 긴밀하게 연관되어 있다는 점에서 작품이해를 위해 특히 그의 전기가 중요하다. Fulke Greville, *Life of Sir Philip Sidney*, ed. Nowell Smith, (Oxford: Clarendon Press 1907); Malcolm William Wallace, *The Life of Sir Philip Sidney* (Cambridge: Cambridge Univ. Press 1915)가 좋은 출발점이 된다. Richard C. McCoy, *Sir Philip Sidney: Rebellion in Arcadia* (New Brunswick: Rutgers Univ. Press 1979)와 Blair Worden, *The Sound of Virtue: Philip Sidney's Arcadia and Elizabethan Politics* (New Haven: Yale Univ. Press 1996)는 당대 역사적 맥락과 씨드니 작품의 연관성을 논하고 있다.

에드먼드 스펜서

　영국의 16세기는 유럽대륙으로부터 전해진 르네쌍스 운동의 여파와 종교개혁의 물결이 요동치던 시기였다. 1485년 헨리 7세(Henry VII)는 왕조를 둘러싼 수십년간의 싸움을 종식시키고 전쟁으로 분열된 나라에 질서를 회복했다. 그의 뒤를 이은 헨리 8세는 중앙집권적인 통치체제를 확립하여 튜더 왕조의 절대왕권을 강화하였고 종교적으로는 로마 가톨릭과 결별을 선언하고 국왕을 수장으로 하는 영국 국교회(the Church of England)를 통해 종교개혁을 시도하였다. 이러한 노력들은 헨리 8세의 뒤를 이은 에드워드 6세, 메어리, 엘리자베스 1세에 의해서도 계속되었는데, 스펜서의 군주였던 엘리자베스 여왕 때는 특히, 스페인·프랑스·이딸리아 등 유럽의 여러 강대국들과 견주어 민족주의 정신을 강화하고 영국의 정체성을 새롭게 확립하고자 힘썼다.

　이러한 시기에 시문학 분야에서는 유럽 여러 나라의 작품들이 영어로 번역·개작되고 이들을 모방한 작품들이 씌어져, 영문학을 이딸리아 문학이나 프랑스 문학에 맞먹는 것으로 확립하고자 하는 여러가지 노력과 실험들이 이루어졌다. 이러한 노력 속에서 에드먼드 스펜서(Edmund Spenser, 1552/3~99)는, 튜더 시문학이 가지고 있는 다양한 요소들을 실험하고 종합하여 초서 이후 최고의 시인으로 영국의 16세기를 시문학적으로 집대성한다. 영국 시문학의 새로운 장을 여는 "새로운 시인"(the New Poet)으로 등장한 스펜서는, 젊은 시절 한때의 소일거리로 쏘네트와 같은 서정적 연애시에 몰두하던 당시에도 궁정의 아마추어 글쟁이들과는 달리, 시인으로서의 강한 자의식을 가졌다. 그는 당시 문인들의 귀감이던 필립 씨드니 경의 문학관(『시를 위한 변론』에 개진된)의 영향 아래, 문학이 인간의 도덕성을 형성하고 한 시대의 문화를 주도하는 영향력을 발휘할 수 있다는 문학의 사회적 영향력에 대한 강한 확신을 가졌다. 또한 스펜서는 초서풍 언어를 모방한 다양한 시적 언어와 후대에 여러 시인들에 의해 모방되는 스펜서풍 스탠저(Spenserian stanza)를 창안하는 등 투철한 실험정신으로 영문학 전통을 이어가고자 하였다. 민족문학에 대한 자긍심과 함께 유럽문학의 큰 흐름 속에서 자신의 문학적 정체성을 확고히하기 위해, 스펜서는 당시 문학의 최고봉으로 간주되던 서사시를 써서 호메로스(Homeros), 베르길리우스(Vergilius), 따쏘(T. Tasso)와 아리오스또(L. Ariosto)에 버금가는, 유럽의 문학전통을 이어받은 영국적인 대서사시인이 되고자 하였다. 당시로서는 매우 독특했던 이런 스펜서의 문학적 자의식은 식민지 아일랜드에서 근무한 엘리자베스 정부의 충직한 공무원으로서의 강한 민족주의적 의식과 개혁적이고도 예언적인 프로테스탄트 정신과 맞물려 있으며, 이 의식들은 그의 주요 작품들을 관통하고 있다.

    스펜서는 현대의 독자들에게 있어서——시공간적으로 떨어진 동양의 독자들뿐 아니라 서양의 독자들에게도——현실감이 없는 기사와 숙녀들의 세계, 더이상 사용되지 않는 문학양식인 로맨스적 알레고리, 독자들에게 호소력을 잃어가는 교훈성, 의도적인 중세풍의 어려운 영어, 시대적으로 더 이상 통용되지 않는 사상 등등의 요소들로 인해, 쉽게 읽히거나 즉각적인 즐거움과 공감을 느끼기는 어려운 시인이다. 16, 17세기에 스펜서는 격조높고 고풍스런 아름다운 시어, 세련된 취향의 회화적인 묘사와 더불어 진지한 도덕적 사상 등으로 인해 시인들의 스승이요 권위있는 도덕사상가로 인정받았다. 18세기에 이르기까지 밀턴, 셰익스피어와 함께 스펜서풍의 시어, 스타일, 여러 형식의 알레고리 등은 문인들에게 많은 찬사와 모방의 대상이었다. 19세기에 이르러 스펜서의 문학적 영향은 워즈워스(W. Wordsworth), 셸리(P.B. Shelley), 키츠(J. Keats), 바이런(G. Byron), 테니슨(A. Tennyson) 등에게서, 그리고 20세기에는 예이츠(W.B. Yeats)에게서도 강하게 드러난다. 문인이라는 직업조차 존재하지 않았고 글을 쓴다는 행위가 취미 이상의 의미를 가지기 어렵던 근대 초기 영국의 문화적 상황에서, 스펜서는 한 시대를 살아가는 시인으로서 자신에게 주어진 문학적 소명을 철저하게 자각하고 창조적인 실험정신으로 시인의 사회적 책임과 문학의 효능에 대한 강한 신념을 예술작품으로 구현하고자 했다. 그리고 이러한 스펜서의 문학정신은, 현대에 이르기까지 영문학의 맥을 이어온 굵직굵직한 시인들의 귀감이 되어왔다. 이와같은 점들을 감안할 때 스펜서는 영문학도들이 도전적인 정신으로 반드시 접해보아야 할 시인이다. 그의 주요 작품들로는 『목자의 달력』(*The Shepheardes Calendar*, 1579) 『선녀여왕』(*The Faerie Queene*, 1590) 『아모레띠와 축혼가』(*Amoretti and Epithalamion*, 1595) 『아일랜드의 현사태에 대한 견해』(*A View of the Present State of Ireland*, 1633) 등이 있다.

1. 『목자의 달력』

영국의 "새로운 시인"으로 자신을 알리기 위한 스펜서의 첫 작품은 목가시 혹은 전원시(pastoral poem, eclogue)인 『목자의 달력』이다. 당대 시문학의 전환점으로 종종 언급되는 이 작품은 당시 유행하던 궁정풍 연애시의 요소를 가지고 있으면서도 스펜서의 프로테스탄트 정신에서 나온 진지한 도덕성과 풍자성이 어우러져 있다. 『목자의 달력』으로 스펜서는 영국의 테오크리투스(Theocritus, 그리스의 목가시인)라는, 그리고 목가시로 시작하여 서사시로 마감하는 베르길리우스적 궤적(Virgilian rota)을 따른다는 점에서 영국의 베르길리우스라는 이름을 얻었으며, 이 작품은 고전문학과 비견할 수 있는 영문학 작품으로 호평을 받았다. 첫 작품에서부터 스펜서의 음악적인 아름다움과 장식적이고 감각적인 묘사와 우아함이 깃든 세련된 취향이 두드러지는데, 이 작품으로 인해 스펜서는 동시대에는 주로 뛰어난 연애시인, 전원시인으로 많은 찬사를 받았고, 후대에 이르기까지 영국의 대표적 전원시인으로 확고한 명성을 가지게 되었다.

르네쌍스 시대의 여느 목가시와 마찬가지로『목자의 달력』에서 일견 평화롭게만 보이는 전원세계는 현실세계에 대한 은유나 유비로서, 당대의 사회·정치적, 종교적인 논평을 위한 틀로 활용되고 있다. 스펜서는 전원의 목자들의 한 해 생활과 의무들을 묘사한 12개의 목가시를 통해 사랑의 주제, 도덕적·종교적 주제 그리고 찬미나 애도 등 다양한 주제를 실험적인 시어와 운율로써 다루고 있다. 그중「시월」(October)에서 스펜서는 시의 본질을 탐구하는데, 전원적 목가시나 서정시가 가진 사회적·문학적 한계를 높은 시적 이상을 구현하는 서사시를 통해 극복할 것을 천명한다. 이는 다음에 출간될 서사시『선녀여왕』을 예고하고 있는 것이다.

2.『선녀여왕』

르네쌍스의 두드러지는 특징이 절충적인 복합성이듯이, 영국 르네쌍스 시문학을 대표하는『선녀여왕』에는 이딸리아와 프랑스 등지에서 자국어로 행해지던 여러가지 문학적 실험들과 인문주의운동을 통해 발굴된 고전 그리스·로마문학의 요소 그리고 종교적으로는 개혁적인 청교도적 이상주의와 르네쌍스 시대에 새롭게 조명된 신플라톤주의, 중세로부터 이어받은 전통 등이 한데 녹아들어 있다. 이 작품은 1590년에 스펜서가 월터 롤리 경(Sir Walter Raleigh)에게 작품의 의도와 계획을 설명한 편지("Letter to Raleigh")와 함께 첫 세 권이 출판되었고, 1596년에 나머지 세 권이, 그리고 스펜서가 죽은 지 10년 후 여섯 권과 미완성의『변화 시편』(*Mutability* cantos)이 함께 출판되었다.

『선녀여왕』의 형식상의 특징은 당시 이딸리아 서사시인 아리오스또의 『성난 올랜도』(Orlando Furioso)의 직접적인 영향을 받은 로맨스 서술방식과 알레고리이다. 아리오스또식 서술에서는 여러 등장인물의 이야기들이 각기 독립성을 갖는 가운데 서로 얽히면서 대위법적으로 전개된다. 이러한 로맨스적 서사시에서는 호메로스나 베르길리우스적인 서사적 단일성을 찾아보기 힘들게 되는데, 『선녀여왕』의 일견 방만한 듯한 각 권의 이야기는 하나의 단일한 덕(virtue)을 구현하는 알레고리로 인해 구심점을 가지게 된다. 스펜서가 자신의 작품을 "연속된 알레고리 혹은 난해한 기상"(a continued Allegory, or darke conceit)이라고 묘사하듯이, 『선녀여왕』에는 알레고리들이 많이 내포되어 있다. 각 수호기사는 각자가 처한 여러 상황의 사건들 속에서 반응하고 행동함으로써, 자신이 구현하고 있는 덕이 상황에 따라 변화하며 완성되어가는 것을 알레고리적으로 보여준다. 독자들이 기사들의 모험과 사랑이야기를 즐겁게 읽으면서 내러티브의 단순한 베일 너머 알레고리 속에 몰입하여 각 덕이 구현되어가는 과정을 의미있게 해석해나갈 때, 문학을 통해 인간의 도덕적 자아를 형성하고자(to fashion a gentleman or a noble person) 하는 스펜서의 교육적 신념이 실현되는 것이다.

스펜서가 만들어낸 시적 알레고리의 세계인 페어릴랜드(Faeryland)는 실재 세계인 엘리자베스 치세의 당대 잉글랜드에 기반을 두고 있으면서 동시에 그 세계가 구현하려 하는 이상적인 세계를 배경으로 한다. 등장인물들은 공간적으로 페어릴랜드와 잉글랜드 사이를 넘나들고, 시간적으로는 전설적인 아서 왕이 활동했다고 여겨지는 6세기와 엘리자베스 여왕 시대인 16세기가 중첩되는 알레고리의 세계에서 움직이고 있다. 이 알레고리의 세계는 성결(holiness)·절제(temperance)·정절(chastity)·우정(friendship)·정의(justice)·예절(courtesy) 그리고 미완성의 항덕(constancy) 등의 덕목들로 이루어져 있다. 역사와 문학의 세계를 동시에 넘나드는 스펜서의 상상력이 만들어낸 각 권의 덕목들은 아리스토텔레스의 윤리철학과 그외 서구의 여러 윤리철학자들의 사상에 기초를 두고 있는데, 이것들은 현실과 유리된 것이 아니라 그가 살던 시대가 가장 긴박하게 필요하다고 여긴 덕목들이다. 중세시대의 기사도정신에 새롭게 접목된 윤리적 가치를 가진 페어릴랜드의 이상적인 궁정의 모습은 부정부패와 모반 속에서 정치문화의 중심으로서의 이상을 잃어가던 16세기 말 엘리자베스 여왕의 궁정을 조망한 스펜서가 윤리적·정치적·문화적으로 개혁된 새로운 인간과 사회에 대한 문학적 이상을 표현한 것이다.

3.「아모레띠와 축혼가」

스펜서의 또다른 중요한 작품으로는 89개의 쏘네트로 구성된 연작 쏘네트(Sonnet sequence)인「아모레띠」와 함께 출판된 이딸리아풍 깐쬬네「축혼가」가 있다. 이 두 작품은 스펜서가 자신의 두번째 아내 엘리자베스 보일과의 결혼을 축하하기 위하여 신부에게 헌정한 것으로 추측된다.「아모레띠」의 문학적 의의는, 이 작품이 뻬뜨라르까식 쏘네트에서 흔히 볼 수 있는 방식으로 남녀간의 사랑에서 나타나는 여러가지 열정을 다루면서도 프로테스탄티즘을 도입하여 전통적인 뻬뜨라르까식 쏘네트에 중요한 변화를 일으킨다는 것이다. 뻬뜨라르까식 쏘네트에서는 남녀 연인의 사랑이 불륜이나 남자 쪽의 일방적인 감정으로 끝나는데, 그와는 달리「아모레띠」에서는 두 남녀 상호간의 사랑으로 성장하여「축혼가」에서 기독교적인 결혼으로 결실을 맺는다. 남녀간의 사랑의 갈등과 고뇌, 신플라톤주의적인 영혼과 육체의 철저한 분리, 그리고 그 둘의 갈등 등 전형적인 뻬뜨라르까식 담론의 긴장들은 여성이 남성의 사랑을 받아들여 결혼에 이름으로써 모두 해소되고 있다.

4. 『아일랜드의 현사태에 대한 견해』

이 작품은 스펜서의 작품으로 인정받는 유일한 산문으로, 소위 식민주의자로서 아일랜드에서 16년을 보낸 스펜서가 계속되는 아일랜드 민중봉기로 위기에 처한 영국정부에 대해 제시한 아일랜드 통치개혁안과 아일랜드의 관습과 종교에 대한 평가 등을 담고 있다. 이 산문은 최근 근대 초기의 제국주의와 식민주의에 대한 관심이 증가함에 따라, 엘리자베스 시대의 국내외 정치적 상황을 비슷하게 (그러나 시적으로) 다루는 『선녀여왕』 5권 「정의의 전설」(the Legend of Justice)과 자주 연관되어 연구되고 있다. 이 산문에서 스펜서는 당시 그의 상관이던 그레이 경(Lord Grey of Wilton)의 대 아일랜드 강경책을 일방적으로 지지하여, 무자비하고도 무력적이고 강압적인 아일랜드 통치개혁안을 주장하며 당시 영국정부의 우유부단한 대응을 비판한다. 이 산문에 나타나는 무자비한 식민지 관리로서의 스펜서는 섬세하고 세련된 감성의 시인 스펜서와는 전혀 다른 모습으로, 독자들에게 당혹감을 불러일으킨다. 이는 스펜서가 산문에 나타난 정치적·역사적 사건들에 대한 개인적 체험과 이해를 시작품에서는 이상적 사회에 대한 비전으로 구현했기 때문이라고 이해할 수 있겠다. 〔이진아〕

추천문헌

스펜서 작품집으로는 전집은 스펜서 전기와 시에 대한 색인집을 포함한 *Works: Variorum Edition* (Johns Hopkins Univ. Press 1932~39)이 정본으로 알려져 있다. 한 권으로 된 전집으로는 J. C. Smith & Earnest de Selincourt ed., *Spenser: Poetical Works* (Oxford: Oxford Univ. Press 1970)가 있으나 주석이 없어서 길고 복잡한 스펜서의 작품을 연구하기 위한 텍스트로는 부족한 면이 있다. A. C. Hamilton, *The Faerie Queene* (London: Longman 1977)이 해박한 주석이 작품 본문과 같은 쪽에 인쇄되어 읽기에 편리하여 『선녀여왕』 연구용으로 그리고 수업용으로 가장 많이 쓰인다. 스펜서의 군소 작품들을 읽는 데에는 예일대학 출판부가 발행한 *The Yale Edition fo the Shorter Poems of Edmund Spenser* (New Haven: Yale Univ. Press 1989)가 많이 쓰인다.

Stephen Greenblatt, *Renaissance Self-Fashioning: from More to Shakespeare* (Chicago: Univ. of Chicago Press 1980)에서 스펜서에 대한 부분은 스펜서에 대한 신역사주의

학문전통의 출발점이 된 선구적인 글이다.

A. C. Hamilton, gen. ed., *Spenser Encyclopedia* (London: Routledge 1990)는 스펜서와 그의 작품들 그리고 배경지식에 관한 어떠한 의문에도 답을 찾을 수 있는 백과사전으로, 심도있는 연구를 위한 출발점이 될 수 있는 좋은 책이다.

Elizabeth Heale, *The Faerie Queene: A Reader's Guide* (Cambridge: Cambridge Univ. Press 1987)는 『선녀여왕』에 대한 훌륭한 개론서이다.

Michael Murrin, *The Allegorical Epic: Essays in Its Rise and Decline* (Chicago: Univ. of Chicago Press 1980)는 알레고리 양식에 대한 좋은 저서로서 추천할 만하다.

James Nohrnberg, *The Analogy of The Faerie Queene* (Princeton: Princeton Univ. Press 1976)은 『선녀여왕』의 주제·원전·전통·암시·배경지식 등을 포괄적으로 다룬다.

존 던

1. '형이상학파'와 존 던

　존 던(John Donne, 1572~1631)을 필두로 죠지 허버트(George Herbert), 에이브러햄 카울리(Abraham Cowley), 앤드루 마블(Andrew Marvell) 등을 흔히 '형이상학파' 시인이라고 부른다. 그런데 이는 이들의 공통된 사상이나 가치관, 즉 형이상학에 기반을 둔 명칭은 아니었다. 17세기 말 드라이든은 던의 시가 지나치게 어렵다면서 이 점을 형이상학적이라고 불렀고 쌔뮤얼 존슨 역시 이들의 난삽함을 두고 형이상학파 시인이라는 말을 썼는데, 그에 따르면 형이상학적인 위트란 '조화로운 부조화'(discordia concors), 즉 서로 전혀 어울리지 않을 것 같은 상이한 이미지들을 하나의 비유로 통합하는 것을 말한다. 예컨대 16세기 연애시에는 루비 같은 입술, 장미꽃 같은 뺨 등 예측할 수 있는 이미지들이 비유로 사용된 데 비해, 존 던은 「고별사: 비탄을 금하며」(A Valediction: Forbidding Mourning)에서 두 연인의 관계를 컴퍼스에 비유함으로써 전혀 이질적인 두 이미지를 하나로 통합한다. 사실 이와같은 기상(奇想, conceit) 외에도 형이상학파 시들은 이전의 16세기 시와는 다른 특징을 보이는데, 16세기 시들이 감미롭고 아름다운 시어를 사용한 것과는 달리 구어체적이고 직설적인 언어를 사용하고 있고, 16세기의 시의 화려하고 조화로운 아름다움과는 달리 파격적인 리듬과 스타일을 보이며 또한 고백적 서정시보다는 화자와 청자 간의 극적인 형식을 선호한다.

상대적으로 평가절하되던 형이상학파 시인들이 재평가를 받게 된 것은 20세기에 들어서이다. 1912년 그리어슨(Grierson)의 새로운 편집판이 나오면서 던은 진지한 문학연구의 대상으로 자리잡았으며 1921년 T. S. 엘리어트는 「형이상학파 시인들」(The Metaphysical Poets)에서 "감수성의 분열"이 일어나기 전의 형이상학파 시인들이야말로 현대시가 지향할 바를 보여주는 모범이라고 평가한다. 각기 존슨의 신고전주의와 엘리어트의 모더니즘에 기초를 둔 이와같은 평가의 부침은 형이상학파라는 용어가 각 시대의 문학관이나 미학적 기준의 변화에 의해 어떻게 새롭게 규정되고 평가되는지를 보여준다.

2. 창작·유통·수용방식

던의 어머니는 헨리 8세 시절 자신의 종교적 신념을 지키다 순교한 토머스 모어의 방계후손으로 던은 이처럼 독실한 가톨릭 집안의 장남으로 태어났다. 종교개혁이 일단락지어진 16, 17세기에도 종교는 영국사회에서 여전히 가장 첨예한 문제였으니, 당시에 가톨릭 교도들은 옥스퍼드나 케임브리지에서 학위를 받을 수가 없었다. 그 대신 그는 법률학교인 링컨즈 인에 진학했는데 이 학교의 학생들은 졸업 후 궁정과 권력을 지향하는 계급으로 이루어져 있었기 때문에 궁정이나 권력에 대해 동경과 혐오라는 양가적인 태도를 가지고 있었다. 궁정은 출세의 유일한 관문으로 동경과 갈망의 대상이자 또한 숱한 좌절과 혐오의 대상이기도 했던 것이다.

시와 연극은 이와같은 법률학교 학생들의 양면성이 표출되는 매체이자 이들의 일상적인 사교활동의 일부였다. 던을 비롯한 학생들은 아마추어 신사 시인을 자처하면서 시를 통해 자신의 재능을 증명하고 의견을 교환했으며 서로의 독자가 되어줌으로써 시를 통한 사교활동을 하였다. 즉, 이들에게 시는 익명의 대중을 상대로 한 시인의 일방적인 감정표출이 아니라 서로 잘 아는 시인과 독자가 쌍방향으로 교통하는 매체였던 것이다. 그리고 이는 법률학교를 졸업한 후에도 던 시의 기본적인 특징이 된다. 유력한 귀족의 비서로서 전형적인 출세가도를 밟는 듯하던 던은 어느날 갑자기 앤 모어(Anne More)와의 비밀결혼이 발각되면서 비서직에서 파면되고 투옥까지 당하게 된다. 상류계급의 나이 어린 상속녀였던 앤 모어와의 결혼은, 철저하게 경제적·전략적 고려에 의해 이루어지던 당시 상류사회의 결혼관습에 정면으로 반하는 것으로서 던은 이후 10여년 동안 사교계에서 추방당하고 모든 출세길이 막힌다. 그러나 이 불우한 시기에도 던은 시를 통해 옛 친구들과의 교제를 지속했으며 시를 통해 후원자를 얻고자 했고 또한 궁정과 권력으로의 복귀를 끊임없이 추구했다. 이처럼 던에게 시는 기본적으로 정치적인 행동이었으니 당시의 사회·정치적인 컨텍스트는 시 텍스트 못지않게 중요한 요소가 된다.

이와같은 던 시의 성격은 그 유통방식에서도 알 수 있는데 당시는 이미 인쇄가 대중화되었음에도 불구하고 그는 생전에 수고본(manuscript) 유통방식을 고집하였다. 익명의 대중을 대상으로 하는 인쇄출판 방식과는 달리 수고본은 원고를 일일이 손으로 베껴써야 하고 원고 자체를 얻기가 어렵기 때문에 소수의 지인들 사이에서만 유통되었다. 이처럼 서로를 잘 아는 소수의 독자들은 그의 시에 등장하는 가상의 청자(聽者)와 함께 이중구조를 이룸으로써 독특한 변증법적 논리와 극적 성격을 구현하는 데 기여한다고 볼 수 있다.

3. 성·사랑·결혼

던의 시 중 많은 부분은 사랑과 성에 대한 짧은 서정시인데 그 안에는 여성과 사랑, 성에 대한 다양하고 상반된 태도들이 병존한다. 우선 여성에 대한 태도를 보면 한편으로는 여성을 변덕스럽고 문란한 존재로 보고 상투적인 여성혐오를 나타내는 「무정」(The Indifferent) 「사랑의 금식」(Love's Diet) 「사랑의 연금술」(Love's Alchemy) 「사랑의 고리대금」(Love's Usury) 같은 시가 있는가 하면, 반대로 여성을 이상화하는 「장례식」(The Funeral) 「트위크넘 정원」(Twicknam Garden) 「앵초꽃」(The Primrose) 「꽃」(The Blossom) 같은 시들도 있다. 후자에 속하는 시들이 여성을 상위에 놓고 이상화하면서 그 여성과의 이루어질 수 없는 플라토닉한 사랑을 토로하는 뻬뜨라르까식 연애시라면 전자에 속하는 오비디우스(Ovidius)식 연애시들은 그와 같은 뻬뜨라르까식 사랑을 희화화하면서 여성을 폄하하고 남녀관계를 성관계로 축소하고 있다. 이처럼 이 두 범주의 연애시들은 서로 상반되는 여성관과 사랑관을 보이고 있지만 그 이면의 정치학은 사실 비슷하다고 볼 수 있다.

당시에는 출세하는 데 개인의 자질보다는 출신성분이 훨씬 더 중요하고, 왕실이나 유력한 귀족에게 총애를 받는 것이 권력으로 통하는 거의 유일한 길이었다. 던이 살던 16세기 말, 17세기 초는 경쟁이 특히 심한 시기로서 고등교육을 받은 젊은이들의 숫자와 궁정이나 정부의 일자리 사이에 극심한 수요공급의 불균형이 있었다. 던의 연애시들은 이와같은 현실을 남녀관계로 치환하여 권력에 대한 동경과 좌절, 소망과 환멸을 표현한다. 뻬뜨라르까식 연애시는 여성을 이상화하면서 화자인 남성이 자신의 자질과 노력에 의해 자신보다 상위에 있는 여성의 사랑을 구하는 구도로 되어 있다. 이는 권력을 얻는 데 있어서 개인의 자질보다는 출신과 계급을 우선시하던 당시 현실에 대한 비판이면서 동시에 그 권력에 대한 동경을 표현한 것이라고 할 수 있다. 반면에 오비디우스식 연애시들은 남녀의 위상을 바꾸어 남성이 주도권을 쥐는 것으로 설정한다. 이 시들 속에서 남성이 상대방 여성에 대해 보이는 성적인 공격성과 적극성은, 현실 속에서 젊은이들이 겪어야 하는 좌절과 수동성에 대한 심리적인 보상으로, 그래서 일종의 소망

충족인 것으로 이해될 수 있다. 결국 뻬뜨라르까식 연애시와 오비디우스식 연애시는 상반되는 여성관과 사랑관을 보이지만, 사회적 현실을 남녀관계로 치환하여 현실에 대한 불만과 비판을 보여주면서 동시에 그 현실에 대한 동경을 드러낸다는 점에서 유사하다고 할 수 있다.

이 두 범주가 오비디우스와 뻬뜨라르까에 기초한, 즉 기존의 장르에 기대는 시들이라면 세번째 범주는 기존의 연애시에서는 찾아볼 수 없는 유형의 시들이다. 「시성(諡聖)」(The Canonization) 「아침 인사」(The Good-morrow) 「고별 시편」(Valediction) 「1주년」(The Anniversary) 「일출」(The Sun Rising) 「실연」(The Broken Heart) 등은 적대적인 사회나 시간, 혹은 이별의 시련 앞에서 굴하지 않는 남녀의 상호적이고 영원한 사랑을 묘사한다. 이 시들에 나오는 남녀관계는, 영혼과 육체의 이분법에 기초하고 사랑과 결혼을 상호 배타적인 것으로 분리하던 기존의 연애시에서는 볼 수 없는 새로운 관계이다. 여기서의 남녀관계는 어느 한쪽의 일방적인 구애가 아닌 상호적 애정에 기초를 두고 있으며, 영혼과 육체가 분리되지 않고 합일된 상태이고 사랑의 끝이 자연스럽게 결혼으로 이어진다. 그런데 이처럼 남녀 상호간의 애정과 신뢰, 그리고 개인의 자질에 기초한 낭만적인 결혼관은 가문과 재산에 따라 정해지던 당시의 계약적 결혼관행과 배치되는 것으로서 또 하나의 소망충족이면서 동시에 그런 관행에 대한 비판이기도 하다. 던 자신이 바로 그와같은 낭만적 결혼을 감행함으로써 사회적으로 좌절을 겪었기에 이 범주에 속하는 던의 시들에서 그의 개인사를 읽어내려는 것은 당연한 결과이다. 그러나 앞에서도 언급했듯이 던의 시들은 시인의 내심을 토로하는 고백적인 서정시라기보다는 넓은 의미에서 정치적인 사회활동의 일부였고 게다가 그의 시들이 어떤 순서로 씌어졌는지 알 수 없기 때문에 이 시들을 던의 개인사로만 읽는 것은 무리가 있다. 오히려 여기에서 읽어낼 수 있는 것은, 한편으로는 사랑의 영원함과 상호성에 대한 믿음이지만 다른 한편으로는 그 사랑에 대립되는 외부세계에 대한 동경과 혐오의 양가적 태도, 즉 한편으로는 자신들의 사랑에 적대적인 사회현실을 비판하면서도 다른 한편으로는 그 사회현실에 다시 편입되고 싶어하는 이중적 태도이다.

결국 사랑에 대한 던의 세 가지 범주의 시들은 개인사에 기초하거나 개인적인 사랑관을 피력한 것이라기보다는 씨드니나 와이어트의 예에서 볼 수 있듯이 사랑시를 통해 사회현실에 대해 발언하던 당시의 관습에, 그리고 그런 사랑시를 쓰는 것이 일종의 사교행위이자 신사 신분의 증명이던 당시의 관행에 충실한 것이었다고 할 수 있다. 던이 극적 독백(dramatic monologue) 기법을 사용하는 것도 그의 시를 개인적인 고백으로 읽는 것을 방해하는데, 시인과 구분되는 화자가 청자를 설득하고 유혹하거나 논쟁하는 과정에서 다양한 의견과 논리들이 상호작용을 하게 되어 시에 다층적이고 다중적인 의미를 부여한다. 예컨대 가장 자신있게 사랑의 영원함을 노래하는 「시성」 같은 시에서도 그 사랑을 위협하는 여러가지 요인들이 화자의 주장을 약화시키며, 반대로 진실한 사랑을 부인하고 조롱하는 「무정」 같은 시에서도 표면적인 주장과는 다른, 진실한 사랑에 대한 소망이 읽혀지는 것이다. 이제 던의 양가적이고 다층적인 시세계를 가장 잘 보여주는 시들 중 하나인 「시성」을 자세히 읽어보기로 한다.

4. 「시성(諡聖)」 분석

총 5연으로 이루어진 이 시는 사랑에 빠진 연인을 화자로 하고 그 사랑을 만류하는 친구를 청자로 하는 극적 독백으로 진행된다. 이 청자와 화자의 대립구도는 오비디우스 이래의 오래된 문학관습에 근거한 것으로 이 시에서는 두 사람의 사랑과 그 사랑에 적대적인 외부세계 간의 갈등을 드러내기 위한 설정이다.

"제발 입 좀 다물고, 그냥 내가 사랑하도록 내버려둬"(For God's sake hold your tongue, and let me love)로 시작하면서 던 특유의 구어체 시어를 보여주는 1연에서, 화자는 세속적인 잣대로 자신의 사랑을 만류하는 친구에게 자신들은 그냥 내버려두고 다른 사람들이나 세속적인 성공을 추구하라고 한다. 먼저 1~3행에서 화자는 자신의 많은 나이와 초라한 외모, 사랑으로 인해 막힌 출세길, 그리고 자신의 가난 등을 오히려 자신의 입으로 전부 인정함으로써 친구의 비판을 미리 막아버린다. 그리고는 4행 이후에서 바깥세상에서 다른 사람들이 좇는 세속적인 성공들과 그 성공을 향한 행태들을 나열함으로써 교묘하게 외부세계를 풍자한다. 화자는 짐짓 겸손하게 자신의 사랑이 갖는 약점들을 인정하면서도 바깥세계가 오히려 더 많은 문제를 가지고 있음을 지적함으로써 후에 전개될 역전의 논리를 준비하는 것이다.

이와같은 전략은 2연에서도 이어져서 화자는 일련의 의문문들을 통해 자신들의 사랑이 세상에 어떤 해도 끼치지 않았음을 강변한다. 자신의 눈물이나 한숨이 바삐 돌아가는 세상에 어떤 영향도 끼치지 않았음을 주장하면서 한편으로는 뻬뜨라르까적 관습을 패러디하고 다른 한편으로 자신들의 사랑과 전혀 무관하게 여전히 장사를 하고 무역을 하며 전쟁과 송사를 벌이는 바쁜 세상의 활기를 전하는 것이다.

이와같은 방어적 전략은 3연의 초반까지 이어져서 3연의 3행까지도 화자는 겸손한 어조로 사람들이 자신을 뭐라고 불러도 좋다고 말한다. 그런데 "날벌레"(fly)가 가지고 있는 부정적인 이미지(파리)와 긍정적인 이미지(나비)도 그렇거니와 "양초"(taper)가 "죽는다"(die)고 할 때의 죽음과 성욕의 이중적인 의미를 생각해보면 3연 초반에서 미묘한 입장 변화가 일어나고 있음을 알 수 있다. 그리고 4행부터는 본격적으로 자신들을 높여 과장되리만큼 이상화한다. 그리하여 처음에는 독수리와 비둘기라는 친숙하고 긍정적인 상징으로 스스로를 격상하고 나아가서는 자신과 연인을 남녀의 성 구분조차 없는 완벽한 하나로서 죽음까지도 초월하는 불새로 이상화한다. 이 과정에서 애초에 화자를 비난하며 만류하던 청자는 더이상 연인들을 위협하지 못하고 침묵하게 되며 화자는 처음의 방어적인 자세와는 달리 적극적이고 공격적으로 자신들의 사랑을 미화한다.

이어지는 4연에서도 이와같은 공격적인 이상화는 계속되어 마침내는 두 연인이 성인(聖人)의 반열에까지 든 것으로 된다. 이 시가 시작될 때 초라한 모습으로 사회로부터 비난받던 두 연인이 4연에 이르면 "모든 사람들"(all)이 성인으로 떠받드는 존재가 되는 것이다. 그런데 이 "모든 사람들"이라는 표현에서 알 수 있듯이 화자는 자신들의 사랑을 정당화하는 데 있어서 1,2연과는 다른 태도를 보인다. 1,2연에서 연인들의 사랑과 외부세계가 서로 적대적인 관계로 설정되면서 외부세계와는 단절된 공간과 가치로 스스로의 사랑을 정의하던 화자가, 4연에서는 바로 그 외부세계의 인정을 통해 자신들의 존재가치를 주장하고 있는 것이다. 이는, "위대한 유골에는 반 에이커짜리 무덤 못지않게 / 잘 세공된 유골단지도 어울리나니"(As well a well wrought urn becomes / The greatest ashes, as half-acre tombs)라는 표현에서, "반 에이커짜리 무덤"과 "잘 세공된 유골단지"가 상호 대립하는 개념이 아니라 둘 다 "어울리는" 것으로 함께 언급된다는 것에서도 알 수 있다.

그리하여 마지막 5연에서는 후대의 사람들이 자신들을 성인으로 받드는 이유로 서로의 눈에 "나라와, 도시와, 궁정"(countries, towns, courts)이 들어 있어서 서로가 상대방에게 전세계가 되어주었다는 것을 든다. 여전히 외부세계와 자신들의 세계를 분리하고 있지만 스스로 자족함을 설명하는 방식이 굳이 1연에서 풍자했던 바로 그 "countries, towns, courts"라는 것은 의미심장하다. 결국 이 시의 화자는 외부세계로부터 배타적인 공간으로 자신들의 사랑을 설정하면서도 자신들을 배제한 그 외부세계에 대한 관심과 동경을 여전히 가지고 있으며, 자신들의 사랑 역시 바로 그 외부세계의 인정을 필요로 하고 있음을 보여주는 것이다. 이처럼 「시성」은 낭만적 사랑을 통해 던 특유의 양가적이고 역설적인 세계를 잘 보여준다.　　〔이미영〕

추천문헌
T.S. Eliot, "The Metaphysical Poets", *Selected Prose of T.S. Eliot* (London: Faber and Faber 1975). 형이상학파 시인에 대한 평가를 바꾸어놓은 영향력있는 논문.

Helen Gardner ed., *John Donne: A Collection of Critical Essays* (Englewood Cliffs: Prentice Hall 1982). 존 던에 대한 19세기, 20세기 중반까지의 권위있는 비평들을 모은 책.

Arthur F. Marotti, *John Donne, Coterie Poet* (Madison: Univ. of Wisconsin Press 1986). 던의 시가 기본적으로는 정치적인 행위였다는 가정하에 당시의 사회·문화적 상황과 던의 시들을 관련지어 읽어내는 비평서.

존 밀턴

1. 밀턴의 문학여정과 역사적 상황

　밀턴(John Milton, 1608~74)의 작품은 17세기 이래 오늘날까지 영문학의 고전으로서 상당한 위치를 확보하고 있다. 그에 대한 평가에 부침이 없지는 않았지만 그가 차지하는 고전적 위치는 여전히 확고하다고 할 만하다. 하지만 이러한 밀턴을 이해하기란 쉽지 않다. 밀턴 스스로가 자신의 작품을 제대로 읽어줄 독자가 많지 않을 것으로 예견했을 정도이다. 그래서 밀턴의 작품을 좀더 견실하게 이해하기 위해서는 밀턴 당대의 역사적 상황과 그의 개인적 경험 그리고 작품 사이의 관계를 살펴보는 작업이 필요하다.

　밀턴이 살던 17세기 영국의 정치적 현실은 시민혁명, 왕의 처형 그리고 왕정복고로 요약될 수 있다. 시민혁명의 발발(1642)과 의회군의 승리, 찰스 1세(Charles I)의 처형과 공화정 수립(1649), 그리고 왕정복고(1660)로 이어지는 일련의 역사적 사건은 밀턴이 작품을 생산한 시대적 환경이었다. 그런데 이러한 역사적 사건의 기점이 된 1640년 전후와 1660년 전후는 세 단계로 구분할 수 있는 밀턴의 문학여정상의 분기점과 일치한다.

　첫번째 단계인 1640년 이전에 밀턴은 커다란 문학적 성과를 내기 위한 훈련에 매진한다. 그는 위대한 문학가는 타고난 천재적 재능 이외에 후천적 노력이 필요하다고 믿었기에 다양한 책을 섭렵하였으며 습작 훈련 또한 게을리하지 않았다. 「랄레그로」(L'Allegro, 1645)와 「일 펜쎄로쏘」(Il Penseroso, 1645)는 이러한 훈련과정의 일부로서 자신이 겪은 다양한 경험과 지적 편력을 담고 있다. 특히 이 기간 동안에 밀턴은 성직자의 길이 아닌 문학을 통해 자신의 소명을 성취하겠다는 의지를 다진다. 그렇기에 그는 「그리스도 강탄절 아침에」(On the Morning of Christ's Nativity, 1645)에서 시인으로서의 소명의식을 다짐하고, 「쏘네트 7번」(Sonnet 7, 1645)에서는 소명을 성취하기 위한 내적 성숙의 필요성을 강조한다. 또한 「리씨더스」(Lycidas, 1645)에서 잠시 시인이 되는 일에 대한 회의를 품지만 결국 그는 새로운 작품을 써보겠다는 결심을 하기에 이른다. 이와같이 문학을 소명으로 생각하면서 이 시기에 밀턴은 스스로를 작품에 투영하여 자신을 점검하며 벼리는 작업을 한다.

두번째 단계는 시민혁명이 발발할 기운이 감도는 시점부터 공화정의 수립에 이어 혁명의 실패를 의미하는 왕정복고에 이르기까지의 약 20년간으로, 밀턴이 현실정치에 직접 뛰어든 시기이다. 이 기간 동안 그는 쏘네트를 제외하고는 주로 산문을 썼다. 밀턴 스스로가 산문을 쓴 일을 두고 "왼손이 한 일"이라고 말한 데서 볼 수 있듯이 이 시기는 일종의 외도에 해당한다. 하지만 밀턴은 산문이 시보다 당시의 상황에 더 효율적으로 대응할 수 있다고 생각하고 산문을 통해 당시의 다양한 핵심적 사안들을 논의했다. 실제로 그는 1640년 초·중반에 걸쳐 종교개혁에 관한 산문을 비롯하여 진정한 자유에 대한 갈망을 담은 『이혼론』(Doctrine and Discipline of Divorce, 1643)이나 『아레오파지티카』(Areopagitica, 1644) 등을 발표한다. 또한 그는 1640년대 후반부터 1660년까지 이상적인 정치체제를 논한 『왕과 관리의 재직 조건』(Tenure of Kings and Magistrates, 1649)이나 『공화정에 이르는 자유롭고 쉬운 길』(Readie and Easie Way to Establish a Free Commonwealth, 1660) 등을 출판한다. 밀턴이 산문에서 거론한 종교개혁·

결혼·교육·언론·정치체제에 관한 논의는 그 자체로도 의미있는 주제이지만, 밀턴에게 있어서 이러한 주제들은 그의 실제적 경험과 밀접한 연관이 있었다. 그가 시 쓰는 일을 20년 동안이나 중단하고 산문을 쓰게 된 데는 현실참여의 절박성 이외에도 국교회에 대한 짙은 회의와 성직의 포기, 이혼에 대한 심각한 고민과 『이혼론』에 대한 검열 그리고 이상적인 정치체제 건설을 위한 강렬한 투쟁 등 개인적 경험에서 나온 절실함이 배어 있기 때문이다.

마지막 단계는 왕정이 다시 도래한 후 밀턴이 사망할 때까지의 기간이다. 이 기간 동안에 밀턴은 거의 20년 동안 미루어온 대서사시 『실낙원』(*Paradise Lost*, 1667)을 마무리했으며 나아가 『복낙원』(*Paradise Regained*, 1671)과 『투사 삼손』(*Samson Agonistes*, 1671)을 발표한다. 그는 이 작품들에서 낙원이 상실되었다가 회복되는 과정을 그리는데, 마지막으로 『투사 삼손』에서 천사의 입을 빌려 만사가 최선으로 끝났다고 결론을 내린다. 이 기간은 밀턴의 문학여정의 절정이자 종착점인바 이 작품들에 대한 접근은 다양하게 진행되고 있다. 그렇지만 이 작품들도 왕정복고의 역사적 의미와 이 사건을 접한 밀턴의 개인적 고뇌를 염두에 두고 접근할 필요가 있다. 실명의 고통에다 혁명의 실패를 경험한 밀턴의 고뇌가 이들 작품에 깊숙이 배어 있기 때문이다.

2. 밀턴과 르네쌍스 인문주의

밀턴은 영국의 본격 르네쌍스 인문주의 시기라고 평가되는 16세기에 살지는 않았지만 그의 정신세계는 르네쌍스 인문주의와 맞닿아 있다. 그는 르네쌍스 인문주의자들 특히 기독교 인문주의자들과 마찬가지로 교육을 통한 이상적 지식 추구에 관심이 많았으며, 신에 대한 믿음을 지키면서도 인간의 이성의 힘 또한 신뢰했다. 신앙과 이성의 조화를 꾀한 것이다. 이러한 생각을 바탕으로 밀턴은 자신의 교육론의 기본이 되는 인간성 개조와 공민 양성이라는 목표를 제시한다. 실제로 그는 『교육론』(*Of Education*, 1644)에서 인간의 타락의 결과를 인정하는 신앙심을 보이면서도 그것을 회복하는 방법으로 교육을 통한 이성의 능력을 키우는 방식이 최선이라고 주장한다. 이성의 힘을 통해 인간이 타락하기 이전의 모습을 회복하거나 신에게 가장 가까이 다가갈 수 있다는 것이다. 이러한 이성의 능력을 제대로 사용할 수 있는 인간은 초기 르네쌍스의 유산을 물려받은 이상적인 인물이기 때문에, 그가 제시한 공민의 양성이라는 목표 또한 이성의 힘을 강조하는 인간성의 개조와 맞물려 있다.

밀턴이 『아레오파지티카』에서 출판의 사전검열을 반대하는 가장 중요한 논거도 인간이 이성을 지니고 있다는 생각이다. 신은 인간에게 이성을 주었고 인간은 그 이성을 사용하여 제대로 된 선택을 할 수 있다는 것이다. 예컨대 어떤 책이 출판되건간에 그것을 판단할 몫은 이성을 가진 인간에게 있다. 그렇다면 사전검열은 인간의 이성활동을 방해하는 셈이 된다. 밀턴 당시에는 종교개혁 이후의 편협한 신앙심과 과학적 합리주의의 발흥으로 고전을 무시하는 경향이 있었다. 그러나 기독교 인문주의자로서 밀턴은 자신의 이성적 능력을 사용하여 방대한 양의 고전을 읽고 마치 성서에서처럼 거기에서 인간의 가치를 발견하고 삶의 전범을 찾으려고 노력했다. 인간이 타락한 이후 윤리적으로나 인식론적으로나 선과 악이 공존하는 현실에서 중요하게 요구되는 점은 끊임없이 올바른 선택을 하려는 이와같은 이성적 노력이다.

밀턴은 이러한 노력을 할 수 있도록 도와주고 선택의 원리를 제공하는 것이 문학이 할 일이라고 생각했다. 특히 그는 문학을 통해서 성직자가 하는 교화기능 이상을 할 수 있다고 믿었다. 이것은 문학의 교육기능을 강조한 르네쌍스 인문주의의 전통과 맥을 같이한다. 그는 『교회치리론』(*Reason of Church Government*, 1642)에서 시인으로서 자신의 임무는 엉터리 시인들이 달콤한 껍질 속에 넣어 젊은이들에게 제공하는 사악한 원리를 그들이 삼키지 못하도록 하는 것이라고 말한다. 또한 그는 국가적 임무를 자각한 시인이라면 국민에게 교훈이나 전범을 통해 미덕을 고취해야 한다고 강조한다. 그렇기에 『실낙원』 제9권에서 언급한 대로, 밀턴의 서사시의 주제로는 가상의 전쟁이나 거짓 무용담보다는 진정한 인내와 영웅적 순교가 더 어울릴 수 있는 것이다. 평생 이상적 시인을 꿈꾸던 밀턴은 영감과 지식을 통해 얻은 삶에 대한 예지를 문학을 통해 전파할 것을 강조함으로써 시의 교화기능을 강조한 르네쌍스 인문주의 문학론의 전통의 맥을 잇는다.

3. 「리씨더스」와 자기점검

밀턴의 초기 대표작인 이 시는 1637년 친구 에드워드 킹(Edward King)의 죽음을 접한 밀턴이 그의 죽음을 애도하며 지은 만가(挽歌)이다. 밀턴은 친구의 죽음을 통해 시인의 길에 접어들고 있는 자신의 모습을 점검한다. 좀더 구체적으로 말하면, 이 시에서 밀턴은 시인의 원형인 오르페우스가 죽어가는 모습을 보고 문학과 관련된 근본적인 질문을 던진다. 오르페우스는 무생물도 감동시킬 정도로 문학의 위력을 발휘하면서 시신(詩神)을 섬겼다. 하지만 그가 피투성이의 얼굴을 한 채 죽음의 강을 떠내려갈 때 그를 철저하게 보호해주어야 할 시신은 속수무책이었고 그의 노래조차도 이 순간만큼은 거짓 노랫소리에 묻혀 효능을 발휘하지 못했다. 이러한 상황에 접한 밀턴의 고민은 과연 그가 문학에 자신을 바칠 필요가 있는가 하는 것이었다. 이 시를 쓰기 몇년 전 이미 「아버지에게」(Ad Patrem, 1645)에서 강조했듯이, 그는 시도 힘있는 일을 할 수 있고 나름의 보상 또한 받을 수 있다고 믿었다. 그러나 문학활동을 격려하고 보호해야 할 시신은 무기력하고, 감사는 물론 보답도 없었다. 더구나 현실에서는 종교권력을 휘두르며 물질의 먹이만을 노리는 '늑대'가 위협하고 있는데 누가 자신과 같은 연약한 양치기의 노래를 들어줄까 하는 의구심도 들었다. 이런 가운데, 그는 성직의 대안으로 문학의 길을 택하긴 했지만 문학의 힘을 과대평가하지 않았나 하는 불안감을 떨쳐버릴 수 없었던 것이다.

하지만 이런 질문과 고민의 과정이 무익한 경험은 아니었다. 고뇌와 회의 끝에 밀턴은 리씨더스의 부활을 통해 재기의 가능성을 보았고 자신의 정체성을 재확립하려는 의지를 다진다. 의심과 좌절감에 사로잡혀 있을 때 밀턴은 현실에서 겪는 시인의 고통에 대해 종말론적 해결방식에서 위로의 목소리를 듣는다. 시인의 명성은 현실이 아닌 하늘에서 보답을 받을 수 있다든가, 진정한 시인의 일을 방해하는 현실적·종교적 부패는 결국 천국문에서 처벌될 것이라는 종말론적 해법이 제시되는 것이다. 하지만 밀턴에게는 둘 다 그렇게 만족스럽지는 못했다. 결국 밀턴은 다시 한번 양치기의 망토를 걸치고 새로운 숲과 목장으로 나아간다. 먼 훗날의 하늘을 운운하기보다는 당장 굶어죽어가는 양떼의 무리를 돌보는 일이 더욱 절박했기 때문일 것이다. 이러한 새로운 목초지를 향해 떠날 결심을 하면서 밀턴은 예언자적 사명을 부여받은 시인으로서의 자기정체성을 재확인한다.

4. 『실낙원』과 왕정복고 그리고 혁명 실패의 교훈

밀턴은 왕정복고 이후 그의 대표작이라고 할 수 있는 『실낙원』을 발표한다. 그는 이 작품이 완성되기 25년 전쯤에 이미 『교회치리론』에서 진정한 영웅을 소재로 국민들의 교육에 도움이 되는 대서사시를 쓰겠다는 의지를 표명했다. 그런데 이러한 내용이 왕정복고라는 과거와는 판이한 정치적 환경속에서 작품으로 현실화되었을 때 그 의미는 더욱 각별하다. 밀턴에게 왕정복고는 단순한 정치체제의 변화가 아니라 지난 20년간의 그의 노력과 꿈을 일시에 무산시킨 사건이었다. 그는 1640~60년까지 지상천국의 도래를 위해 분투했지만 그 성과물인 공화정은 실패하고 말았다. 이런 상황에서 밀턴은 옳고 선한 동기를 가진 혁명이 왜 실패하고 어떻게 신의 대의명분에 기초한 공화국이 무너질 수 있는지 회의에 빠지지 않을 수 없었다. 역사는 신으로부터 소외되어 예기치 않게 흘러가고 인간의 선한 노력 또한 수포로 돌아가는 듯한 이러한 상황에서 밀턴은 어떤 형태로든 자신의 입장을 정리할 필요가 있었던 것이다.

밀턴은 이 작품에서 인류 최초의 타락이라는 사건에 대한 해석문제를 제기함으로써 나름대로 왕정복고 전후기의 역사적 흐름에 대한 설명을 제시한다. 그는 타락사건이 인간성에 관한 진실을 담고 있으며 인간의 도덕적 결함에 대한 근본적인 물음에 대답해줄 수 있다고 믿었다. 혁명실패 원인의 분석을 통해서 밀턴은 이상사회를 건설하기 위해서는 체제 변혁 못지않게 인간의 도덕적 개선 또한 중요하다는 인식에 이르렀던 것이다. 우선 그는 이 작품에서 인간의 타락이 누구의 책임인가라고 묻는다. 이에 대해 타락은 신이 아니라 인간 자신이 주체적으로 행한, 인간 스스로가 도덕적 한계를 드러낸 전형적 사건이라는 것이 밀턴의 대답이다. 아담과 이브는 천사들의 경고에도 불구하고 타락을 선택한다. 그들이 타락하지 않기 위해서 필요한 부분은 신의 노력이 아니라 자유의지와 이성을 지닌 그들 자신의 도덕적 노력이었다. 이렇게 볼 때 그들의 도덕적 실패가 낙원 상실을 초래한 것이다. 마찬가지로 혁명과 공화국의 실패는 신의 명분과 정의의 부재가 아니라 그 혁명에 참가한 사람들의 도덕적 해이 때문이었다. 신의 대의명분에 부합하는 혁명이었다고 해도 그것 자체가 혁명의 성공을 보장해주지는 않는다. 오히려 혁명 지도자들의 야심, 참가자들간의 불화, 개인적 이익을 우선시하는 대중들의 정치적 무관심 등이 합쳐져서 이상사회 건설에 실패한 것이다. 신이 아닌 인간에게 타락과 역사과정의 실패에 대한 근본적인 책임이 있다는 이러한 생각은 『실낙원』 제1권 26행에 나오는, "신의 길을 인간에게 정당화"하려는 밀턴의 작업의 윤리적 기초가 되었다. 이러한 정당화 작업을 통해 밀턴은 왕정복고기의 역사적 혼란을 극복하고 다시 시작해야 할 입장에 있는 자신과 혁명에 참가한 사람들을 추스르고자 했던 것이다.

밀턴은 실의에 빠져 있는 그들에게 새로운 가치의 덕목을 제시한다. 그것은 이 서사시의 주제라고 할 수 있는 불굴의 인내와 영웅적 순교의 모습이다. 패배를 극복하고 다시 일어서기 위해서 필요한 것은 이러한 덕목보다는 오히려 전통적 서사시의 주제인 적극적인 무용담과 이에 관련된 가치들일 수 있다. 하지만 전통적인 영웅상을 대변하는 사탄은 그럴듯한 대의명분과 행동의 화려함에도 불구하고 목표와 동기가 잘못된 지름길을 택함으로써 파멸에 이른다. 아담과 이브 또한 기다리면 신의 위치에 올라갈 수 있었음에도 불구하고 성급하게 선악과를 따먹음으로써 타락한다. 혁명에 참가한 사람들 역시 그들 내부의 야심과 자만심이 어우러진 조급함 때문에 일을 그르친다. 이러한 상황을 고려하면 밀턴이 제시하는 인내와 순교의 가치는 중요한 역사적 교훈의 의미를 지닌다.

　기다림의 중요성을 촉구한다고 해서 밀턴이 직접적인 현실참여의 필요성을 간과하는 것은 아니다. 그는 비록 한 개인의 정치적 행위는 미미할 수 있지만 현실변혁을 위해서는 마지막 날까지 지식에 행위를 더하는 지혜가 필요하다고 말한다. 이러한 인식하에서 밀턴은 역사의 내면에 흐르고 있는 신의 계획에 부응하여 인간의 현실적 참여가 필요하다고 강조한다. 그가 에녹, 노아, 아브라함과 모세 등의 예를 통해 현실참여의 모범을 제시하는 것도 같은 맥락에서이다. 물론 이들 역시 현실변혁에 실패하기도 한다. 그러나 여기서 밀턴이 강조하는 것은 실패 자체가 아니라 실패의 가능성에 대한 인식이며, 쓰러지지 않고 올바른 대의명분에 끝까지 충실하려는 노력이었다. 이와같은 인식과 노력은 세월의 흐름에 뒤처진 자신의 모습, 친구의 죽음, 눈이 먼 데 대한 자의식, 신실하게 신을 따르던 신교도들의 죽음을 부른 피드먼트(Piedmont)의 대학살 사건 등 불가해하게 보이는 역사와 인간의 모습 앞에서 제기한 물음에 대한 대답이었다. 그것은 또한 1640,50년대 분투 당시 실패를 생각지 못했던 사람들이 왕정복고 이후 달라진 상황 속에서 새겨야 할 교훈이기도 했다. 이를 통해서 밀턴은 역사에 다시 참여하기 위해서는 수난의 역사를 내면화하면서 역사 속에서 고통받되 체념하지 않는, 좀더 차분한 현실인식과 준비 그리고 참여가 필요하다고 결론짓는다.

〔이종우〕

추천문헌

Dennis Danielson ed., *The Cambridge Companion to Milton* (Cambridge: Cambridge Univ. Press 1989, 2nd ed. 1999). 밀턴에 대한 기초적인 지식과 1980, 90년대의 연구방향을 파악하기에 가장 좋은 책이다.

Merritt Y. Hughes ed., *Complete Poems and Major Prose of John Milton* (London: Prentice Hall 1990). 가장 많이 애용되는 밀턴 텍스트이다. 각 작품마다 작품이해에 꼭 필요한 사안에 대한 소개와 적당한 주석이 달려 있으며, 무엇보다도 밀턴의 시와 산문을 한권에서 편리하게 접할 수 있는 이점이 있다.

William Riley Parker, *Milton: A Biography*, 2nd ed. Gordon Campbell ed. (Oxford: Clarendon Press 1996). 이 책은 역사적 맥락을 간략히 조망하면서 밀턴의 삶과 작품을 짜임새 있게 연결시킨 가장 심도 있는 밀턴 전기로 꼽힌다.

Mary Ann Radzinowicz, *Toward Samson Agonistes: The Growth of Milton's Mind* (Princeton: Princeton Univ. Press 1978). 『투사 삼손』에 국한하지 않고 밀턴의 전작품과 생애를 다룬 야심작이다. 변증법·역사·정치·윤리학, 그리고 신학과 시학이라는 다섯 개 분야에서 밀턴의 성장과정을 다루고 있다.

3부 17, 18세기 영국문학

왕정복고 시대와 18세기 영국문학 김일영
존 드라이든 이경원
알렉산더 포우프 신양숙
조너선 스위프트 전인한
대니얼 디포우 여건종
헨리 필딩 김번
쌔뮤얼 리처드슨 정이화
쌔뮤얼 존슨 이시연

왕정복고 시대와 18세기 영국문학

1. 시대적 배경: 역동의 시기

크롬웰의 공화정이 그의 죽음으로 끝나고, 프랑스에서 망명중이던 찰스 2세가 영국의 왕위에 오른 1660년부터 드라이든(John Dryden)이 죽은 1700년까지는 왕정복고 시대(Restoration Age) 또는 '드라이든의 시대'(Age of Dryden)라고 불린다. 그리고 18세기 초부터 워즈워스(W. Wordsworth)의 낭만주의 선언이 담긴 『서정담시집』(Lyrical Ballads) 「서문」(Preface)이 나온 1798년까지를 우리는 흔히 '이성의 시대' '오거스턴 시대'(Augustan Age) 또는 '계몽주의 시대'라고 명명하고 있다. 이러한 명칭들의 타당성에 대해서는 의문이 있지만, 이에 앞서 왕정복고 시대와 18세기의 문학을 하나의 범주로 묶어서 살펴보는 이유를 먼저 밝힐 필요가 있겠다.

왕정복고 시대의 문학과 18세기 문학 사이에는 분명한 차이가 존재하지만, 한편으로 이 두 시기에는 사회적·사상적·문학적 연속성과 공통점이 존재한다. 이 두 시기의 문학을 하나의 범주 안에서 설명하고자 하는 것은 바로 이 때문이다. 그러나 이 두 시기의 문학상의 공통점은 18세기가 진행됨에 따라서 점차 사라지게 되고, 18세기 중반 이후에는 새로운 양식의 문학이 전개되기 시작한다. 이 글에서는 두 시대의 공통적인 문학현상과 점차적으로 변모하는 18세기 중반 이후의 문학을 당시의 시대상황과 관련하여 살펴보고자 한다.

왕정복고에서 18세기 중반으로 이어지는 시기에는 이성 중심의 가치관이 팽배하였다. 크롬웰이 주도한 청교도 지배하의 억압적인 공화정에 염증을 느낀 영국인들은 청교도들의 종교적인 열정(enthusiasm)을 광신이라고 혐오하게 되고, 합리적인 이성 중심의 사고를 추구하며 열정과 상상력을 진실을 못 보게 하는 불합리한 요인으로 간주하고 불신하게 된다. 이러한 추세에 기름을 부은 것은 과학적 사고의 확산을 주도한 왕립학술원(Royal Society)의 설립이다. 1662년 찰스 2세의 승인을 받아 발족한 왕립학술원은 과학정신의 중심부로 부상하면서 자연현상을 정확히 관찰, 기록함으로써 진리에 도달할 수 있다고 주장한다. 그들은 기적과 미신을 배격하고 상식과 과학적 관찰에 의해서 검증되는 것만을 진리로 받아들이며, 열정과 상상력을 건전한 사고의 적이자 도덕적·심리적인 병의 원인으로 간주하였다.

왕립학술원의 중요한 공헌 중의 하나는 경험론 철학의 확산이다. 베이컨에서 시작하여 로크(J. Locke), 버클리(G. Berkeley), 흄(D. Hume)으로 이어지는 영국 경험론은, 선험적인 진리를 거부하고 지식의 근원은 오감을 통해서 얻어진 경험이며, 경험에 의거하지 않는 지식은 한낱 공허한 관념이라고 주장한다. 왕정복고 시대와 18세기 중반까지 영국인들의 정신세계를 지배한 이러한 사상은 영국인들로 하여금 비현실적인 것으로부터 자신이 경험하는 일상의 세계로 눈을 돌리게 하였다.

이 실용적인 태도는 과학자들의 언어관에서도 나타난다. 그들에게 언어는 분명하고 명확한 의사전달의 수단으로서만 의미가 있었다. 따라서 그들은 함축적인 의미나 상징, 은유 등의 수사학적인 요소를 배격하고 누구나 이해할 수 있는 구체적이고 명확한 표현법을 중시하게 된다. 그 결과 그들은 기존의 불분명한 표현법을 지양하고 명확한 영어 표현법을 확산하고자 1664년 드라이든, 이블린(J. Evelyn), 윌러(E. Waller), 스프라트(T. Sprat)

등 약 20명으로 구성된 영어개혁위원회를 두게 된다. 이 위원회가 표방한 새로운 스타일의 글쓰기는 당시의 과학논문뿐만 아니라 과학을 다루지 않는 글에서도 반영된다.

왕정복고 시대의 대표적 작가 드라이든은 왕립학술원이 지향하는 문체를 구사한 틸로슨(J. Tillotson)을 자신의 산문의 모델로 삼아, 에쎄이나 비평문에서 장식적이지 않고 복잡하지 않은 분명하고 구체적인 문체를 구사한다. 심지어 그는 시에서도 낯설음과 신비로움, 형이상학적인 사색, 복잡한 이미지를 배격하고, 감정보다는 정치적인 사건이나 주변에서 일어나는 현실적인 소재를 택하여 간단명료하게 자신의 견해를 밝힌다. 당시의 시가 운을 맞춘 두 개의 행으로 이루어진 소위 영웅이구체(Heroic couplet)를 즐겨 사용한 것은 각 행이 대구(對句)를 이루는 이 형식이 작가의 논지를 간단명료하게 전달하는 데 효율적이기 때문이었다. 이러한 문학적 풍조는 영웅이구체를 가장 완벽하게 구사한 포우프(A. Pope)의 출현을 가능하게 하였다. 18세기 중반까지 문단을 지배한 포우프는 드라이든의 후계자로서 영시의 형식미를 추구한 작가였다. 그는 간결하고 명확한 표현을 사용하였으며 당대의 사상과 자신의 견해를 완벽한 영웅이구체 형식으로 구현해냈다. 그의 『인간론』(An Essay on Man)은 포우프 자신의 견해라기보다는 우주에서 인간의 위치와 존재의 단계 등 18세기 당대에 퍼져 있던 인간의 본질에 관한 견해를 밝힌 작품이며, 『비평론』(An Essay on Criticism)은 고전주의 작가를 모델로 삼아 표현의 정확함과 절제를 지향하고 과도한 상상력의 배제를 촉구한, 18세기의 문학관을 피력한 작품이다.

2. 풍자문학의 융성

왕정복고 시대와 18세기 작품들이 작가의 의견을 밝히는 데 주력한 것은 사회적·정치적 요건에 기인한다. 인쇄술의 발달로 사람들은 좀더 값싸게 책이나 팸플릿을 출판할 수 있게 되었고, 자신의 주장을 펼 수 있는 언론의 자유를 얻게 되었다. 게다가 이 시기에 지면을 통한 활발한 논쟁이 가능했던 것은 이 시대 사람들이 단일한 종교, 단일한 정치적 이념을 갖고 있지 않았기 때문이다. 왕정복고 이후 청교도들에 대해 냉소적인 분위기가 팽배했지만 그들은 여전히 자기 목소리를 냈고, 가톨릭교도들도 자기들의 신념을 그대로 유지하고 있었다. 또한 1689년에 통과된 종교관용법(Toleration Act)으로 신앙의 자유가 공식적으로 인정되면서, 청교도, 가톨릭교도, 영국국교도들은 각기 자기들의 신념을 글을 통해서 밝히게 된 것이다. 여기에 덧붙여 이 시기에 영국에는 두 개의 정당이 출현한다. 가톨릭신도는 왕이 될 수 없다는 왕위계승령(Exclusion Bill)에 대한 찬반론에서 가톨릭에 우호적인 토리당과 가톨릭에 대한 적극적인 반대를 표방하는 휘그당이 그것이다. 이 두 당은 체계화된 정당은 아니지만, 그 구성원들은 종교적인 성향이나 정치적인 입장이 서로 판이했기 때문에, 지면을 이용해 자신들이 직접, 또는 고용한 작가들을 통해서 상대방을 공격하기 시작한다.

이 시기의 주요작가들도 자신들의 정치적·종교적 입장에 따라서 이러한 논쟁에 끼여들게 되어, 자연히 풍자문학이 꽃피게 된다. 드라이든은 『압살롬과 아키토펠』(*Absalom and Achitopel*)에서 요크 공작(Duke of York, 찰스 2세의 동생, 후일의 제임스 2세) 대신 왕위에 오르려는 찰스 2세의 서자 몬머스 공작(Duke of Monmoth)과 그를 배후조종한 샤프츠버리 백작(1st Earl of Shaftesbury)을 풍자하였고, 디포우(D. Defoe)는 『진정한 영국인』(*The True-Born Englishman*)에서 윌리엄 3세가 네덜란드 출신임을 빈정거린 당시의 토리당 사람들을 공격하며 윌리엄을 진정한 영국인이라고 역설하였다. 그러나 무엇보다도 18세기 풍자문학의 진수는 스위프트(J. Swift)에게서 보인다. 그는 『온건한 제안』(*A Modest Proposal*)과 『드레피어의 편지』(*Drapier's Letters*)에서 아일랜드를 정치·경제적으로 착취하는 영국을 반어적으로 공격하였으며, 『걸리버 여행기』(*Gulliver's Travels*)에서는 영국의 정치제도뿐만 아니라, 영국사회와 과학만능주의를 비판하고 더 나아가 인간의 탐욕스런 속성 자체에 맹공을 가했다. 18세기 소설가 필딩(H.

Fielding)도 풍자문학에 일조하였다. 필딩은 사실상 영국 최초의 수상으로 거의 20년 동안 권력을 장악한 로버트 월폴(Robert Walpole)에 대한 풍자를 드라마를 통해서 주도하였고, 이에 분개한 월폴이 검열법(Licensing Act, 1737)으로 그의 극작에 제재를 가하자 이번에는 소설을 통해서 그를 계속 풍자하였다. 그러나 풍자의 대상이 정치인들에게만 국한된 것은 아니었다. 그 자신이『조지프 앤드루즈』(Joseph Andrews)의 서문에서 밝혔듯이, 필딩의 풍자 대상은 인간의 위선과 허영심으로, 그는 사회 저변에 퍼져 있는 모든 유형의 위선을 특유의 유머와 재치로써 풍자하였다. 그밖에 이 시기 이러한 풍자에는 로마의 유명한 풍자가 유베날리스(D. J. Juvenalis)의 어조로 인간의 헛된 탐욕과 욕망을 비난한 존슨(Samuel Johnson)의『인간의 헛된 욕망』(The Vanity of Human Wishes)이나 사소한 일로 벌어지는 인간 사이의 갈등과 귀족층의 무위도식하는 생활을 간접적으로 비난한 포우프의『머리타래의 강탈』(The Rape of the Lock) 등이 있다.

당시 인쇄술의 발달은 비교적 저렴한 비용의 출판을 가능하게 하여 독서층의 확산을 가져왔다. 독서층의 확산은 문학적 훈련을 제대로 받지 못한, 문학적 재능이 부족한 수많은 작가들을 양산했고, 이에 따라 저급한 문학과 이러한 문학이 유도한 저급한 문학취향을 비판하는 글들이 나오기 시작한다. 드라이든의「맥 플렉노」(Mac Flecknoe, 1682)는 바로 이러한 경향을 꼬집는 풍자문학의 장을 열었다. 이 작품에서 드라이든은 섀드웰(Thomas Shadwell)과 그 추종자들의 저급한 문학적 취향과 우둔함을 조롱하였고, 그들의 나라를 "우둔의 왕국"(kingdom of dullness)이라고 칭한다. 풍자문학의 이러한 경향은 포우프의『던씨아드』(Dunciad)에서 그 정점을 이룬다. "바보들의 왕국"을 뜻하는『던씨아드』에서 포우프가 주로 공격한 것은, 싸구려 글을 팔아먹고 사는 우둔한 작가들이지만, 그의 풍자의 화살은 사회 각층에 깔려 있는 모든 우둔함을 향해 있었다.

왕정복고 시대와 18세기의 풍자문학의 융성은 각계각층의 이념적·사상적 대립에 기인하지만 작가들의 문학에 대한 태도도 한몫하였다. 그리스와 로마의 문학을 모델로 삼아 글쓰기를 해온 당시의 작가들은 로마의 작가 호라티우스(Horatius)의 "〔문학은〕 유용하고 기쁨을 주어야 한다"(Utile et Dulce)는 문학이념을 신봉하였다. 그러나 호라티우스가 말하는 유용성이란 문학의 교훈성을 의미하는 것이고, 기쁨을 주어야 한다는 것은 교훈을 효율적으로 전달하기 위한 방편에 불과하다. 즉, 호라티우스가 가장 강조한 것은 문학의 교훈성이다. 따라서 당시의 문학가들은 독자들에게 교훈을 주는 것을 글의 목표로 삼았으며, 풍자문학도 이러한 문학관에 접목되어 있다. 풍자는 상대방을 공격하기 위한 방편이지만, 잘못을 지적함으로써 개선하려 하는 목적이 있기 때문이다.

3. 중산층의 부상과 소설의 발생

교훈성의 강조는 당시의 사회적 욕구에도 부합하는 것이며, 그 욕구의 주체는 중산층이었다. 부의 축적으로 점차 정치적·사회적 영향력을 획득하기 시작한 중산층은 변화한 새로운 환경에서 어떻게 처신할지에 관심을 갖게 되고 글 속에서 그 답을 구하고자 하였다. 또 한편 15세 안팎의 소년들이 견습공으로 또는 귀족의 하인으로 부모의 슬하를 떠나는 일이 빈번하던 당시에 사회에 나가서 어떻게 처신해야 할 것인가는 이들에게 절실한 문제였다. 리처드슨(S. Richardson)의 『패밀러』(Pamela)는 귀족의 하녀가 종종 접하게 되는 귀족의 유혹으로부터 자신의 정조를 어떻게 지켜야 하는지를, 그의 대표작인 『클러리써』(Clarissa)는 피지배층 여자가 자신을 유혹하려는 귀족의 흉계에 어떻게 대처할지를 가르치기 위해서 씌어졌다. 『램블러』(Rambler)에서 소설은 "어리고 무지한 사람들을 위해서 씌어지며, 소설은 그들에게 처신하는 법과 인생이 무엇인지 알게 한다"라고 말한 존슨은, 『래쓸러스』(Rasselas)에서 "행복의 골짜기"(Happy Valley)에 살다 현실의 세계를 직접 접함으로써 자신의 환상을 깨닫게 되는 주인공 래쓸러스를 통해서 독자들에게 현실이란 무엇인가를 가르치려 했다. 또한 디포우나 필딩은 소설을 통해서 신의 섭리란 무엇인지, 진정한 기독교인은 어떻게 살아야 하는지를 몰 플랜더즈(Moll Flanders)나 록사나(Roxana)와 같은 회개하는 주인공을 통해서 또는 작가의 가치관과 도덕관을 대변하는 애덤즈(Adams) 목사와 같은 주인공을 통해서 말하고 있다.

교훈주의는 당시의 거의 모든 문학작품에 나타나 있지만, 소설에서 더욱 두드러진다. 필딩이나 리처드슨이 자신의 소설을 "새로운 종류의 글쓰기"라고 말했듯이, 소설(Novel)이란 문자 그대로 새로운 글쓰기 양식으로, 18세기에는 보통사람들이 겪는 일상적인 세계를 사실적으로 그려내는 글쓰기 형태를 지칭하였다. 이런 형태의 장르가 18세기에 출현하게 된 것은 사회·문화적인 여러 복합적인 현상에 기인한다. 우선 과학정신의 발달과 경험주의 철학의 대두는 전통적 로맨스의 이상적인 세계보다는 개인이 직접 접하고 경험할 수 있는 실제 세계에 관심을 갖게 하였다.

개체화된 개인의 자율성을 강조하는 근대국가로의 전환 또한 소설의 발생에 중대한 영향을 끼친다. 왕정복고를 주도한 의회와 시민들은 다시 왕정이 시작되었음에도 불구하고 왕권을 제한할 힘을 얻게 되고 자신들의 뜻을 거스르면서 가톨릭으로의 전환을 꾀한 제임스 2세를 몰아냄으로써 더욱 힘을 키워나갔다. 이러한 의회의 강화와 시민사회의 성숙은 정치적 근대화의 토대를 이루었고 자본주의 경제체제의 확립과 시장의 자율성 확보는 경제적 근대화를 더욱 공고히 하며 중산층, 보통사람의 시대를 열었다. 소설이 로맨스와는 달리 왕이나 귀족이 아니라, 보통사람들을 주인공으로 삼은 것은 바로 이러한 까닭에서이다.

이러한 시대적 여건에 연계된 독서층의 확산은 소설의 발달에 결정적인 역할을 한다. 과거의 문학작품은 후원자의 대부분을 차지한 귀족을 위해 씌어졌지만, 이제 사회적·경제적으로 지위가 향상된 중산층들이 새로운 독서층으로 부상하게 되고, 순회문고의 활성화로 책을 쉽게 접할 수 있는 대중들이 늘어났다. 게다가 생활필수품들이 공장에서 생산, 제작됨에 따라 돈만 주면 가게나 시장에서 구입할 수 있게 되자, 경제적으로 여유가 있는 여자들은 여가시간을 책 읽는 데 쓸 수 있게 되어 독서층의 확산은 더욱 가속화되었다.

정규적인 고전문학 교육을 받지 않은 중산층이나 여성들은 특별한 지식 없이도 즐길 수 있는 문학양식을 원하게 되었다. 그들은 읽기 어려운 운문보다는 산문을, 비실제적이고 환상적인 로맨스의 세계보다는 그들과 비슷한 보통사람들의 일상세계에 관해서 듣기를 원했던 것이다. 새로운 후원자로 등장하게 된 중산층의 욕구를 수용하지 않을 수 없게 된 작가들은, 산문으로 씌어진 보통사람의 일상생활을 다루는 문학장르, 즉 소설을 만들어내게 된 것이다. 따라서 중산층의 요구에 의해 탄생한 소설은 자연히, 중산층의 관심사인 개인주의와 부의 획득을 통한 신분상승을 표현하게 되었다.

와트(Ian Watt)가 『소설의 발생』(The Rise of the Novel)에서 지적한 대로, 18세기의 많은 소설들은 중산층의 신분상승에 대한 꿈을 표명하고 있다. 디포우의 『로빈슨 크루쏘우』(Robinson Crusoe)는 중산층에 대한 찬미와 부의 축적을 통한 신분상승의 주제를 직접적으로 다룬 작품이다. 즉, 크루쏘우의 여행은 단순한 탐험심에 기인한 것이 아니라, 무역을 통해서 돈을 벌기 위한 또는 자신의 플랜테이션을 경작할 노예를 값싸게 얻기 위한 여행이며, 크루쏘우는 늘 자신의 재산목록에 관심이 있는 경제인으로서 전형적인 중산층의 모습을 대변한다. 디포우의 『몰 플랜더즈』나 『록사나』의 주인공들도 애정이나 가족간의 유대감보다는 하나의 경제주체로서 자본주의 경제체제에서 어떻게 살아남을 수 있는가에 모든 관심을 쏟고, 리처드슨의 『패밀러』도 기독교적 도덕성을 강조하고 있지만, 실상 하녀가 자신의 정조를 잘 지킴으로써 주인 귀족의 아내가 되는 상황을 제시함으로써, 역시 신분상승의 꿈을 표현하고 있다.

그러나 이 시기의 모든 소설이 신분상승에 대한 비전을 제시하고 있는 것은 아니다. 중산층의 신분상승의 꿈을 비꼬는 동시에 세습적으로 직위를 물려받는 귀족체제를 비판하는 작가의 목소리도 간과할 수 없다. 스위프트는 『걸리버 여행기』에서 왕에게 아첨하여 자신의 신분을 유지하는 귀족들을 비난하면서도 신분상승을 허용치 않는 후이늠(Houyhnhnms)의 신분체계를 찬양하며, 필딩은 『섀밀러』(Shamela)와 『조지프 앤드루즈』에서 귀족들의 방탕한 삶을 풍자하는 동시에 중산층의 신분상승에 대한 욕구를 비난한다. 또한 필딩은 현실에 기반을 두는 사실적인 소설의 전통을 이어가면서도, 소설의 후미에서 조지프 앤드루즈나 톰에게 귀족신분을 되찾아주는 등 전통적인 로맨스적 요소를 가미하였다. 따라서 중산층의 신분상승 이데올로기와 사실주의에 대한 옹호가 소설의 형성에 밑거름이 된 것은 사실이지만, 귀족의 이데올로기와 중산층 이데올로기가 충돌하던 격변기에 어느 한쪽의 가치관만을 옹호할 수 없었던 작가들의 상황과 전통적으로 계승된 로맨스적 요소들 역시 소설 탄생의 밑거름이 된 것이다.

 18세기의 중산층은 소설의 탄생 외에도 당시의 문학풍토를 바꾸는 데 결정적인 역할을 하였다. 이는 중산층의 영향력이 확고하지 못했던 왕정복고 시대의 문학, 특히 드라마와 중산층의 세력이 더 확고해진 18세기 드라마를 비교하면 쉽게 이해된다. 왕정복고 시대의 대표적인 비극은 소위 "영웅극"(heroic drama)이다. 이 극의 주인공들은 대부분 영웅이나 귀족들로 현실적인 인물과는 거리가 있고, 극은 극적 효과 없이 사랑과 의무 사이에서 겪게 되는 주인공들의 영웅적인 갈등을 표현하는 데 주력한다. 이러한 종류의 극을 처음 시도한 데이브넌트(William Davenant)는 『로도스 공격』(The Siege of Rhodes)에서 현실의 인물이 아니라 자비심·정의·평화와 같은 추상적인 개념을 의인화한 등장인물을 내세운다. 경험주의나 리얼리즘이 왕정복고 시대의 비극에는 거의 영향을 미치지 못하였음을 알 수 있다.

 희극의 경우 왕정복고 시대의 작품은 대개 일상생활에서 소재를 따왔지만, 대다수의 등장인물들은 상류층 사람이며, 작품이 다루는 주제는 귀족들의 흥미를 유발하는 욕정·음모·사기·간통 등이었다. 왕정복고 시대 희극의 진수를 보여주는 위철리(W. Wycherley)의 『시골 출신의 아내』(The Country Wife)에는 귀족적인 재치와 유머에 성을 암시하는 함축적인 표현들까지 많이 나타난다. 또한 작가는 호너(Horner)라는 남자주인공의 호색

행각을 아무런 거리낌없이 제시하여 그의 부도덕성을 정당화하는 것처럼 보이기도 한다.

이러한 문학적 현상은 왕정복고 시대에 지배적이었지만, 17세기 후반부터 중산층이 극장에 자주 출입하게 되자, 극장을 개혁하자는 자성의 목소리가 나오기 시작한다. 귀족들의 방탕한 삶과 차별성을 두려는 중산층은 자신들의 도덕성을 내세우며, 연극도 도덕적이어야 한다는 주장을 편다. 이러한 분위기에 편승하여 1698년에 콜리어(J. Collier)는 "영국 무대의 부도덕성과 상스러움"을 비난하였고, 많은 작가들이 중산층의 취향에 맞추어 희극의 외설성을 배격하며 지성보다는 중산층의 감수성에 호소하는 작품을 쓰기 시작한다. 이에 동조한 대표적인 작가는 스틸(Richard Steele)이나 컴벌랜드(Richard Cumberland)로 그들은 재치와 유머를 지양하고 인간의 감수성과 도덕성에 호소하는 소위 "감상적인 도덕 희극"(sentimental moral comedy)의 선구자가 되었다.

4. 감상주의의 영향

이와 관련하여 살펴볼 것은 18세기 문학에 나타난 감수성(sensibility) 또는 감상주의(sentimentalism)에 대한 예찬이다. 앞서 18세기가 감정을 배격하고 이성적 사고를 중시하는 시대라고 말했지만, 이성에 반기를 들고 감성을 옹호하는 움직임은 이미 17세기에 있었다. 17세기의 케임브리지 플라톤 학파(Cambridge Platonists)는 홉스의 성악설에 반기를 들고 인간의 선과 완전성에 믿음을 표명하며 인간은 태어날 때부터 선하고 도덕성을 지녔다고 주장한다. 이에 영향을 받은 샤프츠버리(3rd Earl of Shaftesbury)는 인간의 도덕성과 감수성을 옹호했으며, 허치슨(F. Hutcheson)은 자비를 인간의 최대 덕목이라고 칭송한다. 흄은 더 나아가 도덕성은 머리에서 나오는 것이 아니라 감정에 그 뿌리를 두었다고 말함으로써 도덕성과 감수성을 접목하려 하였다. 이 일군의 사상가들은 도덕성과 "자발적인 동정"(spontaneous sympathy)이 인간사회의 기초가 된다고 말함으로써 『도덕감 이론』(*The Theory of Moral Sentiments*, 1759)을 쓴 애덤 스미스(Adam Smith)에게도 커다란 영향을 미쳤다. 이러한 사상적 배경과 더불어 부의 증식으로 사회적 지위를 획득한 중산층이 자신의 경건함과 도덕성을 강조하였기 때문에 감수성 또는 감상주의 세력은 더욱 확대되었다. 감수성을 중시하는 이러한 경향은 18세기 초반부터 주로 드라마에서 미약하게 나타나다가 18세기 중반부터 본격적으로 다른 문학장르에까지 파급되어 18세기 중반 이후는 감수성의 시대(Age of Sensibility 또는 Age of Sentimentalism)로 탈바꿈하게 된다.

드라마에 이어 감상주의의 영향이 미친 문학장르는 시다. 감상주의는 18세기 중엽의 시들을 더욱 자의식적으로 만들어서, '묘지파'(Graveyard School)와 같은 감상주의 시인들은 죽음·고독·절망과 같은 자신의 내면을 살펴보는 주제를 선택한다. 이 시기의 대표적인 작가인 토머스 그레이(Thomas Gray)의 「이튼 학교의 원경에 관한 시」(Ode on a Distant Prospect of Eton School, 1947)나 「시골 묘지에서 쓴 비가」(An Elegy Written in a Country Churchyard)에서 이런 감상주의의 영향이 뚜렷이 드러난다.

감상주의는 창작에 있어 인위적인 것보다는 자발적인 것을 높이 평가한다. 따라서 루쏘(J.-J. Rousseau)의 영향을 받아 교육과 제도가 인간성을 해친다고 믿는 감상주의 옹호자들은 그들이 "고결한 미개인"(noble savage)이라고 칭하는 교육받지 않은 순수한 인간이 참된 예술작품을 쓸 수 있다고 믿었다. 소위 '전 낭만주의'(pre-romantic) 시인으로 분류되는 번즈(Robert Burns)도 이러한 맥락에서 당시에 각광받은 시인이었다. 스코틀랜드 출신의 농부시인인 번즈는 정규교육을 받지는 못하였지만, 소박하면서 인간의 가슴에 호소하는 그의 시는 고전문학이론을 읊조리면서 딱딱한 형식의 시를 구사하는 다른 군소 시인의 작품보다도 당대의 취향에 더욱 맞았기 때문이다.

감상주의의 영향은 소설에서 더욱 극명하게 나타난다. 감정에 호소함으로써 도덕적 메씨지를 전달하려고 한 리처드슨은 감수성을 도덕성의 척도로 삼았다. 따라서 그는 감수성이 강한 여성 또는 남성을 주인공으로 택하고 그들을 고난에 빠뜨림으로써 독자들로부터 동정의 눈물을 자아내고 도덕적 교훈을 주고자 하였다. 그러나 감수성에 대한 예찬을 작품에서 직접 표명한 작가는 스턴(Laurence Sterne)이다. 그의 대표작 『트리스트럼 샌디』 (Tristram Shandy)와 『감성여행』(A Sentimental Journey)은 감수성을 신의 선물로 찬양하며 타인을 동정하고 눈물을 흘릴 줄 아는 사람을 선한 사람으로 그려낸다. 그러나 우리는 스턴을 단순한 감상주의자로 간주해서는 안 된다. 실험적인 작품의 구성과 전개, 나아가 소설에 대한 기존의 관념을 깨는 그의 소설은 인간의 감수성과 성적 충동의 병존을 그려내고 있으며 그의 작중 인물들은 감상에 젖어 있으면서 동시에 자신의 감상주의를 자의식적으로 응시하는 인물들이기 때문이다. 또한 그의 소설은 인간의 허황한 면과 부조리한 면을 풍자하는 측면도 가지고 있어 단 한마디로 그의 작품의 본질을 정의하기는 어렵다. 우리는 18세기의 전반부를 풍자의 시대라고 부르고 중엽 이후를 감수성의 시대라고 했지만, 18세기 중반에 득세한 감상주의가 문학에서 풍자정신을 모두 몰아낸 것은 아니기 때문이다.

순수한 감상주의는 매켄지(Henry Mackenzie)의 『감성의 남자』(The Man of Feeling, 1771)에서 유감없이 발휘된다. 에피쏘드식으로 구성된 이 작품은 독자의 눈물을 자아내는 상황들로 이루어졌으며, 주인공 할리(Harley)가 주로 하는 일은 불행한 사람들 곁에서 손수건으로 눈물을 훔치는 일이다. 이 작품을 계기로 영국에서는 본격적인 감상주의 소설이 쏟아져나와 전성기를 맞이한다. 그러나 곧 예술성보다는 독자의 눈물을 자아내는 데 치중하는 지나친 감상문학에 대한 비난이 일기 시작한다. 셰리단(R. B. Sheridan)은 『비평가』(The Critic)에서 감상주의 극을 공격하며 "재치와 유머가 넘치던 과거의 시대"를 그리워하였고, 골드스미스(O. Goldsmith)는 「웃는 희극과 감상주의 희극」(Laughing and Sentimental Comedy)에서 퇴폐적인 감상주의를 비난하였다. 이러한 비난으로 감상주의는 1780년대 말부터 점차 그 힘을 상실하게 된다.

5. 고딕소설과 여성작가의 등장

18세기 후반부의 또 하나의 특징은 고딕소설의 등장이다. 감상주의의 확산에 힘입어 이성에 대한 거부감이 팽배하던 이 시기에 작가들은 18세기 전반기에 많은 작가들이 숭상한 조화와 이성을 거부하고 인간의 무한한 상상력과 이성으로는 설명할 수 없는 신비함이라든가 숭고함을 예찬하기 시작한다. 특히 이러한 흐름에 일조한 것은 18세기 전반부터 많은 작가나 비평가들 사이에 회자되기 시작한 롱기누스(Longinus)의 '숭고미'(The sublime) 이론이다. 독자에게 숭고미를 불러일으키는 작품을 최상의 것으로 간주하는 숭고미이론은 특히 버크(Edmund Burke)나 데니스(John Dennis)와 같은 비평가들의 연구대상이 되는데, 이들은 숭고미의 근원을 공포에서 찾는다. 이러한 이론에 힘입어 몇몇 작가들은 이성주의에 입각한 사실적인 소설을 거부하고 초자연적인 현상과 존재를 등장시켜 공포를 조성하는 고딕소설을 탄생시킨 것이다.

영국 최초의 고딕소설은 호러스 월폴(Horace Walpole)의 『오트랜토 성』(*The Castle of Otranto*, 1764)이다. 월폴이 꿈에서 소재를 얻었다는 이 작품에는 전형적인 고딕소설의 모티프들이 나타난다. 피흘리는 동상이나 걸어나오는 초상화의 인물, 날아다니는 투구 등 초자연적인 현상과 지하통로, 비밀의 문, 감금, 살인 등은 이후 많은 고딕소설의 원형이 『오트랜토 성』임을 짐작하게 한다. 월폴은 이 작품을 쓸 때 독자들의 반응을 우려했지만 우호적인 반응을 얻었고, 이에 다른 작가들도 고딕소설의 창작에 참여하기 시작한다. 매슈 그레고리 루이스(Matthew Gregory Lewis)의 『수사』(*The Monk*, 1796)도 이 당시에 많은 인기를 누린 전형적 고딕소설 중의 하나다. 이 작품에서 루이스는 기존의 고딕소설이 조장하는 공포심과 잔혹성을 극대화하기 위해 더 파격적이고 엽기적인 소재를 사용한다. 모친살해와 근친상간, 지하감옥과 잔인한 살육, 폭도들에 의해 난자당한 수녀원장의 시체, 사탄에 의한 수사의 처참한 죽음 등 기존 고딕소설이 감히 시도하지 못한 공포스럽고 잔인한 장면을 거리낌없이 보여주고 있다.

그러나 고딕소설을 18세기 후반에 가장 인기있는 문학장르로 만든 사람은 역시 앤 래드클리프(Ann Radcliffe)이다. 『씨실리언 로맨스』(*A Cicilian Romance*, 1790) 『유돌포 성의 비밀』(*The Mysteries of Udolpho*, 1794) 『이텔리언』(*The Italian*, 1797) 등의 고딕소설을 출판하여 "고딕소설의 여왕"이라는 칭호까지 받은 그녀는 신비롭고 초자연적인 사건들을 제시하지만, 결말에 가서는 이러한 현상들을 논리적으로 설명하고 초자연적인 존재를 작품에서 배제함으로써 기존의 고딕소설과는 다른 양상을 보여준다. 즉, 그녀는 이성주의를 거부하지 않고 이를 수용함으로써 절충적인 고딕소설을 쓴 것이다.

19세기 이후에 점차 인기를 잃고 나중에는 문학의 하위장르로 취급받게 되는 고딕소설의 주요 생산자, 소비자들은 여성이었다. 이러한 현상은 가부장적인 이데올로기하에서 억압받는 여성들의 실제상황과, 남성이 권위를 내세워 여성을 학대하는 내용을 주로 담는 고딕소설의 내용상의 유사성에 기인한다. 이와 더불어 18세기 후반에는 많은 여성작가의 소설이 나오기 시작한다. 이런 현상의 발생배경은 사회적·문화적·문학적 맥락에서 찾을 수 있다. 우선 경제적 여유로 인한 교육의 확산과, 고전문학에 대한 지식이 구태여 필요없는 소설의 탄생, 18세기 중반 이후에 팽배해진 감상주의의 확산 등은 여성의 글쓰기를 직·간접적으로 촉진하였다. 이러한 분위기에 힘입어 18세기 후반의 대표적인 여류 소설가 버니(Francis Burney)가 등장하게 된다.

여성이 소설을 쓰는 데 대한 사회적 편견이 있던 당시에 버니는 『이블리나』(*Evelina*, 1778)를 익명으로 출판한다. 이 작품이 독자와 당시 문학계의 대부인 존슨의 칭송을 받게 되자 버니는 본격적인 소설가의 길로 들어서게 된다. 『이블리나』 이후에 발표된 그녀의 대표작 『쎄실리어』(*Cecilia*, 1782) 『커밀러』(*Camilla*, 1796)는 모두 순진한 젊은 여성들이 사회경험을 통해서 정신적으로 성장하고 결혼에 이른다는 내용을 담고 있다. 여기서 특기할 만한 점은 버니가 여성들을 가부장적 이데올로기에 구속되어 있으면서 거기에 저항하지 못하는 인물들로 그렸다는 것이다. 이런 점에서 비평가들은 그녀가 당시 영국사회가 요구한바 수동적이고 자기절제를 미덕으로 삼은 보수적인 작가라고 규정하고 있다. 그러나 다른 한편, 그녀는 남성에 의해 지배되는 여성을 세세히 묘사하고 남성의 불합리한 권위를 간접적으로 비판함으로써 가부장제에 대한 거부를 표현하고 있는지도 모른다. 이런 점에서 엡스타인(Julia Epstein) 같은 비평가는 버니를 페미니스트로 규정하고 있는 것이다. 하여튼 여성작가들이 18세기 후반에 부각되었다는 사실은 19세기에 많은 주요 여성소설가를 태동시켰다는 점에서 문학사적으로 의미가 깊다.

　왕정복고 시대와 18세기는 사회적·정치적·사상적·문화적 격동기였다. 이러한 변화는 인식론과 함께 문학에도 큰 변화를 일으켜 다양한 문학형태의 병존을 가능하게 하였다. 즉, 이성주의와 감성주의가 공존하던 이 시기는 질서와 규칙을 옹호하고 이성을 찬양하였지만, 동시에 감성과 상상력, 무질서의 아름다움을 예찬했으며, 진정한 천재는 모든 규칙을 깰 수 있다고 믿었다. 물론 이러한 경향은 대체로 18세기 전반과 중반 이후로 구분되지만, 18세기 전반부의 대표적인 이성주의 시인 포우프가 한쌍의 남녀의 비극적 사랑을 다룬 「아벨라르에게 보내는 엘로이자의 편지」(Eloisa to Abelard)를 쓴 것과, 『비평론』에서 진정한 천재는 질서와 규칙의 영역을 뛰어넘는다고 인정한 점은, 이 시기가 이성주의와 감성주의가 혼재한 시기임을 입증한다. 따라서 페인(Thomas Paine)이 규정한 "이성의 시대"는 18세기를 단편적으로 고찰한 결과이며, 새로운 문학장르의 출현과 여러 문학형태가 공존한 이 시기는 그린(Donald Greene)의 말처럼 "풍요의 시기"(Age of Exuberance)라고 부르는 것이 더 합당할 것이다. 〔김일영〕

추천문헌

Donald Greene, *The Age of Exuberance* (New York: Random House 1970). 왕정복고 이후부터 프랑스 대혁명이 일어난 1780년대까지의 영국의 역사, 이데올로기, 문화와 사상의 다양성을 체계적으로 연구한 저서로 18세기를 이성의 시대라고 규정한 전통적인 선입관이 잘못되었음을 지적하고 있다.

S. H. Monk, *The Sublime: A Study of Critical Theories in 18th Century England* (Ann Arbor: UMI 1960). 수많은 숭고미(The Sublime) 이론이 어떻게 형성·변형·발전되어 왔는지를 고찰하고 이 이론을 18세기 당시의 문학·회화·사상에 연결시켜 18세기 신고전주의가 낭만주의운동으로 어떻게 연결되는지를 보여준다.

W. A. Speck, *Literature and Society in Eighteenth-Century England, 1680–1820* (London and New York: Longman 1998). 스튜어트 왕조 후기부터 제인 오스틴의 시대에 이르기까지의 영국의 이데올로기와 영국사회의 특성을 이 시기에 쓰여진 문학작품을 통해서 고찰하는 한편 문학이 이 당시의 사상을 어떻게 발전시켜왔는지를 살펴본다.

Janet Todd, *Sensibility: An Introduction* (London: Methuen 1986). 18세기 중반 이후 널리 유행한 영국의 감상주의(sentimentalism)를 당시의 도덕철학과 연관시키고 감상주의 문학의 유래와 발전, 쇠퇴에 이르기까지를 소설·시·드라마를 중심으로 심도있고 명쾌하게 분석한다.

Ian Watt, *The Rise of the Novel* (London: Chatto & Windus 1957). 소설의 발생을 18세기에 사회적으로 부상한 중산층, 인쇄술의 발달, 순회문고의 유행 등과의 관계에서 분석하며 소설을 중산층의 가치관을 표현하는 문학장르로 설명한다.

존 드라이든

1. 왕정복고기의 작가, 드라이든

영국 역사에서 사회적·정치적 지각변동이 가장 심한 시대를 꼽는다면 아마도 청교도혁명, 왕정복고, 명예혁명으로 이어지는 17세기 후반이 될 것이다. 역사학자 크리스토퍼 힐(Christopher Hill)이 "혁명의 세기" 혹은 "세계가 거꾸로 뒤집어진 시대"라고 표현했듯이, 17세기 영국은 전례없는 갈등과 변화의 시대였다. 대내적으로는 중세 봉건주의와 근대 자본주의, 절대군주제와 의회공화정, 로마 가톨릭과 영국 프로테스탄트 등 여러 대립적인 제도와 이데올로기의 충돌 속에서 영국이 근대 민족국가로 태어난 시대이며, 대외적으로는 영국이 켈트 변방뿐만 아니라 인도·북아메리카·카리브 연안으로 식민지 팽창의 범위를 넓히며 유럽 제국주의의 중심세력으로 발돋움한 시대이다. 이러한 변동의 소용돌이를 반영이라도 하듯 당시의 영국 문학은 그 어느 때보다도 정치적 색채를 강하게 띠고 있었다. 문학이 정치적이었다는 말은 당시의 정치적·종교적 갈등과 이데올로기적 긴장이 문학을 매개로 표출되었으며, 따라서 문학은 외부의 영향과 압력으로부터 자유로울 수 없었다는 것을 의미한다. 17세기 영국이 위기와 혁명의 시대였다고 할 때, 문학은 그 위기와 혁명의 관측기인 동시에 진원지였던 것이다. 다시 말해서, 문학은 사회변화를 수동적으로 반영하는 거울일 뿐만 아니라 그 자체가 곧 변화의 장이며 추동력이었다.

　이러한 문학의 정치성을 왕정복고 시대의 문학과 연극에서 가장 확연하게 드러낸 인물이 바로 존 드라이든(John Dryden, 1631~1700)이다. 당시 작가에게 주어지던 최고의 영예인 계관시인이자 왕실 사료편찬가로서 스튜어트 왕조의 대변인 역할을 한 드라이든은 시인과 극작가로 또한 비평가와 번역가로 활동하며 문학과 정치의 동반관계를 적극적으로 실천한 인물이다. 따라서 드라이든의 문학은 보편적이거나 가치중립적이지 않고 오히려 노골적인 당파성을 드러내고 있다. 드라이든이 작품을 통해서 일관되게 옹호한 이데올로기는 절대군주제·민족주의·식민주의이다. 그중에서도 절대군주제는 드라이든이 가장 열렬하게 지지한 왕정복고기의 지배이데올로기이다. 동시대의 역사적 사건에 대한 구체적 반응의 성격을 띠고 있는 드라이든의 작품은 풍자·알레고리·패러디 등의 형식을 취하고 있지만 약간의 역사적 배경지식이 있는 독자라면 그 작품에서 드라이든의 적과 동지를 어렵잖게 가려낼 수 있다. 대개의 경우, 적은 청교도혁명이나 명예혁명과 관련된 프로테스탄트 의회파이며, 동지는 절대군주제를 옹호하며 왕정복고를 지지한 가톨릭 왕당파이다.

　드라이든의 이러한 정치적 입장은 『경이로운 해』(*Annus Mirabilis*, 1667)에 뚜렷이 나타난다. 이 시는 왕정복고 이후 전쟁, 역병, 런던 대화재 등으로 민심이 불안해지고 정적들의 공세가 거세어지자 드라이든이 스튜어트 왕조의 권력기반을 강화할 목적으로 쓴 작품이다. 우선 드라이든은 청교도혁명을 비롯한 일련의 사건들은 모두 신이 영국을 "채찍질"하여 올바른 길로 인도하기 위한 "전능한 섭리"의 일환이라고 규정한다. 특히 런던을 잿더미로 만든 화재는 영국을 유럽의 외딴 섬에서 세계 무역의 중심지로 탈바꿈시키는 "변화의 불길"이라고 주장한다. 화재 이전의 런던은 "템즈 강에서 미역감는 초라하고 비천한 양치기 소녀 같았지만" 이제는 전세계 방방곡곡에서 "유향과 황금을 들고 몰려드는 청혼자들을 성 위에서 내려다보는 처녀 여왕"의 모습이다. 이러한 영국의 변신은 네덜란드와의 전쟁에서 승리함으로써 완성된다. 이제 영국은 유럽 열강들이 엿보거나 침범할 수 없는 "고귀하고 찬란한 북극성"의 위치에 올라서 있다. 여기서 드라이든은 영국과 네덜란드의 전쟁을 고대 로마와 카르타고의 전쟁에 빗대어 묘사할 뿐만 아니라, 찰스 2세를 아우구스투스 황제에 그리고 드라이든 자신을 서사시인 베르길리우스에 비유한다. 아우구스투스 황제가 통치한 로마제국을 황금시대의 구현으로 찬양한 베르길리우스처럼, 드라이든은 스튜어트 왕조의 부활을 청교도혁명의 혼란을 종식할 신의 섭리로 해석하며 찰스 2세의 영국을 아우구스투스의 로마에 버금가는 위대한 제국으로 재현한 것이다.

그러나 왕정복고 이후의 영국은 드라이든이 염원한 것과 같은 태평성대를 구가하지 못했다. 이른바 '가톨릭 음모사건'(The Popish Plot, 1678)으로 불거진 신구교 간의 정치적 갈등은 영국을 또다른 내란의 위기에 빠뜨리며 찰스 2세의 권력기반에 심각한 위협을 초래했다. 이러한 스튜어트 왕조의 위기상황에 대한 계관시인의 반응이 『압살롬과 아키토펠』(*Absalom and Achitophel*, 1681)이다. 영웅적 주제와 풍자적 요소가 혼합된 이 장편시에서 드라이든은 초기의 정치적 야망과 목표를 상실한 채 향락에 탐닉하는 찰스 2세와 그의 반대파들이 왕위계승자로 천거한 몬머스 공작을 구약성서의 다윗왕과 압살롬의 이야기에 빗대어 묘사한다. 드라이든은 이러한 상응관계를 우회적으로 표현하면서도 등장인물에 대한 선악의 구분에 있어서는 명확하다. 다윗과 압살롬은 그들이 지닌 결함에도 불구하고 상당히 영웅적인 모습으로 재현되는 반면, 찰스 2세의 정적 샤프츠버리의 역할을 하는 아키토펠은 공격과 풍자의 대상이 된다. 동시에 드라이든은 크롬웰이나 샤프츠버리 같은 선동적인 정치가들에게 쉽게 미혹되는 영국인들을 "은총의 범위와 한계를 끊임없이 시험하며, 완고하고 변덕스럽고 불평이 많은 유대족속"에다 비유한다. 또한 드라이든은 당대의 정치적 혼란이 세간에서 말하는 것처럼 찰스 2세의 무능력과 방탕함 때문만은 아니며 그것마저도 영국을 단련시키려는 신의 섭리라고 강변한다. "존귀한 다윗의 복원으로 인한 새로운 시대의 도래"와 "기꺼이 순종하는 민족과 적법한 통치자"를 역설하며 끝맺는 이 시는 찰스 2세의 실정에 대한 비판을 무마하고 왕권신수설과 절대군주제를 옹호하는 기능을 수행하고 있다.

2. 민족주의 옹호와 『극문학론』

드라이든이 재현한 왕조복고기의 또다른 지배이데올로기는 민족주의이다. 근대 민족주의의 기원과 발전과정에 대해서는 다양한 주장이 개진되고 있지만, 영국의 경우는 17세기 후반을 그 출발점으로 규정하는 것이 일반적 견해이다. 특히 청교도혁명은 대내적으로는 의회공화정을 내세운 신흥 중산층이 정치적 헤게모니를 장악한 사건이었지만, 대외적으로는 영국이 스페인과 프랑스를 비롯한 유럽대륙의 가톨릭 영향권에서 벗어나 주권국가로서의 자율성을 선언한 결과를 가져왔다. 실제로 크롬웰의 혁명정부가 자신들의 왕위찬탈을 정당화하고 불안정한 권력기반을 공고히하기 위해 가장 적극적으로 동원한 담론이 바로 민족주의였다. 크롬웰은 출애굽 이후 이스라엘 민족을 '약속의 땅'으로 인도한 여호수아이고, 그러한 지도자가 통치하는 프로테스탄트 영국은 하느님을 경외하는 현대판 '선민(選民)'이며, 따라서 청교도혁명은 영국민족의 우월성을 구현하는 '섭리'의 한 방편이라는 것이었다. 이러한 영국 중심적 선민사상에 기초한 민족주의 담론은 드라이든의 『경이로운 해』에서 본 것처럼 왕정복고 시대와 명예혁명 이후에도 지속되었다. 이는 정치체제의 변화에 상관없이 '상상의 공동체'로서의 민족이라는 집단의식이 영국이 근대 민족국가로 태동하는 과정에서 매우 중요한 역할을 했음을 의미한다. 아니면 그러한 갈등과 위기의 시대가 분열된 영국사회를 통합할 수 있는 민족주의 이데올로기를 필요로 했다고 볼 수도 있다.

드라이든이 옹호한 민족주의는 정치적인 동시에 문화적인 것이었다. 영문학사에서 최초의 체계적 문학비평이라고 할 수 있는『극문학론』(*An Essay of Dramatic Poesy*, 1668)을 보면 당시 영국 문학과 연극이 민족주의적 정서와 무관하지 않았음을 알 수 있다. 그런 점에서, 이 평론의 청각적 배경이 템즈 강에서 벌어진 영국과 네덜란드의 해전이라는 사실은 상당히 흥미롭다. 이 평론의 처음에서 드라이든은 런던 가까이서 들려오던 우레 같은 함포소리가 점점 멀어지는 일종의 페이드아웃 기법을 통해 네덜란드의 패퇴와 영국의 승리를 암시하고 있다. 군사적 승리를 알리는 축제 분위기 속에서 영국의 문화적 우월성을 확인하는 것이다. 드라이든은 이 평론에서 서로 다른 문학관을 가진 네 명의 논객을 등장시켜 희곡에 관한 토론을 전개한다. 논객들은 문학이 인간본성의 모방이며 이를 통해 독자에게 즐거움과 가르침을 준다는 명제에는 모두 동의하지만, 그러한 문학의 기능이 어느 시대, 어느 문화권에서 가장 잘 구현되었는지에 대해서는 의견을 달리한다.

논쟁의 전반부는 고대문학과 현대문학의 우열에 관한 것으로, 먼저 고대문학 예찬론자가 등장하여 아리스토텔레스와 호라티우스의 권위를 내세우며 그리스와 로마 문학의 위대함을 설파한다. 그의 주장에 의하면 "자연의 충실한 모방자요 지혜로운 관찰자였던 고대인들이 우리에게 자연의 완벽한 닮은꼴을 남겨주었지만, 우리는 그것을 쳐다보지도 않고 오히려 그것을 기괴하고 추악하게 만들어버렸으며", 그나마 프랑스의 꼬르네유(P. Corneille)와 영국의 벤 존슨(Ben Jonson) 정도가 고대문학의 정신을 제대로 계승하고 있을 뿐이다. 이에 맞서 현대문학 옹호자는 고대인들의 문학적 업적을 인정하면서도 그 전통이 현대인들의 노력에 의해 더욱 풍요로워졌음을 강조한다. 현대문학은 고대문학의 어설픈 흉내꾼이 아니라 진정한 완성자라는 것이다. "우리는 그들이 그려놓은 선을 따라 그리지 않고 자연을 따라 선을 그린다. 우리는 그들이 경험한 것을 알 뿐더러 우리 자신의 삶을 살아가기 때문에 당연히 그들이 미처 생각지 못했던 태도나 특징을 찾아낼 수 있다."

이러한 신구논쟁은 일단 현대문학의 판정승으로 막을 내리고, 이어서 현대문학의 양대 흐름인 프랑스문학과 영국문학의 대결이 벌어진다. 프랑스문학의 우수함을 주장하는 자에 따르면, 프랑스의 신고전주의 문학은 고대문학의 규범인 '삼일치의 법칙', 즉 시간·장소·행위의 일치에 충실하면서도 동시에 역사와 허구를 적절히 혼합하여 '시적 정의'를 구현하고, 플롯 중심의 사건전개에서 탈피하여 주인공의 영웅적 기질과 성격 묘사에 치중하며, 무대 위에서는 폭력적이거나 선정적인 장면을 연출하지 않을 뿐더러 등장인물의 행동보다는 대사를 부각함으로써 관객의 시각적 즐거움 대신 상상력을 자극한다. 그러나 드라이든 자신의 견해를 대변하는 논객이 마지막으로 등장하여 영국문학이 고대문학은 물론 그것을 계승한 프랑스의 신고전주의 문학보다 더 우월하다는 평가를 내리면서, 그 근거로 프랑스문학의 정확성에 맞서는 영국문학의 다양성을 내세운다. 복잡다양한 주제와 플롯의 융합을 시도하는 영국문학과는 달리, 미학적·도덕적 규범에 얽매인 프랑스문학은 무미건조하며 생동감과 박진감이 없다는 것이다. 드라이든이 동원하는 또다른 수사적 전략은 프랑스문학의 '여성다움'과 영국문학의 '남성다움'의 대조이다. 프랑스문학은 세련되고 정교하지만 유약하고 편협한 데 비해, 영국문학은 다소 불규칙하면서도 "남성적 상상력과 위대한 정신"을 구현한다는 것이다.

영국문학의 미덕인 다양성과 남성다움을 완성한 인물이 바로 셰익스피어이다. 드라이든이 보기에, 셰익스피어는 "동서고금을 통틀어 가장 크고 넓은 정신의 소유자이며, 그의 작품은 자연의 모든 이미지들을 다 담고 있다." 셰익스피어와 동시대 시인인 벤 존슨과 비교할 때, "존슨이 우리 시대의 베르길리우스이며 정교한 글쓰기의 표본이라면, 셰익스피어는 우리 시대의 호메로스이며 영국 극문학의 아버지이다. 나는 존슨에게 감탄하지만 셰익스피어를 사랑한다." 흔히 '영문학 비평의 아버지'로 불리는 드라이든의 이러한 주장은 셰익스피어를 영국의 민족시인으로 정전화하는 최초의 작업이기도 하거니와 동시에 영국의 문화적 정체성을 정립하려는 민족주의적 의지의 표명이다. 드라이든 자신이 밝히듯이, 『극문학론』을 쓴 목적 역시 "영국문학보다 프랑스문학을 부당하게 선호하는 자들의 혹평으로부터 우리 영국작가들의 명예를 옹호하는 것"이다. 왕정복고기 영문학의 계보학적 정체성이 고대 헬레니즘 문학, 프랑스의 신고전주의 문학, 영국의 토착문학 등이 뒤섞인 혼종임에도 불구하고 드라이든이 유독 프랑스의 영향을 배제하고 영국문학의 혈통을 호메로스, 베르길리우스, 초서, 벤 존슨, 플레처, 셰익스피어로 규정하는 것도 그러한 연유에서이다. "나는 언제나 프랑스에 맞서서 내 조국의 명예를 지킬 각오가 되어 있다. 우리 조상들이 칼로 프랑스를 물리쳤다면 우리는 붓으로 프랑스를 무찌를 수 있다"라는 발언에서도 드러나듯이, 드라이든의 의도와 전략은 영국의 정치적·문화적 경쟁국인 프랑스를 평가절하함으로써 영국의 위치를 격상하는 것이다. 결국 스튜어트 왕조가 통치하는 영국은 정치적으로는 로마제국의 유일한 계승자이며 문화적으로는 헬레니즘 문화의 진정한 후예가 되는 셈이다.

3. 식민주의 담론과 영웅극

드라이든의 작품에서 마지막으로 생각해봐야 할 것은 식민주의 담론이다. 영국 근대사에서 민족주의와 불가분의 관계를 형성한 담론이 바로 식민주의이다. 어떻게 보면, 민족주의와 식민주의는 근대영국을 뒷받침한 이데올로기적 양대 축이자 제국주의라는 동전의 양면이다. 민족주의가 스페인·네덜란드·프랑스 같은 유럽 내부의 적을 끌어들여 영국의 정치적·종교적 균열을 봉합하고 사회적 결속과 통합을 시도한 데 비해, 식민주의는 그러한 기능을 수행하기 위해 유럽 바깥에서 정복의 대상을 찾은 점이 다르다. 하지만 영국이라는 민족국가와 식민제국의 정체성 확립을 위해 인종적·문화적 타자를 전유한 점에서는 마찬가지이다. 드라이든이 이러한 시대정신을 재현하기 위해 채택한 장르가 영웅극(heroic drama)이다. 왕정복고기 연극무대에서 가장 인기있는 장르였던 영웅극은 공간적 이동과 도덕성의 유보라는 특징을 갖고 있다. 대부분의 영웅극에서는 주인공이 일상의 테두리를 벗어나 미지의 세계로 여행하는 과정에서 마주치는 위협적이고 도전적인 타자를 정복하는 내용을 담고 있는데, 중요한 것은 그 과정에서 사용된 물리적 폭력의 정당성이 아니라 적을 진압할 수 있는 주인공의 힘과 지혜이다. 인간의 한계에 대한 성찰보다는 인간의 능력에 대한 찬양이며 주인공이 구현하는 미덕이 반드시 도덕적 선과 일치하지 않는다는 점에서, 영웅극의 정서는 비극보다는 서사시에 가깝다. 따라서 영웅극은 근본적으로 호전적이고 파괴적이며 자기중심적이다. 다시 말해서, 정복과 지배를 다루는 영웅극은 당시에 부상하던 식민주의 이데올로기를 문학적으로 형상화하기에 가장 적합한 장르이다.

드라이든의 영웅극이 지닌 특징은 정복과 지배라는 식민주의적 주제를 신의 섭리라는 기독교적 논리와 접목한다는 점이다. 침탈과 억압의 식민지 역사를 유럽의 영토 확장인 동시에 이교세력에 대한 기독교의 승리로 해석하는 것이다. 이와같은 기독교와 식민주의의 제휴는 당시 영국 식민주의 이데올로기의 두드러진 특징이기도 하다. 17세기 중반 이후 영국의 본격적인 해외진출과 함께 형성되기 시작한 식민주의 이데올로기는 영국 중심적 선민사상에 기초한 청교도 민족주의와 밀접한 관련이 있다. 즉 인류 역사는 신의 섭리에 따라 전세계의 유럽화·기독교화라는 궁극적 목표를 향해 진행되고 있으며, 그러한 섭리를 실현하는 대리인이 바로 프로테스탄트 영국인이라는 생각이 당시 영국사회에 팽배해 있었다. 비록 가톨릭 세력의 첨병인 스페인과 포르투갈이 아시아와 아메리카의 이교권에 기독교를 소개하는 수단으로 이용되기는 했지만 그들은 본질적인 야만성과 물질적 탐욕으로 인해 신의 뜻을 온전히 구현하는 데 실패했으며, 따라서 이제는 영국이 그 역할을 수행해야 마땅하다고 여겼다.

드라이든의 여러 식민극 중에서도 특히 『인디언 여왕』(*The Indian Queen*, 1664)『인디언 황제』(*The Indian Emperor*, 1665)『그라나다 정복』(*The Conquest of Granada*, Part I, 1670, Part II, 1671)은 기독교 식민주의의

담론이 영웅극이라는 장르 속에 잘 용해되어 있는 작품이다. 『인디언 여왕』 과 『인디언 황제』는 스페인의 멕시코 정복을, 2부 연작으로 된 『그라나다 정복』은 스페인의 그라나다 정복을 극화한 것이다. 식민지 정복과 지배를 통한 제국의 건설이 신의 섭리라는 생각은 우선 이 극들의 서사구조에 내포되어 있다. 여기서 드라이든은 정복의 원인을 정복자의 발달된 기술문명이나 우세한 군사력이 아니라 피정복자의 내부 분열에서 찾는데, 이는 그의 모든 식민극이 지닌 공통된 패턴이다. 즉 이교도의 세계는 유럽 기독교 세력이 침입하기 전에 이미 정치적 혼란이나 도덕적 타락으로 인해 스스로 붕괴되고 있던 것으로 그려진다. 이러한 서사구조는 식민지 정복을 불가피한 운명이자 피정복자의 자기소멸 과정으로 묘사함으로써 정복의 폭력성과 야만성을 희석할뿐더러 정복의 당위성을 강조하는 효과를 가져온다.

  드라이든의 유럽중심적 시각은 비유럽 세계의 자연이나 관습의 묘사, 그리고 등장인물의 성격묘사에서도 드러난다. 원주민이나 이교도의 세계는 한결같이 물질적 풍요와 정신적 빈곤, 혹은 육체적 다산과 도덕적 불모의 양면성으로 규정되며, 따라서 더 강하고 성숙한 유럽문명에 지배당할 수밖에 없음을 암시한다. 정복자와 피정복자의 정체성 역시 이성과 감정 내지는 문명과 야만의 이항대립적 논리로 구성되며, 기독교 유럽의 인종적·문화적 타자들은 단순하고 어리석고 변덕스러운 식민지 원주민의 정형에 부합한다. 드라이든의 식민주의적 시각은 피정복자의 종교에 대한 묘사에서 가장 확연히 드러난다. 비기독교 세계의 특징은 개인의 삶이든 공동체의 운명이든 미신과 우상의 지배하에 놓여 있는 것이다. 인디언들이나 무어인들이 숭배하는 신과 그들의 종교적 행위는 헛되고 어리석을 뿐더러 그들에게 재앙을 초래하는 원인으로 작용한다. 범신론자나 이슬람교도는 '불신자'이거나 '이교도'이며, 그들의 신앙은 자연에 대한 무지와 공포에서 비롯된 자기기만적 미신에 불과하다. 식민지 원주민들이 영토와 주권을 상실하고 삶의 터전에서 추방되는 이유는 물질적인 것이 아니라 정신적인 것이며, 두 문명의 충돌은 종교적 우열로 인해 이미 결과가 판가름난 것으로 그려진다. 더구나 드라이든은 원주민 스스로 전통적 자연숭배를 허위로 규정하는 자기비하적 태도를 취하게 함으로써 기독교문화의 우월함을 간접적으로 입증하는 동시에 식민지 정복은 절대자의 '섭리'에 따라 이루어지는 불가피한 '운명'임을 강조한다.

이처럼 작품의 서술구조, 성격묘사, 자연환경 및 사회관습의 비교를 통해 기독교 백인문명의 우월함을 주장하는 드라이든의 재현방식은 그의 다른 영웅극에서도 쉽게 찾아볼 수 있다. 가령, 셰익스피어의 동명 작품을 개작한 『태풍』(The Tempest, 1667)이나 로마가 기독교화하기 이전의 종교적 핍박을 다룬 『폭군의 사랑』(Tyrannick Love, 1669), 인도 무굴제국의 내분과 몰락을 그린 『아우렝 제베』(Aureng Zebe, 1675), 기독교국 포르투갈과 북아프리카 회교국 바르바리의 전쟁을 배경으로 사랑과 배신의 주제를 다룬 『돈 쎄바스천』(Don Sebastian, 1690) 등은 모두 식민주의적·유럽중심주의적 시각을 드러내고 있다. 앞에서 살펴본 식민극들과 마찬가지로 이 작품들 역시 인종적·문화적·종교적 차이를 형이상학적 우열로 치환하고 있다. 즉 지배와 종속의 권력관계를 언제나 정신과 도덕의 문제로 설명하는 것이다. 그의 논리에 의하면, 남녀간의 사랑에서부터 전쟁의 승패와 제국의 흥망성쇠에 이르기까지 인간의 삶과 역사는 모두 신의 섭리에 따라 전개되며, 그 섭리를 구체화하는 대리인은 서구 근대성의 주체, 즉 유럽의 백인 중산층 남성이다. 따라서 그러한 주체가 타자를 정복하고 지배하는 것은 역사적 필연인 동시에 도덕적 당위이다. 물론 1688년의 명예혁명을 기점으로 드라이든이 그때까지 누리던 여러 특권을 상실하고 정치적 패자의 입장에 서게 되면서 작품 속에서도 피정복자에 대한 심정적 동일시를 나타내는 것은 사실이지만, 그렇다고 해서 비기독교·비유럽 세계에 대한 그의 인식과 재현의 틀이 근본적으로 바뀌는 것은 아니다.

이상의 논의를 다소 도식적으로 요약하자면, 드라이든은 왕정복고기의 지배이데올로기인 절대군주제·민족주의·식민주의의 대변인이다. 물론 이 이데올로기들의 정치적 맥락과 강조점은 서로 다르지만, 드라이든이 그것을 문학적으로 형상화하는 틀은 다르지 않다. 드라이든이 동원하는 논리는 언제나 주체와 타자, 이성과 감정, 문명과 야만, 축복과 저주, 남성성과 여성성, 중심과 주변, '우리'와 '그들' 등의 상호배타적 이분법에 기초하고 있다. 단지 차이가 있다면, 옹호하려는 주체가 무엇이냐에 따라 거기에 상응하는 타자의 형태가 달라질 뿐이다. 재현의 공간적 배경이 영국 국내일 때는 가톨릭 왕당파와 프로테스탄트 의회파, 유럽 안에서는 영국과 유럽 대륙의 경쟁국, 그리고 유럽 바깥으로 확장될 경우는 유럽 기독교문명과 비유럽 이교세력이 대립구도를 형성하게 된다. 그리고 어느 경우든 주체에게는 정복과 지배의 도덕적 정당성이 부여되는 반면에, 타자에게는 그러한 주체를 더욱 돋보이게 하는 배경으로서의 역할이 주어질 뿐이다. 드라이든의 문학이 이처럼 노골적인 정치성을 띠는 것은 그가 활동한 시대가 정치적 격동기였기 때문이다. 문학이 이데올로기로부터 자유로울 수 없다는 주장이 최근 문학비평의 기본전제이기도 하지만, 특히 드라이든은 그러한 전제를 가장 확연하게 입증해주는 경우 중의 하나이다. 〔이경원〕

추천문헌

The Works of John Dryden, vols. 16 (Berkeley: Univ. of California Press 1956~98). 시, 산문, 희곡 등 모든 장르를 망라한 드라이든 전집으로, 드라이든 전공자에게 필요할 만한 방대한 양의 원문 주석과 각주가 포함되어 있다. 개인이 소장하기에는 비용이 부담스럽긴 하지만, 드라이든에 관심이 있는 사람이라면 분명 탐낼 만한 전집이다.

Anne T. Barbeau, *The Intellectual Design of John Dryden's Heroic Plays* (New Haven: Yale Univ. Press 1970). 드라이든의 역사의식과 정치철학에 관한 논의에서부터 개별 작품에 대한 분석까지 모두 포함하고 있다. 전반부에서는 동시대 정치사상가들이 드라이든에 끼친 영향을 논의하고 후반부에서는 영웅극에 초점을 맞추어 드라이든 작품에 나타나는 미학과 정치학의 상관관계를 분석한다.

Phillip Harth, *Pen for a Party: Dryden's Tory Propaganda in Its Contexts* (Princeton: Princeton Univ. Press 1993). 드라이든의 텍스트를 동시대의 정치적 컨텍스트와 연관지어 분석한 신역사주의적 저서이다. 특히 찰스 2세의 통치 후반기에 쓴 작품들을 중심으로, 정치적 갈등과 분열에 직면한 스튜어트 왕조의 이해관계를 드라이든이 어떻게 대변하는지를 상세하게 논의한다.

David Bruce Kramer, *The Imperial Dryden: The Poetics of Appropriation in Seventeenth Century England* (Athens: Univ. of Georgia Press 1994). 왕정복고기의 지배이데올로

기인 절대군주제·민족주의·식민주의가 드라이든의 작품에 어떻게 재현되었는지를 설득력있게 분석한 저서이다. 특히 흥미로운 부분은 드라이든이 프랑스에 대한 영국의 문화적 우월성을 강변하면서도 실제로 가장 많이 모방한 것은 프랑스 신고전주의 연극이라는 저자의 주장이다.

James Anderson Winn, *John Dryden and His World* (New Haven: Yale Univ. Press 1987). 드라이든에 대한 전기적 연구 중에서 가장 상세하고 포괄적인 내용을 담고 있다. 특히 이 책의 장점은 드라이든의 생애에 대한 전기적 자료를 제공할 뿐만 아니라 그것이 드라이든의 개별 작품과 어떤 상관관계가 있는지를 잘 보여준다는 것이다.

알렉산더 포우프

1. 포우프 풍자문학과 당대의 평가

포우프(Alexander Pope, 1688~1744)는 일찍이 20대 초부터 괄목할 만한 문화적 업적을 쌓기 시작한다. 불과 23세의 나이에(1711) 고전시인 호라티우스 유형의 교훈시로서 타의 추종을 불허하는 『비평론』(*An Essay on Criticism*)을 출간함으로써 당시 영국문학계의 주목을 받기 시작한다. 바로 다음해에는(1712) 오늘날까지도 영어로 씌어진 가장 완벽한 의사서사시(mock epic)라 일컬어지는 『머리타래의 강탈』(*The Rape of the Lock*)을 내놓음으로써 단숨에 영국문학계의 정상에 오른다. 그리고 이어 1713년에는 호메로스의 『일리아드』(*Iliad*)를 영어로 번역하겠다는 뜻을 발표한 뒤, 친구들의 도움으로 호화 영역본에 대한 구독자들의 신청을 받아 작업을 진행하였고, 불과 2년 뒤인 1715년에 초판을 성공적으로 찍어냈다. 특히 『일리아드』 영역사업은 경쟁자들의 강한 질투심을 유발할 만큼 커다란 경제적 이익을 냄으로써 포우프는 영문학사상 최초로 순문학을 전문직업으로 탈바꿈시킨 작가가 된 것이다. 호메로스 작품의 영역사업은 이후에도 계속되었고, 그외에도 셰익스피어 편집 등 여러 활동을 하는 과정에서 생겨난 그의 적들을 대상으로, 그리고 크게는 영국사회 전체의 부패상을 대상으로, 포우프는 40대에 접어들면서 본격적으로 풍자시에 몰두하게 된다.

포우프의 예술적 천재성은 그가 생전에 영국사회에서 누린 명사의 지위뿐만 아니라 맥(Maynard Mack)을 비롯한 20세기 학자들의 연구를 통해서도 거듭 증명된 사실로서, 그의 작품의 특징이라 할 수 있는 고전시학에 입각한 정밀성, 번뜩이는 기지와 섬세한 상상력이 창출하는 미세한 경이로움, 인물 창조 및 대화체의 언어 구사능력에서 배어나오는 극적 요소, 그리고 무엇보다도 시의 소리와 속도를 통제하는 뛰어난 언어능력 등을 꼽을 수 있다. 특히 포우프는 영국문인 중에서 고전시인에 가장 근접해 있는 시인으로서, 그의 작품의 원형이라 할 수 있는 그리스·로마의 대시인들의 작품에 배어 있는 까다로운 미적 기준에 준하여 예술가로서의 완벽함을 유달리 집요하게 추구한 시인으로 정평이 나 있다.

포우프의 예술적 천재성과는 달리, 도덕적 기준에서 포우프의 위상에 대해서는 대체적인 합의가 이루어지지 않고 있는 실정이다. 우리 시대 최고의 포우프 연구자라 할 수 있는 맥이 1988년 예일대학에서 있은 포우프 탄생 300주년 기념연설에서, 포우프가 "당시의 현실을 타의 추종을 불허할 만큼 정확하게 제시하고 있다"고 재차 강조하는 반면, 같은 시기에 LA에서 있은 포우프 탄생 300주년 기념식에서 페브리칸트(Carole Febricant)는 포우프의 "후기 시에 드러나는 시인의 모습에는 정치적으로 부정확한 점"이 있고 그가 "지나치게 자신에 집착하며" "비교적 높은 수준의 공격적 전투성"을 드러낸다고 언급한다.

이와같은 이견은 사실상 풍자시인으로서의 포우프의 위상과 관련된 것이며, 또한 포우프가 창작에너지의 많은 부분을 풍자시에 쏟아부은만큼, 그와 그의 작품세계를 제대로 이해하기 위해서 그의 풍자시는 반드시 짚고 넘어가야 할 부분이라 하겠다. 특히 40대에 접어들어 쓰기 시작한 그의 풍자시를 당대 상황에 대한 이해 없이 접하게 되는 독자들은 포우프의 인성 및 작품에 대해 부정적인 시각을 갖게 될 수도 있는만큼, 17, 18세기의 문화적 맥락 안에서 포우프의 풍자문학을 조망할 필요가 있다.

17, 18세기는 잘 알려진 바와 같이 풍자문학의 전성기였다. 풍자문학은 공격적 언어가 활개를 치던 영국내란기의 폐허상태에서 시작되어 왕정복고 초기에 극심한 난립상을 보인다. 전쟁은 인간행위에 대한 전반적인 회의주의를 일게 하였으니, 이는 곧 서구 기독교문화의 바탕이 되어온 초자연적 신화 및 정치·철학·종교·문화적 가치에 대한 전반적 불신으로 나타났다. 따라서, 껍데기만 남은 기독교신화의 잔재들, 무너져버린 우주체계, 영웅전통의 찌꺼기와 같은 유물들에 직면한 왕정복고기의 작가들은 자신들이 물려받은 전통문화와 현실 사이의 괴리를 인식하고, 전통문화를 재평가하는 하나의 대체문학 프로그램으로서 풍자적 희화화에 몰두하게 된 것이다.

공위기간(空位期間, the Interregnum, 1649~60)에 성행한 급진적인 종교·정치·경제적 가치를 비판하던 풍자문들이 왕정복고 초기에는 차츰 찰스 2세의 사적·정치적 스타일을 겨냥하게 된다. 드라이든(J. Dryden)의 경우처럼 스튜어트 왕조를 옹호하는 입장에서 그 적들을 공격하는 풍자문학도 생산되었지만, 대부분 찰스 2세의 정치적 파당행위에 대한 신랄한 공격을 내용으로 하는 풍자문이 주를 이뤘다. 이처럼 내란과 왕정복고기의 정치파당 문제를 주된 소재로 삼던 당시의 풍자문학은 명예혁명(1688)을 하나의 분기점으로 하여 변화를 일으킨다. 즉, 명예혁명 이후의 풍자문은 영국에 새로 등장하기 시작한 전문가·사업가 계층에 관련된 문제에 관심을 두고 이들의 이해관계·집념·욕구·스타일을 중심으로 그것을 공격하거나 지지하는 입장의 풍자문이 성행하게 되는바, 그 대표적인 예로 의사와 약사들의 분업행위에 관한 의사서사시인 가스(Samuel Garth)의 『조제실』(*Dispensary*, 1699)과 영국귀족들이 그 혈통의 순수성에 기초하여 사회의 권력층에 이르게 되었다는 주장에 대한 통렬한 비판을 담고 있는 디포우(D. Defoe)의 『진정한 영국인』(1701)을 들 수 있다.

사회 전반에 걸친 공격을 시도하는 『조제실』『진정한 영국인』과 같은 풍자문은 곧이어 18세기 초에 등장하는 스위프트(J. Swift)의 『걸리버 여행기』(*Gulliver's Travels*, 1726), 게이(John Gay)의 『거지의 오페라』(*Beggar's Opera*, 1728), 포우프의 『던씨아드』(*Dunciad*, 1728) 등 소위 위대한 "체제풍자문"(systems satire)이라 불리는 것들로 자연스럽게 이어지게 된다. 이 작가들은 '문필가 클럽'(the Scribblers' Club)을 자칭하며, 18세기 초에 엄청나게 발달한 출판계를 중심으로, 당시 영국사회에 새로이 부상한 전문가·사업가 계층의 상업적·물질주의적 세태를 공격하고 아울러 이들을 비호하는 월폴 경을 필두로 한 휘그당의 정치·종교·문화정책을 총체적으로 비판하는 풍자문학을 공동기획하였으나, 결국 함께 나눈 의견에 기초하여 개별적으로 위의 작품들을 발표하게 된다. 이 작품들은 오늘에 이르기까지 풍자문학의 최고봉을 이루는 것으로 평가받고 있는데, 그 중에서도 특히 포우프의 『던씨아드』는 당시 영국의 혼란 및 부패상을 총체적으로 희화화한다는 그들의 의도에 가장 가까이 간 풍자문학으로, 지금까지 그 규모와 표현을 능가하는 작품은 없다.

물론, 포우프는 일반적 풍자문학(general satire)보다는 개인적 풍자문학(personal satire)이 실질적인 교화효과가 있다고 믿음으로써 문필활동을 통해 생겨난 적들, 그와 생각을 달리하는 월폴 정부와 그 지지자들에 대한 신랄한 개인적 공격을 서슴지 않는다. 거의 악의에 찬 듯한 개인비방을 거리낌 없이 펼침으로써, 포우프의 풍자시는 현상을 바로잡는 일보다는 그의 관점에서 자신에게 잘못을 저지른 사람들에게 복수를 가하는 데 더욱 관심을 보이는 문학, 즉, 고집스러운 복수의 역사를 기록한 일종의 복수의 문학이 아닌가 하는 의혹을 불러일으키기도 한다. 그러나 풍자문학은 늘 편견의 선상에서 존재할 뿐 아니라, 언어적 장광설(verbal tirade), 특정인을 겨냥한 개별풍자, 문서상의 비방(libel) 등은 17, 18세기의 풍자문학과는 거의 불가분의 관계를 가지는 것으로서, 이러한 비방을 기지와 상상력을 통해 얼마나 다양하고 복합적이며 신선하게 제시할 수 있느냐 하는 데 그 성패가 달려 있다고 하겠다. 이런 관점에서 볼 때 풍자문학가로서의 포우프의 역량은 결코 과소평가할 수 없다 할 것이다. 더욱이 포우프는 개인에 대한 공격에 그치지 않고 정치·미학·종교·상업·지식을 포괄하는 연계된 행위체제를 풍자의 궁극적 대상으로 삼음으로써, 특정 인물들에 대한 신랄한 공격을 바탕으로 영국 전체의 혼란·부패상을 그려내고자 했다. 사실상 그의 최고의 풍자문들은 그의 예술적 천재성으로 인해 개인에 대한 공격을 악에 대한 보편적 공격으로 승격시켰다 할 수 있다. 특히 『아버스넛에게 보내는 편지』(*An Epistle to Dr. Arbuthnot*) 『던씨아드』 등은 통렬한 풍자의 대상이 되고 있는 개개인을 당시 영국사회의 야만성에 대한 상징물로 승화하는 탁월한 예술적 성공을 거두었다는 평을 받기에 충분하다.

　포우프의 시적 역량에 아낌없는 찬사를 보낸 18세기 영국사회와는 달리, 19세기 영국사회는 포우프 시의 진가에 대해 조금 다른 평가를 내린다. 특히 아놀드(M. Arnold)의 추종자들은 포우프가 "시를 시적이게 만드는 핵심 자원인 은유"를 별로 사용하지 않음으로써 "진술을 위주로 하는 산문적 시"를 썼다고 하며 그의 시를 한 수 접어 평가한다. 사실상 이러한 비판은 오늘날의 독자들, 특히 영어를 외국어로 접하는 독자들에게 중대한 의미를 지닌다. 포우프의 천재성을 엿볼 수 있는 한 부분으로서 그의 언어사용법을 들 수 있는바, 그가 최고의 경지로 올려놓았다고 할 수 있는 영웅이구체(heroic couplet)는 그 간결하고 정확한 교훈적 리듬을 타지 않고서는 진가를 느낄 수 없는 것이다. 이처럼 정갈한 교훈적 리듬은 자유시에 익숙해 있는 대부분의 현대 독자에게는 다소 생소하게 느껴질 수 있고, 특히 영어를 외국어로 하는 독자들은 미처 음미할 여유를 갖지 못하는 경우가 많다. 결국, 현대의 독자들은 포우프의 시는 다소 딱딱하다고 느낄 수 있으며, 그 원인 중의 하나로 아놀드의 추종자들이 거론한 시적 은유의 결핍을 지적할 수 있다.

2. 포우프를 보는 시각들

　그러나 시를 가장 시적이게 만든다는 은유의 상대적 부재에도 불구하고 포우프의 시를 옹호한 맥을 비롯한 일군의 20세기 학자들은 주로 인유(allusion)라는 항목에 의거하여 그의 시의 위대성을 주장하였다. 이들은 종전(終戰) 이후 1950년대 내내 그리고 60년대까지도, 포우프 시에 내재한 각종 인유에 대한 연구를 활발히 진행했다. 그리스의 호메로스와 로마의 베르길리우스·호라티우스·오비디우스·루크레티우스(Lucretius)·유베날리스·페르시우스(Persius), 그리고 영국의 초서, 밀턴, 드라이든 등이 포우프의 시에 영향을 끼쳤다는 사실을 당시의 인유 연구를 통해 알 수 있다. 맥은 이러한 연구와 특히 포우프의 베르길리우스 유형의 시에 나타나는 인유 연구를 통해, 포우프가 고전작가들의 영향에 기독교적 색채를 가미한 기독교적 인문주의(Christian humanism)에 젖어 있었음을 알 수 있다고 주장한다. 기독교적 인문주의는 형이상학적·도덕적·미학적 믿음으로서, 질서·형식·조화가 우주 전체와 소우주인 인간 그리고 예술작품에 이르기까지 가장 높고 성스러운 특징이라는 믿음이다.

1969년에 출판된 맥의 『정원과 도시』(The Garden and the City)는 포우프 연구에 새로운 방향을 제시한다. 트위크넘(Twickenham) 빌라와 정원에서의 포우프의 은퇴생활 자체에 함축되어 있는 의도적 고전주의를 적당히 강조한다는 점에서 이는 종전 이후 계속되던 포우프 연구와 맥을 함께 한다. 그러나 그 빌라와 정원이 어떻게 파괴(전복)적 정치행위에 이용되었는지 상세히 논함으로써 이 책은 당시 영국역사 속에서 활동하는 포우프를 되살려놓았다. 즉 쌔빈농장(Sabine farm)에서 은퇴생활을 즐기는 호라티우스와 같은 자세를 취하면서도 편지·시·가든 디자인·도상학을 통해 자신의 생각과 느낌을 충분히 표현함으로써, 포우프는 1721~42년까지 계속된 월폴 경의 휘그당 정부에 대한 문인들의 반대를 지휘하는 오케스트라 지휘자와 같은 역할을 암암리에 수행할 수 있었다는 것이다. 『정원과 도시』는 포우프와 그가 호흡한 시대의 사회·정치사에 대한 좀더 상세하고 완벽한 조사·연구로 특징지어지는 1970년대와 80년대 초의 포우프 연구의 방향을 선도하고 있다.

1970년대에, 포우프는 귀족의 특권적 요소와 그와는 반대 입장인 중간계층의 진보주의적 요소가 한데 얽혀 이루어진 "향수적 보수주의"(nostalgic conservatism)라는 이데올로기를 가진 것으로 설명되었다. 귀족적 이데올로기가 토지 소유와 명예법칙을 강조하며 개인의 가치와 덕을 사회적 지위의 결과로 간주하는 반면, 진보적 이데올로기는 개인의 가치를 그의 일이나 지능, 생존능력 혹은 부의 축적 정도를 기준으로 측정한다. 포우프의 시는 영국 전체에 만연한 부패상을 다루고 있으며, 그에 대한 대안으로 일종의 박애적 소유형식으로서 전통적 시골 대주주의 이상인 참된 토지관리 정신에 시민의 덕(civic virtue)이라는 로마시대의 개념과 선(the good)이라는 성서적 개념을 덧붙여 제시하고 있다는 것이다.

70년대의 포우프 연구는 그가 심미적 관점에서 당대 최고의 작가이며, 그의 작품의 심미적 가치가 그의 도덕적 입장을 정당화한다는 가정하에 이루어졌다. 또한 당시 대부분의 포우프 연구의 기본틀을 이루던 "본질주의적 인문주의"(essentialist humanism)에 입각해 '개인'이 진실과 의미의 근본이라는 믿음을 바탕으로 하고 있다. 따라서 '선'이니 '악'이니 하는 것에 대한 그의 주장을 액면 그대로 받아들이는 1970년대의 정치적 시인으로서의 포우프에 대한 연구는 80년대에 와서 일정한 한계를 갖는다. 즉, 1980년대 중반에 이르면 개인은 자율적이지도 않을 뿐더러 독립된 결정을 할 수 있는 존재도 아니며 개인의 삶과 생각을 지배하는 체제를 생산하는 것은 권력구조이기 때문에 그 구조 속에서 텍스트의 의미 혹은 진실의 원천을 찾아야 한다고 보는 '문화유물론'(cultural materialism)에 입각해 포우프의 시적 텍스트를 해석하게 되는 것이다. 이들의 새로운 해석에 의하면, 포우프가 '선'이니 '악'이니 하는 용어들을 절대적인 도덕의 기준으로 내세우려 하지만 사실은 상대적이고 정치적인 의미로 쓰고 있다는 것이다. "선하다"는 것 그리고 "좋은 사람"이라는 수사는 월폴에 대항하기 위한 전략이었다는 것이다.

1985년에 '블랙웰의 문학 다시 읽기'(Blackwell's Re-reading Literature) 씨리즈의 일부로 발간된 브라운(Laura Brown)의 포우프 연구는 정치적 시인으로서의 포우프에 대한 문화유물론적 접근방식이 어떠한 것인지를 잘 보여주고 있다. 그녀는 서문에서 "공격적인 입장"에서 포우프 연구를 시작해야 한다고 주장한다. "자본가 지주들의 믿음과 야망 그리고 제국주의적 교감에 대한 변함없는 주창자로서의 포우프의 면모를 철저히 조사하고, 의심하며, 그 신비성을 제거해야 한다. 그의 시에 드러나 있는 정치적·사회적 그리고 심지어는 미학적인 입장까지도 문제삼아 가차없이 비판해야 한다. 이러한 탈신비화 과정은, 삶에 대한 우리의 시각을 인도하고자 하는 포우프의 바람과 그가 구축한 세계, 그리고 의미와 일관성과 도덕성에 대한 그의 주장을 조직적으로 거부하는 것으로서, 이데올로기 비판이라고 묘사할 수 있다. 즉 포우프와 그의 시에 내재한 의식적·무의식적 가치에 대한 비판이라 묘사할 수 있다"라고 주장한다. 이러한 이데올로기 비평의 일환으로서 「윈저 숲」(Windsor Forest)에 나타난 포우프의 정치적 입장에 대한 브라운의 해체(deconstruction)는, 이전의 연구를 통해 정립된 18세기 영국사회의 "진실을 분배하는 자"(dispenser of truth)로서의 포우프 신화에 반하여, 그를 복잡한 힘의 구조를 노정하는 당대 사회의 한 절묘한 이데올로기적 목소리로 환원한다.

문화유물론에 입각한 이데올로기 비평은 이처럼 정치·사회적 측면에 초점을 맞추기도 하지만 젠더(gender)에 역점을 두기도 한다. 대표적인 예로 1985년에 출간된 폴락(Ellen Pollak)의 『성적 신화의 시학』(*The Poetics of Sexual Myth*)을 들 수 있다. 이 경우 '신화'라는 용어는, 소설이나 시와 같은 상상의 산물들이 우리 입맛에 맞고, 따라서 거부하기 어렵기는 하지만 사실상 "이념적인" 것으로서, 결코 진실로 받아들여서는 안 된다고 본 바르뜨(Roland Barthes)의 '신화'와 같은 개념이다. 폴락이 드는 예는 수동적 여성성의 신화로서, 현대사회 초기에 여성의 본성에 대한 "지식"으로 통하던 일련의 복잡한 믿음과 가정들을 말한다. 그녀는 스위프트의 급진적 상상력은 사실상 이 신화를 꿰뚫고 나아가 반대의 결론을 내리고 있는 반면, 포우프의 시는 그러한 신화를 구체화하고 있다고 주장한다. 이처럼 이 책은 여성

문제에 있어서는 포우프가 대체로 진보적이었다는 일부 주장과는 전혀 다른 의견을 개진한다.

1980, 90년대의 포우프 연구는 이와같이 주로 문화유물론에 기초하여 이루어졌다 할 수 있다. 그의 작품이 외부 현실에 대한 언급으로 가득 차 있다는 점을 감안할 때, 역동적으로 움직이는 물질적 역사의 살아있는 한 부분으로서 문학의 의미를 새로이 찾고자 하는 문화유물론적 분석은 앞으로도 당분간 계속될 듯하다.

3. 『비평론』『머리타래의 강탈』『인간론』

『비평론』

신고전주의시대라 일컫는 18세기 전반의 영국의 "기준 심미안"에 대한 가장 명쾌한 소개서를 든다면 포우프의 『비평론』이라 할 수 있을 것이다. 호라티우스의 『시학』(Ars Poetica)을 모델로 하는 간결한 회화체 언어, 자연스러운 어조, 단순한 문체를 사용하여, 당시 널리 받아들여지고 있던 비평신조들을 듣기 좋고 기억하기 좋게 표현한 『비평론』은 포우프가 원한 대로 당시의 시인들에게 쓸모있는 정보원(原)이 되기에 충분한 것이었으며, 오늘날 우리에게도 당시의 시론을 엿볼 수 있는 귀중한 자료가 된다. 전체가 3부로 되어 있는데, 1부는 신고전주의 시론의 핵심을 제시하고 2부·3부는 이 시론을 실제로 적용하여 잘못된 비평들의 원인을 분석하는 한편, 훌륭한 비평가의 성격을 규명하며 과거의 위대한 비평가들을 호평한다. 여기에서는 주로 1부의 내용을 소개한다.

먼저, 우리는 "재치" "천재" "자연" "고대인들" "규칙들"이라는 신고전주의 비평의 핵심 단어들을 만나게 된다. "재치"라는 것은 '영리한 언급' '영리한 언급을 하는 사람' '기상'(conceit, 奇想) '통통 튀는 머리' '창조성' '환상'(fancy) '천재성' '천재' 등의 뜻을 지닌다. "자연"이라는 것은 '외부에 거하는 사물'이나 '야외'를 의미하는 것이 아니라, 인간의 경험 중에서 "독특하고, 개인적이며 일시적인 것"에 반하는 "전형적이며, 보편적이고 영속적인 것"을 의미한다. 때로는 "직관적 지식"이나 "우주질서에 나타나는 반 의인화된 힘"과 거의 같은 뜻으로 쓰이기도 한다. "고대인들"과 "규칙들"은 사실상 하나로 묶을 수 있는 항목이다. 둘 다 고대인의 작품에서 추론해낼 수 있는 시작(詩作)의 규칙을 의미하기 때문이다.

대부분의 신고전주의 작가들이 느끼던 고전작가에 대한 경외심은 '그들의 권위가 어디까지 적용되는가' 하는 문제를 제기한다. 충실하게 모방할 대상으로 받아들여야 할 것인가 아니면 "편리한 안내말" 정도로 받아들여야 하는 것인가? "개인의 천재성"이 "전통적으로 자연이라 여겨져온 것"과 "고대인의 권위", 그 "규칙들"에 의해 규제받아야 하는가?

포우프는 이 모든 상충하는 요소들 사이의 협상을 이끌어냄으로써 조화로운 체제를 구축한다. 자연을 따르는 것을 대원칙으로 하되, 고대인의 지혜는 사실상 자연과 같은 것이기 때문에, 자연을 따르는 것은 곧 고대인의 권위를 인정하며 그 규칙에 충실함과 다르지 않다는 것이다. 그러나 개인의 천재성이라는 것은 자연 혹은 고대인의 규칙을 넘어설 수 있는 것으로서, 꼭 필요한 경우에만 아껴 발휘함으로써, 신선한 충격과 자유의 분위기를 연출할 수 있다는 주장이다. 이러한 협상은 그 기본정신에 있어서 질서·형식·조화를 강조하느니만큼, 18세기 신고전주의의 전형적인 정신이라 할 것이다.

『머리타래의 강탈』

영웅적 전통을 희화화한 왕정복고기의 수많은 풍자가들의 노력을 밑거름으로 하여 이루어진 최상의 결정체라 할 수 있는 이 시는 한 귀족처녀의 머리타래를 귀족청년이 장난삼아 잘라버림으로써 두 명문 구교 집안 사이에 다툼이 벌어진 당시의 실제사건에 기초하여 씌어졌다. 이 사건을 통해 포우프는 작은 일을 큰 일처럼 부풀린다는 점에서 여성의 "히스테리적 본성"과 "의사서사시"는 본질이 같다는 데 착안하고, 전쟁에 관련된 고전영웅시의 유명 구절에 대한 그 자신의 번역 및 밀턴의 『실낙원』에 대한 넘치는 풍자와 반향을 통해 당시 사회의 성격은 물론 여성의 본성에 대한 나름의 의견을 피력하는 시를 생산하게 된다.

1712년에 처음 출판되자마자 영국문단에 열광적인 반응을 일으켰을 뿐만 아니라 오늘날까지도 "영어로 된 가장 완벽한 의사서사시"로 간주되는 이 시는 서사시에 흔한 기법들을 따르고 있지만, 그 사건과 등장인물들은 의사서사시의 규모에 절묘하게 맞추어져 있다. 『머리타래의 강탈』은 전쟁에 관한 얘기지만 또한 그것은 남녀 사이에 벌어지는 거실전쟁이다. 영웅과 여주인공이 등장하지만 그들은 멋쟁이 남자들과 아름다운 여인들이다. 또한 초자연적 기구를 가지지만 이는 로시크루시안 민담에서 빌려온 공기의 피조물로서, 죽은 바람둥이 여인의 혼이라는 실프이거나, 한때 이땅 위에서 점잔 빼던 여인의 화신인 엄브리엘(Umbriel)이다. 또한 그 서사적 게임이라고 하는 것은 카드 테이블의 "벨벳 천으로 뒤덮인 들판" 위에서 이루어지며, 주연을 즐기는 영웅들은 커피를 씹으며 가십을 즐기는 남성들이고, 전쟁이라고 하는 것은 "전형적인 칭찬과 기상" "찌푸린 표정과 화난 시선들" "코담배와 핀셋"과 함께 벌어지며, 서사시에 으레 등장하는 지하세계로의 여행은 여인들의 히스테리 발작의 진원지인 "스플린 동굴"로의 여행이다. 포우프는 이러한 액션이 벌어지는 세계를 창조하는데, 이는 아름답고 값진 물품들로 가득 차 찬란한 빛으로 반짝이는 세계이다. 포우프는 이 세계와 그 피조물들을 조롱하면서도 그 아름다움과 매력을 인지하도록 독자들을 유도한다.

『인간론』(An Essay on Man)

포우프가 40대에 들어선 후 자신의 "도덕적 작업"이라 일컬으며 "인간의 본성과 사회 그리고 도덕에 관한 전반적 고찰"을 시에 담아보겠다는 야심찬 계획을 세운 결과 남게 된 철학시이다. 18세기 유럽 전역의 계몽된 계층에 의해 전반적으로 받아들여지고 있던 낙관적 신조들을 표현하고 있기 때문에 당시의 철학적 가치관을 잘 보여줄 뿐만 아니라, 기억될 만한 표현들이 많은 시이다. 실제로 그중 많은 표현들은 일상언어의 일부가 되기도 했다.

포우프는 『실낙원』의 주제를 원용하여 "인간에 대한 신의 길을 천명하는 것"을 이 시의 목적으로 삼고 있다. 밀턴과 마찬가지로 포우프는 선한 신의 창조물인 것으로 간주되는 이 세상에 존재하는 악의 문제를 직시한다. 그러나 성경에 충실한 『실낙원』과는 달리 『인간론』은 기독교적인 이념들은 모두 피하고 있다. 포우프가 기독교를 믿지 않아서가 아니라 이 시의 주제가 되고 있는 인간은 기독교를 들어보지도 못한 수백만의 사람들을 포함하는데다 그 자신이 보편적인 것에 관심이 있기 때문이다. 밀턴이 기독교적 신화를 사용했다면 포우프는 추상적 용어를 사용하여 우주 속의 인간조건을 노래한 것이다.

이 시는 네 개의 편지로 구분되어 있다. 첫번째 편지는 우주의 본질적 질서와 선함 그리고 그 안에서의 인간의 위치가 정당함을 주장한다. 나머지 편지는 인간이 어떻게 하면 자신의 본성을 지키며 또 사회 안에서 우주적 조화를 흉내낼 수 있는지를 다루고 있다. 두번째 편지는 도덕적 삶의 기초가 될 수 있는 심리적 조화를 위해 자아사랑과 정열을 어떻게 지휘자이자 통제자인 이성과 협력하게 할 것인지를 보여준다. 사회 속의 인간을 다루고 있는 세번째 편지는 "자아사랑(우리에게 동기부여를 해주는 이기적인 충동들)"과 "사회사랑(우리의 타고난 자비심)"을 조화시킴으로써 사회 속의 인간이 탄생한다고 가르치고 있다. 네번째 편지는 행복에 관한 것으로서 행복은 덕(virtue)에 달려 있기 때문에 누구나 얻을 수 있는 것이라고 주장한다. 단, 덕은 자아사랑이 타인사랑 그리고 신에 대한 사랑으로 탈바꿈하였을 때만 가능한 것이라 한다. 〔신양숙〕

추천문헌

M. H. Abrams et. al. ed., *The Norton Anthology of English Literature*, Fifth Edition, vol. 1. (New York: W. W. Norton & Company Inc. 1986). 전세계 대학의 영문학과에서 기본

교과서의 하나로 채택하는 대단히 권위 있는 책이다. 시대별로 주요작가의 주요작품을 수록했으며 전문가가 쓴 시대·작가·작품 개관은 비록 짧기는 하나 대단히 정확한 것으로서 영문학계의 정설을 이룬다. 포우프와 그 작품에 대한 소개는 이 책을 기초로 하였다.

Ifor Evans, *A Short History of English Literature*, Second Edition (Harmondsworth: Penguin 1979). 장구한 영문학사를 비교적 짧은 시간 내에 한눈으로 조망하기에 유용한 책이다. 포우프를 역사적 시각에서 소개하는 데 이 책을 참조하였다.

Brean Hammond, ed., *Pope* (London and New York: Longman 1996). 빠른 속도로 변화하는 오늘의 비평경향을 반영하여 최근의 문학이론들을 기초로 한 새로운 비평문들을 수록함으로써 그 이론들을 현실적으로 적용하는 방법을 보여준다. 각 단원에 '편집안내문'을 붙여 수록된 비평문들의 기초가 되는 문학이론에 대한 인식을 높일 뿐만 아니라, 서로 다른 입장의 글들을 한 단원에 엮음으로써 문학비평의 다원적 성격을 부각한다. 포우프와 그의 작품을 중심으로 하고 특히 서론에서는 2차대전 이후의 포우프 연구사를 개괄함으로써 지난 반세기에 걸친 포우프 연구 변천사를 한눈에 조망할 수 있다.

Maynard Mack, *Alexander Pope: A Life* (New Haven: Yale Univ. Press 1985). 2차대전 이후 포우프 연구의 주역을 담당했으며 아직까지도 가장 위대한 포우프 학자로 통하는 맥이 집필한 방대한 규모의 포우프 전기이다. 포우프에 대한 맥의 깊은 존경심과 애정으로 인해 그의 삶과 작품을 바라보는 시각이 다소 편파적이라는 비평에도 불구하고, 이 책은 포우프의 삶과 그가 살던 시대를 생생하게 재생하기에 부족함이 없는 완벽한 조사, 기록이다.

Steven N. Zwicker ed., *The Cambridge Companion to English Literature 1650-1740*. (Cambridge, UK: Cambridge Univ. Press 1998). 영국역사상 가장 불안정하고 치열했던 정치적 혁명기라 할 수 있는 17세기 중반에서 18세기 초에 이르기까지의 영국 문학과 문화를 소개한다. 마이클 씨델(Michael Siedel)의 풍자문에 관한 에쎄이는 이 글에도 참고가 되었다.

조너선 스위프트

영국문학사에서 스위프트(Jonathan Swift, 1667~1745)만큼 극단적인 평가를 받는 작가도 드물 것이다. 일단 독자들에게 『걸리버 여행기』(*Gulliver's Travels*, 1756) 4권에 드러나는 걸리버의 야후(Yahoo) 혐오는 바로 스위프트 본인의 삶에 대한 혐오, 더 나아가 인간 자체에 대한 혐오를 드러내는 것이었다. 스위프트를 염세주의자로 보는 평가는 그와 동시대인인 오러리(John Boyle, fifth Earl of Orrery)로부터 20세기의 리비스(F. R. Leavis)에 이르기까지 뿌리깊게 존재해왔다. 이러한 평가에 반하여 스위프트를 인간에 대해 깊은 이해와 이에 근거한 애정을 가진 작가로 보는 견해 또한 동시대인인 웨슬리(John Wesley)로부터 현대의 로슨(Claude Rawson)에 이르기까지 폭넓게 존재해온 것이 사실이다. 문제는 이러한 양극단의 해석을 우리가 어떻게 받아들일 것인가라는 점이다. 필자는 이러한 양극단의 해석 중 어느 한쪽을 배제하기보다는 스위프트가 보여주는 인간에 대한 일치하지 않는 이중적 이해에서 해답을 찾아야 한다고 생각한다. 즉 스위프트에 대한 두 가지 해석은 스위프트라는 인간의 전모를 파악하기보다는 그의 일부분에 중점을 두고 이해한 결과이며 따라서 스위프트를 온전히 이해하기 위해서는 논리적으로는 공존하기 어려운 양극단의 공존 가능성을 찾아보려는 노력이 필요한 것이다.

스위프트의 주요 작품들에서 우리가 목격하는 것은 그의 다중적 욕망에 기초한 현란한 주제 흐리기이며 또한 다중의 의미전달 시도이다. 스위프트는 한 작품에서 하나의 주제나 의미만을 독자들에게 전달하는 데 만족할 수 없는 작가였다. 그는 작품 속에 (때로는 상반된, 때로는 서로를 보완하는) 여러 의미를 섞어놓고 독자로 하여금 그 의미들의 상관관계를 파악하도록 요구하며 혹은 그 상관관계를 파악하는 것이 불가능하다는 것을 인식하게 하여 이성으로서는 이해할 수 없는 자신의 (더 나아가서는 인간 전반에 내재하는) 분열된 자아를 통감케 하였다고 할 수 있다.

1. 분열된 자아: 스위프트의 생애

스위프트의 작품 속에 드러난 이중성 혹은 통합되지 않는 분열성을 이해하기 위해서 우리는 먼저 이러한 것과 밀접한 관련이 있는, 다시 말해 작품 내의 분열성의 근간을 제공하기도 하고 그로부터 영향을 받기도 하는, 작품 밖의 스위프트를 이해할 필요가 있다.

우리가 인간 스위프트를 이해할 때 가장 핵심이 되는 축은 영국계 아일랜드인(Anglo-Irish)으로서 그가 영국과 아일랜드에 대해 품었던 복잡한 감정이다. 즉 그가 영국의 식민지 아일랜드에 대한 처우에 대해서는 분노를 느끼고 아일랜드의 이익을 위한 애국적 행동을 한 한편으로, 항상 영국에 정착하기를 바라며 더블린에 처박힌 자신의 신세와 아일랜드의 야만성에 대한 혐오를 거리낌없이 표현한 사실은, 그가 두 나라 사이에서 정체성 갈등을 겪었으며 이는 바로 그의 작품세계에 드러나는 제어되지 않는 분열성과 밀접한 관계가 있음을 암시한다.

우리는 스위프트의 일생을 임의로 크게 세 단계로 구분할 수 있는데 첫 번째(1667~89)는 더블린에서 태어나 더블린 트리니티 콜리지(Trinity College)에서 대학교육을 마칠 때까지 아일랜드에서 보낸 시기이고, 두번째(1689~1714)는 주로 영국에서 지내며 영국 정치의 중심에서 활발한 정치활동과 그와 연계된 문필활동을 벌인 시기이며, 세번째(1714~45)는 영국에서의 활동을 자의반 타의반으로 끝내고 다시 아일랜드로 돌아와 성 패트릭성당(St. Patrick's Cathedral)에서 주임사제(Dean)로 일하면서 식민지 아일랜드의 문제에 치열하게 부딪히면서 영광과 좌절 그리고 절망을 맛본 시기라고 할 수 있다.

이 가운데 우리가 주목해야 할 것은 두번째와 세번째 시기이다. 두번째 시기는 영국으로 건너간 스위프트가 지적 성숙을 이루고 그것을 바탕으로 문학가로서의 자신의 소임을 찾은 시기라고 할 수 있다. 스위프트는 1689년부터 10년간 (중간에 아일랜드로 돌아가서 잠시 사제생활을 하기도 했지만) 은퇴한 외교관이며 일대를 풍미한 문필가인 윌리엄 템플(William Temple)의 비서로서 그의 저택인 무어 파크(Moor Park)에서 일하는데, 이 기간 동안 그는 템플의 문학적 스타일이나 도덕관에 영향을 받으며 자신만의 문학적 재능을 키우고 완성하게 된다. 이 시기에 그가 쓴 역작들——『통이야기』(*A Tale of a Tub*)『책들의 전쟁』(*The Battle of the Books*)『정신의 기계적 작용』(*The Mechanical Operation of the Spirit*)——은 우회적 풍자기법과 나중에 그의 작품의 분열성의 단초가 되는 갈피를 잡을 수 없을 정도로 난해하고도 현란한 의미무리의 전달 등을 보여준다는 점에서, 그의 문학적 재능의 만개를 보여준다고 할 수 있다.

이 시기에서 우리가 특히 주목할 것은 스위프트가 (물론 본인은 그 결과를 예견할 수 없었겠지만) 자신을 당대 사회의 주변인으로 만들어버리는 결과를 초래한 정치적인 판단을 내렸다는 점이다. 템플이 죽은 후 스위프트는 1710년 할리(Robert Harley)와 볼링브로크(Henry St. John Bolingbroke)가 이끄는 토리당이 집권하자 이에 적극적으로 가담한다. 그가 토리당의 입장을 지지한 데에는 종교적 문제에 대한 토리당의 입장이 영국성공회 성직자로서의 그의 입장과 잘 맞았고 당시 새로이 부상하던 신흥 자본가계급에 대한 그의 불신과 젠트리를 기반으로 한 토리당의 입장이 일치했기 때문이라고 할 수 있다. 그의 문학적 재능은 마침 휘그당에 대항할 선전을 담당할 재사(才士)가 필요하던 할리의 눈에 띄어, 스위프트는 1710년부터 토리당 정권이 붕괴하는 1714년까지 토리당의 문사로서 휘그당을 공격하고 토리당의 정책을 옹호하는 팸플릿과 시를 쓰는 등 눈부신 활약을 하게 된다. 그러나 스위프트는 이러한 공헌에도 불구하고 자신이 원하던 바를 얻지 못한다. 그는 자신이 영국인으로 받아들여져 영국에서 주교직(Bishopric)을 얻어 정착하기를 원했으나 그에게 주어진 것은 더블린의 성 패트릭 성당의 주임사제직이었다. 그는 이에 대해 할리와 보수당 정권에게 배신감을 느끼며 보수당 정권이 앤 여왕(Queen Anne)의 서거와 할리와 볼링브로크 간의 갈등으로 붕괴되어가는 와중에 쓸쓸히 "비참한 아일랜드의 구질구질한 더블린"으로 돌아간다.

아일랜드로의 이러한 쓸쓸한 퇴장은 스위프트의 정체성 갈등의 단초를 보여준다는 점에서 중요하다. 즉 영국은 그에게 희망의 땅이었지만 끝내 그를 받아들여주지 않았으며 아일랜드는 그의 고향이지만 자발적으로 선택한 곳이 아닌 유폐된 좌절의 땅이었다. 더군다나 그는 1714년 이후 1740년대에 이르기까지 권력의 핵심부에서 밀려난 토리당을 지지함으로써 그의 갈망에도 불구하고 다시는 권력의 중심부에 복귀할 수 없는, 사회의 주변부에 붙박힌 존재로 자신을 자리매김하게 되는 것이다.

그의 인생의 세번째 시기에서 우리는 스위프트의 분열된 자아을 본격적으로 목격하게 된다. 이는 아일랜드에 대한 그의 태도에서, 좀더 보편적으로는 인간 전반에 대한 그의 이해에서 드러난다. 아일랜드에 돌아온 이후 스위프트는 좌절 속에 머무르지 않고 새로운 일을 찾아나서는데, 그것은 바로 그에게 한때 희망을 제공했던 나라 영국의 식민지로서 수탈당하고 있는 아일랜드의 비참한 현실을 고발하는 일이었다. 1720년대에 그는 아일랜드 문제에 관해 많은 팸플릿을 썼으며 1724년은 그에게 승리의 해였다고 할 수 있다. 이 해에 그는 가상의 더블린 포목상 드레피어(M. B. Drapier)를 상정하여 쓴 일련의 편지(『드레피어의 편지』 *Drapier's Letters* 씨리즈라고 불리는)들을 연재함으로써 아일랜드에 반펜스짜리 동전(Wood's Halfpence)을 도입하려던 영국정부의 계획에 대한 아일랜드인의 공분을 불러일으켜 그 계획을 좌절시키는 데 성공하고, 이를 통해 죽을 때까지 그에게 붙어다닌 애국자란 칭송도 얻게 된다. 그러나 아일랜드를 위한 여러 시도 중 이처럼 성공을 거둔 경우는 예외적인 것에 불과했고 그는 자신의 충정을 받아들여주지 않는 아일랜드 국민에 대해 좌절하게 된다. 그의 이러한 분열된 자아는 아일랜드에 대한 충정, 안타까움과 절망, 저주의 통합되지 않는 혼재——그의 산문 중 가장 널리 알려진 『온건한 제안』(A Modest Proposal, 1729)에서 극명히 드러나는——에서뿐만 아니라 인간본성에 대한 그의 태도와 인간본성을 탐구하는 풍자가로서의 자신의 역할에 대한 고뇌를 통해서 드러나게 된다.

1730년대 이후에 그가 쓴 일련의 시들, 즉 영문학사에서 분변시(奮便詩, Scatological poems)라고 불리는 악명 높은 일단의 시들——예를 들자면 「숙녀의 화장실」(The Lady's Dressing Room, 1730) 같은——은 여성의 화장과 그 뒤의 추한 실체라는 주제로 상징되는 인간의 표면과 실상의 괴리를 파헤친 작품들이라 할 수 있다. 이 작품들에서 스위프트는 작품의 화자가 인간의 실상을 알고 절망 혹은 발광하는 것을 통해 그것을 모르고 표면의 가식에 취해 사는 헛된 삶과 실상을 파헤친 한편 대안의 부재로 인해 절망에 빠지는 자신의 고뇌를 드러내기도 한다. 이는 풍자대상의 파괴와 이에 뒤이은 재창조를 목적으로 하는 풍자가로서 사회비판이 과연 사회개혁으로 이어질 수 있는가에 대해 의구심과 두려움을 은연중 드러내는 것으로 해석할 수 있다.

스위프트의 말년은 분열된 자아라는 그의 필생의 문제에 걸맞은 비극성을 드러낸다. 저작기 초반부터 비정상적인 정신상태의 폐해와 또한 그 이상한 매력——예를 들자면 『통 이야기』 같은 작품에서 보이는——에 관심을 보여온 그는 1742년 노쇠에 따른 치매 증세를 보여서 행위무능력자(the invalid)로 판정받고 사회적인 죽음을 맞게 된다. 그리고 1745년에 육체적인 죽음을 맞이하여 성 패트릭 성당 묘지에 자신의 제자이자 연인인 스텔라 곁에 묻히게 된다. 그는 일찍이 『통 이야기』에서 광기를 축복으로 여기고 찬양하는 화자(hack)의 광기론에서 헛소리 같은 표면 뒤에 귀기어린 진실을 담아냄으로써 정상적인 정신상태와 비정상적인 정신상태 사이의 경계가 애매모호하다는 인식을 드러낸 바 있다. 그런데 비정상적인 정신상태가 인간의 이성으로 제어하기 어려운 묘한 흡인력을 가지고 있음을 통감한 스위프트 자신이 말년에 그 애매모호함의 전형이라 할 만한 운명을 맞이했다는 것은, 아이러니컬한 데 그치지 않고 사뭇 비극적이기까지 하다고 할 수 있다.

그러면 다음에서는 이러한 스위프트의 분열된 자아가 작품 속에서 어떻게 표현되는지를 그의 작품 가운데 가장 널리 알려진 『걸리버 여행기』를 통해서 살펴보도록 하겠다.

2. 통합되지 않는 의미: 『걸리버 여행기』

스위프트의 작품 중 가장 널리 알려진 『걸리버 여행기』를 읽는 방법은 실로 다양한데, 왜냐하면 이 작품은 통합된 전체로 읽힐 뿐만 아니라 각각의 부분을 따로 떼어서 읽는 경우도 있기 때문이다. 아마도 대부분의 독자들은 이 작품을 유·소년기에 3,4부를 제외한 형태의 동화로서 읽었을 것이다. 사실 1,2부만 가지고 보았을 때에는 이 작품에서 서로 상반되는 의미들의 혼재는 찾기 힘들며, 독자들이 통합되지 않는 의미무리에 당황하게 되는 것은 작품을 통합된 전체로 읽었을 때이다.

당시 유행하던 여행기 형식——낯선 곳을 방문한 여행자가 그곳 풍습과 그곳 사람들의 이색적인 사상이나 가치관 등을 소개하는 형식——이 당대를 풍자하는 데 적절한 수단이 될 수 있다고 판단한 스위프트는 가상의 화자 걸리버를 창조하여 그가 자신의 여행이야기를 하게 함으로써, 당대에 대한 통렬한 공격을 수행하고 있다. 독자가 항상 유념해야 할 것은 이 여행담을 스위프트가 자신의 입으로 전하고 있는 것이 아니라(in propria persona) 걸리버를 통해 전한다는 사실이다. 그게 그것 아니냐고 반문할 수도 있겠지만 우리는 스위프트의 실제 입장이 걸리버의 그것과 항상 일치하지 않을 수도 있다는 사실을 염두에 두고 이 작품을 읽어야 할 것인바, 스위프트는 이 두 입장간의 미묘한 거리를 십분 이용하기 때문이다.

소인국으로의 여행을 다룬 1부와 거인국으로의 여행을 다룬 2부에서 스위프트는 신체 크기의 대비를 통해서 효과적인 풍자를 해낸다. 소인국 릴리퍼트(Lilliput)인은 키가 6인치 정도로 6피트로 추정되는 걸리버의 1/12 크기로 제시되며 거인국 브롭딩낵(Brobdingnag)인들은 걸리버의 12배 크기로 묘사된다. 이 작품을 이해하기 위해서는 우리는 왜 이러한 소인과 거인의 장치가 스위프트에게 필요했는가라는 물음을 던져야 한다. 이 장치는 독자들에게 평상시에 친숙한 것을 낯선 환경에 놓음으로써 그 친숙함을 제거하고 친숙함이라는 표면에 가려진 본질을 파악하게 하고자 하는 '낯설게 하기'(defamiliarization)의 한 기법이라고 할 수 있다. 독자들은 과장되게 축소되고 확장된 그러나 여전히 인간인 모습을 통해, 평소 익숙한 크기에서는 자신들에 대해 인식하지 못하던 면들을 통감하게 된다. 소인국 릴리퍼트 왕은 자신의 신민보다 월등히 키가 크며 그것만으로 보는 이의 경외심을 자아낸다. 그러나 걸리버가 보기에 그는 다른 릴리퍼트인에 비하여 겨우 손톱만큼 더 클 뿐 소인인 것은 매한가지이다. 그리고 장난감 같은 작은 나라를 지배하는 그가 온 세상을 지배하는 "우주의 기쁨이자 두려움"으로 칭송되는 것은 독자들에게 거창하게 장식된 위엄의 실제적인 하찮음과 공허함을 인식하게 한다. 또한 거인국 브롭딩낵 사람들의 우툴두툴하고 구멍이 숭숭 뚫린 피부는 인간 외모의 아름다움에 취해 있는 독자라면 결국 모든 것은 상대적이며 관점의 차이라는 각성을 하게 하는바 소인이 되어버린 걸리버의 눈에 띄는 거인들 신체의 추함이 거인들에게는 보이지 않기 때문이다.

『걸리버 여행기』 1부와 2부에서 신체의 왜소함은 도덕적 왜소함과 연결된다. 1부에서 걸리버의 눈에 소인 릴리퍼트인의 행동들은 그들(그리고 빗대어 말하자면 당대, 혹은 인간 전반)의 도덕적 타락을 보여주며 2부에서는 (브롭딩낵인에게는 소인인) 걸리버가 브롭딩낵 국왕과의 대화를 통해 그의 타락을 드러내게 된다. 1부에서 릴리퍼트인들은 앙숙인 이웃나라 블레푸스쿠(Blefuscu)와의 분쟁을 해결하는 데 걸리버가 큰 힘이 되었음에도 불구하고 그의 식사량이 문제가 되자 그가 왕실의 화재를 소변으로 진압한 사실을 트집잡아 대역죄로 기소하는 배은망덕함을 보인다. 그들의 도덕적 타락은 야비함에까지 이르는데 이는 그들이 걸리버를 장님으로 만들 것을 결정한 이유에 잘 드러나 있다. 걸리버가 눈이 멀면 서서히 죽게 될 것이고 그러면 시체의 크기가 작아져서 나라에 역병을 초래할 위험이 적어질 것이라는 그들의 판단은, 인간성이라는 측면은 뒷전인 채 목전의 이익에만 집착하는 릴리퍼트인, 그리고 더 나아가 인간 전반의 야비함을 드러낸다.

이에 반해 거인국 브롭딩낵은 릴리퍼트와 대비되는 즉 당대 영국이 따라야 할 전범과도 같은 국가로 제시된다. 우리가 주목해야 할 것은 1부에서 비판되는 것은 걸리버의 눈에 비친 릴리퍼트인인 데 반해서 2부에서는 비판의 대상이 브롭딩낵인의 눈에 비친 걸리버와 그의 국가 영국으로 바뀐다는 점이다. 브롭딩낵이라는 거인국은 스위프트를 위해 두 가지 역할을 수행하는 데 이는 이 국가로의 여행을 통해 스위프트가 당대 영국을 비판할 수 있는 계기를 마련함과 동시에 당대 영국이 따라야 할 모범적인 국가를 제시하고 있기 때문이다. 물론 브롭딩낵도 걸리버의 눈에 비친 그들의 추한 모습, 그리고 거지의 존재에서 알 수 있다시피 완벽한 나라로 그려지는 것은 아니다. 그럼에도 불구하고 브롭딩낵인들은 관대하고 인정 많은 사람들로 묘사되며 그들의 한가운데에는 현명한 왕의 표상이라고 할 수 있는 국왕이 자리한다. 브롭딩낵 왕은 백성들의 신뢰를 받는 도덕적이며 현명한 왕으로 묘사되며, 무엇보다 그를 두드러지게 하는 것은 소인국 릴리퍼트 왕과는 달리 자신의 이익보다는 백성의 이익을 우선시한다는 점이다.

어떤 면에서 보면 브롭딩낵 왕에게서 우리는 스위프트의 이상적인 군주상을 찾을 수 있다. 브롭딩낵 왕은 걸리버에게 다음과 같이 소신을 피력한다. "누구든지 곡식에 이삭이 두 개씩 패게 한다든지 혹은 풀잎이 하나밖에 자라지 못하던 땅에서 두 개의 풀잎이 자라게 할 수 있는 사람이 있다면, 그는 훌륭한 사람이며 모든 정치가를 합쳐놓은 것보다도 그의 나라에 더 필요한 일을 하는 사람이다". 이러한 주장은 18세기 들어 새로 출현한 자본주의의 발흥을 경계하고 토지에 기반을 둔 그리고 자비로운 국왕과 영주를 중심으로 한 전통적인 경제체제를 주장하던 스위프트의 견해와 일치한다. 이러한 면에서 브롭딩낵과 브롭딩낵 왕은 당대 영국이 따라야 할 전범인 셈이다.

1부에서와는 달리 2부에서 걸리버는 타락한 당대 영국사회를 대표하는 풍자의 (주체가 아닌) 대상이 된다. 걸리버는 자신의 조국의 위대함을 자랑하기 위해 왕에게 화약의 위력과 제조법을 설명해주면서 정치적 반대파를 제압하는 데 효과적이라고 설명하지만 이는 브롭딩낵 왕의 영국에 대한 존경을 얻기는커녕 경멸을 초래할 뿐이다. 브롭딩낵 왕은 미약하고 미천하기 짝이 없는 마치 벌레 같은 존재가 어떻게 그런 끔찍한 생각을 품을 수 있으며 그런 잔인한 이야기를 태연하게 할 수 있는가라고 걸리버를 통박한다. 여기에서 스위프트는 독자들에게 그들이 이루어낸 진보라는 것이 관점을 달리해서 보면 얼마나 미미한 것인지 그리고 그 진보에 우쭐대는 인간은 또한 얼마나 부조리한 존재인지를 망신 당하는 걸리버를 통해 이야기하고 있는 것이다.

만일 작품이 1, 2부에서 끝났다면 『걸리버 여행기』는 스위프트가 걸리버라는 화자를 이용하여—즉 때로는 그를 도덕적으로 우월한 위치에 때로는 도덕적 열등자의 입장에 위치시키는 기법을 통해—쓴 당대 사회에 대한 정교한 풍자문으로 인식되었을 것이며 스위프트의 분열된 자아와는 관계없이 일관성 있는 작품이 되었을 것이다. 그러나 이 작품이 분열된 자아와 통합되지 않은 의미의 주요한 예가 되는 것은 이 작품의 나머지 3부와 4부 때문이다.

라푸타(Laputa), 라가도(Lagado), 글럽덥드립(Glubbdubdrib), 럭낵(Luggnagg) 등 여러 나라로의 여행을 다룬 3부와 후이늠(Houyhnhnms)의 나라로의 여행을 다룬 4부가 앞의 1,2부와 다른 것은 당대 사회에 대한 풍자가 주를 이룬 앞과는 달리 여기서는 인간에 대한 걸리버의 깊은 절망——교정의 가능성을 염두에 둔 풍자와 구분되는——이 부각되기 때문이다. 날아다니는 섬 라푸타 사람들의, 크기는 정상이지만 심하게 뒤틀린 외양, 라가도의 대학술원(Grand Academy)에서 자행되는 실용성 없는 기괴한 실험들, 마법사의 나라 글럽덥드립에서의 죽은 자와의 만남, 럭낵에서 만난 불멸의 인간 스트럴드브럭(Struldbrugg) 등은 모두 인간이 자신의 존재에 대해 가지고 있는 낙관적·긍정적 사고의 헛됨을 보여주는 역할을 한다. 우리가 흔히 정상적이라고 간주하는 인간과 이 괴이한 인간군상 간의 차이는 단지 보통의 인간들이 정상적인 외모나 행동의 이면에 숨기고 있는 추함을 이들은 외모나 행동거지에서 정직하게 투사하고 있다는 것뿐이다.

라푸타 사람들의 공상이나 라가도의 제안꾼(projector)들의 오용되는 이성, 그리고 노쇠의 과정이 끊임없이 계속됨으로써 영원히 살고 있는 것이 아니라 실제로는 영원히 죽어 있는 스트럴드브럭의 오싹한 모습에서, 스위프트는 인간들이 가지고 있는 휴머니즘적 사고——완전함을 향한 그리고 원죄의 극복을 향한 인간의 가능성을 신뢰하는 사고——의 안이함을 통박하고 인간이라는 존재에 대한 (탈출구가 보이지 않기 때문에) 불편한 회의를 느러내고 있는 것이다.

인간에 대한 회의가 부각된다는 점에서 3부는 인간에 대한 깊은 절망을 부각하는 4부를 준비한다고 할 수 있다. 4부에서 걸리버는 자신이 가지고 있던 인간에 대한 통념이 철저히 깨지는 것을 목도한다. 후이늠의 나라에 도착한 걸리버는 이곳이 이성을 가진 말, 즉 후이늠에 의해 지배되고 있음을 목격하고, 이들을 통해 인간이 가진 이성과 다른 '참된 이성'(true reason)이 무엇인가를 알게 되면서 후이늠에 감화를 받게 되며 그들의 삶을 모방하고자 한다. 걸리버가 인간이 얼마나 끔찍한 존재인가 깨닫게 되는 것은 바로 그가 후이늠에 도착하여 처음 목격한 추한 외양을 가진 야후(Yahoo)라는 존재를 통해서이다. 이들은 비록 그 외양이 추하기는 하나 인간과 비슷하다는 점에서 그리고 인간의 모든 감정——부와 권력에 대한 탐욕, 질투심, 시기심, 호색성——을 가지고 있다는 점에서 인간 이면의 추함을 전면에 드러내고 있는 존재이다. 걸리버는 그들의 모습에서 바로 자신이 속한 인간의 모습을 발견하면서 인간을 증오하게 된다. 그가 인간을 더욱 증오하게 되는 것은, 비록 인간은 이성을 가지고 있다는 점에서 야후와 구분되지만 실상 그 이성은 열정(passion)이나 감정에 의해 지배되지 않는 후이늠의 '참된 이성'과는 달리, 인간을 개선하기보다는 인간의 타락을 더 심화시킬 뿐이라는 것을 자신의 후이늠 주인을 통해 절감하게 되기 때문이다. "우리[인간]에게 아주 조금이나마 이성이 주어진 것을 의아하게 여긴 그[후이늠 주인]는 우리가 그것을 타고난 타락성을 더욱 심화시키고 새로운 타락성을 얻는 데에만 사용하는 동물로 보았다."

우리가 이 4부에서 주목하게 되는 것은 걸리버가 인간을 철저하게 증오하게 된다는 것이다. 그래서 그는 후이늠과 작별하고 인간의 나라에 돌아가게 되자 그 사실에 절망하게 되며 영국으로 돌아가는 길에 그를 구해준 멘데즈(Pedro Mendez) 선장과 선원들의 호의에도 불구하고 그들에게서 나는 인간의 체취를 증오한다. 걸리버의 심한 인간혐오를 잘 보여주는 것은 그가 가족의 품으로 돌아온 뒤에 그들을 피해 마구간에서 말과 시간을 보내는 것을 유일한 낙으로 삼는다는 4부의 끝부분이다.

바로 이러한 이상한 결말 때문에 어떤 이들은 4부에 인간에 대한 스위프트의 절망 더 나아가 인간혐오 사상이 깃들여 있다고 해석한다. 문제는 이 4부에서 전해지는 이러한 인간혐오가 걸리버의 것인가 아니면 스위프트의 것인가를 판단하는, 즉 4부에서 화자 걸리버의 생각이 작가 스위프트의 생각과 얼마나 일치하는가를 판단하는 일이다. 물론 걸리버와 스위프트를 완전히 일치시킬 수는 없다. 2부의 경우에서 보았듯이 경우에 따라서 스위프트는 걸리버와 자신의 거리를 강조하면서 걸리버를 풍자의 대상으로 삼기도 하기 때문이다. 따라서 4부에서 스위프트는 걸리버의 지나친 인간혐오를 풍자의 대상으로 삼고 있을 수도 있다. 걸리버가 자신의 후이늠 같지 않은 외모를 혐오하면서 자신의 손을 후이늠의 앞발처럼 사용하려 한다든지 아니면 멘데즈 선장의 호의에도 불구하고 그의 냄새를 역겨워한다든지 하는 것은 걸리버가 뭔가 문제가 있는 인물임을 암시해주면서 걸리버와 스위프트 간의 거리를 보여준다. 또한 걸리버가 그토록 흠모하는 존재인 후이늠의 생활 자체—감정을 철저히 배제한 채 이성만으로 생활하는, 따라서 가까운 이가 죽어도 슬퍼하지 않고 결혼도 사랑이라는 감정은 배제한 채 우생학적 측면에서만 고려하는—가 독자들에게 그다지 매력적이지 않게 느껴지는 것도 이 거리를 의식케 한다. 그렇다면 걸리버와 스위프트를 완전히 분리하는 것은 가능한가? 그렇지 않기에 4부의 (그리고 더 나아가서는 『걸리버 여행기』 전체의) 의미의 다중성이 부각되는 것이다. 4부에서 걸리버가 야후에게서 관찰한 것, 그것을 인간의 본성에 적용한 것, 그리고 후이늠에게서 발견한 '참된 이성'의 요체 등은 대단히 유효한 관찰로 진실성을 가지며 분명히 인간에 대한 스위프트의 비판적인 생각을 반영하고 있다. 그렇기 때문에 우리는 걸리버와 스위프트를 완전히 분리하거나 혹은 일치시킬 수 없으며 따라서 어디까지가 걸리버의 의견이며 어디부터가 스위프트의 의견인지 정확히 구분해내기가 어려운 것이다. 다시 말해 아이러니컬하게도 걸리버의 의견은 스위프트의 것이기도 하고 아니기도 하다. 이 점에서 걸리버라는 화자는 스위프트에게 서로 배치되는 의미를 동시에 전달할 수 있게 해주는 대단히 효과적인 장치인 셈이다. 그렇기 때문에 『걸리버 여행기』를 각각의 부분으로 떼어내어 해석하지 않고 하나의 통합된 단위로 해석하게 되면 우리는 스위프트가 말하고자 하는 것이 정확히 무엇인지—그것이 당대 사회에 대한 풍자인지 인간에 대한 절망인지, 아니면 인간의 비합리성에도 불구하고 인간에 대해 가져야 할 희망인지—에 대해 단언할 수 없게 되는 것이다.

여기서 우리는 스위프트의 작품(모든 작품은 아니지만)에는 여러 의미가 병존하고 있다는 것을 충분히 이해해야 한다. 스위프트는 자신의 작품에서 일목요연하게 정리되는 의미를 전달하기보다는 통합되지 않는, 그래서 혼란을 가져다주지만 어떤 면에서는 그 자체가 인간의 삶의 양태를 충실히 반영하는 의미무리를 선택한 작가라는 점을 이해해야만 우리는 그의 작품들의 온전한 의미를 이해할 수 있는 것이다. 즉 스위프트는 마치 영국과 아일랜드 사이에서 그리고 희망과 절망 사이에서 분열된 자신의 삶처럼, 작품에서도 서로 통합되지 않는 다중의 의미를 통해 총체성(wholeness)을 추구하고 있는 것이다. 〔전인한〕

추천문헌

Irvin Ehrenpreis, *Swift: The Man, His Works, and the Age*, 3 vols. (London: Methuen 1962, 1967, 1983). 스위프트의 전기적 사실과 문학적 역정에 대한 가장 포괄적인 연구서.

Robert C. Elliot, *The Literary Persona* (Chicago: Univ. of Chicago Press 1982). 스위프트의 화자 조작을 이해하기 위한 필독서.

C. J. Rawson, *Gulliver and the Gentle Reader: Studies in Swift and Our Time* (London: Routledge 1973). 『걸리버 여행기』에 대한 비평적 시각과, 당대 여러 작가 그리고 시대를 초월하여 여러 작가들과의 비교를 통해 스위프트에 대한 이해를 제시해주는 연구서.

_____ ed., *The Character of Swift's Satire: A Revised Focus* (Newark: Univ. of Delaware Press 1983). 스위프트 풍자문학의 다양한 성격을 설명해주는 글들을 모아놓은 책.

Peter Steele, *Jonathan Swift: Preacher and Jester* (Oxford: Oxford Univ. Press 1978). 스위프트의 진지한 면과 장난스러운 면의 상호구성성을 이해할 수 있는 연구서.

대니얼 디포우

　무인도에 난파해 28년 동안 생존하다 구출된 한 영국 선원의 이야기인 『요크의 선원 로빈슨 크루쏘우의 생애와 신기하고 놀라운 모험』(*The Life and Strange Surprising Adventures of Robinson Crusoe of York, Mariner*, 1719)은 비슷한 시기에 씌어진 『걸리버 여행기』와 함께, 문고판 아동문학의 고전으로 자리잡으면서 지난 200년 동안 낯설고 신기한 세계를 동경하는 전세계 어린이의 모험심 가득한 상상력을 지배해왔다. 『로빈슨 크루쏘우』라는 이름으로 더 잘 알려진 이 표류기 모험담은, 그러나 원래 어린이용 동화로 씌어진 것은 아니며, 문학사적으로는 최초의 영국소설로, 사상사의 측면에서는 근대적 서구인의 한 원형을 보여주는 자본주의의 신화로 평가되기도 한다. 일견 환상적 모험의 표류기로 보이는 『로빈슨 크루쏘우』가 함축하고 있는 정치적·사상적·문학사적 의의를 이해하기 위해서는 먼저, 이 작품의 저자이자 당시 대표적인 정치·사회비평가로 활동한 대니얼 디포우(Daniel Defoe, 1660~1731)의 삶과 사상, 그리고 작품들을 살펴볼 필요가 있다.

1. 디포우의 생애와 작품

디포우는 1660년 양초 판매상을 하는 전형적인 부르주아 집안에서 태어났다. 당시 중산층에 속한 많은 사람들은 다소 급진적 신교도인 비국교도였는데 디포우의 아버지도 독실한 비국교도 신자로서 아들을 비국교도 사제를 키우는 학교인 모턴 학원(Morton's Academy)에 입학시켰다. 장사에 관심이 많았던 대니얼은 사제의 꿈을 접고 시트 장사를 하기 위해 5년 만에 이 학원을 떠나게 되지만, 이 기간을 통해 작가로서의 그의 전생애를 지배한 다양한 문화적 욕구들을 형성하게 된다. 이런 점에서 모턴 학원에서 키운 사제의 꿈은 글쓰기를 통해 실현되었다고 할 수 있다. 작가로서의 대니얼 디포우를 지배한 가장 강력한 문화적 욕구는 바로 대중을 교화하고 개혁하는 것이었다. 그가 창간하여 9년간 혼자 편집하고 집필한 신문인 『리뷰』(Review)의 창간사에서 그는 다음과 같이 단언하고 있다. "내가 쓰는 모든 글을 통해서 덕을 고양하고, 악을 드러내고, 진실을 권장하고 사람들이 진지하게 사고할 수 있게 만들고자 하는 나의 굳건한 결심이 이 글들을 쓰는 첫째 이유이자, 최종 목표이다."

모턴 학원에서의 교육은 근대적 작가-지식인으로서의 대니얼 디포우의 저작과 지적 활동에 또 하나의 중요한 영향을 끼친다. 디포우의 어린 시절, 영국은 새롭게 등장하는 부르주아적 사고와 가치관이 그 이전의 봉건주의적 세계관을 급격하게 대치해가는 과정에 있었는데, 이러한 변화를 주도하는 집단은 사회적으로는 부르주아 계급이었으며, 종교적으로는 신교도, 특히 비국교도들이었다. 모턴 학원의 교과과정은 신학과 문학 이외에도 역사·물리학·지리학·자연법 등 새로운 학문들을 포함하고 있었으며, 이러한 학문을 습득하면서 디포우는 새로운 부르주아 사회—— 정치적으로는 입헌군주제와 의회제, 경제적으로는 자본주의에 토대한 근대 시민사회——가 인간의 가능성을 최대한 살릴 수 있을 뿐 아니라, 신의 뜻에도 완벽하게 일치한다는 신념을 키워나가게 된다. 이후 그는 많은 팸플릿을 통해 개인의 자유로운 경제활동에 기초한 부르주아 시민사회의 등장이 당시 가장 지배적인 종교관이던 섭리주의(Providentialism)의 신조와 완전히 부합한다는 것을 일반 대중에게 알리고 설득하게 된다. 이런 의미에서 디포우는 뒤에 애덤 스미스가 "보이지 않는 손"이라 부른 자본주의 메커니즘을 종교적인 관점으로 설파한 최초의 부르주아 지식인이라고 할 수 있다.

이러한 근대적 지식인으로서의 디포우의 특징은 그의 정치적 태도에서도 잘 드러난다. 24세에 부유한 상인의 딸과 결혼한 디포우는 이듬해에 가톨릭교도이면서 왕권의 절대성을 주장하는 제임스 2세를 몰아내려는 몬머스 공작의 반란군에 가담하게 된다. 결국 이 반란은 몬머스 공작이 처형되면서 실패로 끝나고, 디포우는 가까스로 처형을 면하게 된다. 이후 디포우는 1688년 명예혁명으로 네덜란드인인 윌리엄 3세가 영국의 새로운 신교도 국왕으로 즉위하자 그를 호위하는 시민자원 친위대에 가담하고 이 정부의 세무관리로 근무하기도 한다. 또한 이 시기에 신교도이자 의회를 인정하는 윌리엄 3세의 정책을 지지하는 정치논문을 활발하게 발표한다. 은행·보험·교육·교통 등의 문제를 부르주아적 입장에서 새롭게 다룬 『정책 기획에 관한 에쎄이』(*An Essay Upon Projects*, 1698)가 대표적인 것이며, 외국에서 태어난 국왕을 옹호하는 풍자시인 『진정한 영국인』(*The True-Born Englishman*, 1701)도 이 무렵 발표된 것이다. 1702년 윌리엄 3세가 죽고 앤 여왕이 즉위한 후 그는 편협하고 공격적인 영국 국교 고교회파 보수주의자들을 풍자하는 팸플릿 『비국교도들을 다루는 가장 효과적인 방법』(*The Shortest Way with the Dissenters*, 1702)을 발표한다. 비국교도를 박멸하자고 주장하는 포악한 고교회파 국교도를 화자로 내세워 풍자하는 이 팸플릿은 이후 소설가로서의 디포우의 형식적 기법에 많은 영향을 주게 된다. 국교도들을 모욕한 이 팸플릿으로 인해 그는 벌금형과 금고형뿐 아니라, 형틀을 쓰고 대중 앞에 하루종일 서 있는 모욕적인 벌을 받게 된다. 그러나 감옥에서 나오자마자 다시 『형틀에 바치는 송가』(*A Hymn to the Pillory*, 1703)라는 풍자시를 쓴 것은 그의 강인한 작가정신의 일면을 보여준다고 할 수 있다.

『로빈슨 크루쏘우』라는 새로운 형식의 산문——우리가 현재 '소설'(novel)이라 부르는 것의 최초의 형태——을 집필한 것은 그가 59세 때이며, 이때 그는 이미 거의 400여 편에 가까운 작품을 쓴 대중산문작가였다. 결혼할 당시 그는 배우자가 될 사람에게 스스로를 '상인'(merchant)이라고 소개했지만, 그가 손댄 사업은 거의 실패했으며——그는 채무자 감옥을 여러 번 드나들었다——그에게 그나마 경제적 안정을 가져다준 것은 주로 그가 쓴 책을 통해서였고, 그는 생애의 가장 많은 시간을 글을 쓰는 데 보냈다. 『로빈슨 크루쏘우』가 큰 대중적 성공을 거두자 그는 본격적으로 우리가 현재 소설이라고 부르는 것과 유사한 "허구적 이야기"들을 출판하기 시작한다. 1720년에는 『기사의 회상록』(*Memoirs of a Cavalier*)과 『씽글턴 선장』(*Captain Singleton*)을, 1722년에는 『몰 플랜더즈』(*Moll Flanders*) 『역병 난 해의 기록』(*A Journal of the Plague Year*) 『잭 대령』(*Colonel Jack*)을, 그리고 1724년에는 『록사나』(*Roxana*)를 출간한다. 사실 그는 우리가 상상할 수 있는 모든 종류의 글을 출판했다고 할 수 있다. 기행문, 유령 이야기, 생활지침서, 경제논문, 정치논평, 종교적 명상록, 각종 개혁을 위한 건의문, 풍자시, 로맨스 이야기, 회고록, 사회적 재난의 현장을 기록한 취재기, 각종 역사서에 이르기까지 대중출판의 모든 장르를 섭렵했으며, 일주일에 세 번 간행되는 격일지 『리뷰』를 9년 동안 혼자 집필하기도 했다.

2. 대중출판문화와 소설의 발생: 디포우의 소설사적 의의

일반적으로 18세기 영국에서 등장했다고 얘기되는 소설은 정확히 말해 사실주의 소설(realist novel)이다. 즉, "보통사람들의 일상적인 삶을 사실적인 재현을 통해 전달하는 양식"을 가리키는 것이다. 이언 와트(Ian Watt)는 『소설의 발생』(*The Rise of the Novel*)에서 사실주의 소설을 그 이전의 긴 산문 이야기들——즉, 신화·역사·전설·로맨스 등——과 대비하면서 소설의 변별적 특질로서 전통적 문학관습에서 자유롭고 실제 삶의 서술구조에 따라 구성된 플롯, 특수하고 구체적인 상황 속에서 행위하는 특수하고 구체적인 인물들, 구체적인 시간과 공간 속에서 주변 상황을 있는 그대로 충실히 기술하려는 재현방식 등을 든다. 이언 와트에게 이러한 형식적 사실주의(formal realism)를 가장 전형적으로 보여주는 작가가 디포우이다.

디포우가 전통적인 플롯, 즉 신화·전설·역사 혹은 과거의 위대한 문학작품의 원형적 플롯을 거부하고, 우리 주위에서 흔히 볼 수 있는 인물들의 자서전적인 회고록의 이야기구성을 취해, "주인공이 이 다음에는 어떤 행동을 취했을 것이다라는 개연성의 원칙에 따라 이야기의 순서가 자연스럽게 흘러나오게 했"던 것은, 와트에 의하면, 실재는 감각을 통하여 개별적으로 파악될 수 있다는 경험주의 철학의 믿음을 소설형식을 통해 드러내주는 것이다. 예를 들어 그리스나 로마의 작가들처럼 관습적으로 전통적인 플롯을 사용한 초서, 스펜서, 셰익스피어, 그리고 밀턴 같은 작가와는 달리 디포우는 로빈슨 크루쏘우나 몰 프랜더즈와 같은 일상적인 삶에서 만날 수 있는 동시대인들의 이야기를 선택한 것이다. 또한 초시간적 보편성을 담지하는 가치들이 의인화된 인물로 등장하는 버년(John Bunyan)의 『천로역정』(*Pilgrim's Progress*, 1678)과는 달리 디포우의 소설 속의 인물들은 구체적인 시간과 장소에서만 존재할 수 있는 개별적 주체이다. 충실하고 생생한 세부묘사, 즉 있는 그대로를 그린다는 사실주의적 원리는 이러한 구체적인 시간과 공간 속에 존재하는 인간의 이야기, 특정한 물리적 환경 속에서 일어나는 사건과 행위를 제시하는 데 따르는 필연적인 결과이다. 충실하게 재현된 충만한 공간의 느낌은 디포우의 소설이 가지는 미적 효과의 중요한 부분을 차지한다. 예를 들어 『로빈슨 크루쏘우』의 섬에서의 주거공간은 절해고도에서의 일상적 삶을 꾸려나가는 데 필요한 일용품들로 가득 차 있으며, 실제로 우리 중의 어느 누가 난파당했을 때 그대로 했을 법한 행위들이 전개된다.

소설이 대중출판문화의 산물이었다는 사실은 근대적 문화형식으로서의 소설에 접근하는 가장 적절한 출발점을 제공해준다. 앞에서 열거한 소설형식의 변별적 특질들은 모두 일반인들, 즉 대중이 소설이라는 문화형식의 주도적인 소비자라는 사실과 밀접히 연결되어 있다. 글을 쓰고 읽는 행위가 한 공동체 안에 작용하고 있는 여러 관계와 조건들을 어떻게 구성하는가의 관점에서 볼 때, 서구 근대화과정에서 가장 주목할 만한 현상 중의 하나는 대중출판문화의 등장이다. 문학작품이 시장을 통해 생산·분배되는 과정은 무엇보다도 문학생산물이 광범위한 독서대중의 문화적 욕구의 영향을 받기 시작하는 중요한 기점이 된다고 할 수 있다. 제한된 집단을 대상으로 글이 생산되고 소비되던 이전 문학체계의 작가들과는 달리, 초기 대중출판의 작가들은 정보·지식·오락 그리고 사회·정치적 논평에 대한 대중의 새로운 세속화된 욕망에 적극적으로 대응하면서, 항상 광범위한 잠재적 독자들을 의식하고 있었다. 이러한 시장 중심의 '민주주의적' 문학체계에서는 독서대중과의 관계가 작품생산의 핵심을 이루게 된다.

　대중출판문화의 등장, 즉 문자로 된 문화생산품이 시장을 통해 생산되고 유통되고 소비되었다는 사실은 서구 근대화과정의 중요한 단계를 상징적으로 드러내주는 하나의 사건이라고 할 수 있다. 대중출판이 효과적이고 영향력있는 문화적 기제로 작동하기 위해서는 몇가지 기본조건이 충족되어야 한다. 그것은 대량생산을 가능하게 하는 인쇄기술의 발명, 글로 씌어진 상품을 시장에서 구매할 수 있는 대중의 구매력 확산, 마지막으로 문자로 된 문화생산품을 소비할 수 있는 문자해독 능력의 확산이다. 인쇄기술이 발명된 지 300년이 지난 18세기 중엽에 대중출판문화가 본격적으로 대두했다는 사실은 나머지 두 가지 조건이 그 시점에서야 비로소 충족되기 시작했다는 것을 의미한다. 대중의 구매력과 문자해독력이 어느정도 확산되었다는 것은 경제적 자원의 확산과 문화적 자원의 확산의 과정이 어떤 단계에 이른 것을 보여주는 것이며, 여기서 구매력을 가진 계몽된 대중이 부상하게 된다. 소설을 탄생시킨 것이 바로 이 계몽된 대중이며, 또 한편으로는 소설이라는 문화적 생산물이 이 계몽된 대중을 적극적으로 구성하게 된다. 근대적 사회관계의 등장과 함께 의미생산의 원천의 확산이 이루어졌다는 것은 바로 개체화된 계몽된 대중이 형성되고 있었다는 의미이다.

독자대중이 의미생산의 주도권을 가지게 되는 대중출판문화를 통해 등장한 다양한 대중적인 산문양식들의 새로운 장르적 특질들을 통합하여 소설이라는, 강력한 문화적 영향력을 가지는 장르를 만들어낸 작가가 바로 디포우이다. 최초의 근대적 작가-지식인으로서 디포우는 출판시장이 당시 태동하고 있던 근대 시민사회의 형성에 중요한 기능을 할 수 있다는 데 대한 상당한 신념을 가지고 있었던 것으로 보인다. 새로운 부르주아 사회가 신의 뜻에 완벽하게 일치한다는 신념을 가지고 있던 디포우는 이 가장 근대적인 산문양식이 가진 역사적 의미와 문화적 힘을 매우 깊이 이해했다. 한 팸플릿에서 그는 "누가 나에게 가장 완벽한 문체가 무엇이냐고 묻는다면, 500명의 청중 앞에서 이야기했을 때 바보와 미치광이를 제외하고는 누구나 내가 의도한 대로 알아들을 수 있는 그런 문체라고 대답하겠다"고 말한다. 다른 작가들과 달리 고전교육을 받지 못한 탓도 있겠지만, 그에게 문학적 기교나 장르적 관습보다 중요한 것은 대중에 대한 전달력이었다. 우리가 앞에서 정의한 사실주의 소설의 형식적 특질들은 출판시장을 통해 유통되던 대중적 산문양식들이 발전해온 결과이며, 이 "형식적 리얼리즘"은 디포우라는 전범적인 부르주아 계몽주의 작가-지식인을 통해 우리가 현재 '소설'이라 부르는 것의 최초의 형태를 만들어가게 된다. 그리고 이 과정에서 가장 중요한 것은 그가 새로운 실험들을 통해 출판시장에서 유통되던 대중산문을 미학적으로 완성했다는 것이다.

3. 『로빈슨 크루쏘우』: 청교도적 섭리를 통해 표현된 서구 자본주의의 원형적 신화

자본주의적 질서를 통해 신의 섭리와 천년왕국의 비전을 발견한 부르주아 비국교도 대니얼 디포우의 대표작이라고 할 수 있는 『로빈슨 크루쏘우』

는 배가 난파해 표류하게 된 한 개인이 자연과 주변 인간들을 성공적으로 정복해가는 과정을 특유의 사실주의적 묘사로 그려나가면서, 자본주의-제국주의적 인간의 영웅적 승리를 기록한 우화소설이라고 할 수 있다. 타고난 방랑벽으로 인해, 현재의 상태에 안주하라는 아버지의 충고를 거역하고 항해에 나선 크루쏘우는 카리브 해에서 폭풍을 만나 일행을 모두 잃고 무인도에 표류하게 된다. 이때부터 28년 2개월 동안 필사적인 생존의 기록이 시작된다. 혼자 남은 섬에서 예측할 수 없는 자연에 대한 공포감과 매순간 살아 있다는 안도감이 교차하는 가운데, 크루쏘우는 신의 의도가 자신의 삶을 통해 실현되고 있다는 믿음을 갖게 되면서 삶의 의지를 확고히하게 된다. 이후 절해고도에서 다양한 상황에 직면하여 삶의 방편을 만들어나가는 "공작인(工作人)"으로서의 크루쏘우의 모습이 사실적이고 구체적으로 그려진다. 생존에 필수적인 식량과 그릇·식탁·의자 등을 마련하고, 각종 도구와 가구들을 고안해내고, 가축을 기르고, 축사와 거주지를 축조하는 과정은, 르네쌍스 이후 인간의 능력에 대한 신뢰와 아울러 정복의 대상으로서의 자연에 대한 태도 등 당시의 인간과 자연의 관계에 대한 새로운 이해를 잘 형상화하고 있다.

비교적 안정된 생활기반을 마련하고 무인도에서의 생활에 성공적으로 적응해가던 크루쏘우는 어느날 백사장에 남겨진 사람의 발자국을 발견하면서 다시 격렬한 공포감에 빠지게 된다. 극심한 공포감으로 인해 그동안 자신의 삶을 정신적으로 지탱해오던 신의 섭리까지도 잠시 부정하게 된 그는 깊은 명상을 통해 영적 각성의 과정을 거친 후 구원의 확신을 얻고, 이제 자연과 동물이 아닌, 인간을 정복하고 지배하는 이야기가 후반부를 이루게 된다. 이때 정복되는 인간은 주로 비서구 식민지인이거나, 당시 영국과 식민지 개척의 경쟁관계로 대립하고 있던 스페인인이다. 인간에 대한 정복과 지배의 드라마는 크루쏘우가 식인종의 발자국을 발견하고, 원주민인 프라이데이(Friday)를 만나 구출해 그를 노예로 삼는 부분에서 시작된다. 두 사람뿐이지만 무인도에 '사회'라는 것이 형성되는 순간, 크루쏘우는 냉철한 자본주의자로서의 모습을 극적으로 드러내기 시작한다. 무인도에서 15년을 보내는 동안 그는 다른 사람과의 만남을 절박하게 갈구하지만, 유럽인과 흑인 원주민의 만남은 바로 주인과 노예의 관계로 바뀐다. 그에게는 인간이 아니라 노예가 필요했던 것이다. 쉽게 정복할 수 있는 순종적인 충복으로 그려지는 프라이데이에게 이름을 주고 (크루쏘우 자신을 주인님이라고 부르게 한다) 영어를 가르치고, 기독교 교리를 주입하고, 문명의 이기를 다루는 법을 가르치는 과정은 서구 자본주의의 식민지 개척과정을 우화적으로 축약한 것이며, 자본주의 경제의 근본동력을 통찰하고 있던 디포우 자신의 식민지 개척의 이상을 표현한 것이기도 하다.

크루쏘우의 생존과 자연정복의 과정은 당시 많은 신교도들 사이에서 인기를 누리고 있던 '섭리문학'이라는 종교적 장르의 틀에 따라 씌어졌다. 크루쏘우의 입을 통해 주장되는 디포우의 의도는 무엇보다도 "어떻게 신이 인간을 물리적으로 또한 영적으로 구원했으며, 이 비상한 사건들이 신의 섭리가 이 세계를 여전히 지배하고 있다는 것을 증명하고 있는가"를 보여주기 위한 것이었다. 이런 의미에서 『로빈슨 크루쏘우』는 '섭리문학'을 난파된 배의 한 선원의 이야기를 빌려 다시 쓴 것이라고 할 수 있다. '섭리문학'은 이 세계에서 일어나는 모든 사건이 신의 섭리에 따라 지배되고 있다는 것을 증거하기 위한 종교적 장르로, 개별적인 이야기는 달라도 대체로 '반항(불복종)―단죄―회개―구원'의 기본적 구조를 공유하고 있으며, 이미 구원된 한 개인이 자신의 삶의 중요한 사건과 계기들을 이 틀에 따라 회고하고 해석하는 형식으로 되어 있다. 아버지의 충고를 거역하고 계속해서 항해를 떠나는 크루쏘우는 자신에게 닥친 엄청난 재앙을 이러한 불복종에 대한 신의 단죄로 이해하고 회개하는 과정을 통해 신의 섭리가 자신의 삶 속에서 계속 작용하고 있음을 확인한다. 『로빈슨 크루쏘우』의 가장 감동적인 부분은―특히 당시의 신교도 독자들에게는―내밀한 명상을 통한 영적 각성의 과정이라고 할 수 있다. 이러한 각성은 혼자 남은 섬에서의 자연에 대한 공포감과 함께, 신의 의도가 자신의 삶에 항상 개입하고 있다는 안도감이 교차되면서 점차로 고조되고, 신의 섭리를 확인하고 구원의 확신을 가지게 되는 부분에서 절정을 이룬다.

그러나 『로빈슨 크루쏘우』의 진정한 사상사적·문학사적 중요성은 이 작품이 이러한 섭리문학의 여러가지 장르적 한계를 뛰어넘어 새로운 질서——즉 자본주의적 질서——의 도래를 예언하고, 그것이 피할 수 없는 역사적 진실임을 역설적으로 드러내고 있다는 데 있다. 섭리문학의 주된 내용이 회개한 한 개인이 완전히 자아를 버리고 신의 의지에 귀속하는 것인 반면, 크루쏘우가 들려주는 이야기는 무인도에서의 절대고독과 위협적 자연환경에 직면한 한 개인이 어떻게 영웅적으로 자연을 정복하고, 영적·심리적 독립을 성취함으로써 절해고도에 서구 근대문명을 성공적으로 재창조하는가의 이야기이다. 크루쏘우가 '어떤 악마적 힘'에 의해 아버지의 뜻을 거슬러 끊임없이 집을 떠나는 행위는 디포우가 섭리문학의 전통 안에서 설정한 종교적 구도에서는 원죄적 불복종의 계기로 작용하는 것처럼 보이지만, 작품의 실제 플롯에서는 엄정한 단죄와 심판의 대상이라기보다 엄청난 부의 축적을 담보하는 도전적 행위로 제시되고 있다. 이러한 도전적 행위는 이언 와트가 지적하고 있듯이 자본주의사회를 움직이는 근본동력인 자본의 원시적 축적과 확대를 향한 지칠 줄 모르는 의지를 표상한다고 할 수 있다. 섬에서의 절대고독의 상황 역시 실용적 합리성, 치밀한 계산, 강인한 자립정신으로 대표되는 근대적 서구인을 신화적으로 형상화하기에 적절한 무대를 제공하는 역할을 하고 있다. 작품의 후반부에 들어서면서, 크루쏘우 자신이 신의 섭리의 완전한 대행자가 되어 섬에서 일어나는 모든 일을 관장하고 지배하게 된다는 사실은 시사하는 바 크다.

맑스(K. Marx)는 일찍이 로빈슨 크루쏘우를 "초기 자본주의 단계를 상징하는 원형적 자본가"라고 불렀는가 하면, "영국의 세계 정복의 진정한 상징은 바로 로빈슨 크루쏘우"라고 말한 제임스 조이스(James Joyce)는 크루쏘우를 "이성적 동물의 영웅적 본능"을 보여주는 "제국의 예언자"라 부르면서, 이 작품을 영국 식민주의 정신에 대한 문학적 표현의 정수로 이해했다.

이런 의미에서 섭리문학으로서의 『로빈슨 크루쏘우』는 역설적인 작품이라고 할 수 있다. 이 역설은 우선 신의 섭리가 일상적 삶을 통해 항상 작용하고 있다는 믿음을 통해 새로운 근대 시민사회의 자본주의적 질서를 경험하고 이해하려 한 청교도 부르주아 지식인으로서 디포우가 가지고 있던 이중성을 극적으로 드러낸다. 디포우의 이러한 이중성은 더 나아가서 영국의 청교도주의가 근대자본주의체제가 요구하는 새로운 세계관으로 편입되어 가는 과도기적 과정의 산물이며, 그가 창조한 로빈슨 크루쏘우라는 인물은 서구 자본주의 신화의 영웅적 원형이라 할 수 있다. 〔여건종〕

추천문헌

Paula Backscheider, *Daniel Defoe: His Life* (Baltimore: Johns Hopkins Univ. Press 1989). 가장 상세한 자료와 포괄적인 역사적 관점을 바탕으로 한 디포우의 대표적 전기.

Leopold Damrosch, *God's Plot and Man's Stories* (Chicago: Univ. of Chicago Press 1985). 디포우의 소설이 퓨리턴 전통의 섭리문학에서 출발하여 결국은 자본주의적 질서의 도래를 예언하는 근대 서구인의 원형적 신화로 변형하게 되는 과정을 추적.

Paul Hunter, *The Reluctant Pilgrim* (Baltimore: Johns Hopkins Univ. Press 1966). 출판문화와 함께 등장한 다양한 대중적 산문양식들——특히 가이드북, 섭리문학, 영적 자서전——의 장르적 형식들이 어떻게 결합하여 소설이 발생하게 되었는가를 규명한 대표적인 장르 연구서. 특히 17세기 대중적 산문의 교훈주의(didacticism) 전통이 『로빈슨 크루쏘우』를 통해 문학적 형식으로 전환되는 과정에 주목.

John Richetti, *Defoe's Narratives* (London: Oxford Univ. Press 1975). 디포우에 의해 시작되었다고 할 수 있는 서구 리얼리즘 소설이 독자적으로 가지고 있는 예술적 형상화의 방식이 어떻게 당시의 문화적이고 역사적인 문제들을 다루고 있는가를 규명한 저작.

G. A. Starr, *Defoe and Spiritual Biography* (Princeton: Princeton Univ. Press 1965). 17세기의 대표적인 종교적·대중적 산문인 영적 자서전(spiritual autobiography)의 전통 속에서 어떻게 최초의 소설인 『로빈슨 크루쏘우』가 나오게 되었는가를 밝힌 선구적인 저작.

Ian Watt, *The Rise of the Novel* (London: Chatto & Windus 1957). 디포우의 소설이 가지고 있는 사실주의적 특징을 통해 소설이 발생하는 역사적 과정을 추적한 최초의 저작. 저자가 형식적 리얼리즘(formal realism)이라고 명명한 소설의 변별적인 장르적 특징을 통해 소설이 18세기에 등장한 새로운 장르였다는 것을 설득력 있게 제시.

여건종 「소설의 발생: 소설 형식의 역사성과 근대의 등장」, 근대 영미 소설학회 『18세기 영국 소설 강의』 1999. 소설의 발생을 문화적 근대화의 관점에서 추적, 문화적 근대화를 결정적으로 추진했던 근대 출판문화의 형성과 함께 소설이 발생하는 과정에서 어떻게 근대적 주체가 등장하게 되었는가를 설명.

헨리 필딩

1. 성장배경과 글쓰기의 사회·경제적 여건

　헨리 필딩(Henry Fielding, 1707~54)은 1707년 써머싯(Somerset)의 귀족적 배경의 가문에서 태어났는데, 할아버지가 고위 성직자였고 아버지는 육군 장성이었으며 외가는 이름 높은 법조인 가문이었다. 이런 배경에 걸맞게 그는 귀족 자제들이 다니는 이튼(Eton) 학교(1719~24)와 네덜란드의 라이든(Leyden) 대학(1728~29)에서 훌륭한 공식교육을 받았다. 그의 작품에 보이는 고전과 그 배경에 대한 해박한 지식은 이런 교육과정에서 얻은 것이다. 그러나 아버지가 방탕한 생활로 가산을 탕진한 탓에 물려받은 재산이 없던 그는 스스로 생계를 해결해야 하는 딱한 처지에 놓였다. 귀족은 아니었지만 그래도 어엿한 신사신분인 필딩이 그럽스트리트(Grub-street)의 삼류 문사들처럼 생계를 위해 글을 써야 했다는 사실은 주목할 만하다.
　필딩이 활동한 시기는 오랫동안 지속되어온 귀족 위주의 옛 문화와 새로이 부상하는 중산계급의 문화가 대립, 경쟁하면서 불안하게 공존하는 때였다. 한편에는 질서, 절제, 어울림의 법칙(decorum) 등 신고전주의적 가치를 신봉하고 변화를 불신의 눈으로 바라보는 태도가 끈질기게 남아 있던 반면에 다른 한편으로는 무역(trade)에 대한 열기, 영국은행과 같은 자본주의적 가치와 제도의 정립, 그리고 왕권의 제한 등 앞으로의 역사의 방향을 예감케 하는 혁신적인 움직임들이 일어나고 있었다. '소설의 발흥'이라는 역사적 현상에서 잘 드러나듯 이같은 변화의 소용돌이 속에서 글쓰기의 사회·경제적 여건도 크게 바뀌고 있었다. 왕족이나 귀족으로부터 물심양면으로 지원을 받던 전통적인 후견제(patronage)가 무너지고 대신 독자층의 확대로 문학시장이 형성되면서 글쓰기를 업으로 삼는 작가들이 우후죽순처럼 등장하여, 필딩도 독자의 주목을 끌기 위해 엉터리 작가들과도 경쟁해야 했다.

이와같은 상황에서 자신의 계급적 배경과 고단한 경제적 처지 사이의 괴리 때문에 필딩은 당대 사회의 성격규정이나 나아갈 방향과 관련된 문제들에 대해 매우 복잡하고 애매모호한 태도를 취하게 된다. 예를 들어 그는 기질적으로 신고전주의의 문학규범과 귀족적인 전통적 가치들에 경도되어 있으면서도 한편으로는 그와 배치되는 새로운 변화의 물결에 매료되고 또 적극적으로 참여하기도 한다. 말년에는 런던의 치안판사로 재직하면서 구직, 부동산 등 갖가지 종류의 정보를 체계적으로 갖춘 써비스업체를 설립하여 운영하고 또 범인을 잡기 위한 정규경찰대 창설을 주장하여 관철시키기도 했다. 요컨대 그는 앞에서 언급한 당대 사회의 상반되는 두 가지 흐름 또는 움직임에 한 발씩 걸치는 불안한 모습을 보이는데, 이는 그를 둘러싼 역사적 상황의 성격을 의미심장하게 반영하면서 아울러 그의 글쓰기에 독특한 활력과 긴장을 제공하는 바탕이 된다.

2. 극작의 경험——자의식적 특성

오늘날 필딩은 소설가로 알려져 있지만 그는 소설을 쓰기 전에 1730년부터 1737년까지 극작가로 활동했다. 필딩이 하루아침에 소설가가 된 것이 아닌만큼 그의 극작의 특징을 살펴보는 것은 그의 소설 이해를 위해서도 긴요하다. 그는 20여 편의 극을 썼는데 대부분 희극, 소극(farce) 또는 풍자극이었다. 인물의 성격을 잘 드러내는 재치있는 대화, 플롯의 주도면밀한 운용과 통제, 다양한 희극적인 인물형 창조 등은 극작의 경험에서 터득한 것으로 그의 소설의 바탕이 된다.

소설과 관련하여 필딩의 극에서 주목되는 것은 "극적 서술"(dramatic narration)을 찾아볼 수 없다는 것이다. 즉, 그는 인물들이 자기 생각과 행동을 자유롭게 펼치도록 또는 상황이 내적 흐름에 따라 펼쳐지도록 내버려 두지 않으며 사건 진행에 대한 작가의 개입이나 논평을 삼가하거나 최소화하려 하지 않는다. 예컨대 시연극(試演劇, rehearsal play, 무대에 올리기 전의 연습공연을 내용으로 하는 극) 형식의 후기극에서 내부극(play-within, 관객에게 내보일 극의 내용)의 무대 위 공연이 펼쳐지고 그 공연을 지켜본 작가와 비평가의 논평이 뒤따른다. 극중극(劇中劇, play-within-a play, 극 속에서 펼쳐지는 또다른 극이 있는 극)과도 긴밀히 연관되는 이 시연극 형식을 통해 작가는 자신이 구상한——따라서 완결되지 않은——작품을 보여주고 아울러 그에 대한 수용자측의 반응, 논평 및 수정이 제시된다. 그 결과 작가가 작품을 만드는 과정과 그에 대한 작가를 포함한 비평가, 독자의 반응이 초점으로 부각된다. 하나의 극이 어떻게 구상되고 씌어지고 공연되는가 그리고 독자(관객)가 그것에 대해 어떻게 반응하는가 하는 문제를 전경화(前景化)한다는 점에서 필딩은 극히 자의식적인(self-conscious) 작가이다. 그는 행동 자체에 관심을 기울이지 않는다. 하나의 행동에 담긴 의미는 행동 자체로 파악할 수 없고 그 행동에 반응, 해석하는 과정에 달려 있음을 강조하는 것이다. 극작에서의 이같은 특징은 필딩이 소설에서 씨름하게 되는 문제가 어떤 성격의 것인지를 예시해준다.

극작가로서 필딩의 활동은 1737년 갑작스럽게 끝난다. 그가 쓴 풍자극의 주된 표적이던 수상 월폴이 1737년 '공연허가법'(Stage Licensing Act)을 제정하여 문학작품을 검열하려 하자 그는 무대를 떠난다. 이후 그는 법학을 공부하여 1740년에는 변호사 자격을 얻고 이후 순회판사로 활동한다. 이

기간에도 그의 문학적 관심과 활동은 꾸준히 이어졌다. 하지만 이는 법관의 수입만으로는 씀씀이가 헤픈 자신과 가족의 생계를 충당할 수 없는 데 따른 불가피한 선택이기도 했다. 그는 자신의 이런 처지에 대해 "돈벌이를 위한 작가(hackney author)가 되느니 차라리 전세마차의 마부(hackney coachman)가 낫겠다"고 자조적으로 토로한 바 있다.

필딩은 1739~52년 기간에 『진짜 애국자』(*The True Patriot*) 『재커바이츠 저널』(*Jacobite's Journal*) 등의 잡지를 운영하면서 수상 월폴과 스튜어트 왕가의 복귀 움직임에 반대하는 등 당대의 정치문제에 깊이 개입하고 다양한 사회문제에 대한 자신의 견해와 비전을 제시했다. 생의 후기에 그는 1748년 런던 웨스터민스터 지구의 치안판사로, 그후에는 미들쎅스(Middlesex) 주의 치안판사로 봉직했다. 1754년 치안판사직을 사임하고 건강이 좋지 않은 상태에서 리스본 여행을 떠났다가 리스본 인근에서 눈을 감는다.

필딩은 자의로 무대를 떠난 것이 아니고 사실상 무대에서 추방된 것이었다. 그렇지만 흥미롭게도 무대로부터의 추방은 그에게 다행스런 일이었다. 확실히 그는 삶의 면면을 '객관적 상관물'로 여실히 형상화하는 극적 자질에서는 미흡했다. 대신 그의 예술적 에너지는 하나의 행동(그리고 그에 대한 반응)을 반복해서 다시 살펴보고 면밀히 검토하는, 말하자면 하나의 행동을 자근자근 되씹는 쪽으로 향했던 것이다.

3. 첫 소설 『조지프 앤드루즈』

필딩의 이런 자의식적인 특성은 소설로 방향을 돌릴 때 유감없이 드러나게 된다. 1740년 유럽대륙에 일대 쎈세이션을 일으킨 리처드슨의 『패밀러』는 새로운 문학활동을 모색하던 필딩에게는 눈이 번쩍 뜨이는 자극이었다. 『패밀러』는 예쁘고 영리한 하녀 패밀러가 호색적인 주인 미스터 B의 집요한 유혹과 공세에도 불구하고 정조를 지켜내고 마침내 그를 감복시켜 결혼에 이르는 18세기판 신데렐라 이야기이다. "보상받은 미덕"(Virtue Rewarded)이란 부제가 붙은 이 소설에서 패밀러가 보여주는 미덕은 자신이 처한 상황을 잘 파악하고 활용하여 자신의 이익을 최대한 성취해내는 것인데, 여기에 전형적으로 구현된 중산층의 미덕인 '분별력'(prudence)은 필딩이 보기에 역겨운 것이었다. 그 분별력이란 정조를 신분상승의 결혼을 이루어내기 위한 무기로 삼는 영악한 계산속과 다름없었다. 그래서 필딩은 1741년 『패밀러』를 패러디한 『섀밀러』(Shamela)에서 분별력 속에 감추어진 위선과 허영을 가차없이 폭로했다. 여기서 리처드슨의 거의 성스럽기까지 한 패밀러는 목적 달성을 위해 수단과 방법을 가리지 않는 교활하고 뻔뻔스러운 섀밀러(사기꾼이라는 뜻의 sham에서 나온 이름)로, 그리고 그녀의 계책에 놀아나는 주인 미스터 B는 미스터 부비(Mr. Booby, '얼간이'라는 뜻)로 희화화된다.

이같은 반(反) 리처드슨적인 태도는 필딩의 첫 소설 『조지프 앤드루즈』(Joseph Andrews, 1741)에서도 이어진다. 여기서는 주인공 조지프가 패밀러 앤드루즈의 남동생으로, 그리고 조지프를 유혹하는 여주인 레이디 부비(Lady Booby)는 미스터 부비의 숙모로 설정된다. 그러나 『조지프 앤드루즈』는 『패밀러』에 대한 패러디로 시작했으나 필딩 나름의 소설관과 도덕적 가치를 펼쳐 보이는 독자적인 소설이 된다. 필딩은 리처드슨이 내세우는 미덕에 맞서 자신의 진지한 도덕적 탐색을 전개할 뿐 아니라 리처드슨의 소설쓰기를 비판하면서 자신이 생각하는 소설론을 전개할 보인다. 요컨대 리처드슨에 대한 필딩의 저항에서 도덕의 문제와 소설쓰기의 문제는 불가분하게 얽혀 있다.

필딩은 『조지프 앤드루즈』의 서문에서 자신이 다룰 영역은 "우스꽝스러운 것"(the ridiculous)이라면서 리처드슨의 비극적인 주제 및 분위기와는 반대로 유쾌한 희극으로 방향을 설정한다. 그는 우스꽝스러움은 "짐짓 꾸밈"(affectation)에서 나오고 그것은 또 "허영"과 "위선"에서 비롯된다고 하면서 허영과 위선을 들추어내는 자신의 작업을 포우프와 스위프트로 대변되는 오거스턴 시대의 풍자적 전통의 연장선상에 놓는다.

『조지프 앤드루즈』와 『톰 조운즈』(*Tom Jones*, 1749)에서 필딩은 악덕을 폭로함과 동시에 바람직한 덕목을 제시한다. 리처드슨의 패밀러에 맞서 필딩은 사리분별에는 미숙하지만 착한 천성(good nature)이 돋보이는 조지프, 애덤즈 목사(Parson Adams) 그리고 톰을 내세우는 것이다. 조지프와 애덤즈가 런던을 떠나 고향인 써머싯으로 돌아가는 여행길에서 만나는 다양한 인간들의 부정적인 모습에 대비하여 누차 강조되는 것은 그들의 착한 천성이다. 분명 분별력은 필요한 덕목이기는 하지만 착한 천성과 그 실천인 자비(charity)의 바탕이 없는 한 그것은 사회적 관계를 흉흉하게 만들 뿐임을 보여준다.

『조지프 앤드루즈』의 유명한 승합마차 장면은 좋은 본보기이다. 강도를 만나 흠씬 두들겨맞고 옷까지 빼앗긴 채 길가에서 신음하는 조지프를 보고서 어느 귀부인은 벌거벗은 남자와 함께 할 수 없다는 이유로, 그리고 다른 신사들은 자신의 안위를 걱정하여 버려두고 가자고 한다. 그러나 강도 당한 사람을 못본 체 지나쳐버렸을 때 닥칠 불이익을 고려하여 그들은 조지프를 마차에 태우고 가기로 하고 이윽고 그 마차가 재차 강도를 당하는 과정에서 이들의 허영과 위선은 여지없이 까발려진다.

그런데 승합마차 장면의 풍자 대상에는 조지프도 한 자리를 차지한다. 그는 벌거벗은 상태로는 마차에 탈 수 없다면서 누구든 알몸을 가릴 옷을 빌려달라고 한다. 생사의 갈림길에 처해서도 정숙(modesty)의 도덕관념에 매달리는 이같은 조지프에 대해 작가는 "패밀러의 한점 흠 없는 도덕적 모범과 애덤즈 목사의 훌륭한 설교가 조지프에게 이처럼 엄청난 영향을 미쳤"다고 비꼰다.

점잖은 체하는 신사 숙녀 가운데 누구도 옷을 빌려주려 하지 않는 가운데, 미천한 마부가 한 벌밖에 없는 겉옷을 선뜻 내준다. 작가는 그의 자비로운 행동을 기술하면서 그가 좀도둑질을 해서 국외로 추방된 적이 있음을 괄호 속에 곁들인다. 이 괄호 속 코멘트에 담긴 아이러니는 일순 점잖은 체하는 신사 숙녀들의 냉혹한 이기주의를 다시금 확연하게 드러낸다. 마부가 건네주는 겉옷에는 남의 어려움에 공감하고 기꺼이 도와주려는 따뜻한 마음씨뿐 아니라 조지프의 터무니없게 까탈스런 도덕감을 딱하게 여기면서도 너그럽게 수용하는 작가의 태도가 깔려 있다고 하겠다.

이런 예에서 보듯이 조지프는 패밀러와의 생래적 연관의 굴레 때문에 독자에게 하나의 독자적 인물로서 실감나게 다가가기 어려운 것이 사실이다. (필딩이 조지프의 파트너로 활력에 넘치고 순진하기 짝이 없는 돈끼호떼 같은 애덤즈 목사를 설정한 것도 이 점을 다분히 의식했기 때문일 것이다.) 그 결과 착한 천성에 더하여 갖추어야 할 덕목인 분별력의 주제를 펼쳐 보이는 데도 엄연한 한계가 있다.

4. 대표작 『톰 조운즈』

분별력의 주제가 음악에서의 모티프처럼 다양하게 변주되어 나타나면서 진지하게 탐구되는 것은 『톰 조운즈』에서이다. 톰도 조지프와 애덤즈처럼 정직하고 용감하며 관대하지만, 사리분별에 약하다. 그는 사물의 겉모습과 본질을 구별하지 못하고 자신의 행동이 몰고올 파장과 결과를 예견하지 못해 갖가지 시행착오와 시련을 겪는다. 따라서 그가 도덕적 성숙에 이르기 위해 터득해야 할 것이 바로 분별력이다.

하지만 사정은 그리 간단치 않다. 두드러진 예로 악당 블리필(Blifil)이야말로 분별력의 화신이다. 톰이 갖추어야 할 분별력과 블리필이 갖추고 있는 분별력은 분명 다른 것이다. 블리필의 분별력이 패밀러에게서 보이는 자기이익만을 챙기는 영악한 계산속을 나타내는 반면에 톰의 분별력은 선과 악을 구별하고 선을 이루고 악을 피하는 올바르고 효과적인 방법을 결정할 수 있는 능력을 뜻한다. 톰이 배워야 할 분별력은 이 두 가지 분별력이 어떻게 서로 다른지를 '분별'하는 것을 포함한다. 톰에게 요구되는 분별력이 필딩이 생의 후반기에 심혈을 기울인 치안판사의 직책에 필요한 자질과 흡사함은 이 작품의 자전적 성격을 짐작하게 한다.

앞서 리처드슨에 대한 필딩의 저항은 도덕적 덕목에 한정되지 않고 예술관, 즉 소설쓰기의 문제로까지 이어진다고 했다. 문학사적으로, 특히 소설발달사에서 필딩의 중요성은 그가 소설발생기에 리처드슨으로 대표되는 흐름에 맞서 색다른 또 하나의 뚜렷한 흐름을 개척했다는 데 있다. 본질적으로 중산계급의 정서와 세계관을 반영한 장르인 소설에 발을 들여놓으면서 필딩은 소설장르의 성격을 자기 나름으로 규정하고 자신의 독특한 소설세계를 구축해야 한다는 것을 예리하게 인식했다.

『조지프 앤드루즈』의 서문과 『톰 조운즈』의 서장(序章)에서 펼쳐지는 소설론은 그러한 자의식의 소산이다. 그는 자신이 "새로운 종류의 글쓰기"(a new province of writing)를 시도하고 있음을 분명히 의식했다. 때문에 그는 새로운 장르의 규칙을 자신이 정할 수 있다고 호기롭게 밝힌다. 소설에 대한 최초의 이론적 정립의 시도로 평가되는 『조지프 앤드루즈』 서문에서 그는 소설을 "산문으로 쓴 희극적 서사시"(comic epic-poem in prose) 또는 "희극적 로맨스"(comic romance)라고 정의한다. 여기서 주목할 것은 그가 새로운 장르를 정의하면서 전통적 장르들——서사시·희극·로맨스——에 의거하고 있다는 것이다. 물론 그는 이 장르들과의 차이점과 유사점을 꼽는 가운데 소설의 성격을 규명하고 그 결과 소설은 이들 세 장르 중 어느 것도 아닌, 그것들이 변증법적으로 지양된 새로운 어떤 장르를 지향한다고 밝힌다.

그렇지만 필딩이 전통적 장르들에 견주어 소설의 성격을 규정하고 그 이론에 따라 소설쓰기에 임했다는 것은 특기할 만한 사실이다. 이 글의 서두에서 소설발생기의 사회·역사적 상황을 개관한 대로 이 시기는 과거 유산의 끈질긴 영향과 새로운 조류들의 태동이 어지럽게 얽힌 채 어느 쪽이 헤게모니를 잡느냐는 사회적 갈등과 투쟁이 심각한 때였다. 필딩의 소설론과 소설쓰기에는 이같은 사회·역사적 상황이 넓고 깊게 반영되어 있다. 필딩 소설의 언어만 하더라도 일상적 산문체의 평이한 언어, 중세 로맨스의 관념적이고 장식적인 언어 그리고 고대 영웅서사시의 장엄무비한 언어가 '비동시적인 것들의 동시성'으로 혼재하고 있다. 이들 언어에 세계를 바라보는 상이한 관점이 담겨 있음은 물론이다.

필딩 소설의 특성 또는 새로움은 작가가 자기 소설에서 소설쓰기의 방법을 논한 것이라고 할 수 있다. 자기 소설이 만들어진 과정과 방식을 밝힌다는 것은, 소설에서의 사실성은 실제로 일어난 일을 그대로 기록한 것이라고 주장한 디포우나, 패밀러의 편지를 단지 편집했을 뿐이라고 주장하는 리처드슨에게서는 생각할 수 없는 일이다. 퓨리턴의 영적 자서전(spiritual autobiography) 전통 속에서 소설을 썼던 디포우와 리처드슨은 허구에 대한 깊은 불신을 품고 있었으며 따라서 자신의 작품에 행여 허구의 흔적이 내비칠까봐 세심한 신경을 썼다. 그러나 필딩은 이런 빤한 거짓과 겉치레를 떨쳐버리고 자신의 작품이 허구임을 공공연히 밝히며 또 독자가 그런 차원에서 자기 작품을 읽어주기를 바란다.

디포우와 리처드슨이 박진감 넘치는 세부묘사를 통해 독자가 스스로를 허구적 인물과 동일시하여 소설세계 속으로 빠져들게 만드는 반면에 필딩은 독자의 이같은 동일시와 몰입을 차단한다. 세부묘사는 이야기가 삶과 흡사하다는 환상을 주는 데 필수적이기에 디포우와 리처드슨은 시시콜콜 주변 사정을 꼼꼼하게 늘어놓는다. 하지만 필딩은 이런 핍진성(verisimilitude)에 대한 필요를 느끼지 않을 뿐더러 오히려 그것을 깨뜨리고자 한다. 가령 그는 부상당한 후 회복해가는 조지프가 애덤즈의 조언에 따라 가벼운 음식을 먹기로 했다고 전하면서 "그에 따라 그는 토끼고기든가 새고기를 먹었는데, 나로서는 결코 확실하게 어느 것인지 확인할 수 없다"고 심드렁하게 덧붙인다.

마찬가지로 필딩의 소설에는 격렬한 싸움이 곳곳에서 벌어지지만 그 싸움은 말의 성찬 속에 유머러스하게 처리되지 결코 현실에서처럼 험악하고 처참하게 시각화되어 재현되지 않는다. 『조지프 앤드루즈』 3권 6장에서 화자는 애덤즈가 사냥개들에게 쫓기는 화급한 상황에서도 먼저 그를 구하려고 뛰어들려는 조지프가 무기로 쓸 곤봉의 하찮은 내력을 서사시에서처럼 장엄하게 소개하고 또 조지프가 뛰어들고 나서도 화자는 왜 그 상황을 묘사하는 데 서사시적 비유를 쓰지 않는지를 설명하고 넘어간다. 이같은 의사영웅적(mock-heroic) 스타일 덕에 사냥개들과의 처절할 듯한 싸움은 그 긴박성과 실효성을 상당 부분 상실하게 되고 싸움은 그냥 유쾌한 한바탕의 소동으로 비치게 된다. 그리고 싸움이 종료된 후 화자는 이제 원래의 스타일로 돌아가 조지프와 애덤즈의 이야기를 계속하겠다고 태연하게 말한다. 이야기가 일상의 산문으로 진행되다가 이처럼 서사시적 표현으로 바뀌면 이야기의 연속적인 흐름과 언어의 지시적 기능이 깨지는 효과를 빚는다. 그러나 이는 필딩이 효과의 통일성을 기할 능력이 모자라서가 아니라 자신의 세계인식과 예술관에 입각해 의식적으로 선택한 방식이다.

필딩은 디포우나 리처드슨처럼 사물이나 행동을 충실하게 묘사하면 그 의미가 저절로 드러난다고 생각하지 않는다. 사물이나 행동은 그것이 놓이는 맥락에 따라 의미하는 바가 달라지며 따라서 여러 맥락들을 폭넓게 충분히 숙고해야 의미를 제대로 파악할 수 있다고 믿었다. 그래서 그는 디포우나 리처드슨처럼 '사실'에 집착하지 않는다. 그는 사실을 되풀이하여 음미하고 반추한다. 그 결과 하나의 사실은 좀더 넓은 보편적 맥락 속에 용해되어 제시된다. 설령 리처드슨의 패밀러 이야기가 사실이라 할지라도 그것은 삶을 올바로 파악한 것이 아니기 때문에 삶에 대해 거짓을 말하는 것이고 부도덕한 것이다. 사냥개와의 싸움에서도 중요한 것은 그 장면의 여실한 묘사가 아니라 싸움의 이미지이고 싸움의 이미지는 사냥개들을 부추겨 싸움이 벌어지도록 한 인물의 됨됨이를 평가하기 위해 필요한 것이다.

이상과 같은 필딩 소설의 특징을 집약해서 보여주는 것이 바로 필딩을 대변하는 작중 화자이다. 필딩 소설의 트레이드 마크와도 같은 이 자의식적인 화자(self-conscious narrator)는 자신을 역마차를 타고 소설 속의 상상적 세계를 여행하는 독자의 친절한 안내자 겸 절친한 동반자로 자임한다. 그는 끊임없이 이야기의 흐름을 끊고 끼여들어 독자에게 말을 걸고 사건,

인물 그리고 이야기에 대해 언급·논평한다. 그래서 독자는 작중 어느 인물보다도 화자를 가장 가깝고 생생하게 느끼게 된다.

『톰 조운즈』의 화자는 이 작품이 "사실들과 그것들에 대한 논평으로 이루어져 있다"고 말한다. 그러나 실제로는 논평——아마 풍성하고 구수한 입담이라는 뜻의 변설(辯舌)이라는 말이 더 적합할 것이다——이 서사(narrative)를 압도한다. 첫머리에서 화자는 글쓰기를 요리에 비유하면서, 같은 재료로 만드는데도 어떤 사람이 요리한 것이 다른 사람의 것보다 훨씬 맛있는 것처럼, 글쓰기에서도 중요한 것은 인간본성이라는 재료를 독자의 기호에 맞게 잘 '요리'해내는 작가의 솜씨라고 강조하고 자신의 솜씨를 보란 듯이 내세운다. 필딩이 자신의 '요리' 솜씨를 내세우는 것을 그가 현실을 자신의 기호대로 변형하는 공상적인 놀이에 탐닉하는 것으로 이해해서는 안될 것이다. 요리 솜씨에 대한 강조는 그의 예술관과 그 속에 함축된 진지한 도덕적 관심에 깊이 닿아 있다.

5권 5장에서 철학자 스퀘어(Square)가 몰리(Molly)의 침실 곁 벽장 속에서 옹색한 모습으로 발견되는 장면은 이 점을 구체적으로 예시하는 좋은 보기이다. 우선 사실 자체는 아주 간단하다. 둘 사이의 관계를 정리해야겠다는 톰에게 몰리가 자기가 사랑하는 이는 이 세상에 톰밖에 없으며 톰이 자신을 버린다면 영원히 남자를 멀리할 것이라고 자못 열정적으로 말하는 중에 우연히도 벽장에 걸쳐놓은 그림무늬 천이 벗겨지고 벽장 속의 여성용품들 속에서 웅크리고 있는 스퀘어가 드러난다. 스퀘어의 가르침과 실제 행동 사이의 엄청난 괴리를 목도한 톰은 한바탕 웃음을 터뜨린다.

사실에 이어지는 논평에서 화자는 스퀘어 개인을 넘어 철학자 일반의 문제로 범주를 넓혀 그같은 괴리는 기실 놀라울 것이 없다고 말한다. 욕구와 열정을 억제하는 방법을 잘 알고 가르치는 철학자들도 실제로 그것을 실행에 옮기는 것은 "성가시고 귀찮은" 일로 여기기 때문이라는 것이다. 이런 논평에서 궁지에 처한 한 사람의 철학자 스퀘어는 문맥의 확대를 통해 철학자 또는 현자연(賢者然)하는 사람 일반으로 보편화된다. 한데 생생한 실례가 추상적 반성(abstract reflection)으로 옮아가면서도 '성가시고 귀찮은'이라는 구체적 인물이 느꼈을 법한 실감이 오롯이 담겨 있다. 이처럼 사실과 그에 대한 논평 또는 반성이 긴밀하게 맞물리며 서로를 떠받쳐주는 것이 필딩이 자신의 예술을 통해 포착하고 제시하고자 했던 도덕적 리얼리티이다.

5. 섭리적 예술관

필딩은 일찍이 포우프가 "모든 자연은 네가 모르고 있을 뿐 예술이요, 모든 우연은 네가 보지 못할 뿐 계시이니라. 모든 부조화는 이해되지 않은 조화요, 모든 부분적인 악은 보편적인 선이니라"고 절묘하게 표현한 바 있는, 신고전주의적 예술관을 체득한 작가였다. 이에 따르면 이 세계는 조물주(the Divine Artificer)의 작품이다. 신은 말씀으로 혼돈에서 질서를 창조해내고 현명하고 온화한 섭리로 인간사를 주재하여 궁극적으로 덕망있는 이는 보상받고 사악한 자는 벌을 받게 한다. 필딩은 대우주와 소우주의 유비 관계에 따라 작가의 역할을 차원이 낮고 규모가 작을 뿐 신의 그것에 흡사한 것으로 여겼다. 대우주가 신의 예술인 섭리(Providence)에 의해 움직이듯이 인간이란 소우주는 삶의 예술인 분별력에 의해 영위되어야 한다고 믿었다. 필딩 소설의 전지전능한 화자는 이와같은 예술관에서 비롯된 것이다. 『톰 조운즈』의 정교하고 치밀한 플롯은 빨라디오(Palladio) 양식의 건축미에 비교되곤 했다. 동시에 플롯이 너무 작위적이고 도식적이라거나 우연의 일치가 남발된다는 점도 빈번히 지적되었다. 하지만 이 또한 필딩의 예술관에 따른 의식적 선택의 결과이다. 작가는 작중 화자를 통해 신이 취하는 섭리의 역할을 작품 속에서 수행하는데, 이 화자의 "섭리"가 플롯을 조작하여 인물과 사건들을 희극적 대단원에로 이끄는 원동력이 된다. 그 대단원에서 주인공의 진짜 정체가 밝혀지고 죄없는 이들이 구원받고 악당들이 징치되는 등 소위 시적 정의가 이루어진다.

필딩은 현실 그대로의 모습으로는 삶에 내재한 질서를 제대로 포착할 수 없다고 생각한다. 그는 자신의 세계관, 가치관에 맞게 조율된 시각으로 현실을 바라보며 독자 또한 그러한 시각에서 바라보게 하려고 한다. 물론 리처드슨도 자기 나름의 가치관이 밴 시각으로 현실을 파악하여 독자에게 제시한다. 중요한 차이는 리처드슨이 독자로 하여금 저자의 시선이라는 매개 없이 현실을 직접 대하고 있다고 느끼게 만드는 반면, 필딩은 현실의 모습을 제시하면서 그것이 저자의 개입과 조작에 의해 특정한 방향과 방식으로 변형된 것임을 독자가 주목하도록 끊임없이 일깨운다는 점이다.

마지막으로 이 글에 대해 덧붙일 사항이 있다. 이 글에서는 필딩 소설의 면면을 소개하면서 리처드슨과의 대조라는 틀에 과도하게 의지했다고 할 수 있다. 필딩 대 리처드슨이라는 오래된 구도는 분명 짧은 지면 속에 필딩의 특성을 부각하는 데 매우 효과적이다. 하지만 이 구도는 양자를 확연하게 구별지어주는 효과에도 불구하고, 또는 바로 그 때문에 각자의 여러 다른 섬세한 면면들을 희석하고 양자간의 미묘한 유사점들을 가릴 수 있다. 따라서 이 글의 독자는 이 구도를 익힌 다음에는 잊어버려야 할 것이다.

〔김 번〕

추천문헌

Martin C. Battestin, with Ruthe R. Battestin, *Henry Fielding: A Life* (London and New York: Routledge 1989). 필딩의 삶과 작품에 관한 상세하고도 권위있는 전기.

Jill Campbell, "Fielding and the Novel at Mid-Century", *The Columbia History of the British Novel*, eds. John Richetti et al. (New York: Columbia Uuiv. Press 1994), 102~26면. 필딩 소설의 문학적 의미를 정치·사회·경제적 맥락에서 논한 글

Thoman Lockwood, "Matter and Reflection in Tom Jones", *English Literary History* 45 (1978) 226~35면. 사물을 재현하는 필딩의 스타일을 설득력있게 해명한 글.

Michael McKeon, *The Origins of the English Novel, 1600-1740* (Baltimore: Johns Hopkins Uuiv. Press 1987). 맑스주의적 관점에서 필딩 소설의 사회·경제적 함축을 분석한 역저.

Ian Watt, *The Rise of the Novel* (London: Chatto & Windus 1957). 리처드슨에 비해 필딩을 낮게 평가한 흠이 있으나 발생기 소설의 고전적 연구.

Andrew Wright, *Henry Fielding: Mask and Feast* (London: Chatto & Windus 1965). 필딩의 예술관을 스타일과의 연관 속에 선명하게 짚어낸 연구.

쌔뮤얼 리처드슨

1. 리처드슨의 생애와 작품

　20세기 학자들은 쌔뮤얼 리처드슨(Samuel Richardson, 1689~1761)과 그의 소설을 영문학의 표본적 작품으로 재평가한다. 리처드슨 당대에는 그를 평가하는 시각이 두 가지였다. 프랑스 철학자 드니 디드로(Dennis Diderot) 같은 이는 리처드슨의 작품을 성서나 호메로스만큼이나 중요하게 평가한 반면, 리처드슨의 도덕성과 문학적 기교까지 모두 의심한 사람들도 있었다. 아직까지도 리처드슨의 소설에 대해서는 의견이 분분하지만, 그의 소설이 소설의 발달사에서 중대한 위치를 차지한다는 점에 이의를 제기하는 비평가는 없다.
　여기서는 리처드슨의 연구와 소설을 처음 대하는 이들의 이해를 돕기 위해 리처드슨의 소설을 이해하는 데 필요한 기본 문제들과 함께 그의 생애와 작품에 대한 다소 전통적인 개관들을 소개하려 한다. 패밀러(Pamela)의 미덕이란 무엇이며 미스터 B(Mr. B)는 얼마나 악한 사람인가에 관한 문제들, 클러리써(Clarissa)의 고집과 난봉꾼인 러블리스(Lovelace)의 사악함에도 불구하고 이 소설이 18세기 독자들의 인기를 모았던 점, 그리고 해리엇 바이런(Harriet Byron)과 찰스 그랜디슨 경(Sir Charles Grandison)의 영국인으로서의 완전성 등은 오늘날에도 논란이 되고 있는 문제이다. 이와 아울러 필자는 리처드슨이 무의식적이고 수동적으로 당시 가치관을 대변하고 있다는 일반적인 의견과는 달리, 오히려 그가 비도덕적이고 파괴적인 당시 사회의 풍속도를 폭로했을 뿐 아니라 소설을 통해 비도덕적인 사회풍속도에 도전한 급진적이고 교훈적인 사회비평가였다는 점을 밝히고자 한다.

당시 선풍적 인기를 모았던 베스트쎌러 작가로서 리처드슨의 경력은 『패밀러』, 『클러리써』, 『찰스 그랜디슨 경』 등으로 요약된다.

1689년에 가난한 집안에서 태어난 리처드슨은 귀족사회와 의회의 지정 인쇄업자이자 사업가로 자수성가한다. 리처드슨은 인쇄업체 도제로 시작하여 장인을 거쳐 자영업자가 되었다. 그는 모범적으로 도제들을 다루었고 비윤리적 관습에 휩쓸리지 않고도 부를 얻었다.

1721년에 리처드슨은 고용주의 딸 마사 와일드(Martha Wilde)와 결혼하여 행복했던 것으로 보인다. 그러나 불행히도 여섯 명의 아이(아들 다섯과 딸 하나)가 모두 세 살도 되기 전에 죽고 마지막 아이를 잃은 후 곧 아내마저 세상을 떠났다. 2년 후 엘리자베스 리크(Elizabeth Leake)와 재혼하지만 이번에도 한 살이 채 못 된 딸과 아들을 잃는 어려움을 겪는다. 리처드슨은 『찰스 그랜디슨 경』의 찰스처럼 가족과 함께 여가 보내기를 좋아했고 그의 아내는 『패밀러』의 첫 독자였다. 요컨대 리처드슨은 가정생활이나 공적 생활에 있어서도 작품에서 천명한 대로 윤리적·도덕적 원칙을 따랐다. 당대 인물들 가운데 쌔뮤얼 존슨 같은 이는 헨리 필딩보다 리처드슨의 소설을 더 좋아하여 리처드슨의 사업과 문학적 성공까지 보장하고 나설 정도였다.

그러나 리처드슨의 문학적 경력은 당시 문학가들과는 달리 조금 특이하다. 50세에 창작활동을 시작한 그는 장인계급이면서도 상류층이나 중상류 계층의 독자들을 대상으로 글을 썼다. 리처드슨은 숫기 없는 소심한 사람으로 자신이 중산층이며 전통적인 고전교육을 받지 못했다는 것을 늘 마음에 두고 살았다. 더구나 노년에는 일종의 근육마비 증상인 파킨슨병으로 고생하면서 사람들을 피해 다녀야 했다.

그럼에도 한낱 중년의 부자 인쇄업자요 사업가가 영국과 전 유럽대륙을 뒤흔들어놓은 소설가가 되었다는 것은 놀라운 일이 아닐 수 없다. 리처드슨은 자신의 소설가로서의 성공이 서간문에 대한 개인적인 열정 때문에 가능했다고 설명한다. 그는 13세 때 이미 인정받는 편지작가로 활동했던 경력이 있고, 훗날 젊은 여성들을 위한 사교편지 작문 안내서를 써달라는 출판업자의 제안을 거절할 수 없었던 것도 소설 집필의 계기가 되었다. 편지 작성교본을 쓰면서 그는 자기를 유혹하는 주인에게 저항하다 결국 그 미덕(virtue)에 감동한 주인과 결혼한 아름다운 하녀에 대한 이야기를 접하게 되었고 이것은 첫 소설 『패밀러』의 기초가 된다.

2. 『패밀러』

리처드슨은 『패밀러』(1740)에서 "새로운 종류의 글쓰기"(new species of writing)를 시도하고 있다. 저자는 젊은이들이 개연성 없는 허무맹랑한 이야기를 종교와 미덕의 필요성과 구별할 수 있도록 돕고 안내하기 위해 소설을 썼다고 『패밀러』에 관한 편지에서 밝히고 있다. 즉 도덕적 교훈을 주기 위해 소설을 썼다는 것이다. 이러한 주장은 언뜻 구태의연하게 들리지만 저자의 입장에서는 반드시 필요한 일이었다. 리처드슨 당시의 산문(소설)이란 오늘날의 기이한 모험극이나 할리퀸 로맨스 소설(Harlequin Romance)과 다를 바 없었다. 소설이란 일반적으로 불확실한 삶을 찾는 글품팔이 작가들(hack writers)이나 쓰는 것이라 여겨졌다. 당시 사람들은 점잖은 어른들이라면, 소설을 쓰는 것은 고사하고 읽는 것도 상상할 수 없는 것으로 여겼다.

리처드슨은 『패밀러』를 행실 지침서로 가장하여 편지형식으로 소설을 쓴 것이다. 교훈적 동기는 작품의 질을 떨어뜨리지 않도록 하는 방파제 역할을 할 뿐 아니라 소설의 방향까지 정해주었다. 그러나 이러한『패밀러』의 도덕성은 점잖은 사람들도 이 소설을 읽을 수 있게 했다는 점을 설명하는 데는 무리가 없겠으나, 미학적으로나 상업적으로 일대 선풍을 일으킨 이유에 대해서는 해답을 주지 못한다. 리처드슨의 소설이 순식간에 유례없이 영국과 유럽대륙 전체를 매료시켰다는 사실은 소설의 줄거리만큼이나 놀라운 일이다. 18세기 영국과 유럽은 모두『패밀러』열풍에 휩싸였고 프레보 (Prevost), 필딩, 볼떼르, 볼도니(Boldoni), 디드로, 모짜르트 등이 모두『패밀러』를 모방한 작품을 선보였다. 그런가 하면 많은 조각작품과 벽화·찻잔·목걸이·부채·잡지 그리고 오페라가 쏟아져 나왔으며,『패밀러』해적판과 『패밀러』를 풍자한 작품까지 등장하였다.

『패밀러』가 왜 그렇게 인기를 누렸고 여전히 논쟁거리인가를 이해하기 위해서는 먼저 줄거리와 저술동기를 살펴볼 필요가 있다.『패밀러』의 줄거리는 문학사 속에서 계속 되풀이되어온 것으로 순결한 젊은 하녀가 방탕한 난봉꾼의 유혹을 이겨낸다는 단순한 이야기이다. 패밀러는 15살의 아름다운 소녀로 가난한 집 출신이다. 정숙하고 착한 딸 패밀러는 부모를 돕기 위해 남의 집 하녀로 나선다. 소설의 첫 장면에서 여주인이 죽고 그 아들 미스터 B가 새 주인이 된다. 새 주인이 패밀러에게 매력을 느끼게 되자 패밀러는 자신을 걱정하는 부모에게 돌아가리라 결심한다. 그러나 패밀러는 결국 납치되어 시골 별장에 감금되고 미스터 B는 패밀러에게 상당한 재정적 조건을 달아 정부(mistress)가 되어 달라고 하면서 이를 거절할 경우 폭력도 불사하겠다고 위협한다. 그러나 나중에 패밀러의 편지와 일기를 훔쳐 읽은 미스터 B는 그녀의 고통과 진실에 감동하고 그녀의 순진함과 미덕을 알게 된다. 그리고 갈등하던 그는 결국 패밀러와 결혼한다.

구조적으로『패밀러』는 서술자가 개입하지 않고 여주인공이 자신의 이야기를 편지를 통해 직접적이고도 극적으로 서술한다는 데 매력이 있다. 요컨대 패밀러는 스스로 자기 이야기를 전달함으로써 긴장감과 사실성을 더하고 있는 것이다. 여기에서 리처드슨이 사용한 "시시각각 씌어지는"(writing to the moment) 기법을 통해 독자들은 패밀러의 내적 갈등과 순간마다 변하는 운명을 함께 느끼고 그녀의 시련을 간접적으로 경험할 수 있게 된다. "시시각각 씌어지는" 기법은 심리적 긴장감을 더해주고 독자들이 여주인공의 의식을 통해 사건을 경험함으로써 탁월한 긴장효과를 준다. 『패밀러』를 낭독하는 것을 들으려고 정기적으로 모여든 마을사람들이 결혼내용에 이르자 교회종을 울려 축하했다는 일화가 있을 정도이다.

이러한 서술방법은 패밀러의 내면갈등을 효과적으로 묘사함으로써 독자들이 주인공이 겪는 내면갈등에 동화된다는 장점과 동시에 커다란 약점도 갖는다. 많은 사람들이 『패밀러』를 좋아했지만 부정적인 생각을 가진 사람들도 있었다. 미스터 B와 패밀러의 갈등관계를 당시 부상하던 중산계층과 상류계층 간의 계급갈등 또는 고딕(Gothic) 플롯에서 유래한 성적인 갈등으로 해석하는 경향이 생겼다. 비평가들 중에는 성적 양육강식의 갈등 문제로 『패밀러』를 분석하고 미스터 B와 패밀러의 결혼을 "남성중심적인 지배계급의 아찔한 축하연"이라고 주장하는 사람들도 있다. 또는 그 반대로 미스터 B와 패밀러의 결혼을 여주인공의 승리로 보고 계급갈등에 있어서 "중산층의 헤게모니 쟁취"로 해석하는 의견도 있다. 즉, 결혼이라는 궁극적인 목적을 달성한 패밀러는 명백히 사회·경제적 세력을 확보한 것일 뿐만 아니라, 여성으로서의 의무를 다한 데 대한 보상을 받은 것이라고까지 주장하는 비평가들도 있다. 또한 리처드슨의 여주인공이 순진한 미스터 B를 유혹해서 재산을 얻으려고 고의로 미덕을 추구한 위선자라 악평하는 이들도 있다. 필딩의 『섀밀러』는 이러한 반패밀러주의를 대표하는 작품이다. 필딩은 리처드슨의 소설을 패러디하고 패밀러의 언어와 동기를 저속하게 만드는 동시에 리처드슨의 도덕성과 메씨지에 의문을 던진다.

패밀러의 저항 저변에는 근본적으로 무엇이 있는가? 방탕한 귀족인 미스터 B와는 달리 패밀러는 전통적 기독교정신을 가진 가난한(lower class) 부모에게 교육을 받고 믿음을 물려받았다. 그녀는 자신이 다른 사람을 만족시키는 성적 즐거움을 주는 수단이 아닌 한 개인으로 대우받아야 한다고 믿는 자존심 강한 처녀로 자란다. 이렇게 패밀러와 미스터 B의 갈등은 성별 갈등이라기보다는, 두 계급간의 가치관 대립이라고 할 수 있다. 이러한 대립구조는 등장인물들의 언어 속에서 더욱 확실하게 나타난다. 예를 들어, 정부로 살아가게 될 "영광"을 약속하는 미스터 B에게 패밀러는 그것은 자신의 미덕을 더럽히는 "죄악"이라며 "악한 자에겐 영광이겠으나 그러한 영광은 미덕 있는 사람에게는 수치이며 불명예"라고 말한다. 그러나 문제는 소설에서 서술이 오직 패밀러에게만 편중되어 있어 미스터 B를 균형있게 이해하기가 힘들다는 것이다. 독자들은 미스터 B의 의구심과 망설임, 내면 갈등을 패밀러의 경우만큼 직접적으로 알 수 없다. 이것이 『패밀러』에 나타난 구조적 결함으로서 리처드슨은 두번째 소설 『클러리써』에서 이를 해결하는 데 어느정도 성공한다.

3. 『클러리써』

『클러리써』(1748)가 리처드슨의 가장 위대한 소설임은 말할 필요도 없을 것이다. 『패밀러』의 집필기간이 짧았던 반면, 『클러리써』는 거의 5년에 걸쳐 씌어지고 원본을 개정하고 요약하는 데도 일년 반이 걸렸다. 『패밀러』가 미덕을 통해 행복을 얻은 여주인공과 사회의 관습을 극복하고 진정한 완성을 이룬 한 난봉꾼을 그리고 있다면 『클러리써』는 좀더 암울하고 비극적이다. 클러리써는 사회적 상승에 필요한 정략결혼을 거부하기 때문에 죽고 러블리스는 성과 권력의 잘못된 개념 때문에 비극을 맞게 된다.

『패밀러』에서는 여주인공인 패밀러만이 유일한 서술자였다는 점이 문제였기 때문에 『클러리써』에서 리처드슨은 군소 서술자들을 비롯해 여러 명을 주요 서술자로 삼는 형식을 취한다. 이렇게 러블리스는 편지를 통해 자신의 계획과 망설임, 의심과 정당화, 믿음과 환상 등을 알림으로써 독자들을 사로잡는다. 러블리스는 저자인 리처드슨까지도 당황할 만한 설득력으로 독자들과 팬들을 확보하고 있다. 리처드슨은 이중적인 서신을 통해 인물들의 동기와 생각을 더욱 확실히 보여준다. 이러한 다양한 서신을 통해 독자들은 소설 속에 능동적으로 참여해야 할 책임을 느끼게 된다. 독자들은 서로를 탐색하는 등장인물들을 관찰할 뿐 아니라 소설의 본문인 편지를 해석해야 하는 것이다.

『패밀러』처럼 『클러리써』의 구성(plot)도 비교적 단순하다. 클러리써는 부자상인의 막내딸로 귀족 난봉꾼 러블리스의 구애를 받는다. 소설의 시작과 갈등의 계기는 3남매의 막내인 클러리써가 이미 할아버지의 재산을 상속받았다는 데서 비롯된다. 클러리써의 가족은 러블리스가 악명 높은 난봉꾼이라는 소문을 무기삼아 권위적이고 가부장적인 아버지를 선두로 똘똘 뭉쳐 러블리스가 아닌 미스터 쏨스(Mr. Solmes)라는 구혼자와 결혼하길 강요한다. 미스터 쏨스는 냉정하고 속물적인 인간으로 클러리써만큼 재산이 많은 사람이다. 즉, 그녀의 가족은 클러리써가 그와 결혼함으로써 "가문을 일으키기 위해"(to raise a family) 재산을 더 증식함과 동시에 사회적 지위까지 얻길 원한다.

리처드슨은 클러리써의 가족을 통해 당시 사회의 저변에 깔려 있는 악의 패러다임을 보여준다. 당시에는 부자상인들이 재산으로 귀족의 신분을 사는 것이 통례였기 때문에, 클러리써에게 결혼을 강요하는 것은, 권위적인 아버지와 가족들의 계략이라는 특정 상황 안에서 전개되기는 하지만 예외적인 일은 아니었다.

그러한 계획에 장애물이 되는 것은 바로 클러리써이다. 그녀는 사랑도 존경도 할 수 없는 사람과 결혼할 수는 없다고 고집하기 때문이다. 미스터 쏨스와의 결혼이 불가피해지자 클러리써는 결국 러블리스의 계략에 속아 도망치게 된다. 그리고 클러리써가 난봉꾼과 눈이 맞아 함께 도망간 것으로 소문이 난다. 가족에게 버림받고 절친한 친구와도 헤어진 채 런던 사창가에 갇힌 클러리써는 러블리스와 외로운 싸움을 하게 된다. 다른 방법으로 유혹할 수 없기에 러블리스는 결국 그녀에게 약을 먹이고 강간한다. 러블리스는 "한번 정복하면 영원히 정복할 수 있으리라" 믿었던 것이다.

그러나 그 결과는 러블리스가 클러리써를 얼마나 모르고 있었는가를 보여줄 뿐이다. 러블리스를 절대적으로 악한 인간으로 단정해버린 클러리써는 그를 경멸하고 결혼으로 잘못을 무마하려는 그의 제안을 모두 거절한다. 결국 클러리써는 그로부터 도망치고, 쇠약해진 몸으로 엄숙히 죽음을 맞는다. 복수하지 말라는 클러리써의 유언에도 불구하고 러블리스는 클러리써의 사촌 모던(Morden)과 이딸리아에서의 결투로 죽게 된다. 러블리스는 영국으로 돌아가지도 못하고 자기 가족이나 클러리써와도 화해하지 못하는 것이다.

죽음이라는 완전한 평온을 향한 클러리써의 길고 느린 여정은 흥분과 격분으로 가득 찬 결투에서의 러블리스의 죽음과는 대조된다. 최근 일부 학자들은 클러리써의 투쟁과 비극적인 죽음을 영국의 중산층이 귀족층으로부터 일종의 이상적인 주도권을 쟁취하기 위한 투쟁으로 해석하고 있다. 즉, 클러리써는 계급간의 물질적 갈등에서 단순한 촉매가 아닌 주체적인 역할을 하고 있다는 것이다. 그녀가 죽어가는 과정 그리고 최종적으로 죽음에 이르는 과정을 아주 세밀하게 묘사한 것은 정치적·사회적·성적인 억압과 가부장적인 사회 그리고 방종한 귀족사회로부터의 이탈 또는 그러한 세계에 대한 완벽한 거부로 해석된다.

한편, 클러리써는 열렬한 페미니스트도 역사적인 관점의 자본주의자도 아니다. 『클러리써』는 가부장적인 사회체제를 완전히 해체하기보다는 약화시키고, 여성이 완전히 해방되기보다는 존중되어야 할 존재라고 주장한다. 따라서 클러리써는 부모에게는 효녀이자 도덕적으로 볼 때 결함이 없는 사회적인 인물로, 그녀가 속한 사회의 당당한 시민으로 그려진다. 하지만, 작가는 그렇게 모범적인 인물이 고통받고 결국 죽음에 이르는 것을 보여줌으로써, 그녀가 속한 사회의 규범을 폭로하고 이를 비판하고 있다. 결국, 『클러리써』는 중산층사회의 기반을 완전히 흔들어놓지는 않고, 그 사회의 경건한 미덕과 현실 사이의 분열을 노출하는 정도에 그친다. 남성의 주도권과 사회에서의 역할을 다시 정의하기 위해 리처드슨은 자신의 최종적인 과

제인, 중산층의 문화적 모델과 같은 영웅으로서 찰스 그랜디슨 경을 탄생시킨다.

4. 『찰스 그랜디슨 경』

『클러리써』 이후에 리처드슨의 팬들은 회개할 필요가 없는 "착한 남자"에 대한 이야기를 써줄 것을 리처드슨에게 요구했다. 리처드슨은 앞서의 두 소설을 통해 모범적 여성상을 보여주었다. 그러나 미스터 B는 변화되었다고는 해도 모범적인 남성상으로서는 만족스럽지 못했다. 러블리스에 대한 대중의 호응도에 실망한 리처드슨은 행복하게 결혼한 건전한(valid) 남성적 표본(male paragon)인 찰스 그랜디슨 경에 대한 이야기를 시작했다.

이 소설에서 가장 중요한 문제는, 리처드슨도 인식한 바와 같이, 완벽한 주인공이 희극적 인물이나 속물처럼 취급되지 않도록 하는 것이다. 그렇게 하기 위해 찰스 경은 왕정복고 시대 희극에서 귀족 난봉꾼들이 일반적으로 보여준 당당한 태도를 유지하면서도 경건하고 모범적인 인물들과 중산층의 미덕을 모두 소유하도록 했다. 따라서 찰스 경은 『패밀러』와 『클러리써』에 나오는 당시의 흔한 남성의 표본, 즉 가부장적이거나 단순한 난봉꾼과는 다르다. 찰스 그랜디슨 경은 준남작(baronet)으로 귀족 서열에서는 가장 낮고 상류 중산층에 가까운 완벽한 중산층 귀족이 됨으로써, 중산층과 귀족을 하나로 묶는 역할을 한다. 『찰스 그랜디슨 경』(1754)에 나온 이러한 계급통합은 제인 오스틴(Jane Austen)과 프랜씨스 버니(Frances Burney)에 이어져 이들이 사회양식에 대한 소설을 쓰게 되는 기초가 된다.

그러나 『찰스 그랜디슨 경』의 탄생은 이념적인 딜레마를 표출하고 있다. 비록 『찰스 그랜디슨 경』이 남성의 권한과 여성의 미덕을 절충하는 방법으로 문제를 해결하기는 했어도, 그가 그러한 미덕을 실천할 수 있었던 것은 처음부터 돈과 사회적 권한이 있고 복종적인 가족이 있는 가장이었기 때문이라는 사실이 너무나 명백하게 드러나는 것이다.

5. 결론

리처드슨의 문학적 경쟁자라고 할 수 있는 필딩은 리처드슨의 『패밀러』를 비난한 것이라고 할 수 있는 패러디 소설『섀밀러』와 『조지프 앤드루즈』를 썼지만, 그러한 소설과 더불어 한편으로는 그가『클러리써』의 필딩 판이라 할 수 있는 『애밀리어』(*Amelia*)를 통해 꾸준히『클러리써』를 경탄했다는 사실을 많은 사람들은 잊고 있다. 그러나 필딩의『섀밀러』에서 실망스러운 것은 작가가 자신이 상류층에 속한다는 사실을 아주 노골적으로 드러내고 있다는 점이다. 필딩은『패밀러』가 기존 사회질서를 전복하고 낮은 신분의 여성을 하나의 영웅으로 그려서 결국은 그 당시의 문학적 규범까지 저버린 데 대해 심기가 불편했다. 즉, 리처드슨의 소설은 이 상류층 저자에게는 하나의 도전으로 인식된바, 필딩은 기존 기득권층(the Establishment)을 대변하는 소설을 쓴 것이다.

결론적으로 리처드슨의 작품들이 당대 소설장르의 흐름에 기여한 바는 다음과 같이 요약된다. 먼저『패밀러』는 소설이 심각한 토론의 대상이 될 수 있음을 처음으로 부각했다는 것이다. 필딩이나 존슨도 모두『클러리써』가 영어로 된 문학작품 중에서 아마 최고의 작품일 것이라고 인정하였다. 또한『찰스 그랜디슨 경』은 제인 오스틴과 같은 작가들에게는 시금석이 되는 작품으로서 이들의 창작에 큰 영향을 끼치게 되었다는 점이다.

〔정이화〕

추천문헌

리처드슨의 소설들은 모두 쉽게 구할 수 있다. Peter Sabor and Margaret A. Doody ed., *Pamela* (Penguin 1985); 첫번째 발간한 Angus Ross ed., *Clarissa* (Penguin 1985)에서, *Sir Charles Grandison*의 첫번째 판(ed. Jocelyn Harris)은 Oxford University Press에서 출판하고 있다. John Carroll이 편집한 *Selected Letters of Samuel Richardson*은 주와 논평을 곁들여 엮은 책으로 쉽게 구할 수 있다.

Margaret Anne Doody, *A Natural Passion: A Study of the Novels of Samuel Richardson* (Oxford: Oxford Univ. Press 1974). 문학적·신학적인 측면에서 리처드슨에 대해 선구적인 연구를 했을 뿐 아니라 그의 업적에 대해 아낌없이 칭송하고 있다.

Terry Eagleton, *The Rape of Clarissa: Writing, Sexuality and Class Struggle in Samuel Richardson* (Minneapolis: Univ. of Minnesota Press 1982).『패밀러』는 "남성 지배계급 권력의 병적인 찬양"이라고 하면서, 리처드슨의 "과장되게 이상화된" 여주인공 패밀러는, 가부장제의 흡인력을 돋보이게 하는 "신비화"이자 또한 지배계급과 피지배 계급 간의 계급성향의 문제를 제기하는 "비평"이라고 주장하고 있다.

T. C. Duncan Eaves & Ben. D. Kimpel, *Samuel Richardson: A Biography* (Oxford: Clarendon Press 1971). 다소 포괄적이지만 리처드슨의 작품 연구에 꼭 필요하다.

Jocelyn Harris, *Samuel Richardson* (Cambridge: Cambridge Univ. Press 1987); Elizabeth Bergen Brophy, *Samuel Richardson: Twayne's English Authors Series* (Boston: G. K. Hall & Co. 1987). 포괄적으로 리처드슨의 작품세계, 간략한 비평사, 저자에 대한 사상 분석 및 당대의 반응을 이해하기 쉽게 정리하고 있다.

Allan D. McKillop, *Samuel Richardson: Printer and Novelist* (North Carolina 1936 rpt. 1960). 리처드슨의 생애 및 비평적 해설을 최초로 한 책이다.

Ian Watt, *The Rise of the Novel: Studies in Defoe, Richardson, and Fielding* (Los Angeles: Univ. of California Press 1957). 리처드슨 당대의 사실주의, 경제적 개인주의, 사회의 외부적 변화에 대해 가장 철저한 분석을 하고 있다.

쌔뮤얼 존슨

1. 존슨과 그의 시대

『노튼 앤솔로지』(The Norton Anthology of English Literature)에 따르면 왕정복고 이후부터 낭만주의 전까지의 영문학은 크게 세 시기로 구분되며, 쌔뮤얼 존슨(Samuel Johnson, 1709~84)은 그 중 세번째 시기를 대표하는 작가이다. 그런데 일명 '감수성의 시대'로 불리는 이 시기에 대한 관심이 주로 낭만주의의 예후를 찾는 데 집중되어왔다는 사실은, 존슨에 관해 혼동을 일으킨다. 그는 과연 '감수성 문학' 또는 '전(前)낭만주의 문학'을 대표하는 작가인가? 존슨의 작품에 소위 '묘지파 시인들' 또는 '감수성 시인들'의 정서가 등장하는 것은 사실이다. 그러나 존슨이 그 시대의 문학을 대표하는 것은 그보다는 오히려 '문학'의 의미·조건·의의 등이 본질적인 변화를 겪고 있던 시대의 모순에 찬 역동성이 그의 저작은 물론 생애에까지 가장 전형적인 모습으로 드러나기 때문이다.

우선 거의 모든 장르에 걸친 존슨의 문학경력 자체가 당시의 문학현실을 대변하고 있다. 그는 잡지 『젠틀맨즈 매거진』(Gentleman's Magazine)에 고용된 저널리스트로 직업작가의 길에 들어서고, 이후에도 『램블러』(The

Rambler, 1750~52)『아이들러』(The Idler, 1758~60)를 직접 발행하는 등 저 널리즘과는 평생 뗄 수 없는 관계를 맺는다.『젠틀맨즈 매거진』에서 일하던 시절『런던』(London, 1738)이라는 시로 처음 이름을 알리게 되는데, 이때 이미『아이린』(Irene)이라는 비극을 거의 완성하고 있었다. 또한, 고전 및 외국어 교육을 받은 작가들이 대개 그랬듯이 다양한 문헌을 번역했으며, 전기 분야에서도 크고 작은 규모의 무수한 전기를 썼다. 그러나 뭐니뭐니 해도 존슨의 대표적 업적은『영어 사전』(A Dictionary, with a Grammar and History, of the English Language)의 편찬(1746~55)일 것이다. 그후 존 슨은 런던 출판업자들의 두 가지 대기획사업에 참여하게 된다. 새로운 셰 익스피어 전집의 편집(주해)자로서(1756~65), 그리고 왕정복고 이후 총 52 명 시인의 시집에 전기를 포함한 비평적 서문을 쓰는 임무를 맡은 것이다 (1777~81). 이렇게 해서 씌어진 것이 소위「셰익스피어 서문」(The Preface to the Plays of William Shakespeare)과『영국 시인전』(The Lives of the English Poets)이다. 이외에도 (장르를 규정할 수 없는)『래쓸러스』(The History of Rasselas, Prince of Abyssinia, 1759)『스코틀랜드 서해안 섬들로 의 여행기』(A Journey to the Western Islands of Scotland, 1775), 1770년대의 정치적 팸플릿 등이 존슨의 문학경력을 메우고 있다.

이처럼 존슨의 숨가쁜 문학행로를 일별하는 것만으로도 우리는 그가 '시 골 묘지'나 인적 없는 산자락에서 홀로 명상에 잠기는 '감수성 시인'이라기 보다는, 새로운 문학시장의 에너지가 넘치는 런던의 출판가에서 마감시간 에 쫓기며 동시에 여러 원고를 집필해야 했던 작가였음을 짐작할 수 있다. 그는 그때그때 필요와 여건에 따라 온갖 장르의 글을 썼으며, 그것도 대개 출판업자들에게 고용되거나 그들과 계약을 맺고 썼다. 그러나 실제로 그의 글들을 읽노라면 역설적이게도 모든 분야에 박식한 (르네쌍스) 인문학자 의 이미지가 떠오르는 것은 우연이 아니다. 존슨의 대표성은, 그가 근대적 문학의 현실적 조건들이 등장한 시대의 한가운데 자리한 문화적 아이콘이 며, 그 아이콘은 뜻밖에도 오거스턴 인문주의 전통의 마지막 장을 열어준다는 역설적 사실에서 찾을 수 있다.

2. '작가' 존슨과 새로운 문학환경

존슨은 1709년 리치필드에서 서적상을 하는 마이클 존슨의 장남으로 태어났다. 그는 1728년 옥스퍼드 대학에 입학하지만 경제적 어려움으로 중퇴한다. 이곳저곳에서 보조교사 노릇을 하다가 1736년 고향 부근에 사설기숙학교를 세우지만 곧 실패로 끝난다. 성직에 이어 차선책인 교사직에서마저 좌절한 그에게 남은 선택은, 같은 처지의 수많은 서생들이 그랬던 것처럼 런던으로 가 '글품'을 파는 것뿐이었다.

존슨은 1737년 런던으로 상경한다. 런던에서 비참한 생활을 하던 존슨은 『젠틀맨즈 매거진』의 편집자 에드워드 케이브(Edward Cave) 밑에서 고용작가로 일하게 되고, 직접『램블러』를 시작하기 전까지 약 10년간 이 잡지를 위해 익명으로 많은 잡문을 쓴다. 시『런던』으로 문단의 주목을 끈 후에도 존슨의 처지는 크게 달라지지 않았다. 그가 확실히 이름을 얻은 것이『영어 사전』덕분이라면, 이 역시 하루아침에 굴러들어온 행운은 아니었다. 존슨이 이 사전의 출판에 즈음하여 회고한 대로, 그것은 (그럽스트리트 작가의 상징인) 추운 '다락방'에서 7년여 동안 고생한 끝에 이뤄낸 것이다.『셰익스피어 전집』과『영국 시인전』의 편찬과정 또한『사전』의 경우에 비추어 짐작할 수 있을 것이다. 또한 편찬작업 자체의 어려움은 차치하고라도, 존슨은『영어 사전』작업 중에『램블러』를 발간하고『어드벤처러』에도 상당한 기고를 하고,『셰익스피어 전집』을 편찬하는 동안에도『아이들러』를 내고『래쓸러스』를 썼으며 그외에도 수많은 글들을 썼다.

이상에서 주목할 것은 첫째, 존슨의 엄청난 다작과 그 이유이다. 가장 간단한 답은, '그럴 수밖에 없었기 때문'이다. 그는『영어 사전』의 성공 이전이든 이후든 글을 써서 생계를 유지하고『사전』등의 작업에 드는 경비도 충당했다. 둘째, 그는 이제 귀족 후견인의 후원보다는 출판업자들과의 계약하에 작품의 성패에 책임을 지고 글을 쓰는 근대적인 작가였다. 그는 돈을 벌기 위해 글을 쓰는 작가를 (포우프처럼) 경멸하지 않았다. 그는 모든 종류의 문필행위가 가치있는 일이라 믿고 스스로 그것을 입증했다. 존슨을 통해서 비로소 경멸의 대상이던 '작가'가 작품을 통해 존경받고 사회적 권위를 인정받을 수 있는 '작가'로 변모한 것이다.

3. 존슨적 주제 ──『인간의 헛된 욕망』

『인간의 헛된 욕망』(The Vanity of Human Wishes, 1749)은 그 제목 자체가 존슨 문학의 절대 주제를 함축하고 있다. 부와 명예에 대한 끝없는 욕망은 만인에게 공통된 것이며 또 유한한 존재인 모든 인간에게 똑같이 덧없다는 것이다.

당시의 지배적 시형인 2행연구로 씌어진 『인간의 헛된 욕망』은 『런던』과 마찬가지로 유베날리스(Juvenalis) 모방시이다. 구체적인 고전작품의 형식과 주제를 빌려 당대의 내용을 담는 소위 '모방시'는 18세기의 중요한 시작 양식이다. 특히 로마의 풍자시인 호라티우스와 유베날리스가 모방의 대상이었으며, 포우프가 우아한 호라티우스를 모방해 일련의 『호러스 모방시』(Imitations of Horace)를 남긴 반면 존슨은 직선적이고 신랄한 유베날리스를 택했다.

『인간의 헛된 욕망』은, 부와 명성에 대한 욕망이 얼마나 만연해 있는가를 개탄하는 서두에 이어, 욕망을 좇는 여러 인간 유형을 보여준 뒤, 결국 유한하고 덧없는 이승 대신 영원한 천국에 대한 믿음으로 구원을 찾으라는 결론으로 끝맺는다. "부에 목마르고 위대해지고파 몸이 단"(74행) 모든 인간들이 세속적 입신양명을 위해 발버둥치지만, '죽음' 앞에서는 이 세상의 어떤 부와 권력도 무의미하다. 그나마 대부분의 사람들은 가난과 불행 속에 헛된 갈망과 분투로 인생을 허비한다. 그 한 예가 '학자'의 인생이다.(135~74행) 존슨은 학문으로 세상에 이름을 날리고자 여념이 없는 젊은 학자에게

"슬픔이나 위험 없는 인생을 바라지 말라, 인간의 운명이 그대에게는 뒤바뀌리라고도 생각지 말라"고 충고한다. "노고, 시기, 궁핍, 후견인, 그리고 감옥"으로 이어지는 '학자의 인생'도, 또 어떤 인생도 그 운명에서 벗어날 수 없다.(155~60행) 주목할 것은, '인간의 운명'은 누구에게나 똑같(이 가혹하)다는 존슨의 보편주의와, 그것을 하필 '학자'의 삶을 들어 예시하고 있다는 점이다. 존슨은 스스로를 주로 '학자'라 칭했고, 또 이 부분은 실제로 『사전』을 편찬한 "노고"의 경험을 바탕으로 한 것이다. 이 시는 인생의 보편적 조건을 성찰하되 그것을 시인 자신의 절실한 경험으로 받치고 있어서 주제의 추상성과 자칫 상투적일 수 있는 교훈성을 넘어서고 있으며, 이는 존슨의 시, 더 나아가 그의 모든 글의 가장 두드러진 특징이다.

4. 존슨의 문학비평 ──「셰익스피어 서문」

존슨의 『셰익스피어 전집』과 그 「서문」은 개인적으로는 그의 가장 중요한 비평적 업적이자, 영문학사에서는 근대적인 텍스트 비평의 원칙에 입각한 최초의 본격 문학비평이다. 존슨이 편집을 마치고 「서문」까지 완성한 것은 1765년이지만, 셰익스피어 편집에 관한 그의 관심은 그로부터 20년 전으로 거슬러올라간다. 1745년 한낱 무명작가인 그가 새로운 전집의 제안서를 발표했을 때 관심을 보인 사람은 아무도 없었다. 그것은 『사전』이 나온 후인 1756년에야 비로소 출판업자들의 관심을 모았고 이때부터 그는 본격적으로 편집작업에 들어간다. 그리고 실제 출판은 9년 후에야 이루어졌다. '학자'의 삶은 정말 끝없는 "노고"의 연속이라는 『인간의 헛된 욕망』의 일절을 증명이라도 하듯이.

존슨이 셰익스피어 편집에 들인 노고의 대부분은 기존의 판본들을 철저히 비교·대조하는 것이었다. 현대의 텍스트 비평 기준에서 보면 당연한 것이지만 그 당시로서는 존슨의 엄격한 판본 대조작업은 유례가 없는 것이었다. 물론 존슨이 최초의 셰익스피어 편집자는 아니다. 존슨이 「서문」에서 논평하는 18세기 편집자만 해도 로우(Nicholas Rowe, 1709), 포우프(1725), 시어볼드(Lewis Theobald, 1734), 한머(Thomas Hanmer, 1745), 워버튼 (William Warburton, 1747) 등이 있다. 18세기의 극장이 셰익스피어의 극을 당대의 취향에 맞춰 함부로 개작하곤 한 것으로 악명높은 것처럼, 이 선임 편집자들의 공통점도 원전을 복원하기보다는 각자의 판단에 따라 셰익스피어의 작품을 '바로잡으려' 한 데 있다. 「서문」의 후반부는 바로 이들에 대한 존슨의 자세한 비판을 담고 있으며, 이를 통해 존슨 자신의 편집 혹은 비평원칙을 드러내고 있다. 편집자로서 존슨의 최대 목표는 '훼손'된 셰익스피어의 '원전'을 복원하는 것이고, 따라서 이를 위한 판본 대조작업이 매우 지루하고 고되지만 '꼭 필요하다'는 것이 그의 신념이다. 당대의 대시인 포우프나 사회적 지위나 영향력에서 자신과 비교도 안되는 워버튼 주교 등 다른 편집자들에 대해서도 그가 당당히 비판할 수 있었던 것은, 그가 인식한 편집자의 임무, 즉 모든 판본들을 꼼꼼히 대조하고 자신의 문학적 식견에 비추어 작가의 원전에 가장 가까운 것을 판별하는 편집자의 임무를 누구보다 성실하게 해냈다는 자신감 때문이다. 그의 「서문」은 (1) 근대적 텍스트 비평의 시작을 알리고, (2) 사회·정치적 권위——주교 워버튼——로부터 독립된 의미영역을 확보해가는 근대적 의미의 '문학성'(literariness)의 출현을 보여주는 한편, (3) 의미생산의 주체로서 '시인'——로우, 포우프——을 능가하는 '비평가'의 가능성을 제시함으로써 문학비평을 독자적인 분야로 끌어올리는 전기를 마련했다. (물론 「서문」에서 '비평가'라는 말은 그 당시 부정적인 의미로 쓰였다.)

「서문」을 비롯한 모든 비평에서 관습과 권위에 도전하는 존슨을 발견할 수 있는 것은 사실이다. 그러나 얼핏 철저히 개인적이고 독립적으로 보이는 그의 판단기준은 놀랍게도 신고전주의적 '자연'이다. 이는 예컨대 셰익스피어가 삼일치 원칙을 지키지 않은 데 대한 변호에서도 드러난다. 시간과 장소의 일치는 관객의 합리적 상식이나 연극적 상상력을 무시한 억지 원칙이므로 그것을 지키지 않은 것은 결함이 되지 않는다. 다만 행동의 일치는 셰익스피어도 충분히 따르고 있는데, 이 역시 기본적인 발단·전개·결말이 서로 개연성을 갖도록 하는 것이지 기계적으로 원칙에 따르는 것은 아니다. 실제 삶에서 사건들이 그처럼 기계적으로 연결되거나 설명되지 않기에, 무엇보다도 '자연의 시인'인 셰익스피어는 원칙에 앞서 '자연'을 따른 것이다.

신고전주의적 '자연' 개념이 본래 그렇듯 「서문」의 '자연'도 여러 의미로 사용된다. 무엇보다 '자연'은 불변하는 인간의 본성을 뜻하고, 삶의 이치 또는 도리를 가리키기도 하며, 또한 그것이 극 또는 문학작품에서 '자연스럽게' 재현된 경우도 일종의 '자연'이라 할 수 있다. "보편적 자연의 정당한 재현만이 많은 사람들에게 오래도록 즐거움을 줄 수" 있으며, 셰익스피어는 이 두 조건을 함께 충족시키는 '자연의 시인'인 것이다. 특히 존슨은 셰익스피어의 인물들이 특정 시대에 국한되지 않는 '보편적 자연'을 보여주는 것은 그들이 "보편적 인간성의 진정한 자손"이기 때문이라고 말한다. 즉, 존슨이 말하는 '(보편적) 자연'의 핵심은 곧 인간 누구에게나 공통되는 '보편적 인간성'이다. 그리고 이것을 가장 잘 표현하는 것은 특별한 시적 언어가 아닌 '보편적 언어'이다. 존슨은 평범한 사람들의 우아하지도 상스럽지도 않은 이 보편적 언어의 이상적 형태를 셰익스피어에게서, 특히 그의 희극에서 발견한다.

앞에서 보듯, 「서문」의 주요 개념에는 모두 '보편적' '일반적' 또는 '공통된' 등의 수식어가 붙는다. 이는 존슨의 '보편성'에 대한 신념을 말해주며 더 나아가 인간사회와 그 안에서 이루어지는 활동인 문학에 대한 그의 본질적인 보수성을 드러낸다. 여기서 존슨 문학비평의 또다른 키워드인 '일반 독자'를 살펴보기로 하자. 존슨의 일반 독자론은, 문학작품을 읽고 논하고 평가하는 행위가 소수의 사람들에게만 국한된 것으로 여기던 과거의 문학관으로부터 벗어나 근대적이고 민주적인 그의 문학관을 보여주는 특징으로 이해되곤 한다. 그러나 이런 해석은, 존슨의 일반 독자란 무엇보다 앞서 말한 '보편적 인간성'의 구체화라는 점을 간과하기 쉽다. 존슨의 일반 독자는 현상적으로는 17세기 말부터 형성된 중산계층 독서대중과 무관하지 않으며, 또 존슨적 의미의 'literature', 즉 글읽기 행위의 보급에 대한 그의 역사적 인식은 「서문」을 비롯해 모든 비평에 나타난다. 그러나 그의 일반 독자는 반드시 근대적 독서대중을 가리키지는 않는다. 셰익스피어 시대에는 글읽기가 소수 학자들과 상류층의 전유물이고 '대중'은 아직 문맹과 야만을 벗어나기 전이었다지만, 셰익스피어의 위대성을 입증하는 첫번째 증거는 그가 그 시대의 대중들에게 사랑을 받았다는 것이 아닌가? 존슨은 셰익스피어 당대의 관객을 딱히 일반 독자라고 부르지는 않지만, 보편적 인간성을 가장 보편적인 언어로 표현한 작품을 본능적으로 이해하고 즐긴 그들은 결국 존슨이 말하는 일반 독자와 암묵적으로는 같다.

존슨은 문학작품을 궁극적으로 판단하는 것은 대중 또는 일반 독자라고 보았으며, 따라서 「서문」을 비롯한 모든 비평의 기준 역시 그들에게 두었다. 그의 셰익스피어 편집이 크게 두 가지 목표를 가지고 있었다면, 첫번째는 앞서 말한 대로 셰익스피어의 텍스트를 복원하는 것이고 두번째는 주석을 붙이는 것인데, 후자의 경우 "독자나 나에게 똑같이 어려운 부분을 짐짓 잘 아는 척하며 그냥 넘어가지도 않았고 내가 독자들에게 알려줄 수 없는 부분에서는 나의 무지를 인정했다"고 스스로 밝힌다. 문학작품에 대한 가장 공정하고 믿을 수 있는 판단은 "편협한 원리원칙"만을 따르는 (시어볼드 등) 소위 전문적인 '비평가들'이 아니라 (그레이의 『비가』에 대한 유명한 구절에서처럼) "문학적 편견으로 타락하지 않은 독자들의 보편적 상식"에 의해 내려져야 하며, 존슨의 주석은 그것을 돕기 위한 것이기 때문이다.

「서문」은 아리스토텔레스로부터 르네쌍스를 거쳐 신고전주의 또는 오거스턴 인문주의로 이어져온 전통적인 문학관에 뿌리를 두고 있다. 문학이 '즐거움'과 '가르침'을 주고, 문학작품의 가치는 '시간'의 테스트로 가늠되며, 보편적 인간성, 즉 보편적 자연을 가장 자연스럽게 표현한 작품이야말로 진정한 '고전'이라는 것은 새삼스러울 것도 없는 말이다. 「서문」 중 셰익스피어에 대한 구체적인 논의에서 기존의 "미점과 결점 비평"(beauties and faults criticism)을 따른다든가, 셰익스피어가 기질적으로 비극보다 희극에 더 맞는 작가이고 그의 희극이 도덕적인 진지함을 결여하고 있다고 보는 것 등은 존슨의 시대적인 한계를 드러내는 부분이다. 그러나 오래된 원칙, 권위있는 시인 또는 비평가의 말이라고 무조건 따르지 않고 "보편적 상식"에 의거해 반박할 것은 반박하고 옹호할 것은 옹호하는 논리적 스타일이나, 셰익스피어 시대의 관객, 존슨 자신과 그 시대의 독자, 그리고 후대의 독자들을 "보편적 인간성"으로 묶어주는 "일반 독자"에 대한 신념을 바탕으로 한 비평 등은, 가장 보편적인 것을 고집함으로써 자신만의 기준과 비평방식을 만들어내는 뚜렷한 '존슨적' 특징을 보여준다.

〔이시연〕

추천문헌

존슨의 정본은 *The Yale Edition of the Works of Samuel Johnson* (1958~)이나 아직 완간된 것은 아니다. 시,『램블러』등의 저널, 셰익스피어 비평 등은 이미 출판되었으므로 가능하면 이 텍스트를 사용하는 것이 바람직하다. 그외 전작을 수록한 것은 아니지만 *Oxford Authors* 씨리즈 중 존슨 편(ed. Donald Greene)이 구하기 쉽고 그런 대로 권할 만한 텍스트이다.

전기로는 James L. Clifford, *Young Samuel Johnson* (London: William Heinemann 1955)과 *Dictionary Johnson* (1979); W. J. Bate, *Samuel Johnson* (New York: Harcourt 1975)과 최근 것으로는 Robert DeMaria Jr., *The Life of Samuel Johnson* (Oxford: Blakwell 1993) 등이 있다. 존슨의 생애에 관해서는 역시 James Boswell, *The Life of Johnson*, ed. G. B. Hill, 6 vols. (Oxford: Clarendon 1964)이 필독서이다.

존슨에 관한 전반적인 비평서로는 W. J. Bate, *The Achievement of Samuel Johnson* (New York: Oxford Univ. Press 1955), 문학비평가로서의 존슨을 다룬 책으로는 Arthur Sherbo, *Samuel Johnson, Editor of Shakespeare* (Urbana, Ill.: Univ. of Illinois Press 1956); Jean H. Hagstrum, *Samuel Johnson's Literary Criticism* (Chicago: Univ. of Chicago Press 1967) 등이 있고, James Engell, *Formimg the Critical Mind: Dryden to Coleridge* (Cambridge, Mass.: Harvard Univ. Press 1989)와 Patrick Parrinder, *Authors and Authority: English and American Criticism 1750-1990* (New York: Columbia Univ. Press 1991)에서는 영(미)문학비평사에서 존슨의 의의를 다룬 장을 읽어볼 만하다.

존슨의 정치관 또는 더 나아가 그의 사상을 가장 잘 짚어주는 책은 Nicholas Hudson,

Samuel Johnson and Eighteenth-Century Thought (Oxford: Clarendon Press 1988)이다.

인쇄문화 확립과정에서 존슨의 핵심적 역할을 역설한 Alvin Kernan, *Samuel Johnson and the Impact of Print* (Princeton: Princeton Univ. Press 1987)는 이제 존슨 연구에서 빼놓을 수 없는 책이 되었다. 이 책에서는 존슨을 일종의 원낭만주의적(proto-Romantic) 작가로 결론짓는다.

4부 19세기 영국문학

낭만주의 시대 개관 신경숙
빅토리아 시대 개관 정남영
윌리엄 블레이크 김옥엽
워즈워스와 코울리지 박찬길
바이런, 셸리, 키츠 윤효녕
제인 오스틴 김순원
찰스 디킨즈 성은애
브론테 자매 조애리
죠지 엘리어트 한애경
토머스 하디 장정희
테니슨과 브라우닝 유명숙
매슈 아놀드 윤지관

낭만주의 시대 개관

1. 낭만주의와 프랑스혁명

낭만주의의 시작과 끝은 어디인가? 학자에 따라 견해 차이가 있으나, 대체로 프랑스혁명의 시작인 1789년부터라는 데에는 동의하는 편이다. 1789년부터 제1차 선거법 개정이 이루어진 1832년까지는 실로 다양한 영역에서의 변화가 태동한 시기로, 당대 문학은 이러한 변화에 민감하게 대응했기 때문이다. 그렇다고 이 시기에 씌어진 문학작품을 모두 낭만주의 문학이라 부를 수는 없다. 상반된 평가를 불러일으키기는 했으나 전통적 낭만주의 연구에 도전적인 해석을 시작한 제롬 맥간(Jerome McGann)의 정의가 여기서 유용할 듯싶다. 맥간은 낭만주의 작가란 낭만적 이데올로기를 공유하고 있는 작가를 지칭한다고 주장한다. 그러니까, 예컨대 1789년부터 1832년 사이에 작품활동을 한 작가라고 해서 모두 낭만주의 작가는 아니라는 것이다. 나아가서 이 시기를 우리가 낭만주의 시대라 부르는 것은 그 기간 동안 출판되고 읽힌 모든 문학작품이 낭만적이어서가 아니라, 그 시기 동안 소위 낭만적 이데올로기가 지배적이었기 때문이라고 말한다.[1] 낭만적 이데올로기란, 당시 영국과 유럽의 사회·역사적 상황──정치적 혁명, 경제체제와 시장구조의 변화, 새로운 계급의 등장, 이들의 존재가 가한 위협 등——을 상상력의 힘으로 해결 또는 초월할 수 있다는 일련의 믿음체계를 의미한다. 이제 우리가 다룰 여섯 명의 낭만주의 시인들을 그런 이름으로 묶을 수 있는 이유는 바로 이들의 작품이 이러한 낭만적 이데올로기와 그 한계를 잘 드러내준다는 데 있다.

낭만주의 시대는 홉스봄(E. Hobsbawm)의 명명대로 '혁명의 시대'였다. 인간으로서의 기본권을 보통사람들에게까지 확대한 프랑스혁명과, 생산양식 자체를 획기적으로 변화시키며 자본주의 시장경제체제의 발판을 확고하게 만든 산업혁명은, 실로 서유럽의 정치·경제체제뿐만 아니라 사유와 생활양식까지 바꾼 격변의 두 축이었다. 프랑스혁명이 1789년 7월 14일 바스띠유 감옥의 붕괴와 더불어 시작되자 유럽 각국의 반응은 다양했다. 이미 영국에서는 1688년 혁명으로 입헌군주제가 확립되었으나 국왕과 신민의 관계는 대개 가족관계로 유추되는 일종의 유기적인 관계로 인식되고 있었다. 국왕을 가두고 신분의 격차를 없앤 프랑스혁명의 진행과정은 영국의 보수적·전통적 성향의 정치사상가들에게는 왕정에 대한 본질적 위협이었다. 물론 미국 독립혁명도 프랑스혁명에 앞서 이들의 급진적 상상력을 자극하기에 충분한 역사적 사건이었으나, 절대왕정과 지배계층의 오랜 권위를 무너뜨리고 "만인이 법 앞에 평등"하다는 새로운 이상을 접한 영국의 급진적 지식인들에게 혁명 이후는 전과는 근본적으로 다른 시기를 의미했다.

더구나 한 세기가 종말에 이르면서 세기말적인 분위기에 편승하여 역사적 단절감은 더욱 증폭되었다. 진정으로 새로운 시간, 기독교적 종말론에 입각하여 말하자면, 예수재림으로 실현될 천년왕국이 가까이 왔다는 희망찬 신념이 많은 급진적 지식인들의 저술과 강연을 채색하였다. 그들은 혁명을 지지하고 혁명을 둘러싼 논쟁에 자연스레 참여하였다. 혁명이 가져온 전통의 단절을 보고 경악한 에드먼드 버크(Edmund Burke)가 1790년 유장

---

1. Jerome McGann, *The Romantic Ideology: A Critical Investigation* (Chicago: Univ. of Chicago Press 1983), 19면.

한 수사(修辭)로『프랑스혁명에 관한 고찰』(*Reflections upon the Revolution in France*)을 출판하자 메어리 울스턴크래프트(Mary Wollstonecraft)와 토머스 페인(Thomas Paine)은 각각『여성의 권리 옹호』(*A Vindication of the Rights of Woman*, 1792)와『인간의 권리』(*The Rights of Man*, 1791)를 통해 계몽주의적 철학에 입각한 이성적·논리적 담론으로 응수하였다. 버크가 자연적 관습 혹은 왕정체제를 근간으로 운영되는 "유기적" 국가의 가치를 강조하면서 전통을 옹호하는 사회관을 피력하였다면, 울스턴크래프트와 페인은 부분적으로는 버크의 보수성에 대한 풍자적인 맞대응을 보이기도 하였지만 전체적으로는 인간사유의 진보와 도덕적 선에 대한 지극히 합리적인 진단과 전망을 보여주었다. 이들뿐 아니라 많은 지식인들이 혁명논쟁에 참여하였다. 리처드 프라이스(Richard Price) 같은 비국교도 성직자들, 계몽주의적 과학자인 조지프 프리스틀리(Joseph Priestley), 비국교도이며 유니테리언파 목사이고 정치적인 강연으로도 명성을 얻은 시인 쌔뮤얼 테일러 코울리지(Samuel Taylor Coleridge) 같은 사람들은 비교적 급진적인 혁명지지자였다. 또한 당대의 진보적 단체들과 관련을 맺지는 않았지만 철저한 이성에 입각한 사회·법률적 제도에 대한 강한 신념을 피력한 윌리엄 고드윈(William Godwin)의『정치적 정의에 관한 탐구』(*Inquiry Concerning Political Justice*, 1793), 울스턴크래프트의『여성의 권리 옹호』같은 저술은 영국사회 내에 상반된 반향을 불러일으키면서 자유주의적 여성관과 급진적인 사회관을 전파하였다.

혁명지지자들의 저술과 사상이 보수적 정치세력을 위협하기 시작하자 당시 집권하고 있던 윌리엄 피트(William Pitt) 수상은 이들의 정치사상이나 활동을 억압하기 위한 규제를 시작하였다. 영국 내의 억압적 분위기는 1792년 프랑스의 국왕 루이 16세가 처형되자 더욱 고조되고 1793년 프랑스가 영국에 전쟁을 선포하면서 두 나라는 대치상태에 돌입한다. 이런 상황에서 프랑스의 혁명사상을 지지하는 것은 말 그대로 자꼬뱅주의자이며 영국의 안정을 위협하는 것을 의미하였다. 1794년에는 영장 없이 체포·구

금할 수 없게 하는 인신보호 영장(Habeas Corpus)이 유보되고, 1795년 12월 18일에는 국가전복행위에 관한 법(Treasonable Practices Bill)과 집회 및 시위에 관한 법(Seditious Meetings Bill)이 선포되었다. 표현의 자유를 최대한 억압하기 위한 이와같은 일련의 억압적 법령하에서도 많은 급진적 저술가들은 투옥의 위험을 무릅쓰며 저술과 출판을 감행하였고 실제로 이들 중 투옥되어 반역죄의 판결을 받은 사람들도 있었다.

2. 산업혁명과 자본주의의 발흥

홉스봄이 이 시기를 혁명의 시대라 부를 때 그것은 비단 프랑스혁명만을 의미한 것은 아니다. 1784년에 제임스 와트가 회전식 증기기관을 발명한 이후 영국에서는 이 새로운 동력에 힘입어 공장이 들어서고, 광산의 갱 입구에서 석탄을 필요로 하는 도시건물과 공장지대로까지 철도가 부설되고 있었다. 더불어 식민지 교역을 통해 막대한 이윤을 얻는 계층이 성장하고 있었다. 생산양식이 변하고 있었던 것이다. 전통적으로 농업에 기반해온 영국 경제에 제조업과 상업의 결과가 나타나기 시작하였다. 도시는 급속도로 발달하였다. 국내외, 특히 식민지와의 교역 덕택에 급속히 경제력을 신장한 상인계층은 이제 정치적 힘까지 가지기를 희망하였다. 식민지교역에 참여한 계층에는 물론 중산층의 상인뿐만 아니라 구귀족층도 있었다. 가령 제인 오스틴(Jane Austen)의 『맨스필드 파크』(Mansfield Park)에 나오는 토머스 경(Sir Thomas)은 안티구아(Antigua)에 있는 사탕수수 플랜테이션의 운영 때문에 자주 저택을 비운다.

식민지에서 유럽으로 원자재가 마구 유출되듯이, 아프리카의 원주민들도 유럽으로 팔려나갔다. 당시 유럽은 노예무역을 통해 막대한 이윤을 남겼다. 이들은 아프리카 원주민을 대규모의 농장, 즉 플랜테이션이 있는 남북 아메리카와 서인도제도 같은 지역에 팔아 부를 축적했다. 물론 진보적 지식인들은 이러한 노예무역이 얼마나 비인간적인 상행위인가를 지적하기도 하고 1833년에는 노예제도 철폐법이 의회를 통과했으나, 바야흐로 유럽 각국은 식민지 건설을 준비하고 있었다. 1795년에 씌어진 코울리지의 「고독 속에서 느낀 두려움」(Fears in Solitude)에는 비인간적이고 비윤리적인 노예무역을 일삼는 유럽인들에 대한 절망이 솔직하게 묘사되어 있다.

3. 낭만주의 시대의 작가

산업혁명 이후 문학이 점차 중산층 독자들을 대거 확보하게 되면서 과거의 후견인제도는 결정적으로 와해되기 시작했다. 중산층에게 교육의 기회가 확대되어 글을 읽고 쓸 뿐 아니라, 이른바 '교양있는 글쓰기'에 참여할 수 있는 중산층 독자들이 생겨난 것이 물론 가장 직접적인 이유지만, 대중적인 규모로 출판이 가능해진 출판시장의 조건도 한몫을 했다. 18세기 중반까지는 작가가 고전적인 교육을 받아 문학을 향유할 수 있는 감식력이 있는 귀족 독자들을 위해 글을 썼다면, 이제 이 시대의 작가는 소수의 귀족 후견인이 아닌 새로운 독서대중을 위해 글을 쓰게 된 것이다. 지배계층의 이데올로기와 문화적 식견에 부합하는 글을 써야 하는 종속적인 위치에서 벗어나면서 작가들은 정신적 자유를 얻고 독립성을 갖게 되었다. 그러나 새로운 독서대중을 즐겁게 해야 한다는 것 역시 또다른 종류의 부담이었다.

낭만주의 시대 작가들은 이 사회적·심리적 부담을 어떻게 해결하였을까? 18세기 이후 계속 그 영역을 넓혀온 소설이라는 새로운 문학장르가 가장 쉽게 그 영향력을 발휘한 대상이 바로 이 중산층 독자들과 여성독자들이었기 때문에, 독서대중이란 대부분의 낭만주의 시대 작가들에게는 소설에 친숙해진 독자들을 의미하였다. 이같은 독서대중의 존재와 이들에 의한 문학의 대중적 소비를 조건으로 한 새로운 출판·유통구조의 형성은 이 시대의 작가들로 하여금 이중적인 의식을 갖게 하기에 충분하였다. 문학작품은 독자가 없는 진공상태에서 존재할 수 없기에 작가들은 끊임없이 이 시장과의 관계 속에서 자신들의 사회적·예술적 위치를 확보해야 했다. 대중은 새로이 부상한 중산층, 즉 소비능력은 있되 문학작품의 향기와 진가를 '제대로' 가릴 줄 모르는 소비계층이었다. 결국 작가들은 한편으로는 이 대중에 의해 형성되는 문학시장에 매여 있으면서, 동시에 이들을 경멸하는 분열된 의식을 갖고 글을 쓰게 된다. 아마도 그 극단적인 예는 당시, 그리고 19세기 초까지 엄청난 대중적 인기를 누린 바이런(George Gordon Lord Byron)일 것이다. "어느날 아침 깨어보니 유명해졌더라"라는 아직도 인구에 회자되는 바이런의 유명한 말은 1816년 『해럴드 도령의 순례』(*Childe Harold's Pilgrimage*)의 제 1, 2부가 출판되자마자 자신의 이름이 급속도로 세상에 알려지는 것을 보고 한 말이다. 그러나 이러한 유명세를 누리면서도 바이런은 자신의 독자들을 몹시 경멸하였다.

　작가들의 이중적 의식은 자신들의 글쓰기에 거의 초역사적인 의미를 부여한 그들의 문학관에서 두드러지게 나타난다. 윌리엄즈(R. Williams)와 이글턴(T. Eagleton) 등이 지적한 바 있듯이, 작가들은 자신들의 글쓰기는 다른 종류의 글쓰기와 다른 절대적인 의미를 갖고 있다는 믿음에 매달렸다. 이들은 자신들의 글쓰기가 한편으로 대중으로부터 소외되어 있기는 하지만, 대중의 식견으로는 도저히 도달할 수 없는 초월적인 진리를 드러낸다는 믿음을 갖고 당시 사회 내에서 자신들의 예언자적인 역할을 신봉하였다.

　이들이 스스로에게 부과한 예언자적 소명은 급격한 변화 속에서 혼란을 겪던 당대 사회의 독특한 경험에 기인한 것이기도 하였다. 세기말에 새로운 세상에 대한 희망찬 기대를 낳으면서 출발한 프랑스혁명은 9월의 대학살, 국왕의 처형을 거치면서 로베스삐에르의 공포정치로 이어졌다. 뒤이어 나뽈레옹이 등장하자 영국을 비롯한 유럽 각국은 더욱 반동적이 되어갔다. 혁명은 이제 보수적 정치로의 회귀를 정당화하는 구실이 되었다. 한때 열렬히 혁명을 지지한 공화주의적 성향의 작가들은 더이상 현실사회의 혁명이 가져다줄 미래세계에 대한 희망을 지탱할 수 없었다. 결국 이들이 눈을 돌린 곳은 그들이 실망을 경험한 현실을 치유할 수 있는 대상이라 여긴 자연이거나 아니면 현실의 제반 문제들이 나타나기 이전의 유기적 농촌공동체라 여겨지던 농업 중심의 과거 영국, 혹은 당대 영국의 현실과는 아주 동떨어진 공간——예를 들자면, 그리스와 이딸리아 혹은 "아무도 찾지 않는 요정나라"(forlorn fairyland)——, 그리고 이런 곳을 추구하는 작가 개인의 내면이었다. 특히 프랑스혁명이 더이상 영국의 지식인들에게 희망의 상징이 되지 못한 1820년대 이후에는 작가들이 눈을 돌릴 수 있는 공간이 더이상 존재하지 않는 듯 보였다. 1790년대의 작가들이 자신들의 공적인 역할을 인식하고 공적인 목소리를 내고자 했다면, 1820년대 이후의 작가들은 사적이고 내밀한 개인으로서 목소리를 내기 시작하였다는 메릴린 버틀러(Marylin Butler)의 지적은 이 점에서 정확하다.[2]

근대산업국으로의 변모과정에 있던 영국사회에서 자연 혹은 과거를 바라본다는 것은, 그러나, 단순한 향수 이상의 의미를 갖고 있었다. 그것은 현실에 존재하지 않는 세계, 분열과 대립이 존재하지 않는 세계에 대한 희구인 동시에, 현실 너머의 진정 의미있는 세계를 그려낼 수 있는 상상력을 필요로 하는 적극적인 행위였다. 그리고 문학은 그들의 급진적 소망을 심미적으로 실천하는 장을 제공하였다. 이글턴이 지적한 대로 18세기까지 교양 있는 사람들의 글을 의미하던 광의(廣意)의 문학이 오늘날처럼 상상력에 의한 글쓰기라는 구체적인 의미를 획득한 것은 바로 이런 과정을 거치면서였다. 이제 문학은 단순히 예의와 격식이란 교양인의 규범에 맞는 글쓰기가 아니라, 상상력으로 빚어낸 대안적 현실을 제공하는 허구가 된다. 현실이 아니라는 단순한 의미에서의 허구가 아니라, 현실의 모순이 상상적으로 극복된 허구를 제공한다는 믿음을 이들은 공유하였다. '허구'라는 말이나 '상상력'이란 말은 '현실보다 나은' 혹은 '현실을 치유하는'이란 가치를 획득하였다. 바야흐로 문학에 현대적인 의미가 부여되고 있었다. 메어리 셸리(Mary Shelley)의 1818년 소설 『프랑켄슈타인』(*Frankenstein*)의 주인공 프랑켄슈타인은 질병과 죽음의 고통에 시달리는 현실세계의 인간의 결점을

---

2. Marylin Butler, *Romantics, Rebels, and Reactionaries: English Literature and Its Background 1760-1830* (Oxford: Oxford Univ. Press 1981), 183면.

상상적으로 보완하여 새로운 피조물을 탄생시킨다. 더욱이 그는 인간창조의 비밀을 품고 있을지도 모를 대자연의 깊숙한 곳을 "꿰뚫고" 그 창조의 비밀을 알고자 한다. 이러한 프랑켄슈타인의 욕망과, 현실보다는 상상에 갇힌 삶을 사는 그의 비극은 낭만주의 예술가의 상상적 추구가 극단적인 외형을 입고 드러난 모습이라 할 수 있다.

일반적으로 프랑스혁명 발발을 전후하여 작품활동을 한 블레이크(William Blake)와 워즈워스(William Wordsworth), 코울리지를 제1세대 낭만주의자, 그리고 혁명이 공포정치로 변질되던 1790년대에 태어나서 이 작가들에게 영향을 받으면서 작품을 쓰기 시작한 바이런, 셸리(P. B. Shelley), 키츠(John Keats)를 제2세대 낭만주의자라고 부른다. 제1세대 낭만주의자들이 정치적 혁명의 기대를 문학적으로 전이한 전력이 있다면, 더 이상 프랑스혁명에 기댈 것이 없는 시대에 영국 내의 반동적 정치상황과 보수적 도덕률이 만들어낸 억압에 환멸을 느끼고 영국사회로부터의 자기 추방을 감행하거나 고립된 삶을 살아간 것이 제2세대 낭만주의자들의 특징이었다. 제1세대 낭만주의자들이 젊은 시절의 급진적인 세계관을 접고 계관시인으로서의 명예를 누리면서 보수적 지식인의 대열에 합류하였다면(워즈워스와 싸우디 Robert Southey), 제2세대 낭만주의 작가들은 그들의 행보를 경멸하고 조롱하였다. 워즈워스, 코울리지, 싸우디 등이 이전 세대인 신고전주의 시대 작가들의 시적 경향으로부터 독립하고자 하였다면, 바이런 등 제2세대 낭만주의작가들은 신고전주의 시대의 작가들을 다시 평가하고 오히려 이들의 규범을 따르는 경향을 보이기도 하였다.

그럼에도 불구하고 이들은 본질적으로 몇가지 중요한 성향과 문학적 기질을 공유하였다. 우선, 보수적이고 전통적인 인습과 봉건적인 인간관으로부터 자유로워지고자 하는 정치·사회적 움직임에 한때나마 적극적으로 참여했다는 사실이다. 그것은 제1세대의 경우에는 프랑스혁명에 대한 희망과 환멸로 나타나고 제2세대의 경우에는 셸리처럼 급진적인 무정부주의적 경향을 띠거나 바이런처럼 그리스 같은 나라들의 독립과 해방의 대의를 지지하는 것으로 나타난다. 특히 셸리의 최초의 장시인 『맵 여왕』(*Queen Mab*)은 훗날 차티스트들(Chartists)의 경전으로 불릴 만큼 급진적인 정치적 메시지를 담고 있다. 오늘날의 시각에서 보면 분명히 한계가 있을지라도 낭만주의 작가들의 급진적인 성향은 이들을 이전 시대의 어느 작가들과도 다른 정치성을 가진 작가들로 구별지을 수 있는 진보적 특성이라 할 만한 것이다. 두번째 특징은 작가의 위치와 소명에 대한 이들의 특별한 자의식이다. 사회와 고립된, 그러나 사회현상 이면의 진리를 볼 수 있는 외로운 천재로서의 작가는 낭만주의가 만들어낸 작가상이며 20세기 초의 모더니즘 예술론으로까지 이어지는 '천재로서의 작가'라는 신화의 모태가 되었다.

그러나 이같은 믿음 한편에서, 낭만주의 작가들은 또한 인간의 보편적 감수성을 믿었다. 인간의 가치가 신분과 보유한 재산에 따라 좌우되던 전근대적 시대의 인간관을 폐기하고 인간이면 누구나 갖는 보편적인 도덕적 심성이 있음을 인정한바 그들의 시에는 바로 독자들의 이러한 심성을 계발하고자 하는 열망이 담겨 있다. 이때 도덕이라는 것은 형식적으로 굳어진 형이상학적인 도덕, 금기와 금지를 앞세우는 억압적인 도덕이 아니라, 인간의 보편적인 고귀함을 드러내는 것을 의미한다. 당대의 지배적 종교인 기독교의 억압적 교리와 도덕률에 완강히 저항한 블레이크가 인간이면 누구에게나 있는 시정신, 혹은 신성한 상상력을 강조한 것도 바로 인간의 보편적인 신성함을 믿었기 때문이고, 워즈워스가 자연 속에서 인간의 고귀함을 재발견하는 과정을 기술한 것도 바로 이런 낙관적 믿음에서 비롯된 것이다. 『사슬에서 풀려난 프로메테우스』(*Prometheus Unbound*)에서 셸리가 강조하는 사랑과 기쁨 역시 같은 맥락에서 이해될 수 있다. 이런 믿음이 "시인은 사람들에게 말을 거는 사람"(a Man speaking to men)이라는 워즈워스의 정의를 낳을 수 있었다. 시인은 세상에서 "인정받지 못한 입법자"(the unacknowledged legislator)라는 셸리의 정의 역시 시인의 발언은 세상 모든 이를 향한 것임을 말한다는 점에서 워즈워스의 정의와 크게 다르지 않다. 이들에 의하면, 보편적 심성 혹은 보편적 사랑에의 도달을 가능케 하는 것은 바로 상상력이다.

작가들의 출생과 성장 지역에 관계 없이 자연은 이 작가들에게 새로이 중요한 의미를 갖는다. 18세기 작가들에게 자연이란 보편적 이성이 파악할 수 있는 법칙을 담지하고 있는 대상이거나 혹은 인간의 감각경험에 자료를 제공하는 조야한 정보들을 갖고 있는 물질적 존재일 뿐이었다. 그러나 낭만주의 시대에 이르면, 자연은 시인의 예지적인 능력이 변모시킬 수 있는 존재 혹은 시인의 초월적 능력과 감응할 수 있는 살아 있는 존재로 새롭게 인식된다. 워즈워스는 대작 『서곡』(The Prelude)에서 자연이 어떻게 자신의 훼손된 상상력을 되살리는가를 노래하고, 바이런은 자신은 사람이 없는 자연을 사랑한다고 선언한다.

낭만주의는 주로 시로 알려져 있지만, 이 시기의 소설도 주목할 만하다. 오스틴은 이미 중산층의 윤리를 대변하는 소설가로 알려졌고 월터 스콧(Walter Scott)은 『아이반호우』(Ivanhoe)『웨이벌리』(Waverley) 등의 작품으로 명성을 얻는다. 보수적인 성향의 이 두 작가들과 달리, 중산층 중심의 계몽주의적이면서 실용적인 교육관을 소설로 써낸 머라이어 에지워스(Maria Edgeworth)도 상당한 독자층을 확보하였는데 앞서 언급한 오스틴이나 스콧도 사실 에지워스의 열렬한 독자였다. 혁명의 시기였던 1790년대에 많은 중산층 독자들에게 읽히면서 인기와 명성을 누린 앤 래드클리프(Ann Radcliffe)나 『수사』(The Monk)를 쓴 매슈 루이스(Matthew G. Lewis)도 이 시기의 빼놓을 수 없는 고딕소설 작가이다. 고딕소설들이 보여준, 질서와 권위의 전복에 대한 인간의 욕망은 당대 지배적인 도덕을 유지하려는 보수적 지도층에게 경계심을 일으키기에 충분하였다.

소설뿐 아니라 문학평론과 산문 역시 낭만주의 시대에 크게 늘었다. 이는 이미 18세기 중반부터 시민사회의 여론 형성에 기여하기 시작한 장르지만, 낭만주의 시대에는 본격적인 문학비평 잡지가 등장하여 작가에 대한 가치평가 작업을 시작하면서 예술에 대한 소위 "안전한 규칙"을 마련하고자 했다.[3] 1802년 창간되고 프랜씨스 제프리가 편집자로 관여한 『에딘버러

리뷰』(*Edinburgh Review*)나 이 잡지의 진보적 경향에 맞선 보수적 잡지 『쿼털리』(*Quarterley*)가 그 좋은 예이다. 여기서도 알 수 있듯이 결국 가치평가라는 문제가 개입되는 한 이 잡지들의 정치적 성향이 드러날 수밖에 없었다. 주로 진보적 대의를 위해 글을 쓰거나 지면을 마련하려는 노력을 보인 사람들도 활발한 평론활동을 했다. 해즐릿이나, 주간지 『이그재미너』(*Examiner*)를 창간한 리 헌트(Leigh Hunt) 형제 등이 대표적 인물이다.

서구유럽의 전통사회를 뒤흔든 거대한 변화의 두 축은, 후세사람의 회고라는 이점을 갖고 보자면, 실상 20세기의 기반 마련과 직결되어 있다. 다시 말해서, 당시 혁명이 이뤄낸 세상은 오늘날 우리 시대의 시초였다고 할 수 있다. 이런 면에서 20세기는 낭만주의의 유산을 공유하는 부분이 아주 많다고 할 수 있다. 낭만적 이데올로기를 공유하는 작가들이나 그렇지 않은 작가들이나, 결국 그들이 글쓰기를 통해 보여준 것은 오늘날 우리가 익히 알고 있는 시대를 향한 변화가 시작되던 당대의 현실에 대한 다양하고 복잡한 반응이라 하겠다. 〔신경숙〕

추천문헌

M.H. Abrams, *The Mirror and the Lamp: Romantic Theory and the Critical Tradition* (London: Oxford Univ. Press 1953). 신고전주의와 낭만주의 시, 비평, 창작원리를 거울과 등불, 즉 모방과 창조의 이분법적 대비를 통해 설명한 고전적 저작.

Harold Bloom, *The Visionary Company: A Reading of Visionary Company*, 1961 (Ithaca: Cornell Univ. Press 1971). 낭만주의 6대 시인에 대한 구체적인 분석. 블룸 자신은 낭만주의 시를 프로테스탄트 전통의 한 변형으로 파악하며 블레이크, 셸리 등을 상징주의 전통을 선호한다.

Marilyn Butler, *Romantics, Rebels and Reactionaries: English Literature and Its Background 1760-1830* (Oxford: Oxford Univ. Press 1981). 낭만주의 작가를 정치적 맥락 속에 되돌려 놓고 평가한 저작. 시 외에도 소설 및 산문까지 포괄적으로 다루고 있다.

Jerome McGann, *The Romantic Ideology: A Critical Interpretation* (Chicago: Univ. of Chicago Press 1983). 에이브럼즈를 비롯한 당시의 지배적 해석을 낭만주의 이데올로기의 결과를 해석하면서, 낭만주의 비평에 정치적 맥락의 부활을 주장한다.

3 Butler, 앞의 책 115~16면.

빅토리아 시대 개관

낭만주의 시대와 함께 19세기를 구성하는 빅토리아 시대(Victorian Age, 1832~1901)는 영국이 가장 선진적이고 표본적인 자본주의적 발전을 이룬 시대이다. 맑스(Karl Marx)가 그의 『자본론』(*The Capital*, 1887)에서 주로 빅토리아 시대의 영국을 실례로 드는 것도 그런 까닭이다. 이 시대에 영국은 밖으로는 세계경제를 주름잡는 패권적인 위치에 오르고, 안으로는 정치·경제 등의 분야에서 격변을 겪었다. 비록 완전하지는 않지만 새로운 계급인 부르주아지의 정치적 지배가 확립되고, 노동계급이 근대적 정치의 무대에서 조금씩 자신의 목소리를 내기 시작하였다.

1. 빅토리아조의 타협

부르주아지 즉, 자본가계급(혹은 중간계급)은 명예혁명(1688)의 타협을 통해 귀족계급과 힘의 균형을 이루었으나, 그 이후 더욱 증대된 경제적 힘을 바탕으로 정치의 영역에서 귀족계급과 새로운 싸움을 시작한다. 1832년에 통과된 제1차 선거법 개정령(Reform Act)에 의해 일정한 재산을 가진 성인 남자에게 선거권이 확대 부여됨으로써 부르주아지는 의회에서 강력한 지위를 얻게 된다. 부르주아지의 우월한 위치를 굳힌 것은 곡물법(the Corn Laws) 철폐운동이다. 영국산 곡물의 가격 안정을 위해 외국산 곡물 수입에 제한을 가한 곡물법은 곡물의 가격을 비싸게 유지함으로써 실질임금을 낮추는 효과가 있기 때문에 지주층에는 유리하지만 공장주들에게나 노동자들에게는 불리한 법안이었다. 공장주들은 반(反)곡물법동맹을 중심으로 이 법의 철폐를 위해 싸웠으며 결국 1846년에 목적을 달성하게 된다.

그러나 부르주아지의 우월한 위치란 결코 완전한 것은 아니었다. 빅토리아 시대에 와서 자본가는 지주로 구성된 귀족계급과 명예혁명에 이어 또 한번의 타협을 하게 되는데, 이를 '빅토리아조의 타협'(Victorian Compromise)이라고 부른다. 이러한 타협들은 영국의 지주계급이 봉건적이기보다는 일찌감치 부르주아적 습성과 경향을 갖게 된 데서 연유하기도 하지만, 영국 부르주아지의 약점에 기인하기도 한다. 영국의 부르주아지들은 교육이나 문화와 관련된 분야에서는 귀족계급에 대해 항상 열등감을 느끼고 있었다. 디킨즈(Charles Dickens)의 대표적 소설 『리틀 도릿』(Little Dorrit, 1855~57)에 나오는 머들(Merdle)이라는 인물이 이를 잘 말해준다. 그는 대자본가로 성공했지만 상류층에 받아들여질 수 있는 문화적 자질을 갖추지 못한 어설픈 인간으로서, 자신의 약점을 보완하기 위하여 상류층 문화에 정통한 부인을 얻는다.

이러한 사정으로 영국 부르주아지들은 선거권을 쟁취하고 나서도 국수주의적 편협함이나 독단 이상의 자질이 필요한 정부의 요직을 대체로 귀족계급에게 맡길 수밖에 없었다. 부르주아지의 우위를 가져온 곡물법 폐지 이후에 이 운동을 주도한 영웅들인 콥든(Richard Cobden) 등이 정부의 요직에서 배제된 것은 이러한 맥락에서 이해할 수 있다. 이러한 열등감으로 인해 영국의 부르주아지는 줄곧 이 장식적인 '게으름뱅이' 집단을 자신의 돈으로 유지하면서, 이 특권집단에 어쩌다 선택되어 편입이라도 되면 굉장한 영예로 여기는 것이다.

이러한 '빅토리아조의 타협'을 잘 나타내주는 것이 '신사' 이데올로기이다. '신사'란 빅토리아 시대 사람들 자신이라도 정확히 규정하기 어려운 애매한 개념이다. 태생만으로 신사가 되는 것은 아니지만 대체로 귀족계급의 성원은 출생에 의해 자동적으로 신사가 되었다. 반면에 산업 및 상업자본가들은 그 증가하는 부와 영향력으로 인해 신사로 불렸다. 국교 소속의 성직자나 군의 장교 혹은 의회 의원들은 그 직업 덕택에 신사로 인정되었다. 말하자면 사회의 상층부의 가치들은 모두 '신사'라는 개념에 몰려든 것이다. 그런데 '신사'는 사회적이거나 계급적인 요소 이외에 도덕적인 함의도 갖고 있었다. 바로 그때문에 빅토리아인들조차 이를 정의하기 어려웠다.

2. 노동자들의 운동

영국 부르주아지의 지배계급으로서의 정착이 이렇게 타협의 형태로 이루어진 반면에, 노동자들은 1832년의 선거법 개정안에서 배제되자 인민헌장(the People's Charter)을 작성하여 자신들의 요구를 정식화하고, 그 청원운동을 벌임으로써 독자적인 조직운동을 시작하였다. 차티스트들은 3차(1839, 1842, 1848)에 걸쳐 인민헌장의 법적 수용을 의회에 청원하였으며, 각각 100만명 이상의 서명을 받았다. 차티스트들의 주장은 1. 성인 남자 투표권, 2. 균등한 선거구, 3. 재산소유자만이 국회의원 피선거권을 갖는다는 요건의 폐지, 4. 의원에게 보수 지불, 5. 해마다 총선거 실시, 6. 비밀선거 등 6개 항목으로 이루어졌는데, 지금 보면 상식적이기 짝이 없는 것이지만 당시로서는 지배세력에게 받아들여지기 힘든 것이었다.

차티스트들의 청원은 당시에는 실패로 끝난다. 실패의 배경은 대략 두 가지이다. 하나는 1848년 무렵 유럽 전체에 걸쳐 일어난 정치적 반동의 물결이며, 다른 하나는 1848~66년 시기에 철도·기선 등 교통수단의 엄청난 발전으로 인해 영국 무역이 유례없이 확대된 것이다. 노동계급은 독자성을 잃고 다시 차티스트 운동 이전처럼 자유당(the Liberal Party)에 의존하여 그 급진적 분파를 이루게 된다. 물론 지도자들 중 일부는 1864년에 맑스를 도와 국제노동자협회를 창설함으로써 훗날 큰 영향을 미치게 된다.

영국 부르주아지는 '민중'의 힘, 즉 그들도 물리적 힘을 행사할 수 있다는 것을 차티스트 운동의 역사를 통해 배웠다. 실제로 차티스트들은 무력행사를 가급적 피하려 했지만 배제하지는 않았다. 그들의 슬로건은 "가능하면 평화적으로, 필요하다면 힘으로"(Peaceably if we may, forcibly if we must)였다. 부르주아지는 점차로 차티스트들의 주장을 영국 헌법에 흡수하지 않을 수 없었다. 차티스트들의 주장은 결국 '매년 총선거 실시'를 제외하고는 모두 수용되었다. 이런 점에서 차티스트 운동을 그 당시에 목적한 바를 이루지 못했다는 것만으로 실패했다고 평가하기는 어렵다.

3. 종교의 이데올로기적 기능

노동자들의 정치적 권리에 대한 요구가 점차 증대되자 도덕적인 수단이 노동자들을 통제할 수 있는 효과적인 수단으로 대두했으며, 그중에서 최고는 종교였다. 프랑스혁명의 과정에서 종교를 몽땅 내다버리고 나중에 후회한 프랑스의 부르주아지와는 달리 종교를 끈질기게 고수해온 영국 부르주아지는 상대적으로 유리한 상황이었다. 디킨즈는 『어려운 시절』(Hard Times, 1854)의 5장에서 한 가상의 산업도시에 자리잡은 18개의 종파를 언급한 후에 노동자들이 이 종파들에 무심함을 환기시키고 이어서 "강제로 이들을 종교적으로 만들 의회 법안을 청원하는" 한 지역단체를 슬쩍 소개한다. 그 다음에 금주(禁酒)단체·약사·목사·교육자·자본가 등이 모두 의회에서 노동자들에 대한 온갖 도덕적 비난을 퍼붓는 모습을 간결하면서도 압축적으로 보여준다. 이 짧은 대목에서 작가는 노동자들에 대한 도덕적 통제에 종교단체·공리주의자·자본가 등이 연합하고 있음을 보여준다.

빅토리아 시대의 종교 이데올로기 중 가장 주목할 만한 것은 복음주의(evangelicalism)이다. 원래는 영국 국교회의 한 갈래로 '저교회파'(the Low Church)라고 불리던 복음주의자들은 존 웨슬리(John Wesley)의 가르침에 깊은 영향을 받고, 따로 교회를 차리지 않고 그 가르침을 실천하려고 하였다. 이러한 움직임이 종교계 전체에 퍼져서 복음주의는 하나의 큰 영향력이 되고, '복음주의적'이라는 말은 청교주의적 규범과 정신적 열정을 나타내는 말로 확대되기도 한다. 질서·인내·금주·검약·순종 등을 강요하는 복음주의 교리는 그것이 이룬 다른 업적과는 별도로 노동자들에게 공장에서의 노동규율을 강조하는 데 동원된 공리주의(utilitarianism)와 함께 노동자 통제에 적절한 수단으로 기능한다.

부르주아지에 의한 종교이데올로기의 활용은 빅토리아 시대를 특징짓는 현상 중의 하나인 종교논쟁을 이해하는 데 참고가 된다. 상당수의 시와 산문(소설은 제외)은 주제상으로 기술·경제·정치보다는 종교와 과학 간의 갈등에 더 관심을 갖고 있었다. 예컨대 테니슨(A. Tennyson)의 『추도시편』(*In Memoriam*)은 코울리지(S. T. Coleridge)와 벤섬(J. Bentham) 사이의 논쟁을 이어받고 있다. 공리주의와 종교적 보수주의의 논쟁이 아무리 열띤 것이라도 영국 부르주아지의 특성과 관련된 한에서는 역사의 역설을 보여준다. 왜냐하면, 과학적 자연 탐구는 자본주의가 발전하면 할수록 산업의 발전과 자본의 증식에 필수적인 요소가 되어 자본가들에게 기여할 운명인데도, 영국 부르주아지는 이데올로기상으로는 과학에 대항하고 종교를 집요하게 고수했기 때문이다. 따라서 공리주의와 신학의 대립은 어찌 보면 일정하게 한계 내의 대립, 즉 기존의 사회구조를 근본적으로 바꾸지 않는다는 것을 전제로 한 대립이다.

영국에서 탄생한 근대 유물론과 이신론이 프랑스로 건너가서는 프랑스혁명을 배태하는 혁명적 역할을 수행한 반면에, 프랑스의 계몽주의 사상을 역수입한 효용이론을 바탕으로 한 공리주의는 일정한 개혁적 성과를 낳기는 하였으나 근본적으로 기존의 정치경제의 한도를 벗어나지 않았다. 오히려 공리주의는 자본가계급의 대표적 이데올로기로 발전하였으며, 결국 자신이 미신으로 치부한 종교와 마찬가지로 영국 부르주아지의 이익에 막대한 기여를 하게 된다.

4. 교육의 확대

　일반적으로 이데올로기의 주입은 교육이라는 통로로 가장 성공적으로 이루어진다. 빅토리아 시대의 대중교육과 독서의 확대는 이러한 맥락에 비추어 이해할 수 있다. 하층민들이 책을 읽기 시작하였을 때 그들의 손 가까이 있는 염가의 책자들은 대체로 종교사상을 전파하는 책들이었으며, 초보 영문법 책들도 복음주의적인 표현들과 사상으로 가득하였다. 18세기 말에서 19세기 초까지 엄청난 양의 하층민용 소책자들을 판 복음주의자 해너 모어(Hannah More)는 비도덕적이고 선동적인 외양 아래 보수적이고 반(反)민주적이며 도덕주의적인 내용을 전달하였다. 무엇보다도 하층민의 자식들을 가르치는 교육기관은 주로 종교단체들에 의해 운영되었다. 1833년 영국 의회는 얼마 안 되는 액수지만 처음으로 하층민 아이들의 교육에 쓰일 예산안을 통과시킨다. (그 이전에는 영국 국교의 이익을 보호하지 못한다는 이유로 반대했었다.) 이 예산은 종교단체들이 학교를 짓는 데 사용된다. 빅토리아 여왕의 재위 초기에 노동계급의 아이들의 1/3~1/2이 학교에 다녔으리라고 추산되는데, 가장 흔한 것은 '주일학교'(Sunday School)였다. 『리틀 도릿』의 남자 주인공 아서(Arthur Clennam)는 주일학교 시절을 "쓸모없는 쓰라림과 굴욕의 나날들"로 기억한다.

　종교이데올로기가 교육, 특히 초보적인 교육과정을 통해 성공적으로 전파되었듯이, 종교와는 표면적으로 적대적이나 현실에 순응하도록 훈육시키기는 마찬가지인 공리주의도 교육을 통한 전파가 필수적이었다. 『어려운 시절』의 공리주의자 그래드그라인드(Gradgrind)는 교육철학자이기도 하다. 다만 종교가 순응·겸양·검약 등의 미덕으로 하층민들의 행동에너지에 '소금치기'를 하는 반면에 공리주의는 수리(數理)화된 방법을 택하여 자본의 논리를 영원한 진리로 받아들이도록 가르친다. 따라서 빅토리아 시대에 대중교육이 확대된다는 것, 그것도 국가 주도로 이루어졌다는 것——1870년에 교육법이 제정되고 1899년에는 잉글랜드의 모든 어린이들에게 초보적인 대중교육이 가능해지며, 1902년에는 대중적인 중등교육이 가능해진다——은 기존 질서에 순응하는 인간형의 양성을 의미한다.

그러나 종교이데올로기 혹은 공리주의에 기반을 둔 교육이 사회통제의 도구 역할을 수행한 것은 분명하지만 그것만이 전부는 아니다. 대중교육의 확대는 노동자들을 비롯한 하층민들의 의식을 각성시켰으며, 그들로 하여금 자신이 처한 조건을 인식하고 분석할 수 있는 지적 능력을 갖게 하였다.

5. 여성의 처지에 대한 각성

노동자계급의 각성과 병행하여 일어나는 것은 여성들의 열악한 처지에 대한 각성이다. 여성들은 빅토리아 사회에서 이급 시민들로 취급되었으며, 노동자들처럼 선거권도 없고 여왕 직위를 제외하고는 직위를 가질 수도 없었다. 집단으로서의 여성은 오히려 노동계급보다 아래였다. 여성의 선거권을 위한 청원은 이미 1840년대에 제출되었는데, 기혼여성 소유허용 법안(Married Women's Property Acts)이 통과된(1870~1908) 후인 1918년——모든 성인 남성들에게 선거권이 주어지고 나서도 30년쯤 뒤——에 와서야, 그것도 30살 이상의 여성들에게만 선거권이 주어지게 된다.

그러나 선거권은 차별의 원인이라기보다는 결과에 가깝다. 남성의 경우에도 재산의 양에 따라 순차적으로 선거권이 인정되었듯이, 여성이 맨 나중에 인정된 것은 여성들에게 무엇보다도 경제적 힘이 없었음을 반영하는 것이다. 여성들의 현실적인 처지는 당연히 계급에 따라 차이가 난다. 상류층의 여성들에게는 '권태'(boredom)가 특권이던 반면에, 노동계급의 여성들은 어렸을 때부터 공장에서 그리고 심지어는 광산에서까지 가혹하게 부림을 당한 결과 몸은 왜소하고 척추나 다리가 굽었으며, 종종 골반이 수축되어 출산이 곤란하기도 하였다. 주로 하층 중간계급 출신들이 직업으로 택하는 재봉사(seamstress)는 그 자체가 비교적 자립적인 직업이기도 하고, 또 1843년 여성고용위원회의 보고서와 두 달 뒤에 일어난 한 엽기적인 사건——여자재봉사가 임신한 상태로 자살하려 한 사건——으로 인해 언론이나 문단의 주목을 받아서 악덕 상인에 의해 유린되는 가련한 여성의 상징이 되기라도 하였지만, 하층 노동계급의 여성들은 몸이 성하지 않은 '추한' 존재들로서 극소수의 뜻있는 사람들이 작성한 보고자료에서말고는 어둠 속에 가려져 있었다.

계급에 따른 이러한 차이는 있으나 전반적으로 여성은 남성에 비해 차별받는 위치에 있었고, 대부분의 여성들에게 자신의 잠재력을 양성하고 발휘할 기회가 온전히 주어지지 않았다. 빅토리아 시대 몇몇 남성 지식인들은 이러한 여성문제에 주목하였다. 밀(J.S. Mill)의 『여성의 종속』(*The Subjection of Woman*, 1869)은 사회에서 여성이 맡는 역할에 대한 전통적인 전제들에 도전하며, 테니슨의 장시『공주』(*The Princess*, 1847)는 남성이 배제된 여성만의 대학을 꿈꾼다. 실제로 다음해에 런던에 최초로 여성대학이 생기고, 다윈주의자 헉슬리(T.H. Huxley)는 이를 적극적으로 옹호한다.

물론 밀이나 헉슬리는 소수에 속하며, 여성의 뇌의 용량이 남성의 것보다 작다는 등의 이데올로기적으로 날조된 거짓말이 상식으로 통하는 것이 당시의 상황이었다. 이와 대조적으로 문단에서 죠지 엘리어트(George Eliot), 브론테 자매(Charlotte and Emily Brontë), 개스켈 부인(Elizabeth Gaskell)을 비롯한 여성 소설가들이 보인 활약은 남성에 못지않은 대단한 것이었다. 특히 엘리어트의 『플로스 강의 물방앗간』(*The Mill on the Floss*)과 『대니얼 데론다』(*Daniel Deronda*), 샬롯 브론테의 『제인 에어』(*Jane Eyre*), 그리고 남성작가이긴 하지만 토머스 하디(Thomas Hardy)의 『더버빌 가(家)의 테스』(*Tess of the d'Urbervilles*) 등의 작품은 여성의 능력을 발휘하도록 허용하지 않는 당대 사회의 편협함을 비판적으로 기록하고 탐구한다.

6. 빅토리아 시대의 문학과 근대 극복의 과제

 빅토리아 시대의 모든 문학은 일차적으로 당대에 일어난 경제적·정치적·사회적 변화의 기록이자, 그에 대한 반응이다. 다만 얼마나 충실한 기록인가, 그리고 어떤 관점에서의 반응이며 어떤 가치를 옹호하느냐가 다를 뿐이다. 흔히들 말하는 빅토리아 시대 문학의 다양성, 즉 희곡 영역을 제외하고는 모든 장르에서 풍성한 결실을 냈다는 것은 빅토리아인들이 가능한 모든 방식으로 당대의 현실에 적극적이고도 열렬하게 반응하였으며 다양한 계급의 다양한 사고가 표현되었다는 점을 나타낸다. 그 가운데는 부르주아지 지배의 안정(=영속화)을 위한 가치나 사고방식을 전파하는 데 기여하는 작품들도 있지만, 반대로 많은 작가들은 고유한 방식으로 그러한 가치나 사고방식과 싸운다. 한편으로 브라우닝(R. Browning)이나 스윈번(A. C. Swinburne) 같은 시인들은 사회안정 수단으로 활용된 청교주의적 금기들에 항거하였으며, 비슷한 시기에 매슈 아놀드는 중간계급의 청교주의적 협소함을 비난하였다. 다른 한편, 세기말에는 월터 페이터(Walter Pater)와 오스카 와일드(Oscar Wild)가 빅토리아조의 전형적인 권위주의 및 엄숙주의를 전복하였다. 여타 분야에서의 이러한 전투성에 비해볼 때 소설가들의 표면상의 미온성은 빅토리아조의 규범에 투항하는 것처럼 보일지도 모른다.

 그러나 빅토리아 시대의 소설문학의 성취는 특별히 주목할 필요가 있다. 흔히 빅토리아 시대를 소설의 시대라고 하는데, 이는 단순히 소설창작이 양적으로 가장 왕성하였다는 점에서 그런 것만은 아니다. 우선 소설가와 독자대중의 긴밀한 관계를 꼽을 수 있다. 셰익스피어 시대에는 극장이 곧 학교였듯이, 빅토리아 시대에는 소설이 현실에 대한 살아있는 지식을 제공하는 학교였다. 시 혹은 다른 문학장르도 계몽적인 역할을 할 수 없었던 것은 아니다. 예컨대 칼라일(Thomas Carlyle)이나 러스킨(John Ruskin) 같은 이들은 독자들을 계몽하겠다는 사명감으로 가득 차 있었으며, 테니슨의 몇몇 시는 대중에 대한 의무와 예술에 대한 의무가 충돌하는 딜레마를 다룬다. 그러나 소설이 주는 현실인식은, 그 최고의 성취의 경우, 당대의 다른 장르가 제공한 것과는 달랐다. 소설은 당대의 이데올로기들을 비판하는 데 그치지 않고 빅토리아조의 삶 자체를, 그 문명 자체를 포괄적이며 심층적으로 기록·진단하고 비판했으며 그 가운데서 새로운 삶의 가능성을 탐색하는 데까지 나아갔다.

물론 빅토리아조의 주요 소설가들이 어떤 정치적 입장이나 사상을 갖지 않았다는 것은 아니다. 디킨즈는 몇몇 작품에서 비현실적인 온정주의의 혐의를 받으며, 조지 엘리어트는 가끔 종교적 이상주의로 경도되고, 토머스 하디는 작품 여기저기서 염세주의를 풀어놓는다. 그러나 이들이 최고의 성취를 이룬 작품들은 그 어떤 외부의 이데올로기나 사상체계도 끌어들이지 않은 채, 삶 자체의 내적 활력과 다양성이, 그리고 "다양하게 상호작용하는 삶의 흐름들이 힘차게 흘러가서 어떤 데서는 기운이 강했다가 다른 데서는 상대적으로 중요하지 않은 것으로 떨어지고, 결과적으로 무언가 억압적으로 침체된 것이 되기도 하며, 또다른 곳에서 강력한 새로운 약속으로서 스스로를 재천명하는 모습"(리비스 F. R. Leavis)을 그려낸다. 이런 의미에서 빅토리아조의 주요 소설작품들은 자율적 삶의 가치의 보고(寶庫)이며, 근대에 대한 비판적 기록과 함께 새로운 삶의 모색(근대 극복의 모색)이라는 창조적 과제를 동시에 짊어졌다는 점에서 '시적 창조'라는 영문학의 자랑스런 전통의 계승자이다.

소설이 그 탄생의 초기부터, 즉 18세기부터 그랬던 것은 아니다. 바로 전시기인 낭만주의 시기에는 제인 오스틴의 성취에도 불구하고, 예의 창조적 활력은 주로 시장르에 집중되어 나타났다. 블레이크, 워즈워스, 코울리지, 바이런, 셸리, 키츠 등 시인들의 문학적 성취는 근대로의 이행의 한 단계에서 활력있는 자율적 삶의 가치에 대한 책임감의 보루였다. 그러나 빅토리아 시대에 와서 시창작은 그 표면상의 왕성함에도 불구하고 낭만주의가 가졌던 활력과 시야가 쇠퇴한다. 이런 점에서 낭만주의의 창조적 활력의 진정한 계승자는 빅토리아조의 소설이라 하겠다.

자본주의체제는 자율적 삶의 활력을 순화하거나 억압하지 않고서는 유지될 수 없다. 이를 위해서 자본주의 초기에는 경제외적 폭력이 필요하지만, 나중에는 국민대중의 사고 혹은 욕망을 지배하는 것이 더 중요하게 된다. 영국의 빅토리아 시대, 그중에서도 중·후반부는 이미 상당한 정도로 그러한 단계에 이르렀던 때이다. 한 예로, 19세기 후반부에 중간계급이 과거에 공동체적 축제의 형태를 띠던 여가(leisure)를 '점잖은'(respectable) 것으로 만듦으로써 여가의 영역에서 도덕적이고 규범화된 틀을 재수립하려고 한 점을 들 수 있다.

이런 의미에서 빅토리아 시대의 문학적 성취는, 특히 소설이 이룬 성취는 근대 극복의 과제를 더 명시적으로 안고 있는 우리에게 그저 지나간 시대의 이야기가 아니라 여전히 살아있는 유산이라고 할 수 있다.

〔정남영〕

추천문헌

Friedrich Engels, *The Condition of the Working Class in England* (1845; Harmondworth: Penguin Books 1988). 19세기 영국 산업노동자들의 상태를 서술한다.

F. R. Leavis, *The Great Tradition* (1948; Harmondsworth: Penguin Books 1974). 조지 엘리어트와 같은 빅토리아조 소설가들을 포함한 영국의 주요 소설가들이 이루는 전통을 '극시'(dramatic poem)의 관점에서 설명한다.

Raymond Williams, *English Novel: From Dicken to Lawrence* (London: Chatto & Windus 1970). 빅토리아 시대와 20세기의 주요 소설가들을 '공동체의 탐구'라는 관점에서 다룬다.

K. 맑스, 김수행 역, 『자본론』 I, 하(비봉출판사 1989). 25장 5절에서는 1846~66년의 영국을 예로 들어 자본주의적 축적의 일반 법칙을 예증하고, 26~33장에서는 영국을 사례로 자본의 시초축적을 설명한다.

인터넷 싸이트 http://landow.stg.brown.edu/victorian/victov.html. 빅토리아 시대의 여러 측면에 대한 자료들을 모아놓았다(2001년 8월).

윌리엄 블레이크

1. '무명의 화가'에서 '시인'으로

블레이크(William Blake, 1757~1827)가 산 시대는 산업혁명과 프랑스혁명으로 인한 경제적·정치적·사회적 대변혁기였다. 프랑스혁명의 열기로 고조된 1790년대 초, 정치적 기질이 강한 장인·직인·소매상인 들은 런던과 신흥도시를 중심으로 급진세력을 형성한다. 런던에서 양말과 셔츠 등 신변잡화류를 파는 소상인의 아들로 태어나 판화공으로 생계를 유지하던 블레이크도 급진적 출판업자이자 서적상이던 조지프 존슨(Joseph Johnson)과의 교분으로 급진적 지식인들 모임에 활발히 참여하게 된다. 그러나 정치적 위협을 느낀 영국 정부가 '모든 사악한 선동적인 글'에 대한 포고령을 발표하고(1792. 5) 프랑스와 전쟁을 시작하고(1793. 2) '선동적 집회 및 반역활동 전면금지법'을 통과시키는(1795) 등 억압을 강화하면서 급진세력들은 와해되거나 지하로 숨는다. 블레이크도 반동화의 물결에 휩쓸려 작품시장과의 연계를 잃게 된다. 이후 소수의 친지와 후원자를 통해 작품생산을 할 수밖에 없었으나, 점차 상업성을 추구하게 된 오랜 출판업자 친구들, 작품성향이 달랐던 후원자들과 단절을 겪고 1805년을 전후로 10여년 동안 극도로 고립된 궁핍한 처지에 놓인다. 1804년 편지에서 그는 당시 런던을 인쇄공·판화공·도장공 들에게는 전쟁터를 넘어 동업자들을 헐뜯고 비방하는 암살의 도시라고 표현하고 있다.

1863년 처음 나온 블레이크 전기의 제목은 『윌리엄 블레이크의 생애——'무명의 화가'』(Life of William Blake: 'Pictor Ignotus')였다. 블레이크는 정규교육 대신 1772년부터 7년간 런던의 유명한 판화가 밑에서 도제수업을 받았다. 주로 고미술품을 복사해서 동판이나 목판에 그림을 새기고 채색하여 인쇄하는 일로, 고도의 창조성보다는 숙련된 기술을 필요로 하는 작업이었다. 도제생활을 마친 1779년 왕립미술원에서 잠시 수학하지만 그곳 화풍을 받아들이지 않았을 뿐만 아니라 평생 동안 수공업적 제작방식을 고수하며 독창적 세계를 창출한다. 생전에 주로 소수의 판화가와 화가들, 미술품 애호가들의 뇌리에만 남아 있던 '무명의 화가' 블레이크가 '시인'으로 평가되기 시작한 것은 1847년 로제티(D. G. Rossetti)가 라파엘 전파(the Pre-Raphaelite) 일원에게 블레이크의 시들을 소개하고, 전기를 준비하던 질크라이스트(A. Gilchrist)와 교우하게 되면서부터였다. 이들은 글과 그림이 함께 판각되고 물감으로 채색된 블레이크의 시들을 출판하면서, 상식적 기준에 비추어 시로 받아들여질 것인가를 우려하여 그림들을 시를 위한 장식이나 삽화로 보이게 했던 것으로 전해진다. 이는 블레이크 연구에서 시가 더 큰 비중을 차지하게 되는 계기가 된다.

당대에 『순수와 경험의 노래들』(Songs of Innocence and Experience, 1794) 중 몇편 외에는 대중들뿐만 아니라 문인들에게도 알려지지 않았던 블레이크에 대한 연구는 이제 거대한 블레이크 산업(Blake Industry)을 이루고 있다. 이렇듯 블레이크 연구가 발전하게 된 이유는 무엇일까? 1980년대 초 블레이크 비평의 과거·현재·미래를 가늠하는 기획을 맡은 모리스 이브즈(Morris Eaves)는 블레이크 연구에서 '학파' 형성이 실제적으로 불가능하다는 말로 연구의 다양성과 잠재적 가능성을 요약하기도 했다. 그러나 다양한 해석과 비평작업 가운데서도 연구의 초점은 블레이크가 낭만주의 시인들 중 누구보다도 비범한 통찰력으로 당대 사회의 모순을 꿰뚫어보고, 구체적인 현실비판으로 모순의 근본원리에 저항했던 작가라는 데 모아져 왔다고 할 수 있을 것이다.

2. 인간의 타락과 구원의 문제

정신적 싸움의 무기: 인간의 상상력

흔히 블레이크의 초기시와 후기 신화체계 간의 차이와 단절을 언급하지만, 두드러진 형식상의 차이를 보여주는 작품은 『순수와 경험의 노래들』이나 습작기에 쓴 단시들뿐이다. 물론 개인적인 신화체계로 처음 창조된 것은 『네 조아들』(*Four Zoas*, 1797~1804)이다. 하지만 『유리즌 이야기』(*Book of Urizen*)를 시작으로 한 "지옥의 바이블"(1793~95)과 이보다 조금 앞서 쓴 예언시 『미국』(*America*, 1793)과 『유럽』(*Europe*, 1794)에도 단편적이지만 이미 블레이크의 타락과 창조의 신화가 소개되어 있다. 혁명정신의 보수화, 산업화의 비인간적인 억압과 착취가 심화되는 현실 속에서 블레이크는 더 이상 제도적 개혁을 기대할 수 없음을 절감한다. 그리하여 진정한 인간해방은 개개인의 의식의 전면적인 혁신을 전제로 한다는 자각 하에 종교·도덕·법·과학·예술 등 인간 의식활동의 산물 전반에 걸쳐 근본적인 비판을 시도한다. 이 시도는 지배적인 체계들로부터 개인들을 구원하기 위해 그 체계들과 투쟁하는 방편이 될 '하나의 체계'를 창조하는 작업으로 이어진다. 이런 의도로 창조된 것이 독자적인 신화체계 형식의 『네 조아들』 『밀턴』(*Milton*, 1804~1808) 『예루살렘』(*Jerusalem*, 1804~20)이다. 난해하고 '내면화'된 것으로 평가되는 후기의 신화체계는 실제로 선동혐의로 재판을 받기도 한 그가 억압이 강화된 당시의 민감한 정치적 상황에 대응한 방식이었다.

블레이크 시세계를 관통하는 것은 인간의 타락과 구원의 문제이다. 블레이크는 인류 타락의 근원을 영혼과 육체, 정신과 물질, 주체와 객체의 이분법적 사고에서 찾고 서구의 뿌리깊은 이원론적 사고 및 그에 근거한 추상적 철학에 도전한다. 그리고 이원론적 사고 극복의 실마리를 인간의 타고난 지각(perception)의 창조성 회복과 창조적 확장에서 찾는다. 지각은 단지 수동적으로 보고 듣는 행위가 아니라 개개인의 온갖 사유와 경험을 바탕으로 이루어지는 활동이다. 일찍이 「자연종교는 없다」(There is No Natural Religion, 1788)에서 그는 "인간의 지각은 감각기관에 매이지 않는다. 인간은 (가장 예민한) 감각으로 발견할 수 있는 것 이상을 지각한다." 고 언명한다. 타고난 지각의 창조성을 회복하려는 자신의 작업을 『천국과 지옥의 결혼』(The Marriage of Heaven and Hell, 1790)에서 "지옥방식"이라 칭하고, 외피를 부식시켜 녹여버리고 감춰진 무한을 펼쳐 보이는 작업으로 소개한다. 지옥방식으로 "지각의 문들을 깨끗이 해서" 드러나는 '무한'은 "만물의 있는 그대로의 모습"이다. 이러한 창조작업을 마지막 예언시『예루살렘』에서는 "영원의 세계를 여는 일, 인간의 불멸의 눈들을/사유의 세계로, 인간의 상상력인 하느님의 가슴속에/늘 확장하고 있는 영원에로 여는 일"이라 표현한다. 타고난 지각의 창조적 활동으로 만물의 있는 그대로의 모습인 '무한'을 경험하고 내면의 확장을 멈추지 않는 상상의 세계 '영원' 으로 눈을 여는 일, 이것이 블레이크가 말하는 타락으로부터 구원에 이르는 과정이다. 이 과정은 후기시들에서 예루살렘 건설을 위한 정신의 투쟁으로 형상화된다.

『밀턴』 서문에서 블레이크는 예술활동에 적대적인 지배이념이 예술의 상업적 타락을 부추기는 상황을 언급하면서, 젊은 예술가들을 향해 물신적 경쟁에 위축되지 말고 정신의 싸움으로 맞설 것을 권한다. 그리고 자신도 정신의 투쟁을 멈추지 않겠다는 결의를 표현한다. "푸르른 낙원 영국에/예루살렘을 건설하기까지/나는 정신의 투쟁을 멈추지 않을 것이며,/내 칼이 손 안에서 잠들게 하지 않을 것이다." 예루살렘은 형제애와 가없는 상호 용서와 사랑으로 이루어진 생명공동체이자 창조적인 삶의 터전을 일컫는다. 그러므로 예루살렘 건설에 바쳐지는 정신의 투쟁은 복잡하고 타락한 현실을 떠나 정신의 세계를 탐구하자는 것이 아니다. 그것은 억압적 지배체제를 합법화하는 이데올로기에 도전하고 철저한 현실비판으로 새로운 공동체를 모색하는 것이라는 점에서 정치적·사회적인 동시에 예언적인 성격을 띤다. 그의 신화에서 구원의 구심점 역할을 하는 로스(Los)가 쉼없이 해머를 두드리고 풀무질을 하여 '칼을 잠들게 하지 않는' 대장장이라는 것도 주목할 점이다. 정신의 싸움을 위한 칼은 블레이크의 '상상력'이다. 그의 상상력을 신플라톤주의와 연결된 신비주의 전통으로 보거나 신화체계를 정신의 알레고리로 보고 상징체계를 도식적으로 해명하려는 비평도 있다. 하지만 이런 해석은 장인계급인 블레이크에게 이어진 오랜 민중전통 및 구체적인 현실인식을 제대로 해명하지 못한다.

블레이크의 상상력을 논할 때 자주 '민중적' '예언적' '정치적' '비판적'이라는 형용어가 사용되곤 하는데, 그 자신이 상상력 앞에 쓴 형용어는 '인간의' 혹은 '인간적'(human)이다. 이 말은 그의 치열한 정신적 투쟁이 궁극적으로 지향하는 바를 단적으로 요약한다. 합리적 이성과 실증주의에 기대어 인간의 타고난 창조성을 배제하는 서구 근대정신사에 대한 깊은 통찰과, 배타적으로 이익을 추구하는 산업사회의 비인간적인 지배논리에 대한 비판을 토대로 진정한 인간의 모습과 인간적 공동체를 복원하는 창조작업, 이것이 블레이크가 벌인 정신적 싸움이기 때문이다.

이원론적 사고 비판과 지각의 창조성 회복

『천국과 지옥의 결혼』에서 블레이크는 영혼과 정신을 선으로, 육체와 에너지를 악으로 분류한 이분법적 사고의 오류를 점검하기 위해 천사와 악마, 천국과 지옥의 모습을 뒤집는 방식을 택한다. 기존 개념의 전복을 통해 그가 역설한 것은 이원론의 오류가 대립물들을 선악으로 분리하고 한쪽이 다른 한쪽을 지배하거나 우월한 가치를 지니는 것으로 파악하는 데 있다는 점이다. 이러한 작업은 후기시들에서 더욱 본격화된다. 이 시들에서 블레이크는 이원론적 가치체계가 이데올로기의 차이 즉, 물질적 이해관계·계급·성차 등을 통해 증폭되는 사회현상을 꿰뚫는다. "삶의 기술"(the Arts of Life)을 "죽음의 기술"(the Arts of Death)로 악화시킨 산업사회의 지배논리를 간파한 다음과 같은 대목은 그 좋은 예이다.

모래시계는 업신여겨졌다. 그 단순한 원리가
쟁기질하는 농부일 같다고,
물통으로 물을 길어올리는
물레방아는 부서지고 불태워졌다,
그 일솜씨가 양치기 품새 같다고.
대신 복잡한 바퀴들이 고안되었다. 바퀴 바깥의 바퀴:
옛것들이 사라져 당황한 젊은이들을 앨비언 땅의 노동에 옭아맨다
밤낮을 영겁의 세월을 놋쇠와 철을
쉴새없이 갈고 닦는 고된 작업에!
그 쓰임새는 알지도 못한 채 빵 한 조각을 얻으려고
지혜의 날들을 서러운 단순노역에 소모한다.
작은 부분을 전부로 보는 무지에 빠져
그것을 실증이라 부른다: 삶의 소박한 법칙들에는 눈뜬 장님이면서.

The hour-glass contemnd because its simple Workmanship.
Was like the workmanship of the plowman, & the water wheel,
That raises water into cisterns: broken & burnd with fire:
Because its workmanship was like the workmanship of the shepherd.
And in their stead, intricate wheels invented, wheel without
    wheel:
To perplex youth in their outgoings, & to bind to labours in Albion
Of day & night the myriads of eternity that they may grind
And polish brass & iron hour after hour laborious task!
Kept ignorant of the use, that they might spend the days of wisdom
In sorrowful drudgery, to obtain a scanty pittance of bread:

> In ignorance to view a small portion & think that All,
> And call it Demonstration: blind to all the simple rules of life.
> (『예루살렘』 65: 16~28)

새로운 산업체제하의 기술변화에 따른 노동 자체의 변질과 소외를 비판한 대목이다. 블레이크는 생산양식의 변화가 초래한 기본 가치의 왜곡에 주목하고, 소외된 노동에 얽매여 삶의 소박한 법칙들에 눈뜬 장님이 되도록 강제한 지배논리의 억압기제를 명확히 짚어낸다. 필연적인 기술변화 자체를 거부하는 게 아니라 새로운 공업화 과정에서 진정한 과학적 사유와 만나지 못한 기술주의적 사고가 인간적 가치를 오히려 부정하고 왜곡하는 결과를 초래했음을 통찰한다. 나아가 산업사회의 비인간적 억압이 당대 경험주의와 실증주의의 이분법적 사고에 뿌리를 두고 있음을 비판한 것이다.

물질적·객관적으로 증명할 수 있는 것만을 지각대상으로 인정하고, 그것을 향해 '바깥쪽'으로만 눈을 돌리는 실증주의적 사고에 대항하여 블레이크는 모든 개체마다 로크류의 경험주의로는 영원히 접근할 수 없는 상상력의 중심이 있음을 역설한다. 이는 특별한 각성의 순간에 경험할 수 있는 것인데, 이 창조적 각성에 이르는 지각의 일상적인 훈련은 모든 사물의 소용돌이(Vortex)를 통과하는 과정으로 설명된다. 대상의 소용돌이를 통과한다는 것은 그 대상 고유의 관점에 서는 일, 다시 말하면 그 대상의 내면으로 들어가는 것을 말한다. 이 과정은 단계적으로 대상 고유의 법칙이나 형상을 지각하는 것에서 상호관계의 인식으로 나아간다. 이에 따라 대상은 "마치 태양 혹은 달 혹은 별이 빛나는 장엄한 우주 같고" 동시에 "마치 인정을 나누며 사는 친구, 인간형상"같이 느껴진다. 블레이크는 이 대목을 가리켜 "이것이 바로 무한의 본질"이라고 말한다(『밀턴』 15: 21~35). 이것이 『천국과 지옥의 결혼』에서 창조작업을 통해 드러내게 될 '무한'이 있는 그대로의 사물의 모습이라 한 말의 진의이다.

개별적 존재의 내면으로 들어가는 지각의 창조적 확장을 통해 주체와 객체의 이분법적 경계는 사라진다. 상상력의 중심은 계속 내부로 확장되어가므로 지각주체는 지각대상의 중심에 있는 동시에 그 경계에 놓이게 된다. 지각주체는 주체인 동시에 지각의 대상이 되며 모든 대상은 언제나 인식주체이므로 분리된 고정된 대상일 수 없다. 이런 의미에서 있는 그대로의 만물은 '무한'의 표상이다. 외부와 내부는 모두 이렇듯 지각의 창조성 안에, 즉 인간의 상상력 안에 있다. 그러므로 상상력을 지닌 사람의 눈에 자연은 도구나 대상으로 분리되지 않는다. 블레이크가 이 세계를 "모두 하나로 연결된 상상력의 비전"이라고 말하는 이유이다.

'신성한 인간' 예수와 예루살렘

블레이크는 "추상적 철학이 (주 예수의 신성한 몸인) 상상력에 적의를 품고 덤빈다"고 말한다(『예루살렘』 5: 58~59). 상상력을 "신성한 몸 예수"라고 말함으로써 그는 상상력을 통한 인간성 회복의 과정을 성경에 묘사된 구원과 동일시한다. 블레이크에게 인간구원을 위해 속죄양이 된 예수는 진정한 인간의 위대한 본보기이며 성경은 "예술의 위대한 코드"(the Great Code of Art)이다. "나는 상상력의 신성한 기술들을 실천하는 온몸과 마음의 자유 외에 어떤 다른 기독교정신이나 복음을 알지 못한다"(『예루살렘』 77)는 말은 상상력과 예수에 대한 그의 언급이 협의의 종교틀을 넘어서는 것임을 보여준다. "신성한 몸 예수"인 상상력은 "인간의 영원한 몸" 혹은 "인간존재 그 자체"라고 표현된다. 이는 예수의 정신을 실천하는 인간의 삶과 인간간의 유대를 강조하는 것이다. 예수의 정신은 끝없는 용서와 사랑과 형제애이다. 냉혹한 자본주의사회, "인간이 인간의 적으로 태어나는 세계"에서 이러한 예수의 정신을 실천하는 일은 삶의 질적 대전환을 뜻하는 영적 혁명이며 창조적 실천을 요구한다.

블레이크는 상상력의 지혜로운 발휘 혹은 창조적 비전을 저해하는 이원론적 사고나 추상적 철학을 떼어내야 할 "거짓 몸, 외피"라 부른다. 거짓 몸에 갇힌 인간의 상태를 "아상"(我相, selfhood)으로, 이것을 벗어버린 상태를 "참 나"(identity)로 구분한다. 아상을 극복하고 '참 나'를 찾으려는 "자기

버림"(self-annihilation)은 다른 사람들을 위해 진정으로 자기를 희생하며 진짜 자기실체를 발견하는 창조적 자기혁신 과정을 말한다. 자기버림을 통해 회복한 '참 나'는 예수와 하나이다. 「모든 종교는 하나다」(All Religions are One, 1788)에서 상상력을 뜻하는 "시적 창조성"(Poetic Genius)을 일컬어 "진정한 인간"(the true Man)이라 한 것도 이와 통한다.

블레이크에게 '인간의' '신성한'(holy) '숭고한'(sublime)은 동의어이다. 창조적 생명이 소용돌이치는 모든 개별적 존재들(A Minute Particular)로서의 만물은 인간적이며 거룩하다. 개별적 존재인 동시에 '신성한 인간' 예수와 하나이기 때문이다. 내면의 신성(함)을 온전히 인식할 때 비로소 개인은 인간을 도구화하는 비참한 현실과 비인간적인 억압 속에서 인간 본연의 존엄과 책임감과 무한한 가능성을 발현할 수 있다. 이것이 인간의 진짜 자기실체이고 이들의 공동체가 블레이크가 건설하려는 예루살렘이다. 그런데 그는 예루살렘이 또한 모든 개인의 내면에 있어 사람과 사람을 결합시킨다고 말한다. 예루살렘이라는 인간공동체를 이루는 개개인의 가슴에는 늘 창조적 확장을 멈추지 않는 예루살렘이 자리하고 있다. 그 아름다운 예루살렘 가슴속 가장 깊은 곳에 온유한 빛을 발하는 예수가 있다. 블레이크 필생의 창조작업은 눈을 안으로 돌려 자기 안에 있는 예수를 보기 위한 치열한 모색이라 할 수 있다. 내면의 예루살렘 건설 없이 인간은 어디에도 예루살렘을 세울 수 없을 것이다. 이러한 변증법적 인식의 세계, 끊임없이 창조하는 상상력의 세계가 블레이크의 '영원'이고, 정신적 싸움의 요체이다.

3. 『순수와 경험의 노래』

인간 영혼의 두 대립상태: 「양」과 「호랑이」

『순수의 노래』는 1789년에 씌어졌지만 『인간 영혼의 두 대립상태를 보여주는 순수와 경험의 노래들』로 함께 발표된 것은 1794년이었다. 앞서 우리는 블레이크가 철저히 서구 형이상학적 사고에 도전했음을 살펴보았다. 그렇다면 순수와 경험이 영혼의 두 대립상태를 보여준다는 말은 이분법적 사고와 어떻게 구분되는가?

먼저 『순수의 노래』를 대표하는 시 「양」(The Lamb)과 『경험의 노래』에서 짝을 이루는 시 「호랑이」(The Tyger)를 보자. 「양」에서 예수·양·아이는 모두 하나다. 양을 창조한 하느님은 "자신을 양이라 부르며" "어린아이가 되셨다". 『순수의 노래』 「서시」(Introduction)에서 아이는 "그"로 칭해진다. 화자에게 피리를 불게 하고 노래하게 하던 "그"는 기쁨의 노래들을 책으로 써달라고 말한 뒤 시야에서 사라졌다. 그리고 어린 양인 아기예수로, 검둥이소년으로, 굴뚝청소부로, 성(聖) 목요일의 수많은 가난한 아이들로, 보모에게 맡겨진 아이들로, 태어난 지 이틀 된 아기로 다시 나타난다. 이 아이들 모두 자신을 양이라 부른 그분이고, 양을 만든 이가 호랑이를 만들었다면, 양과 호랑이도 하나일까? 예컨대 호랑이를 혁명에너지의 상징이라고 할 때, 관점에 따라 호랑이는 압제에 저항하는 창조적 에너지로, 진압해야 할 파괴세력으로 판이하게 보일 것이다. 그러나 둘은 별개의 것이 아니라 하나이다. 양과 호랑이도 별개의 존재가 아니라 상황에 따라 달라진 상태라고 생각해보자. 주목할 것은 예수가 검둥이소년이나 굴뚝청소부로, 양이 호랑이로 된 상황일 것이다. 법 없이도 살 것 같이 양처럼 온순한 민중들이 질풍노도의 저항에너지를 지닌 호랑이로 변하고 이들을 폭도라 부른 무리들이 있었던 것은 결코 허구가 아니다.

「호랑이」에서 화자는 "어떤 불멸의 손 혹은 눈이/네 무서운 대칭을 만들 수 있었을까?"라는 물음에 이어 숨가쁘게 질문들을 퍼붓는다. 이를 '선한' 양을 창조하신 하느님이 '악한' 호랑이를 왜 창조한 것일까라는 식의 이분법으로 풀이하기보다는, 양을 만든 분 외에는 그런 창조의 경이를 행할 수 없음을 내포하는 것으로 읽어보자. 양과 호랑이는 서로 부정하는 존재가 아니라 "무서운 대칭"의 역학을 지닌 존재이기에, 두려움의 진원은 호랑이라기보다 양과 호랑이의 대칭에 있다. (그림 속의 호랑이가 불타는 두 눈으로 노려보는 사나운 모습이 아닌 태평스럽고 아담한 모습인 것도 시사적이다.) 2연에서 화자는 짐짓 인간의 한계를 넘어서는 창조를 꿈꾸는 예술가의 열망을, 3연과 4연에서는 대장장이의 힘찬 작업을 묘사하는 것으로 인간의 창조를 언급한다. 그러나 아무리 가공할 만한 힘이라도 무서운 대칭에서 뿜어나오는 숨막히는 두려움을 감히 움켜잡을 수 없다고 말하고 화자는 넌지시 묻는다. "양을 만든 그분이 널 만들었어?" 이 물음 이후 마지막 질문 "어떤 불멸의 손 혹은 눈이/감히 네 무서운 대칭을 만들 수 있겠어?"는 그분 외에는 어떤 불후의 솜씨로도 양과 대칭인 존재를 감히 창조할 수 없다고 말하는 것으로 들린다.

『순수와 경험의 노래들』에서 영혼의 두 대립상태란 동일한 상태 혹은 동일한 대상에 관한 관점이나 인식의 대립, 이러한 관점의 차이를 가져오는 상황의 대립, 양이 호랑이가 되는 역학구조의 대립, 그리고 시의 화자와 독자간의 대립 등의 중층적 대립상태를 의미하는 것이다. "대립물들이 없으면 진보도 없다. 끌어당김과 밀침, 이성과 에너지, 사랑과 미움은 인간존재에 필요"하며, "대립이야말로 진정한 우애"이다(『천국과 지옥의 결혼』). 대립의 중첩과 역동적 운동을 통해 의미는 끊임없이 확장되고 깊어지며 읽는 이들에게 일면적 시각을 벗어나는 변증법적 인식을 요구한다. 『경험의 노래』「서시」의 화자는 인식의 창조적 확장을 통해 현재·과거·미래를 통찰하는 예언적 목소리에 귀를 열라고 재촉한다. 왜냐하면 그 예언의 소리는 바로 개개인의 내면에 있는 예지의 샘 예수의 말씀(The Holy Word)이고, 『순수의 노래』「서시」의 '그'가 말한 모든 아이들이 들을 기쁨의 노래이기 때문이다. 이것이 『순수와 경험의 노래』가 변증법적으로 지향하는 묵시적 해방이다.

유토피아 비전과 현실비판: 「어린 검둥이」「굴뚝청소부」「성 목요일」

"능동적 악이 수동적 선보다 낫다"(『래버터의『인간에 관한 아포리즘』에 대한 주석」 Annotations to Lavater's *Aphorisms on Man*, 1788). 이러한 생각은 인내와 순종을 미덕으로 여기고 저항이나 행동하려는 에너지를 억압하는 태도에 대한 비판으로 표현된다(『천국과 지옥의 결혼』). 그러면 「어린 검둥이」(The

Little Black Boy)「굴뚝청소부」(The Chimney Sweeper)「성 목요일」(Holy Thursday)은 어떻게 읽어야 할까? 저항과 행동을 강조하면서 왜 이 시들에서 고통과 불평에 대한 인내와 관용을 말하는가?

「어린 검둥이」에서 흑인여성으로 온갖 수모와 모진 고통을 겪었을 엄마가 아들에게 강조한 것은 지상에서의 삶은 잠시라는 것이다. 검은 몸뚱이는 죽음으로써 벗어날 수 있는 "구름"이고 "그늘진 숲"과 같은 것이라고 말한다. 아들은 엄마의 교훈을 조금 더 비약시킨다. 검은 육신에서 해방될 수 있다면 마찬가지로 백인의 몸도 벗어버릴 수 있는 것이다("When I from black and he from white cloud free"). 피부색이 주는 차별과 편견에서 벗어난 상태를 흑인소년은 이렇게 노래한다. "난 열로부터 그애를 가려줄 거야, 즐겁게/우리 아버지 무릎에 기댈 수 있을 때까지./그때 나는 일어나서 그애의 은빛 머리칼을 쓰다듬어줄 거야,/그리고 그애와 같아질 거야, 그러면 그애는 날 사랑할 거야." 흑인소년이 궁극적으로 원한 것은 백인아이와 같아져서 그의 사랑을 받는 것일까? 엄마의 가르침은 무화되고 "나는 검지만, 내 영혼은 하얘"라고 말할 때처럼 흑백의 우열관계 틀에서 조금도 벗어나지 못한 걸까?

엄마의 교훈은 그야말로 '수동적 선(善)'이다. 아들은 그것을 넘어 흑인뿐만 아니라 백인도 인종차별 이데올로기에서 해방될 때를 상상한 것이다. 그 상상의 세계에 "나"와 "그"사이에 드리워진 벽은 아무것도 없다. "우리는" 사랑과 유대의 공간, 새로운 하늘과 새로운 땅에 있다. 마지막 연은 불평등한 현재 상황을 묵시적으로 전복한 유토피아적 비전이다. 자신의 말의 현실적 한계를 잘 모르는 어린 화자의 천진무구함을 긍정하고, 그 속에서 유토피아적 비전을 보는 것이『순수의 노래』의 특징 가운데 하나이다. 그러나 천진무구한 환희의 비전만으로 현실의 모순을 이겨낼 수는 없다. 이것이『경험의 노래』를 함께 읽어야 하는 이유이다. 짝을 이룬 두 시「굴뚝청소부」「성 목요일」에서 유토피아적 비전과 현실이 어떤 식으로 연결되고 있는가를 보자.

「굴뚝청소부」의 화자는 아직 혀가 제대로 돌아가지 않을 때 아버지 손에 팔려 굴뚝청소부가 되었지만, 이제는 막 팔려온 어린 톰 데이커를 위로할 만큼 '어른스럽다'. 양털 같은 머리칼을 면도질한 날 밤 톰은 꿈속에서 천사를 만난다. 천사는 톰에게 "착한 아이가 되면 하느님이 아버지가 되어주시니 기쁨이 그칠 날이 없을 거야"라고 말한다. 꿈에서 깨어난 아침, 날씨는 춥지만 톰은 행복하고 따뜻하다. 이를 지켜본 '어른스러운' 어린 화자는 말한다. "그러니까 사람들이 모두 자기 본분을 다하면, 해가 미칠까 두려워할 필요가 없지요." 톰이 꾼 환하고 즐거운 꿈과 천사의 말은 그들이 처한 잔인한 현실을 교정할 실질적인 대책이나 저항이 아님은 분명하다. 그러나 그 꿈은 톰에게 힘들고 무서운 현실을 마주할 힘을 준다. 문제는 이것이 소름끼칠 만큼 착취적인 현실에 대해 턱없이 수동적이고 무력한 적응이라는 데 있다. 그러나 이들이 달리 무엇을 할 수 있겠는가. 마지막 말도 액면 그대로 받아들이면 그 자체는 옳지 않은가? 모든 이들이 다 자기자리에서 제 몫을 다하면 두려워할 것이 없으리라. 그렇다면 팔려온 아이들도 굴뚝청소부로 제몫을 다하고 병들어 죽어 하느님 품에 안기면 된단 말인가?

'경험의 노래'에서 굴뚝청소부는 "작고 검은 것"으로 도구화되고 사물화된 존재로 표현된다. 그러나 이 '검은 것'이 하는 말은 예사롭지 않다. 아이들이 청소하는 "당신들의 굴뚝"의 "당신들"은 아버지이고 사제이고 왕이고 하느님이다. "당신들"의 "천국"이 힘없고 가난한 자의 비참의 대가로 세워진 것이라는 마지막 행에 이르면, 화자가 정말 아이인가 하는 의구심마저 든다. (어른 화자가 "작고 검은 것"의 입을 빌어 복화술(腹話術)을 하는 것으로 읽는 이도 있다.) '경험의 노래'의 화자는 더이상 꿈을 꾸지도 천사의 말을 듣지도 않을 것이다. 이미 '교회'가 그들의 편이 아님을 잘 알고 있기 때문이다. 놓치지 말아야 할 것은 이같은 현실인식과 현실비판이 '순수의 노래'의 유토피아적 비전의 토대라는 점이다. 현실을 극복할 실질적인 힘이 아니라는 점에서 '순수의 노래'에서의 꿈은 어린이다운 공상일 수 있다. 그러나 그 문제를 해결할 수 있는 아버지·사제·왕·하느님은 무엇을 하는가

윌리엄 블레이크 277

에 대한 섬뜩한 비판과 만나면, 그래서 비인간적인 착취와 억압이 어떤 지배논리에 근거하고 있는가를 통찰하게 되면, "모든 이들이 제 본분을 다하는" 세상, 진정으로 '어른스러운' 세상을 말하는 천진한 목소리 너머로 강한 비판의 소리의 울림을 들을 수 있다.

예수 승천을 기리는 「성 목요일」은 "양떼처럼" 모여든 수많은 아이들의 "순결한 얼굴"로 빛난다. 그들의 노래는 "조화로운 천둥소리"가 되어 하느님 나라 한가운데로 올라간다. 보육원을 운영하는 런던의 자선단체들의 "지혜로운 후원자들"인 원로들이 아래 자리에 앉아 아이들을 받쳐준다. 그리고 문제의 마지막 행, "그러니 동정심을 품으세요, 집 앞에서 천사를 내쫓지 않도록". 이 구절은 "손님 대접하기를 잊지 말라, 이로써 부지중에 천사를 대접한 이들이 있었느니라"(「히브리서」 13장 2절)라는 성경 구절을 바꿔 쓴 것이다. 한편 '경험의 노래'에서 바라본 「성 목요일」은 전혀 거룩하지 않다. "부유하고 풍성한" 땅에 왜 이렇게 가난한 아이들이 많은가? "지혜로운 후원자들"의 지혜는 냉정하게 계산된 이해관계에서 나온 것이라 한다("with cold and usurous hand"). 아이들은 푼돈으로 더 큰 이익을 챙기려는 "고리대금업자"들의 위선적인 자비와 천박한 동정심에 날개를 달아주는 "천사"들이다. 후원자들이 가난한 아이들을 돕는 게 아니라, 실은 가난한 아이들이 이들을 돕고 있는 것이다. "그러니 동정심을 품어, 천사를 문 앞에서 쫓으면 안 된다."

수많은 아이들이 왜 "가난의 땅"에서 "영원한 겨울"을 지내게 되었는가라는 현실비판은 경험의 시에서 역설적으로 "아기들"이 굶주림과 가난을 모르는 '유토피아'를 언급하는 것으로 이어진다. "아이들" 대신 "아기들"로 표현한 것은 태어날 때부터 이미 비참과 불행이 시작됨을 알린다. "태양이 빛나는 곳이면 어디든/그리고 비가 내리는 곳은 어디든" 아기는 배고픔도 가난도 겪지 않을 것이라 한다. 유토피아란 '어디에도 없는 곳'이다. 그런데 태양이 비치지 않는 곳, 비가 내리지 않는 곳이 어디 있는가. 적어도 아기들에게 유토피아란 바로 지금 여기여야 한다. 하지만 태어난 순간부터 착취와 희생을 강요하는 현실은 "그들의 태양은 결코 빛나지 않으며/그들의 들은 황폐한 상태이고/그들이 갈 길에는 가시가 가득"한 디스토피아일 뿐이다.

억압과 억압의 내면화: 「병든 장미」 「독 사과나무」 「런던」

"감옥들은 법의 돌로, 사창가는 종교의 벽돌로 지어진다"(『천국과 지옥의 결혼』)고 통박한 블레이크가 주목한 것은 인간의 타락을 막기 위해 창안된 도덕률이 오히려 타락을 심화하는 억압적 상황이었다. 그는 아버지·사제·왕·하느님이라는 네 겹의 가부장적 이데올로기의 억압하에서, 종교·도덕·성 이데올로기가 교회·사회제도·관습들을 통해 개개인의 의식으로 내면화되는 과정을 예리하게 통찰한다. 특히 종교가 인간의식 및 일상생활을 억압적으로 지배하는 추상적 체계라는 점에 주목한다. 겸손과 순종을 강제하는 권위적인 종교의 도덕률은 "신비의 나무"를 뿌리내리게 한다. 신비의 나무 뿌리에 물을 대는 것은 잔인한 도덕률에 얽매여 자기를 억압하는 인간들의 눈물과 탄식과 질시와 불신과 위선과 이기적인 자기애이다. 그러나 이 나무는 자연을 아무리 뒤져도 찾을 수 없다. 왜냐하면 인간의 두뇌 속에서 추상된 것이기 때문이다. 억압적 이데올로기에 저항하지 못하고 도리어 그것을 체화함으로써 초래한 자기억압 기제를 블레이크는 「런던」에서 "마음이 벼리어 만든 족쇄"(mind-forged manacles)라는 말로 압축했다. 이런 억압의 내면화 과정을 간결한 언어로 형상화한 「병든 장미」(The Sick Rose)와 「독 사과나무」(A Poison Tree)를 보자.

「병든 장미」에서 장미를 파괴하는 벌레는 "보이지 않는다" "보이지 않는 벌레"가 실재하는가? "신비의 나무"가 자연에서 찾을 수 없고 인간의 머리 속에서 추상된 것이라면, "보이지 않는 벌레"도 생각 속에 날아다니는 벌레이며, "보이지 않는 벌레"가 나는 "밤"과 "울부짖는 폭풍"은 "장미"의 의식이나 마음상태가 아닐까. 그러면 "장미의 인생을 망친" 것은 남몰래 나눈 사랑이나 그 상대 남자라기보다는 장미 자신일 것이다. 왜 이런 상황이 초래된 것일까? 권위주의적인 교회는 온갖 금기를 내세우며 "기쁨과 욕망을 찔

레가시로 묶는다"(「사랑의 정원」The Garden of Love). 여성의 사랑을 죄악시하며 죄의식을 강변하는 정절의 교리는 여성을 억압하는 이데올로기의 뿌리가 된다. 이를 부지불식간에 체화한 여성은 남성중심주의적 관점에서 이분법적으로 자신의 쎅슈얼리티를 규정하고 자연스러운 본능과 욕망을 스스로 억제하는 미덕을 실천한다. 그런 억압은 건강한 남녀관계를 방해하고 건강한 마음을 병들게 한다. 자유롭게 분출된 성적 에너지의 역동성에 대해 독창적이고 깊은 이해를 보인 블레이크는 가부장적 이념의 근저에 자리한 억압적 성이데올로기에 대한 비판을 멈추지 않았다. 그러므로 이 시를 "장미"는 여성, "보이지 않는 벌레"는 남성으로 구분하여, 억압적 상황에서 나눈 비밀스런 연애나 부도덕한 성행위를 다룬 시로만 읽는 것은 적절치 않다. 더구나 블레이크는 행동하는 것이 그렇지 않은 것보다는 더 낫다고 말한다. "욕망하되 행동하지 않는 사람은 역병을 초래한다"(『천국과 지옥의 결혼』). "신비의 나무"가 화자의 두뇌에서 자라듯이 "병든 장미"도 화자의 마음속에 있는 것이라고 생각해보자. 화자는 남자일 수도 있고 여자일 수도 있다. 억압적 성이데올로기의 희생자는 비단 여성만이 아닌 것이다.

자연스럽게 행동으로 표출되지 못한 욕망이 장미를 병들게 하고, 분출되지 못한 분노는 마음속에 "독 사과나무"를 키운다. 화자는 분노를 표현하지 못할 뿐만 아니라 적대감을 거짓웃음과 유화적인 제스처로 감춘다. 두려움과 분한 눈물을 삼킨 화자는 마음속의 독을 응축한 "빛나는 사과"로 적을 유혹한다. 이튿날 아침 화자는 적의 죽음을 기꺼운 마음으로 맞는다. 이 시의 원제는 '기독교적 관용'(Christian Forbearance)이다. 성경은 오른뺨을 때리면 왼뺨을 내밀고, 원수를 사랑하라고 가르친다. 이기적이고 냉정한 산업사회에서 이 오랜 설법은 실천되지 않는 '교리'이지만, 한편 은연중 상대를 너그럽게 용서하지 못하거나 응어리진 마음으로 대하는 것에 대한 죄의식을 갖게 할 수 있다. 화자는 금단의 열매로 적을 죽임으로써 자신을 괴롭힌 분노와 죄의식과 위선을 벗는다. "독 사과나무"는 선악과를 연상시킨다. 인간이 선악을 임의로 판단할 수 있는가? 선과 악이란 무엇인가? 선악과는 실제로 존재했을까? 왜 선악과는 복제하듯 "신비의 나무"로, "독 사과나무"로 인간의 두뇌와 마음속에 계속 뿌리내리고 열매맺는 걸까? 낙원에서 추방된 인간을 구원한 예수를 이제 모두 자신의 "신비의 나무"와 "독 사과나무"에 매달아버릴 만큼 인간이 타락했음을 말하는 것은 아닌가?

당대의 타락상을 가장 사실적으로 형상화한 시 「런던」에서 블레이크는 타락한 현실은 타락한 형상으로 구원의 메씨지를 담고 있다고 외친다. 굴뚝청소부의 외침이 부패한 교회를 오싹하게 하고, 명분없는 전쟁에 나선 운수 사나운 병사의 피가 왕궁을 위협하고, 어린 창녀의 매독이 갓난아이 눈을 멀게 하고 결혼의 침상을 죽음의 영구차로 만든다. 착취와 억압의 종교, 전쟁으로 소진하는 정치, 매춘과 불가분인 결혼제도와 같은 타락과 억압의 체계에는 이미 그 체계를 위협하는 묵시적 비전이 포진해 있다. 다만 인간이 스스로 만든 족쇄에 묶여 그것을 보고듣지 못할 뿐이다. 이 비판적인 시에서 화자가 한 일은 런던거리를 돌아다니며 눈으로 사람들의 얼굴들에 나타난 "절망의 표시들"을 보고, 귀로 사람들의 외침 속에서 "마음이 만든 족쇄"소리를 들었을 따름이다. 블레이크가 구원의 실마리를, 타고난 지각의 창조성 회복과 창조적 확장에서 찾은 것도 이런 맥락에서이다. 왜냐하면 타락한 인간을 구할 예수는 각자의 마음속에 있기 때문이다.

〔김옥엽〕

추천문헌
● 텍스트

The Complete Poetry and Prose of William Blake, ed. David Erdman, Commentary by Harold Bloom (Berkeley and Los Angeles: Univ. of California Press 1982).

● 비평서
1. 블레이크 연구의 3대 고전으로 일컬어지는 책들
S. Foster Damon, *A Blake Dictionary: The Ideas and Symbols of William Blake* (Brown Univ. Press 1988).
David V. Erdman, *Blake: Prophet Against Empire* (Princeton: Princeton Univ. Press 1977).

Northrop Fry, *Fearful Symmetry* (Princeton: Princeton Univ. Press 1969).

2. 프랑스혁명 및 당대 주류문화에서의 블레이크 위치 평가

J. Bronowski, *William Blake and The Age of Revolution* (London: R & KP 1972).

M. Butler, *Romantics, Rebels, and Reactionaries: English Literature and Its Background 1760-1830* (Oxford Univ. Press 1981).

김종철「블레이크와 民衆文化」『리얼리즘과 모더니즘』(창작과비평사 1983), 38~89면.

3.『순수와 경험의 노래』의 이해

Approaches to Teaching Blake's Songs of Innocence and of Experience, ed. Robert F. Gleckner and Mark L. Greenberg (The Modern Language Association of America 1989).

워즈워스와 코울리지

1. 워즈워스와 코울리지: 좌절한 천재들의 만남

"우리는 그가 도착하는 광경을 지금도 또렷이 기억한다. 그는 큰길로 오지 않고, 울타리를 훌쩍 뛰어넘어 길도 없는 풀밭을 가로질러 껑충껑충 뛰어내려왔다." 윌리엄 워즈워스(William Wordsworth, 1770~1850)는 자신과 여동생 도로시(Dorothy)를 처음 방문한 코울리지(Samuel Taylor Coleridge, 1772~1834)의 모습을 이렇게 회고한다. 워즈워스가 40여년이 지난 다음에도 한 친구의 방문을 이렇게 선명하게 기억한다는 것은 이 만남의 의미가 그에게 얼마나 큰 것이었나를 보여준다. 이 만남으로 인해 달라진 것은 워즈워스 한 개인의 삶만이 아니었다. 워즈워스가 회고하는 이 순간으로부터 시작된 두 사람의 관계는 그 자체가 영국 낭만주의운동의 시작과 끝이었기 때문이다.

이들의 만남이 처음부터 이처럼 극적이었던 것은 무엇보다 그들이 모두 프랑스혁명에 대한 지지자였고 그에 대한 기대와 좌절의 경험을 공유하고 있었기 때문이다. 1770년에 태어난 워즈워스는 조실부모하고(8세에 어머니, 13세에 아버지가 사망했다) 친척집을 전전하다 앤 타이슨이라는 후덕한 하숙집 여주인의 보살핌을 받으며 혹스헤드 문법학교(Hawkshead Grammar School)를 졸업한 후 케임브리지 대학의 쓴트 존즈 콜리지(St. Johns College)에 입학한다. 그의 자전적 장시 『서곡』(*The Prelude*)에 따르면 그는 대학생활에 큰 재미를 느끼지 못하고 다른 학생들처럼 성직자나 법률가라는 안정된 직업을 준비하는 대신 친구 로버트 조운즈(Robert Jones)와 함께 당시 혁명 1주년을 맞아 축제 분위기인 프랑스로 도보여행을 떠난다. 이때 깊은 인상을 받은 워즈워스는 케임브리지를 간신히 졸업한 후 프랑스로 건너간다. 나중에 밝혀진 일이지만 워즈워스는 이때 두 사람의 중요한 인물과 만나는데, 훗날 캐롤라인(Caroline)이라는 워즈워스의 사생아를 낳는 외과의사의 딸 아네뜨 발롱(Annette Vallon)과, 그에게 프랑스혁명의 의의를 인식시키고 공화주의 이념을 전수한 혁명파 장교 마이클 보피(Michael Beaupuy)가 그들이었다. 워즈워스가 프랑스로 건너가 배운 것은 프랑스어만이 아니라 그의 인생에 영원히 각인될 사랑과 혁명이었던 것이다.

워즈워스는 영국으로 돌아온 다음에도 당대의 어떠한 개혁가들보다도 더 급진적인 정치관을 견지했다. 프랑스에서 귀국한 직후인 1793년 초에 쓴 「랜다프 주교에게 보내는 공개서한」(A Letter to the Bishop of Llandaff)에서는 루이 16세의 처형을 옹호하고, 다소간의 폭력은 자유를 위해 불가피하다는 과격한 논리를 개진한다. 이러한 과격성 때문에 이 문서는 결국 출판되지 못했지만 당시 워즈워스는 프랑스혁명의 열기가 곧 영국에도 미쳐 자유롭고 평등한 지복천년이 현실화될 것이라고 믿었다. 그러나 이러한 기대는 프랑스혁명이 공포정치로 인해 피로 얼룩지고 나뽈레옹의 등장으로 자유·평등·박애의 이상이 새로운 정복전쟁의 이데올로기로 변질되자 완전히 좌절되고 말았다. 워즈워스는 1795년에 친구인 피니(Pinney) 형제가 제공한 레이스다운 로지(Racedown Lodge)에 여동생 도로시와 정착하는 것을 계기로 개혁가로서의 활동을 접고, 혁명의 실패가 가져온 충격과 좌절감을 달래며 일종의 은둔생활을 시작한다. 워즈워스가 코울리지를 만난 것은 바로 그렇게 은둔을 시작하는 시점이었다.

한편 워즈워스보다 2년 늦게 목사의 9남 1녀 중 막내로 태어난 코울리지는 허트포드(Hertford)에 있는 크라이스트 병원 예비학교(Christ's Hospital Preparatory School)를 거쳐 워즈워스처럼 케임브리지 대학의 지저스 콜리지(Jesus College)에 입학한다. 학업보다 급진주의 정치에 더 매료된 워즈워스가 마지막 학기를 남겨두고 프랑스로 떠난 것처럼 코울리지 역시 졸업을 얼마 앞둔 시점에서 싸일러스 톰킨 콤버바흐(Silas Tomkyn Comberbache)라는 가명으로 군에 입대한다. 코울리지 같은 조숙한 천재에게 군생활은 당연히 맞지 않았고, 형들의 노력으로 그는 곧 민간인 신분으로 돌아오지만 결국 1794년에 케임브리지 대학을 중퇴하고 만다. 코울리지는 이때 옥스퍼드 대학에 다니던 로버트 싸우디(Robert Southey)를 만나는데, 이들은 전망없는 영국을 떠나 미국의 써스퀴해너 강 유역에 플라톤의 '공화국'과 같은 이상적인 공동체를 건설하는 유토피아적 계획을 함께 추진하게 된다. '팬티쏘크러씨'(Pantisocracy)라고 명명된 이 이상적 공동체는 12명의 지식인에 의해 민주적으로 운영되며 그 구성원은 하루에 서너 시간만 노동에 종사하고, 나머지 시간은 명상과 토론, 창작에 전념하게 되어 있었다. 워즈워스 못지않게 열렬한 프랑스혁명 지지자이던 코울리지에게는 이러한 공동체운동이야말로 프랑스혁명의 실패를 보상해줄 대안이었고, 이를 위해 싸우디의 큰 처제인 쎄러 프리커(Sara Fricker)와 결혼할 만큼 적극적이었다. 웨일즈(Wales)에 이러한 공동체를 시범적으로 운영하는 문제로 인해 싸우디와 사이가 벌어진 코울리지는 1795년에 브리스톨에서 당시의 정치와 종교에 관해 일련의 대중강연을 했고, 이로 인해 '민주주의자'라는 '오명'을 얻어가고 있었다. 워즈워스가 코울리즈의 시야에 들어온 것이 바로 이때였다. 그가 한눈에 알아본 워즈워스의 천재성은 코울리지로 하여금 싸우디가 아니라 워즈워스야말로 평생의 정신적 동지이며, 정치보다는 문학이 자신의 유토피아적 야심을 실현하는 데 더 적합한 분야라는 것을 깨닫게 하였으며, 바로 이러한 깨달음이 코울리지로 하여금 큰길을 마다하고 울타리를 가로질러 한달음에 워즈워스 남매에게 달려가게 했던 것이다.

2. 『서정담시집』: 천재들의 협업과 영국 낭만주의의 발생

　상대방의 정치적 성향과 문학적 재능을 확인한 두 천재는 곧바로 그들만의 지적 공동체를 건설한다. 팬티쏘크러씨를 함께 추진하던 토마스 풀(Thomas Poole)의 지원을 받아 네더 스토위(Nether Stowey)에 농가를 얻어 살고 있던 코울리지는 그곳에서 4마일 떨어진 앨폭스덴(Alfoxden)이라는 곳에 집을 얻어 워즈워스 남매를 불러들인다. 이곳에서 워즈워스 남매와 코울리지는 밤낮을 가리지 않고 정치와 문학, 철학에 대해 토론하고 창작에 몰두한다. 이곳에는 찰스 램(Charles Lamb)과 같은 문인, 존 텔웰(John Thelwell)과 같은 급진적 개혁가들도 때때로 찾아와 이들의 은둔생활에 참여했는데, 그때문에 이곳은 정부로부터 요주의 인물들의 집단적 거주지로 주목받게 되고 급기야 정부의 비밀감찰요원을 불러들이기도 했다. 1797~98년에 걸친 이 시기는 두 시인에게 있어서 문학적 천재성을 가장 집중적으로 발휘한 "기적의 해"(annus mirabilis)였고, 그때 이루어진 『서정담시집』(*Lyrical Ballads*)의 출판은 영국 낭만주의 문학의 시작을 알리는 문학사적 사건이었다.

　『서정담시집』의 출현을 낭만주의 문학의 출발점으로 보는 것은 무엇보다 이 시집에 실린 유명한 「서문」(Preface) 때문이다. 1798년의 초판본에는 「발문」(Advertisement)이라는 이름의 짤막한 글만 실려 있었는데, 여기에는 이 시집에 실린 작품들이 대부분 중간계급과 하층계급의 일상언어가 시적 쾌락을 주는 데 얼마나 적합한가를 확인하기 위한 실험으로 간주되어야 하며 흥미있는 주제라면 어디에서라도 소재를 취할 수 있는 것이 시의 특권 아니겠는가, 그리고 이것이 혹시 점잖은 독자들의 비위를 거스르더라도 양해를 바란다는 식의 겸손한 주장으로 출발한다. 그러나 2년 후, 이 시집이 독자들로부터 좋은 반응을 얻고 재판을 찍게 되자 워즈워스는 자신을 이 시집의 유일한 저자로 밝히는 것은 물론『서정담시집』2판은 완전히 자신의 시들로 채우고, 자신이 주도한 시적 실험을 체계적으로 옹호하는「서문」을 붙이게 된다. 1802년에 다시 한번 내용을 확충해 완성되는 이「서문」은 흔히 영국 낭만주의운동의 선언문으로 받아들여진다. 잘 알려져 있다시피 이「서문」에서는 조심스럽게 개진되던 저자의 실험이 새로운 시에 대한 강령으로 선포된다. 우선, 모든 좋은 시는 "강력한 감정이 스스로 넘쳐 흐른 것"(spontaneous overflow of powerful feelings)이라는 정의로 시를 기존의 관습적 형식으로부터 원천적으로 해방시키고, 그에 따라 시인도 뮤즈의 영감을 받아 페가수스(Pagasus)를 타고 상상의 세계를 떠도는 존재가 아니라 "사람에게 말을 하는 사람"(Man speaking to men)이며, 그들이 가장 창조적으로 사용할 수 있는 언어도 고전에 대한 교양으로 풍성해진 유식한 문학언어가 아니라 농촌의 낮은 계층의 삶에 기반을 둔 언어, 즉 시골 농부의 일상어라는 것이다.

1802년의 개정판에서는 시를 "모든 지식의 숨결이자 좀더 섬세한 정신"으로, 시인을 "정열과 지식으로 인간사회라는 광대한 제국을 통합하는 자"로 규정하여 시와 시인에게 특별한 지위를 부여했기 때문에 새로운 문학 엘리뜨주의의 혐의를 받게 되기도 하지만,「서문」으로 확립되는 시학의 핵심은 바로 중산층 이하 민중의 언어와 삶을 자신들의 예술행위의 중심에 놓는 민주주의적 충동이었다. 이러한「서문」의 정치적 위상은 매슈즈(William Mathews)와 같은 친구와 개혁적 성향의 잡지를 창간하여 영국사회의 민주적 개혁을 도모하던 워즈워스의 혁명적 정열, 그리고 싸우디와 함께 현실적 유토피아인 팬티쏘크러씨를 추진했던 코울리지의 정치적 이상주의가, 현실 속에서는 실패했음에도 불구하고 그들의 문학적 기획에 고스란히 살아 있음을 보여주는 것이다. 워즈워스와 코울리지가『서정담시집』을 통해 도모한 문학적 실천은 흔히 말하듯 좌절된 정치에 대한 예술적 보상이 아니라 수년 전 출판된 토머스 페인(Thomas Paine)의『인간의 권리』(*The Rights of Man*)만큼이나 정치적 폭발성을 내재한 언어혁명이었다. 고전교육을 받을 기회가 원천적으로 봉쇄된 평민의 평범한 일상어가 체제 논쟁의 도구가 될 만큼 효과적인 정치적 언어가 될 수 있다는 것을 입증한 것이『인간의 권리』였다면, 그들의 언어가 진지한 예술적 성취를 이룰 수 있는 시적 언어가 될 수 있음을 증명하는 것이야말로『서정담시집』이라는 문학적 기획의 정치적 목적이었다. 워즈워스의 정치적 스승이었던 마이클 보피가 가난에 찌든 소녀의 모습을 가리키며 "저것이야말로 우리가 싸움을 하는 이유다!"('Tis against that / That we are fighting!,『서곡』9권, 517~18행)라고 외친 것과 마찬가지로『서정담시집』에 나오는 수많은 거지와 버림받은 여인들과 굶주린 어린이들은 도덕적 교화의 대상이나 미학적 묘사의 재료가 아니라 문학적 형상화를 통해 그 인간적 존엄을 되찾아줄 인간적 주체들인 것이다. 그런 의미에서 영국 낭만주의의 시발점인『서정담시집』은 혁명이 좌절된 이후에도 그 명분을 잃지 않는 문학적 인권선언이라 할 만하다.

3. 워즈워스──「틴턴 사원」과 시적 자서전

『서정담시집』이 영국 낭만주의 문학에서 갖는 기념비적 위치는 그것이 갖는 잠재적 정치성 때문만은 물론 아니다. 코울리지가『문학평전』(*Biographia Literaria*)에서 지적한 대로「서문」에서 표방한 언어실험이 정작 시집에 담겨 있는 시편들에서 얼마나 제대로 이루어졌는지는 의문의 여지가 많거니와 그것이 중·하층민들에 대해 표시하는 인간적인 동정심과 도덕적 자의식은 토머스 그레이(Thomas Gray)의「시골 묘지에서 쓴 비가」(An Elegy Written in a Country Churchyard)와 같은 18세기 감상주의 문학에서도 이미 상당히 세련된 형태로 표출되어 있었기 때문이다. 워즈워스가「서문」에서 표방하는 새로운 시를 위한 문학적 실험은 그의 의도와는 달리『서정담시집』초판본의 시편들 중 가장 나중에 완성되어 마지막 순간에 편입된 「틴턴 사원」(Lines Composed a Few Miles Above Tintern Abbey on Revisiting the Banks of the Wye during a Tour. July 13, 1798)에서 가장 뛰어난 성과를 거둔다고 할 수 있다. 「틴턴 사원」은 「서문」에서 주장된바 의식적인 문학적 실험과는 별 상관이 없고 오히려 18세기의 '풍경시'(Landscape Poems) 혹은 '명상시'(Meditative Poems)의 전통을 이어받으면서 거기 내재된 도덕적 자의식을 풍부한 감성으로 심화하고 있다. 프랑스에서 돌아온 1793년부터 「틴턴 사원」을 쓰던 1798년 여름까지 워즈워스가 한 사람의 혁명적 지식인으로서 감당해야 했던 환희와 좌절의 경험, 그리고 전통적 풍경묘사시 『저녁산책』(An Evening Walk)과 『소묘』(Descriptive Sketches) 이래 꾸준히 진행해온 문학적 훈련이 한데 어우러져 「틴턴 사원」에서 하나의 독특한 시적 형식으로 확립되었고, 여기에서 우리는 훗날 우리가 '낭만적 자아'라고 부르게 되는 독특한 시적 자아의 탄생을 목격하게 되는 것이다.

「틴턴 사원」은 시의 화자가 첫머리에서 회고하는 지난 5년의 세월 동안 실제 워즈워스가 닦아온 문학적 훈련의 결산이자 그가 겪은 도덕적 고뇌의 최종 결실로서, 『서정담시집』 전체의 결론에 해당한다. 그리고 그것은 시적 자아의 성장기라는 개인적 신화의 형태로 형상화된다.

> 그 시절은 지나갔다.
> 그리고 그 모든 아픈 즐거움도 이젠 더이상 없다.
> 그 모든 아찔한 환희도. 그러나 그렇다고
> 낙담하지 않는다. 슬퍼하지도, 불평하지도 않는다. 다른 선물들이
> 뒤따랐기 때문에. 내가 잃은 것에 대한 보상으로는 아주 충분한
> 것이라고 믿는다. 나는 자연을 바라보는 법을
> 배웠으니까. 철없는 젊은 시절처럼이 아니라, 때로는
> 인간적 삶의 조용하고 슬픈 음악소리를 들으면서,
> 듣는 이를 정화하고 안정시키는 풍부한 힘이 있으면서도
> 가혹하거나 거슬리지 않는 그런 소리를 들으면서. 그리고 나는 느낀다.

고양된 생각들이 주는 기쁨 때문에 나를 혼란케하는 그런 존재를. (85~95행)

　5년의 시차를 두고 워즈워스의 방문을 두번 받는 틴턴 사원의 아름다운 계곡은 일차적으로 워즈워스의 성장을 비춰주는 거울이다. 워즈워스는 5년 전이나 다름없는 와이 계곡(Wye Valley)의 모습에서 자신의 과거를 읽어내며, 그 과거와 다른 현재를 인식한다. 그리고 그 계곡의 아름다운 자연이 그러한 변화를 만들어낸 근본적인 원동력이었음을 자연스럽게 상기한다. 우리가 워즈워스를 흔히 자연시인이라 부르는 이유는 단지 그가 호수의 아름다운 자연에 묻혀 살았기 때문이 아니라 그가 자신의 시적 자아의 성장을 모성적 자연과의 지속적인 관계로 설명했기 때문이다. 「틴턴 사원」에서부터 『서곡』에 이르기까지 워즈워스가 일관되게 주장하는 것은 자신이 자연의 섭리에 의해서 인간과 자연의 진실을 꿰뚫는 시적 지혜를 가진 시인으로 키워지도록 예정되었다는 것이고, 「틴턴 사원」과 『서곡』 같은 자전적 시의 목적은 그러한 점을 자신과 대중에게 설득하는 것이었다. 그리고 이러한 설득은 자신이 이제 "자연을 바라보는 법"을 알게 되었다는 것, 인간애(Love of Man), 그리고 그 결과 자연풍경 속에서 "인간적 삶의 조용하고 슬픈 음악소리"(Still, sad music of humanity)를 들을 수 있게 되었다는 것과 같은 주장을 통해 이루어진다.

　그렇다면 그가 들을 수 있다는 "인간적 삶의 조용하고 슬픈 음악소리"란 과연 무엇인가? 워즈워스가 마이클 보피와 혁명의 의미를 토론하며 가졌던 인간애와는 어떤 관계가 있는가? 흔히 말하듯 조용하고 슬픈 곡조는 워즈워스의 혁명에 대한 환멸과 정치적 체념을 암시하는가, 아니면 다른 종류의 인간애에 대한 새로운 깨달음인가? 이러한 질문에 대하여 「틴턴 사원」은 시적으로 답할 뿐이며, 그 답에 대한 해석은 온전하게 독자의 몫이다. 그러나 분명한 것은 워즈워스 자신도 그러한 질문의 무게를 충분히 느끼고 있었으며 자신의 시적 답변이 설득력을 갖게끔 많은 노력을 기울였다는 점이다. 「틴턴 사원」에서 시작된 자서전 기획이 『서곡』으로 이어져 평생 동안 시인의 손길을 떠나지 않았다는 사실은 이러한 자신의 시적 주장에 대한 자의식적 고민의 깊이를 간접적으로 말해준다.

사실상 자연의 풍경에서 역사적·인간적·도덕적 의미를 읽어내는 것은 풍경묘사시(Topographical Poems), 혹은 자연을 매개로 한 명상시의 전통에서는 낯선 이야기가 아니다. 가령, 벤 존슨은 「펜스허스트」(To Penshurst)에서 장원의 풍광을 묘사하면서 관용과 사랑이 넘치는 영주와 소작인 간의 조화로운 사회관계를 읽어냈고, 알렉산더 포우프는 「윈저 숲」(Windsor-Forest)에서 영국왕조의 흥망성쇠를 노래했다. 워즈워스의 처녀작인 『저녁산책』에서도 18세기 말의 감상주의 문학에 전형적인 우울(melancholy)의 정서가 자연적 풍경 속에 깊이 각인되어 묘사된다.

그러나 「틴턴 사원」에서 워즈워스가 읽어내는 자연은 단지 인간적 삶과 인간적 정서가 투사되는 하나의 배경으로 그치는 것이 아니라 인간의 삶에 좀더 적극적으로 혹은 독립적으로 작용하는 하나의 도덕적 힘이다.

> 이 아름다운 형상들은
> 내가 오래 떠나 있는 동안 내 곁에 존재하지 않았다.
> 장님의 눈에 풍경이 존재하지 않듯.
> 그러나 종종 외로운 방에서, 그리고 읍과 도시의
> 소음 가운데서 가끔씩 녹초가 되어 있을 때,
> 나는 그 형상들 덕택에 감미로운 흥분을 느꼈다.
> 핏줄을 타고, 심장까지 짜릿하게 느껴지는,
> 그리하여 나의 더욱 순결한 마음속까지 흘러들어가,
> 그 순결함을 조용하게 회복시키는 그런 흥분을.
> 뿐만 아니라 희미하게 기억되는 쾌락의 느낌도 있었다.
> 착한 사람의 삶 중에서도 가장 훌륭한 부분,
> 그의 사소하고, 이름없는, 기억할 수 없는
> 친절과 사랑의 행동들에 적잖이 영향을 줬을 그런 느낌. (23~35행)

워즈워스가 자연을 읽는 법은 이처럼 자연의 아름다움을 아름다움 자체로 한껏 즐기면서 그러한 느낌이 갖는 도덕적 능력을 인식하는 것이었다. 틴턴 사원 앞에 선 워즈워스에게는 자연에 대한 미학적 인식은 도덕적 각성과 동일한 과정이었다. 이러한 도덕적 각성은 1798년 7월 13일이라는 특정한 시간과 와이 계곡이라는 특정한 공간에서 촉발되는 것이지만, 동시에 그러한 특정한 물리적 시공을 초월하여「틴턴 사원」이라는 자전적 서사의 공간에서 이루어지는 것이기도 했다. 즉, 워즈워스가 경험한 자연의 아름다움은 과거에 속한 것이지만, 그 도덕적 의미는 아름다움에 대한 물리적 감각이 제거된 회상의 공간, 즉 현재적인 시적 서술의 공간에서도 인식된다. 이것은 시가 "고요 속에 회상되는"(recollected in tranquillity) 정서에서 비롯된다는「서문」의 시론과도 긴밀하게 부합하는 것이면서, 미학적 인식을 도덕적 각성으로 전환하는 것은 결국 신비로운 자연의 섭리가 아니라 현재 진행되는 시인의 시쓰기라는 점을 알려준다. 따라서 현재 시인의 눈앞에 펼쳐진 와이 계곡의 아름다움을 감각적으로 경험하는 것보다 더 중요한 것은 그러한 감각적 경험을 시적 이미지로 형상화할 때 시인이 체험하는 예술적 경험이며, 이러한 이차적인 경험은「틴턴 사원」에서 독자들이 목격하는 낭만적 초월의 진정한 본질이다.

> 나는 그것들에
> 또다른 것들을 빚졌을지도 모른다.
> 더 장엄한 측면을 가진 어떤 것, 그 축복의 기분,
> 그런 기분을 가지면 신비로움의 부담이 덜어지고
> 이 모든 알 수 없는 세상의 무게,
> 그 무겁고 지긋지긋한 무게가 가벼워지는,
> 그런 고요하고 축복받는 기분.
> 그런 기분을 가지면 애정이 우리를 부드럽게 이끌어,
> 마침내 우리 육신이 내쉬는 숨결이 멎고,
> 심지어 사람의 피조차도 거의 멈춘 상태에서 몸은 잠이 든 채,

> 우리는 살아 있는 영혼이 된다.
> 조화의 힘과 기쁨의 심오한 힘으로
> 고요해진 눈으로,
> 우리는 사물의 정수를 꿰뚫어본다. (35~48행)

자연의 아름다운 형상이 가져다주는 축복의 느낌은 또다른 종류의 감각적 경험과 함께 도덕적 각성뿐만이 아니라 세속에 찌든 마음의 짐을 덜어주며 진리에 대한 개안의 체험도 가져다준다는 것이다. 워즈워스는 여기에서 자연을 바라보는 법을 알게 되었다는 것이 의미하는 바를 미리 보여준다. 그러나 이러한 일종의 '열반'의 체험은 이 시 안에서도 최종적이거나 영속적인 것이 되지 못한다. 워즈워스는 위 인용문 바로 다음에 이것이 헛된 믿음에 불과하다며 초월적 체험의 한계를 스스로 지적한다. 이러한 비판적 인식을 통해 워즈워스는 좀더 큰 맥락에서 자신과 자연의 관계를 돌아보고, 자기 삶의 의미를 좀더 체계적인 개인사 속에서 확립하기 위해 노력하게 된다(58~85행). 이러한 자전적 서술은 다시 한번 자연을 "내 마음의 인도자와 보호자, 내 모든 도덕적 존재의 영혼"이라 규정하며 위기의식과 회의주의를 극복하지만, 이러한 신념은 112행부터 시작되는 소위 도로시 관련 대목에서 다시 한번 도전을 받는다. "내가 그런 가르침을 받지 않았다고 해도"(If I were not thus taught)라는 가정은 시인의 성장을 주도하는 자연에 대한 믿음을 다시 한번 의심하는 셈인 것이다.

도로시라는 실제 인물의 등장은 자연이라는 초인간적 존재의 역할을 완전히 대신하는 것이 아니라, 시적 자아의 성장과 그에 따르는 초월적 경험들이 시적 세계의 외부에서도 현실적인 의미를 가지려면 자연의 섭리와 시인의 시적 상상력말고도 그것을 현실에서 떠받칠 만한 인간적 유대가 뒷받침되어야 한다는 것을 강하게 암시한다. 워즈워스가 싸우디와 코울리지 등과 함께 이루었던 공동체는 이러한 인간적 유대를 현실화하기 위한 것이었다. 워즈워스의 시적 자아의 감각적 체험이 하나의 개인사로 완성되려면 과거와 현재뿐만이 아니라 현재와 미래도 포괄하는 하나의 성장의 역사로서 확립되어야 하는데, 그런 의미에서 도로시는 워즈워스의 과거의 자아일 뿐만 아니라 미래의 모습이기도 하며, 이러한 도로시를 통해 워즈워스의 시적 성장의 신화는 현재에서 끝나는 것이 아니라 자서전으로서는 담을 수 없는 자신의 사후의 미래에까지 확장되는 것이다. 그리고 그러한 깨달음이 도로시에게 똑같이 일어날 수 있다는 것은 다른 세상사람들에게도 확산될 수 있다는 것이고, 이것은 워즈워스가 가장 사적인 경험을 가장 개인적인 방식으로 형상화한 개인의 성장사가 그 개인의 범위를 넘어 보편성을 획득할 수 있음을 보여주는 한 예라고 하겠다.

4. 코울리지──「늙은 수부의 노래」와 낭만적 상상력

워즈워스가 자연과의 관련하에서 자신의 시적 영혼이 성장했음을 보여주는 자서전의 형태로 낭만적 상상력의 역할과 기능을 예증했다면, 코울리지는 자신의 낭만주의적 사유와 창조행위를 초자연적 경험을 통해서 규정하려고 했다. 그의『문학평전』(*Biographia Literaria*, 1817)에 의하면 그것은 『서정담시집』을 함께 구상하면서 두 시인이 합의한 의도적인 역할분담의 결과였다. 그러나 그러한 의도적인 합의가 아니라도, 워즈워스의 감수성이 가장 개인적이고 현실적인 것에서 일반적인 진실을 추론하는 귀납법적 특성을 가지고 있다면 코울리지는 가장 추상적이고 일반적인 사유로부터 특정한 진실을 발견해내는 연역적 사고의 소유자였다. 코울리지가 가장 위대한 철학시를 쓸 적임자로 자신보다 워즈워스를 지목한 것은 단순한 겸손의 수사가 아니라 그러한 기질적 차이를 알고 있었기 때문이었다. 그런 점에서 코울리지가 오늘날에 이르기까지 독자적인 시인으로서보다는 워즈워스에게 "하나의 생철학"(One Life Philosophy)을 제공한 이념적 스승으로서, 독일 관념철학을 도입한 19세기의 대표적 사상가로서 더 의미있게 받아들여지는 것은 놀라운 일이 아니다.

그러나 코울리지 역시 낭만적 상상력이 진리를 인식하는 가장 우월한 수단임을 인식하고, 시인을 그러한 정신적 능력의 소유자로 표상한 것에서는 워즈워스와 다를 바가 없었다. 다만 그러한 낭만적 상상력이 자연과의 관계를 통해서 규정되는 것이 아니라 애당초 그러한 관련을 뛰어넘는 초자연적이고 신비로운 경험으로 체험된다는 점이 다를 뿐이다. 코울리지가 『서정담시집』에 내놓은 시 중 가장 비중있는 작품인 「늙은 수부의 노래」(The Rime of Ancient Mariner)는 이러한 코울리지의 차별성을 가장 잘 보여주는 시이다. 잘 알려진 대로 이 시는 한 늙은 수부가 결혼식에 참석하려는 한 하객을 붙잡는 것으로 시작된다.

그것은 늙은 수부였다.
그는 셋 중 하나를 붙잡았다.
―그대의 긴 잿빛 수염과 빛나는 눈으로
나를 붙잡는 이유가 뭐요?

신부집 문이 활짝 열려 있고,
나는 가까운 친척이라오.
손님들은 다 왔고, 잔치는 시작됐소.
시끌시끌한 소리가 들리지 않소.

그는 깡마른 손으로 하객을 잡았다.
그리고 말했다. 배가 있었소.
이거 놔요! 수염 난 바보 같으니라고, 손 치우란 말이요!
그러자 그는 손을 놓았다.

하지만 그는 그의 빛나는 눈으로 여전히 하객을 붙잡았다.
결혼 하객은 가만히 서서,
세살 먹은 어린애처럼 그의 말을 듣기 시작했다.

수부는 뜻을 이룬 것이다. (1~16행)

　이 시의 화자인 늙은 수부는 처음부터 보통사람의 일상적 경험을 훨씬 넘어서 있는 존재이며, 친척의 결혼식에 참석하려는 하객으로 설정된 청자는 일상의 세계에 속한 가장 평범한 사람의 전형인데, 이 둘 사이의 경험과 인식에는 공통점이 거의 없다. 이 시의 이야기를 이끌어가는 두 주체, 즉 화자와 청자 사이에 존재하는 적대감과 소외감은 시의 출발점에서 극적으로 조명되는데, 시인이 스스로에게 부과하는 과제는 이렇듯 전혀 다른 세계에 속한 두 사람을 화자의 이야기로 연결하는 것이었다. 코울리지의 이야기는 수부의 경험을 상상적으로 재현한 것이며, 이러한 재현된 경험의 효력은 청자로 하여금 애당초 갖고 있던 두려움과 적개심을 극복하고 수부의 경험과 그것이 가져온 수부의 변화를 수긍하고 공감하게 만든다. 이것은 시를 통한 진리의 인식, 그리고 시를 통한 정신의 개혁이라는 낭만주의의 계몽적 이상을 그대로 반영하고 있는 것이다. 다만 진리를 인식하는 체험을 워즈워스는 끊임없이 자연적 대상물 속에서의 현실적 경험으로 환치하여 재현하려고 노력한 반면 코울리지는 말로 설명하기 어려운 신비로운 체험을 신비로운 체험 자체로서 구현하려고 하는 것이다. 코울리지가 독자에게 "불신을 기꺼이 중지해주기"(that willing suspension of disbelief)를 요구하는 것도 이러한 맥락에서인 것이다.
　워즈워스의 경우에도 자연이 가져다주었다는 그 성숙한 깨달음의 과정을 논리적으로 납득하기 어려운 것은 마찬가지지만, 코울리지가 늙은 수부를 통해서 재현하는 신비의 체험은 인과관계의 설정을 원천적으로 부인하는 부조리한 행동들로 일관되어 있다. 수부가 어려움에 빠지게 되는 계기가 된 그의 '원죄'는 뱃사람들이 기독교인의 영혼이라고 간주되는 알바트로스(Albatross)를 쏴죽인 것이었다. 이러한 그의 행동에는 아무런 외적 동기도 논리적 이유도 없다. 수부는 마치 운명처럼 그 새를 쏘아 떨어뜨리고 수부를 태운 배는 저주를 받아 아무런 움직임 없는 대양에 갇히게 된다. 선원들은 하나둘 쓰러져 귀신이 되고, 수부는 죽지도 못하고 "죽음 속의 삶"(Life-In-Death) 속에서 여러가지 정신적 시련을 체험한다. 일상의 세계에는 존재하지도 않은 사악한 영혼들의 대화를 엿들으며 수부는 악몽과도 같은 정신분열적 상태를 견뎌내는데, 그때 그에게 구원을 가져다주는 것은 하느님 앞에서의 참회와 반성이 아니라 오히려 뱀에 대한 무의식적 축복이었다.

> 배의 그림자 너머로
> 나는 물뱀들을 보았다.
> 그들은 하얗게 빛나는 궤도를 그리며 움직였고,
> 그들이 몸을 일으키면 요정의 빛이
> 하얗게 부서지며 떨어졌다.
>
> 배의 그림자 안에서
> 나는 그들의 풍성한 옷차림을 보았다.
> 푸르고, 번들거리는 초록빛, 그리고 벨벳 같은 검은 색
> 그들은 똬리를 틀고 헤엄을 쳤다. 그리고 그들이 그리는 모든 궤도는
> 금빛 화염으로 번쩍거렸다.
>
> 오 행복한 살아 있는 것들이여! 어떠한 말도
> 그들의 아름다움을 증언할 수 없다.
> 사랑의 샘이 내 가슴에서 용솟음쳤고
> 나는 나도 모르게 그들을 축복했다.
> 분명 나의 친절한 성인(聖人)이 자비를 베푸사
> 나는 나도 모르게 그들을 축복했다.
>
> 바로 그 순간 나는 다시 기도할 수 있었다.
> 그리고 나의 목에 걸려 있던 알바트로스는
> 그렇게 자유롭게 떨어져나가

마치 납덩이처럼 바다 속으로 잠겨버렸다. (272~91행)

알바트로스를 쏜 것이 수부의 의지에 의한 것이 아니었듯이 "뱀"에 대한 축복 역시 그의 뜻과는 상관없이 벌어지는 일이었다. "뱀"을 축복함으로써 하느님의 사랑을 되찾는다는 설정은 당시로서도 아슬아슬한 아이러니였는데, 알바트로스를 쏜 것이 왜 저주가 되는지, 또 "뱀"의 아름다움을 인식한 것이 왜 구원의 계기가 되는지, 또 그것이 진정한 "구원"인지 아니면 더 근본적인 타락인지 수부의 이야기에서도, 혹은 시의 본문 옆에 붙은 코울리지의 해설(Gloss)에서도 분명하게 제시되지 않는다. 수부의 이야기의 표면적인 줄거리는 인간의 운명적인 타락과 시련, 그리고 궁극적인 구원을 규정한 성서의 역사와 유사한 타락과 구원의 구조를 가진 듯하지만 구원의 계기가 자신의 죄에 대한 진정한 참회에 의거한 것이 아니라 "뱀"이 가진 "아름다움"을 인식하고 그것을 찬양하는 것이라는 점에서 수부의 이야기는 기독교적 고해성사의 의미를 넘어선다. 중요한 것은 그러한 "뱀"의 아름다움을 알아버린 수부가 아무리 안전한 일상의 세계로 돌아왔다 하더라도 과거의 자신으로 돌아갈 수는 없었다는 사실이다. 귀향 이후에도 수부에게 여전히 남아 있는 "저주"는 영원히 자신의 "이야기"를 누구에겐가 반복해야 한다는 것이다.

나는 마치 밤처럼 이곳 저곳을 떠돈다.
나는 이상한 말솜씨를 얻게 되었다.
나는 사람의 얼굴을 보면 곧바로
그가 내 말을 들어야 할 사람인지 아닌지 안다.
나는 그에게 내 이야기를 가르친다. (586~90행)

수부의 "이야기"로 "가르침"을 받은 청자 결혼식 하객은 마치 심한 충격을 받은 것처럼 생각에 잠기고 다음날 아침에는 "더 슬프고, 더 현명한 사람"(622행)이 된다는 것이다. 무당에게 신이 내리듯 일련의 극심한 육체적·

정신적인 시련을 통해 수부는 "이상한 말솜씨"를 가진 전혀 다른 사람이 되고, 자신도 논리적으로 인식하지 못하고 말로 설명할 수도 없는 어떤 다른 세계의 지혜를 이쪽 세계 사람들에게 전하는 것이다. 결과적으로 이 시에서 코울리지가 더 의미있게 제시하는 것은 이해할 수 없는 수부의 이야기의 "내용" 자체가 아니라 그러한 이야기가 인간의 의식에 작용하는 방식과 효과, 그리고 그 모든 것을 매개하는 수부라는 시적 화자의 의식이다. 결국 코울리지가 맞닥뜨리는 것은 곧 시적 상상력으로 진리와 아름다움을 인식하는 낭만적 시인의 의식, 즉 자기 자신의 의식이며, 이것은 「늙은 수부의 노래」를 또다른 의미에서의 시적 자화상으로 읽을 수 있는 이유이다.

「늙은 수부의 노래」를 논의하면서 흔히 간과하는 사실은 이 이야기가 표면적으로는 지리상의 발견 이후 서구에서 흔히 볼 수 있는 탐험기 내지 항해록의 형식을 가지고 있다는 사실이다. 상상하기도 어려운 먼 오지에 혼자 떨어져 보통사람들은 상상도 못할 모험과 깨달음을 얻고 돌아온다는 이야기는 전통적으로 작가들의 정치적 이상주의나 간접적인 사회비판을 담아내는 데 흔히 쓰이던 장치인데, 가령 토머스 모어의 『유토피아』나 조너선 스위프트의 『걸리버 여행기』가 그 대표적인 예이다. 「늙은 수부의 노래」를 쓰기 불과 2, 3년 전에 팬티쏘크러씨라는 유토피아 공동체운동을 벌였던 코울리지가 이러한 장치를 채용했다는 것은 흥미로운 사실인데, 흔히 아편복용과 관련된 악몽이나 낭만적 상상력에 대한 은유, 고딕적 감수성과 초자연적 현실인식 등과 관련되어 해석되는 이 시가 『유토피아』나 『걸리버 여행기』와 같은 형식을 가지고 있다는 것은 코울리지의 정치적 이상주의와 비판적 사회의식이 여전히 이 시를 구조적으로 떠받치고 있음을 시사하는 것이다. 다만 그러한 이상주의와 사회의식이 풍자를 통해서가 아니라 낭만적 상상력과 그것을 매개하는 창조적 시인의 "이야기" 그리고 그 계몽적 교육의 기능을 통해 관철되고 있을 뿐이다. 그런 점에서 「늙은 수부의 노래」는 코울리지의 창조적 이야기꾼으로서의 자기규정일 뿐만 아니라 급진적 정치논설과 유토피아 운동으로 표출되었던 정치적 이상주의를 문학적 형

식으로 구현한 것이라고 할 수 있을 것이다. 〔박찬길〕

추천문헌

Patrick Campbell, *Wordsworth and Coleridge: Lyrical Ballads: Critical Prespectives* (London: Macmillan 1991). 『서정담시집』과 관련된 최근의 비평적 성과를 간결하면서도 효과적으로 집약하여 소개한 연구지침서.

Stephen Gill, *William Wordsworth: A Life* (Oxford: Clarendon 1989). 한 권으로 된 비교적 간결한 워즈워스 전기로서 최근의 연구성과를 담고 있으며, 세세한 전기적 사실보다는 작품과 관련된 중요한 문제를 중심으로 관련사실들이 학문적으로 타당하게 분석되어 있다는 점에서 유용한 연구서.

Mary Jacobus, *Tradition and Experiment in Wordsworth's Lyrical Ballads, 1798* (Oxford: Clarendon 1976). 『서정담시집』의 실험적 성격을 18세기적 전통과의 연관 속에서 설명한 연구서.

Richard Holms, *Coleridge: Early Visions* (London: Hodder & Stoughton 1989). 최근에 나온 코울리지 전기. 1804년 코울리지가 몰타(Malta)로 요양을 갈 때까지의 초기 경력을 중점적으로 다룬 전기로서 워즈워스와의 관계를 파악하는 데 편리한 연구서.

Nicholas Roe, *Wordsworth and Coleridge: The Radical Years* (Oxford: Oxford Univ. Press 1988). 1790년대의 워즈워스와 코울리지의 정치적 행적과 그 영향을 분석한 연구서.

E. P. Thompson, *The Romantics: England in a Revolutionary Age* (New York: The New Press 1997). 1790년대 워즈워스와 코울리지의 정치적 경력과 시대상황을 당대의 역사적 상황과 관련시켜 분석한 사학자 톰슨의 글모음집. 여기에는 "Disenchantment or Default? A Lay Sermon"이라는 워즈워스와 코울리지의 정치적 "변절"을 실증적으로 탐구한 고전적인 논문이 포함되어 있다.

바이런, 셸리, 키츠

1. 제2세대 낭만주의 시인들

영국낭만주의는 대략 1790년대부터 1830년대까지에 걸친 시 중심의 문학사조이며, 이 시기는 흔히 제1세대 낭만주의 혹은 절정기 낭만주의와 제2세대 낭만주의 혹은 후기 낭만주의로 구분한다. 제1세대 낭만주의 시인들로는 워즈워스와 코울리지를 꼽을 수 있고, 그 뒤를 이어 활동한 바이런(George G. Lord Byron, 1788~1824), 셸리(Percy Bysshe Shelley, 1792~1822), 키츠(John Keats, 1795~1821)는 제2세대 낭만주의 혹은 후기 낭만주의 시인으로 분류된다. 이들이 활동한 시기는 주로 1810~30년대이다. 이들을 같은 낭만주의 사조에 속하는 것으로 보면서도 '제2세대' 내지 '후기' 같은 형용어로 구분하는 것은 이들이 앞세대 낭만주의 시인들과 공통점을 지니면서도 동시에 차이점을 지닌다는 것을 시사한다.

낭만주의 시대는 18세기 산업혁명 이후 이뤄진 생산양식의 급격한 변화, 그에 따른 생활방식 및 인간 심성의 변화, 삶과 세상에 대한 과학적 인식으로의 전환, 그리고 정치권력의 대중적 확장을 위한 민권운동 등으로 크게 특징지어지는 시대였다. 이러한 시대를 살면서 사람들이 경험한 문제를 제시하고 아울러 더 나은 삶에 대한 모색을 문학으로 형상화했다는 점에서 제2세대 낭만주의 시인들 역시 제1세대 낭만주의 시인들과 공통점을 지닌다. 그러나 워즈워스나 코울리지가 현실적 삶의 온갖 경험들을 작품에서 다루면서도 궁극적으로는 초월적 상상력이라는 해결책을 제시하는 데 비해서, 제2세대 낭만주의 시인들은 그에 대한 비판적 회의를 경험함으로써 또다른 문학적 여정으로 나아간다.

그렇다고 해서 낭만주의 세대 구분이 어떤 명확한 차이에 의한 것은 아니다. 제1세대의 대표적 시인인 워즈워스만 하더라도 대부분 작품의 기본적인 정서구조는 초월을 향한 염원과 초월이 가능한가에 대한 심한 회의가 교차되는 것으로 구성된다. 그럼에도 불구하고 워즈워스는 갈수록 초월을 강조하게 되며, 최종적으로는 초월적 상상력에 의지하여 인간성의 구원을 기대하였다. 이와같은 문학적 환경에서 제2세대 낭만주의 시인들의 고민은 인간과 자연, 주관과 객관의 관념적 통합을 경험적으로 받아들일 수 없다는 것, 현실을 산다는 것이 그렇게 관념을 달리함으로써만 해결될 수 없다는 것을 깨닫고 낭만주의적 소외를 다시 경험하며 갈등과 고통을 느끼는 데서 시작되었던 것이다. 그들이 활동한 시기는 그만큼 회의와 갈등이 더욱 심화된 시기였으며, 그에 대한 대응 또한 앞시대 시인들보다 더욱 격렬했다.

물론 바이런, 셸리, 키츠가 나름대로 나아간 방향은 서로 달랐다. 그럼에도 불구하고 그들은 워즈워스나 코울리지에 비하면, 현실적 삶 자체를 수용하고 거기에서 의미를 발견하는 모습을 훨씬 더 많이 보여준다. 현실을 수용한다 함은 삶과 존재를 현실적으로 규정하는 물질적 조건, 특히 시간과 공간의 유한성을 받아들인다는 뜻이다. 그들 역시 서양에서 옛날부터 전해내려온, 제1세대 낭만주의 시인들도 공유하던 부정적 물질관을 갖고 있기는 했지만, 물질적 조건에서 비롯되는 고통의 문제도 그들의 시적 과정을 통해서 변모하게 되는 것이다. 현실적 삶의 고통과 반대되는 '기쁨'(joy)이 제1세대 낭만주의 시인들의 공통된 화두였다면, 제2세대 낭만주의 시인들은 '기쁨' 외에 '아름다움'(beauty)을 또다른 화두로 내세운다. 상상력을 통해서 물적 현실을 초월하는 기쁨의 회복이 좌절에 부딪힌 낭만주의적 위기에서 제2세대 낭만주의 시인들이 착안한 삶의 가치, 즉 '아름다움'은 시간성·고통·죽음과도 공존할 수 있는 새로운 돌파구였다. 즉, 현실적 삶이 고통스럽고 슬프더라도 아름다울 수 있기 때문에 긍정적인 가치를 지닌다는 것이다.

따라서 제2세대 낭만주의 시인들은 현실적 삶에 대해 더 적극적일 수 있었고, 정치적·경제적·제도적·사회적 관심에 있어서 더 구체적인 열의를 보여준다. 인간 삶의 행복과 불행이 정신에 의해서만 결정될 수 없고 일정하게 현실적 요인에 의해서 좌우된다는 인식전환에 이르면, 당연히 관심은 삶을 구성하는 현실적 여건을 개선하는 데 더 기울어질 수밖에 없다. 그렇다고 제2세대 낭만주의 시인들이 상상력이나 인간정신의 능력을 도외시했다는 말은 아니다. 하지만 그들이 현실세계에서 기인한 정서적 문제를 해결하기 위해 외부적 조건과 유리된 채 주관적 초월에 의존하려 했던 앞세대 낭만주의 시인들의 모순을 극복하려는 노력과 성과를 보여준 것만은 분명하다.

2. 바이런

바이런 작품의 이해를 둘러싸고 논란이 되어온 문제들을 몇가지 꼽아보면, 남작(男爵)의 지위를 물려받은 귀족신분이면서 문학적·정치적·사상적으로 급진적인 혁명가였다는 점, 낭만주의 시인이면서도 드라이든과 포우프 같은 신고전주의 시인들을 칭송하고 본받는 풍자시를 썼다는 점, 얼핏 보기에 아주 낭만주의적이면서도 아주 반(反)낭만주의적인 시인이었다는 점, 자기가 말한 것을 곧 뒤집어엎는 반어적이고 연극적인 가면의 언술적 제스처를 수사적 특징으로 한다는 점, 다양하다 못해 상반되는 목소리들을 도처에서 내고 있다는 점 등이다.

셸리의 『줄리언과 마달로』(*Julian and Maddalo*)를 보면, 바이런의 세계를 일별할 수 있다. 이 작품에서 마달로는 셸리가 생각한 바이런의 목소리를 대변한다. 즉, 바이런에 대한 셸리의 생각을 극화한 인물인 것이다. 바닷가에 서서 지는 해를 바라보며 영혼에 대해 명상하는 마달로는 낙관적인 낭만주의적 비전에 대해 회의하며, 인간영혼이 유한하고 암울하며 죽음에서 벗어날 수 없다는 어둠의 비전을 토로한다. 빛과 생명은 잠정적인 상태일 뿐 어둠과 죽음이 궁극적이고 영원하다는 바이런의 생각은 워즈워스나 코울리지의 견해와는 다른 것이다. 하지만, 어둠의 비전은 사실 그들의 마음속에도 이미 있던 낭만주의적 정서의 또다른 측면, 즉 절망의 정서였다. 그들이 절망의 정서를 낙관주의로 애써 억압한 데 반해서, 마달로는 억압하지 않고 드러낸 것이 다를 뿐이다. 어쨌든 새로운 것은 아니라 하더라도 어둠의 비전을 작품의 결론적 정서로 표면화했다는 것이 바이런이 다른 낭만주의 시인들과 구별되는 기본적 특징이다. 바이런의 초기 서정시 「그녀는 아름답게 걷는다」(She Walks in Beauty)는 "하늘이 화려한 낮에게는 주지 않는/그 부드러운 빛," 즉 밤하늘 별빛의 아름다움을 강조하고 있으며, 「희망이 행복이라고 말들 하지만」(They Say That Hope Is Happiness)에서는 "슬프다! 모두가 다 착각이로다./앞날은 멀리서 우리를 속인다"고 말한다.

바이런의 시적 정서는 멀게는 플라톤주의 철학과 기독교사상으로 구현되어 온 뿌리깊은 서양 형이상학의 가치관에 대한, 그리고 가깝게는 제1세대 낭만주의 시인들이 제시한 예언자적 상상력에 대한 근본적 회의를 기조로 한다. 하지만 그렇다고 해서 바이런의 결론적 태도가 삶 자체에 대한 궁극적 회의나 절망에 머무는 것은 아니다. 물려받은 영원성 중심의 전통을 스스로 깨고 나와 시간성과 물질성을 새로운 각도에서 긍정하고 수용함으로써 세상을 더욱 역동적으로 살아가는 것이 바이런이 짧은 생애 동안에 이룩한 시적 성취이다. 이와같은 의미에서 맥간(Jerome McGann)은 『맥락으로 본 「돈 주안」』(*Don Juan in Context*, 1976)에서 바이런을 "전성기 낭만주의의 비판자인 동시에 화신(化身)"으로 평가한 것이다.

『해럴드 도령의 순례』(*Childe Harold's Pilgrimage*, 1812~18)

이 작품의 이야기는 삶 자체에 대해 희망을 상실한 채 막연한 불만에 휩싸인 한 청년이 지금까지의 부족함 없는 생활을 청산하고 목적 없는 긴 여행을 하는 행적을 전통적 도덕가인 서술자가 따라다니며 서술하는 형식으로 전개된다. 1곡의 처음에서는 주인공 해럴드와 서술자 간의 관계가 분명히 대립적으로 구별되어 있고 서술자가 삶의 길을 잃은 주인공을 교화하려는 의지를 보이지만, 이야기가 계속되면서 서술자의 가치관과 주인공의 가치관이 서로 영향을 주어 혼재하는 양상을 띤다. 4곡에 이르면 주인공의 모습은 사라지고 서술자의 목소리가 지배하는데, 이때의 서술자는 1곡 처음에서의 서술자와는 다른 모습이다. 즉 주인공의 반전통적인 생각을 교화하려던 서술자가 오히려 고정된 삶의 가치관에서 벗어나 세상을 더 폭넓고 자유롭게 바라볼 수 있게 변화된 것이다.

바이런 스스로 "어느날 아침 깨어보니 유명해졌더라"고 말할 만큼 그를 일약 유명 작가의 반열에 올려놓은 이 작품에 당대 독자들이 매력을 느낀 것은 주인공 해럴드의 불만에 찬 정서 때문이다. 매사에 흥미를 잃은 주인공이 보여주는 절망의 정서는 기성의 도덕관과 신화적·낭만주의적·이상주의적 가치관에 회의적이었던 당시 후기 낭만주의의 시대적 정서이기도 했다. 고정된 삶의 틀을 벗어나 미지의 이국적 공간으로 기약없는 여행을 하는 주인공의 전통 타파적 욕구는 당대 젊은 독자들의 정서를 흡수할 수 있었다. 하지만 바이런 자신의 입장을 해럴드나 서술자 어느 한쪽으로 동일시하는 것은 옳지 않다. 서술자는 바이런의 의식을 구성하는 전통적 부분, 그리고 해럴드는 그에 대해 반발하는 부분이 각각 극화된 작중 인물들이라고 보아야 할 것이다. 바이런 자신의 마음에서 일고 있던 상충된 생각들간의 대화를 통해 결국 4곡의 끝에서 서술자는 "이 지겨운 꿈의 주문(呪文)은 풀려야 한다"(185연)고 주장하며, 이전과는 확연히 변모된 모습을 보여준다. "순례"의 결과는 비전의 획득이 아니라 현실세계로의 전향이며, 이것은 제1세대 낭만주의적 상상력의 비전에 대한 환멸이다.

이 작품에서 바이런은 전통적인 문학적 수법들을 쓰고 있지만, 그것들을 전통적인 문학적 관례를 전복하는 데 사용하고 있다. 제목에 사용된 "순례"는 잃어버린 성배를 찾아가는 중세 기사의 목적론적 여행을 연상시키지만, 바이런은 이를 시대에 맞지 않도록 사용하여 독자의 기대를 파괴하고 독자를 혼란에 빠뜨린다. 그렇게 함으로써 바이런은 당대가 이미 중세적 가치체계로는 담을 수 없는 시대임을 독자 스스로 깨닫도록 하고 있는 것이다. 또 외형적으로 이 작품은 유려하고 낭만적인 분위기를 기대하게 하는 스펜서풍 스탠저(Spenserian stanza)에 따라 ababbcbcc의 각운체계로 되어 있지만, 바이런은 이 스탠저를 스펜서의 시에서와는 반대되는 효과를 낳도록 사용하고 있다. 바이런 자신은 1812년에 붙인 서문에서 자신의 스펜서풍 스탠저에 대해 "기분 내키는 대로 우스울 수도 애처러울 수도 있으며, 묘사적일 수도 감상적일 수도 있고, 또는 다감할 수도 풍자적일 수도 있는 것"이라고 말한 바 있다. 그 효과는 스펜서 자신의 용법이 아니라 18세기에 톰슨(James Thompson)이나 비티(James Beattie)에 의해 풍자적으로 변용된 용법이며, 아리오스또(Ludovico Ariosto)나 뿔치(Luigi Pulci) 등 이딸리아 시인들의 희극적 목소리가 가미된 것이었다. 바이런의 형식에서는 한 연 안의 마지막 9행이 앞의 여덟 행의 진지한 분위기를 희극적으로 뒤엎는다. 나중에 『베포』(*Beppo*) 『최후의 심판 진풍경』(*The Vision of Judgment*) 『돈 주안』(*Don Juan*)을 쓸 때 바이런은 그러한 전복을 통한 희극적 효과를 강화하는 데 더욱 효과적인 8행 연형식(ottava rima)을 사용한다.

『해럴드 도령의 순례』를 낭만주의적 작품으로 볼 것인가 반낭만주의적 작품으로 볼 것인가 하는 비평적 논란은 3곡의 다음 대목을 중심으로 엇갈려왔다.

    나는 내 자신 속에 있는 것이 아니라

나를 둘러싼 주변의 일부가 된다……
그때 영혼은 '육체의 사슬에서' 벗어나,
하늘과——산꼭대기와——넘실대는 해면(海面)과,
또 별들과 일체가 될 수 있으니——이 어찌 허사리요. (72연)

이 부분은 흔히 바이런이 워즈워스적인 자연관과 비전을 나타내는 것으로 해석되어왔다. 하지만 정작 바이런 자신은 스위스에서 이 작품을 쓰고 있을 때 "셸리가 워즈워스라는 약을 토악질 나도록 내게 투여하곤 했다"고 그때를 회상하며 염증을 냈다. 얼핏 바이런이 구축해가고 있는 듯한 워즈워스적 자연관은 이어서 나오는 "그러나 이것이 나의 주제는 아니다"(76연)라는 구절과 천둥치는 알프스의 모습(92~96연)에 의해 산산이 부서진다. 주관과 객관의 조화로운 통합을 예상하던 독자의 기대는 좌절되는 것이다. 바이런은 이와같이 전복을 위한 제스처를 도처에서 쓰고 있으며, 제1세대 낭만주의적 상상력을 편협하고 관념적인 인식도구로 보면서, 현실세계에서 벌어지는 다양한 면모를 수용할 수 있는 시야를 열어놓았다.

3. 셸리

17세기 초부터 내려온 써씩스(Sussex) 지방의 귀족가문에서 부유한 지주의 손자이자 보수적인 의원의 아들로 태어나 이튼 학교와 옥스퍼드 대학을 다닌 셸리는 아주 급진적인 혁명적 기질을 지닌 시인이었다. 종교적으로 무신론을 주장했으며, 정치적으로 아나키스트였고, 자유연애 사상가였다. 또한 화학실험을 하다가 자기 방 카펫을 태우는가 하면, 18세기 말부터 대두한 허튼(James Hutton), 뀌비에(George Cuvier), 볼니(Volney) 등의 새로운 지질학·생물학 이론——지층조사를 통해 발굴된 화석의 분포를 근거로 지구의 역사가 천지창조에 대한 성서 해석으로 추산된 것보다 훨씬 더 오래되었음을 밝힌 이론——에 심취한 과학도였다. 그러면서도 철학적으로는 플라톤주의의 이원론에 영향을 받아 현실세계에 대해서는 궁극적으로 회의적이었으며 이상세계를 향해 초월을 꿈꾼 관념론자의 면모를 지니고 있기도 했다.

현실정치에 대한 급진적 개혁가로서 셸리의 모습은 예컨대 「1819년의 영국」(England in 1819)이라는 시에서 볼 수 있다. 이 시는 보통선거권과 연례적 의회 개원을 요구하던 민중의 시위를 무력으로 진압한 피털루 학살사건(Peterloo Massacre, 1819)을 준열히 비난하는 작품이다. 또한 그는 노동의 주체와 산물이 서로 분리되다 못해 노동의 산물이 노동자들을 파괴하는 지경에 이른 노동의 소외와 왜곡된 생산과정을 고발하고, 그에 대한 영국 민중의 각성을 강력히 촉구하는 「"영국 민중"에게 고함」(A Song: "Men of England")을 썼다. 그런가 하면, 「종달새에게」(To a Sky-Lark) 같은 작품은 "지상세계에 대한 조롱자"(100행)로서 이상세계로의 강한 초월의지를 갖고 있는 셸리의 모습을 보여주기도 한다. 물론 이상에 대한 추구는 현실개선의 동력을 제공하기도 하지만, 절대이상에 입각하여 삶을 바라보는 태도는 현실에 대한 궁극적 회의로 빠질 수 있다. 현실과 이상에 대한 초점이 이처럼 심하게 괴리되어 있었기 때문에 셸리는 제2세대 낭만주의 시인으로서 현실에 대한 개혁의지와 초월의지 간의 갈등을 누구보다도 극대화된 모습으로 보여준다.

「서풍을 기리는 시」(Ode to the West Wind, 1820)

이 시에서 서풍, 즉 바람은 계절의 순환이라는 자연의 의미, 자유를 향한 혁명을 상징하는 정치적 의미, 시인의 창조력을 나타내는 시적·정신적 의미 등 복합적인 주제를 나타내는 이미지이다. 우선 형식면에서 볼 때, 이 시는 5부로 구성되어 있으며, 각 부는 aba, bcb, cdc 등의 각운체계를 갖는 네 개의 3운연(terza rima)과 한 개의 2행연(couplet)으로 구성되어 있다. 형식적 구조가 아주 엄격하며, 이미지 전개를 통한 주제의 구성도 치밀하다. 1부, 2부, 3부는 각각 바람의 활동무대를 지상·하늘·바다로 분할하여 종합적으로 공간적 전체성을 구현하고 있으며, 4부는 바람의 해방적 의미를 시인 자신이 처해 있는 현실의 의미, 즉 인간적 의미로 확장하고 있다. 그리고 마지막 5부는 미래에 대한 예언과 기원으로 끝맺는다.

서풍은 생명을 파괴하면서 동시에 보존한다는 역설적 의미를 지닌다. 부패한 묵은 것을 일소하고 새로운 생명의 소생을 기약하는 계절의 순환적 원리와 관련하여 비평가들 사이에서는 혁명에 대한 셸리의 궁극적 전망에 대해 이 시의 마지막 두 행을 놓고 논란이 있어왔다.

오, 바람이여,
겨울이 오면, 봄이 멀리 있을 수 있겠는가? (69~70행)

이 작품에서 혁명의 원리는 계절의 순환원리에 비유되어 표현된다. 계절의 순환을 좁은 범위에서 본다면, 서풍으로 상징화된 혁명의 기운은 파괴라는 당장의 부정적 기능을 갖고 있음에도 불구하고 봄을 기약한다는 의미에서 셸리의 낙관적 혁명관을 나타낸다고 해석할 수 있다. 하지만 이를 넓게 보면, 봄의 새로운 생명은 다시 무성한 여름 동안 타락하게 될 것이고 가을과 겨울의 파멸로 이어질 수밖에 없으므로, 이 구절은 궁극적으로 셸리의 회의적 혁명관을 나타낸다고 해석할 수도 있다.

그러나 이와같은 논란은 일회의 혁명으로 모든 문제가 완전히 해결되어 다시는 타락하지 않아야 하며, 그렇지 못한 혁명은 무의미하다는 일종의 관념론적 강박에서 비롯된다. 프랑스혁명의 공포정치화를 목격하고 현실 혁명에 대해 극복하기 어려운 고민에 빠졌던 워즈워스나 코울리지의 방향 선회는 바로 그와같은 일회적 혁명을 요구하는 강박관념에서 비롯되었다. 그렇지만 셸리는 이미 『맵 여왕』(*Queen Mab*)에서 "세상을 갱신하는/불멸의 변화"(5부, 3~4행)와 "숨쉬는 풀밭에서/젊고 정직하고 사랑스런 숲이 약동하여,/자기를 낳고 길러준 부모처럼 자라나 죽는다"(13~15행)는 자연의 섭리를 인정한 바 있다. 즉 일회적 혁명에 의해 세상의 문제가 영구히 해결되고 지복천년이 도래할 것이라는 앞세대 낭만주의 시인들의 혁명관과는 달리 셸리는 자연의 순환원리에서 반복적인 혁명의 원리를 발견한 것이다.

「종달새에게」(To a Sky-Lark, 1820)

셸리는 산문 「시의 옹호」(A Defence of Poetry)에서 "시인들의 언어는 참으로 비유적이다"라고 주장한 바 있다. 시의 언어가 비유적이라 함은 언어가 이전에 사람들이 깨닫지 못한 사물들의 관계를 밝혀주는 기능을 하지만 언어 자체는 그러한 기능을 잠정적으로 수행할 뿐 곧 추상적 개념의 고착물로 굳어지기 때문에 시인은 자신의 언어를 고정할 것이 아니라 계속해서 갱신해야 한다는 뜻이다. 시적 완벽성을 추구한 셸리에게 물리적 매체를 기반으로 하는 인간의 언어는 이상세계를 표현하기 위해 필요하면서도 다른 한편으로는 그것을 가로막는 이중적 기능을 하는 것이었다. 따라서 시인은 끊임없이 새로운 언어를 창조하고 또 폐기하는 과정을 되풀이할 수밖에 없는데, 「종달새에게」는 시인으로서 셸리의 그러한 행위를 잘 보여준다.

이 시에서 종달새는 한 마리의 생물학적 새가 아니라 "육체 없는 기쁨"(15행)으로서 절대적 기쁨과 아름다움을 나타내는 상징이다. 그러한 이상적 경험을 인간의 언어로 표현하는 것이 시인의 임무이지만, 셸리는 이 임무를 수행하는 데 매우 곤란을 느낀다("그대의 본질을 우리는 알지 못한다/무엇이 그대와 가장 흡사할까?"). 완전한 이상세계를 불완전한 현실의 언어로 표현한다는 것은 애초부터 불가능한 일이다. 그래서 셸리는 완전한 표현이라기보다 비유를 통해 이상세계에 최대한 가까이 다가가고자 한다. 이 시의 특징은 대부분의 연에서 이상적 경험을 표현하는 직유나 은유의 비유물을 하나씩 제시한다는 것이다. 이상세계의 본질을 현실적 등가물로 대체하려는 노력은 잠정적 효과를 달성할 뿐 곧 사라지고 만다. 따라서, 셸리는 확고한 이미지를 사용하는 일이 드물고 수많은 이미지들을 쏟아놓는데, 독자는 그 이미지들의 한 면을 잠깐 파악한 다음에 버려야 한다. 어느것 하나도 만족스럽지는 않지만 포기할 수 없는 매력이 있기 때문에 사실 이상과 현실의 이 아이러니한 괴리는 시적 창작행위를 계속해서 진척시키는 원동력이 되고 있다.

 이 시의 마지막 네 연은 시인이 왜 끊임없이 좌절하면서도 이상세계에 대한 추구를 포기할 수 없는가 하는 이유를 보여준다. 셸리에게 현실은 공허감을 떨칠 수 없는 세계이다. 현실에서의 웃음은 슬픔을 수반하며, 욕망은 궁핍과 부재의 투영일 뿐이다. 실제로 이 시 자체도, 셸리가 종달새로 상징되는 완전한 이상세계의 경험을 언어를 통해 성공적으로 표현하고 있다기보다는, 그럴 수 없는 시인으로서의 현실적 한계를 고통스럽게 보여주면서 그것을 뛰어넘고자 하는 초월의 의지를 동시에 표현하고 있다. 이것이 바로 현실가치에 대한 셸리의 인정과 부정의 경계를 가르는 요소인 것이다.

4. 키츠

 26세의 나이로 요절한 키츠는 바이런이나 셸리처럼 요란한 전기적(傳記的) 행적을 남기지도 않았고, 그들처럼 현실정치에 대한 급진적 주장과 행동을 표명하지도 않았다. 그는 시를 통해 개인적 정서의 차원에서 현실에 대한 강렬한 경험과 지극한 애정을 보여준다. 젊은 나이에, 그리고 짧은 기간 동안 키츠가 성취한 삶에 대한 원숙한 성찰과 방대하고 심오한 시세계는 흔히 그의 천재성에서 기인한다고 일컬어지지만, 사실 그것은 그가 겪은 삶의 고난과 그럼에도 버릴 수 없던 삶에 대한 그의 지극한 정성 사이에서 갈고 닦인 결과이다. 부모와 동생의 잇단 병사(病死), 자신의 죽음을 너무 일찍 결정지은 질병, 패니 브라운(Fanny Brawne)에 대한 이룰 수 없는 강렬한 사랑의 욕구 등으로 인하여 이 세상은 키츠에게 고난과 눈물의 계곡이었다. 하지만 키츠는 죽음이 지배하는 고통스러운 현실에서 바로 그 고통과 슬픔으로 인해 생성되는 아름다운 영혼을 발견한다.

 이 세상을 "영혼 생성의 계곡"(the vale of Soul-making)으로 바라본 키츠는 "영혼"에 대해서 종래의 형이상학에서 말하던 개념과는 다르게 생각하고 있었다. 키츠가 생각하는 영혼은 현실을 초월한 고정불변의 개념이 아니라 현실에 의해서 형성되는 것이었다. 하지만, 시인으로서 키츠의 고민도 그 자체로는 새로운 것이 아니었으며, 영원성의 가치와 감각적 즐거움 사이에서 빚어지는 해묵은 갈등이었다.「밝은 별이여, 나 그대처럼 불변하기를」(Bright Star, Would I Were Steadfast as Thou Art) 같은 작품은 감각적 즐거움과 영원성 두 가지를 모두 갖고 싶은 키츠의 욕망을 드러내고 있다. 그러나, 키츠는 이미 무감각하고 공허한 영원성의 전통적 가치에 대해 거부하는 태도를 강력히 시사하고 있다. 키츠가 말하는 시적 "영혼"은 시간성을 초월하는 고정불변의 관념적 성격이 아니라 끈끈한 감각적 현실을 살면서 형성되는 속성, 즉 변화의 속성을 지닌다. 그것은 경험적 삶에 대한 강한 애정과 동의어인데, 지상에서의 삶을 사랑함으로써 사람은 더 나은 존재로 발전한다는 것이 키츠의 생각이었다.

    제2세대 낭만주의 시인으로서 키츠는 상상력에 대해서도 워즈워스나 코울리지처럼 절대적 초월의 기능을 부여하지 않는다. 친구 베일리(Benjamin Bailey)에게 보낸 1817년 11월 22일자 편지에서 키츠는 "내게 확실한 것은 마음에서 우러나오는 애정이 성스럽다는 것과 상상력이 진리라는 것뿐이다——상상력을 통해서 아름다움으로 포착되는 것은 진리임에 틀림없다 … 상상력은 아담의 꿈에 비유될 수 있다——아담이 깨어보니 그 꿈은 진짜였다"고 말한 바 있다. 마음이 현실적 경험으로 통하는 경지가 키츠가 말하는 상상력의 기능이며, 그러한 상상력은 잠정적이기는 하지만 강력하고 아름다운 감동으로 다가온다. 그렇게 강렬하고 아름다운 순간이야말로 키츠가 말하는 영원한 경험이다. 키츠가 말하는 영원성이란 시간성과 대조되는 외형적 개념이 아니라 강렬한 정서적 경험 자체인 것이다. 키츠는 이 세상에서의 삶을 기쁘게 바라본 시인은 아니었지만 그 삶을 아름답게 바라봄으로써 수용할 수 있었던 시인이다.

「나이팅게일을 기리는 시」(Ode to a Nightingale, 1819)

이 시는 각 연이 ababcdecde의 각운체계에 따라 10행으로 구성되는 전형적인 키츠식 송시(頌詩, the Keatsean ode)의 형식으로 되어 있다. 의미 전개로 볼 때, 1~4연은 현실적 삶의 고통과 그로 인한 강력한 초월의지를 나타내며, 5~7연에서는 초월적 이상세계와 끈끈한 감각적 현실세계의 경험이 혼재하다가, 마지막 8연에서는 현실로의 복귀를 보여준다. 나이팅게일의 노래는 영원하고 완벽한 이상적 행복을 의미하는 상징이다. 처음 부분에서 서술자는 현실의 고통을 견딜 수 없어서 나이팅게일의 시적 날개를 타고 현실에서 벗어나 이상세계로 가고자 하는 초월의지를 표명한다. 하지만 서술자는 나이팅게일과 함께 있다고 느끼는 그 순간에 현실세계에서 경험하는 감각적 아름다움에 흠뻑 빠져든다. 자신이 추구하는 이상세계란 자신이 이 세상에서 바라는 감각적 욕망의 투영이었던 것이다. 결국 죽음을 벗어나 있는 나이팅게일은 서술자에게 궁극적 구원의 기능을 다하지 못하고 서술자는 다시 현실세계에 남는다. 그렇지만 완전한 초월을 하지 못한 것이 키츠에게는 오히려 다행이다. 왜냐하면, 제1세대 낭만주의 시인들이 절대화해놓은 그러한 상상력은 키츠가 보기에는 "환상"(fancy)이고 "속이는 요정"(deceiving elf)이며 현실을 비껴가는 공허한 것이기 때문이다.

이 시를 통해서 키츠는 워즈워스나 코울리지가 세워놓은 이른바 낭만주의적 상상력에 대한 비판적 견해를 표현하는 동시에 시와 삶에 대한 자신의 견해를 나타내고 있는 셈이다. 이 작품에서 가장 많은 논란을 불러일으킨 대목은 "나는 깨어나는가 자고 있는가?"라는 마지막 구절이다. 어쨌든 마지막 연에서 나이팅게일의 노래는 사라지고 서술자의 의식은 다시 시간이 지배하는 현실세계로 돌아온다. 즉 시적 상상력의 경험은 더이상 현재적 경험이 아니라 지나간 과거의 기억일 뿐인 것이다. 상상의 세계로 나아가지 못하고 현실로 돌아온다는 것은 현실에 가치를 두는 입장에서 보면 미몽에서 깨어나는 것이 될 것이고, 상상력에 절대적 가치를 두는 입장에서 보면 무지한 잠에 빠지는 것이 될 것이다. 키츠는 이에 대한 명시적 대답을 제공하지 않는다. 어쩌면 이 시의 경험을 제대로 받아들이기 위해서는 상상력이냐 현실이냐에 대한 결정적 가치판단을 잠정적으로 유보하는 "소극적 수용능력"(negative capability)의 자세가 필요할지 모른다. 키츠가 생각하는 시적 상상력이란 완전한 초월주의이거나 완전한 현실주의 둘 중의 어느 한 가지를 선택하는 것이 아니라, 현실과의 지속적인 상호관계 속에서 이루어지는 정신작용이다.

「슬픔을 기리는 시」(Ode on Melancholy, 1820)

이 시도 전형적인 키츠식 송시의 각운 형식을 따르고 있는데, 모두 3연으로 구성되어 있다. 1연에서는 현실살이의 고통을 잊으려고 죽음의 수단에 의존하지 말라고 충고한다. 고통은 괴롭기는 하지만 영혼을 일깨우는 동시에 현실적 삶의 소중한 아름다움을 맛보게 해주는 역설적 기능을 하기 때문이다. 고통을 견디지 못하여 현실을 도피하는 그 어떤 행위도 죽음에 이르는 길이라고 키츠는 생각한다. 초월적인 시적 상상력조차도 "독을 탄 포도주"처럼 해악을 끼칠 것이다. 2연에서 말하고 있듯이 죽음은 어차피 언젠가는 다가올 것이고 인간은 어떻게도 죽음을 피할 수 없을 것이다. 죽음이 고통스러워 현실적 삶을 마다한다면, 그것은 키츠의 논리로 보면 죽음이 두려워서 죽음을 미리 찾아가는 꼴이 되고 만다. 2연에서는 죽음의 불가피성을 설명하고 있지만, "4월의 흰 수의"와 같은 비유를 통하여 죽음을 심미적으로 그리고 있다. 그러다가 3연에 가서는 아예 "슬픔은 미(美)——죽어야만 하는 미——와 동거한다"고 하여, 죽음과 슬픔이 아름다움을 창출하는 근원임을 밝힌다.

사랑, 열정, 그리고 아름다움과 환희도 모두 때가 되면 쇠락하여 사라질 것이다. 그러나 그 허망함과 슬픔을 이기지 못하여 현실을 거부하면 그 어느것도 맛볼 수 없게 될 것이다. 영원하지 못하다는 것을 알면서도 자기에게 주어진 기회를 용감하게 포착하여 온 정성을 다하여 강렬하게 살아내는 자만이 자신의 영혼을 예리하게 갈고 닦을 수 있으며 유한한 현실적 삶의 보상을 누리게 될 것이다.

> 그렇다, 베일로 가린 슬픔의 여신의 지고한 성소(聖所)는
> 바로 환희의 사원 안에 있도다.
> 환희의 포도알을 예민한 입천장에 눌러 터뜨릴 수 있는
> 힘있는 혀를 가진 자만이 그녀의 모습을 볼 수 있도다. (25~28행)

결론적으로 말해서 이 시는 인간 삶의 비극적 조건에 대해 가장 긍정적인 수용의 태도를 보여준다. 현실적 삶의 시간적 유한성과 죽음, 고통은 전통적으로 부정적으로 다루어져왔다. 그러나 키츠는 유한하고 슬프고 괴롭다고 해서 현실을 포기하고 영원성에 매달리는 것은 현실이 주는 매력을 아울러 포기하는 어리석은 짓이라는 생각을 갖고 있는 셈이다. 문제는 현실적 삶의 매력이 영원하지 못하다는 것일 텐데, 키츠는 무상하기 때문에 삶이 아름답다는 미학적 논리를 깨달음으로써 오히려 시간성의 고통을 끌어안는 용기를 보여준다. 이는 영원성의 가치에 대한 오랜 전통적 강박관념——키츠 당시뿐만 아니라 오늘날까지도 우리의 뇌리를 집요하게 따라다니는 형이상학적 윤리관——에서 이미 벗어나 새로운 가치관으로 현실을 사는 적극적인 긍정의 태도라 하겠다. 〔윤효녕〕

추천문헌
● 바이런

윤효녕, 『바이런의 유물론적 시학』(단국대학교출판부 1999). 이 책은 『해럴드 도령의 순례』 『맨프레드』 『카인』 『돈 주안』 『병신의 변신』 등 바이런의 주요 작품들에 대한 분석이다. 전통적인 초월시학에 맞서서 육체와 물적 현실에 대한 바이런의 인식전환이 이루어지는 과정을 밝힘과 동시에, 그의 시가 지니는 정치성·귀족성·낭만성 등을 당시의 문화적 배경에 비추어 설명하고 있다.

Philip Martin, *Byron: A Poet Before His Public* (Cambridge: Cambridge Univ. Press 1982). 바이런이 여러 작품들을 통해서 보여주는 다양한 태도와 그 기본적 입장을 이해하기 위해서는 그가 사용하고 있는 언술적 가면을 이해해야 한다고 저자는 주장한다. 작품을 쓰는 행위를 독자대중을 상대로 벌이는 일종의 공연으로 보아야 한다는 것이 바이런의 작품을 바라보는 저자의 기본 입장인 것이다.

● 셸리

Lloyd Abbey, *Destroyer and Preserver: Shelley's Poetic Skepticism* (Lincoln: Univ. of Nebraska Press 1979). 이 저작은 어떠한 철학적 교리도 따르기를 거부하는 셸리의 회의주의가 그의 작품들 근저에 흐르고 있는 중심적인 태도라는 것을 밝히고 있다. 또한 셸리 작품의 풍부한 이미지와 상징들이 지니는 함축적 의미를 중심으로 주요 작품들에 대한 상세한 분석을 제공하고 있다.

Gerald McNiece, *Shelley and the Revolutionary Idea* (Cambridge: Harvard Univ. Press 1969). 셸리의 정치성을 나타내는 주요 작품들과 아울러 특히 『맵 여왕』 『이슬람의 반란』 『사슬에서 풀려난 프로메테우스』 『헬라스』에 대한 자세한 논의를 제공한다. 낭만주의 시대의 최대 관심사인 프랑스 대혁명에 대한 셸리의 반응과 정치적·도덕적 혁명의 이상을 구축해가는 셸리의 과정을 추적한 책이다.

● 키츠

Cedric Watts, *A Preface to Keats* (London: Longman 1985). 키츠의 생애와 배경, 키츠의 독특한 시예술과 낭만주의의 관계, 키츠의 주요 작품들을 둘러싼 비평적 논의를 소개하고 있다. 키츠를 이해하는 데 기초적인 자료를 풍부하게 제공하는 책이다.

제인 오스틴

1. 오스틴 소설의 성격

　제인 오스틴(Jane Austen, 1775~1817)은 18세기에서 19세기로 넘어가는 과도기에 창작활동을 한 작가이다. 당시 영국은 정치·경제사적으로 볼 때 근대화과정을 완성해가던 때라고 할 수 있다. 즉 정치적으로는 미국의 독립운동과 프랑스 대혁명 등으로 절대군주체제가 와해되고 근대 민주주의 사회가 형성되고 있었으며, 경제적으로는 산업혁명과 함께 자급자족적인 장원경제로부터 시장경제로의 전이가 상당히 진척되었고, 사회적으로는 토지와 가문에 기반을 둔 귀족들을 대신하여 상공업과 교육에 기반을 둔 신흥 부르주아계급이 두각을 나타내기 시작하였다. 한마디로 당시 영국은 소위 '개량'운동이 진행되면서 영국사에서 그 유례를 찾을 수 없을 정도로 급박하게 변화해가던 시기로서 이후 인류 전체의 삶의 질에 본질적이고 심층적인 변화를 가져올 사건들이 진행되고 있었다.
　그런데 바로 그러한 변혁기에 출판된 오스틴의 문학세계는 의외로 고요하다. 날카로운 지성과 풍자정신을 소유한 오스틴의 작품에서 서술자는 서술대상과 거리를 유지한 채 감정분출이 억제된 내용을 절제된 형식 속에 담는다. 따라서 오스틴은 워즈워스, 바이런, 셸리와 같은 동시대 문인들과 함께 묶이기보다 18세기 초 신고전주의 문학의 범주에 포함되는 것이 더 적절해 보인다. 뿐만 아니라 오스틴은 사실적 심리묘사나 당대 현실묘사에 천착했음에도 불구하고 당시 사회를 뒤흔들었을 굵직굵직한 사건들을 작품의 주소재로 다루지 않는다. "시골 마을의 서너 가족"도 수많은 성격과 사건을 제공하기에 충분한 장소가 된다는 소신에 따라, 오스틴은 제한된 공간에서 펼쳐지는 사람들의 삶을 "2인치 크기의 상아에 그린 섬세한 그림"처럼 세밀한 필치로 그려낸다. 그중에서도 오스틴의 관심은 사랑과 결혼의 문제에 집중되는바, 완성된 여섯 편의 소설 『분별과 감성』(*Sense and Sensibility*, 1811) 『오만과 편견』(*Pride and Prejudice*, 1813) 『맨스필드 파크』(*Mansfield Park*, 1814) 『에마』(*Emma*, 1816) 『노생거 애비』(*Northanger Abbey*, 1818) 『설득』(*Persuasion*, 1818)에서 모두 젊고 재능있는 여성이 바람직한 배우자를 찾아 결혼하게 되는 과정을 서술하고 있다. 따라서 사랑과 결혼을 주된 골자로 하는 오스틴의 작품과 그녀가 습작을 시작한 1795년 이후 혼란했던 당시 영국의 사회상 사이에는 간극이 존재하고, 이 간극에 대한 해석은 바로 오스틴을 공부하는 사람들의 첫번째 관심사가 된다. 이제 이 문제점을 제한된 소재의 문제, 오스틴의 계급의식, 그리고 여성의식으로 나누어 살펴보자.

제한된 소재의 문제

일부 비평가는 오스틴이 사랑과 결혼 같은 제한된 소재만 다루고 사회적으로 중요한 당대의 쟁점들은 다루지 못하였다고 비판한다. 월터 스콧(Walter Scott)은 오스틴의 세계를 작고 평범하고 잘 길들여져 있다는 뜻에서 "옥수수 밭과 시골집과 초원"이라고 묘사했고, 샬롯 브론테(Charlotte Brontë) 역시 "단아한 경계와 섬세한 꽃들이 있는, 세심하게 울타리를 두르고 잘 가꾼 정원"과 같은 오스틴 소설세계의 한계에 답답해했다. 오스틴이 인간의 깊은 열정과 심각한 사회문제를 도외시하였다는 이런 견해는 결과적으로 오스틴을 당대의 사회적 맥락에서 제외해버린다. 그러나 소소한 소재를 다룬다고 해서 반드시 무의미한 것은 아니다. 나아가 중요한 쟁점을 직접 언급하지 않더라도 당대의 문화적 맥락은 언어·문학형식·인물·플롯 등을 통해 작품 속에 반영되게 마련이므로 오스틴 소설을 작은 소재를 다룬 것으로 치부해버리기보다 더욱 세밀하게 텍스트를 읽는 것이 중요하다.

오스틴의 계급의식

소재가 제한되고 작다는 것보다 더욱 문제가 되는 것은 사실 세밀하게 텍스트를 읽었을 때 드러나는 오스틴의 가치관이다. 오스틴은 기존 사회질서에 대하여 잠재적으로 도전적인 개인을 기존 사회의 가치관에 동화시키는 보수적인 플롯을 거듭 사용한다. 또한 오스틴이 한 인물의 도덕적 됨됨이를 시험할 때 잣대로 사용하는 기준들, 즉 감성과 반대되는 이성, 상업주의 및 이기적 개인주의와 반대되는 온정주의(paternalism), 속물성과 반대되는 진정한 우아함 등은 18세기 사회의 주도세력인 신사계급(gentry)이 표방하던 덕목이다. 이러한 맥락에서 메릴린 버틀러(Marylin Butler)는 젠트리 계급에 속한 오스틴의 소설은 근본적으로 젠트리의 자질과 역할의 전통적 개념들을 행동으로 옮겨내는 이야기라고 말한다.

오스틴이 젠트리 중심의 구체제를 옹호하였다는 사실은 좀더 따져보아야 한다. 18세기에 영국의 지주들은 유럽대륙의 귀족들에 비해 관습에 얽매이지 않고 경제적 기회를 포착하여 광산·철도·운하·도시 건설에 관여하는 등 적극적으로 부의 축적을 꾀하고 있었다. 다시 말해서 당시 지주들은 더이상 지역사회의 자애로운 아버지로서의 전통적 역할을 수행하지 않았으며, 경제활동을 통한 부의 축적을 꾀한 점에서 신흥 부르주아와 다를 바 없었던 것이다. 그러므로 오스틴이 명목뿐인 덕목을 들어 젠트리의 존재와 태도를 옹호한 것은 이미 변질된 젠트리의 실상과 거리가 있을 뿐 아니라 해체되기 시작한 구체제를 유지하기 위한 몸짓에 불과하다고 말할 수 있다. 『시골과 도시』(*The Country and the City*)에서 레이먼드 윌리엄즈

(Raymond Williams)가 지적한 것처럼, 오스틴 소설은 젠트리가 개인의 올바른 행동을 통해 공공연히 탐욕스러운 사회를 개량할 수 있다는 소위 '개량의 도덕'(Morality of Improvement)을 내세워 자기합리화에 성공하는 모습을 형상화함으로써 사회의 권력관계가 유지되는 이데올로기적 과정이 어떻게 전개되는지 드러낸다. 젠트리에 대한 오스틴의 시각은 후반부로 가면서 큰 변모를 보인다고 할 수 있는데, 이 점은 『설득』을 다루면서 다시 언급하기로 하자.

오스틴의 여성의식

오스틴의 여성문제 인식 정도는 어떠한가? 오스틴 자신이 보수적인 사회에서 활동한 여성작가라는 점, 그녀의 모든 소설이 여성을 주인공으로 하여 여성의 삶을 다루고 있다는 점은 우선 오스틴에게서 진보적인 여성의식을 기대하게 한다. 그러나 일부 독자들은 곧 오스틴 소설의 기본 플롯이 상당히 보수적이라고 생각한다. 예를 들어 돈과 지위는 물론 상상력이라는 특별한 재능까지 갖춘 탁월한 여성 에마(Emma)가 결국 그 사회의 모든 여성이 그렇듯 평범하게 결혼을 하게 되는 것은 일차적으로 가부장제 사회의 기존 가치관에 순응하는 것으로 해석된다는 것이다. 특히 당시에 오스틴의 플롯과 대조되는 플롯, 예컨대 여성이 남성에게 유혹당하고 버림받는 과정을 그려냄으로써 한층 더 공공연하게 여성억압에 대한 저항의 메씨지를 담아낸 소설들이 있었다는 사실에 비춰볼 때 오스틴의 소설에 대해 더욱 실망하게 만든다. 또한 『설득』의 앤(Anne)의 경우를 제외하면 모든 여주인공이 자신보다 신분이 높거나 재산이 많은 남성과 결혼하는 구성도 문제가 된다. 특히 이런 결혼은 여성이 남성이 이끄는 대로 어떤 잘못을 교정하고 남성적 권위를 받아들일 때 마치 그에 대한 보답인 듯 주어지기 때문에 더욱 여권론자들의 반감을 산다.

그러나 오스틴이 개별적인 결혼을 구체적으로 어떻게 다루고 있는지 꼼꼼히 따져보면 전혀 다른 해석의 여지가 있다. 오스틴의 여주인공들이 결국 결혼을 하는 것은 사실이지만, 그것은 여성 운명의 완성을 결혼과 가정에서 찾는 가부장적 가치관을 내면화한 결과라기보다 오히려 소설의 전반부에 치밀하게 그려진 경제적 조건하에서 취할 수밖에 없는 선택으로 이해할 수 있다. 레이첼 브라운스타인(Rachel M. Brownstein)은 오스틴의 소설세계에서 결혼이란 생물학적·사회적·경제적 지상명령이라고 말한다. 실제로 오스틴의 소설들은 아들이 없어 재산이 한정상속되는 『오만과 편견』의 베넷(Bennet) 집안의 경우나 전처 소생의 아들 부부에 의해 재산상속에서 소외되는 『분별과 감성』의 대시우드(Dashwood) 딸들의 경우처럼 여성에게 불리한 법적·경제적 토대를 확실히 설정하고 있기 때문에, 여주인공들이 결혼을 할 수밖에 없는 것은 당연해 보인다. 따라서 별로 만족스럽지 않은 오스틴의 결혼 플롯은 잠재력 있는 여성에게조차 결혼 이외의 대안이 주어지지 않는 당시 사회현실에 대한 묵시적인 비판으로 읽히기도 하는 것이다.

한편 소설이 끝나는 지점(다시 말하면 결혼)까지 여성의 성장과정이 주된 내용을 이룬다는 것도 눈여겨볼 만하다. 오스틴의 여주인공들은 본시 다른 여성들보다 탁월하기는 하지만, 지성과 도덕적 지표가 검증되는 시험대에 올라 실수를 저지른 후 일련의 성숙과정을 거쳐 궁극적으로는 올바른 도덕적 선택을 한다. 이는 여성이 이성적인 존재이며 올바른 교육에 의해 개선될 수 있는 잠재력을 지녔다는 당대의 선진적 여권론자 메어리 울스턴크래프트의 주장과 일맥상통한다. 소설의 플롯이 아무리 기존 가부장사회에 대한 동화를 북돋운다 해도, 결국 이야기의 행보는 여주인공의 도덕적 성장을 재확인하는 것이고, 여성의식을 탐구하는 과정에서 여성은 성장할 수 있다는 결론에 도달하게 된다.

2. 『오만과 편견』에 대하여

오스틴의 소설 중에서 일반 독자들에게 가장 널리 알려지고 사랑받는 작품은 『오만과 편견』이다. 반짝이는 검은 눈과 번뜩이는 재치를 지닌 여주인공 엘리자베스(Elizabeth)는 많은 오스틴의 여주인공들 중에서도 단연 돋보인다. 소설의 줄거리는 역시 엘리자베스가 어울리는 짝 다씨(Darcy)와 결혼하기까지의 우여곡절을 그리고 있다. 그런데 엘리자스가 그에 대해 사랑을 깨닫기 시작한 것이 하필이면 그녀가 펨벌리(Pemberley) 저택을 본 후이기 때문에, 작가가 가부장적이며 신분 중심적인 사회의 통념에 굴복한 것이라는 비판이 쏟아졌다. 또한 신데렐라와 같은 엘리자베스의 신분상승적 결혼은 현실에서는 절대로 불가능한 환상이라는 비판을 받기도 했다.

그러나 이와같은 비판만으로는 오스틴 소설의 복합적인 통찰을 파악하기 어렵다. 우선 지적할 것은 일반적으로 오스틴이 결혼을 상당히 아이러니컬하게 그리고 있다는 점이다. 『오만과 편견』의 경우에도, 샬롯(Charlotte)의 결혼은 물론 오래 기다려온 제인(Jane)과 엘리자베스의 결혼식에 대한 묘사마저 "베넷 부인이 훌륭한 두 딸을 시집보내는 날"이라고 간단히 언급하고 만다. 이는 주인공의 결혼과 함께 소설이 끝나는 것이 관례이기 때문에 결말을 그렇게 처리하되, 결혼 그 자체는 묘사할 가치가 없는 것이라고 말하는 셈이다.

두번째로, 오스틴은 날카로운 현실인식을 바탕으로 제약받는 여성의 삶을 묘사하고 결과적으로 당대 사회를 비판한다는 것이다. 사랑과 결혼이 주된 플롯이기 때문에 낭만적 요소를 기대하던 독자들이 의아하게 생각하는 것처럼, 오스틴의 사랑과 결혼에 관한 그림은 오히려 반낭만적이고 현실적이며 어떤 면에서는 대단히 물질적이다. 유명한 시작부분에서 여성의 재산(property)이라고 언급된 남자들의 수입이 구체적으로 명시되어 있을 뿐 아니라, 남자들의 가치에 대한 최초의 평가는 그의 경제력과 정확히 비례한다. 베넷 부인은 빙리(Bingley)가 일년에 4,5천 파운드의 수입을 지닌 재산가라는 말만 듣고 그를 자기 딸 중 하나의 남편감으로 점찍는다. 또한 무도회장에 처음 나타난 다씨가 연간 1만 파운드의 수입을 올리고 있다는 소문이 전해지자 곧 회중의 시선이 그에게 집중되는 것은 그가 빙리에 비해 적어도 두 배 이상의 값어치가 있는 신랑감이기 때문이다. 한편 『오만과 편견』의 다섯 딸들은 애초에 한정상속이라는 가부장제의 법률에 따라 만일 부친이 사망할 때까지 여유있는 결혼을 하지 못하면 비참한 상태에 처할 수밖에 없게 되어 있다. 이와같은 상황 설정은 사회가 경제적 힘에 의해서 움직여지며, 또한 경제적으로 바람직한 결혼 여부에 여성의 생존이 달려 있음을 부각시킨다.

소설 속에 그려진 여러 결혼 중 우선 철저하게 경제적 안정에 기초를 둔 샬롯의 결혼을 살펴보자. 분별력 있는 샬롯은 노처녀 소리를 듣게 되자 오직 "안락한 가정"을 위해 콜린즈(Collins)와 결혼한다. 이에 엘리자베스는 샬롯이 "세속적인 이익"에 모든 고상한 감정을 희생시킨 것이라고 강분한다. 한편 철저히 경제적인 샬롯의 결혼과 정반대의 위치에 리디어(Lydia)의 결혼이 있다. 교양이라고는 눈곱만큼도 없으며 야성적 활력만 있는 리디어는 돈 한푼 없는 위컴(Wickham)과 사랑의 도피행각을 벌인 후 그와 결혼한다. 그렇지만 이 결혼 역시 다씨가 위컴의 빚을 갚아주고 추가로 천 파운드를 주는 등 경제적 요인이 작용하지 않았다면 불가능했을 것이다. 이 두 쌍의 결혼은 신중하기만 한 결혼과 경솔하기만 한 결혼의 예를 제공하면서 엘리자베스의 결혼과 대조를 이룬다.

그러나 엘리자베스의 결혼이 다른 두 결혼과 비교하여 질적으로 큰 차이가 있는지는 따져보아야 한다. 사실 엘리자베스가 다씨와 결혼하는 것은 궁극적으로 그의 경제력 때문이라고 볼 여지가 있다. 엘리자베스는 다씨를 처음 보았을 때부터 공공연하게 혐오감을 나타냈기 때문에 제인과 아버지처럼 엘리자베스를 잘 이해하는 이들은 그녀의 결혼 수락을 불안해한다. 그러나 엘리자베스는 다씨의 계급적 편견에서 오는 오만함, 즉 자신이 그간 경멸해왔고 또한 첫번째 결혼신청 장면에서 통렬하게 꼬집은 '신사답지 못한' 오만함에 대해 슬그머니 눈을 감고 다씨를 용서할 채비를 갖추고서, 그간 자신이 그릇된 판단에서 그를 오해한 것이라고 해명한다. 다씨에 대한 엘리자베스의 생각이 결정적으로 바뀌는 것은 펨벌리 방문 때이다. 엘리자베스는 유서깊고 품위있는 영국 귀족의 저택 펨벌리를 보고 "펨벌리의 안주인이 되는 것은 대단한 것"이라고 고백한다. 그러나 이를 속물적이라고 비난할 수만은 없다. 그보다는 엘리자베스와 같은 경제적 현실에 처한 여성이 느낄 수밖에 없는 감정이라고 이해할 수도 있다. 또한 엘리자베스가 다씨를 받아들일 수밖에 없게 한 마지막 요인, 즉 그가 눈부신 경제력을 발휘하여 리디어와 위컴의 결혼을 성사시키고 베넷 집안을 치욕에서 구했다는 사실도 그렇다. "만일 감사와 존경이 애정의 기초라면 엘리자베스의 감정 변화는 있을 수 없는 일도 아니며 잘못된 것도 아니다"라는 서술자의 아이러니컬한 언급대로, 이제 엘리자베스는 다씨 앞에서 모든 불손함을 접고 평생 그를 은인으로 여기며 살 일만 남았다. 결과적으로 엘리자베스처럼 길들이기 쉽지 않은 여성조차 생존문제가 달린 결혼의 현실을 피해갈 수 없다는 물리적인 조건들이 더욱 강하게 환기된다.

세번째로 엘리자베스의 결혼이 비록 신분상승적 결혼이긴 하지만, 그 과정에는 엘리자베스와 다씨가 동등하게 다루어진 흔적이 있다. 변화와 성숙의 가능성이 있는 다씨의 자질, 특히 이 변화와 성숙을 가능하게 한 것이 여성의 힘이라는 점에 주목하자. 다씨의 여성관은 애초에 지성과 내용이 있는(substantial) 교양을 중시하는 것으로, 인형 같은 여성을 이상화하는 전통적 여성관과는 차이가 있다. 또한 다씨의 변화는 그의 근엄함이 엘리자베스의 천성적인 명랑함이나 여성다움에 의해 보완된다는 개인적 변화를 넘어, 자신보다 신분이 낮은 사람에 대해 공손함을 갖게 되고 진정 신사다운 태도를 갖게 되는 사회적 변화라는 데 그 의미가 있다. 엘리자베스는 신분과 재산이 있지만 오만하고 무례한 남자의 청혼을 단호히 거절하고 비신사다움을 질책함으로써 다씨를 변화시킨다. 엘리자베스가 그의 두번째 청혼을 받아들이는 것은 바로 이러한 그의 변화를 조건으로 한 것이다. 따라서 두 사람의 결혼은 서로의 단점을 극복하고 상대의 본질적인 자질에 대한 확실한 이해와 존중에 기초한 평등한 결혼이라고 해석할 수 있다.

마지막으로 엘리자베스라는 인물의 성격에서도 함축적인 오스틴의 여성의식이 엿보인다. 우선 엘리자베스는 여러모로 전통적인 여성상은 아니다.

당시 사회에서 가장 이상적으로 여겨졌을 언니 제인과 엘리자베스는 확실히 변별된다. 무조건 착하기만 하고 소극적인 제인에 비해 엘리자베스는 고집세고 뚜렷한 주관에 따라 판단을 내리는 적극적인 여성이다. 그 대표적인 예로 언니의 병구완을 위해 진흙탕 길을 마다하지 않고 3마일 거리를 걸어간 대담성을 들 수 있다. 또한 콜린즈의 청혼을 거절하면서 그것이 남성을 공연히 괴롭히려는 여성의 간계가 아니라 "진심으로부터 진실을 말하는 이성적인 존재로서 말하고 있음"을 단호하게 밝힌다.

특히 새로운 여성상 엘리자베스가 성장하는 인물이라는 사실이 중요하다. 18세기적 관점에서 보면 '여성 성장소설'이라는 용어는 그 자체로 모순어법이다. 당시는 암묵적으로 여성이란 이성적인 존재가 아니므로 교육에 의해 성장할 수 없다고 여겨졌으며, 사실 18세기 소설은 남성을 주인공으로 하여 그의 정신적·육체적 성장과정을 그린 것이 대부분이다. 그런데 제인 오스틴의 소설에 오면, 이제 우리는 변화하고 발전해가는 여성을 만날 수 있다. 엘리자베스는 처음부터 완벽한 여성이 아니며 편견과 때로는 속물적인 본성까지 드러내 보이기도 하는 여성이다. 따라서 엘리자베스 역시 겉치레의 가면 아래 감춰진 허물을 꿰뚫어보고 들춰내는 높은 지성을 지닌 서술자의 비판대상에서 예외일 수 없다. 그러나 엘리자베스는 서술자의 지성에 가장 근접해 있는 인물이고, 자신의 단점을 짚어주는 사람을 만났을 때 솔직히 그 지적을 인정하고 나은 방향으로 개선해나갈 수 있는 자질을 갖춘 인간으로 그려진다. 여성을 남성들과 마찬가지로 이렇게 발전가능한 이성적 존재로 그려냈다는 사실은 오스틴이 가부장적 사회의 가치에 여주인공들을 동화시키는 중에서도 그나마 일궈낸 개가일 것이다.

『오만과 편견』에 대해 마지막으로 덧붙일 것은 작가의 계급의식의 문제이다. 이미 언급한 대로 오스틴은 젠트리 출신으로서 대체로 젠트리에게 우호적인 작가이다. 오스틴은 의무는 유기한 채 신분의 권리만 고집하는 지주층과 상업과 제조업으로 재산을 이루어 새롭게 젠트리로 신분상승한 부류의 속물근성과 부도덕함을 강력하게 비판하면서도, 여전히 지역사회의 지도자로서 도덕성과 자애로움을 갖춘 젠트리 본연의 덕목이야말로 급변하는 시대의 혼란을 바로잡을 가치로 보았다. 『오만과 편견』의 다씨는 이런 점에서 이 세계의 중추적 인물이 된다. 펨벌리에 걸려 있는 그의 초상화는 그가 "오빠로서, 지주로서, 가장으로서" 수많은 사람들을 돌보고 있음을 웅변해주며, 바로 이 점이 엘리자베스의 마음을 되돌리는 요인이 된다.

오스틴은 젠트리 중에서도 캐서린 드 버(Catherine de Bourgh) 영부인과 같이 신분의 우월감에 사로잡혀 모든 사람 위에 군림하려 하고 무례하며 아첨에 으쓱해하는 어리석은 자를 예외없이 비판한다. 반면 상업이나 제조업에서의 성공으로 새롭게 젠트리가 된 부류에 대한 오스틴의 비판은 조금씩 그 강도를 달리한다. 우선 루커스(Lucas)의 경우를 보면, 그는 상업으로 재산을 모았으나 기사 작위를 받은 후 천한 상업에서 손을 떼고 소위 '신사'로서 오직 세상 사람들에게 친절을 베푸는 일에만 종사한다. 그가 국왕 알현을 내세우며 고상한 척하지만 자신보다 신분이 높은 다씨와 캐서린 영부인 앞에서는 쩔쩔매는 태도에 고소를 금할 수 없다. 빙리의 경우, 그는 루커스에 비하면 신사에 가깝고 마침내 영지를 구입하여 신사로서의 구색을 갖추게 되지만, 영지 구입자금이 된 10만 파운드의 유산은 그의 선대에 상업으로 축적한 것이다. 이러한 빙리 부류에 대한 작가의 비판은 속물적인 빙리 자매의 묘사에 직접 드러날 뿐 아니라 다씨에게 좌지우지되는 빙리의 속성에서도 간접적으로 드러난다. 결국 루커스와 빙리라는 인물을 볼 때, 오스틴은 원래의 신분과 무관하게 내면의 신사다움과 도덕성으로 인물을 판단하기보다, 실제의 신분이 그 내면적 도덕성까지 좌우하도록 만든 혐의가 짙다. 유일한 예외는 베넷 부인의 남동생인 가디너(Gardiner)이다. 변호사 아들인 그는 런던의 비천한 지역에서 상업에 종사하고 있지만 펨벌리에 초대되기에 전혀 손색이 없는 품위를 갖고 있으며, 사실 소설의 마지막 문장은 다씨 집안과 가디너 집안의 우정을 언급하고 있다. 종합해보면, 비록 『오만과 편견』에서 드러난 오스틴의 계급의식은 보수적이고 젠트리 중심적인 것이지만, 이제 『설득』에서 살펴보려는 것처럼, 정직한 노동으로 신분상승에 성공하는 새로운 계급에 대해 끝까지 오스틴이 적대적일 수만은 없었던 것 같다.

3. 『설득』에 대하여

『설득』에서 젠트리를 대표하는 월터 경(Sir Walter)과 엘리어트 씨(Mr. Elliot)라는 두 인물의 성격창조를 보면 오스틴의 계급의식이 상당히 변화했음을 알 수 있다. 우선 월터 경을 살펴보자. 월터 경의 유일한 취미는 자신의 이름이 실려 있는 준남작 족보책을 들여다보는 일이다. 그는 작위 매매행위 등으로 엄격한 신분사회가 붕괴되어가는 과도기에 순수한 귀족의 혈통임을 유일한 자부심으로 갖고 있는 인물이다. 그러나 실제로 그는 저택을 남에게 세주고 이전을 해야 할 만큼 심각한 경제난에 처해 있다. 대 켈린치 홀(Kellynch-hall)의 주인으로서 월터 경이 처한 경제적 파탄은 물론 과거의 지주계층이 보여주는 경제관념의 부재와 무절제한 소비행태에 그 직접적인 원인이 있겠지만, 동시에 그가 속한 계급의 도덕적 파산의 다른 얼굴이기도 하다. 집안의 곳곳에 있는 거울이 말해주는 대로 허영심의 화신인 월터 경은 철저하게 속물적이고 이기적이다. 그의 유일한 관심은 본인 자신일 뿐, 그에게서 자애로운 아버지의 이미지를 가진 이상적인 신사의 모습, 나아가 새로운 시대를 이끌어갈 지도자로서의 면모를 찾아볼 수는 없다.

켈린치 홀의 한정 상속자로 정해져 있는 엘리어트의 실상을 보면 오스틴이 젠트리에 대해 가졌던 희망을 이제 완전히 포기했음을 알 수 있다. 엘리어트는 외모는 물론 행동과 예법에 있어 의심할 바 없는 완벽한 신사로 보인다. 그러나 밝혀진 엘리어트의 실제 모습은 완벽한 신사다움 뒤에 감추어진 속물근성과 이기심이다. 엘리어트는 철저하게 경제적인 동기에서 첫 번째 부인과 결혼하였고, 자신에게 은혜를 베푼 친구를 파산하도록 유도하고 남겨진 미망인을 저버리는 등 교활하고 배은망덕한 인물이다. 게다가 그는 월터 경의 유산을 가로챌 위험을 지닌 클레이 부인(Mrs. Clay)을 감시하다가 결국 그녀와 함께 런던으로 도피하는 어리석음까지 보인다. 이런 엘리어트가 켈린치 홀의 상속자라는 사실은 젠트리의 암울한 미래상을 의미하며, 새로운 시대는 새로운 중심세력을 요구하고 있음을 암시한다.

오스틴은 『설득』에서 신흥 해군으로 대표되는 새로운 계층을 대안으로 제시한다. 준남작의 딸인 앤이 배우자를 찾는 것도 이 계층에서다. 러쎌 부인(Lady Russell)은 웬트워스(Wentworth) 대령이 재산도 없고 신분도 보잘것 없으며 성공을 보장해줄 연줄마저 없기 때문에 두 사람의 결혼을 반대한다. 그러나 8년의 세월이 흐른 후 웬트워스는 물려받은 재산이나 가문 없이 결단력과 굳건함을 밑천으로 자수성가하여 당당히 앤 앞에 나타난다. 그는 해군으로서 능력과 노동을 기초로 개인적 역량을 발휘하여 재산은 물론 사회의 존경까지 획득해간다. 바로 이 점에서 '신사'라는 말로 대표되는 젠트리에 대한 평가가 상당히 수정되었음을 알 수 있다. 월터 경이 해군이라는 새로운 계층에 대해 본능적인 혐오감을 보이는 것은 그들이 전통적인 신사가 아니기 때문이다. 전통적으로 신사란 일을 하지 않는 사람으로 정의된다. 그런 신사 개념에 비추어볼 때, 자신의 노력과 분투에 의거해 살아야 하는 웬트워스는 분명 전통적 의미의 신사는 아니다. 그러나 새로운 시대의 주역은 이미 무능하고 부패한 기존 젠트리로부터 능력있고 성실한 새로운 계층으로 옮겨지고 있다.

이 점은 소설 속의 몇몇 다른 해군의 모습을 보면 더욱 분명해진다. 켈린치 홀의 임대인 크로프트(Croft) 제독은 불필요한 거울들을 치우고 우산꽂이의 위치를 바로잡고 불편한 세탁실 문을 수선하는 등 그곳을 더욱 쓸모있게 고친다. 이를 보고 앤은 켈린치 홀이 원래의 주인보다 더 합당한 자에게 넘어갔다는 사실을 인정한다. 오스틴이 크로프트 제독을 통해 강조한 효율성의 덕목은 하빌(Harville) 대령에게서도 발견된다. 루이자(Louisa)의 낙상사건이 일어났을 때 하빌 대령은 "당장 유용한 이성과 담력"을 가지고 사건현장에 나타난다. 이 덕목은 하빌 대령이 살고 있는 집의 곳곳에도 어김없이 배어 있다. 하빌 대령의 집은 비좁기는 하지만 가구가 적절히 배치되고 겨울 폭풍에 대비해 문과 창문이 잘 갖춰져 있다. 무엇보다도 하빌 대령이 직접 만든 목공예품과 해외에서 가져온 진기하고 귀중한 물건들이 앤의 눈길을 끄는데, 그 이유는 그것들이 "그의 직업" "그의 직업적 노동의 결실" "그의 직업이 그의 습관에 미친 영향의 결과"와 결부되었기 때문이고, 또한 "평온함과 가정의 행복의 그림"으로 보였기 때문이다. 그런데 이 가정의 행복이라는 것은 부르주아의 대표적 이념인 것이다.

오스틴은 과거의 귀족사회에 더이상 집착하지 않고 새로이 부상하는 계층을 알아보았을 뿐 아니라 여주인공으로 하여금 그들 중의 한 명과 결혼하게 함으로써 암묵적으로 새로운 중산층을 인정하고 있다. 물론 작가가 이 작품에서 급진적으로 계급타파를 주장하는 것은 아니다. 다만 『설득』이전의 작품들이 오스틴의 보수적인 성향을 어느정도 확인해주는 반면, 적어도 이 작품은 시대의 변화에 부응하는 오스틴의 탄력성을 보여준다.

한편 『설득』에서 감지되는 오스틴의 여성의식의 성숙은 더욱 괄목할 만하다. 우선 여주인공 앤은 바람직한 신부 유형인 오스틴의 다른 여주인공들과 여러 면에서 다르다. 앤은 외모도 그다지 두드러지지 않으며, 게다가 이미 결혼적령기를 넘긴 27세의 노처녀로서 실연의 경험까지 가지고 있다. 또 사리분별이 정확하고 대단히 지성적인 여성이기는 하지만, 오스틴의 대표적인 여주인공들이 보여주는 활기와 재치는 부족하다. 그럼에도 불구하고 앤은 합당한 배우자를 찾는 과정에서 수동적으로 기다리기보다 적극적으로 상황을 주도해간다.

대개의 비평가들은 루이자의 낙상사건부터 앤이 적극적으로 상황을 이끌어나간다는 데 동의한다. 1부의 전반부에서는 "그저 앤"일 뿐이던 앤이 라임에서 루이자가 다치는 사건이 일어난 1부의 끝부분부터 사건을 침착하게 처리하는 등 주도적인 위치에 서게 된다는 것이다. 더욱이 2부에서는 엘리어트와 앤의 결혼이 쟁점이 되면서 앤이 이야기의 중심에 놓인다. 특히 2부에서 웬트워스와의 관계를 주도해나가는 것은 앤이다. 실제로 두번째 청혼의 편지를 쓰는 것은 웬트워스지만, 그에 대한 자신의 사랑을 먼저 확신하고 자신과 엘리어트의 관계를 오해하고 있는 그에게 자신의 마음을 전달하겠다는 확고한 앤의 결단력이 이같은 청혼을 하게끔 유도한 것이다.

앤이 상황을 주도하는 것은 비단 라임에서의 사건 때부터만은 아니다. 전반부에서도 오스틴의 서술기법은 모든 사건을 날카롭게 관찰하고 있는 앤을 부각시킨다.『설득』은 오스틴 특유의 위트 넘치는 대화 중심이 아니라 서술자의 시각과 거의 일치하는 앤의 관찰과 논평으로 전개된다. 쉬운 예로, 머스그로우브(Musgrove) 가의 주택개량과 생활방식의 현대화에 대한 앤의 비판적 해석, 루이자와 헨리에타(Henrietta) 자매에 대한 웬트워스의 경솔한 행동에 대한 앤의 판단 등을 들 수 있다. 이처럼 앤은 비록 무대 중심에서 행동하지 않을 때에도 예리한 관찰과 합당한 판단으로 상황을 지배한다. 특히 전통적 소설에서 여성이 남성에 의해 바람직한 아내감인지 시험당하며 관찰의 대상이 되던, 다시 말해 여성이 성을 상품화하는 시장에 내놓인 상품이었던 것과 달리,『설득』에서는 웬트워스가 오히려 앤의 관찰 대상이 된다는 사실도 주목을 끈다.

대개의 오스틴의 소설에서는 재치가 있으나 열등한 신분의 여주인공이, 판단력 있고 신분이 우월한 남자 주인공에 의해 길들여진다. 그러나『설득』에서는 남녀의 상황이 역전된 감이 있다. 웬트워스는 앤에 비해 신분이 낮다. 또한 그는 판단력이 있다기보다는 재치있는 부류에 속하며 경솔한 면까지 보인다. 그는 앤에 대한 사랑이 남아 있는 상태에서 루이자와 헨리에터 자매를 모두 가능한 결혼상대로 대할 정도로 경솔하며, 주관있는 고집과 원하는 대로만 하려는 방종을 구별하지 못한다. 또한 그의 깊숙한 내면에 자리잡고 있는 앤에 대한 분개와 복수심 역시 그의 성격적 미숙함을 말해준다. 결국 웬트워스는 라임 사건을 통해 그간의 경솔함을 깊이 뉘우치고 잘못을 교정한 후에야 앤에게 받아들여진다.

오스틴의 여성의식을 일목요연하게 보여주는 것은 유명한 앤과 하빌 대령의 대화장면이다. 여성이 남성보다 더 쉽게 변절하지 않는다는 앤의 주장에 대해 하빌 대령이 과거의 문학작품은 여성의 변덕스러움을 그리고 있다고 반박하자, 앤은 그것은 과거의 기록이 모두 교육의 기회를 부여받고 펜을 장악한 남성의 전유물이었기 때문일 뿐이라고 되받는다. 여기서 여성이 언어의 권력에서 소외되었으며 여성에게 더 많은 교육의 기회가 주어져야 한다는 침착하고 논리적인 앤의 주장은 바로 오스틴 자신의 목소리라고 볼 수 있다.

한편 『설득』의 여성의식을 거론할 때 빠트릴 수 없는 또 한 사람은 크로프트 제독 부인이다. 크로프트 부인은 여성이 남성의 보호를 필요로 하는 나약한 존재가 아니라 "이성적인 존재"임을 역설한다. 그리고 남편과 함께 승선하여 거친 풍랑을 극복함으로써 자신의 주장을 입증한다. 또한 그녀는 켈린치 홀에 세들 때에도 조목조목 따져보는 현실감각을 보이며, 남편의 동료장교들 사이에서 똑똑하고 예리함을 드러낸다. 부부가 함께 마차를 모는 모습, 늘 함께 의지하며 산책하는 모습에 암시되어 있는 것처럼 크로프트 부부는 남편과 아내가 동등한 가정의 모습을 구현하고 있으며 이후 앤과 웬트워스의 결혼생활의 귀감이 된다.

마침내 이루어지는 앤과 웬트워스의 결혼은 여러 면에서 상당히 시사적이다. 오스틴의 다른 소설은 모두 한 비평가의 말대로, 고아와 같은 여주인공이 안주할 집을 찾아가는 여정이다. 유독 『설득』의 여주인공 앤은 마지막까지 집 없이 불안한 상태로 남는다. 비록 이들이 성숙한 지성과 각별한 애정, 그리고 적어도 한쪽의 독립된 재산이 있기는 하지만, 이들의 결혼을 그리는 오스틴의 서술은 과거 자신의 주인공들의 결혼을 '완벽한 행복'이라고 단언하던 것과는 사뭇 다르다. 따뜻하고 부드러운 심성의 소유자인 앤이 거친 해군 아내의 삶을 어떻게 살아낼지, 앞으로 전쟁이 일어나면 어떻게 될지에 대해 서술자는 자신있게 답하지 못한다. 앤 자신은 해군의 아내됨을 자랑스럽게 여기지만 자주 불안해하는데, 그 계층에 속하는 대가를 지불해야 한다는 서술자의 마지막 언급은 많은 갈등요소에 눈을 감고 결혼의 낭만성만을 강조하지 않기 때문에 오히려 리얼리스틱하다. 나아가 앤이 편안한 삶을 보장해줄 엘리어트의 청혼을 거부하고 모든 불안요소를 감수하며 상대의 됨됨이와 자신의 사랑에 의거해 남편을 선택하는 것은 엘리자베스의 신분상승적 결혼과 비교하면 한층 성숙한 오스틴의 여성의식을 보여주는 것이라 하겠다. 〔김순원〕

추천문헌

Marilyn Butler, "Novels for the Gentry: Austen and Scott," *Romantics, Rebels and Reactionaries: English Literature and Its Background 1760-1830* (Oxford: Oxford Univ. Press 1981). 저자는 오스틴의 주제들이 초역사적이라고 주장되어온 것과 반대로 당대의 정치적 쟁점에 깊이 연루되어 있다며, 오스틴의 소설은 젠트리 출신 작가의 작품답게 과거 젠트리의 지배를 정당화하는 가치들을 내세우며 몰락해가는 젠트리를 옹호한다고 주장한다.

Sandra M. Gilbert and Susan Gubar, "Inside the House of Fiction: Jane Austen's Tenants of Possibility," *The Madwoman in the Attic: The Woman Writer and the Nineteenth-Century Literary Imagination* (New Haven: Yale Univ. Press 1979). 오스틴이 표층에서는 가부장적인 질서에 복종하는 것 같지만 저변에서는 여성의 자기주장과 반항을 그려내는 데 성공했다는 입장의 대표적인 글.

Mary Poovey, "Ideological Contradictions and the Consolations of Form: The Case of Jane Austen," *The Proper Lady and the Woman Writer* (Chicago: Univ. of Chicago Press 1984). 오스틴이 가정이라는 사적인 공간에 제한된 역할을 여성의 생득적 특질이라고 믿게 하는 낭만적 사랑과 결혼이라는 이데올로기를 그대로 소설의 플롯으로 택하였다는 입장의 글.

Jane Spencer, "Jane Austen and the Tradition of Reformed Heroine," *The Rise of the Woman Novelist: From Aphra Behn to Jane Austen* (Oxford: Basil Blackwell 1986). 기존 질서에 동화하는 플롯을 사용하되 여성의 도덕적 성장에 주목하고, 그러한 여성인물을 창조함으로써 오스틴이 소설 속의 인간묘사를 더욱 풍요롭게 한다고 본다.

찰스 디킨즈

1. 디킨즈의 대중성과 예술성

디킨즈의 대중성

디킨즈(Charles Dickens, 1812~70)는 빅토리아조 당대에서 현재에 이르기까지 한번도 대중적 인기가 사그라든 적이 없는 작가이다. 저작권 관련 법이 미비하던 19세기 내내 그의 작품은 불법 출판과 표절, 번안의 대상이 되었으며, 세계 여러 나라의 언어로 번역되었다. 또한 디킨즈의 작품은 당대부터 디킨즈 본인의 낭송회를 통해서 광범위한 대중들의 사랑을 받았으며, 그 이후에도 거의 모든 작품이 연극·영화·뮤지컬·만화 등으로 각색되어 아직도 크리스마스 씨즌이면 영화나 만화로 된 디킨즈 작품 한두 편 정도는 텔레비전에서 쉽게 볼 수 있다. 영문학계에서도 디킨즈는 19세기 작가 중에서 가장 많이 언급되는 작가이다. 학계에서의 비중과 당대의 대중적인 인기가 반드시 일치하지는 않는 것이 영문학의 현실인 반면, 디킨즈의 경우는 셰익스피어와 더불어 일반 대중에게나 연구자들에게 영문학의 대표적인 인물로 기억되고 있다.

19세기 영문학사에서 디킨즈가 이렇게 중요하게 여겨지는 가장 중요한 이유는 물론 디킨즈의 대중성이 당대 리얼리즘 소설의 가장 뛰어난 성취와 결합되어 있다는 점이다. 기본적으로 소설이 대중의 입장에서는 비교적 접근하기 쉬운 장르라는 점을 감안하더라도 디킨즈의 대중적 인기는 특별한 바 있다. 디킨즈는 당시 유행하던 모든 대중적 장르의 특색을 십분 활용하였고, 게다가 독창적인 출판방식을 활용하여 폭발적인 인기를 끌었다. 한 번 읽고 나면 절대로 잊을 수 없을 만큼 강한 개성을 가진 다양한 계층의 인물들, 전형적인 악한들이 등장하여 천사 같은 주인공들을 괴롭히는 멜로드라마적인 구성, 음침한 뒷골목과 떠들썩한 거리의 생생한 묘사, 생기발랄한 유머, 범죄물과 미스테리 소설을 뒤범벅한 복잡한 플롯 등 독자들의 흥미를 쉽게 끌 수 있는 모든 요소들이 그의 작품에 들어 있다. 이러한 작품을 매월 1실링짜리 소책자 형태로 나누어 발간한 그의 분할출판(serial publication) 방식은 소설을 대중화하는 데 크게 기여했으며, 매월 4,5만 권 이상 팔려나간 그의 소설은 당시의 인구와 문자해독률에 비추어보면 오늘날 블록버스터 영화나 밀리언쎌러 소설을 능가하는 인기를 누렸다고 해야 할 것이다. 그러나 단지 많이 팔린 것으로만 보면 디킨즈가 당시의 다른 작가들에 비해 절대적으로 월등한 것은 아니다. 당대에 디킨즈 소설의 판매부수를 능가하던 많은 베스트쎌러들이 오늘날 그 존재마저 잊혀진 경우가 적지 않음을 보면, 디킨즈에 대한 독자들과 학자들의 높은 평가가 비단 그의 탁월한 상술이나 대중의 취향을 읽어내는 능력으로 인한 것은 아니라는 것을 알 수 있다.

디킨즈의 리얼리즘과 사회비판

디킨즈는 19세기 영문학사에서 가장 뛰어난 리얼리스트이다. 우선 그의 소설에는 다양한 계층들의 삶이 생생하게 묘사되어 있어 19세기의 진정한 연대기 기록자라는 칭송을 받고 있을 정도이다. 디킨즈의 묘사는 흔히 정통적인 사실주의의 기율에 어긋난다고 느껴질 수도 있으나, 과장되어 보이는 그의 묘사가 사실은 당대의 실제 사건이나 인물에 대한 면밀한 관찰에 의해 이루어진 것이며 현실의 핵심적인 면을 정확하게 포착했다는 증거들이 무수히 있다. 또한 디킨즈는 당대 사회에 대한 근본적인 비판을 제기함으로써 단순히 면밀한 관찰자의 수준에서 벗어나 적극적인 참여자의 태도를 보여준다. 그는 교육·법률·경제·가족·종교 등 거의 사회 전분야에 걸쳐 통렬한 비판의 화살을 겨누고 있다. 또한 여러가지 폐해를 산발적으로 보여주는 데 그치지 않고 그 모든 사회적 병폐의 징후들이 사실은 다 하나로 연결된 커다란 '체제'의 문제라는 인식까지도 보여준다는 점에 디킨즈의 리얼리즘이 갖는 위대성이 있다.

그러나 그의 사회비판이 얼마나 근본적인 것인가는 항상 논란의 대상이 된다. 혹자는 디킨즈가 자신이 속한 중산계층의 위선과 가식을 신랄하게 비판하지만, 궁극적으로는 부르주아가 지배하는 사회에 대한 근본적인 문제제기는 하지 않으며 그런 면에서 일종의 개량주의적 시각을 지녔다고 말한다. 그러나 또다른 쪽에서는 디킨즈가 중산층 독자들의 비위를 건드리지 않는 측면이 분명히 있으나, 오히려 그러한 사회적 검열에도 불구하고 그것을 묘하게 피하면서 당대 사회가 밑바닥에서 꼭대기까지 썩어 있으며 그것이 대개는 지배계급의 책임이라는 사실, 또한 그러한 병폐가 몇가지 개량조치로 치유될 수 없다는 견해를 굽히지 않았다는 면에서 디킨즈를 급진주의자로 본다. 작품 이외의 활동 면에서 디킨즈가 적극적으로 참여한 여러가지 정치적 활동 혹은 자선활동 등을 살펴보면 지극히 벤섬(Bentham)적이고 부르주아적인 당대의 지배적인 이념과 그다지 다르지 않다. 그러나 특히 후기 작품에서 디킨즈는 사회가 너무나 구석구석 썩어 있어 부분적인 치료는 통하지 않으며, 기존의 정치적인 움직임 중 그 어떤 것도 당대 사회의 문제를 근원적으로 풀어나가는 데 부적합하다는 생각을 강하게 드러내고 있다. 그래서 결과적으로 후기의 작품에는 초기작과 같은 명랑한 유머 대신 비관적인 분위기가 느껴지며 이를 도스또예프스끼나 카프카와 비교하는 평자도 있다. 이러한 관점은 차티즘(Chartism)의 실패 이후 만국박람회(1851)를 거치면서 빅토리아조의 전성기를 맞아 영국사회가 비로소 안정

기조에 들어섰다고 흡족해하던 당대의 부르주아적 담론과는 확연히 거리가 있는 것으로, 호경기 속에서도 별다른 혜택을 입지 못하고 여전히 소외되어 있는 노동계급과 여전히 당대 사회의 발전방향에 대해 비판적인 시선을 잃지 않고 있는 극소수의 급진적 지식인들의 실감에 가까운 것이라고 해야 옳다.

디킨즈의 작품에서 유일하게 긍정적으로 부각되는 것은 특정한 정치적 행위가 아니라 평범하지만 선량하게 살아가는 인물들, 혹은 그러한 인물들과의 관계를 통한 마음의 변화(change of heart)이다. 이러한 점 때문에 디킨즈의 작품이 어딘지 어린이용 같다는 인상을 주는 면도 있고, 그의 사회비평에 '크리스마스 철학'이라는 딱지가 붙기도 하지만, 착한 심성에 대한 강조는 단순한 권선징악적인 구도 이상의 의미를 가진다. 우선 디킨즈 자신은 착한 심성이 중요하긴 하지만 그것만으로 모든 문제가 해결되는 것은 아니며 그런 심성이 정글 같은 세상에서 살아남는 데 오히려 장애가 된다는 냉정한 리얼리스트의 시선을 견지한다. 그럼에도 불구하고 인간으로서의 자존심과 선량한 심성이 유일한 희망이며, 어떤 제도적 개혁도 그것이 인간 내면의 근원적인 변화를 가져오지 못한다면 지극히 제한적인 의의밖에는 갖지 못한다는 디킨즈의 신념은 오늘날에도 곱씹어볼 필요가 있다.

문학시장의 변화와 디킨즈의 대응

디킨즈는 당시 베스트셀러 작가였을 뿐만 아니라 잡지의 편집자이자 대중낭송가이고, 왕성한 사회활동을 한 성공한 문인의 대명사였다. 디킨즈는 대학교육도 받지 못했을 뿐 아니라 아버지가 채무자 감옥에 투옥됨으로 인해 어린 시절에 짧게나마 노동계급의 생활을 경험했다는 점에서 18세기부터 진전되어온 작가의 계층적 변화를 대변하는 인물이었다. 인쇄기술의 발달, 새로운 출판방식의 등장, 문자해독률의 증가, 지가(紙價)의 하락, 중산층 독자의 확대 등의 사회적 정황이 디킨즈의 대중적 성공을 가능케 한 역사적 조건이었다면, 독자들의 취향을 잘 파악하여 당대에 유행하던 대중예술의 요소를 도입하면서도 그것을 비판적으로 수용하여 현실에 대한 근원적인 비판으로까지 나아간 것은 디킨즈의 탁월한 성취라고 할 것이다. 따라서 그의 발랄한 유머나 극단적으로 보이는 인물들, 우연에 의해 움직이는 복잡한 플롯, 고딕소설을 연상시키는 기이한 분위기 등도 당대 현실에 대한 진지한 성찰과 비판에 어떻게 기여하는가 하는 관점에서 평가되어야 한다.

이러한 요소들이 작품에 기여하는 방식은 물론 작품이 씌어진 시기와 작품의 성격에 따라 달라진다. 초기 소설의 경우 디킨즈의 사회비판은 다소 산발적이며, 작품의 기조는 대체로 중산층의 도덕관념에서 크게 벗어나지 않는 범위 내에서 독자들을 즐겁게 해주는 쪽으로 흘러간다. 그러나 그 와중에서도 우리는 런던 뒷골목의 소매치기집단에서 중산층의 우아한 응접실에 이르기까지 다양한 삶의 모습을 엿볼 수 있으며, 작가의 공감이 대개는 순진한 심성을 가진 사람들에게로 향하고 있고 민중의 생활상이 다른 어떤 부분보다도 생생하게 묘사되어 있다는 점을 알아차릴 수 있다. 후기로 갈수록 대체로 작품의 분위기는 어두운 색조를 띠게 되지만, 여전히 디킨즈 특유의 유머는 살아남아 영어의 풍요로움을 한껏 느끼게 해주는 한편, 빅토리아조 영국사회의 심장부를 찌르는 풍자의 날은 더욱 날카로워져서 발랄한 유머와 오묘한 조화를 이루는 것을 볼 수 있다. 이제 우리는 『어려운 시절』(*Hard Times*)과 『막대한 유산』(*Great Expectations*)을 통해서 디킨즈의 비판의식과 작가적 역량을 간단하게나마 맛보게 될 것이다.

2. 『어려운 시절』──산업사회와 벤섬주의에 대한 반성

『어려운 시절』은 디킨즈 자신이 편집하던 주간지 『일상적인 말』(*Household Words*)에 연재되었던 작품이다. 따라서 디킨즈 소설의 대부분을 차지하는 19개월의 분할출판 방식보다 훨씬 짧고 구성이나 문체 면에서도 간결한 인상을 준다. 그럼에도 불구하고 이 작품은 당대 산업사회의 가장 근본적인 이념을 문제삼았다는 점에서 단순한 소품의 경지를 벗어나고 있다.

'사실'의 교육──대안은 곡마단?

무엇보다도 '사실'(Fact)을 가르치는 것을 원칙으로 삼는 교실의 모습으로 작품이 시작되는만큼, 『어려운 시절』에서 교육의 문제는 코크타운(Coketown)이라는 신흥 공업도시의 기계화된 노동자들의 삶에 대한 묘사 못지 않게 이 작품에서 중대한 문제이다. 그러나 여기서 다루어지는 교육의 문제는 구체적인 제도상의 문제라기보다는 미래의 주인공인 아이들을 어떤 인간으로 길러야 하는가라는 원칙의 문제이다. 소위 '합리적'인 원칙에 의해 논리적으로, 과학적으로 검증 가능한 '사실'만을 강조하는 학교와 실제의 삶에서 자연스럽게 우러나는 씨씨(Sissy)의 상식이 대비되는 서두의 교실 장면은 새로운 세대에게 전수해야 하는 '지식'이란 과연 어떤 것이어야 하는가에 대한 디킨즈의 생각을 단적으로 보여주거니와, 이것이 손쉽게도 사실과 상상의 통합 혹은 절충이나, 막말로 일만 하고 놀지 않으면 멍청해진다는 속설을 보여주는 것과 거리가 먼 것임은 물론이다.

그러나 여기서 '사실'을 중시하는 세계란 카펫에 그려진 꽃을 밟으면 안된다든가, 벽지에 네발 짐승을 그려넣어서도 안된다든가 하는 기괴한 주장을 늘어놓는 신사에서 그치는 것이 아니다. 또한 '사실'의 세계에 대한 '대안'이 슬리어리(Sleary)의 곡마단이나 씨씨에게 있다고 손쉽게 주장하는 것도 아니다. 디킨즈는 특히 후기작으로 오면 어떤 상황에서도 손쉬운 대안이란 있을 수 없음을 늘 의식하고 있거니와, '사실'에 의해 움직이는 코크타운이라는 거대한 공업도시가 제기하는 문제를 이미 주변적인 존재가 되어버린 떠돌이 곡마단이 극복할 수 있다고 애써 주장하는 것도 아니다. 또한 씨씨라는 인물도 사심없고, 자신감 넘치며, 순진한 덕성을 지녔고, 플롯상으로 보면 그녀의 심성이 결국 바운더비(Bounderby)와 그래드그라인드(Gradgrind), 하트하우스(Harthouse)를 압도하는 것도 사실이지만, 가령

『어려운 시절』 이후의 작품인 『리틀 도릿』(Little Dorrit)의 여주인공 에이미 도릿(Amy Dorrit)과 비교할 때, 작중인물로서의 실감은 다소 떨어지는 편이고, 따라서 '대안'으로서의 현실성도 그만큼 덜한 셈이다.

아무리 '합리적인' 독자들이라도 도자기에 새와 나비도 그리면 안 된다는 신사의 이상한 주장에 동감할 리는 없으므로, 디킨즈가 리얼리스트라면 이렇게 우화적인 방식으로 '사실'의 세계를 보여주기보다는, 좀더 다양한 '사실'의 스펙트럼을 보여주리라고 기대해도 좋다. 오히려 '사실'의 세계가 지닌 속성은 나름대로 합리적인 원칙이 있고, 사심없이 그 원칙을 생활에서 실천하고자 하며, 어떻게 보면 선의로 가득한, 그리고 무엇보다도 자식을 끔찍이 사랑하는 그래드그라인드라는 신사가 어떻게 하여 바운더비같이 허세와 탐욕에 가득 찬 부정적인 이미지의 자본가와 그토록 쉽게 손잡게 되는가, 그리고 자녀들의 합리적인 교육에 그렇게 신경을 쓰는 그가 자신의 가정생활은 물론, 가장 아끼는 자기 자녀들의 교육에서조차 실패하게 되는가를 보여주는 과정에서 가장 잘 드러난다고 볼 수 있다.

작가는 그래드그라인드식의 교육에 가장 잘 적응해온 딸 루이저(Louisa)가 마음속으로는 전혀 수긍하지 않으면서도 바운더비와의 결혼을 받아들일 수밖에 없는 과정을 면밀하게 추적하면서도, 결코 그녀의 결혼생활을 감상적으로 그려내지 않는다. 또한 그녀의 유일한 탈출구라 할 수 있는 하트하우스와의 염문을 그리면서도 하트하우스를 동감의 여지가 전혀 없는 악당으로 그려냄으로써 루이저에게 손쉬운 탈출구를 제공하지 않는다. 이러한 설정은 애초에 제시된 그래드그라인드의 학교와 슬리어리의 곡마단 간의 대비라는 다소 동화적인 구도가 현실성을 갖도록 뒷받침해주는 요소들이라 하겠다. 그러므로 『어려운 시절』에서 교육의 문제는 그래드그라인드의 가족사에서 구체적인 모습을 드러내게 되며, 이에 대한 작가의 대답 또한 결코 손쉽게 주어지지 않는다는 점에서 『어려운 시절』이 지니는 현실감의 원천을 찾을 수 있을 것이다.

『어려운 시절』은 산업소설인가

1840~50년대에 양산된 소위 '산업소설'(industrial novel)의 목록에서 『어려운 시절』을 발견할 수도 있다. 그런데 소위 '산업소설'의 면면을 살펴보자면, 새로이 등장한 산업자본주의와 새로운 노동환경에서 벌어지는 문제들을 다룬 수많은 소설들 가운데 산업화의 산물이며 동시에 핵심이기도 한 노동자계급의 문제를 노동계급의 시선으로 다룬 작품은 거의 없다고 해도 과언이 아니다. 이 작품도 예외는 아니어서 노동자의 시선으로 본 산업화와 노동의 문제를 기대하고 『어려운 시절』을 본다면 실망하기 십상이다. 물론 다른 산업소설들과 비교하여 상대적으로 평가해도 그렇다.

특히 이 작품에서 이름없는 노동자들(hands) 중에 유독 실명으로 비중있게 등장하는 스티븐 블랙풀(Stephen Blackpool)의 형상화가 노동문제를 심도있게 보여주기에는 충분히 전형적이지 못한 것은 사실이다. 물론 스티븐같이 착하긴 하지만 나약하고, 노동자로서의 계급의식도 거의 전무한 맥빠진 노동자상이 흔치 않다고 볼 수는 없고, 어떤 면에서는 당대 노동계급의 일면에 대한 실감나는 형상화라고 할 수도 있지만, 산업화의 문제를 본격적으로 보여주기에 매우 취약한 인물임에는 틀림없다. 특히 그의 모든 고통이 따지고 보면 결국 주정뱅이 아내에게서 비롯된다는 설정, 주정뱅이 아내를 무조건 스티븐을 괴롭히는 존재로 단순화한 점은 산업화된 도시의 삶을 다루는 이 작품의 전체적인 구도에서 노동계급을 좀더 실감나게 다룰 기회를 포기한 듯한 인상마저 준다.

프레스턴(Preston) 파업(1853년 여름에서 1854년 4월 사이 랭커셔의 섬유공업 중심지 프레스턴에서 직조공들이 임금인상을 요구하며 벌인 대규모 파업)에서 힌트를 얻어 이 작품을 구상했다는 설명이 무색하게도, 또 같은 시기에 씌어진 에쎄이 「파업에 관하여」(On Strike)에 등장하는 생생한 노동계급의 인물군을 아쉽게 떠올리게 할 만큼 스티븐 블랙풀의 인물 설정은 감상적이라고 할 정도로 미약하다. 물론 블랙풀의 '나약함'이 무색하게, '사사로운 감정은 대의명분을 위해 희생하라'고 몰아붙이는 선동꾼 슬랙브리지(Slackbridge)

또한 당대 노동운동가의 일면을 생생하게 포착했다고도 할 수 있지만, 바운더비에서 그래드그라인드에 이르는 다양한 층위의 '사실'의 세계를 보여줄 때와 비교해보면 지나치게 단순화되었다는 비판을 면하기 어렵다.

물론 이런 모든 비판은 이 소설에 대해 어느정도나 '산업소설'로서의 면모를 요구할 것이냐에 따라 달라질 수도 있다. 그러나 확실한 것은 '산업'에서 초래된 구체적인 노동의 문제들을 사실적으로 다루는 것이 이 작품의 핵심적인 의도라고 지레 믿고 읽어나간다면 실망할 수밖에 없다는 것이다.

우화 혹은 풍자

디킨즈의 다른 작품들과는 달리 『어려운 시절』은 적당한 분량과 빅토리아조의 민감한 시대적인 문제를 다룬 점, 디킨즈 특유의 다양한 스타일을 맛보기에 손색이 없다는 점에서 강의시간에 애독되기도 한다. 그런데 꼭 분량 때문은 아니겠지만, 이 작품이 분할출판용으로 쓴 소설들과 뭔가 다른 성격의 소설이라는 느낌이 매우 강하게 들고, 이러한 면모는 여러 평자들이 긍정적으로든 부정적으로든 지적한 바이다.

디킨즈의 가장 강력한 옹호자들 가운데 한 사람인 리비스(F. R. Leavis)가 『위대한 전통』(*The Great Tradition*)에서부터 제기한 '도덕적 우화'(moral fable)의 개념을 굳이 동원하지 않더라도, 이 작품은 코크타운이라는 괴물 같은 산업도시에 대한 탁월한 풍자이며, 또한 산업자본주의와 손잡은 공리주의가 어린 세대에게 전수하고자 하는 삶의 방식에 대한 비판이라는 관점에서 보아야 그 미덕을 충분히 느낄 수 있다. 결론적으로 말하면 『어려운 시절』이 디킨즈의 다채로운 소설세계를 잘 축약해서 보여주는 것은 사실이지만, 또한 다른 장편에서 보이는 여유있고 풍성한 느낌은 아무래도 부족한 한편 가상의 공간 속에서 면밀하게 인물을 설정하고 배치하며 상황을 통제하는 작가의 존재 자체가 강하게 느껴지는 것이 사실인만큼, 이 작품으로 디킨즈 소설의 모든 면모를 빠짐없이 엿보려 하는 것은 무리한 일일 수도 있다.

3. 『막대한 유산』—— 고아에서 신사로 성장하는 이야기

『막대한 유산』의 대중성

『어려운 시절』과 마찬가지로 『막대한 유산』도 디킨즈가 편집하던 주간지 『일년 내내』(All the Year Around)에 연재했던 소설이다. 이 작품이 연재되자마자 잡지의 판매고가 급증했을 정도로 『막대한 유산』은 대중의 관심을 끌었는데, 그것은 우선 이 소설이 바로 전 작품인 『리틀 도릿』이나 다른 50년대 작품들의 어둡고 비관적인 분위기와는 달리 초기의 따뜻하고 행복한 유머를 '회복'한 듯이 보였기 때문이다. 순진한 고아가 갖은 고초를 겪으며 훌륭한 신사로 성장하는 이야기는 『올리버 트위스트』(Oliver Twist)나 『데이비드 커퍼필드』(David Copperfield) 같은 디킨즈의 인기작을 연상시키면서 다양한 연령층의 관심을 자극하기에 충분하다. 예민하고 자의식이 강한 고아 주인공 핍(Pip), 남편과 동생을 구박하는 누나, 한없이 선량해서 도리어 코믹한 대장장이 조우 가저리(Joe Gargery), 결혼식날 배신당하고 햇빛을 등지고 살아가는 기괴한 여인 해비샴(Havisham), 비현실적으로 아름다운 소녀 에스텔라(Estella), 갑작스런 유산과 놀라운 반전 등 주간 연재 소설답게 개성 강한 인물들과 흥미진진한 사건들이 적절히 배치되어 있고, 회고하는 1인칭 화자의 미묘한 어조에는 따뜻한 유머와 날카로운 풍자, 페이소스가 적절하게 배합되어 있다.

신사란 무엇인가

그러나 무엇보다도 이 작품에서 두드러지는 주제는 빅토리아조 사회에서 신사(gentleman)가 된다는 것은 무엇인가 하는 문제이다. 아름다운 소녀 에스텔라에게 반한 후 대장장이 도제생활에 불만을 품고 있던 핍이 신사가 되는 계기는 물론 어린 시절 만났던 탈옥수가 식민지에서 벌어들인 돈이 갑작스럽게 주어지면서 생기는 것이지만, 대다수 19세기 소설과는 달리 이 막대한 유산은 문제의 해결이 아니라 시작일 뿐이다. 핍은 일련의 복잡한 사건들을 거치면서 순진한 소년에서 속물로, 다시 진정한 신사로 거듭나게 되는데, 이 과정에서 독자들은 여러가지 형태의 신사들을 만나면서 당대 사회의 이상이었던 신사의 이미지가 실제로 어떻게 드러나는지 볼 수 있다.

흔히 지적되다시피 빅토리아조 신사란 귀족적인 이상과 부르주아적 이상이 결합된 것으로서, 일정한 수입과 교양은 물론, 독립성·이타심·용기·절제·도덕성·책임감 등의 덕목을 함께 갖추어야 한다. 그러나 작품의 내용을 따라가다 보면 결국 현실에서 신사란 이러한 덕목과는 상관없이 어떤 공동체에 이미 존재하는 엘리뜨집단에 받아들여지는가의 여부에 따라 결정되는 것이라는 점이 드러난다. 대장장이의 도제이던 핍은 막대한 유산의 상속자라는 이유만으로 런던에 가서 신사가 되기 위한 수업을 받게 되며, 아무런 미덕이 없는 벤틀리 드루믈(Bentley Drummle)은 단지 돈 많은 준남작 가문의 자손이라는 이유만으로 신사 대접을 받는다. 이처럼 신사라는 이미 '정해진' 엘리뜨집단에 들어갈 수 있는가의 여부로 그 기준을 삼을 수밖에 없는 당대의 현실은 바로 신사 개념의 폐쇄적이고 체제수호적인 성격을 드러내준다. 게다가 신사의 집단에 이미 속한 어떤 사람이 '비신사적'인 모습을 보인다고 해서 그가 권력이나 지위를 박탈당하는 일은 없는 반면, 핍처럼 자신의 출신계층을 무시하고 '주제넘게' 신사가 되고자 하는 인물은 갖은 고생을 다해야 겨우 신사 대접을 받을까 말까 하는 것이 작품에 드러난 당대의 현실이다.

현실에서는 1850년대 이후에 계층간의 이동, 특히 신사계층으로의 상승률이 실질적으로 감소하는 경향을 보인다. 그리고 설사 신사가 절대적으로 증가했다 하더라도 그것은 더 많은 사람이 진정한 신사의 덕성을 갖춘 사람이 되었다기보다는 현지배층과 지배층을 넘보는 집단 간의 공존을 위한 잠정적 타협의 성격을 띤 현상이라고 보아야 한다. 그러나 대장장이 출신인 핍이 돈의 힘으로 준남작의 자손인 드루믈과 같이 신사의 집단에 속할 수 있다는 것은 그 자체가 이미 신사의 이상에서 귀족적 측면이 거의 제거

되고, 신사의 사회적 범위가 확대되어가는 역사적 흐름을 보여주는 것이기도 하다. 디킨즈의 작품 중에서 고아의 성장을 그린 작품들만 놓고 보면 『막대한 유산』은 작가의 계층의식에 있어서 일정한 진전을 보여준다. 좋은 가문 출신의 주인공이 몰락을 거쳐 원래의 지위를 회복하는 이야기인 『올리버 트위스트』나 『데이비드 커퍼필드』에 비해 『막대한 유산』의 핍은 노동계급 출신의 주인공이라도 신사가 될 자격이 충분히 있고, 어떤 면에서는 기존의 신사보다 더 훌륭한 신사가 될 자질을 갖추고 있다는 선진적인 의식을 보여준다. 이 작품에 나오는 수많은 신사들은 화자에 의해 거의 모두 비판과 풍자의 대상이 되는데, 이는 작가가 생각하는 이상적인 신사가 단지 일정한 수입이나 교육만으로 가능한 것이 아니라는 의식의 반영이다. 또 핍이 얼마나 신사의 자격이 있는가를 가늠하는 기준 중의 하나가 바로 어린 시절의 보호자이자 유일한 친구였던 조우를 어떻게 대하는가인데, 결국 작가는 조우로 대표되는 노동계급 특유의 건강한 심성과 소박한 생활에서 나오는 활기를 적극적으로 수용함으로써만이 이상적인 신사가 가능하다고 생각하는 것이다. 처음에는 바보스럽고 코믹하게만 그려지던 조우가 후반부로 갈수록 일종의 위엄까지 띠게 되는 것은 조우의 민중적 덕성이 갖는 현실적 중요성을 작가가 진지하게 고려한 결과라 할 것이다.

그러나 그렇다고 해서 많은 평자들이 주장하듯 신사로 자처하는 많은 인물들은 위선자이고 조우야말로 진정한 신사라고 평가하는 것은 작가의 의도를 크게 곡해하는 것이다. 애초에 핍이 조우와의 생활에서 뿌리깊은 불만을 느끼며 그것이 나름대로 근거있게 묘사된다는 사실, 그리고 그 불만의 근원이 된 쌔티스 하우스(Satis House)의 모습이 통상적인 의미에서 귀족적이고 우아하기는커녕 기괴하고 음울하다는 사실, 그 기괴한 쌔티스 하우스조차도 조우와의 생활에서는 찾아볼 수 없는 그 무엇을 갖추고 있음이 어린 핍의 눈에도 분명히 보였다는 사실은 조우의 삶에 무엇인가 중요한 것이 빠져 있다는 점을 분명히 보여주는 것이다. 더군다나 결말에서 핍이 런던에서의 결심과는 달리 조우와의 생활로 되돌아가지 않고, 비디(Biddy)

와의 결혼이 좌절됨에도 불구하고 별다른 큰 실망을 느끼지 않는 점을 보면, 핍의 성취는 조우의 세계와 런던 사교계 양쪽을 다 뛰어넘는 어떤 것이며 이는 그것이 진정한 신사의 이상에 오히려 가깝다고 여기는 작가의 시각이라는 점을 알 수 있다.

영국사회와 식민지

또 핍이 신사가 되는 데 빼놓을 수 없는 요소는 매그위치(Magwitch)와 그가 식민지에서 벌어들인 막대한 돈이다. 매그위치는 당대 영국사회의 찌꺼기 같은 존재이며 영국사회에서는 용납될 수 없는 인물이므로 당연히 식민지인 오스트레일리아로 유배된다. 탈옥한 매그위치는 군인들에게 체포되어 죄수선에 실려감으로써 일단 작품에서 사라지지만 이 작품에서 그의 역할은 결정적이다. 그는 우선 핍에게 자신의 전재산을 투자함으로써 핍을 런던이라는 새로운 환경으로 내보내게 되며, 또한 핍을 보러 돌아옴으로써 핍이 유산을 잃게 되는 계기를 제공하기도 한다. 매그위치는 이렇듯 플롯상으로 중요할 뿐 아니라, 영국사회가 '죄악'이라고 명명하여 식민지로 추방하고 마치 애초부터 없었다는 듯 취급하는 그 모든 요소들을 대표하는 상징적인 의미를 가지기도 한다. 실제로는 매그위치의 돈으로 신사노릇을 해왔으면서도 막상 그가 돌아와 자신을 신사로 만든 장본인임을 밝히자 두려워하고 불편해하는 핍의 심리는, 식민지에서 거둬들인 부를 바탕으로 안정된 생활을 하면서 사회 내의 껄끄러운 요소들은 그때그때 나라 밖으로, 혹은 감옥으로 보내서 시야에서 없애버림으로써 아무 문제 없다는 듯 자족감에 젖어 있다가 그러한 존재들이 환기될 때마다 그것을 억압하고 배제하려고 하는 영국 부르주아의 심리를 상징적으로 보여준다.

대중소설 기법의 활용

핍이 동경하는 쌔티스 하우스의 세계와 런던의 사교계는 얼핏 보기에 식민지로 추방된 죄수와는 전혀 무관한 세계처럼 보인다. 그러나 결국 핍이 평생 마음에 품고 사랑한 에스텔라는 매그위치의 딸이며, 해비샴을 배신한 남자는 바로 매그위치를 이용하다가 그에게 죽음을 당하는 컴피슨(Compeyson)이라는 것이 밝혀지면서 이질적으로 보이는 요소들이 사실은 하나의 체제 안에 얽히고 설킨 관계에 있다는 사실이 드러나게 된다. 이렇게 플롯을 엮는 과정이 통속적이고 작위적이라고 하는 사람도 있지만, 이를 통해 디킨즈가 보여주는 것은 당대 영국사회에 내재한 이질적인 요소들의 상호의존적인 관계, 혹은 그 관계들을 통해서 드러나는 하나의 '체제'이다.

초기 소설에서 복잡한 플롯과 써스펜스가 독자들의 흥미를 배가시키는 하나의 대중소설적 장치에 불과했다면 후기 소설에서의 복잡한 플롯은 이질적인 요소의 연관성, 불연속적으로 보이는 것들 사이의 연속성을 강조하는 계기로 활용되면서 영국사회를 하나의 '체제'로 보는 시각을 제공한다. 또한 초기작에서라면 과장과 억지라고 평가절하될 법한 해비샴이나 펌블추크처럼 과장된 인물 설정도 개개인의 신빙성과는 별개로 전체의 구도 속에서 적절한 사회적 의미와 역할을 부여받음으로써 단순한 멜로드라마적 장치의 차원을 뛰어넘게 된다.

이상적인 신사의 의미

디킨즈가 생각하는 진정한 신사란 자기 생활의 현실적 토대를 직시하고 그것을 인정할 수 있는 용기를 지닌 사람이며, 교양과 재산을 갖추고도 노동계급의 건강한 미덕을 존중할 줄 아는 사람이고, 자신의 신념을 위해 눈앞의 물질적 이익에 위배되는 일도 감행할 수 있는 사람이다. 디킨즈의 리얼리스트적인 미덕은 이러한 신사상이 그리 쉽게 성취되는 것은 아니며 핍 같은 특수한 상황에서 아주 특별한 노력과 시련을 통해서만 이루어지는 것임을 보여주는 데 있다. 핍이 갖고 있던 '커다란 기대'는 다름아닌 당대 사회구조가 핍 같은 처지의 소년에게 은밀하게 불어넣은 지배이데올로기인데, 올릭(Orlick) 같은 악한이나 웝슬(Wopsle) 같은 희극적인 인물들도 결국은 이러한 '커다란 기대'(great expectations)의 희생자들인 것이다. 그런데 이들의 경우에서도 볼 수 있듯이 사회가 주입한 커다란 기대가 사실은 실현되기도 어려울 뿐더러, 매슈 포킷(Matthew Pocket) 같은 훌륭한 신사가 자신의 계층 내에서조차 이상하고 좀 모자란 사람으로 취급되는 상황에서도 드러나듯이 그 이상의 실질적인 내용은 지극히 피상적이고 속물적이라는 것이 작가의 기본적인 생각이기도 하다. 즉, 핍의 특이성과 희소성 자체는 디킨즈의 이상적인 신사가 당대 현실 속에서 쉽게 찾을 수 있는 유형이 아니라는 증거가 되며, 따라서 디킨즈는 핍의 성장을 통해서 제시한 자기 나름의 이상적인 신사상을 이용하여 당대 통용되는 신사의 이념을 뒤집어놓고 있는 것이다.

그러나 디킨즈는 막상 핍이 도달한 수준의 이상적인 신사가 이 작품에 그려진 현실 속에서 어떠한 의미를 갖게 되는가에 대해서는 애매한 태도를 보인다. 앞서 말했다시피 '신사'라는 이상 자체가 기본적으로는 체제옹호적인 속성을 지니고 있기 때문에 이에 대한 근본적인 반성이 없는 체제비판이란 어느정도 한계가 있다고 말할 수밖에 없다. 물론 그러한 이상적인 신사상이 환상으로나마 존재한다는 것 자체가 아직도 그 사회의 이상이 인간으로서 갖춰야 할 보편적인 미덕을 지향하고 있고, 따라서 일정정도 그러한 덕성을 함양하는 데 기여한다는 것을 보여주는 면도 있다. 가령 '역사는 1등만을 기억한다'는 것을 내세우는 사회와 이타심·용기·책임감을 '표면적으로나마' 이상으로 내세우는 사회는 얼마나 다른 종류의 사회인가! 어떤 평자는 핍의 성장에서 이러한 면을 강조하면서 디킨즈에게서 신사의 이상은 그 모든 왜곡에도 불구하고 아직은 유효한 것이라고 말한다. 결국 신사의 이상이라는 것은 체제수호적 측면과 보편적인 인간적 미덕의 고양이라는 양면성을 가지고 있는 셈이다. 그러나 이 작품에서 회고하는 화자인 핍의 언어를 굴절시키는 또다른 차원의 시각이 존재하지 않는 한 신사의 이러한 양면성을 비판적으로 볼 수 있는 길은 달리 없다고 해야 할 것이다. 이 작품의 1인칭 화자가 주는 따뜻한 느낌, 유머와 페이소스의 절묘한 조화는 그것대로 이 작품의 매력을 배가해주는 것이지만, 주인공이자 1인칭 화자인 핍에게 작가가 거의 전적으로 공감하고 있다는 점은 신사의 이상에 대한 근원적인 고찰을 어느 선에서 막는 결과를 낳고 마는 것이다. 이것이 『막대한 유산』과 가령 『리틀 도릿』이 『블리크 하우스』(*Bleak House*, 1853) 같은 1850년대 걸작의 차이라고 할 수 있을 것이다. 〔성은애〕

추천문헌

대개의 디킨즈 텍스트는 분할출판 직후 출간된 첫번째 판본을 기초로 하고 다른 판본을 참조하는 정도에서 편집된다. 가장 정성들여 편집한 정본으로 알려진 것은 옥스포드 대학 출판부(Oxford Univ. Press)에서 출간된 *New Oxford Illustrated Dickens*(전 21권)이나 개인이 소장하기에는 부담스럽다는 단점이 있다. 강의실에서 많이 사용되는 펭귄(Penguin)판 텍스트는 비교적 꼼꼼하게 편집되어서 대중적인 독서용뿐만 아니라 연구용으로도 손색이 없다.

John Butt & Chatherine Tillotson, *Dickens at Work* (London: Methuen 1957). 디킨즈 작품의 창작과정과 배경을 상세히 설명한 고전적인 연구서. 문학평론이라기보다는 훌륭한 참고자료에 가깝다.

Steven Connor ed., *Charles Dickens* (London: Longman 1996). Longman Critical Readers 씨리즈의 하나. 전체적인 경향은 Schad의 책과 비슷하지만, 주제가 좀더 다양하고 Bakhtin, Eagleton, Sedgwick 등의 '고전적인' 글들이 많이 실려 있다.

Paul Davis, *The Penguin Dickens Companion: The Essential Reference to His Life and Work* (Harmondsworth: Penguin 1999). 제목대로 디킨즈의 생애와 작품에 관한 배경 및 참고사항을 알파벳 순으로 배열. 디킨즈에 관한 백과사전식 참고서의 결정판.

John Forster, *The Life of Charles Dickens, 1872~1874*, 2 vols. (London: J.M. Dent & Sons 1966). 디킨즈를 개인적으로 잘 알고 지낸 사람의 입장에서 쓴 상세하고도 신빙성 있는 전기. 그 이후의 디킨즈 전기는 포스터의 전기에 주어진 자료를 조금 다른 시각에서 각색한 것에 불과하다 해도 과언이 아니다. 한편 디킨즈의 우울하고 어두운 내면세계에 관심을 기울인 전기로는 Edgar Johnson, *Dickens: His Tragedy and Triumph* (1952) 참조.

T. A. Jackson, *Dickens: A Progress of a Radical* (London: Lawrence and Wishart 1937) 2 vols. (London: J.M. Dent & Sons 1966). 디킨즈를 중산층적인 시각을 지닌 개량주의자 정도가 아니라 민중적 급진주의의 입장을 견지한 작가로서 분석하고, 특히 차티즘의 실패 이후 디킨즈가 더욱 급진적 경향을 보인 데 대해 관심을 기울인 책.

Humphrey House, *The Dickens World* (Oxford: Oxford Univ. Press 1941). 디킨즈의 사회비평에 주목하도록 만든 고전적인 저서.

F. R. & Q. D. Leavis, *Dickens the Novelist* (Harmondsworth: Penguin Books 1970). 디킨

즈를 셰익스피어, 블레이크, 로렌스로 이어지는 영문학의 창조적 전통에서 중심적인 인물로 격상시킨 리비스 부부의 본격적인 평론집. 꼼꼼하면서도 논쟁적인 작품론의 정수를 보여주며, 『돔비 부자』 이후의 주요 작품을 다루었다.

Norman Page, *A Dickens Companion* (London: Macmillan 1984). 상세한 디킨즈 연보, 디킨즈의 주변 인물에 대한 간략한 소개, 각 작품의 창작·출판과정, 당대의 반응, 간략한 비평사, 작품의 주요 인물 등이 참고하기 편리하게 정리되어 있다. 그외에도 디킨즈와 관련된 지명, 디킨즈 작품에 대한 극화·영화화 연보 등 흥미있는 자료들이 수록되어 있다.

Anny Sadrin ed., *Dickens, Europe and the New Worlds* (London: Macmillan 1999). 디킨즈의 여러 작품에 드러난 이질적인 문명의 모습과, 디킨즈의 작품이 이질적인 문화권에 수용되는 과정 등을 탈식민주의적 입장에서 다룬 논문들의 모음집.

John Schad ed., *Dickens Refigured: Bodies, Desires and Other Histories* (Manchester: Manchester Univ. Press 1996). 심리분석·페미니즘·동성애 연구·신역사주의·문화유물론 등 최근에 화제가 되고 있는 비평적 입장을 디킨즈에 적용한 글들을 모아놓았다. Hillis Miller, John Lucas 같은 연륜있는 학자부터 John Schad 같은 30대 신진학자에 이르기까지 폭넓은 필자들이 망라되어 최근의 경향들을 다양하게 맛볼 수 있지만, 글의 수준이 고르지는 못하다.

김현숙 『디킨즈 소설의 대중성과 예술성』(한신문화사 1996). 디킨즈 논의에서 가장 기본이 되는 대중성의 문제를 알기 쉽게 정리하여 단행본으로 출간한 국내에서 보기 드문 디킨즈 연구서.

장남수 『Charles Dickens의 *Hard Times*와 *Little Dorrit* 연구: 산업사회 비판을 중심으로』 (서울대 박사논문 1993). 디킨즈의 사회비판에 관한 국내외의 논의를 망라하여 주체적인 시각으로 재조명한 논문. 그밖에 『안과밖』 7호(1999)의 특집기획 「우리 시대의 디킨즈 읽기」도 이 글의 시각과 동일선상에서 씌어진 논문들을 모아놓았다.

브론테 자매

1. 샬롯 브론테와 에밀리 브론테

 샬롯 브론테(Charlotte Brontë, 1816~55)와 에밀리 브론테(Emily Brontë, 1818~48)의 작품은 출간 당시 폭발적인 인기를 모았을 뿐 아니라, 지금까지도 널리 읽히고 있으며 여러 차례 영화화되기도 했다. 이는 그들의 작품이 19세기 중반 영국사회라는 구체적인 배경에서 창조되었으나 현재에도 여전히 도전적인 과제를 던지고 있음을 뜻한다. 『제인 에어』(*Jane Eyre*, 1847)와 『워더링 하이츠』(*Wuthering Heights*, 1847)는 당대에 인기 못지않게 비난을 받은 작품이기도 하다. 비난은 주로 제인의 여성답지 못함과 히스클리프와 캐서린의 비상식적인 사랑에 집중되었다. 그러나 바로 이 "여성답지 못함"과 "비상식적인 사랑"은 두 작품이 시간의 골을 넘어 독자를 끌어당기는 요인이기도 하다.

 브론테 자매가 활동한 1840년대 중반은 영국의 산업화가 완성되어가던 시기였다. 새로 성장한 중간계급은 이전의 지배계급인 귀족과 다르며 동시에 새로 형성되기 시작한 노동계급과도 구분되는 계급적 정체성을 확립해가고 있었다. 『셜리』(*Shirley*, 1849)에서 러다이트운동을 둘러싸고 공장주인이자 주인공인 무어와 노동자들 사이에 일어나는 갈등은 중간계급이 귀족뿐 아니라 노동계급과의 투쟁을 통해 정체성을 확립해가는 과정을 반영한다. 중간계급은 귀족과는 달리 더이상 전통에 집착하지 않고 자립과 근면에 기반하여 사회적으로 성공하는 개인주의적 이상을 추구했다. 물론 이들은 때때로 파산과 빚에 시달렸으나 노력의 보상으로 대체로 만족할 만한 생활을 누렸다. 그들은 안락한 주택과 겸손함을 가졌으며, 여행을 통해 견문을 넓히고 예술과 문학을 향유하며 과학을 탐구하는 가운데 자신들만의 문화와 가치를 구축해갔다.

그러나 이러한 계급정체성은 중간계급 남성에게 한정된 것이었다. 공·사 영역의 분리에 따라 남성의 경우 공적 영역에서 삶을 적극적으로 개척하는 것이 이상이 된 데 반하여, 여성의 경우 이제는 더이상 생산의 장이 아닌, 사적 영역인 가정에서 어머니이자 아내로서의 역할이 강조되었다. 이러한 역할변화는 여성에 관한 정의 자체를 바꾸어놓았다. 여성은 자율적이며 독립적인 존재가 아니라 남편과의 관계 속에서 정의되는 '상대적 존재'가 되었다. 여성은 독립적인 개인으로서의 정체성을 갖는 것이 아니라 의도적으로 자신을 포기하고 남편과 자식을 위해 희생해야 했다. 여성의 종속은 19세기 당대에 불변의 진리로 받아들여지고 그 특성들에 의해 여성의 존재가 규정되었다. 이러한 성이데올로기는 양성 사이의 서로 다른 자질과 적성, 역할을 극단적으로 강조하였다. 남성은 창조자, 발견자, 행동하는 사람인 데 반하여 여성은 가사나 사소한 결정에 능한 존재로 간주되었다.

빅토리아조의 이상적인 여성상은 "여성의 영역"을 지키는 "집안의 천사"였다. 반면 이런 범주의 이면에는 악마적 속성을 지닌 것으로 파악되는 "타락한 여성"이 있었다. 여성은 전인적인 인격을 지닌 존재라기보다는 순결한 천사거나 육체적인 욕망만을 지닌 악마 같은 존재로 양분되었다.『제인 에어』에서 로체스터(Rochester)는 당대의 상투적인 틀에 따라 제인을 이러한 천사로 규정짓고 전처 버사(Bertha)를 욕망밖에 없는 악마적 존재로 규정하는데, 실제로『제인 에어』에서 보여주는 것은 천사도 악마도 아닌 전인적인 존재로서 제인이 주체성을 획득해가는 과정이다. 『워더링 하이츠』의 캐서린 역시 "집안의 천사"와는 거리가 먼 열정을 보여주지만 그렇다고 "타락한 여성"으로 규정되지는 않는다. 그녀의 열정은 오히려 이제는 사라져가는 더 인간답고 건강한 삶의 한 측면으로 제시된다.

영국 요크셔에서 아일랜드 출신인 목사 패트릭 브론테와 부인 머리어 브론테 사이에서 태어난 브론테 자매는 가까스로 중간계급에 편입된 불안한 사회적 위치에 있었다. 다섯살 때 어머니를 여읜 후 샬롯 브론테는 두 언니와 동생인 에밀리 브론테와 함께 목사의 딸들을 위한 기숙학교인 카우언 브리지로 가게 된다. 언니들이 이 학교에서 병에 걸려 죽자 샬롯과 에밀리는 가족이 살고 있는 하워스의 목사관으로 돌아온다. 기숙학교에서 겪은 체험은 브론테 자매의 감성에 큰 영향을 끼쳤으며 후에 『제인 에어』에서 로우드 기숙학교로 형상화된다. 브론테 자매는 결혼을 하지 않을 경우, 가족에게 짐이 되지 않으려면 남의 집 가정교사가 되는 수밖에 없었다. 이러한 불안한 계급적 위치로 인해 브론테 자매에게는 당시 여성의 당연한 운명으로 받아들여지던 결혼 자체가 커다란 문제가 된다. 브론테의 여주인공들은 제인처럼 힘겹게 결혼을 받아들이거나 캐서린처럼 결혼의 완강한 틀을 훌쩍 뛰어넘기도 한다. 이러한 불안한 계급적 위치의 여주인공에게 결혼보다 더 가능성이 높은 현실은 "잉여 여성"으로 분류되는 독신여성으로 남는 것이었다. 샬롯 브론테는 가정교사인 제인을 여러 유보조건을 단 채 결혼시키지만, 『빌레뜨』(*Villette*, 1853)에서는 사랑을 이루지 못하는 쓸쓸한 독신여성의 삶을 다루고 있다. 샬롯 브론테는 39세로 사망할 때까지 『교수』(*The Proffessor*, 1857) 『제인 에어』『셜리』『빌레뜨』를, 에밀리 브론테는 단 한 편의 작품 『워더링 하이츠』를 남겼다. 여기서는 샬롯 브론테의 대표작인 『제인 에어』와 에밀리 브론테의 『워더링 하이츠』를 살펴보겠다.

2. 샬롯 브론테의 『제인 에어』

샬롯 브론테는 '집안의 천사'가 여성의 이상이던 빅토리아 시대에, 현실적인 조건이나 개인적 자질에 있어 그와 동떨어진 여성인 제인의 성장을 통해 당대 여성의 삶 전반에 대하여 의문을 던지고 있다. 가난하고 못생긴 고아인 제인은 로우드의 교사, 손필드의 가정교사, 그리고 다시 모튼의 교사로 끊임없이 일해야 하는 처지에 있으며 현실과 갈등하는 가운데 당대의 이상적 여성상과 대립적인 가치들을 구현한다. 즉, 독립적이고 열정적이며 억압에 대해 적극적으로 반항하는 여성의 모습을 보여준다. 그러나 다른 한편 제인은 지배적인 남성으로부터 또 기존 현실로부터 인정받고 싶은 강렬한 욕구를 가지고 있다. 제인에게 이 두 가지 모순된 충동은 강렬한 것으로, 이것이 그녀 성격의 핵심이라고 할 수 있다.

성적 억압과 교육

게이츠헤드의 제인은 이미 세상을 떠난 외삼촌 집에서 더부살이하는 고아로 온갖 굴욕을 감수해야 하는 처지에 놓여 있다. 제인의 최초 기억은 자신이 그곳의 "누구와도 같지 않다"는 점이다. 게이츠헤드에서 제인은 자신이 "불협화음"이자 "이질적인 아이"라고 느끼지만 그렇다고 그곳을 벗어날 수도 없는 무력한 처지에 있다. 사촌 존은 책을 보고 있는 그녀에게 다가와서 "여기서 우리 엄마 돈으로 우리와 같은 음식을 먹고, 같은 옷을 입고, 우리 같은 신사의 아이들과 함께 살아서는 안돼"라고 시비를 건다. 이 둘의 싸움은 앞으로 제인이 부딪치게 될 현실과의 갈등의 원형을 보여준다. 존의 행동은 미래의 "주인"으로서의 그의 성적·계급적 특권에 부합하는 것으로 정당화된다. 이에 반해 제인은 붉은 방에 감금당하는 벌을 받게 된다. 죽은 지 얼마 안되는 삼촌이 쓰던 이 방은 아주 상세하게 묘사되고 있다. 최면효과를 불러일으킴직한 이 붉은 방은 페미니스트 비평가들의 지적대로 억압적인 가부장제 사회의 축도이다. 그러나 여기서 간과해서 안되는 것은 그 억압이 지나치게 확대된다는 점이다. 화자인 제인은 어린 시절 자신이 느낀 공포를 생생하게 드러내면서, 그 공포의 비합리성까지 보여준다.

로우드는 성적 억압이 교육이라는 매개를 통하여 좀더 체계적이고 교묘하게 내면화되는 공간이다. 이곳의 원칙은 이 학교를 세운 목사인 브로클허스트의 원칙이다. 로우드의 여학생들은 "굶주리고" 칙칙한 갈색 옷을 입고 짧은 머리를 한 채 "감각적인 기쁨"을 박탈당한다. 브로클허스트는 극단적으로 정신적인 존재를 만들어내기 위해서는 "사악한 육체"를 굶겨야 한다고 주장한다. 브로클허스트의 원칙은 당대 성이데올로기를 집약하고 있지만 로우드의 학생들이 가난한 집안의 딸들이기에 이 이데올로기는 더욱 가혹하게 적용된다. 로우드는 하층 중간계급 출신인 여성들에게 걸맞은 역할과 성품을 주입하는 억압적 질서를 구체적으로 보여준다.

다른 한편 로우드는 제인의 정신적 성장을 가능하게 한 곳이기도 하다. 제인은 진정한 친구인 헬렌과 자신의 지적 능력을 인정해주는 템플 선생을 만나게 된다. 이들과의 유대감은 템플 선생의 방으로 초대된 날 밤에 확인된다. 제인은 따뜻한 차와 맛있는 케이크를 마음껏 먹게 되고 이들과의 대화에서 지적으로 우월한 사람들에게 둘러싸인 기쁨을 맛본다. 그러나 헬렌은 제인과 달리 육체와 정신을 분리하여 생각한다. "때가 오면 굴욕과 죄가 거추장스러운 육체에서 떨어져나가고 영혼의 불꽃만 남을 것"이라고 믿기 때문에 굴욕을 참는다. 그러나 이처럼 현실을 부인하는 것은 억압적인 질서의 용인에 가까운 것이다. 실제로 헬렌은 죽어 천상의 세계로 사라진다.

이러한 세계에서 제인이 더욱 모방하고 싶은 모범으로 등장하는 인물은 템플 선생이다. 그녀는 브로클허스트가 말로만 외치는 기독교적 헌신을 몸소 실천하며 조각과 같이 냉정한 태도로 그에게 맞선다. 이때 조각이라는 은유 속에는 템플 선생의 긍정적인 면과 부정적인 면이 모두 포함된다. 템플 선생의 "하얀" 조각 같은 얼굴은 브로클허스트의 "검은 기둥"에 대한 저항이며 어느정도 효과적이기도 하지만, 감정적인 면에서 "가혹할 정도로 굳어버려야만" 가능한 것으로, 이것은 자신을 감추는 빅토리아조 숙녀라는 큰 틀을 벗어나지 못한 것이다. 템플 선생이 결혼하고 로우드를 떠나자 제인은 자신의 마음 깊은 곳의 동경과 갈망이 로우드의 삶 속에서 억압되고 있었음을 의식한다. "나는 잘 교육받은 얌전한 사람처럼 보였다"라는 데서 알 수 있듯이 제인은 로우드에 동화된 것처럼 보였을 뿐이지, 결코 브로클허스트의 원칙에 순응할 수 없었다.

낭만적 사랑과 주체성

로우드를 떠나올 때 제인은 내게 "자유"가 아니면 "새로운 노역"이라도 달라는 각오로 가정교사직을 받아들이지만 손필드에서 아델을 가르치는 일은 제인이 추구하던 "넓고 변화로 가득 찬 삶"과는 거리가 멀다. 제인은 손필드의 답답한 일상에 숨막혀하며 들판을 헤매고 3층 다락으로 올라가 멀리 지평선 너머의 세계를 동경한다. 제인이 느끼는 개인적인 불만은 여성의 삶의 조건이라는 확대된 맥락 속에서 제시된다.

> 수많은 사람들이 나보다 더 정체된 생활을 할 운명이고, 수많은 사람들이 자신의 운명에 대하여 말없이 반항하고 있다. 이 지구상에 사는 많은 사람들의 마음속에 정치적인 반항 이외의 얼마나 많은 반항이 들끓고 있는지 아무도 모른다. 일반적으로 여자는 으레 아주 차분하려니 하지만 여자도 남자와 똑같이 느끼며 남자형제와 똑같이 능력을 기르고 능력을 펼칠 장을 필요로 한다. 엄격한 속박이나 너무 심한 정체는 남자에게와 마찬가지로 여자에게도 고통스러운 것이다.

제인은 여성은 '여성의 영역'에만 속한다는 당대의 성이데올로기에 반발하여, 말없는 "반항"을 지적한다. 작품에 보이는 이런 사고로 인해 샬롯 브론테는 당대에 차티스트운동이나 프랑스혁명과 연관이 있으리라고 의심을 받았던 것이다. 그러나 제인의 저항적인 사색은 버사의 웃음소리에 의해 깨지고 만다. 이때 버사의 웃음은 "정치적" 혹은 "그외의 반항"이 낳은 혼란과 비합리성을 상징하며, 따라서 제인의 사색에 대한 경고로 작용한다.

제인은 "자유" "새로운 노역" "활동" "반항" 등의 말을 썼으나 자신이 원하는 것이 무엇인지 정확하게 알지 못한다. 이때 로체스터가 나타나고, 그는 점차 제인이 동경하는 새로운 더 넓은 세계를 의미하게 된다. 손필드에서 제인의 경험은 관능이 일깨워지고 동시에 여성에게 가해지는 억압의 의미를 깨닫는 과정이다. 로체스터는 우선 손필드에서의 침체를 깨뜨리고 제인에게 생기를 불어넣어준다. 그는 "새로운 생각"과 "새로운 모습"을 펼쳐 보이는데, 관례를 무시한 그의 그런 행동과 관심은 제인을 억압적인 성역할과 사회규범에서 해방시켜준다.

제인과 로체스터 사이의 열정에도 불구하고 주인과 가정교사 간의 관계가 두 사람의 사랑에 투사된다. 이들 사이의 성적 불평등은 계급적 차이로 더욱 심화되어 나타난다. 로체스터는 잉그램 양(Miss Ingram)과 결혼할 것이라는 소문을 내는데 이로써 잉그램과 제인 두 사람을 모두 성적으로 대상화한다. 이러한 로체스터에게 제인은 마침내 화를 내고 만다. "내가 가난하고 신분이 낮고 작고 못생겼다고 해서 영혼도 없고 감정도 없다고 생각하시나요? 잘못 생각하신 거예요!——저도 당신처럼 영혼이 있고——그리고 당신처럼 풍부한 감정이 있어요!" 흔히 '약혼 장면'이라고 불리는 이 장면에서 제인의 독립적인 정신이 뚜렷이 부각된다. 젠트리인 아버지의 유산에 식민지 부상(富商)의 딸 버사의 재산까지 소유하게 된 로체스터는 사회적 신분과 아울러 부까지 갖추고 있다. 반면 제인은 자신의 말대로 "가난하고 못생기고 작고 보잘것 없는" 존재이다. 그러나 제인은 정신적으로 두 사람이 평등한 존재라고 주장한다. 제인은 또한 자신의 열정을 솔직하게 인정함으로써 욕망이 없는(desexualized) 여성이라는 빅토리아조의 여성상을 넘어서서 사랑에 있어 적극적인 공헌자인 여성의 모습을 보여준다. 이에 대해 로체스터는 "내 신부는 여기에 있소 … 나와 등등한 사람이오"라고 함으로써 두 사람 사이에 약혼이 이루어진다.

로체스터가 제인을 "동등한 사람"이라고 인정했음에도 불구하고, 구혼 이후 두 사람의 관계에서는 본격적으로 평등의 의미가 검토된다. 이 둘 사이의 육체적인 열정은 좀더 솔직해지지만, 다른 한편 제인은 점차 더 강한 억압감을 느낀다. 로체스터는 물론 제인을 진심으로 사랑하지만 자신의 필요에 따라 그녀를 정의한다. 즉, 그는 그녀를 "천사" "요정" 등으로 규정 짓고 소유함으로써 자신의 내면적 갈등과 죄책감을 치유하려고 한다. 이러한 로체스터의 태도 앞에서 제인은 점차 자아를 부정당하는 느낌을 갖는다. 로체스터를 "회교도 군주"에, 자신을 "노예"에 비유하는 가운데 제인은 자기비하감을 표현하고 있다. 신 앞의 평등이라는 그녀의 주장에도 불구하고 성적·경제적·사회적 차이로 인한 현실적 불평등이 둘의 관계를 규정한다.

제인은 정확히 까닭을 모르면서도 자신의 행복을 "백일몽"으로 표현하고 다가오는 결혼에 대해 점차 불안을 느낀다. 특히 신부로서 자신의 모습에서 느끼는 소외감은 "잠옷인지 수의인지 구분할 수 없는" 웨딩드레스를 입은 버사의 모습에 투사된다. 버사는 일면 제인의 숨겨진 적대감을 표현해주는 분신인 동시에 제인의 성적 억압에 대한 분노와 내면화된 두려움을 표현해준다. 이때 제인의 두려움은 버사를 "짐승"으로 물화하는 데서 드러난다. 더욱이 버사가 크레올(Creol) 출신인 것은 그녀가 제인의 문화 밖에 존재함을 뜻하고 이러한 문화적 차이로 인해 그녀는 더욱 쉽게 물화될 수 있다. 이처럼 버사의 고립과 광란은 사회규범에 대한 반항을 보여주는 동시에 그 결과에 대한 경고로 작용함으로써, 브론테는 성차별 사회에 대해 비판하는 동시에 침묵할 수 있게 된다. 버사는 브론테의 양면성을 담지해내는 데 성공했을 뿐 아니라, 소설의 구성면에서 보아도 성공적인 창조이다.

그러나 버사가 아무리 성공적인 창조라고 하더라도 로체스터와 제인의 사랑과 갈등을 해석하는 짐을 모두 버사에게 떠넘기는 것은 주체로서의 제인을 사장할 위험을 안고 있다. 그러므로 제인이 갈등의 정점인 손필드를 떠나기로 한 결정을 좀더 상세하게 검토해볼 필요가 있다. 제인은 자신의 열정 자체에 대하여 죄책감을 느껴서 손필드를 떠난 것인가? 아니면 인간의 법이나 다른 사람을 위해 자신의 열정을 희생해야 한다고 생각해서 손필드를 떠난 것인가? 제인이 거부하는 것은 열정 자체는 아니다. 제인은 자신의 열정이 사회적인 관계 속에서 왜곡되는 것을 거부한다. 이때 제인의 열정을 왜곡하는 것은 제인의 사회적·경제적 무력함과 로체스터의 가부장적 태도이다. 로체스터의 행동은 남성에게 실질적인 다처제를 허용하는 이중적인 성적 기준을 용납한 것이다. 제인은 로체스터의 원망과 회유, 호소 때문에서뿐 아니라 스스로도 로체스터 곁에 남고 싶은 강한 유혹을 느낀다. 그러나 마침내 강한 내면적 유혹을 물리치고, 무엇이 옳은가에 대한 건강한 인식을 바탕으로 도덕적 원칙과 심리적 통찰의 합일에 이른다. "나 자신을 소중히 여길 거야. 고독하고 벗도 없고 의지할 데가 없을수록 더욱더 자존심을 지킬 거야." (이때 제인이 말하는 자존심은 로체스터가 비난하듯이 이기적인 것도, 그렇다고 인간의 법을 지키기 위해 열정을 희생하는 것도 아니다. 그것은 희생이나 이기심을 넘어서서 자신의 주체성을 주장하는 것이다. 즉, 제인은 로체스터라는 엄청난 힘――사회·경제적 위치와 아울러 낭만적인 사랑이라는 신화가 부여한 힘――앞에서, 자신의 주체성을 지키기 위해 손필드를 떠나는 것이다. 브론테는 제인이 최초에 기대한 풍요로운 삶과 정부(情夫)로서의 삶 사이의 간극을 보여줌으로써 자아의 포기에 의한 자아성취라는 당대의 지배적 가치의 허구를 드러내며, 제인의 치열한 갈등과 결단을 통해 성적·계급적 억압에 맞서는 새로운 주체성을 보여준다.

　리버즈 집안의 남매가 사촌으로 밝혀지는 등 우연이 이어지고 구체성이 결여되어 있음에도 불구하고, 『제인 에어』의 후반부에는 제인과 쎄인트 존의 갈등이 생생하게 형상화되어 있다. 이 갈등에서 다시 한번 제인의 주체성이 문제가 된다. 로체스터는 제인을 낭만적으로 이상화하는 데 반해, 쎄인트 존은 제인의 지적인 면을 자극하며 유혹한다. 일견 그는 인도에서의 선교사업이라는 가정의 영역을 넘어선 세계를 제시하는 것처럼 보인다. 그러나 그 역시 로체스터처럼 제인을 온전한 인격체로 받아들이지 않고 자신에게 필요한 정신적인 자질만을 선택하여 그것들로 제인을 규정하고 소유하고자 하는 것이다. 제인은 쎄인트 존과의 긴장이 격화되어감에 따라 그의 의지에 함몰되어 자아를 포기하고 싶은 유혹을 강하게 느낀다. "그의 의지의 격류에 밀려, 그의 존재의 심연에 빠져들어 나 자신의 의지를 버리고 싶어졌다." 제인은 한편으로 자유와 독립을 강렬하게 원하지만, 쎄인트 존의 비전에 압도되어 종교적인 황홀경과 사랑을 동일시하면서 순간적으로 그를 받아들이기로 결심한다. 바로 이때 들리는 로체스터의 목소리로 인해 제인은 억압에의 자발적인 순응을 물리칠 수 있게 된다.

브론테의 양가성——비판과 타협

제인과 로체스터가 평등하게 만나게 하기 위해서 브론테는 첫째 제인이 유산을 상속받게 하여 사회적·경제적으로 평등하게 만들고, 둘째 버사를 죽게 하며, 셋째 로체스터를 불구로 만든다. 이로써 브론테는 평등한 남녀관계를 이루고자 하는 욕망과 외부적인 제약 사이의 갈등을 해결한다. 펀딘에 돌아온 제인은 유산상속 덕분에 더이상 경제적·사회적 불평등으로 고통받지 않는다. 제인에 따르면 이제 두 사람의 관계는 "완전한 화합"으로 바뀌었다. 그러나 제인의 '완전한 화합'은 여러가지 문제점을 안고 있다. 제인이 "자유와 변화"에 대한 열망을 지녔고 여성 전체가 "엄격한 속박과 너무 심한 정체"에 시달리는 것을 개탄했던 것을 생각하면, 펀딘이라는——로체스터가 버사를 가두기조차 꺼려했던——폐쇄적인 공간이 그녀가 바라던 더 넓은 세계의 대안이 될 수 있을지 극히 의심스럽다. 더욱이 제인과 로체스터의 관계는 일견 로체스터가 제인에게 의존하는 관계처럼 보이지만 현실적으로 그녀가 얻은 권위는 이상화된 아내이자 어머니가 지닌 것이다. 그녀는 남성이 여성의 정신적 "지주이자 지도자"라는 당대의 성이데올로기를 재생산하는 것이다. 펀딘에서 둘이 이루는 관계는 브론테의 소원성취적 환상이라고 할 수 있다.

이러한 한계에도 불구하고 『제인 에어』의 성과는 주인공이며 화자인 제인의 창조에 있다. 게이츠헤드의 반항적인 고아가 로우드에서 성숙해가는 과정, 손필드에서의 사랑과 좌절, 무어 하우스에서의 갈등과 극복 등이 생생하게 독자의 뇌리에 남는다. 『제인 에어』가 출판 당시부터 반감을 사면서도 거부할 수 없는 매력으로 독자에게 다가오는 큰 이유는 화자로서 제인이 자신의 고뇌를 생생하게 묘사하면서도 냉철하게 거리를 두는 데 성공하기 때문이다. 제인은 화자에 의해 늘 자리매김되고 있으며, 그로 인해 그녀의 반항과 선택은 설득력을 갖는다. 브론테는 이러한 제인의 반항과 선택들을 통하여 빅토리아 사회가 강요하는 여성다움이 자연스럽고 보편적인 것이 아니라 사회에 의하여 만들어진 것임을 시사하고 나아가 당대 성이데올로기를 뛰어넘는 새로운 주체성을 형상화하고 있다.

3. 에밀리 브론테의 『워더링 하이츠』

『워더링 하이츠』는 출판 당시부터 설화적이고 고딕적인 면이 강조되어 왔으며 이는 20세기에 들어서도 이 작품에 대한 비평의 큰 줄기를 이루고 있다. 이에 대한 대안적 읽기가 될 수 있는 것은 이 작품을 좋은 의미의 설화적 요소, 즉 더 나은 삶에 대한 인간 본연의 꿈을 구현하는 자세를 완강하게 고집하는 가운데 그것이 현실의 삶에 대한 가장 냉엄한 인식과 하나를 이룬 새로운 차원의 작품으로 평가하는 것이다. 즉, 『워더링 하이츠』를 사실적인 틀을 갖추고 있을 뿐 아니라 나아가 협의의 사실주의와 설화적 상상력 결합으로 이루어진 리얼리즘 소설, "탁월하게 장편소설다운 장편소설" 즉 "소설의 변증법적인 성취"(백낙청 「『폭풍의 언덕』의 소설적 성과」, 『외국문학』 12호)를 이룬 작품으로 보는 것이다.

『워더링 하이츠』는 1840년대 초에 씌어져 1847년에 출판되었으나, 작품의 배경은 1771년에서 1802년이다. 정교한 시간의 틀을 지니는 한편 1834년 이전의 상속법을 포함한 법적 절차를 상세하게 밝힌다는 점에서 이 작품은 당시 사회현실의 틀을 사실적으로 재현하고 있다. 특히 이 작품이 정확하게 1801년에 끝나는 것은 특별한 사회적 의미를 지닌다. 이 시기는 가부장적 가족에 기초한 과거의 거친 농경문화가 빅토리아 시대의 계급의식을 만들어낼 여러 사회적·문화적 변화에 도전받고 길들여지는 시기인 것이다. 캐서린과 히스클리프의 갈등과 사랑은 이러한 문화적 변화의 맥락에서 이해해야 하며, 특히 캐서린의 선택은 직접적으로는 18세기 말 젠트리 여성의 모순적 위치와 연관지어 읽을 필요가 있다.

여성의 열망과 사회적 제한

"내 자신이 바로 히스클리프야, 그는 언제나 내 마음속에 있어. 내가 자신에게 늘 기쁨만은 아니듯이 기쁨만은 아니고, 바로 내 존재로 내 마음속에 있어"라는 캐서린의 말은 전체 맥락에서 떼어놓고 보면 다소 신비주의적으로 들릴 수 있다. 하지만 에밀리 브론테의 손을 거치면서 캐서린의 열정은 18세기 말엽 영국의 요크셔 지방의 특정한 변화와 얽혀 있는 개인적인 이야기로 형상화된다. 캐서린은 자작농의 딸이고 히스클리프는 신분을 알 수 없는 고아로 되어 있다. 히스클리프에 대해 소설화가 덜 된 설화적 요소라는 평가도 있으나 그는 고아라는 특수한 위치로 인해 고독하면서 동시에 자유로울 수 있고, 그로 인해 당대의 시대정신을 극단적으로 구현함으로써 전형성을 띠는 인물이다.

캐서린과 히스클리프 관계의 첫번째 걸림돌은 힌들리의 계급적 우월감이다. 언쇼우 씨가 죽은 후 그는 히스클리프를 하인들과 함께 뒤꼍 부엌으로 쫓아내고 더이상 캐서린과 같은 침대를 쓰지 못하도록 한다. 캐서린은 12살 때의 이 일이 가장 괴로웠다고 회고한다. 힌들리가 이들을 갈라놓는 것은 소년과 소녀를 갈라놓는다는 의미도 있지만 더 중요하게는 둘 사이의 신분적인 차이를 확실히하는 것이다. 캐서린은 상속자인 힌들리와는 달리 워더링 하이츠에 대해 전혀 소유권이 없다. 하지만 히스클리프와 비교할 때는 언쇼우 집안의 딸로서 계급적 특권을 누린다. 이런 모순된 위치로 인한 갈등의 여지에도 불구하고, 아직 그녀와 히스클리프의 유대는 공고하다. 둘은 여전히 "우리"이며 일체감은 오히려 더 강해진다.

두 사람의 연대감과 사회의 구조적인 힘의 긴장은 스러시크로스 그레인지를 창문 너머 들여다본 사건으로 전환점에 이른다. 스러시크로스 그레인지를 처음 보았을 때 그들은 둘 다 진홍색 카펫이 깔린 그곳의 위엄에 눌려 천국에 와 있는 것으로 생각하다가 곧 린튼 집안의 아이들이 애완견을 놓고 싸우는 모습을 보고 경멸한다. 이들이 들켰을 때 린튼 씨는 히스클리프에 대해서는 "교수형에 처하겠다"고 하면서도 개에 물린 캐서린은 집안으로 데려가 치료하고 돌보아주는 계급적인 편견을 드러낸다. 그러나 린튼 집안 사람들의 차별보다도 히스클리프에게 더 충격적인 것은 거기 저항하지 않는 캐서린의 모습이다.

캐서린을 이해하기 위해서는 워더링 하이츠와 스러시크로스 그레인지라는 배경의 사실성만을 강조할 것이 아니라, 캐서린이 겪는 갈등을 18세기 말 젠트리 계급의 여성이 겪는 억압과 갈등이라는 맥락에서 이해해야 한다. 캐서린은 워더링 하이츠를 벗어나고 싶어하고, 마음속 깊은 곳에서는 에드거가 제공하는 안온한 삶이 대안이 아니라는 것을 알고 있다. 게다가 그녀는 히스클리프와의 관계를 지속하고 발전시킬 현실적인 장을 찾지도 못한다. 1834년 이전의 상속법에 따르면 언쇼우 씨의 사망으로 워더링 하이츠와 동산은 모두 힌들리에게 상속되며, 캐서린에게 상속될 재산이라고는 가축과 가구밖에 없다. 에드거는 세련된 예절과 점잖음 등의 미덕을 지니고 있으며 바로 이런 자질 때문에 캐서린은 에드거의 사랑에 반응을 보인다. 하지만 영혼 깊숙한 곳에서 에드거를 선택하는 것이 잘못된 일임을 알고 있다. 그녀는 히스클리프와의 영혼의 유대를 이렇게 표현한다.

"여기 그리고 여기" 캐서린은 한 손으로 머리를 치고 다른 손으로 가슴을 치며 말했다. "영혼이 사는 곳에——내 영혼 속에 그리고 내 가슴속에서 내가 틀렸다는 것을 확신해! 그(히스클리프)는 나보다 더 나다워. 우리의 영혼이 무엇으로 만들어졌건간에 그의 영혼과 나의 영혼은 같은 거야. 린튼의 영혼과는 달빛과 번개가 다르듯이, 서리와 불이 다르듯이 다르지만…… 이걸 표현할 수가 없네. 하지만 분명히 넬리 너나 모든 사람이 자신을 넘어선 자신의 존재가 있고, 있어야 한다는 건 알 거야."

캐서린의 고백은 넬리를 통해 전달됨으로써 효과적으로 열정의 깊이를 드러내며 그와 동시에 캐서린의 자기탐닉적인 허위의식을 자리매김할 수 있게 된다.

이러한 『워더링 하이츠』의 서술구조는 에밀리 브론테의 독특한 업적이다. 한 이야기가 다른 이야기 속에 중첩되는 이중구조로서, 이야기를 한 층씩 열어가는 가운데 새로운 층위의 이야기가 전개된다. 락우드의 서술은 이야기의 바깥틀이다. 그는 넬리의 이야기를 들어주고 넬리 또한 제3의 이야기들——히스클리프, 캐서린, 이사벨라, 질라 들의 이야기——을 들어준다. 본인의 설명에 의하면 사랑의 허무함을 느끼고 도시에서 도피해온 락우드는 『워더링 하이츠』에 들어섰을 때 경쟁적인 외부세계의 피난처로서의 가정이라는 상투적인 전제 아래서 이야기한다. 독자는 락우드의 상투적인 말투나 전제에 대해서는 약간 거리를 두게 되지만 『워더링 하이츠』의 삶의 방식에 대해서는 그의 혼란을 공유한다. 이 혼란은 "얼음같이 차가운 손을 지닌" 캐서린의 모습이 나타나는 락우드의 꿈으로 더 심해진다. 12살의 캐서린이 나타난 꿈은 넬리의 관점으로 여과되지 않아서 더욱 강렬하게 독자에게 다가오며, 독자 역시 그 꿈의 의미에 강한 호기심을 느끼고 그 수수께끼를 푸는 일에 빨려들어간다. 넬리는 락우드의 혼란을 정리하는 역할을 한다. 여기서 락우드가 넬리의 설명으로 자신이 느끼는 혼란을 정리하려고 하면서도 넬리에게 꿈 이야기를 해주지 않는 것은 의미심장하다. 넬리는 평범하고 도덕적인 판단을 하는 관습적인 인물로 분명한 한계를 갖고 있을 뿐 아니라, 독자가 알고 있는 락우드의 꿈을 알지 못한다는 점에서도 아이러니의 대상이 된다.

여성의 정체성 위기

히스클리프의 재등장으로 스러시크로스 그레인지에 융화될 수 있을 것처럼 보이던 캐서린의 모순은 폭발한다. 히스클리프는 물질적으로 성공했지만 여전히 스러시크로스 그레인지에서 이방인이다. 이때 변화한 것은 캐서린 자신의 태도이다. 이전의 캐서린은 히스클리프가 추방된 스러시크로스에 남아 있고 싶어하지만, 이제 그녀는 더 깊은 내면적인 충동에 따른다. 그녀는 식탁을 두 개 준비하라고 하면서, "하나는 양반이신 주인님과 이사벨라 아씨를 위한 거고 나머지 하나는 천한 나와 히스클리프를 위한 거야"라고 말한다. 그러나 그렇다고 해서 그녀가 에드거에게 전혀 의무감을 느끼지 않는 것은 아니다. 그녀의 과잉반응은 긴장과 내면적 갈등을 드러낸다. 그녀는 자신이 진정으로 원하는 것이 현실적으로 용납될 수 없음을 의식하고 있다.

캐서린이 미쳐가는 장면은 아주 생생하게 그려져 있으며, 넬리의 무심한 태도 앞에서 캐서린의 "끔찍한 고립"은 더욱 효과적으로 전달된다. 캐서린의 병은 결혼 외에는 출구가 없는 사회적 제약과 깊은 내면적 열망 사이의 갈등을 제대로 통합하지 못한 데서 비롯된 것이다. 그것은 일면 그녀에게 창조적인 통합의 장을 마련해주지 못하는 당대 사회현실의 한계이기도 하다. 열병에 들뜬 캐서린은 린튼 부인이라는 어렵게 유지되어온 사회적 마스크를 거둔다. 그녀에게 지난 7년은 "백지"가 되어버리고 그녀의 정체성은 워더링 하이츠의 환상 속에서만 유지된다. 스러시크로스 그레인지는 그녀에게 감옥이 되어버린다. 그녀는 창밖으로 몸을 기울여 워더링 하이츠를 본다. 이 비전은 현실에서는 도달할 수 없는 세계 속으로 그녀를 해방시켜 준다. 이러한 캐서린의 환상을 단지 퇴행적인 것으로 보아야 할까? 캐서린의 어린 시절은 막연히 순수한 어린 시절과는 차이가 있다. 그것은 "반은 야성적이고 대담하고 자유로운" 상태일 뿐 아니라, 워더링 하이츠라는 구체적인 삶의 현장에서 맺은, 개인적인 동시에 개인을 넘어선 존재 히스클리프와의 관계로 형상화되어 있다. 캐서린은 내면화된 사회적 제약에 자발적으로 순응하고자 했으나 실패한다. 하지만 그녀는 비극적 초월에 이름으로써 그 비극의 관점에서 자신을 제한한 젠트리의 삶의 방식을 근본적으로 비판하게 된다.

비극의 완성

캐서린의 죽음 이후에도 계속되는 히스클리프의 복수는 그의 좌절의 깊이를 드러내준다. 캐서린이 "난 바로 히스클리프야"라고 할 때 그녀의 가장 본질적인 부분이 히스클리프와의 연관 속에서 의미를 지니듯이, 히스클리프 역시 캐서린과의 관계 속에서 본질이 규정된다. 히스클리프에게 있어 캐서린의 배신은 단순히 자신에 대한 배신이 아니고 그 두 사람의 가장 본질적인 부분을 저버린 행위이다.

캐서린의 비극의 의미는 히스클리프의 죽음을 통해 비로소 완성된다. 이글턴(T. Eagleton)의 지적대로 캐서린과의 진정한 관계가 절연된 상태에서 히스클리프의 사회적 자아가 비뚤어진 것은 단지 그가 잔인하기 때문이 아니라 캐서린과 함께 가졌던 진정한 정체성과 모순되기 때문이다. 히스클리프는 마침내 캐서린이 워더링 하이츠의 비전을 본 것처럼 18년 동안 기다려온 캐서린과의 사랑을 비극적인 차원에서 복원한다. 헤어튼과 넬리는 히스클리프의 흥분, 즉 "이상한 즐거운 빛"을 관찰하는데, 이는 그가 복수의 무의미함을 깨닫는 것과 동시에 진행된다. 그는 죽음을 통해 "산 사람 같은 황홀한 눈길"로 마침내 캐서린과 결합한다. 그가 겪은 침울함과 광란, 그가 도달했다고 하는 천국, 그가 겪은 고통 그리고 마침내 얻은 평온은 캐서린의 비극의 의미를 완성하는 것이다. 『워더링 하이츠』는 캐서린과 히스클리프의 유대와 그것의 좌절 그리고 죽음을 통한 비극적인 복원 속에서 계급의식이 지배적 현상이 되는 사회로의 변화와 아울러 그러한 변화에 대한 비판을 담고 있다.

18세기 말엽 영국 요크셔에서 살았던 여성으로서의 캐서린의 선택과 고통, 히스클리프의 죽음으로 인하여 완성되는 비극성은, 셰익스피어 비극이 그러하듯이 구체적인 현실과의 갈등에서 비롯된 것이면서도, 마침내 인간의 욕망을 넘어선 더 높은 차원을 구현하고 있다. 에밀리 브론테는 캐서린과 히스클리프의 관계를 통해 18세기 말엽 그리고 당대의 사회현실 속에서 실현될 수 없지만 포기할 수 없는 진정한 삶에 대한 염원을 표현하고 있다.

〔조애리〕

추천문헌

텍스트로는 Charlotte Brontë, *Jane Eyre* (Hamondsworth: Penguin 1966)와 Emily Brontë, *Wuthering Heights*, ed. William M. Sale, Jr. (New York: Norton 1972)를 추천한다.

Sandra M. Gilbert & Susan Gubar, *The Madwoman in the Attic* (New Haven: Yale Univ. Press 1979). 대담한 관점과 독특한 분석으로 이제는 여성론적 문학비평의 고전이 된 이 저작은 가부장제의 억압에 대한 여성의 저항에 초점을 맞춘다. 이들은 19세기의 여성작가들이 문자 그대로 아버지의 집에 갇혀 있을 뿐 아니라 비유적으로 남성의 문학적 구성물에 갇혀 있다고 본다. 표면적으로 여성작가들은 문학적·사회적인 면에서 가부장적 구조에 순응하는 것처럼 보이지만, 숨겨진 구성 속에서 독립적인 자아를 추구하려는 강렬한 충동을 표현하고 있다는 것이 이들의 주장의 핵심이다.

Terry Eagleton, *Myths of Power: A Marxist Study of the Brotës* (New York: Barnes Noble 1975). 이글턴은 브론테 작품의 "범주적 구조"를 밝히고자 한다. 한편으로는 정력적인 개인주의 및 급진적인 반항과 다른 한편으로는 전통 및 신중한 타협이라는 대립된 두 가지 가치의 갈등과 타협이 범주적 구조로서, 이것은 산업 부르주아지와 토지 젠트리 사이의 긴장과 연합이 소설적으로 변형된 형태라고 본다. 사회적 맥락 속에 브론테 자매를 위치시킨 것이 이글턴의 업적이다. 그러나 모든 주인공들을 특정 계급의 전형으로만 파악함으로써 환원주의에 빠져드는 경향이 있다.

Q. D. Leavis, "A Fresh Approach to *Wuthering Heights*", *The Englishness of the English Novel*, vol. 1 (Cambridge: Cambridge Univ. Press 1983). 리비스는 브론테가 소설의 시간대를 정확하게 1801년에 끝나도록 하는 데에 신경을 쓴 것의 사회적 의미를 밝히고 있다. 또한 리비스는 캐서린이 소설의 전반부의 진정한 도덕적 중심임을 강조한다.

Elaine Showalter, *A Literature of Their Own: British Women Novelists from Brontë to Lessing* (Princeton N. J.: Princeton Univ. Press 1977). 쇼월터는 여성문학 전통의 발전을 3단계로 나눈다. 첫째는 여성적 단계(1840~80)로 남성문화의 지적인 성취와 맞먹으려고 애쓴다. 둘째는 여성해방적인 단계(1880~1920)로 여성다움을 거부하고 부당한 대우를 받는 여성의 시련을 극화하기 위해 문학을 이용한다. 셋째는 여성의 단계(1920~)로 모방과 저항이라는 두 가지 종속을 모두 거부하고 자율적인 예술의 근원으로서의 여성의 경험을 해석한다. 쇼월터는 소설의 전통 속에 『제인 에어』를 여성적 단계의 대표적 작품으로 자리매김하고 있다.

Patsy Stoneman, *Brontë Transformations: The Cultural Dissemination of "Jane Eyre" and "Wuthering Heights"* (New York: Prentice Hall 1995). 스톤맨은 피에르 마슈레이에게서 텍스트를 자족적인 가공품으로 취급하지 않고 "생산물"로 다뤄야 한다는 것

과, 데리다에게서 텍스트성은 유포에 의해서 특징지어진다는 개념을 빌려와 출발한다. 저자는 텍스트성이 문학적 텍스트에만 내재하는 것이 아니라 영화나 연극 등 다양하게 유포된 버전과 비교하는 가운데 존재한다는 관점에서 『제인 에어』와 『워더링 하이츠』를 분석하고 있다.

죠지 엘리어트

1. 엘리어트에 대한 접근

죠지 엘리어트(George Eliot, 1819~80)는 영문학사상 유례없이 소설장르가 융성했던 19세기뿐 아니라 현대에 이르기까지 영문학에서 확고한 위치를 차지하는 작가이다. 그런데 엘리어트에 관한 기존의 비평을 살펴보면 그녀를 훌륭한 작가로 평가하는 기준은 시대에 따라 다른 것을 알 수 있다. 이 기존의 평가들에서 공통적으로 지적할 수 있는 것은 엘리어트가 "남성처럼 생각하는 … 여자 셰익스피어"라는 존 피스크(John Fiske)의 칭찬처럼[1], 그녀를 당대의 남성작가에 견주어 뒤떨어지지 않는 위대한 작가로 평가하여 그녀의 지적·도덕적 자질을 강조한다는 점이다. 우선 엘리어트를 여성의 감성을 뛰어넘는 탁월한 지식인 작가로 대접하는 경향을 볼 수 있다. 이런 경향은 빅토리아 시대부터 현대까지 지속되는 하나의 흐름으로서, U. C. 내플마커(Knoepflmacher), 닐 로버츠(Neil Roberts), 윌리엄 마이어즈(William Myers) 등의 평자는 엘리어트가 크게 영향을 받은 포이어바흐

---

1. Gordon S. Haight, *George Eliot: A Biography* (Harmondsworth: Penguin Books 1968) 468면.

(L. Feuerbach)의 기독교이론과 스펜서(H. Spencer)의 진화론, 꽁뜨(A. Comte)의 실증주의 철학 등과 관련하여 그녀의 작품을 조명하려 한다. 다음으로 조앤 베넷(Joan Bennett), 존 할러웨이(John Holloway), 조지 레빈(George Levine), 월터 앨런(Walter Allen), R. T. 조운즈(Jones) 등의 평자들은 엘리어트를 도덕적 교화에 관심을 지닌 작가로 보고 도덕적 현자 내지 교사의 면모를 강조한다.

한편 이런 주제적 접근과는 각도를 달리하여, 바버러 하디(Barbara Hardy)와 W. J. 하비(Harvey) 등의 평자는 주로 형식 면에서 엘리어트의 작품에 접근한다. 그들은 엘리어트가 내용의 지성적 깊이에서는 뛰어난 성과를 보여주지만 형식 면에서 다소 뒤떨어진다는 헨리 제임스 이래의 평가에 반기를 들고, 그녀가 이미지나 상징, 언어구사 등 형식 면에서도 뛰어난 작가임을 주장한다.

이외에 F.R. 리비스와 유물론적 입장의 아놀드 케틀(Arnold Kettle), 레이먼드 윌리엄즈, 테리 이글턴, 대니엘 코틈(Daniel Cottom) 등의 평자는 당대의 전체 사회구조와의 유기적인 관련하에 엘리어트의 작품에 담긴 사회적 함의를 읽어낸다. 가령 리비스는 엘리어트의 위대성을 뛰어난 심리묘사와 이와 밀접하게 연관된 사회학적 관심에서 찾고 있으며, 케틀은 엘리어트의 사회학적 인간 파악이 지나치게 정태적인 사회관과 도덕관에 바탕을 두고 있다고 주장한다. 엘리어트 자신은 『필릭스 홀트』(*Felix Holt*)에서 "더 넓은 사회적인 삶에 의해 결정되지 않은 개인의 삶이란 하나도 없다"고 개인과 사회의 관계를 밝히기도 했다.

1960년대 후반에 여성해방운동의 전개와 더불어 활성화된 페미니즘 비평의 평자들은 엘리어트가 남성적 담론(male discourse)을 잘 구사하여 작가로서 성공을 거두었기 때문에 본격적인 페미니즘의 입장에서 그녀를 재평가하려 시도한다. 페미니즘 비평이 본격적으로 등장하기 이전에도 엘리어트 평가에 있어 최초이자 빅토리아조 당대로서는 유일하게 페미니즘의 입장을 표명한 이는 버지니어 울프(Virginia Woolf)였다. 이러한 작업은 여러 면에서 심각한 의견대립을 보이기도 했는데, 이 상반된 반응의 원인은 엘리어트 자신이 여성문제에 관해 때로 보수적인 입장을 보일 뿐 아니라 페미니즘 비평 자체가 그만큼 다양하기 때문이다.

밀렛(Millett) 같은 평자는 엘리어트가 당대의 관습에서 보면 상당히 "혁명적인 삶"을 살았지만 그 삶을 기록하지는 않았다고 불만을 토로한다. 이 불만은 죠지 헨리 루이스(George Henry Lewes)와 동거하는 등 당대의 인습적인 도덕에 과감하게 도전하고 작가로서도 탁월한 업적을 이룬 엘리어트의 선구적인 생애에 비해 별다른 만족스런 성취를 보이지 않는 여주인공들에게 실망한 반응으로서, 엘리어트에 대한 1970년대 초기 페미니스트 평자들의 핵심적 논점이기도 했다. 다음으로 일레인 쇼월터(Elaine Showalter), 프랑쓰와 바슈(Françoise Basch)와 메린 윌리엄즈(Merryn Williams) 등의 평자들은 엘리어트의 소설을 빅토리아기 전체 사회의 현실과 성이데올로기(gender ideology)와 관련하여 여성문제를 바라봄으로써, 사회적 관심도에 있어 진일보한 면모를 보인다. 1980년대에 들어서면 밀렛 이래의 급진적 페미니즘에서 진일보하여, 맑스주의적 시각과 급진적 페미니즘을 결합해 여성 집단 내부의 성·계급·인종 등의 다양한 차이에 주목하는 사회주의 여성비평(socialist-feminist criticism)이 등장한다. 서구의 다양한 페미니즘 비평을 "우스꽝스러운 다원주의"(a playful pluralism)라 부른 아넷 콜로드니(Annette Kolodny)처럼[2], 사회주의 비평 역시 복잡한 갈래를 이루며 전개되고 있다.

이와는 달리 여성문제를 성의 문제이자 19세기의 사회 변화와 관련된 계급 및 인종의 문제로 파악하는 뉴턴(J. Newton)과 로젠펠트(D. Rosenfelt), 로빈슨(L. Robinson), 캐플런(C. Kaplan) 등의 평자들은 사회주의 페미니즘의 입장을 좀더 전형적으로 보여준다. 이를테면 로빈슨은 패미니즘 내부의

---

2. Annette Kolodny "Dancing through the Mine Field: Some Observation on the Theory, Practice, and Politics of a Feminist Literary Criticism," Elaine Showalter ed., *The New Feminist Criticism* (New York & London: Virago Press 1986), 161면.

차이를 성과 계급, 인종, 민족(ethnicity)의 네 가지로 나누어 성적 편견을 역사적 관점에서 자리매김하려 하며, 계급문제를 성차별보다 우선적으로 고려한다.

엘리어트의 작품은 평자들의 통상적인 구분상 전기의 『목사생활 풍경』(*Scenes of Clerical Life*, 1858) 『애덤 비드』(*Adam Bede*, 1859) 『플로스 강의 물방앗간』(1860) 『싸일러스 마너』(*Silas Marner*, 1861)와 후기의 『로몰라』(*Romola*, 1863) 『필릭스 홀트』(1872) 『미들마치』(*Middlemarch*, 1871~72), 『대니얼 데론다』(*Daniel Deronda*, 1876)로 나누어진다. 이 글에서는 전기의 『싸일러스 마너』와 후기의 『미들마치』두 작품을 분석해보기로 한다.

2. 『싸일러스 마너』

『싸일러스 마너』는 18세기 후반부터 나뽈레옹 전쟁 후인 19세기초를 배경으로 엘리어트가 어린 시절 보았던 "린넨 직조공"을 그리고 있다. 이 작품은 길이가 짧은 소품이지만 형식이나 내용 면에서 짜임새 있다는 평가를 받고 있다. 가령 술집 '무지개'(Rainbow) 장면은 셰익스피어의 솜씨에 견줄 수 있을 만큼 가난한 농민의 삶과 시골사회를 실감나게 그렸으며, 돌리 윈스롭 부인(Mrs. Dolly Winthrop) 등의 인물묘사도 사실적으로 잘 되어 있다고 극찬을 받아왔다.

그러나 '무지개' 장면이나 인물묘사보다 더 근본적인 장점은 형식이나 주제 면에서 두 플롯이 서로 받쳐준다는 점이다. 실제로 이 작품에는 두 가지 생활방식, 즉 래블로(Raveloe)라는 시골(농업)과 랜턴 야드(Lantern Yard)라는 도시(산업)가 대조되고 있다. 이 대조 외에도 고립된 개인과 사회, 상류 지배층과 하층 민중의 계급적 대조가 어우러져 매우 짜임새 있는 작품이 되었다. 자칫 동화처럼 보이지만 진지한 마너의 플롯과 유머스럽지만 꼼꼼하게 사실적으로 그려진 가드프리 캐스(Godfrey Cass)의 플롯은 나란히 대비되다가 던스턴(Dunstan)의 도둑질과 에피(Eppie)의 출현을 계기로 연결되어 비현실적인 마녀 얘기에 현실감을 부여한다.

한편 이 작품에 대한 접근에서는 엘리어트의 작품을 보는 예의 두 가지 관점, 즉 도덕적 관점과 사회적 관점이 주류를 이루어왔다. 첫째로, 마녀가 에피를 통해 잃었던 인간애를 되찾으며, 인간의 사랑이 금보다 더 고귀하다고 깨닫는 결론, 그리고 착한 마녀는 보상받고 부권(父權)을 거부한 가드프리는 벌을 받는다는 인과응보식의 해석이 이런 도덕적 관점의 해석이다. 둘째로, 엘리어트가 『필릭스 홀트』에서 강조한 개인과 사회의 유기적 관계, 요컨대 사회에서 소외되었던 마녀가 래블로 사회에 흡수되는 과정이 이 작품에서도 강조된다. 여기서는 마녀가 공동체와 관계를 회복하고 공동체에 동화되는 과정을 살펴보기로 한다.

공동체와의 관계 회복

18세기 말과 19세기 초반 영국 북부의 공업도시 랜턴 야드에서 종교에 심취해 있던 마녀는 그의 순진함과 간질병 발작을 이용하여 그에게 도둑의 누명을 씌우고 애인마저 빼앗은 절친한 친구 윌리엄 데인(William Dane)의 배반으로 인간과 신, 그리고 세상에 대한 믿음을 상실한다. 그는 교인들의 투표에서 자신이 유죄로 결정되자 친구의 배신과 신의 거짓을 저주하면서 그곳을 떠난다. 그는 아직 물레 돌아가는 소리가 들릴 정도로 외부 영향을 받지 않은, 즉 산업화와 청교도적 열성과는 동떨어진 영국 중부의 작은 마을 래블로에 이주하여 15년간 산비탈 집에서 옷감을 짜서 파는 일 외에는 마을사람과 격리된 은둔생활을 한다. 그가 그나마 마을사람의 관심밖에 밀려나지 않으면서 박해받지 않을 수 있었던 것은 지독한 근시와 작은 키, 창백한 안색 등 괴상한 생김새와 그에 대한 두려움, 그리고 질 좋은 직물을 짜내는 성실한 기술 때문이다.

그러나 그에게 감정이 아주 고갈된 것은 아니다. 한번은 심장병과 수종(水腫)으로 고생하는 쌜리 오우츠(Sally Oates)를 동정하여 민간요법으로 치료해주어 마음을 여는 계기가 될 뻔하지만 그에게 특별한 미신적 힘이 있는 것으로 믿고 달려드는 사람들로 인해 더욱 고립된다. 또한 그는 12년간 친구처럼 아끼던 토기물동이가 깨지자 그 조각들을 붙여 간직하기도 한다.

이처럼 마을에서 소외된 그와 마을사람들의 관계를 변화시키는 계기는 그가 아끼는 금화를 도난당하는 사건과 에피를 양녀로 맡아 기르게 된 일이다. 먼저 아무런 희망도 없는 그에게 유일한 위안이 있다면 그것은 오로지 거미처럼 옷감을 짜서 모은 금화를 밤마다 세어보는 일이다. 금화로 인해 구두쇠가 된 그는 더욱 세상을 등지게 된다. 요컨대 그의 금화는 소외를 부추겨 사랑할 능력을 "금화처럼 딱딱한 고립상태"에 몰아넣는다. 이러한 그에게 금화도난사건은 최후의 일격이다. "경멸적 연민과 공포와 의심"의 시선을 보내던 마을사람들은 이 도난사건을 계기로 그에게 연민과 동정을 보여줌으로써, 그가 마을사람들과 관계를 맺을 토대가 마련된다. 그러므로 이 도난사건은 마녀가 거듭나기 위해서는 정신적으로뿐 아니라 물질적으로도 철저히 잃을 필요가 있음을, 즉 모든 것을 다 잃은 뒤에야 비로소 변화가 가능함을 암시해준다.

"두번째 큰 변화"는 에피의 등장이다. 캐스 가의 레드 하우스(Red House)에서 망년회가 있던 날 캐스 가에 가드프리와의 비밀결혼을 알리려던 몰리 파렌(Molly Farren)은 떠나기 전에 마신 마약과 추위 때문에 동사한다. 이날도 변함없이 일하던 마녀는 환한 불빛을 따라 그의 집으로 기어들어와 화덕 앞에 잠든 두살짜리 에피를 보게 된다. 간질병 발작으로 잠시 마비되었던 그는 아이의 금발머리를 도난당한 금화가 돌아온 것으로 잠시 착각하지만, 금화 대신 나타난 아이를 맡아 기르기로 결심한다. 이제 에피의 양육을 위해 마을사람들과 불가피하게 접촉하는 과정에서 그는 잃어버린 인간성을 서서히 회복한다. 요컨대 아이와 바깥세상 간의 관계 덕분에 마녀 역시 래블로라는 바깥세상과 관계를 맺게 된다는 것이다. 그는 아이에 대한 사랑으로 구두쇠에서 사랑에 넘친 양아버지로, 맹목적으로 "실을 짜는 거미"에서 딸의 부양을 위해 일하는 아버지로, 이기적이며 우울한 은둔자에서 외부세계에 관심을 갖는 인간으로 변화된다. 그는 이제 래블로에서의 생활을 "오로지 에피와의 관련 속에서만" 생각하며, 아이를 위해서라면 무엇이든 할 정도로 변했다. 일례로 그는 돌리의 권유대로 친구의 배반 후 등을 돌린 교회에 나가는가 하면 아이에게 세례도 받게 한다. 그는 돌리에게 자신의 변화를 "저 아이가 내게 보내지고, 내가 그 아이를 내 몸처럼 사랑하게 되었을 때부터" 빛을 갖게 되었다고 말한다. 이처럼 에피를 받아들여 그가 변화되었다는 사실은 에피의 결혼식날 "마너는 외롭고 엄마 없는 에피에게 아버지 노릇을 하여 스스로 복을 받았다"는 마을사람들의 입을 모은 결론에서도 밝혀진다. 요컨대 고립을 부추긴 금화와는 달리, 에피는 마너로 하여금 인간과 신에 대한 신뢰를 회복하고 사회와 접촉하게 해준다.

한가지 해결되지 않은 것은 그의 과거다. 그는 에피를 데리고 패스턴(Paston) 목사를 만나 과거의 진실을 알아보려고 랜턴 야드에 다시 가보지만, 30년 전의 모습은 간 곳 없고 교회 대신 현대적인 큰 공장이 들어섰음을 알게 된다. 그는 도둑의 누명을 벗고 무죄를 입증할 길이 없어졌음을 아쉬워하지만, 이제는 과거에 대한 미련 없이 래블로에 완전히 정착하게 된다. 이처럼 에피를 통한 정신적 회복에다 16년 후 던스턴의 시체와 더불어 금화를 찾게 되는 물질적 회복까지 하게 됨으로써 한없이 하강곡선을 그리던 그의 운명은 완전히 회복된다.

한편 가드프리의 얘기는 낸씨 러미터(Nancy Lammeter)와의 결혼 전후로 나뉠 수 있다. 그는 사냥과 술로 세월을 보내는 대지주 캐스의 순진하고 착한 맏아들이지만 나약함과 우연에 희생되는 도덕적으로 비겁한 인물이다. 결혼 전 그는 아버지의 소작인 파울러(Fowler)에게서 받은 소작료 100파운드를 유용한 사실과 지난 4년간 간직해온 낸씨에 대한 사랑에도 불구하고 술김에 비밀결혼한 술집여자 몰리와 그의 딸 에피의 존재라는 두 가지 고민에 빠져 있다. 그러던 중 가드프리는 던스턴의 행방불명과 몰리의 사망으로 이 두 가지 고민에서 운좋게 해방되어 소원대로 낸씨와 결혼한다.

가드프리가 낸씨와 결혼한 뒤 레드 하우스는 질서와 안정을 되찾지만, 아내와의 사이에 아이가 없다. 그는 양심의 가책으로 아이가 없는 것을 신의 "보복"으로 여긴다. 16년 후 던스턴의 시체와 그의 시체 옆에서 마너의 도난당한 금화가 발견되자, 가드프리는 비로소 아내에게 에피가 자신의 딸임을 고백하고 에피를 양녀로 맞아들이는 일에 적극 나선다.

그러나 예상치 못한 걸림돌은 마너보다 오히려 에피에게 있었다. 던스턴의 시체가 발견된 날 마너를 찾아가 에피를 양녀로 맞아들여 귀부인으로 만들겠다는 가드프리의 제안에 에피는 마너의 곁을 떠날 수 없으며 귀부인이 되고 싶지도 않다고 거절한다. 에피는 재차 가드프리에게 부와 지위를 보장하는 신분상승의 기회를 거부하고 노동자계급인 아론(Aaron)과 결혼하여 마너 곁에서 살겠다는 의사를 분명히 밝힌다. 에피의 단호한 거절로 가드프리는 부와 지위로 과거의 죄를 보상할 수 없다는 쓰라린 "인과응보"를 맛보게 된다. 이처럼 마너 얘기는 어둡게 시작하여 환하게 끝나며, 운이 따르는 것 같았던 가드프리는 결국 에피를 버린 데 대해 벌을 받음으로써 두 사람의 얘기는 대조를 이룬다.

3. 『미들마치』

소설 『미들마치』의 배경은 미들마치 지방 및 그 주변사회를 중심으로, 제1차 선거법 개정안(The First Reform Bill)이 통과되기 직전인 1830년대의 과도기적 세계, 구체적으로 1829년 9월부터 1832년 이른 여름까지를 그리고 있다. 뿐만 아니라 "지방생활의 연구"(A Study of Provincial Life)라는 부제가 암시하듯, 지방생활을 그리는 이 작품은 이 사회의 중상류층을 구성하는 방대한 등장인물들의 삶과 선거법 개정, 국회의원 선거, 토지개혁, 철도부설 등의 정치·사회적 변화를 겪고 있는 미들마치 사회의 전체적 움직임을 유기적으로 전달함으로써 죠지 엘리어트 후기의 가장 원숙하고 짜임새있는 걸작으로 꼽힌다.

그런데 이 작품의 두 중심인물인 도로시어(Dorothea)와 리드게이트 (Lydgate)가 사회적 봉사를 통해 자아를 성취하면서 동시에 사회에도 기여하고자 하는 포부를 중심축으로, 자기 적성에 맞는 직업을 모색하는 윌 래디슬로(Will Ladislaw)와 프레드 빈씨(Fred Vincy), 에드워드 캐쏘본 (Edward Casaubon) 등 여러 인물들은 현실에 부딪혀 뜻을 펼치지 못한 채 좌절하게 된다. 도로시어의 포부는 "서곡"(Prelude)에서 순교와 봉사의 '서사시적 삶'을 동경한 성 테레사 수녀의 그것에 비유된다. 그러나 종교질서의 개혁에서 "자신의 서사시"를 발견한 성 테레사와는 달리, "현대에 태어난 테레사들"은 이 포부의 실현에 실패할 운명임이 이 부분에서 암시된다.

도로시어

도로시어는 부모로부터 상속받은 연 700파운드의 수입 외에도 결혼해서 아들을 낳으면 그 아들이 브룩 씨(Mr. Brooke)로부터 연 3000파운드의 재산을 상속받게 되어 있으므로, 재산뿐 아니라 미모와 좋은 가문 출신이라는 사회적 신분 등 모든 외적 조건을 갖춘 상류계급의 '신부감'이다. 그녀는 상류계급 여성으로서 사회개혁을 돕고자 "여기 영국에서 현재 위대한 삶"을 살고 싶어한다. 그녀는 이러한 포부 때문에 당시의 여성교육이나 결혼, 자선활동, 순종을 강조하는 종교서적 읽기, 자수 등 상류여성에게 허용된 평범한 소일거리에 만족하지 못한다.

시대와 장소를 잘못 만난 현대의 테레사라 할 도로시어는 이상적인 결혼을 통해 사회적 성취를 이루려 한다. 그녀는 만족스런 결혼이란 남편이 아내에게 헤브루어라도 가르쳐주는 아버지 같은 존재가 될 수 있는 결혼이라 생각하고, 남편에게 정신적 지도자이자 스승의 역할을 기대한다. 그녀는 이처럼 사회적 제약으로 이루지 못한 지적 성취를 남편에게 자발적으로 순종함으로써 실현하려 한다. 그녀가, 최초의 결혼상대이자 지주계급 귀족으로서 재산과 신분이라는 당대 기준에서 볼 때 매우 적합한 신랑감인 제임스 체텀 경의 청혼을 물리치고 자신보다 27세 연상의 아버지뻘 되는 로윅의 목사이자 학자인 캐쏘본의 청혼을 받아들이는 것도 이러한 기대 때문이다.

도로시어는 현대의 밀턴(Milton)과 더불어 사는 삶이라 기대한 캐쏘본과의 결혼에서 자신의 기대가 환상이었음을 깨닫게 된다. 이러한 실패의 원인으로서 첫째로, 캐쏘본이 그녀의 기대에 못 미치는 인물이며, 그녀가 '근시'라는 점에서도 암시되듯 이상에 사로잡혀 그의 실체를 파악하지 못한 점을 들 수 있다. 그런데 이 판단력의 부족이라는 결함을 들여다보면, 이 순진한 선택을 유도 내지 방치한 브룩 씨나 제임스 경 등 주변인물들의 잘못과, 여성을 남자와 현실에 무지할 수밖에 없도록 가르친 당대의 전형적인 여성교육에도 책임이 있다. 실제로 그녀가 받은 교육은 12세경에 부모를 잃은 가정적 결함을 벌충하도록 영국과 스위스의 청교도 가정에서 받은 피상적인 여성교육이 전부이다. 이 빈약한 교육은 그녀에게 경험과 기회의 결여 및 "정신적인 빈곤"을 초래하며, 이는 다시 그녀의 비현실적인 성격과 더불어 사물을 속단하게 함으로써, 여성교육과 판단력의 부족은 서로 맞물린 문제가 된다.

한편 캐쏘본은 성격과 학문 모두에서 그녀에게 실망만을 안겨준다. 그는 편협하고 이기적인 성격을 지녔을 뿐 아니라, 종교적인 신화를 통합하여 "모든 신화들에 대한 열쇠"(The Key to All Mythologies)를 제시하려는 학문적 작업에서도 실패한다. 그의 결실 없는 작업과 그들 사이에 아이가 없다는 사실 및 그들의 신혼여행지 로마를 묘사하는 2권 20장의 묘사에서 전달되듯, 그는 "젊고 열렬한" 그녀와는 대조적으로 만사에 관심을 잃은 메마르고 무미건조한 성격의 인물이다. 뿐만 아니라 그는 자신감의 결여로 남들의 평가에 과민하며, 이러한 성격 탓에 제한된 범위 안에서만 자신의 일을 도와주고 자신의 지친 심신에 위안과 안정을 줄 수 있는 순종적인 아내를 원한다. 따라서 그들이 결혼에 대해 걸었던 기대는 서로 어긋나게 된다. 캐쏘본은 자기 일을 도우려는 선의를 지닌 도로시어의 지적 관심에 적대적으로 반응하며 그녀를 자기 일을 속속들이 꿰뚫어보려는 "잔인한 외부세계의 비난자"로 오해하는 한편, 그녀는 남편의 성격과 학문에서 모두 환멸만을 맛본다.

또한, 도로시어의 결혼이 실패한 원인은 당대 상류계급 여성의 보편적 상황 및 한계에서 찾을 수 있다. 그러므로 그녀의 결혼생활은 무조건적인 복종을 원하는 남편의 억압적이며 권위적인 태도에 대한 분노와 이 분노를 억제하려는 노력 사이의 끊임없는 갈등이라 할 수 있다. 도로시어의 결혼생활은 편협하고 이기적인 성격을 지닌 남편의 억압과 상류 지배계급 여성에게 보편적으로 주어진 한계라는 이중의 질곡으로 인해 실패하는 것이다.

이처럼 도로시어가 남편에게 살해욕을 느낄 정도로 강한 증오심과 분노를 지닌 상태에서, 그리고 이 분노를 억제하려 애쓰는 탈출구 없는 상황에서 우연히 캐쏘본이 죽음을 맞는다. 많은 논란에도 불구하고, 이 임의적인 죽음으로 인해 다음의 두 가지 점이 분명해진다. 첫째로, 도로시어는 남편의 묵시적인 강요 때문에 그의 사후에도 그가 하던 연구를 계속하겠다는 약속을 하려는 바로 그 시점에 일어난 남편의 죽음을 계기로 그의 일을 완성할 책임과 이 결혼생활의 의무에서 모두 해방된다. 둘째로, 도로시어는 윌과 재혼시 전재산을 상속받지 못하게 한 남편의 유서를 통해 윌에 대한 질투와 복수심 때문에 유산으로 자신을 예속시키려 한, 학자뿐만 아니라 남편으로서도 실패한 캐쏘본의 삶과 자신의 경솔했던 결혼의 실체 및 자신이 처한 현실을 처음으로 직시하게 된다.

이와같이 독립심과 재산, 사회적 지위 등 여성으로서 지닐 수 있는 모든 것을 갖춘 도로시어는 미래의 "의욕없는 편안함"에서 벗어나려는 모색에도 불구하고, 씰리아(Cilia)의 아이를 돌봐주거나 재혼하는 것, 그리고 자선사업을 금전적으로 지원하는 부유한 후원자 노릇 외에 특별히 할 일이 없는 상태에 놓이게 된다. 그 결과 그녀는 결혼 전과 마찬가지로 권태롭고 무료한 귀부인세계에서 벗어나 자신이 몰두할 수 있는 가치있는 일을 갈망한다.

리드게이트

또 하나의 중심축인 리드게이트의 결혼을 보자. 리드게이트 역시 "지적인 열정" 때문에 의학계를 개혁하고 혁신적인 의술을 펼쳐 미들마치 사회와 세상에 봉사하려는 높은 이상을 지니고 있지만 좌절한다. 완벽한 결합이라 기대한 로저몬드(Rosamond)와의 결혼은 "재앙"이 되며, 그의 직업적 야심은 주목할 만한 논문이 아닌 통풍에 대한 논문이나 쓰는 처지로 전락한다. 그 결과 그는 미들마치를 떠나 돈을 버는 세속적 의사로서는 성공하지만 원대한 이상 때문에 자기 삶을 실패로 자인하게 된다.

이 두 남녀의 결혼은 왜 실패하게 되는가? 우선 이 실패에는 리드게이트의 연민과 동정심, 그리고 "범속성의 약점"(spots of commonness)이 큰 영향을 미치고 있다. "약한 자와 고통받는 자"에게 친절하며, 특히 "여자에게 부드러운 태도"를 취하는 그의 성품은 의사라는 직업에 적합한 장점이다. 그가 뇌물인 줄 모르고 받은 돈 때문에 벌스트로드(Bulstrode) 추문에 연루되는 것도 바로 이 동정심 때문이다. 장래 포부 때문에 향후 5년간 결혼할 의사가 없는 그가 로저몬드와 갑작스레 결혼하게 되는 것도 다른 용무로 갔다가 울고 있는 그녀의 모습에 마음이 약해졌기 때문이다. 잘 교육받은 영국신사인 그도 여성에 대해서는 잘못된 기대를 갖고 있다. 또한 사치스런 가구를 선호하는 취향에 드러나는 그의 "평범한 속성"은 "순진함"과 결합하여 여성에 대한 그릇된 기대를 조장한다. 가령 그는 결혼하기 전에 아름다운 프랑스 여배우 마담 로르(Madame Laure)를 좋아하며, 그에게 더 적합한 배우자가 되었을 도로시어가 아닌 로저몬드를 선택한다. 이러한 여성관은 그의 고귀한 이상이 의술 외에 일상생활에는 미치지 못함을 보여준다. 이처럼 동정심과 속물성이라는 치명적인 약점 때문에 그는 결혼과 일에서 모두 실패하게 된다.

한편 로저몬드는 리드게이트와 결혼하면서 남편의 의학적 꿈에는 아랑곳없이 신분상승과 미들마치가 아닌 큰 도시에서의 사치스런 생활을 기대한다. 그녀는 상승하는 도시 중산계급에 속한 견제품 제조업자이자 미들마치의 시장인 빈씨의 딸로서 외할아버지가 여관주인이었던 것을 부끄럽게 여기고 있다. 결혼을 유일한 신분상승의 기회로 간주하는 그녀가 리드게이트에게 끌린 이유 역시 그의 직업이나 똑똑함, 잘생긴 모습보다 오로지 준남작의 조카로서 훌륭한 귀족가문이라는 신분 때문이다. 또한 그녀는 남편의 말을 무시하고 승마하다 아이를 유산한다거나, 부부의 공통적인 사치스러운 생활습성으로 자신과 집안의 치장을 위해 분에 넘치게 비싼 가구를 사들여 1000파운드의 빚을 지자 남편 몰래 친척인 가윈 리드게이트 경(Sir Godwin Lydgate)에게 돈을 부탁하는 편지를 보낸다거나, 빚을 갚기 위해 내놓은 집을 세주지 못하게 하는 등 제멋대로이고 이기적인 인물이다. 그렇지만 그녀는 리드게이트를 비롯한 미들마치 사회의 남성들에게 "그 지방의 최고 학교인 레몬 부인 학교의 꽃"으로 간주된다. 요컨대 그녀는 미모와 갈고 닦인 매너, 약간의 프랑스어 구사와 피아노 치기, 화장술 등 얄팍한 교양을 갖춘 당대 여성교육의 이상적 산물이자 여성의 직업이라 할 결혼에 알맞게 교육받은 여성이다.

당대의 이상적 여성상에 가장 근접하며 가정생활에 적합하다고 믿어진 로저몬드가 왜 리드게이트에게 파괴적인 영향을 미치는가? 이러한 사실은 당대 여성교육과 이상적 여성상 자체에 문제가 있지 않는가 하는 의문을 제기하게 한다. 실제로 당시의 여성교육은 여성의 장식품적 역할과 얄팍한 교양을 힘주어 강조할 뿐이다. 이러한 교육의 결과, 그녀는 고집과 이기심을 감추고 여배우처럼 항상 "자신의 의식 속에서 관객"을 의식하고 이상적인 여성의 역할을 연기해내는 연극에 몰두한다. 가령 그녀는 결혼 전에는 '합법적인 매춘'(legal prostitution)의 목표를 달성하는데,[3] 결혼 후에는 "낭만적인 여주인공"처럼 비현실적인 로맨스만 좇을 뿐이다.

리드게이트의 좌절은 이제까지의 평가대로 로저몬드의 이기심이라는 도덕적 결함과 이를 감춰준 빅토리아조 여성교육의 잘못이 크다. 또한 편협

---

3. Mary Wollstonecraft, *A Vindication of the Rights of Woman* (New York: W.W. Norton & Company 1967), 104면.

한 미들마치 사회가 외부인인 그에게 보이는 거리와, 특히 벌스트로드 추문 이후 마을사람들의 냉랭한 태도, 동료의사들의 직업적인 질투와 몰이해 등의 사회적 편견뿐만 아니라 그의 동정심과 평범한 속물근성이 결합하여 로저몬드를 택한바, 여성에 대한 그릇된 기대라는 개인적 결함이 복합적으로 작용한 결과라 할 것이다.

이처럼 도로시어와 리드게이트는 지적 포부와 그것을 이룰 능력을 지녔지만 자신의 꿈을 실현하기에 부적합한 배우자를 택함으로써 각기 꿈의 실현에 실패한다. 그들의 좌절은 이상적인 꿈의 좌절이란 점에서는 공통되지만 그 원인에는 차이가 있다. "범속성의 약점"이라는 개인적 결함, 특히 잘못된 여성관이 큰 이유가 되는 리드게이트의 경우와는 대조적으로, 도로시어의 실패에는 (그녀의 비현실적인 성격과 판단력의 부족이라는 개인적 결함이 결코 가벼운 것은 아니지만) 빈약한 여성교육과 기회의 결여 등 상류 유한계급 여성의 사회적 제약이 관련되어 있다.

윌과의 재혼

이 작품의 결말은 도로시어가 자신의 결혼과 상류여성의 삶에 대한 각성을 바탕으로 좀더 나은 성취를 보여주기보다, 넓은 세계에 대해 품었던 이상을 포기하고 윌과의 재혼에 안주하는 것으로 처리된다. 따라서 이 작품에 대한 많은 페미니즘 비평가들의 핵심적인 논쟁은 그녀의 재혼을 어떻게 평가할 것이냐 하는 문제에 집중되어 있다. 대부분의 페미니즘 평자들은 윌과의 재혼이 상류 지배계층 여성의 삶에 주어진 한계에서 벗어나 자신만의 의미있는 삶을 이루고자 했던 그녀의 포부에 합당한 결말이 못된다고 평가한다. 속물적 의사로서나마 성공한 리드게이트나 국회의원이 되는 윌, 농지개혁에 관여하는 제임스 경 등 다른 인물들에 비해, 도로시어의 재혼은 그녀의 원대한 포부에 못 미치는 성취라는 것이다. 이 결말에 대한 불만은 엘리어트 자신의 혁신적인 생애와는 달리 도로시어에게는 만족스러운 성취의 기회가 허용되지 않았다는 점에 주로 집중된다. 일례로 작가 자신이 사회적 관습에 도전하는 서사시적인 삶을 이루었으면서 왜 도로시어에게는 윌과 인습적인 결혼이나 하는 "철저히 평범한 삶"만을 부여했느냐는 1980년대 엘린 링글러(Ellin Ringler)의 질문은 이런 불만을 단적으로 요약해 준다.[4] 자신의 성취를 추구하던 도로시어가 결국 성적·사회적 성공을 상징하는 결혼으로 끝맺는다는 점에서, 분명히 이 작품의 대단원에는 당대의 소설적 관습, 즉 많은 19세기 소설의 "행복한 결말"과 비슷한 면이 있다.

그러나 이 결말에는 신분과 재산을 겸비한 남성과 결합하는 전통적인 결말 처리와 다른 면도 있다. 첫째로, 자신의 일을 통해 위대한 자율적 삶을 추구하던 도로시어는 캐쏘본과의 불행했던 결혼의 기억을 떨치고 윌과 재혼시 자신의 재산을 상속해주지 말라는 남편의 유서를 과감히 무시한 채 인생의 동반자를 스스로 선택한다. 즉 도로시어는 윌과 결혼하기 위해 캐쏘본의 유산과 자신의 사회적 지위를 포기함으로써 그들의 관계가 적어도 캐쏘본과의 관계보다는 좀더 개선된 평등하고 협조적인 관계가 될 것을 짐작케 한다. 둘째로, 도로시어가 윌과 사랑으로 결합할 뿐 아니라 남편의 일에 아내로서 도움을 주어 사회에 간접적으로나마 영향을 줄 수 있다는 점에서, 이 결혼은 첫번째 결혼보다 나은 것이자 그녀의 원래 꿈을 부분적으로나마 성취한 것이라고 볼 수 있다. 요컨대 그녀가 윌과의 재혼에 함축된 한계를 알면서도 캐쏘본의 유서에 도전하여 사회적·경제적 지위를 포기하며, 윌의 일을 돕는다는 점에서 전통적 로맨스의 결말과 다른 점을 보인다.

도로시어의 재혼을 긍정적으로 보게 했던 작가는 "종곡"(Finale)에서 일관성없는 입장을 드러낸다. 의식적으로는 도로시어의 재혼을 만족스런 대안으로 옹호하려 하지만, 무의식중에 도로시어의 비극적 소모에 대한 아쉬움과 안타까움을 은밀히 표명하는 것이다. 화자는 그녀의 재혼을 가능한

---

4. Ellin Ringler, "*Middlemarch*: A Feminist Perspective", *Studies in the Novel*, 15:1 (Spring, 1983) 57면; Lee R. Edwards, "Woman, Energy, and Middlemarch", Lee R. Edwards, Mary Heath & Lisa Baskin eds., *Woman: An Issue* (Boston, Toronto: Little, Brown and Company 1972), 223~38면; Zela Austen, "Why Feminist Critics Are Angry with George Eliot", *College English*, 37: 6 (Feb., 1976), 549면.

최선이라 변호하지만, 도로시어의 삶을 "희생"으로 보는 작가의 내심을 은연중 표출하는 동시에 그녀에게 다른 탈출구가 있어야 했다는 마을사람들의 여론을 환기시킨다. 또한 자기가 좀더 훌륭하고 유식한 존재였다면 "더 훌륭한 일들"을 해냈을 것이라 믿는 도로시어의 인식에서도 자신의 삶에 대한 아쉬움이 암시된다. 뿐만 아니라 이 부분에 사용된 "불완전한 사회상태"나 다른 사회적 "매개수단" 등의 단어에는 그녀의 비극적 소모에 대한 사회적 책임이 암시된다. "서곡"에서 "성녀 테레사"에 비유되었던 도로시어는 "종곡"에서 당대의 많은 도로시어들 중의 한 명으로 축소된다. 이 비극적 소모는 그녀가 "불완전한 사회상태"에 놓여 있지 않았더라면, 그리고 그녀에게 다른 사회적 "매개수단"이 허용되었더라면 가능했을 창조적 삶과 성취를 그려보게 한다.

  이런 까닭에 이 작품의 의의 및 페미니스트로서 엘리어트의 성취는 도로시어가 겪는 좌절과 곤경에 대한 충실한 묘사에서 찾을 수 있다. 씁쓸한 결말에도 불구하고 도로시어와 캐쏘본의 결혼생활에 대한 작가의 묘사는 여성문제를 암묵적으로 제기할 뿐더러 여성인물들에게 부과된 사회의 제약에 대한 항의를 은연중 노출함으로써, 여성문제에 대한 사회의 책임, 즉 여성들의 사회적 성취를 저해하는 당대 성차별적 사회의 부정적 본질을 드러낸다. 뿐만 아니라 도로시어의 재혼을 만족스런 대안으로 제시하려는 작가의 의도에도 불구하고, 윌과의 재혼에 함축된 한계에 대한 작가의 인식 및 여기에 따른 의식의 균열은 결말 부분에서 작가 자신이 취한 보수적 입장을 넘어 여성문제를 한층 깊이있게 제기함으로써 이 문제를 더욱 근원적으로 성찰하게 하는 선진성을 갖는다. 이 충실한 묘사가 바로 당대의 여성문제를 한 단계 깊이있게 제기하는 엘리어트의 성취라 할 것이다. 엘리어트가 기대보다 선명한 페미니즘의 입장을 보이지 않을 뿐 아니라 때로 이런 입장에 역행하는 듯하지만, 오늘날까지 페미니즘 비평에서 꾸준히 그녀의 작품이 거론되며 확고한 위치에 자리매김되는 힘은 바로 여기에 있다고 할 것이다. 〔한애경〕

추천문헌

Gordon S. Haight ed., *Selections of George Eliot's Letters* (New Haven and London: Yale Univ. Press 1985). 하이트는 엘리어트의 편지를 모아 *George Eliot's Letters*를 펴냈는데 이 책은 이 중에서 더 중요한 편지를 추려 편집한 것이다.

_____, *George Eliot: A Biography* (Harmondsworth: Penguin 1968). 엘리어트 연구자라면 한번쯤 읽어봐야 할 엘리어트 전기다.

Thomas Pinney ed., *Essays of George Eliot* (New York & London: Columbia Univ. Press, Routledge and Kegan Paul 1963). 다양한 주제에 관해 엘리어트가 쓴 에쎄이를 수록한 것으로 소설에 나타나지 않은 그의 사상을 이해하는 데 큰 도움이 된다.

Anne Smith ed., *George Eliot: Centenary Essays and an Unpublished Fragment* (N. J.: Barnes & Noble Books 1980). 엘리어트에 관해 씌어진 논문 중 중요한 것들과 출판되지 않은 자료들을 모아 수록한 것으로, 엘리어트에 관한 비평의 흐름을 파악하게 해준다.

한애경 『죠지 엘리어트와 여성문제』(도서출판 동인 1998). 이 책은 엘리어트의 전작품인 8편의 소설을 페미니즘의 관점에서 분석한 논문들을 모은 것으로 엘리어트를 페미니즘의 관점에서 접근하고자 하는 사람들에게 도움이 될 것이다.

토머스 하디

1. 웨쎅스와 리얼리즘

토머스 하디(Thomas Hardy, 1840~1928)의 대부분 작품들은 잉글랜드 남서부에 자리잡은 그의 고향 도쎗(Dorset)과 작품에서 웨쎅스(Wessex)로 나타나는 그 주변 지역을 배경으로 하고 있다. 따라서 그의 작품을 제대로 읽기 위해서는 웨쎅스, 즉 19세기 말 영국 남부의 도쎗 지방의 특징들을 살펴볼 필요가 있다. 하디는 영구불변한 전원풍의 농촌을 다룬 것이 아니라 19세기 중반에서 말기에 이르기까지 영국 남부 농촌 삶의 변화과정을 실감나게 다루고 있기 때문이다.

하디 소설의 주무대가 되는 도쎗 지역은 18세기 말에서 19세기 초에 일어난 영국의 농업혁명의 영향을 아주 느리게 받은 낙후된 지역이었다. 하디가 태어났을 당시 도체스터(Dorchester)에는 아직 철도도 부설되지 않았고 시골 고유의 미신이나 풍습 등이 그대로 존속하고 있었다. 영국의 다른 농촌지역에 비해 다소 발전이 느린 이 지역은 높은 비율의 독립적 소규모 생산양식을 유지하고 있었다. 이러한 소규모 생산양식을 유지하고 있던 이들은 주로 소규모 차지농(借地農)·목수·양치기·제화공·보부상·대장장

이와 같은 직업에 종사하면서 농촌공동체의 뼈대 구실을 하였다. 또한 소규모의 양과 소의 방목, 맥주나 사과주 제조, 버터나 치즈 만들기, 땔감 모으기, 돼지치기 등에 종사하는 이들이 많았는데, 이들 역시 농촌 공동체에 중요한 몫을 하였다.

그러나 수차례에 걸친 엔클로저 운동(Enclosure, 1709~1869년에 걸쳐 영국 농촌에 시행된 법령으로 울타리를 쳐 사유지와 공유지로 구분하도록 함)으로 인하여 이러한 소규모 생산양식은 19세기 중반 소멸의 위기에 처한다. 이미 19세기에는 산업혁명 이전의 '농민층'(peasantry)은 찾아보기 힘들게 되었고 도셋 농촌지역에서 중심 역할을 하던 소규모 차지농과 장인계층도 점차 몰락의 길을 걸었다. 또한 빈민구제법은 노동자의 임금을 더 떨어뜨리는 역효과를 가져왔다. 도셋에서 소규모의 땅을 소유하던 층은 거의 소멸단계에 이르게 되었다. 이들은 농업노동자로 전락하여 더 나은 일자리를 찾아 옮겨다니는 유동인구가 되거나 도시로 이주하여 떠돌이의 삶을 영위하는 도시빈민이 되기도 하였다.

이러한 생산양식의 변화는 그 자체만으로 중요한 것일 뿐 아니라 생활양식이나 가치관의 변화를 초래한다는 점에서 더욱 중요한 의미를 지닌다. 하디의 작품들, 특히 그의 여섯 편의 웨쎅스 소설 『광란의 무리를 떠나』 (Far from the Madding Crowd) 『귀향』(The Return of the Native) 『숲의 사람들』(The Woodlanders) 『캐스터브리지의 시장』(The Mayor of Casterbridge) 『더버빌 가의 테스』(Tess of the d'Urbervilles) 『무명의 주드』 (Jude the Obscure)는 당대 영국 농촌사람들이 겪는 이러한 변화와 위기들을 생생히 형상화하고 있다. 레이먼드 윌리엄즈가 언급한 것처럼 하디의 소설작품들은 농촌 내부의 관습과 교육, 노동과 사상, 고향에 대한 사랑과 새로운 변화의 체험이 뒤얽힌 변경지대(border country)에 처한 인간의 비극을 보여주고 있는 것이다.

하디는 『테스』에서도 밝힌 것처럼 농촌의 중간계층, 즉 소규모 차지농과 장인계층에 관심이 많았다. 하디 자신도 건축일을 하면서 독학의 길을 걸었으며 소설의 주인공들도 이러한 중간계층의 인물들이 대부분이다. 자신이 속한 공동체에 친근감과 유대감을 지니고 있는 이들은 삶의 현장에서 우러나온 지식과 기술을 소유하고 있을 뿐만 아니라 농촌 고유의 문화와 전통의 중심이 되고 있다. 이들이 몰락하거나 농촌을 떠날 수밖에 없는 현실을 하디는 아쉬운 심정으로 받아들인다. 그러나 하디는 이러한 현실에서 과거에 대한 향수만을 고집하지 않았다. 오히려 변화를 인정하지 않는 자세로는 농촌현실을 제대로 보지 못하는 오류를 범하기 쉽다고 믿었다.

하디의 작품 중 낙후된 고향 엑든 히스(Egdon Heath)에 교육사업의 꿈을 안고 고향으로 돌아오나 좌절을 겪는 『귀향』의 주인공 클림 요브라이트(Clym Yeobright)를 통해서는 낙후된 농촌의 교육문제를 볼 수 있다. 『캐스터브리지의 시장』의 주인공 헨처드(M. Henchard)는 시장의 지위까지 올라가지만 자본주의 시장경제의 논리에 의해 점차 파멸하게 된다. 그의 인생역정을 통해 1820~40년대에 이르기까지 도체스터 지역의 변화과정이 생생하게 그려진다.

『숲의 사람들』에서도 차지농이자 사과주 제조업자인 자일즈 윈터본(Giles Winterbourne)의 죽음, 그레이스(Grace)의 결혼 실패 등을 통해 농촌 중간계층의 몰락과 가치관의 변화 등을 볼 수 있다. 『테스』에서는 종신 차지농인 테스 아버지의 죽음으로 가족이 집과 토지를 잃고 거리로 나앉게 된다. 테스가 농업노동자로 전락할 수밖에 없는 현실을 통해 농촌 중간계층의 소멸이 이제 피할 수 없는 과정임을 생생히 볼 수 있다. 그의 마지막 소설인 『무명의 주드』에서는 주드가 이제 황량하고 희망 없는 농촌을 떠나 도시로 이주하는 모습을 보여준다. 이리저리 떠도는 노동자의 삶을 살 수밖에 없는 주드의 삶은 당시의 교육과 종교 문제, 산업화와 소외의 문제 등을 실감나게 보여준다.

하디는 이처럼 웨쎅스 사람들의 생산양식, 문화적 전통, 가치관들의 변화과정을 핵심적으로 다루면서 이러한 변화의 역사적 필연성을 강조한다. 하디의 소설은 웨쎅스라는 특정 지역의 강한 지방색을 드러내고 있지만 결코 지방소설의 차원에 머물지 않는다. 그의 소설은 한정된 배경에도 불구하고 인간의 삶을 지배하는 거대한 욕망의 구도를 보여주는 동시에 당대의 핵심적 변화들을 재현하고 있다. 이러한 점에서 하디를 뛰어난 리얼리즘 소설가로 평가할 수 있는 것이다.

2. 여성·성·결혼

토머스 하디가 주로 활동하던 빅토리아조 말기는 성과 결혼 및 여성에 대한 기존 개념들이 변화를 보이던 과도기였다. 하디는 남성작가로서는 드물게 당대의 여러 사회문제 가운데 성과 결혼 및 여성문제에 관심이 많았다. 또한 여성 참정권, 이혼법 개정 등의 현실적 문제에도 깊은 관심을 보였다. 그는 여성의 성적·경제적 억압, 결혼생활에서 겪는 부당한 대우, 빅토리아 시대 결혼의 허구성 등을 즐겨 소설의 주제로 다루었다. 물론 하디 이전에도 결혼과 성, 혹은 빅토리아 시대의 신여성을 다룬 소설들이 많이 있었으나 하디의 소설만큼 예술성이 뛰어나지 못하다는 것이 일반적인 견해이다. 특히 신여성을 주제로 다룬 소설들 가운데서 하디의 『무명의 주드』는 주제의식과 기법의 뛰어난 결합으로 인해 높은 예술성을 지닌 작품으로 평가되고 있다.

하디는 당시의 남성작가로서는 드물게 남성 중심의 성이데올로기를 과감하게 비판하였을 뿐만 아니라 빅토리아 시대의 이상적 여성상과 대치되는 여주인공들을 창조하였다. 그의 소설들에 나타난 주요한 여성인물들은 웨쎅스 농촌공동체의 변화과정을 실감나게 겪고 갈등하는 존재로 형상화되어 있다. 특히 하디는 여성인물들의 비극을 통해 당시 농촌공동체의 가치관의 변화, 성과 계급 문제 등을 제시한다. 『귀향』의 유스테이셔 바이(Eustacia Vye)나 『캐스터브리지의 시장』의 쑤전 헨처드(Susan Henchard), 『숲의 사람들』의 그레이스 멜버리(Grace Melbury), 『테스』의 테스, 『무명의 주드』의 쑤 브라이드헤드(Sue Bridehead) 등의 여성인물들은 하디의 여성에 대한 관심과 문제의식을 보여주는 대표적 인물들이다. 하디 소설의 남녀관계는 낭만적이고 목가적인 사랑의 개념과는 거리가 먼 구도를 취하고 있다. 하디는 농촌공동체의 변화에서 발생하는 사회계층의 유동성과 그에 수반되는 가치관의 변화들을 사랑과 성, 결혼 문제와 연관시킨다. 따라서 여성인물의 갈등은 단지 여성인물 개인의 성격적 결함이나 남녀 성의 대립이라는 차원을 넘어서는 복합적인 성격을 띠고 있다.

하디의 사회개량론(meliorism, 불합리한 사회제도나 관습을 고쳐나가면 행복하고 제대로 된 삶을 누릴 수 있다는 인식)적 입장은 성과 결혼 문제에 명백히 반영되어 있다. 하디는 빅토리아 시대의 이상적 결혼관의 허구성을 폭로하고 당시로서는 급진적인 관점에서 성이데올로기의 부당함을 비판하였다. 성의 표현을 금기시하고 중산층의 결혼관을 이상으로 삼는 빅토리아 시대에 하디의 소설들은 강한 비판의 대상이 되고 금서가 되는 운명을 맞기도 하였다. 서로 잘 맞지 않는 결혼생활의 비극은 특히 『숲의 사람들』과 『무명의 주드』에 극화되어 있으며 『무명의 주드』는 당시로서는 거의 파격적인 결혼관을 보여주고 있다. 두 작품에서 하디는 부부간에 서로 맞지 않는다면 이혼은 쉽게 이루어져야 한다는 입장을 분명히 밝히고 있다. 성과 결혼, 당대의 신여성 문제를 담고 있는 『무명의 주드』에서 하디는 법적인 계약이나 교회에서 치르는 공식적인 예식이 결혼의 기반이 아니라는 점을 강조한다. 즉, 결혼제도가 중요한 것이 아니며 서로 마음 맞는 사람끼리 결혼이라는 공식적인 틀에 매이지 않고 자유로이 함께 사는 것도 바람직한 방법이라고 주장한다. 결혼이 사람을 얽어매는 굴레라는 생각과, 자유로운 의지에 따라 동거가 가능하다는 이러한 생각은 당시로서는 파격적인 것이었다.

하디가 당대 여성의 경제적·성적·심리적 문제들을 섬세하게 형상화한 점, 빅토리아 시대의 이상적 여성상을 넘어서는 여성인물들을 창조한 점, 결혼과 성에 대한 선진적인 관점을 지닌 점 등은 페미니즘의 시각에서 볼 때 값진 성과로 평가된다.

3. 『테스』

『테스』는 그 초고가 부도덕하다는 이유로 틸롯슨 앤 썬즈(Tillotson and Sons)에서 출판을 거절당하고 『머리』(*Murray*)와 『맥밀런』(*Macmillan*) 지에서도 연재를 거절당한 후 수정을 거쳐 『그래픽』(*Graphic*) 지에 연재되었다. 1891년에 삭제·수정된 부분이 복원되어 단행본으로 나왔다. 이후 비극적 힘과 도덕적 진지성을 지닌 위대한 소설이라는 평도 받았으나 주로 공격의 대상이 되었다. 즉, 순결을 잃은 여성을 옹호하며 주인공으로 다루었기 때문에 혐오스럽고 저급하며 사악한 소설로 평가되었던 것이다. 『테스』는 부제 '순결한 여인'(A Pure Woman)에서 볼 수 있듯이 남성중심 성이데올로기에 대한 하디의 정면도전이다. 여주인공 테스의 사랑과 좌절의 과정은 당시의 성이데올로기가 얼마나 부당한 것인가를 보여준다. 또한 이러한 과정을 웨쎅스 농촌공동체의 변화와 연관시킴으로써 성과 계급 문제, 여성노동의 문제 등을 섬세하게 다루고 있다.

농촌공동체의 위기

『테스』는 하디가 계속 관심을 가져온 웨쎅스 중간계층의 몰락과정을 본격적으로 다루고 있다. 테스의 아버지가 속한 가난한 종신차지농(終身借地農) 계층은 점차 몰락의 길에 접어든다. 이러한 현실에서 테스가 겪어야 하는 경제적 압력은 여성으로서 겪어야 하는 성적 압력과 얽히면서 제시된다. 말롯(Marlott), 트랜트리지(Trantridge), 탤보세이즈(Talbothays), 플린트콤애시(Flintcomb-Ash)의 다양한 장소에서 이루어지는 테스의 노동을 통해 웨쎅스 농촌공동체의 현실을 생생히 볼 수 있다. 또한 테스가 에인절(Angel)이나 앨릭(Alec)과 맺는 관계를 통하여 성과 계급 문제의 연관성을 볼 수 있다.

테스가 몰락해가는 농촌의 중간계층에 속해 있다는 사실은 그녀의 비극에서 중요한 의미를 지닌다. 테스의 아버지 존 더비필드(John Durbeyfield)

는 소규모의 종신차지를 가진 행상으로서 마을에서는 중간계층에 속한다. 이 층은 하디의 말대로 "농업노동자들과 더불어 흥미를 끄는 대상이면서 견문이 넓고, 농업노동자들보다 분명히 높은 층에 속하며 촌락의 뼈대를 형성해온 층"이다. 그러나 많은 식솔에다 가장의 게으름, 음주벽 등으로 더비필드 가는 점차 빈곤해져가는 상황이다. 그들의 유일한 생계수단인 말 프린스가 죽자 테스는 가족을 위해 집을 떠날 수밖에 없다. 그녀가 없는 동안 가족들은 씨감자까지 먹어야 할 정도로 곤궁한 현실이다.

이러한 가난의 압력은 테스가 겪어야 하는 현실의 중요한 부분을 이룬다. 실상 테스처럼 힘겨운 노동으로도 도저히 가난에서 벗어날 수 없는 현실이 트랜트리지 들판에서 일하는 사람들의 상황에서 입증된다. 이들은 40세에 이르러서도 일주일에 21실링 정도밖에 임금을 받지 못하며 돈을 저축하는 것이 소용없다는 넋두리를 하곤 한다. 일생 동안 저축한 액수보다 교구의 빈민구제금이 노년에 더 풍족한 대책이 된다는 것을 계산해 보이기도 한다.

테스는 시골학교에서 6등급까지 교육을 받았으며 교사가 되는 것이 꿈이다. 그러나 그녀는 몰락해가는 중간계층 집안의 장녀로서 항상 가계를 꾸려나갈 책임을 지고 있다. 아버지나 어머니 대신 그녀가 실제 가장노릇을 하고 있으며 그녀의 행동이나 사고는 집안에 대한 책임감에 따라 결정된다. 그러므로 말 프린스가 죽어 가계에 위협이 닥치자 테스는 트랜트리지의 스토우크(Stoke) 가로 노동력을 제공하러 갈 수밖에 없다. 그 집은 지역의 오래된 지주가 아니라 졸부로서, 돈으로 가문을 사서 정착한 내력을 지녔다. 테스의 눈에는 모든 것이 "돈"의 냄새를 풍기고 있는 것으로 보이며 이러한 스토우크 가의 성격은 테스와 앨릭의 관계에 중요한 요소이다.

그녀가 트랜트리지 다음으로 일하러 가게 되는 탤보세이즈 낙농장은 소규모의 가내 낙농업이 아직 유지되고 있는 곳이다. 주인인 크릭(Creek) 씨도 인간적으로 일꾼들을 대하며 일꾼들 사이의 유대감도 돈독하다. 또한 시골 고유의 미신이나 민담이 자연스럽게 이들 삶의 일부분을 차지하고 있다. 이러한 가족적 분위기와 프룸(Froom) 계곡의 아름다운 자연은 테스의 무르익어가는 사랑의 감정과 조화를 이룬다.

그러나 테스가 마지막으로 일하게 되는 플린트콤 애시는 그 특성이나 실제 고용상황에 있어 탤보세이즈와 대조적이다. 플린트콤 애시는 당시의 촌락유형 중 땅을 소작에 부친 부재지주의 촌락에 속한다. 여기서 여성은 값싼 노동력으로, 테스는 순무 캐는 일이나 밀단 훑는 일에 종사한다. 여성노동자를 대하는 그로비(Groby)의 말투나 새로 도착한 탈곡기에 대한 묘사는 비인간적인 분위기를 물씬 풍긴다. 탈곡기는 "여성들이 섬기게 된 붉은 독재자"로 여성들의 인내심에 "전제적 요구"를 하는 가혹한 존재로 묘사된다. 탤보세이즈의 노동과 비교하여 보면 플린트콤 애시의 노동은 기계의 부속품 같은 의미만 지닐 따름이다. 하디는 탈곡기에서 끝없이 계속되는 테스의 단조로운 노동을 강조하면서 그녀가 이제 단지 값싼 '노동력'으로 취급될 따름임을 보여준다.

종신차지농인 아버지의 죽음으로 인해 테스는 토지와 가옥을 박탈당하고 경제적 압박을 겪는다. 이는 이제 농촌 중간계층이 자신이 살던 터전을 떠나야 하는 현실을 보여준다. 이들은 농업노동자로 전락할 수밖에 없는 현실을 받아들여야 하는 것이다. 하디는 이러한 변화과정의 필연성을 인정하면서도 "통계학자들이 농촌사람들의 대도시 이주 경향이라고 가볍게 지적하는 이 과정은 실은 물이 기계의 힘에 의해 언덕 위로 이끌려오는 것과 마찬가지"라고 지적하면서 웨쎅스의 중간계층의 몰락을 아쉬운 시각으로 바라보고 있다.

성이데올로기에의 도전

하디의 『테스』는 남성중심 성이데올로기를 가장 비판적이고 강렬하게 폭로하고 있다. 특히 에인절과 같이 선진적인 사상을 지닌 젊은이조차도 여성에 대해서는 철저히 남성중심 성이데올로기를 지니고 있음을 보여준다. 여주인공 테스는 이러한 이데올로기에 따르면 '타락한 여인'(fallen woman), '순결하지 못한 여인'으로 규정된다. 그러나 하디는 테스를 '순결한 여인'(A Pure woman)이라 부름으로써 당시 성이데올로기의 문제점과 진정한 도덕기준이 무엇인가를 생각하게 만든다.

하디는 테스와 앨릭, 테스와 에인절의 관계를 도식적인 남녀관계로 처리하지 않고 당시 농촌공동체의 변화와 성이데올로기라는 맥락에서 섬세하게 다룬다. 일반적으로 테스를 피해자로 보고 앨릭이나 에인절을 가해자로 보는 경우도 많다. 특히 앨릭은 테스를 범하고 괴롭힌 악한으로 간주되기도 하였다. 그러나 이들의 관계를 제대로 고찰하기 위해서는 테스의 계급적 상황과 섬세한 감정변화를 주목해보아야 한다. 11장 체이스(Chase) 숲 사건이 있기까지 두 사람의 관계를 단순히 가해자와 피해자로 보기는 힘들다. 앨릭이 테스를 유혹의 대상으로 삼은 반면 테스는 앨릭에게 거부와 끌림이라는 미묘한 감정의 교차를 겪는 것이 특징이다. 첫 만남에서 앨릭에게서 딸기를 받아먹는 테스의 태도, 함께 마차를 타고 올 때나 휘파람을 배우는 장면, 체이스 숲에서 말을 함께 타고 갈 때 두 사람의 대화는 이를 잘 보여준다. 또한 테스가 앨릭의 경제적 도움에 의존해야 하는 상황, 동네사람들과의 분쟁중 위기를 벗어나려고 앨릭의 말에 올라탄 점 등을 감안할 때 앨릭이 일방적으로 테스를 범했다고 보기는 어렵다.

중요한 것은 앨릭을 사랑하지 않기 때문에 그를 떠나야 한다는 테스의 생각이다. 테스는 앨릭과의 사건을 자신의 신분상승 기회로 이용하거나 경제적 도움을 얻는 기회로 이용하지 않는다. 테스는 자신이 앨릭의 열렬한 태도에 잠시 현혹되었던 것뿐이라고 자신의 생각을 정리한다. 물론 그녀는 그 사건 이후 자신을 순수의 영역을 침범한 죄인으로 간주한다. 마을에 씌어진 성경구절을 보고서 "무엇이 자신을 죽이고 짓누르는 듯"하다고 생각할 정도로 죄의식을 느낀다.

그러나 테스는 이러한 죄의식을 극복하고 다시 태어난다. 아이에게 그녀 스스로 세례를 행하며 아이가 죽은 후 일자리를 찾아나서는 등 더욱 성숙한 모습을 보인다. 이러한 테스의 모습은 슬픔이나 죄의식에 찬 '타락한 여인'의 모습과는 거리가 멀다. 그녀는 슬픔을 딛고서 새로운 삶에 대한 의지,

적응력, 강인함을 보여주고 있다. 이러한 것은 당대 소설의 여주인공과는 다른 면모이다. 하디는 테스의 체험을 세간의 도덕적 잣대만 없다면 "교양 교육"이라 부를 수 있다고 하면서 테스를 옹호한다.

탤보세이즈 낙농장에서 에인절과 테스의 사랑은 앨릭과의 관계에 비해 풍요로움과 "진정한 생기" "진정한 온기"로 가득한 것이다. 탤보세이즈 낙농장에서 테스가 만나게 되는 에인절은 앨릭과는 달리 신사의 신분을 버린 진보적 청년이다. 그는 아버지의 반대에도 불구하고 대학교육과 성직을 포기하고 농부의 길을 택했으며, 탤보세이즈 생활을 통하여 자연과 인간에 대해 새로이 눈을 뜨려고 노력한다. 테스는 에인절이 자신처럼 먹고살기 위해서가 아니라 단순히 농장일을 배우고 싶어서 탤보세이즈에 머문다는 사실을 알고 있다. 에인절 스스로는 테스와 같은 계층의 사람들에게 동화되었다고 생각함에도 불구하고 테스가 보기에는 그렇지 못하다. 이러한 점은 테스에 대한 그의 사랑에서도 발견된다. 에인절은 테스의 풍요한 육체적 매력에서 진정한 생기와 온기를 발견했다고 생각하지만 실상 그의 사랑은 "가상적이고 지상을 벗어난 듯한" 성향을 띠고 있다. 그는 있는 그대로의 테스를 이해하거나 받아들이지 못한다. 에인절은 신사신분으로 누릴 수 있는 이득을 버렸으므로 당연히 그 대가로 순결한 농촌처녀를 신부로 얻어야 한다고 생각한다. 실제로 에인절은 테스를 농촌의 몰락해가는 중간층의 장녀로 현실의 어려움들을 극복해온 존재라기보다 "순수한 자연의 딸"로 이상화한다.

결국 테스는 첫날밤에 자신의 과거를 고백함으로써 '타락한 여인' '순결하지 못한 여인'으로 간주되어 버림받는다. 에인절의 태도는 오랜 기독교 전통에 뿌리를 둔 성이데올로기의 영향을 보여주고 있다. 아울러 테스에 대해 강한 계급적 편견까지 지니고 있음을 알 수 있다. 그의 진보적인 사상도 현실에 부딪혔을 때 공허한 것이 되는데 이러한 모습은 『귀향』의 클림 요브라이트와 『무명의 주드』의 쑤 브라이드헤드의 모습과 일맥상통한다. 하디는 이런 이상주의자들의 한계들을 인식하고 극화하는 데 뛰어난 역량을 보인다.

테스는 에인절을 구체적 인간이라기보다 "지성"의 상징으로 여기며 그가 시키는 대로 무엇이든 하겠다고 한다. 결국 테스는 자신을 '타락한 여인'으로 보는 에인절의 결별선언을 따른다. 이처럼 그녀를 압박하는 순결이데올로기와 웨쎅스의 변화에 따른 경제적 궁핍으로 인해 테스는 가중되는 고통을 겪는다. 그러나 여기서 중요한 점은 테스가 아이의 죽음 이후와 마찬가지로 좌절하지 않는 꿋꿋함을 보여주는 것이다. 그녀의 주체성을 지키려는 노력과 의연함은 더욱 강해진다. 하디는 이러한 테스의 모습을 통해 한 인간의 행위를 판단하는 기준을 어디에 두어야 하는가를 생각하게 만든다.

테스가 앨릭에게 돌아가기를 원하지 않으면서도 어떠한 심경으로 앨릭에게 굴하게 되었나 하는 것은 6부와 7부 사이에 암시적으로 제시되면서 애매하게 처리되고 있다. 테스의 심경에 대해 서술자의 어떠한 견해도 제시되고 있지 않으며, 결국 테스 아버지의 죽음으로 임대권이 만료되어 갈 곳이 없어진 가족 때문이라고 볼 수 있다. 비록 앨릭에게 굴복하였지만 마지막 스토운헨지(Stonehenge)에서 테스의 모습은 그녀의 결연한 의지를 보여준다. 여기서 테스는 자연과 본능의 세계로 돌아간 것이 아니다. 그녀의 모습은 자신의 사랑을 진정으로 성취하고, 또 자신의 행위에 떳떳하게 책임을 지겠다는 결연한 의지를 보여주는 것이다. 그러므로 정의가 행해지고 "신들의 통치자"가 테스를 희롱하던 것에서 드디어 손을 뗐다는 서술자의 마지막 견해도 하디의 운명론을 반영하는 것으로 볼 수 없다. 테스는 운명의 희롱에 희생당했다기보다, 당대의 성이데올로기와 빈궁한 경제적 현실로 인해 죽음을 맞을 수밖에 없었던 것이다.

하디는 테스의 비극을 통해 남녀에게 각기 달리 적용되는 성이데올로기의 부당함을 고발하고 '타락한 여인' '순결하지 못한 여인'의 기준이 되는 빅토리아 시대의 여성이데올로기가 얼마나 모순이 많은가를 보여준다. 아울러 테스를 통해 당시 소설의 여주인공과는 다른 여성상을 제시한다. 테스는 자신이 속한 공동체의 변화를 실감나게 겪고 갈등하는 주체이자 남성인물들에 비해 훨씬 성숙한 인격의 소유자이다. 자신의 일과 사랑을 통해 고통스러운 현실을 헤쳐나가는 힘 또한 뛰어나다. 이러한 모습은 '집안의 천사'라는 빅토리아 시대의 여성상과 대치되는 새로운 여성상을 보여주고 있다. 이러한 새로운 여성상을 보여주면서 당대의 성이데올로기의 문제점을 제시한 점은 하디가 남성작가임에도 불구하고 뛰어난 여성주의적 인식을 지녔다는 근거가 된다.

4. 『무명의 주드』

『무명의 주드』는 『테스』에 이어 1895년에 나온 작품으로 이 역시 『테스』와 마찬가지로 비평가와 독자들의 격렬한 공격을 받았다. 작품의 전체 분위기가 지나치게 비관적이라는 평과 음란하고 저속하다는 혹평을 받으면서 도덕성도 문제시되었다. 결국 하디는 이 작품을 마지막으로 소설쓰기를 포기하게 된다. 옥스퍼드에 가고 싶었으나 꿈이 좌절된 한 노동계급 젊은이의 이야기를 통해 하디는 배타적인 당대의 대학교육, 고루한 인습에 젖어 껍데기만 남은 기독교를 비판하고 있다. 하디는 이러한 사회제도들이 주드 같은 젊은이에게 길을 열어주는 것이 아니라 오히려 좌절하게 하는 현실을 비판한다. 이 작품에서 하디는 이전의 소설들이 담고 있던 사회비판적 주제들을 집약해서 보여주고 여느 다른 소설들보다 강렬한 비극적 아이러니의 예를 다양하게 보여준다.

『무명의 주드』는 이처럼 빅토리아조 말기의 교육이나 종교 문제를 취급하고 있을 뿐 아니라 성과 결혼, 당대의 신여성 등의 문제들도 다루고 있다. 특히 흥미로운 여주인공 쑤 브라이드헤드의 삶을 통해 당시 신여성의 삶과 새로운 성도덕, 관습의 문제들을 조명하고 있다. 또한 쑤가 추구하는 삶을 통해 그녀가 지닌 관념과 현실의 괴리, 변화하는 여성관 등을 보여준다.

『무명의 주드』는 사회비판의 주제들을 담아내는 데 적절한 다층적 목소리를 담고 있다. 여러 계층의 언어가 혼합되어 복합적인 효과를 내고 있으며 추상적 어휘와 구체적 어휘의 혼합, 일상어와 라틴어의 혼합, 시골풍과 도시풍 어휘의 혼합 등을 통해 여러 가치체계를 담아낸다. 대조, 마찰, 충돌과 암시로 가득한 문체는 당대 이데올로기들의 여러 문제점을 보여주는 데 적절하다. 하디는 서로 다른 성격의 관용구, 속어와 은어, 성경과 고전 텍스트의 병합 등을 통해 당대 사회의 여러 문제를 조명하고 있다.

교육·종교 문제

하디는 빅토리아 시대에 고찰해볼 수 있는 두 가지 방향의 열망을 『무명의 주드』에서 제시한다. 하나는 옥스퍼드운동(1833년 영국 옥스퍼드 대학에서 일어난 고교회파 중심의 종교운동으로, 교회의 역사적·가톨릭적 성격을 강화하는 방향을 취함)에서도 볼 수 있듯이 종교를 새롭게 하려는 열망으로, 성에 대해서도 기독교적 보수주의 형태를 띤다. 다른 한 방향은 자유와 개인적 성취를 향한 것으로 주로 헬레니즘적 가치를 추구하는 것이다. 이는 셸리(P.B. Shelley)와 밀(J.S. Mill)의 목소리로 『무명의 주드』에 극화되어 있다. 하디는 이러한 자신의 세기의 역사를 교육·종교·성 등의 여러 갈래의 서로 상충되는 욕망들의 역사로 작품 속에 재현하고 있다. 주드나 쑤, 아라벨라(Arabella)의 삶의 역정은 당대의 이러한 욕망들의 실체를 구체적으로 보여준다. 하디는 이들의 욕망을 조명하면서 특히 관습적 두 세계, 교육과 종교에 대해 급진적인 비판을 가하고 있다.

『테스』에서 볼 수 있는 웨쎅스 농촌공동체의 변화과정은 『주드』에 이르러 범위가 노스 웨쎅스로 확산되면서 마침내 주인공들은 주변도시로 이주하는 모습을 보인다. 주드와 쑤가 이리저리 다양한 지역으로 떠돌아다니는 모습, 철도편으로 최소한의 짐만 가지고 이동하는 모습은 19세기에 급속히 진전되었던 산업화와 도시화의 영향을 잘 보여주고 있다. 웨쎅스 농촌공동체는 이제 유대감이나 농촌 고유의 전통이 사라져버린 황량하고 낙후한 곳으로 묘사된다. 그곳을 떠나 도시로 이주하여 살곳을 찾아 돌아다니는 주인공들은 뿌리없는 삶의 모습을 보여준다. 이들은 떠돌아다니며 고립감과 불안감에 시달리고 좌절감을 맛본다. 이들은 현대소설에 나오는 주인공들의 모습을 예견하기도 한다. 아울러 장면 중심으로 전개되는 소설방식 또한 현대소설의 기법을 예견해준다.

주드와 쑤가 어린 시절을 보낸 메어리그린(Marygreen)은 하디의 다른 웨쎅스 소설에서 볼 수 있는 농촌공동체의 모습이 아니다. 옛집들 자리에 현대식 고딕 디자인의 크고 새로운 건물이 세워진 것이나 어린 주드가 새를 쫓는 황량한 밭의 모습은 이제 예전의 정겨운 농촌이 아니다. 메어리그린에서 크라이스트민스터(Christminster), 멜체스터(Melchester), 올드브릭험(Aldbrickham) 등지로 향하는 주드와 쑤의 여정을 통해 새로운 삶의 가치를 좇는 당시 사람들의 모습들을 볼 수 있다.

어린 주드는 당시 독학자들이 그러하였듯이 크라이스트민스터의 불빛을 바라보며 학자가 될 꿈에 젖는다. 당대 옥스퍼드운동의 영향을 보여주듯 그는 뉴먼(J.H. Newman)과 키블(J. Keble)과 퓨지(Edward Pusey)를 읽는다. 그러나 대학에 합류하고자 하는 그의 열망은 실패로 끝난다. 주드의 지속적인 학문에의 열의는 매우 영웅적인 것으로 보이지만 실상 그의 욕망은 사회적 지위와 계급 상승에 대한 욕망과 연관되어 있다. 아라벨라와 처음 만나기 전 자신의 꿈에 도취해 있는 주드를 통해 서술자는 그의 욕망의 윤곽을 보여준다. 석공 견습생인 주드는 정신없이 라틴어의 세계에 몰두하면서 종교적 지위와 부를 생각한다. 그는 학문과 종교적 지위, 부의 카테고리를 함께 묶어 보면서 신분상승의 꿈에 젖는다.

주드가 처음 크라이스트민스터에 왔을 때에는 이처럼 교육이나 종교에 대해 당대 사람들이 지닌 여러 고정관념들을 갖고 있었다. 그러나 대학이나 기독교, 결혼제도에 대한 존중 등으로 볼 수 있는 이러한 관념들은 서서히 깨져간다. 주드는 대학 문이 노동자계급에게는 닫혀 있다는 것과 교회가 보통사람들의 문제에 무심하다는 것을 깨닫게 된다. 크라이스트민스터 도시의 대학 벽 안쪽과 바깥쪽의 현실이 얼마나 서로 다른 것인가 알게 되면서 대학 벽 안쪽의 삶이 전부가 아니라는 것도 감지하게 된다.

대학 진학의 꿈이 무참히 깨진 후 주드는 종교 방면의 일을 생업으로 삼으려 하나 종교적 이상이나 원칙들 또한 현실과 괴리가 있음을 알게 된다. 주드는 성가를 듣고 종교적인 감동을 얻지만 실제 작곡가를 찾아가서는 실망한다. 작곡가는 성가를 작곡해서는 돈을 벌 수 없다고 충고하면서 자신이 벌인 새 사업을 위해 포도주 리스트를 보여주는 것이다. 이 일화는 주드의 종교적 열망 역시 성취의 의미를 잃게 됨을 보여준다. 주드는 교회를 복원하는 작업이나 돌더미에 성구를 새겨넣는 일에 종사하게 된다. 그는 결국 생명에 찬 종교를 접하지 못하고 교회건물을 복구하거나 돌덩이에 새긴 죽은 글자에 매달려 종교의 의미를 생각한다.

종교와 관련된 쑤의 성물(聖物) 가게나 멜체스터 교원학교의 분위기도 기쁨 없는 억압적인 분위기이다. 이러한 분위기를 거부하고 쑤는 다른 방향의 삶을 추구한다. 그녀는 주드의 꿈의 실체를 벗겨 보이면서 부자들만이 대학에 가는 현실을 직시하라고 충고한다. 개인적 자유와 순수한 기쁨이라는 가치를 중시하는 그녀는 당시로서는 파격적인 삶의 형태를 추구한다. 그러나 하디는 그녀의 꿈도 현실에 뿌리내리기 어렵다는 것을 보여준다. 그녀의 삶은 감각적인 성보다는 자유에 대한 담론을 기초로 움직이지만 구체적인 삶의 장에서 계속 패배한다. 관습과 제도의 압력, 그리고 그러한 관습과 제도의 기반인 기독교문화는 실제 삶에서 벗어나기 힘든 것이다. 주드와 쑤의 떠돌이 삶은 이들의 삶의 방식이 얼마나 현실에서 뿌리내리기 힘든 것인가를 보여준다. 주드와 쑤는 결국 자신들이 시대에 비해 너무 앞섰다는 생각을 하는데, 하디는 이들의 비극을 통해 당대의 선진적인 사고와 현실의 괴리를 어느 작품보다도 강렬히 형상화하고 있다.

성과 결혼 문제

『무명의 주드』에서 하디는 남녀관계와 성 문제를 좀더 직접적으로 다룬다. 하디는 결혼제도에 얽매이지 않고 남녀가 자유로이 결합하는 것이 바람직하다는 입장을 견지하고 있다. 그러나 주드와 쑤가 추구하는 삶의 형태를 통해 하디는 이러한 삶이 얼마나 현실에서 뿌리내리기 어려운 것인가도 보여준다. 이들의 삶의 형태는 기존의 가족이나 결혼에 대한 개념을 수정해야 하는 급진적 면모를 지니고 있다. 특히 쑤의 이상적인 남녀관계는 남녀 각기 자유롭고도 육체를 초월한 사랑에 기반을 두고 있다. 쑤는 강렬하게 성적이면서도 고도로 이상화된 지적 전통, 예를 들면 셸리의 『에피싸이키디언』(*Epipsychidion*)에 나오는 플라톤적인 열망과 자신의 욕망을 동일시하고 있다.

이러한 쑤를 당시의 신여성의 삶을 고려하지 않고 탈성화(desexualized)된 존재로 보는 비평가들도 많다. 그러나 쑤는 탈성화된 존재라기보다 당시 신여성의 해방적 삶이 극에 달한 모습을 보여주는 것이다. 하디는 쑤의 성문제를 다루면서 자유로운 삶에 대한 열정이 어떻게 자기억압적으로 변하는지, 열정을 지니고 있으면서도 왜 성을 꺼려하는지에 관심을 기울인다. 하디는 이러한 문제들을 당시의 성이데올로기, 신여성이 추구하는 자유의 개념, 빅토리아조의 이상적 결혼관 등과 관련하여 보여준다. 주드와 쑤를 제약하는 현실, 여성에게 순결과 억압적인 규율을 강조하는 멜체스터 교원학교나 "그 여자는 철썩 갈겨서 제정신이 들도록 해야 해"라고 말하는 길링험(Gillingham) 같은 인물, 가구 경매장에서 그녀와 주드의 삶의 방식에 대해 수군대는 사람들의 모습 등의 현실은 주드와 쑤의 삶의 방식이 얼마나 현실에 뿌리내리기 어려운가를 보여주는 것이다. 쑤와 주드의 이러한 현실을 통해 하디는 성, 결혼, 사회관습의 문제들이 쉽사리 규명될 수 없음을 강조한다.

주드와의 결혼생활을 파경으로 이끄는 아라벨라 역시 자기성취의 삶을 살지 못한다. 그녀의 동기나 성취 모두 어떤 통합된 전체라기보다는 기능적인 부분들의 집합처럼 보인다. 그녀의 성도 온전함보다는 파편적인 성격이 강하다. 총각인 주드에게 돼지의 성기를 던진 것은 아라벨라 자신의 성적 파편성을 보여주는 데 적합하다. 그녀의 보조개·가발·가짜 임신 등은 성의 부분이자 도구일 따름이지 긍정적인 성의 모습을 보여주지 못한다.

그녀의 성은 공격적이고 활달하며 주드를 유혹하는 화살과도 같지만 그 화살의 방향은 명확하지 않다. 하디는 빅토리아 시대의 독자들에게 돼지의 성기로 충격을 가하지만 주드와 아라벨라의 성적인 성취는 제시하지 않으며, 어디에도 이들의 긍정적인 성취의 모습은 보이지 않는다. 아라벨라는 "인위적인 면을 향한 본능이 있다"는 하디의 말처럼 자연스럽고 온전한 성을 대변하지 못한다. 그녀는 결혼에 대해 인습적 생각의 소유자이며 주드를 붙잡은 것도 결혼을 하나의 거래로 생각하기 때문이다.

주드와 쑤의 삶 역시 불안정한 궤도를 그린다. 아라벨라에 대한 질투 때문에 쑤는 주드에게 몸을 허락하고 둘은 부부로 지내지만 제대로 성취된 삶을 사는 것으로 보기 어렵다. 뿌리내린 행복감이나 성취감을 이들의 삶에서 찾아보기 어려운 것이다. 그들이 진정한 행복에 달한 모습을 보이는 한순간, 농업박람회장에서 아라벨라의 눈을 통해 관찰된 쑤와 주드의 모습은 상징적이다. 완벽한 상호이해에 기반을 둔 듯이 보이는 모습, 쑤가 장미꽃을 만지는 모습은 마치 주드와 쑤가 헬레니즘적인 즐거움으로 돌아간 것처럼 보인다. 쑤가 추구하는 삶이 현실에서 달성되는 듯 보이는, 진정한 결합의 비전을 볼 수 있는 순간이다. 그러나 이러한 진정한 결합의 순간은 현실에서 지속될 수 없는 것으로 드러난다. 주드와 쑤가 부딪히는 현실의 압력, 자신의 이상을 현실에서 실천하기 힘든 쑤 자신의 한계에 의해 끝내 이들의 삶은 좌절로 끝나는 것이다.

쑤의 갈등의 원천인 선진적 의식과 현실 간의 괴리 문제, 그녀의 성문제는 여성문제까지 포함하고 있다는 것이 중요하다. 그러나 이러한 쑤의 갈등은 작품의 중심의식인 주드에 의해 거의 이해되지 못하고 있다. 오히려 주드 자신은 욕망이 성취되지 못한 원인을 여성의 탓으로 돌린다. 아울러 쑤의 문제에 대한 서술자의 견해 역시 애매모호하게 처리되어 있다. 단지 "사랑하지 말라, 배우지 말라, 노동하지 말라"고 말하게끔 만드는 당대 현실이 쑤의 삶을 패배시킨 원인이라는 견해가 말미에 제시될 따름이다. 하디는 이처럼 부당한 관습이나 제도에 분노하면서도 한편으로는 여성의 운명을 자연법칙의 차원에서 읽기도 한다. 즉, 쑤가 뛰쳐나온 멜체스터 교원 학교 기숙사의 여성들의 묘사에서 볼 수 있듯이 여성이 겪는 부당한 대우, 외로움, 출산 등의 운명은 자연의 이치상 그럴 수밖에 없다는 견해를 덧붙이기도 하는 것이다. 그러나 당대의 신여성의 문제를 본격적으로 다룬 점, 성과 여성의 해방, 결혼, 사회관습의 관계를 심층적으로 다룬 점은 그의 여성주의적 인식을 보여주는 부분들이다. 〔장정희〕

추천문헌

하디는 잡지 연재 이후 작품을 단행본으로 출간하면서는 연재시 삭제나 수정한 부분을 복원하여 여러 차례 텍스트를 수정하는 작업을 거쳐 최종 출판하였다. 맥밀런(Macmillan)에서 나온 하디의 전집이 가장 정본으로 알려져 있으나 펭귄판 텍스트나 노튼 크리티컬 에디션(Norton Critical Edition)의 텍스트도 꼼꼼하게 편집되어 있다.

Penny Boumelha, *Thomas Hardy and Women* (Sussex: The Harvester Press 1982). 하디 소설들을 여성주의적 시각에서 분석한 연구서. 특히 성이데올로기와 하디의 서술방식, 장르 실험을 연관시켜 네 편의 작품을 분석하고 있다.

Dale Kramer ed., *Critical Essays on Thomas Hardy: The Novels* (Boston: G. K. Hall & Co. 1990). 하디에 관한 비평방식과, 개별 작품 연구 중 대표적인 것을 선별하여 모은 연구서. 주로 맑스주의·페미니즘·형식주의 계열 비평을 소개하고 이에 입각하여 개별 작품 연구 중 대표적인 10편을 소개하고 있다.

_____ ed., *The Cambridge Companion to Thomas Hardy* (Cambridge: Cambridge Univ. Press 1999). 하디 전반에 관해 영역별로 나누어 참고하기 좋게 수록되어 있다. 웨쎅스에 대한 하디의 입장, 하디의 사상, 문학적 기술, 19세기 말의 과학·종교·철학의 발전과 하디 작품의 관계, 성(sexuality)과 젠더(gender) 등 현대 비평이론의 주된 토픽들과 하디 작품의 관계 등을 검토하고 있다.

F. B. Pinion, *Hardy Companion: A Guide to the Works of Thomas Hardy and Their Background* (London: Macmillan 1984). 하디의 전기적 배경, 웨쎅스 지역의 소개, 각 작품의 창작배경과 출판되기까지의 과정, 당대의 비평적 반응들, 참고자료가 되는 웨쎅스 지역과 인물들의 사진 등이 잘 수록되어 있다.

George Wotton, *Thomas Hardy: Towards a Materialist Criticism* (Goldenbridge: Gill and Macmillan Ltd. 1985). 하디 소설에 대한 경제사적 연구서. 하디 소설에 '생산'의 개념을 적용하면서 사회·역사적 요인들을 검토하여 하디 문학이 어떻게 사회적으로 생산되었는지 밝히고 있다. 하디 소설에서 이데올로기와 글쓰기의 관계도 검토하고 있다.

테니슨과 브라우닝

1. 테니슨과 브라우닝의 대표성

　빅토리아 여왕이 그렇게 오래 왕위에 있지 않았더라면 '빅토리아 시대'라는 역사의 단위는 성립하지 않았을 것이라고 19세기 사가들은 말한다. 하나의 시대로 간주하기에는 너무 길고, 또 너무 많은 변화가 그동안 일어났다는 뜻에서 하는 말이다. 70여년에 걸친 빅토리아 시대를 초기·중기·후기로 나누더라도 연속성보다는 급격한 변화가 두드러진다. 변화에 주목하면 어떤 시대든 전환기라고 할 수 있겠지만, 빅토리아 시대야말로 그 표현에 걸맞은 시기가 아닐까 싶다. 서양 근대의 전개에 속도가 붙는 것은 18세기 중반에 이르러서이고——그래서 한 사가는 18세기 중반이 되어야 중세가 완전히 끝난다고 말한다——영국의 경우 앙씨앵 레짐으로 통칭할 수 있는 과거의 제도에 본격적인 변화가 가해지는 시점이 빅토리아 시대의 시작인 1830년대이다. 이 시점에 이르면 근대에서 현대로 넘어간다는 느낌이 들 정도로 변화의 속도가 빨라진다. 어떤 경위로 현대에 도달했는지 알지 못했기 때문에 빅토리아 시대에 살던 사람들은 변화의 속도에 경탄하면서 한편 경악하였다. 또 부지불식간에 도달한 현대가 한눈에 파악할 수 없는 다양성을 특징으로 하고 있었기 때문에 흔히 빅토리아 시대의 특징으로 거론되는 진보에 대한 낙관의 이면에는 당혹감이 자리잡게 된다. 빅토리아 시대를 분열적(schizophrenic)으로 규정하는 것은 이런 맥락에서 이해할 수 있겠다.

이렇듯 급격한 전환기의 대표적 시인으로 테니슨(Alfred Lord Tennyson, 1809~92)과 브라우닝(Robert Browning, 1812~89)이 손꼽힌다. 그런데 빅토리아 시대가 급격한 변화의 시대이고 따라서 하나의 단위로 보기 어려울 만큼 다양한 양상으로 나타난다는 점을 환기하면, 테니슨과 브라우닝이 과연 빅토리아 시대를 대표할(represent) 수 있는가 하는 의문을 갖게 된다. 엄밀하게 따지자면 빅토리아 시대 시를 두 명의 시인이 대변한다는 것은 무리이다. 낭만주의나 모더니즘처럼 과거와의 차별성을 선언하고 나선 것이 아니라 빅토리아 여왕의 재위기간을 시대의 단위로 정한 것으로 미루어 짐작할 수 있듯이 빅토리아 시대의 시는 뚜렷한 문학적 특징으로 요약하기 어렵다. 게다가 빅토리아 시대는 출판의 대중화가 본격적으로 진행되는 시기이기도 하다. 유통되는 글의 양이 많아지고 양상도 다양해지면서 한두 명의 개인이 시대를 대변할 수 없게 된다. 요컨대, '테니슨과 브라우닝의 시대'는 '포우프의 시대'만큼 그럴 법하게 들리지 않는다는 것이다.

그렇기 때문에 빅토리아 시대 시를 논의하자면 우선은 1세대인 테니슨과 브라우닝, 2세대인 아놀드(Matthew Arnold, 1822~88)와 클러프(Arthur Hugh Clough, 1819~61), 3세대인 로제티(Dante Gabriel Rossetti, 1828~82), 모리스(William Morris, 1834~96), 스윈번(Algernon Charles Swinburne, 1837~1909)과 그 연장선상에 놓여 있는 세기말파 시인들로 전개되는 계보를 파악해야 할 것이고, 페미니즘의 부상으로 재발견된 엘리자베스 브라우닝(Elizabeth Barrett Browning, 1806~81), 크리스티나 로제티(Christina Rossetti, 1830~94) 등의 여성시인들이나, 20세기 시인으로 분류되지만 명백히 빅토리아 시대 인물인 홉킨즈(Gerard Manly Hopkins, 1844~89)와 하디(T. Hardy)까지 포함하는 큰 그림을 그려야 한다. 테니슨과 브라우닝으로 논의를 한정하게 되면 빅토리아 시대 시의 상당 부분을 빼고 하는 이야기라고 해도 할 말이 없다.

그럼에도 불구하고 영문학을 외국문학으로 공부하는 우리나라 학부의 영문학과에서 빅토리아 시대 시를 읽을 때 테니슨과 브라우닝에 초점을 맞추는 것이 타당하다고 본다. 앞에서 언급한 빅토리아 시대 시인들은 아놀드나 클러프의 시작(詩作)처럼 1850년대에 국한되거나, 몇 편의 중요한 시를 쓴 대가급의 군소시인(major minor poet)이라고 해야 맞다. 홉킨즈나 하디는 대시인의 명성에 값할 만하지만 빅토리아 시대 시를 대표한다고 하기는 어렵다. 이렇게 제외하고 나면 남는 시인이 테니슨과 브라우닝이다. 그렇다고 별 뾰족한 수가 없으니 이들을 대표로 간주하고 지나가자는 이야기는 아니다. 테니슨과 브라우닝이 빅토리아 시대 시의 다양성을 포괄할 수는 없지만, 이들이 당대의 시대적 상황을 고민하는 과정에서 공통된 문제의식을 갖게 된다는 점에서 빅토리아 시대의 대표적 시인으로 제시할 수 있으며, 그런 의미에서 이들에게 대표성을 부여해도 크게 무리는 아니다.

2. 테니슨과 브라우닝의 차이

그런데 언뜻 보기에도 테니슨과 브라우닝은 아주 다른데, 이들을 어떻게 빅토리아 시대 시의 공통점을 아우르는 대표로 제시할 수 있는가 하는 의문을 제기할 수 있다. 사실 이들의 차이점에 주목하면 이 두 시인을 거론하면서 하는 이야기가 빅토리아 시대 시를 하나의 흐름으로 정리한다기보다는 두 명의 전혀 다른 시인을 병렬하여 소개하는 데 그칠 것이라는 예측을 하게 된다. 전혀 근거가 없는 예측이라고 할 수는 없다. 테니슨과 브라우닝은 정반대라고 해도 될 정도로 다르고, 그 차이를 구체적으로 짚어주는 것이 이 글의 목표 중의 하나이다. 그러나 이들이 합류하는 지점이 있고, 바로 그 지점이 이들을 빅토리아 시대 시의 대표로 내세우는 근거를 이룬다는 것이 필자의 생각이다. 이 점을 분명히해야 빅토리아 시대 시가 흔히 생각하듯이 낭만기 시와 모더니즘 시 사이의 망각의 영역(limbo)이 아니라 의미있는 연결고리로 자리잡을 수 있을 것이다.

　이렇게 이야기해도 납득이 가지 않을 수 있다. 사실 테니슨과 브라우닝은 공통점보다는 차이점 찾기가 훨씬 쉽다. 테니슨이 시인같이생겼는데 브라우닝은 전혀 시인풍이 아니라는 점에서 시작하여 모든 면에서 다르다고 해도 과언이 아니다. 테니슨이 대학시절부터 시적 재능을 인정받고, 대중출판시대로 접어들면서 대중적 인기를 모은 최초의 시인으로 연간 1만 파운드의 수입을 올리곤 한 데 반해, 브라우닝은 40대가 되도록 시로 번 돈은 한푼도 없을 뿐더러 시집의 출판비용도 아버지나 친척이 대주었을 정도로 무명의 시인이었다. 테니슨의 인기는 광범위한 독자층을 망라했다는 점에서 대중스타의 그것과 다르지 않았다. 반면에 브라우닝의 경우는 인기가 없는 정도가 아니라 무슨 말을 하는지 알 수 없는 시를 쓴다는 혹평이 지배적이었다. 열병을 앓고 회복기에 접어든 한 문사(文士)가 브라우닝의 『쏘르델로』(Sordello)를 읽어보려고 아무리 애를 써도 의미가 안 통하자 열병으로 바보가 된 줄 알았다는 일화가 있을 정도이다. 『쏘르델로』 이후 말이 안 되는 시를 쓴다는 악명이 높아진 까닭에 단일시집으로는 영시 사상 가장 탁월한 성취라고 할 만한 『남과 여』(Men and Women)조차도 호평을 받지 못한다. 그가 시인으로 인정을 받은 것은 『반지와 책』(The Ring and the Book)이 출간된 1868~69년 이후이고, 따라서 테니슨과 비슷한 연배이지만 새로운 세대의 시인으로 새로운 경향의 시를 쓴다는 평을 받는다. 테니슨과 전혀 다르다는 일반적인 인식 덕분에 브라우닝은 모더니즘이 빅토리아 시대의 위선과 도덕적 순응주의를 조롱할 때 테니슨이 그 주요 타깃이 된 데 반해 그렇게 큰 부침을 겪지 않기도 한다.

　이렇게 외적인 대비에서도 뚜렷이 차이가 나지만 시도 전혀 다른 것처럼 보인다. 테니슨의 대표작인 「율리씨즈」(Ulysses)와 브라우닝의 대표작인 「나의 전처 공작부인」(My Last Duchess)을 비교하면 이렇게 다를 수 없다는 생각이 들 것이다. 「율리씨즈」가 감동적이라면 「나의 전처 공작부인」은

'엽기적'이다. 테니슨은 소재를 그리스신화에서 따왔고 따라서 시의 화자가 영웅적 인물인 데 반해, 브라우닝은 르네쌍스 이딸리아를 배경으로 자신의 절대적 권위를 주장하는 공작을 화자로 내세운다. 「율리씨즈」는 자전적으로 읽힌다. 영웅적 화자의 불굴의 의지가 테니슨의 심경을 대변하는 것으로 보인다는 것이다. 반면에 「나의 전처 공작부인」에서 브라우닝이 공작이 아닌 것은 명명백백하다. 브라우닝은 제목에서조차 자기 목소리를 내지 않고 공작의 입을 빌려 말한다. 두 편의 시를 소리내어 읽어봐도 차이가 분명하게 느껴진다. 테니슨의 언어는 시적이다. 반면에 브라우닝은 실제 말하는 것처럼 읽힌다. 「나의 전처 공작부인」이 2행 연구(couplet)로 되어 있는데 대부분의 독자들이 이 점을 눈치채지 못한다는 사실이 브라우닝의 구어적(口語的) 특징을 잘 드러낸다.

　이 두 편의 시만이 아니라 테니슨과 브라우닝의 시 전반을 비교해보아도 공통점보다는 차이점이 더 두드러진다. 테니슨의 시가 매끄럽게 흐르는 데 반해, 브라우닝은 러스킨(John Ruskin)의 고딕주의의 영향으로 의도적으로 거친 소리를 내는 한편 불규칙적인 운율이 복잡하게 뒤엉킨 구문을 많이 쓴다. 테니슨의 세밀한 묘사가, 그의 친구 할럼(Arthur Hallam)이 일찍이 지적했듯이 상징주의적 내면풍경의 효시를 이룬다면, 브라우닝은 심리적 리얼리즘의 새로운 영역을 개척한다. 대체로 테니슨의 시가 브라우닝의 시에 비해 덜 극적이고, 따라서 아이러니가 적은 것처럼 보인다. 아이러니를 주된 관심사로 삼은 모더니즘 시인들은 이러한 차이를 부각하면서 테니슨을 주관적 감정·감상을 토로하는 서정시인으로, 브라우닝을 극적 상황을 (작가의 개입 없이) 제시하는 시인으로 규정한다.

3. 혁명적 낭만주의의 유산

　이렇게 정리해보면 두 시인을 함께 논의할 공통분모가 과연 있기나 한가 하는 의문이 들 것이다. 어떤 입지에서 바라보면 그렇다. 그런데 어떤 입지에서 바라보느냐가 무엇이 보이는가를 결정한다는 현대비평의 핵심적 교훈을 상기한다면, 테니슨과 브라우닝이 정반대로 보이는 입지가 무엇인지 구체적으로 따져볼 필요가 있겠다. 테니슨과 브라우닝의 뚜렷한 대비는 (앞에서 정리한 방식에서도 암암리에 드러나듯이) 한편으로는 작가 중심의 전기적 비평, 다른 한편으로는 작품 중심의 신비평 시각이 만들어낸 대비이다. 이러한 시각에서 야기되는 가장 큰 문제는, 최근 비평에서 지적하고 있듯이, 역사의 배제이다. 시가 혹은 시인이, 셸리(P.B. Shelley)의 말을 빌자면, 창조자이면서 동시에 시대적 산물임을 간과하면서 부각되는 대비라는 것이다. 역사의 배제는 특히 빅토리아 시대 문학을 이해하는 데 결정적으로 장애가 된다. 당대 시인들이 급격한 역사적 변화의 시대에 살고 있다는 자의식이 강했던만큼 시인들의 글쓰기도 시대적 산물로 이해해야 할 필요성이 크다는 점에서 그러하다.

테니슨과 브라우닝이 시를 쓰기 시작한 시기는 '혁명 이후'로 그 성격을 규정할 수 있겠다. 보수든 진보든 프랑스혁명(의 좌절)을 해명하고, 혁명 이후의 전개에 대해서 고민하지 않을 수 없는 시기였다는 것이다. 19세기에 역사 혹은 역사학에 대한 연구가 폭발적으로 늘어난 것도 프랑스혁명 체험을 이해하려는 노력의 결과라고 할 수 있다. 모더니즘 시기에 이르면 이러한 역사적 강박에 대한 반발이 나타나고, 또 그 연장선상에서 신비평이 구성되면서 역사에 대한 관심 자체를 배제해버리지만, 신비평의 전성기에도 빅토리아 시대 문학 연구는 시대연구(Victorian studies)였다. 문화연구(cultural studies)가 도래하기 이전에도 빅토리아 시대 문학 연구는 문화연구였다는 것이다.

이렇게 역사적 맥락을 부여할 때 테니슨과 브라우닝은 바이런과 셸리로 대변되는 혁명적 낭만주의(revolutionary Romanticism)의 연장선상에서 만난다. 혁명적 낭만주의라는 계보의 특징을 설명하기 위해서 1790~1820년 사이의 역사적 상황에 대해서 간략하게나마 서술할 필요가 있겠다. 1789년에 프랑스혁명이 일어났을 때 영국의 여론은 대체로 지지 쪽이었다. 영국이 한 세기 전에 일궈낸 입헌군주제의 방향으로 프랑스도 가고 있다는 생각에서였다. 그러나 프랑스혁명의 전개는 공포정치와 독재자의 출현으로 이어지고, 해방전쟁으로 시작한 것이 제국주의 침략전쟁으로 변질한다. 한마디로 프랑스혁명 이후 30년 남짓한 기간은 사회적 변혁의 이상이 한껏 고조되다가 무참히 배반당한 시기였다. 워털루 전투(1815)의 결과에 따라 부르봉 왕조가 복고되는 반혁명적 상황이 벌어졌을 때 워즈워스를 포함하여 혁명을 열렬히 지지했던 사람들조차 이를 순리로 받아들인 것은 혁명이 혁명을 배반했다고 보았기 때문이다. 이것이 프랑스혁명 이후 대다수 사람들의 생각이었다.

낭만기 2세대 시인인 바이런과 셸리로 대표되는 혁명적 낭만주의는 혁명의 좌절에서 출발하되 혁명의 좌절을 곧 혁명의 배반과 등식으로 놓지 않는다. 그렇다고 이들이 혁명의 배반을 간과한 것은 아니다. 이들은 혁명의 배반에 완전히 좌절하고, 그 절망의 나락에서 혁명이 실패한 원인을 파헤치는 작업을 시작하는데, 혁명의 실패가 극명하게 드러낸 현실과 이상의 괴리, 의도와 실행의 괴리를 재현(representation)의 문제로 돌리는 것이 그 핵심을 이룬다. 현실에 대한 근본적인 비판은 (최근의 비평작업에서도 그러하듯이) 권력과 재현의 관계에 초점을 맞추게 마련이다. 현실에 근본적인 문제제기를 하는 과정에서 당대의 권력구조와 맞물려 있는 재현의 내용은 물론 그 틀을 극복하려는 노력을 하게 된다는 것이다. 재현에 대한 루쏘(J.-J. Rousseau)의 근본적인 비판에서 출발한 프랑스혁명의 이데올로그들도 이 점을 목표로 삼았다. 그러나 재현의 문제를 과거와의 단절로 해결할 수 있다고 믿음으로써 파당주의와 피비린내나는 숙청의 악순환에 빠지게 된다. 그 결과 나뽈레옹이 출현한다는 점에서 재현과 권력의 관계는 혁명 이후 오히려 공고해진다고도 할 수 있겠다.

따라서 혁명 이후의 세대에게 혁명의 역설적 전개——능동적 개인으로서 자유를 지향한 바가 자유를 철저히 탄압하는 전체주의를 낳은 아이러니——는 당대의 권력구조가 강요하는 재현의 내용과 틀을 언어를 통해 어떻게 극복할 것인가를 당면 과제로 떠올릴 수밖에 없었다. 바로 이 지점에서 바이런과 셸리는 자신들의 글쓰기도 당대의 권력구조가 만들어낸 재현에 연루될 수밖에 없다는 자의식에서 출발하여 재현에 대한 기존의 기대를 전복하려는 시도를 하게 된다. 이들이 끊임없이 시장르에 대한 실험을 거듭한 것은 이런 맥락에서 이해할 수 있겠다. 테니슨과 브라우닝도 그 연장선상에 놓여 있다.

테니슨과 브라우닝을 바이런과 셸리의 혁명적 낭만주의의 후예로 간주하는 것이 일반적인 관점은 아니다. 왜 그렇게 봐주지 않는지에 대해서 잠시 생각해볼 필요가 있겠다. 유럽역사상 가장 반동적인 시기였던 1820년대 전후의 문화적 헤게모니는 혁명적 낭만주의를 전면적으로 거부하면서 낭만기와 빅토리아 시대의 단절을 사실 이상으로 부각한다. 바이런과 셸리가 죽고 난 이후, 그리고 테니슨과 브라우닝이 본격적으로 글을 쓰기 시작하기 이전 약 10년간을 문학사에서는 흔히 문학적 공백기로 규정한다. 그렇다고 문학활동 그 자체가 위축되었다는 것은 아니다. 문학사에 남은 작품이 거의 없다는 이야기이지 출판물의 양 자체는 대중출판시대로 접어들면서 오히려 증가 추세였다고 해야 맞다. 이렇듯 정치적 반동의 상황에서 쏟아져나온 출판물의 주종은 바이런과 셸리의 혁명적 낭만주의를 알게 모르게 거부하는 방향으로 나아간다.

영국사에서 흔히 섭정시대(Regency period)라고 부르는 1810년대의 도덕적 해이에 대한 반발로 1820년대에 이르면 복음주의(Evangelicalism)가 설득력을 얻게 된다. 프랑스혁명의 전개에 대한 반동으로 사회개혁을 내면적 자기성찰로 치환하면서 도덕주의에 빠진 그런 복음주의 말이다. 특히, 소리내어 책을 읽는 가족모임이 의식(儀式)으로 자리잡으면서 바이런과 셸리의 시는 정치적으로도 도덕적으로도 금기가 된다. 보우들러(Thomas Bowdler)의 『가정의 셰익스피어』(*The Family Shakespeare*) 같은 책에 대한 수요가 생기는 분위기였던 것이다. 이런 상황에서 시의 개념에도 근본적인 변화가 나타난다. 낭만기에는 '시'를 상상력이 온전하게 구현된 글 전체로 정의하고 인간의 정신활동에서 핵심적인 위치를 차지하는 것으로 보았다. 반면에 1820년대에 이르면 소품 위주의 서정시 앤솔로지가 유행하면서 시는 개인적 감정의 토로 정도로 축소된다. 이것이 단순히 문학적 취향의 변화를 반영하는 것이 아님은 말할 나위 없다. 낭만기 시인들이 시를 상상력이 온전하게 구현된 글로 정의한 것은 사회적 변혁을 지향해서였다. 1820년대의 문화적 헤게모니는 체제수호의 차원에서 시를 개인적 감정의 영역으로 축소한다. 이렇게 반동적인 1820년대에 청소년기를 보낸 테니슨과 브라우닝은 1820년대를 거부함으로써 1820년대가 거부한 바이런과 셸리의 혁명적 낭만주의 편에 선다. 이들의 기나긴 시작활동에서 혁명적 낭만주의가 지속되는가라는 의문이 제기될 수는 있겠지만, 적어도 이 지점이 테니슨과 브라우닝의 출발점임은 강조해도 좋을 것이다.

4. 극적 독백의 역사적 맥락

시를 개인적 감정의 토로 정도로 규정하는 1820년대에 반발하는 과정에서 테니슨과 브라우닝은 극적 독백(dramatic monologue)이라는 새로운 장르를 개척하는 시적 실험을 하게 된다. 이러한 진술 역시 일반적인 관점은 아니다. 모더니즘에서 테니슨을 서정적인 시인으로, 브라우닝은 극적 독백의 달인으로 대비하듯이, 극적 독백은 다소간 브라우닝 개인의 형식실험으로 읽혀왔다. 극적 독백이 배태된 역사적 맥락이나 그 정치성을 배제한 채, 브라우닝적인 극적 독백의 형식적 요건에 초점을 맞춰 테니슨은 극적 독백과 무관하다고 본 것이다. 그렇지 않다. 극적 독백은 브라우닝 개인의 산물이자 빅토리아 시대의 산물이다. 테니슨뿐만 아니라 빅토리아 시대의 주요 시인들이 극적 독백을 썼다. 테니슨의 극적 독백에서 브라우닝적인 아이러니를 찾을 수는 없지만, 그렇다고 극적 독백의 특징이라고 할 수 있을 화자와 청자, 시인과 독자의 관계를 설정해나가는 과정에서 야기되는 아이러니가 없는 것은 아니다. 어쨌거나 최초의 극적 독백은 브라우닝이 1835년 「정신병원 독방」(Madhouse Cells)이라는 제목을 붙여 함께 발표한「포피리아의 연인」(Porphyria's Lover)과「명상에 잠긴 요하네스 아그리콜라」(Johannes Agricola in Meditation)가 아니라 테니슨이 1833년에 쓴「성 씨므온 스타일라이쯔」(St. Simeon Stylites)임이 분명하고,「율리씨즈」도 자전적·서정적 토로로 읽는 것보다는 극적 독백으로 읽어야 더 의미심장해진다.

그런데 극적 독백에 대한 본격적인 논의로 들어가기에 앞서, 극적 독백이 소위 낭만적 유아론(唯我論) 내지는 내면화를 극화하고 비판한다는 일각의 주장에 대해 생각해봐야 하겠다. 테니슨과 브라우닝이 유아론이나 내면화의 위험을 의식하고 있었고, 또 1820년대부터 문화의 여러 층위에서 나타나기 시작하는 내면화의 부정적 경향을 극화한 것이 극적 독백 실험이라는 주장도 어느정도 설득력은 있다. 하지만 내면화를 프랑스혁명의 좌절에 따른 낭만주의의 탈역사적 경향으로 단순화하고, 극적 독백을 내면화의 위험을 피하기 위한 자기방어로 규정하는 것은 낭만기 시와 빅토리아 시대 시의 단절을 필요 이상으로 부각한다는 점에서 문제가 있다.

우선 내면화를 낭만적이라는 형용사로 한정하는 것이 잘못이다. 내면화는 서양 근대의 전개에서 뚜렷하게 드러나는 하나의 경향이다. 서양 근대가 개인화(individuation)를 요체로 한다고 할 때 개인의 구성에서 핵심을 이루는 것이 내면화이다. 나만의 내면세계가 나를 나로 만든다는 급진적 개인주의(radical individualism)가 나의 자유와 다른 사람과의 평등을 요구하게끔 만든다는 점에서 그러하다. 바이런과 셸리에 이르면 내면화가 소외와 분열로 나아갈 수 있다는 자의식이 나타나지만, 그렇다고 내면화가 사회적 변혁을 추동하는 해방적 에너지의 근원임을 부정하는 것은 아니다. 사회와의 단절을 전제로 한 내면화가 진행되는 것은 혁명에 대한 반동이 헤게모니로 자리잡는 1820년대에 이르러서이다. 앞에서 도덕주의적 복음주의가 사회개혁을 내면성찰로 치환한다고 지적한 바 있지만, 공적인 영역과 사적인 영역의 이분법을 상정하는 공리주의도 정치성을 배제한 개인주

의의 진행에 기여한다

테니슨과 브라우닝이 극적 형식을 취하여 시=서정시, 시의 화자=시인의 등식을 거부하는 것은 사회와의 단절을 전제로 한 내면화에 반대의 뜻을 표하는 것으로 볼 수 있다. 특히 초창기 극적 독백에서 내면화에 대한 문제제기가 분명하게 드러난다. 편집광(monomania)적인 인물이 화자로 등장하는 「성 씨므온 스타일라이쯔」「포피리아의 연인」 그리고 「명상에 잠긴 요하네스 아그리콜라」는 모두 내면화의 자기함몰적 경향을 극화하고 있다. 그러나 이것이 극적 독백의 전부라면 1830년대에 나온 몇편의 시로 극적 독백의 실험은 마무리되었을 것이다. 극적 독백은 자기함몰적 내면화에 대한 비판에서 출발한다고 해야 하겠지만, 궁극적으로는 민주주의를 제도로 정착하는 과정에서 19세기 최대의 관심사로 떠오른 재현·대의(representation)와 불가분 연관되어 있는 것으로 봐야 한다. 극적 독백은 제도적이건 수사적이건 힘(power)에 근거한 재현의 문제를 제기한다. 테니슨과 브라우닝이 혁명적 낭만주의의 후예라고 말할 수 있는 준거가 여기에 있다.

5. 내면화에서 재현으로

그렇다고 내면화가 재현과 무관하다는 것은 아니다. 내면화를 주된 특징으로 하는 개인화, 즉 개인으로 홀로 서기의 과정에서 정치적 대의(代議)를 요구하는 민주화가 나타난다는 점에서 오히려 동전의 양면과 같다고 해야 할 것이다. 내면화에서 출발하여 재현의 문제를 철저하게 파헤친 인물이 루쏘이다. 외형적 조건과 무관하게 감각·느낌·생각에 의해 만들어지는 '나'가 나임을 주장하는 급진적 개인으로서의 독자성(authenticity)과 그 독자성이 그대로 드러나는 진정성(sincerity)을 출발점으로 삼은 루쏘는 재현의 문제와 맞닥뜨리게 된다. 독자성과 진정성 모두 투명하게 드러나야 마땅한데 현실은 언어를 포함하여 겹겹의 재현으로 이루어져 있음을 문제삼으면서 재현을 상실 혹은 현실성·현존·진실의 훼손으로 규정하게 되는 것이다.

낭만기 시가 독자성과 진정성을 강조하는 한에 있어서는 루쏘와 궤를 같이 한다고 할 수 있겠다. 워즈워스의 『서정담시집』(*Lyrical Ballads*)「서문」은 한마디로 삶의 재현으로서의 문학을 거부하고 삶과 문학의 틈새가 없는 글쓰기와 글읽기를 제안한다. 그러나 이러한 주장은 곧바로 재현이 불가피하다는 현실인식, 더 나아가서 재현이 만들어내는 거리와 괴리에 대한 자의식으로 이어진다. 「싸이먼 리」(Simon Lee) 같은 시가 그 대표적 예라고 하겠다. 혁명적 낭만주의에 이르면 이러한 자의식이 극에 달한다. 낭만기 시가 해체비평의 주요 텍스트가 된 것은 시쓰기를 포함하여 재현이 만들어내는 괴리를 근본에서부터 회의하기 때문일 것이다. 극적 독백도 넓게 보면 이러한 고민의 연장선상에서 나온다. 다만 재현에 대한 낭만적 고민이 인식론적 차원에서 진행된다면, 극적 독백의 고민은 역사적 맥락에서 나온다는 차이에 주목할 필요는 있을 것이다.

극적 독백은 19세기 전반 영국의 최대 관심사인 민주화와 그 과정에서 쟁점이 된 재현·대의를 주제로 삼은 장르이다. 주지하다시피 1832년에 통과된 선거법 개정은 민주화에 대한 욕구를 해소한 것이 아니라 증폭시켰다. 선거법 개정이 일정한 재산이 있는 사람들에게 선거권을 부여하는 데 그쳤다는 점이 분명해지면서 노동계급은 흔히 차티스트(Chartist)운동으로 일컬어지는, 더 포괄적인 대의제도의 실현을 위한 투쟁을 시작한다. 이러한 움직임이 전례없는 위기의식을 고조시키면서 민주주의가 야기하는 문제점에 대한 고민이 시작된다. 직접민주주의를 시행할 수 없는 이상 민주주의는 대리자를 통해 개개인의 생각을 재현하는 제도일 수밖에 없는데, 이러한 재현이 또다른 모양의 소외를 낳을 수 있지 않을까. 대리자를 자처하고 나선 사람들이 민중을 추상화할 위험이 있지 않을까. 다수가 결정권을 갖는 재현이 가치를 담아낼 수 있을까. 극적 독백은 이러한 문제제기와 궤를 같이 한다.

극적 독백이 이러한 역사적 고민의 산물이라는 점에 유의하지 않는 한 극적 독백을 정의하는 것은 별 의미가 없다. 극적 독백은 정의하기 어려운 장르로 유명하다. 형식적 요건을 따지다 보면 극적 독백으로 분류할 수 있는 시가 몇편 안 되고, 형식적 요건을 따지지 않으면 다른 극적인 시와 구별이 안 되기 때문이다. 그러나 재현에 초점을 맞추면 다소간 의미있는 정의를 끌어낼 수 있으리라고 본다. '극적'이란 형용사는 사회적 존재로서 재현에 참여하면서 맺게 되는 관계가 드러남을 가리킨다. 화자의 언술은 속생각을 그대로 드러내는 것이 아니라 말없이 듣고 있는 청자를 향한 발언이고, 독자는 그 관계를 염두에 두고 화자가 연출하는 재현의 의미를 읽어내야 한다. '독백'이라는 명사에서는 화자가 언술의 유일한 주체이되, 말없이 듣고 있는 청자의 반응이 유보된다는 점에서 재현의 의미를 읽어내는 독자에게 무게중심이 가 있음에 주목해야 한다. 결국 극적 독백에서 언술을 구성하는 존재는 독자라는 이야기가 되겠다. 독자 개개인의 비평적 사고를 요구한다는 점에서도 극적 독백은 민주화에 대한 고민이 배태한 장르라고 할 수 있다.

6.「율리씨즈」와 페라라 공작

극적 독백을 이렇게 정의하고 테니슨과 브라우닝 각자의 대표적 극적 독백인「율리씨즈」와「나의 전처 공작부인」을 다시 읽어보도록 하자.「나의 전처 공작부인」이 재현을 쟁점으로 한다는 점은 쉽게 증명할 수 있다. 공작의 절대권력은——권력의 속성이 그러하듯이——재현을 통해서 발휘된다. 그러나 진정성을 특징으로 하는 공작부인은 이를 거부한다. 그녀가 죽을 수밖에 없는 이유가 여기에 있다. 공작은 '900년 된 가문'의 이름이 요구하는 재현의 틀에 맞지 않는 그녀를 죽여 그림의 틀에 집어넣고 절대권력이 가능하게 해주는 언술로 그녀를 재현한다. 르네쌍스 이딸리아의 페라라 공국에서 아무도 공작의 재현에 이의를 달 수 없다. 브라우닝은 전혀 개입하지 않음으로써 이 점을 강조한다. 그러나 아주 순진한 독자가 아니라면, 예컨대 공작부인을 헤픈 여자라고 암시하는 공작의 재현을 액면 그대로 받아들이지는 않을 것이다. 그의 재현이 절대권력에 근거함에도 불구하고, 아니 절대권력에 근거하기 때문에, 독자는 이의를 제기하게 된다는 것이다.

구체적인 극적 설정을 통해 권력과 재현의 관계를 명징하게 드러내 보이는 「나의 전처 공작부인」과는 달리 「율리씨즈」는 재현이라는 주제와 무관한 것처럼 보인다. 사실 신화적 방랑자의 목소리를 빌려 새로운 경험을 찾아 세상 끝까지라도 가겠다는 불굴의 의지를 표명하는 시가 재현과 상관이 있으리라고 생각하기 어렵다. 페라라 공작과 율리씨즈도 전혀 공통점이 없는 것처럼 보인다. 공작이 무소불위의 권력에 근거하여 전처를 죽였음을 눈 하나 깜짝하지 않고 언급하는 인물인 데 반해, 율리씨즈는 권좌를 버리고 미지의 세계를 찾아나서는 인물이다. 독자의 입장에서는 공작과는 거리를 갖는데 율리씨즈가 구현하는 불굴의 의지에는 감복하는 것이 따라서 놀라운 일이 아니다. 그러나 율리씨즈가 불러일으키는 공감도 따지고 보면 영웅으로서의 율리씨즈의 자기 재현의 결과이다. 그도 공작과 마찬가지로 (청자를 의식하고) 재현을 구성함에 유의하여야 한다는 것이다.

율리씨즈는 자신을 끊임없이 새로운 모험을 추구해야 할 영웅으로 재현한다. 그리고 영웅으로서 자신의 정체성에 설득력을 부여하기 위해서 그는 20년 동안 정절을 지키며 자신을 기다려준 페넬로페를 늙은 아내(an aged wife)로, 자신이 다스리는 백성을 동물적 삶에 만족하는 야만족(a savage race)으로 비하한다. 그가 공작과 다른 점은 그의 말을 듣고 있는 선원들의 마음을 움직여 위험한 항해로 끌고 나가야 할 필요성이 더 절박하다는 것뿐이다. 이 시가 불러일으키는 감동은 선원들이 그를 지도자로 받아들이고 그를 따를 것을 결심하도록 연출된 것에 있다. 그러한 결단을 부추기기 위해 율리씨즈는 선원들에게 영웅의 정체성을 부여한다. 영웅인 '나'의 과거를 서술하다가 새로운 모험을 함께 겪을 '우리'로 주어를 바꿈으로써 항해를 떠나고자 하는 자신의 의지가 선원들의 의사를 대의하는(represent) 것으로 만들어버린다는 것이다.

「율리씨즈」가 선원들을 설득해야 할 상황에 직면해 엄청난 수사적 힘을 발휘하는 담론의 장임에 주목할 때, 이 시는 당대의 쟁점인 재현을 「나의 전처 공작부인」보다도 더 정면으로 다루는 극적 독백임이 분명해진다. 같은 이야기를 서술하는 단떼의 『지옥편』에서는 선원들이 율리씨즈의 수사적 마력에 취해 죽음의 항해를 떠난다는 결말이 주어진다. 그러나 「율리씨즈」에서는 말없이 듣고 있는 선원들의 선택이 서술되지 않는다. 독자는 이들의 침묵에서 율리씨즈의 재현이 함축하는 의미를 읽게 된다. 율리씨즈의 설득이 아무리 감동적이라 하더라도 여기에는 율리씨즈가 선원들의 의사를 대표하면서 만들어내는 거리, 또 그 거리가 내포하는 위험이 함축되어 있다는 것이다. 이 시가 간접민주주의의 핵심을 이루는 재현의 문제를 정면으로 다루었다고 주장하는 근거가 여기에 있다.

7. 결론을 대신하여

테니슨과 브라우닝 모두 장수한 시인이라 시작의 양이 만만치 않다. 두 편의 시로 이들에 대해 할 수 있는 이야기를 다했다고 할 수 없음은 물론이다. 극적 독백이 빅토리아 시대 시의 간판 장르이기는 하지만 극적 독백으로 테니슨과 브라우닝의 다양한 시적 실험을 포괄할 수 없는 것 또한 말할 나위 없다. 따라서 이 글에서 테니슨과 브라우닝의 대표작을 더 다루었더라면 하는 아쉬움이 남는다. 그러나 테니슨과 브라우닝의 시에 대한 오해가 상식으로 통할 만큼 뿌리깊기 때문에 이를 불식하는 데 지면을 할애할 수밖에 없었다. 테니슨과 브라우닝을 빅토리아 시대 대표 시인으로 함께 논의할 때 부각해야 할 점은 역시 혁명 이후의 역사적 상황과 이들의 시적 실험이 밀접하게 연결되어 있다는 점이다. 테니슨이 아서왕 전설을 토대로 『아서왕 시편』(*Idylls of the King*)을 쓰든, 브라우닝이 17세기 이딸리아에서 벌어진 살인사건을 토대로 『반지와 책』을 쓰든, 과거에 대한 이들의 관심은 당대적 현재와 긴밀히 연결되어 있다. 급격한 변화의 시대에, 아놀드의 말을 빌리자면 "죽어버린 세계와 태어날 힘이 없는 세계/두 세계 사이에서 떠도는"(Wandering between two worlds: one dead/The other powerless to be born) 혁명적 낭만주의의 후예로서 이들에게 역사에 대한 성찰 외에 선택의 여지는 없었던 것이다. 〔유명숙〕

추천문헌

Isobel Armstrong, *Victorian Poetry: Poetry, Poetics, and Politics* (London and New York: Routledge 1993). 여태껏 출간된 빅토리아 시대 시 연구서 중 가장 야심적이고 가장 탁월한 성취라고 할 수 있는 책. 1830년대, 1850년대, 1860년대 이후로 나눠 당대의 역사적 맥락에 시를 놓고 본다는 것이 장점이다. 테니슨과 브라우닝의 정치적 계보를 파악하는 데 도움이 되고, 이들을 최근의 비평이론, 특히 페미니즘적 시각에서 보는 것도 새롭다.

Carol T. Christ, *Victorian and Modern Poetics* (Chicago and London: Univ. of Chicago Press 1984). 모더니즘이 스스로 인정하는 것보다 훨씬 더 많은 것을 빅토리아 시대 시에 빚지고 있음을 보여주고 있는 책. 특히 빅토리아 시대의 산물인 극적 독백 형식이 모더니즘 시의 뼈대를 이루고 있음에 주목한다. 역사적 맥락에 대한 관심이 적은 것이 흠이다.

Catherine Gallagher, *The Industrial Reformation of English Fiction 1832-1867* (Chicago and London: Univ. of Chicago Press 1985). 제목보다는 훨씬 넓은 주제를 다루고 있는 책. 빅토리아 시대 소설이 당대의 다양한 텍스트와 마찬가지로 산업화라는 쟁점에 대한 토의가 벌어지는 담론의 장임을 보여주면서 재현의 정치성에 대한 논의를 극적 독백에 적용하는 데 도움을 준다.

Robert Langbaum, *The Poetry of Experience: The Dramatic Monologue in Modern Literary Tradition* (London: Chatto & Windus 1957). 옛날 책이기는 하지만 그래도 읽어야 하는 책. 극적 독백을 낭만기와 모더니즘의 연속선상에 놓고 조감하는 긴 호흡은 사줄 만하다. 그러나 낭만기 시와 빅토리아 시대 시를 공히 '경험에 근거한 시'로 정의하기 때문에 구체적인 논의에서는 취약성을 드러낸다.

Herbert F. Tucker, "From Monomania to Monologue: 'St. Simeon Stylites' and the Rise of the Victorian Dramatic Monologue," *Victorian Poetry* 22 (1984): 121~37면. 역사적인 맥락을 구체적으로 짚는 것은 아니지만 1820년대 내면화에 대한 반발이 극적 독백이라는 장르를 배태하였다는 점과 이러한 문제의식을 테니슨과 브라우닝이 공유했다는 점을 잘 지적하고 있다.

매슈 아놀드

1. 아놀드의 입지: 시인에서 비평가로

영국 빅토리아 시대의 대표적인 시인이자 비평가인 매슈 아놀드(Matthew Arnold, 1822~88)는 당대뿐 아니라 20세기 영미문학의 연구에 가장 중요한 영향을 미친 인물 가운데 한 사람이다. 아놀드는 문학에서든 삶 일반에서든 인문주의적인 사고의 중요성을 주장하고 확립한 인물로 평가된다. 무엇보다도 아놀드는 교양(culture)의 문제를 당대의 사회현실에서, 그리고 문학활동에서 가장 핵심적인 용어로 떠올렸고, 그의 교양이념은 빅토리아 시대에서 20세기 초반에 이르기까지 문학연구와 대학에서의 문학교육의 기본방향을 확립하는 데 결정적인 영향을 미쳤다. 아놀드의 교양이념과 그에 기초한 문학관은 대학에서 문학이 주요 과목으로 자리잡는 데 토대가 된 것이다.

반면 이와같은 아놀드의 큰 영향력 때문에 문학연구를 어떤 방식으로든 혁신하고자 하는 입장에서는 대개 그를 전통적인 문학연구를 대표하는 인물로 받아들였다. 20세기가 진행되면서 아놀드가 점점 논의의 중심에서 멀어지고, 그의 이름이 전통·보수주의·문학주의·인문주의·인상비평 등 철

지난 문학연구나 사고방식을 상기시키게 된 것은 이런 까닭에서이다. 특히 20세기 중반부터 문학을 과학적인 분석의 대상으로 삼으려는 과학주의적 연구경향이 주도하게 되면서, 문학의 위대성이나 감동 등을 중시하는 아놀드의 인문주의적인 입장은 비판을 받게 된다. 또한 맑스주의에 토대를 두고 있는 또다른 주도적인 비평 쪽에서도 이같은 인문주의가 대체로 보수적인 중간계급을 옹호하는 이념이라고 비판한다.

아놀드가 이처럼 20세기 후반 영미의 문학연구에서 극복의 대상으로 폄하된 것은 오늘날 전체적으로 인문주의가 처해 있는 위기상황과 무관하지 않다. 따라서 우리가 이 시기에 아놀드를 생각해보는 것은 지금 현실에서 그리고 문학연구에서 인문주의가 어떤 의미를 가지는지를 생각해보는 일과 별개가 아니다.

아놀드는 현재 학계에서는 주로 비평가로서 평가받고 있지만, 시인으로서도 테니슨, 브라우닝과 더불어 당대를 대변하는 시인 가운데 한 사람이다. 아놀드의 시는 과거를 그리워하는 향수와 우울과 불안의 정조가 두드러진다는 점에서, 그의 시대 이전에 개화했던 낭만주의의 영향을 강하게 받고 있다. 그렇지만 다른 한편으로는 그의 시에서 나타나는 이같은 현저한 소외와 불안감은 모더니즘 시에서 본격화하는 현대적 감성과 이어지는 면모이기도 하다. 이것은 그의 시가 근대사회로 급속히 변모해가던 빅토리아 시대 중엽이라는 전환기의 정서를 잘 반영하고 있다는 것을 말해준다. 가령 그의 시 가운데 대표작이라고 할 수 있는 「도우버 비치」(Dover Beach)에서 시인은 이렇게 노래한다.

  그러나 이제 나는 다만 들을 뿐
  저 우수어린 퇴각의 포효소리를
  밤바람의 숨결 따라
  광막하고 쓸쓸한 그 물가로
  세계의 헐벗은 자갈 아래로 물러나는 소리를.

시인이 해변에서 듣는 썰물소리는 근대사회의 새로운 조류들이 몰려오면서 뒤로 밀려날 수밖에 없는 구질서를 환기시킨다. 자신의 시대가 이같은 전환기라는 사실을 아놀드는 날카롭게 인식하고 있었다. 그리고 그의 시들은 이같은 전환기의 시대정신을 포착해낸다. 시인은 새로운 시대정신이 당대 사회를 지배하기 시작하고 있음을 인식하면서도, 다른 한편 사라져가는 과거세계의 가치들에 대한 미련을 버리지 못한다. 이것이 가령 「학자 집시」(Scholar Gypsy)를 비롯한 그의 대표적인 시들에 우울과 향수의 정조가 지배적인 사정을 설명해준다. 시인이 「대사원의 폐허에 서서」(Stanzas from the Grande Chartreuse)라는 또다른 시에서, 자신을 "죽어버린 세계와 태어날 힘이 없는 세계/두 세계 사이에서 떠도는" 존재라고 묘사한 것도 이런 착잡함의 표현이다.

시인으로서의 매슈 아놀드의 활동은 1853년 출판한 세번째 시선집에 붙인 「서문」(Preface)을 계기로 해서 중단된다. 그리고 이후 아놀드는 평론활동을 활발하게 전개하여 빅토리아 시대 최대의 비평가로 떠오르게 된다. 아놀드 스스로 자신의 시가 "동시대 시인인 브라우닝이나 테니슨에 못 미친다는 점"을 시인하고 있다시피, 시를 포기하고 비평가로 변신한 데에는 개인적인 동기도 없지 않았다. 그러나 이같은 전환은 당대 현실에 대한 그의 인식과 밀접하게 관련되어 있다. 아놀드의 시에서 엿보이는 전환기 의식은 그가 시 대신 비평을 자신의 영역으로 선택하는 데 중요한 요인이 되었다. 근대란 그에게는 복잡하고 광대한 현실을 관조하는 지적인 대응을 요구하는 시기다. 세번째 시선집 「서문」에서 아놀드는 두번째 시집인 『에트나 산의 엠페도클레스』(*Empedocles on Etna, and Other Poems*, 1852)의 표제작을 이번 선집에서 제외한 이유를 설명한다. 그에 따르면 이 시의 주인공인 엠페도클레스는 "그리스적인 사고와 감정의 습관이 급격히 변하기 시작하던" 시기에 살았던 인물로, 우리는 그에게서 그리스적인 특징이라 할 "침착, 명랑, 사심없는 객관성"이 사라지고 "정신 내부의 대화"가 시작되며 "근대의 문제"가 드러나고, 벌써 "햄릿과 파우스트의 회의의 목소리를 듣고 그 좌절을 목격"하게 된다고 한다. 엠페도클레스가 처한 상황은 고통이 행동에의 출구를 찾지 못하는 상황으로서, 이를 재현하게 되면 무언가 불건강한 결과가 나오게 된다. 즉, 엠페도클레스는 전환기에 처한 병적인 근대인의 정서를 대변하는 인물이며, 아놀드가 이 시를 선집에서 제외한 것은 이같은 병적 징후들을 단순히 재현하는 것이 근대에 대한 바른 대응이 될 수 없다고 판단하였기 때문이다.

「서문」은 전체적으로 고전주의에 대한 옹호라고 할 수 있으며, 아놀드는 자신의 시가 강하게 노출하고 있던, 그리고 당시 문학의 주류라고도 할 수 있는 낭만주의적인 대응과 결별하고 이후 평론활동을 통해 근대사회에 합당한 비평과 교양의 역할을 일관되게 강조하게 된다. 옥스퍼드 대학교 시학 교수 취임강연이자 비평가로서의 첫 작업이라고 할 유명한 평론 「문학에서의 근대적 요소」(On the Modern Element in Literature, 1857)에서도 아놀드는 고대그리스 시대를 하나의 모델로 제시하면서 근대사회의 복잡성에 대응하는 '지적인 해방'(intellectual deliverance)의 필요성을 역설하지만, 이것은 물론 단순한 고전문학 옹호가 아니라 아놀드가 처해 있는 당대사회에서 합리성과 지성이 더욱 요구된다는 「서문」의 주장을 한층 확고하게 한 것이다. 당대를 전환기로서의 근대로 파악하고 이를 제대로 해석하고 여기에 대응해나가는 것이 아놀드의 중심적인 작업이며, 그 핵심적인 개념이 바로 교양이라고 할 수 있다.

2. 아놀드의 교양 개념의 형성과 의미

사실 교양 개념은 거의 아놀드의 전체 작업을 포괄한다고 해도 과언이 아닐 정도다. 또한 아놀드의 교양 개념은 당대뿐 아니라 이후 영미권의 문학 및 문화와 사회에 관한 논의에 심대한 영향을 미치게 된다. 교양 개념은 무엇보다 그의 정치평론서인 『교양과 무질서』(Culture and Anarchy, 1869)에서 가장 분명하게 나타나지만, 단지 정치나 사회에 관한 평론뿐 아니라 문학비평에도 교양의 이념은 속속들이 배어 있다. 고려해야 할 것은 아놀드의 비평활동이 문학에만 그치지 않고 정치·교육·종교·사회 등 다방면에 걸쳐서 이루어지되, 문학비평과 여타의 비평활동이 완전히 분리되지 않는 속성을 지녔다는 점이다. 문학비평이 한편으로는 사회비평을 겸하고, 또한 사회비평에 문학적 인식이 포함되어 있는 것이 아놀드 작업의 특성이기 때문이다. 교양의 이념은 한편으로는 당대 사회의 가장 중요한 문제인 계급갈등을 해결하는 수단인 한편, 문학적 가치를 평가하는 가장 근원적인 기준을 제공하는 것이기도 하다.

『교양과 무질서』는 당대 영국의 정치적·사회적 현실을 두고 벌어진 일련의 논쟁적 평론들을 묶은 책으로, 그 의미를 제대로 이해하기 위해서는 당시 영국사회에 대한 일정한 이해가 전제되어야 한다. 아놀드의 사회비평이 주로 다루고 있는 1860년대는 영국뿐 아니라 유럽 근대사가 한 고비를 넘기던 시기였다. 단적으로 산업자본주의의 성립으로 이루어진 부르주아 지배체제에 대한 도전이 표면화된 '위기'의 시기로서, 그 도전의 주체는 자본주의체제의 산물인 노동계급이었다. 당시 프랑스가 혁명을 겪던 시기에, 영국은 제2차 선거법 개정(1867)을 통해 노동계급의 투표권을 일부 인정함으로써 위기를 일시적으로 해소한다. 계급갈등을 체제 안으로 흡수하는 영국 자본주의체제의 힘이 여기서 드러난바, 이것이 이후 영국사를 특징짓는 '영국 위기의 특수성'이 되는 것이다. 런던에서 맑스가 자본주의 현상을 분석한 『자본론』 제1권을 출판한 것도 바로 이 시기였다.

아놀드의 교양 개념은 『교양과 무질서』 서문의 다음 구절에서 일차적으로 정의된다.

> 이 글의 전반적인 목표는 우리가 현재 당면한 어려움을 벗어나는 데 커다란 도움이 되는 것으로서 교양을 추천하고자 함이다. 교양이란 우리가 가장 관심을 가진 모든 문제에 있어 세상에서 생각되고 말해진 최상의 것을 알게 됨을 통해 우리의 총체적 완성을 추구함이며, 이 지식을 통해 우리의 고정관념과 습관에 신선하고 자유로운 생각의 줄기를 갖다 댐인데, 현재 우리는 이런 고정관념과

습관을 꿋꿋이 그러나 기계적으로 따르고 있다.

"세상에서 생각되고 말해진 최상의 것"을 앎으로써 "총체적 완성"을 추구한다는 아놀드의 기본 생각은, 그가 말하는 교양이 개인의 성숙이나 완성과 따로 떨어져 있지 않음을 말해준다. 이 구절 바로 다음 대목에서 그가 "우리가 높이 치는 교양이란 무엇보다도 내적인 작용"이라고 규정하는 데서도 알 수 있다. 이같은 사적 의미의 교양을 당대의 사회적 난국에 대한 처방으로 내놓은 것이니, 아놀드가 당시의 논쟁에서 집중적인 비판의 대상이 된 것은 어떻게 보면 당연한 일이다. 계급문제가 본격적으로 부각되면서 선거법 개정을 둘러싼 정치적 갈등이 격화되던 시기인만큼, 내적인 완성을 내세우는 일은, 당시 특히 진보주의를 표방하던 중간계급 논자들(스티븐 J.F. Stephen, 해리슨 Frederic Harrison 등)이 입을 모아 비판하듯이 '시류를 모르는 책상물림의 주장'으로 받아들여질 소지가 없지 않다.

그러나 아놀드의 교양 개념이 이같은 비판에도 불구하고 계속적인 논의의 대상이 되어온 것, 더구나 후에 오히려 중간계급의 대표적인 이데올로기로 평가받게 되는 것에 주목할 필요가 있다. 교양이 하나의 처방으로 제시된 것에는 당시 계급국면에 대한 아놀드의 판단이 게재해 있다. 아놀드는 당대를 이루는 세 주요 계급, 즉 귀족계급·중간계급·노동계급이 모두 교양의 요구에 전혀 부응하지 못하고 있다면서, 이 계급들을 각각 '야만인'(Barbarians) '속물'(Philistines) '우중'(Populace)이라고 명명한다. 귀족계급은 물질적이고, 중간계급은 천박하고, 노동계급은 난폭해진 상태라는 것이다. 주요 계급의 속성이 이러한만큼 교양의 획득은 이러한 계급적 속성을 벗어난 예외자, 아놀드의 표현으로는 '일상적인 자아'(ordinary self)를 벗어나 '최상의 자아'(best self)에 도달한 '남은 자들'(remnants) 혹은 '벗어난 자들'(aliens)에게서나 가능하다.

그런데 과연 이처럼 계급이기주의를 벗어난 예외자가 가능한 것인가부터가 문제일 수 있으며, 실제로 아놀드가 각 계급의 상황을 판단하면서 다는 무엇보다 중간계급의 현단계에서의 역할을 강조하고 있음을 고려해야 한다. 그의 판단에 따르면, 귀족계급의 시대는 이제 끝났으며, 노동계급은 떠오르는 계급이며 미래의 주역이기는 하지만, 현시대를 지배하는 계급은 바로 중간계급이다. 사실상 아놀드의 교양의 요구가 가장 초점을 두는 계급은 바로 중간계급이니, 이는 중간계급이 교양을 획득할 때 비로소 사회의 기본질서가 유지되고 결국 앞으로의 주인인 노동계급도 교화할 자격이 생기기 때문이다. 앞의 구절에서 아놀드가 지적한 바 '우리의 고정관념과 습관'은 기본적으로는 근대사회의 형성을 방해하는 구질서를 지칭하고 있기는 하지만, 직접적으로는 중간계급이 맹종하는 물질주의와 공리주의를 포함한다. '최상의 것'을 기준으로 자기완성을 기함으로써 현재 타락한 중간계급을 근대사회에 합당한 지배층으로 재교양하고자 하는 것이 『교양과 무질서』에 나타난 아놀드 나름의 정치적 기획이라고 해도 좋을 것이다. 이 점에서 아놀드의 교양이념이 중간계급의 이념이라는 이후 논자들(가령 이글턴이나 윌리엄즈)의 평가와 비판은 당연해 보인다.

그럼에도 아놀드의 교양이념 자체가 초계급적인 지향을 담고 있다는 것도 지적될 필요가 있다. 교양이 무엇보다도 '내적인 완성'임은 부정하기 힘들지만, 그것은 동시에 '사회적 이념'이기도 하다는 것이 아놀드의 주장이다. 즉 교양의 속성 가운데 하나인 '일반성'은 교양이 특정 계급의 전유물이 아니라 사회 전체에 확산되는 것을 전제한다. 아놀드가 교양인을 '진정한 평등의 사도'라고 지칭하는 것도, 교양이 일반화됨으로써 비로소 근대사회의 진정한 평등이 실현될 수 있기 때문이다. 이 점에서 아놀드의 교양은 근대사회가 본격화되는 전환기에 근대이념으로서의 자유와 평등의 이념을 개인과 사회의 완성이라는 목표와 결합시킨 것으로, 그런 점에서 진정한 시민의 형성과 민주주의의 수립이라는 당대 영국사회의 지향을 축약하고 있다고 할 수 있다.

3. 비평, 문학 그리고 인문학적 인식

아놀드는 빅토리아 시대의 다른 주요 비평가들, 가령 밀(J.S. Mill), 칼라일(Thomas Carlyle), 러스킨(John Ruskin)과 더불어 대표적인 사회 및 정치평론가로 활동하였지만, 그의 본령은 어디까지나 문학이라고 할 수 있다. 사실 『교양과 무질서』로 묶인 정치평론들이 나온 계기도 그 이전에 발표한 그의 비평 「현시기 비평의 기능」(The Function of Criticism at the Present Time)으로 촉발된 논쟁이었다. 이 글은 순전한 문학비평이라고 할 수는 없고 사회비평을 겸하고 있는데, 비슷한 시기에 발표된 중요한 평론 「아카데미의 문학적 영향」(The Literary Influence of Academy)과 더불어 당대 사회에서 문학의 의미와 지향에 대한 아놀드의 중심적인 생각이 담겨 있다. 영국문학에는 대륙의 문학, 즉 프랑스나 독일 문학에 비해 비평적인 노력이 부족하다는 지적에서 시작하는 이 평론은, 문학에서뿐 아니라 사회 일반에서 올바른 비평의 수립이 절실히 요구된다고 주장한다. 이때 아놀드가 말하는 비평은, 단순히 문학작품에 대한 해석이나 평가만이 아니라, "세상에서 알려지고 생각된 최상의 것을 배우고 퍼뜨리려는 사심없는 노력"이다.

이러한 비평의 정의가 그의 교양개념과 흡사한 것은 말할 필요도 없고, 실상 교양을 일반화하려는 충동은 바로 '최상의 것'을 퍼뜨리려는 비평의 노력 속에 이미 깃들어 있다. 다만 비평의 본질이란 '사심없음'을 떠나서는 있을 수 없다는 점을 환기해볼 만하다. 같은 평론에서, 그리고 다른 글들에서도, 아놀드가 비평을 "사물을 있는 그대로 보려는" 정신이라고 지적하는 것도 이와같은 맥락이라고 할 수 있다. 영국 상황에 긴요한 것이 계급적 이해관계를 떠나서 사심없이 보려는 정신이라는 것이니, 이 또한 '최상의 자아'를 말하는 교양의 이념과도 상통한다. 문학에서도 비평이 무엇보다 긴요하다는 것이 아놀드의 판단인바, 문학적 판단이나 평가가 '사심없는' 것이어야 한다는 요청 외에도, 문학적 창조작업 자체에 비평적 노력이 부족하다는 문제의식으로 미루어 아놀드가 요구하는 것은 바로 문학에서도 사회일반에서와 마찬가지로 근대사회에 필요한 지적인 대응의 진작인 것이다.

아놀드는 초기 비평에서 이같은 문학 및 사회비평을 겸하는 활동의 결과물을 엮어 1865년 첫번째 『비평집』(*Essays in Criticism*)을 출간하고, 곧이어 『교양과 무질서』 출간 이후 약 10년간은 종교적인 저작에 몰두한다. 그 이후 1878년 워즈워스 시선집을 엮고 해설 「워즈워스」를 쓰면서 다시 문학비평으로 복귀한다. 이후 발표된 「시의 연구」(The Study of Poetry) 「바이런」(Byron) 「문학과 과학」(Literature and Science) 등 주요 평론들은 1888년 그가 사망한 후 『비평집: 제2집』(*Essays in Criticism: Second Series*)으로 묶여 출판되었다.

아놀드의 후기 문학비평의 시작을 알리는 「워즈워스」는 영문학 비평사에서 워즈워스의 시적 위대성을 확립한 대표적인 문헌으로, 이것은 고전주의에 대한 의미 부여와 더불어 낭만주의를 '조숙한'(premature) 문학이라고 평가절하하던 초기의 평가(「현시기 비평의 기능」)와 어느정도 구별된다. 또한 워즈워스의 가치를 셰익스피어, 밀턴, 그리고 대륙의 몰리에르, 괴테 정도를 제외하고는 그 이후의 근대문학 가운데 최고의 지위에 있다고 자리매김함으로써, 비평적 노력의 부재를 이유로 낭만주의 문학을 중심으로 하는 당대 영문학을 촌스러운 이류 문학으로 치던 초기의 평가(『호머 번역에 관하여』 *On Translating Homer*)와도 한참 동떨어져 있다. 영국 낭만주의 문학에 대한 이같은 재평가는 이어 발표된 「바이런」 등에서도 이어진다.

이처럼 평가가 변했음에도 불구하고, 문학의 위대성을 가늠하는 아놀드의 근본적인 관점이 달라진 것은 아니다. 워즈워스의 탁월성을 기리면서 아놀드는 그의 시가 가지고 있는 '삶의 비평'(criticism of life)에서의 깊이를 지적하고, 이것을 "삶에 사념을 숭고하고 심오하게 적용"하되 "시적 아름다움과 시적 진실의 법칙"에서 벗어나지 않는 속성이라고 정의한다. 즉 워즈워스의 시가 탁월한 것은 통상적 의미에서의 낭만주의적 경향 때문이 아니라, 오히려 삶에 대한 도덕적 인식의 깊이에 있는 것이며, 이러한 특성은 바로 내면적 삶의 고양을 중시하는 교양의 이념과 일맥상통한다는 것이다.

또 워즈워스와 더불어 아놀드가 근대문학의 주류 시인으로 평가하는 바이런의 경우는, "인간해방 전쟁의 투사"로서 중간계급의 속물근성과 필생의 싸움을 벌인 점에서 아놀드의 중간계급 비판과 이어진다.

후기에 와서 아놀드가 이처럼 문학에 관심을 기울이고, 당대 문학을 재평가하는 작업에 몰두한 것은, 전체적으로 문학이 사회 속에서 가지는 남다른 의미에 더욱더 주목하게 되었기 때문이다. 후기의 주요 평론인「시의 연구」(The Study of Poetry)의 유명한 다음 첫 구절은 두고두고 논란이 되고 있다.

> 시의 미래는 광대하다. 시가 자신의 드높은 소명에 값할 때 시에서 우리 인류는 시간이 갈수록 더욱더 탄탄한 지주(支柱)를 발견하게 될 것이기 때문이다. 흔들리지 않는 신조가 하나도 없으며 의심스러운 것으로 드러나지 않는 공인된 교리나, 와해될 위험에 처하지 않은 기성전통은 하나도 없다. 우리의 종교는 사실 속에서, 이른바 사실이라는 것 속에서 구현되어왔다. 그것은 그 정서를 사실에다 결합시켰는데, 이제 사실이 그것을 저버리고 있다. 그러나 시에서는 표상이 전부이며, 나머지는 환상의, 최고의 환상의 세계이다. 시는 그 정서를 표상에다 결합시키며, 표상이 바로 사실이다. 오늘날 우리 종교의 가장 강한 부분은 그것이 지니는 무의식적 시이다.

시에 높은 사명을 부여하고 있는 이 구절은 흔히 문학으로 종교를 대신하자는 주장으로 읽힌다. 그러나 종교의 위기는 과학이 시대의 대세가 됨으로써 기존의 종교를 지탱하던 전제들이 의문시되면서 초래된 것으로, 아놀드가 종교를 배제하자는 것은 아니다. 오히려 종교의 재규정과 그 '무의식적인' 시의 되살림이 그의 뜻이며, 그런 점에서 그는 과학의 지배에 맞서 진정한 종교적 감정의 회복을 주장하는 셈이다. 이 구절에 뒤이어 아놀드는 종교뿐 아니라 지금까지 철학이라고 여겨져온 것도 대부분 시로 대체될 것이라고 말하기도 하는데, 그것은 이 둘을 폐기하자는 것이라기보다 각각 그릇된 증거에 집착하거나 추상화된 형이상학에 빠져 있는 이들의 현상태가 '시'와 결합한 진정한 종교와 철학에는 미달함을 말하는 것이다.

이런 점에서 아놀드의 주장은 단순히 문학주의로 치부할 수는 없다. 오히려 기계화·과학화하는 사회에 맞서서 생명을 주는 힘으로서의 문학적 상상력이라는 낭만주의의 전통을 잇고 있다고 할 수 있다. 그러나 낭만주의적인 창조적 상상력에 대한 강조가 한편으로 사회의 기계화와 대중화 속에서 문학의 특권적인 지위를 확보하려는 입장과 맺어져 있음은 사실이며, 가령 이글턴의 비판처럼 아놀드가 시효를 상실한 종교를 대신하여 새로운 중간계급의 이데올로기로 문학을 내세우고 있다는 해석도 가능하다. 하여간 시의 중요성에 대한 아놀드의 주장은 문학적 상상력을 지칭하는 데서부터, 인문학 일반을 과학과 대비하는 데까지 나아간다. 「문학과 과학」이라는 평문에서 아놀드는 과학과 문학을 대비하면서 광의의 문학 즉 인문학(humane letters)을 제시하고, 오직 분리된 지식만을 제공할 수 있을 뿐인 과학과는 달리, 이 지식들을 인간의 삶과 구체적으로 관계짓게 만드는 인문학의 중요성을 역설한다.

결국 근대사회에 합당한 대응으로서의 교양의 기능에 대한 아놀드의 믿음은 문학, 넓게는 인문학을 훈련하는 교육의 이념으로 귀결된다. 인문학은 시대의 대세라고 할 과학을 인간화하는 힘을 가지고 있기 때문이다. 실제로 아놀드는 거의 일평생을 교육공무원으로 근무하면서 영국의 공교육을 활성화하는 데 심혈을 기울인 실천적인 지식인이기도 했다.

〔윤지관〕

추천문헌
윤지관 『근대사회의 교양과 비평: 매슈 아놀드 연구』(창작과비평사 1995). 근대문제와 관련하여 아놀드의 작업을 폭넓게 다루면서 그 현재적 의미를 모색하는 책으로, 그의 사회이론과 문학비평을 포괄하여 논하고 있다.
Joseph Carroll, *The Cultural Theory of Matthew Arnold* (Berkely: Univ. of California 1982). 아놀드의 저작들을 다양하게 거론하면서 교양이론을 집중적으로 다룬 책.
Lionel Trilling, *Matthew Arnold*, 1939 (New York and London: Harcourt Brace Jonanovich 1954). 인문주의적 전통을 이어받고 있는 비평가 트릴링이 쓴 아놀드 평전

으로서, 아놀드의 생애와 활동을 충실하게 정리하고 그 의미를 평가한 고전적인 책.
Raymond Williams, *Culture and Society, 1790-1950* (1958; Harmondsworth: Penguin 1973). 영국 문화비평의 전통을 진보적인 시각에서 정리하는 가운데, 아놀드의 교양론을 자리매김하고 있다.

5부 20세기 영국문학

20세기 영국문학 개관 전수용
W. B. 예이츠 이두진
T. S. 엘리어트 서강목
W. H. 오든과 딜런 토머스 이일환
조지프 콘래드 이미애
D. H. 로렌스 강미숙
제임스 조이스 홍덕선
버지니어 울프 전은경
윌리엄 골딩과 존 파울즈 박인찬
쌔뮤얼 베케트 황훈성
카릴 처칠 이희원
아체베와 루슈디 조규형

20세기 영국문학 개관

1. 빅토리아 시대 말기와 에드워드 시대의 문학

빅토리아 시대 말기

현대문학의 태동은 19세기 말에 이미 느껴지기 시작했다. 1880년부터 1900년까지의 시기는 전통적 가치의 붕괴에 따른 불안감이 엄습함과 동시에, 전통적 가치관을 다른 가치로 대치하고자 노력한 시기이다. 빅토리아 시대 전성기의 덕목이던 진지함은 조롱거리가 되고, 다원주의의 영향을 받아서 사회의 발전이 어떤 규칙보다는 우연과 적응에 의해 이루어진다는 생각이 사람들을 불안하게 했다. 정치적으로는 아일랜드의 독립문제가 거론되는가 하면, 선거권의 확장으로 도래한 대중민주주의로 영국 자유주의의 역할은 축소되고 쇼(Bernard Shaw)나 웰즈(H. G. Wells, 1866~1946) 같은 진보적 문인들은 사회주의에 눈을 돌리고 있었다.

토머스 하디 등 세기말의 소설가들의 작품에는 이미 이와같은 시대적 불안과 변화의 모습이 담겨 있다. 하디의 소설과 시, 그리고 하우스먼(A. E. Housman)의 시는 세기말의 비관주의와 이에 대한 반응으로서의 극기주의를 동시에 표현하고 있다. 탐미주의자인 월터 페이터(Walter Pater), 오스카 와일드(Oscar Wilde) 등은 무너져가는 시대의 가치관에 대해 순간의 아름다움을 향유하는 미학적 쾌락주의나 멋과 퇴폐성의 제스처 혹은 탐미주의로 대항하려 하였다. 이들은 평범한 중산계층의 독자들이 가지고 있던 문학관에 도전하였으며, 예술가들과 문인들을 속물적인 대중으로부터 유리시키는 데 공헌하였다.

이런 경향이 영국에서만 있었던 것은 아니다. 프랑스에서는 보헤미안의 생활방식이 도입되었는데, 이들은 전통적인 관습을 경멸하였다. 또한 예술가는 사회를 거부하며, 사회에 의해 배척당하는 존재라는 생각도 대륙으로부터 도입되어, 사회로부터 소외된 예술가라는 전형적인 모더니즘적 예술가상의 초석이 되었다. 1870년 교육법의 제정으로 새로이 글을 읽을 수 있게 된 서민대중은 저급하고 선정적인 출판물의 주 수요자가 되었고, 이들이 출판시장의 주요 독자층으로 떠오름으로써 예술가 혹은 문인의 사회적 고립의 문제를 더욱 심화하였다.

그외에도 많은 사회적·정신적 문제에 대한 해결책을 전통적 기독교의 가르침에서 얻을 수 없었던 작가들은 다른 종교나 과학, 비합리적인 고딕 전통의 재생 등에 관심을 갖게 된다. 그리하여 하디, 와일드, 예이츠, 콘래드, 웰즈, 스티븐슨(R. L. Stevenson), 코난 도일(Conan Doyle), 『드라큘라』(*Dracula*)의 저자 브램 스토커(Bram Stoker) 등의 작가들에게서 범죄·혼돈·방탕·퇴행·동물성·공포의 장치들에 대한 집착을 볼 수 있다.

19세기 말은 서구의 식민지가 극적으로 팽창하던 시기이다. 대영제국의 팽창으로 늘어난 해외식민지 경험을 소재로 사용한 소설가들로는 스티븐슨 외에도, 러드야드 키플링(Rudyard Kipling), 콘래드가 있다. 그들은 이 경험을 스티븐슨처럼 낯선 지방의 진기한 경험과 모험으로 표현하기도 하고, 키플링처럼 재미있는 모험에 약간의 도덕적 갈등과 회의를 가미하여 처리하기도 했으며, 콘래드의 경우에는 가치관의 혼란 속에서 최선의 길을 찾아 암중모색하는 현대인의 대표적 정서인 소외, 불안, 뿌리뽑힘의 의식 등을 표현하는 배경으로 사용하기도 했다.

한편 연극계에서는 오스카 와일드와 함께 버나드 쇼의 활동도 눈에 띈다. 쇼는 입센 및 모짜르트와 바그너의 오페라, 맑시즘 등 대륙문화의 영향을 많이 받은 극작가로서, 디킨즈의 희극적 에너지를 자신의 극에 반영하고자 노력했다. 그의 논쟁적인 극들은 그의 지적 자신감을 보여주는데, 그는 극 중 논쟁에서 사회주의·과학·철학 등에 대한 강력한 주장들을 펼치고 있다. 아일랜드 극장의 부흥을 꿈꾸던 예이츠는 사실적이고 정교하기보다는 상징적이고 장식적인 배경만을 가진 "시적인 혹은 전설적인" 극의 형식을 계획하였다. 연기 역시 "일상적 현실을 다루는 연극과는 거리가 있어야 한다"는 것이 그의 생각이었다. 그는 1904년 더블린에 애비(Abbey) 극장을 확보함으로써 활동의 근거지를 갖게 된다. 1903~1909년 사이에 극작활동을 한 씽(J.M. Synge)은 아일랜드의 토속적 분위기와 언어를 살린 작품들을 썼다.

1880년대의 시단은 브라우닝과 테니슨의 후기시들이 주도하고, 테니슨 사후에는 스윈번(A.C. Swinburne)이 당대 최고의 시인으로 평가되었다.

에드워드 시대

에드워드 7세의 재위기(The Edwardian Age, 1902~10)는 대영제국이 국제적으로는 평화롭고, 국내적으로는 안정적인 번영을 누리던 시기였다. 그러나 이와 함께 몰락의 징후가 나타난 시기이기도 하였다. 경제성장률은 미국이나 독일에 비해 둔화되고, 영국의 해상권은 독일제국 해군의 세력 확장으로 도전받고 있었다. 독·미·일과 더불어 군비경쟁에 몰두하는 가운데 영국 국내에서는 아일랜드의 자치 문제가 열띤 논쟁을 불러일으켰다. 이 시기의 가장 중요한 정치적 문제는 여성 참정권 문제였다. 이때 시작된 참정권운동의 결과로 1918년에 30세 이상의 여성들에게 참정권이 주어졌으며, 1928년에는 21세 이상의 모든 여성에게 참정권이 주어졌다.

에드워드 시대는 종교적 회의라든가 빅토리아 시대의 가치관에 대한 반발이 잠잠해지고, 그 대신 지금까지 목소리를 내지 않던 여성이라든가, 소부르주아 계층의 목소리가 들리기 시작한 시기이다. 모더니스트들의 엘리뜨주의 문학론이 자리잡기 전에 평범한 남녀의 이야기가 아놀드 베닛 (Arnold Bennett), 웰즈 등에 의해 전통적인 문학형식으로 표출되었다. 포스터(E. M. Forster)는 에드워드 시대 중산층의 의식과 그들의 맹점을 다루었다.

예이츠는 1890년부터 1939년까지 영국시단의 역사를 이룩한 시인이다. 그는 자신을 마지막 낭만주의자로 칭하면서, 신비적 환영의 힘이나 열정적인 성적 에너지와 관능의 힘을 주장하였다. 그의 초기 시집들은 페이터식의 미학주의와 민속적이면서도 도피주의적인 경향을 보인다. 그러나 1900년 이후 예이츠의 시는 사랑과 우주의 본질에 대한 좀더 깊은 성찰과 아일랜드 현실에 대한 강렬한 정치의식을 담게 된다. 그의 후기시는 종교를 대신하여 새로운 영성을 창조하는 시인의 독립성을 주장하며, 영원성을 지향하는 예술의 가능성을 추구한다.

2. 모더니즘과 다른 사조들

모더니즘이 본격적으로 싹트기 시작한 것은 1차대전 발발 직전이었다. 1910년과 12년에는 후기인상파 전시회가 런던에서 열리고, 1911년의 대관식 기념공연에서 러시아의 디아길레프(Diaghilev) 무용단은 무용과 무대장치의 개념을 혁신하였으며, 1912년 스뜨라빈스끼(I. F. Stravinskii)의 「불새」와 1913년의 「봄의 축제」 공연은 반복적인 소절들과 강조된 리듬으로 원시적 요소들을 노출하였다. 그러나 1차대전의 도래와 함께 문화의 자유로운 교류도 중단되고, 세계의 중심지이던 런던은 1915, 16년에 걸쳐서 부서진 열정과 욕망과 희망과 공포의 소용돌이가 되었다. 전쟁중에 유보되었던 아일랜드 자치 문제는 1916년 부활절 봉기를 거쳐 1921년 신교도들이 지배하는 주를 제외한 아일랜드의 급작스런 독립으로 이어졌다. 유럽대륙에서도 전후의 복잡한 상황은 베르사이유 조약과 뜨리아농(Trianon) 조약을 거쳐 영토의 분할로 해결되었다.

1917년혁명 후 건설된 소련은 씨드니와 비어트리스 웹(Sidney & Beatrice Webb), 웰즈, 버나드 쇼 등의 전후(戰後) 영국 지성인들에게 이상적인 진보사회로 비쳤다. 영국 내에서는 자유주의 정부의 개혁정책에도 불구하고 빈부격차 문제가 개선되지 않았고, 이러한 경제적 불균형은 영국적 사회주의의 전통을 강화했다.

한편 새롭고 국제적인 문화적 실험들은 영국 서민대중의 일상생활이나 오락과는 거리가 있어 대중들은 읽기 쉬운 책이나 라디오가 제공하는 오락에 많이 의존하게 되었다.

모더니즘

1차대전 이전에 이미 시의 혁명이 일어나고 있었다. 이미지즘운동은 낭만주의자들의 모호함과 안이한 감정주의를 배격하고 단단하고 명료하며 정확한 이미지의 사용을 주장했다. 영국과 미국에서 동시적으로 진행된 이 시운동의 또 하나의 특징은 자유로운 운율의 사용이었다. 그러나 이미지즘은 짧은 묘사적 서정시에는 적합한 기법이었으나, 좀더 길고 복잡한 시에는 적합하지 않았다. 모더니즘 시는 이미지즘을 흡수하되, 다른 다양한 시 이론과 기법들을 받아들여 이루어졌다. 모더니스트들은 17세기의 형이상학파들로부터 지적인 복잡성을 차용하고, 프랑스의 상징주의자들로부터 몽상적 암시성 속에 숨어 있는 이미지의 정확성과 복합성을 배웠다. 위트와 아이러니도 모더니즘 시의 주요한 특성이며, 모더니스트들은 또한 인상파·후기인상파·입체파의 새로운 현실인식을 시에 도입하여 불협화음을 일으키는 병치, 일관성 없는 지각, 복수적(複數的) 서사, 시간과 장소의 유동성 등의 요소를 시에 도입하였다. 모더니즘의 대표적 시인으로는 T.S. 엘리어트와 파운드(Ezra Pound)를 들 수 있는데 이들의 실험적 시는 대중적 인기를 누리지 못하고, 소규모 문예지를 통해 발표되었다

1912~30년까지는 모더니즘 소설의 전성기라고 할 수 있는데, 콘래드, 제임스 조이스, D.H. 로렌스, 버지니어 울프, 포스터 등이 이 시기에 활동하

였다. 모더니즘 소설에서는 빅토리아 시대와 같이 사회가 공유하는 가치의 개념이 사라지고 가치라는 것은 완전히 사적인 선택의 문제가 된다. 버지니어 울프는 이와같이 사적인 개인이 감지하는 세계를 보여주기 위하여, 플롯과 시간, 그리고 인물의 고정된 정체성이라는 전통적 개념들로부터 소설을 해방시키고 거기에 시적인 요소를 도입하였다.

모더니즘 소설의 기법은 또한 새로운 시간관에 기초하고 있었다. 인간의 의식 속에서 시간은 일직선상으로 진행하는 것이 아니고, 과거·현재·미래가 하나의 유동체로서 공존하고 있는 것으로 인식되었다. 융(C.G. Jung)과 프로이트(S. Freud)의 정신분석학은 인간의 의식세계를 지배하는 과거의 기억들의 현재성을 환기하여, 문학에서 기억을 중요한 모티프로 떠오르게 하였다. 이러한 새로운 시간관과 의식관에 기초하여, 이 무궁무진한 시간의 유동체 속을 자극의 환기에 의한 연상작용 및 기억의 추적이라는 방식으로 탐색하는 것이 의식의 흐름 기법이다. 이 기법에서는 인물을 소개하지 않은 채 곧바로 그의 의식세계로 뛰어들어 인간을 내면으로부터 그리며, 역시 아무런 경고 없이 여러 인물의 의식 속으로 곧바로 들어가 그들의 의식을 추적한다. 이러한 기법을 사용한 소설가로는 조이스와 울프가 있다. 이들은 이와같이 개인의 의식세계를 추적함으로써 개인의 고립과 자신의 의식세계에 갇혀 있는 인간의 고독을 부각하였다.

모더니즘 소설가들은 이와같이 사적 가치의 세계에서 타인과의 의사소통을 갈구하는 개인들과 그들의 고독을 그렸는데, 그중에도 이러한 고립을 벗어나 타인과의 건전한 관계를 이룩하고자 하는 개인들의 모습을 가장 집요하게 추구한 작가는 로렌스이다. 그는 형식적 종교에 얽매이지 않았으나, 신교에서 얻은 신비감이라든가 수사법·이미지·은유 등을 소설에 활용하였고, 자신이 전달하고자 하는 자연스럽고 건강한 인간관계에 관한 메씨지를 기독교적 신학의 상징들을 사용하여 전달하였다. 그는 또한 기계, 산업주의, 사회적 관습, 체면, 돈이나 성공에 대한 욕구 등이 진정한 인간관계를 방해하는 양상을 다양하게 보여주었다.

모더니즘에는 개인의 사적·심리적 세계의 고립 속에서 원시공동체의 산물인 신화적 서사의 세계를 재발견하고자 하는 충동이 있다. 전통적 신화의 틀은 죠지 엘리어트, 조이스, 로렌스 등이 모두 즐겨 사용한 장치이다.

양차 대전 사이

1차대전은 사람들이 항존한다고 생각하던 모든 가치를 부숴버렸으며, 1920년대에는 그뒤에 남은 환멸과 퇴폐의 폐허 속에서 대담한 문학적 실험들이 이루어지고 있었다. 1930년대는 전세계적 공황과 파시즘의 등장으로 우울하고도 무거운 분위기가 지배하는 시기였다. 이 시기는 또한 불안한 미래를 향하여 도약하는 시기처럼 느껴지기도 했다.

희곡 분야에서는 아일랜드 태생의 숀 오케이시(Sean O'Casey)가 더블린의 애비 극장을 배경으로 활동하고 있었는데, 그는 그의 선배들처럼 아일랜드를 낭만화하거나 그 과거와 피비린내나는 현재에 대해 환상을 가지지 않고, 비극적 경험이 희극적 기지와 공존하는 작품을 썼다.

이블린 워(Evelyn Waugh, 1903~66)의 소설은 몰락해가는 사회에 대한 느낌, 전통적 가치관의 재평가, 구세계의 붕괴, 전통과 현대적 파편화 사이의 갈등을 재치있게 그리고 있다. 올더스 헉슬리(Aldous Huxley, 1894~1963)의 『멋진 신세계』(Brave New World, 1932)는 과학이 극단적으로 발달한 미래의 유토피아 혹은 반유토피아를 그려 진보가 제기하는 문제들의 비관적 가능성에 대하여 날카로운 예측을 하고 있다. 크리스토퍼 이셔우드(Christopher Isherwood)는 1929~33년에 정치적 격동기의 베를린에서 거주하며 얻은 경험을 바탕으로 카메라의 눈과 같은 서술적 관점에서 소설을 썼다.

1930년대 영국의 지성인들은 좌파적 성향이 강하였다. 그들은 소련의 새로운 정권과 히틀러나 무쏠리니의 파시즘을 비교해보며, 러시아혁명의 성공을 믿었다. 또한 파시즘이 합법적인 스페인 공화정부를 침략한 프랑꼬에게 성원을 보내는 것을 보고 다수의 지성인들이 공화파를 지지하는 국제여단의 일원으로 참여하였다. 중립적이고도 냉정한 어조의 시를 쓰던 30년대의 대표적 시인 오든(W. H. Auden)도 앰뷸런스 운전병으로 자원하나, 입대를 거절당하고 대신 영어로 선전방송을 하는 것에 만족하고 영국으로 돌아왔다.

영국의 좌파 지식인들은 소련에서 스딸린의 독재가 심해지면서 공산주의에 대해 회의를 가지기 시작하는데 오웰(George Orwell)도 그중 하나였다. 1936년 스페인 내란에 참전하여 공화파를 도왔던 오웰은 좌파 내의 분열로 의미있는 투쟁이 결렬되는 것을 보고 실망을 금할 수 없었다. 그의 공산주의에 대한 실망을 그린 『동물농장』(Animal Farm, 1945)은 소련과 그 위성국가에서 출판이 금지되었다. 『1984년』(Nineteen Eighty-four, 1949)은 스딸린의 소련과 상처투성이인 전후의 영국, 카프카의 작품에 나타나는 이해할 수 없는 비개인적 억압에 대한 어두운 환상, 그리고 헉슬리의 과학주의적 반유토피아를 섞어놓은 듯한 세계를 그리고 있다.

2차대전

1차대전과는 달리 2차대전 중 영국은 독일군에게 폭격을 당해 거리가 산산조각나고 황폐해졌으며, 노출된 실내와 사물들은 예기치 못한 대비를 보여주었다. 이런 충격적 모습들은 초현실주의적 상상력을 자극하였다. 초현실주의는 대상물과 개념 사이의 가변적 관계와 프로이트의 무의식을 강조한다. 그리고 악몽과 꿈, 왜곡이나 확장과 같은 경험을 다룬다. 이 시기에 씌어진 영국계 웨일즈인 딜런 토머스(Dylan Thomas)의 시에는 초현실주의적 요소가 다분히 있다. 그러나 전쟁중 대부분의 영국 문인들은 시의 새로운 기법에 집착하기보다는 처참한 영국의 모습을 가슴아파하며, 단결하여 외부의 적을 물리치자는 정부의 선전에 움직이지 않을 수 없었다.

3. 전후부터 현재까지

전후와 1950년대

전후의 영국작가들은 파괴된 황무지에 뿌리를 내리고, 의미의 부서진 파편들을 모아서 의미를 재창조해야 하는 시기로 보았다. 희곡에서 베케트(S. Beckett)의 실험극을 제외하면, 이 시기에는 레베카 웨스트(Rebecca West, 1892~1983)를 비롯한 작가들이 모두 모더니스트들이 개척한 형식과 기법의 실험과는 무관한 전통적 방법의 저술로 광범위한 독자를 얻고자 하였다. 그중 가장 인기를 누린 작가는 그레이엄 그린(Graham Greene, 1904~91)이다. 그는 유럽 식민지의 상흔이 남아 있는 세계, 음울한 죄의식, 도덕적 가책, 국외자와 반항아들에 대한 관심과 책임을 표현하는 작품들을 썼다. 위트와 아이러니도 그의 작품의 중요한 특징이다.

전후에 영국의 식민지들은 독립하기 시작했으며, 독립한 식민지들은 예전의 백인자치령이던 캐나다·오스트레일리아·뉴질랜드·남아프리카 공화국과 함께 영연방을 형성하였다. 영국정부는 국민들에게 이제 영국이 식민지에 심어준 올바른 통치와 공정성의 정신이 결실을 거두어 식민지들이 성공적으로 독립할 수 있게 되었다고 선전하였다. 전후에 정권을 잡은 노동당은 인도의 독립을 위한 법절차를 완료했으며, 무료진료를 비롯한 복지국가 정책을 추진했다.

희곡에서는 새로운 종류의 극이 등장하였다. 1956년 존 오스본(John Osborne)의 『성난 얼굴로 돌아보라』(Look Back in Anger)는 지금까지 전원의 거실을 배경으로 하는 점잖은 연극의 전통을 혁명적으로 깨뜨리고, 불만에 가득 차서 서로 요란스럽게 대립하는 거칠고 불만에 찬 인물들을 연극무대에 올려놓았다. 그러나 그의 변혁은 극의 형식에까지 영향을 주지는 못했다. 1955년에는 쌔뮤얼 베케트의 『고도를 기다리며』(Waiting for Godot)가 런던의 아츠 시어터(Arts Theatre)에서 공연되었다.

베케트는 프로테스탄트 배경을 가진 영어를 사용하는 아일랜드인으로서 빠리에서 제임스 조이스의 써클과 교제하며, 코스모폴리타니즘을 지향하는 모더니즘의 영향을 받았다. 그는 삼부작 소설을 쓰기도 했으나, 그의 이름을 전세계적으로 알린 것은 희곡 『고도를 기다리며』였다. 그는 침묵·단절·여백·비약·은폐 등을 이용하여 인간의식이 기능하는 방식을 드러내었다. 베케트는 20세기 후반의 가장 중요한 극작가이지만, 그는 영국의 토착 전통이 아닌 대륙의 상징적이고 철학적인 극의 전통을 계승하고 있다.

베케트는 희곡뿐 아니라 소설에서도 새로운 시도를 하였다. 1959년 베케트는 런던에서 출간한 삼부작 소설 『몰로이』(Molloy) 『말론 죽다』(Malone Dies) 『이름붙일 수 없는 것』(The Unnameable)에서 서술의 소멸을 실험하였다. 베케트류의 모더니스트적 실험을 추종한 당대의 작가로는 로랜스 더렐(Lawrence Durrell, 1912~90)이 있다. 윌리엄 골딩(William Golding)은 기법상의 실험보다는 도덕적 문제에 관심이 많은 작가였으나, 예이츠, 엘리어트, 조이스 등의 모더니스트의 전례를 따라 신화의 세계를 작품에 도입하여, 인간의 어두운 자아와의 대면과 도덕적 갈등을 그리고 있다.

반면 앵거스 윌슨(Angus Wilson, 1913~91)은 모더니스트들의 실험주의를 잘못된 것이라 판단하고, 빅토리아 시대의 서술기법을 복원하려 노력하였다. 아이리스 머독(Iris Murdoch, 1919~2000) 역시 초반기에는 도덕적 문제를 탐색하는 전통적 소설형식을 추구하였다. 머독은 공허한 형식과 양식, 선입견에서 벗어나, 파악하기 어려운 인간의 있는 그대로의 모습을 대면하고 그려내야 한다고 생각했다. 뮤리얼 스파크(Muriel Spark, 1918~)도 머독이나 고울딩과 마찬가지로 도덕적 문제에 깊은 관심을 가지며, 도덕적 문제들을 소설형식의 문제로 연결시킨다.

전후 영국의 주요 시인 중 한 사람인 필립 라킨(Philip Larkin)은 소설가 킹슬리 에이미스(Kingsley Amis, 1922~)등의 동료들과 함께 보헤미아니즘이나 블룸즈버리가 대표하는 모더니즘의 엘리뜨주의에 적대적이며, 서민적 정서를 대변하는 '운동'(The Movement)에 참여한 인물이었다. 라킨은 전통적 운율형식과 평이한 언어로 시작(詩作)을 했으며, 1960년대 이후의 시에서는 새시대의 언어에 대한 날카로운 감각을 보이며, 도발적인 솔직함을 드러낸다. 테드 휴즈(Ted Hughes, 1930~)가 자기가 태어난 서부 요크셔의 방언으로 악마적이고 외롭고 야생적인 영국의 모습과 역사 너머에 있는 신화의 영역을 그렸다면, 제프리 힐(Geoffrey Hill, 1932~)은 역사에 깊은 관심을 가지고 역사 속에 남겨진 폭력적이고 피비린내나는 인간들의 흔적을 추적하였다. 노벨상을 수상한 아일랜드의 시인 씨머스 히니(Seamus Heany, 1939~)는 영국의 오랜 지배의 결과로 생겨난 아일랜드 내의 종교·정치분쟁을 개탄하면서, 역사를 거슬러 아일랜드의 먼 옛날, 바이킹들의 아일랜드로 돌아가 시적 해방의 가능성을 찾는다.

1960, 70년대

1960년대에 영국에서는 『채털리 부인의 연인』(*Lady Chatterley's Lover*)이 뒤늦게 출판되었다. 여성들에게는 피임약이 보급되고 성도덕이 자유로워졌으며, 프로이트 이래 주장되어온 성에 대한 개방성, 그리고 로렌스적 의미의 성의 신성함에 대한 믿음이 사회에서 받아들여지기 시작했다. 음악계에는 비틀즈 선풍이 일고 청년문화가 활성화되었다.

정치적으로 1960년대는 동서 냉전관계가 위험으로 치달은 시기이다. 꾸바의 미사일 기지를 둘러싼 미소 갈등은 거의 전쟁 직전의 사태까지 치달았다. 소련은 1956년에 헝가리를, 그리고 1968년에 체코슬로바키아를 침공했으며, 미국은 월남전에 개입하였다. 영국은 월남전에 연루되지 않으려 애쓰고 있었다.

국제적으로 영국정부는 1960년대 동안 뒤늦게 유럽공동체(EC)의 회원이 되려는 노력을 경주하였다. 영국의 독립적 정체성을 잃을 것에 대한 우려의 목소리도 있었으나, 1973년 영국은 유럽공동체의 정규회원국이 되고, 이를 국민투표로써 인준하였다. 1960, 70년대에 걸쳐 빈민가 정리작업이 진행되고, 노동자들의 생활은 많이 향상되었다. 그리하여 1980년대에 영국인들은 새처(Thatcher)의 우파정책을 별 반발 없이 수용할 수 있게 되었다.

전후부터 시작된 여성의 전문직 종사기회는 점점 확대되었다. 저메인 그리어(Germaine Greer, 1939~)의 『여자 환관』(*Female Eunuch*, 1970)은 당시의 여성운동에 자극제가 되었다. 그리어와 도리스 레씽(Doris Lessing, 1919~)은 다같이 사회가 여성의 역할을 너무 편협하게 규정하는 데 대하여

반기를 들었다. 레씽은 또한 아프리카의 흑백갈등 문제, 그리고 새로운 문학형식의 문제에도 관심을 가졌다. 또한 장 리스(Jean Rhys, 1894~1979)는 『제인 에어』(*Jane Eyre*)에 나오는 로체스터의 자메이카 출신 광녀인 본처 버사 메이슨(Bertha Mason)의 입장에서 『제인 에어』를 『광대한 싸가쏘 바다』(*The Wide Sargasso Sea*)라는 작품으로 다시 써서 『제인 에어』의 유럽중심주의적 시각을 비판하였으며, 탈식민주의 논의의 중요한 지표를 제공하였다.

바버러 핌(Barbara Pym, 1913~80)의 작품은 중산계층의 중년 노처녀들의 세계를 중심으로 가게와 찻집과 영국의 천주교회를 맴돌며 사교와 수다에 지배되는 세계를 평범한 기법으로 재치있게 그린다. 앤젤라 카터(Angela Carter)의 소설세계는 온갖 종류의 변화가 가능한 마술과 극장의 세계를 독자들에게 보여준다. 존 파울즈(John Fowls)는 성적 에너지의 억압과 발산이라는 문제에 매료되어 작품에서 이런 문제를 추적하였다. 영화화된 바도 있는 그의 가장 인기있는 소설 『프랑스 중위의 여자』(*French Lieutenant's Woman*, 1969)도 같은 소재를 다루며, 소설의 서술에 대한 자의식적 성찰을 가미한다. 이 소설에서 화자는 현대의 소설가는 빅토리아 시대 소설가처럼 전능한 신의 역할을 하지 않으며, 자유로움을 첫째 원칙으로 하는 새로운 신학적 이미지를 가지고 있다고 선언한 후, 작품의 끝에 세 가지 가능한 종결부를 제시하고 사라진다. 이 소설은 영국의 현대소설 중 대표적인 포스트모더니즘 작품으로 꼽히는데, 작품에 대한 자의식적 성찰과 현실과 허구의 세계를 넘나드는 기법을 이용하여 허구의 현실성과 현실의 허구성을 보여주기 때문이다.

앤소니 버지스(Anthony Burgess, 1917~93)는 영화화된 바 있는 소설 『태엽장치 오렌지』(*A Clockwork Orange*, 1962)에서 기술이 발달된 미래의 반유토피아에 대한 15세 소년의 환상을 거리의 언어와 충격적 이미지를 이용하여 그린다. 1960년대와 70년대의 가장 전형적인 소설가라고 할 수 있는 마거릿 드래블(Margaret Drabble, 1939~)은 부동산 개발업자들의 부패, 아일랜드 공화국군의 폭탄 투척, 깨어진 결혼, 사회적 상향지향성의 소외적 효과, 시골로의 은둔, 동유럽의 세계 등을 그린다.

1960년대에 가장 창조적이고도 도전적인 극을 내놓은 극작가는 해럴드 핀터(Harold Pinter, 1930~)이다. 그의 초기 극의 세계는 무력감, 빗나가는 의사전달, 어긋난 관계, 그리고 정체를 알 수 없는 위협으로 가득 차 있다. 그의 극에는 베케트와 카프카 그리고 T. S. 엘리어트의 영향이 엿보인다. 체코슬로바키아 출신의 극작가 스토퍼드(Tom Stoppard, 1937~)의 극은 파괴력을 정교한 형식 속에 묶어두고 있으며, 균형감각이 뛰어나고 논리적이다. 햄릿 왕자의 두 친구 로전크란츠와 길든스턴을 주인공으로 삼은 연극 『로전크란츠와 길든스턴은 죽었다』(Rosencrantz and Guildenstern are Dead, 1967)에는 원작과는 다른 관점이 도입되고, 시간은 파편화되며, 햄릿은 중심인물의 자리에서 비켜나 있다. 그러나 희극적으로 현대화된 엘리자베스 시대 극 속의 두 인물은 그들에게 부여된 극중의 운명을 회피할 수 없는 비극성의 무게를 감당해야만 한다. 그의 대표작이라 할 수 있는 『서투른 흉내』(Travesties)는 조이스, 레닌(Lenin), 다다이스트 시인 짜라(Tristan Tzara)가 모두 거주하고 있던 1918년의 쮜리히를 배경으로 한, 정치와 문학사의 만남에 대한 사변적 작품이다. 그의 작품 역시 포스트모더니즘의 대표작이라 할 수 있는데, 주체의 근원성에 대한 부정은 기존 작품에 기대어 쓰는 『로전크란츠와 길든스턴』의 패러디 기법으로 연결되고, 『서투른 흉내』는 역사적 평면과 허구적 평면의 혼합이라는 또다른 포스트모더니즘적 특징을 드러낸다.

카릴 처칠(Caryl Churchill)의 작품에서는 착취에 근거한 사회체제에 대한 비판이 주축을 이룬다. 이와 함께 그는 자본가들이 전통적으로 행사해온 힘과 보편적인 여성억압의 동일성을 감지하고 있었다. 1970년대와 80년대의 가장 지적이면서도 도전적이고 인간적인 정치극을 쓴 작가는 아일랜드 태생의 브라이언 프리얼(Brian Friel, 1929~)일 것이다. 그는 일관성있게 아일랜드의 문제에 관한 극을 썼다.

세기말

1790년대나 1890년대와 마찬가지로 1990년대는 불확실성과 개념들의 재정리 시기로 보인다. 1990년대 영국의 문학계에는 거장이 보이지 않는다. 남아메리카나 과거 동구의 공산국가에서 씌어져 최근에 빛을 보게 된 작품들에 비하여 영국의 소설작품들은 창의성이나 신랄함이 결여되어 있다. 영국문학은 여전히 좁은 시야로 과거를 조망하고 있으며, 서술기법을 가지고 유희를 할 뿐 위대한 사상이나 서사적 규모를 가지지 못하고 있다.

이 시대의 소설은 네 가지로 대별할 수 있는데, 1970년대와 80년대의 전통을 이어받은 캠퍼스 소설이 그 하나이다. 톰 샤프(1928~)가 이 장르에서는 가장 생동감있는 소극(笑劇)을 보여주고 있다. 학자이자 소설가인 맬컴 브래드버리(Malcolm Bradbury, 1932~), 데이비드 로지(David Lodge, 1935~) 등이 이 장르의 주요 작가들이다. 그외의 소설들은 고딕 전통을 발전시킨 소설, 페미니스트 시각에서 쓴 소설, 새로운 종류의 역사소설 그리고 과거의 식민제국과 좀더 넓은 세계를 소재로 하거나 혹은 그곳 출신 작가들이 쓴 작품 등 네 가지로 대별할 수 있다. 신고딕(neo-gothic) 전통의 계승자로는 이언 매키완(Ian MacEwan, 1948~), 앨러스데어 그레이(Alasdair Gray, 1934~)가 있고, 페미니즘 소설의 대표로는 저넷 윈터슨(Jeanette Winterson, 1959~)이 있다. 바이얏(A. S. Byatt, 1936~)의 두 소설 『정원의 처녀』(*The Virgin in the Garden*, 1978)와 『들림』(*Possession*, 1990)은 과거와 현재의 인식변화를 탐색한다. 새로운 종류의 역사소설로는 팰리저(Charles Palliser)의 『다섯 눈 모양』(*The Quincunx*, 1989), 피터 애크로이드(Peter Ackroyd)의 『오스카 와일드의 마지막 증언』(*The Last Testament of Oscar Wilde*, 1983)『혹스무어』(*Hawksmoor*, 1985)『채터튼』(*Chatterton*, 1987) 및 엘리어트와 디킨즈의 전기가 있다. 줄리언 반즈(Julian Barnes)의 『플로베르의 앵무새』(*Flaubert's Parrot*, 1984), 그리고 그레이엄 스위프트(Graham Swift, 1949~)의 『워터랜드』(*Waterland*, 1983)도 과거를 새로운 방식으로 탐색하고 있다.

대영제국의 붕괴는 최근 몇몇 소설가들을 아직도 사로잡고 있는 소재이다. 프레이저(G. M. Fraser, 1925~), 패럴(J. G. Farrell, 1973~), 폴 스콧(Paul Scott, 1920~78)이 이 장르의 대표적 작가들이다. 또한 쌀만 루슈디(Salman Rushdie), 티모시 모우(Timothy Mo) 등 이전 영국 식민지 출신의 작가들 또한 대영제국과 그 붕괴 이후를 소재로 삼아 소설을 쓰고 있다. 이들은 소위 탈식민주의 전통을 형성한다. 반면 일본 출신으로 영어 소설을 쓰고 있는 가즈오 이시구로(Kazuo Ishiguro, 1954~)의 작품은 탈식민주의로 분류하기는 어렵지만 문화적 적응의 문제를 섬세하게 다루고 있다.

〔전수용〕

추천문헌

Malcolm Bradbury & James McFarland, *Modernism 1890-1930* (Harmondsworth: Penguin Books 1978). 모더니즘에 대한 고전적 소개서. 영미의 모더니즘뿐 아니라 독일·프랑스·미국·오스트리아·러시아의 모더니즘에 대한 고찰까지 포괄하고 있다. 모더니즘의 여러가지 문학사조를 고찰한 후, 시·소설·희곡을 장르별로 고찰한다.

Brian McHale, *Postmodernist Fiction* (New York & London: Methuen 1987). 모더니즘을 인식론적 불확실성을 표현한 사조로, 그리고 포스트모더니즘을 그보다 한걸음 더 나아가 존재론적 불확실성을 표현한 사조로 규정하고, 포스트모더니즘에 대한 체계적인 개념화를 논리정연하게 시도하고 있다. 서술방식이 논리적이고 체계적이어서 포스트모더니즘을 정리하는 데 많은 도움이 되는 책이다.

Andrew Sanders, *The Short Oxford History of English Literature* (Oxford: Clarondon Press 1994). 개별 작가와 작품에 대한 소개까지 비교적 상세하게 기술한 문학사. 주요 작가에게는 2,3면 정도까지 할애하고, 1880년부터 1990년대까지의 시기를 180여 면에 걸쳐 조명하고 있다. 모더니즘이나 포스트모더니즘 등 우리에게 잘 알려진 사조 외에도 이 시기에 나타난 다양한 문학현상에 많은 지면을 할애하고 있다.

W. B. 예이츠

1. 예이츠의 삶과 시

　윌리엄 버틀러 예이츠(William Butler Yeats, 1865~1939)는 흔히 삶의 시인이라고 불린다. 20세기의 또다른 위대한 시인인 T. S. 엘리어트가 주관적 정서를 배제하는 소위 주지주의적 시를 쓴 것과는 달리, 예이츠는 삶에 대한 다양한 감정과 태도를 자신의 시 속에 표현하였다. 그는 살아가면서 겪은 사람·장소·사건 등과 관련된 다양한 소재를, 마치 「비잔티움으로의 항해」(Sailing to Byzantium)에 나오는 황금 세공장이(goldsmith)처럼, 자신의 상상력이라는 용광로에서 녹여 시로 주조해냈다.
　예이츠는 어린 시절과 청년기를 슬라이고와 더블린 그리고 런던을 오가며 보냈다. 런던에서 그는 많은 시인들과 접촉했다. 그는 라이오넬 존슨(Lionel Johnson) 같은 90년대 시인들의 모임인 시인클럽(Rhymer's Club)의 중심인물이었다. 여기서 그는 미묘하고 섬세한 감수성의 중요성을 확인하게 되고, 무엇보다도 '예술을 위한 예술'이라는 그들의 모토에 영향을 받아 이후로 시에 엄격한 심미적 기준을 둠으로써 독립운동의 격동기에 있던 아일랜드에서 자신의 시가 정치적 선전물로 전락하는 것을 막을 수 있었다.

더블린에서 그는 아일랜드 민족운동에 가담하였는데, 특히 아일랜드 문학 협회(Irish Literary Society)의 설립에 참여한 이후로는 적극적인 활동을 벌였다. 그는 아일랜드 문예부흥운동의 일환으로 아일랜드의 옛 전설과 신화를 수집하고 농촌의 민속적 전통을 조사하여 자신의 시와 극에 되살림으로써 민족정신을 고취하려고 애썼다. 이러한 노력은 그의 초기 시에 나타나는 몽상적이고 감미로운 셸리(P. B. Shelley)풍의 문체에 견고성을 가져다 주었다.

민족운동에 참여하여 활동하는 과정에서 예이츠는 그의 작품에 영향을 끼치는 두 명의 여인을 만나는데 후원자이자 동료인 그레고리 부인(Lady Gregory)과 모드 곤(Maud Gonne)이 그들이다. 그레고리 부인은 예이츠가 나중에 애비 극장(The Abbey Theater)으로 발전하게 되는 아일랜드 국립극장(Irish National Theater)에 관여하는 데 직접적인 영향을 주는데, 그러한 극활동의 경험은 예이츠에게 생동감 있는 대화는 물론 구성의 중요성을 깨닫게 한다. 또한 그레고리 부인 집안의 귀족적 전통과 유서 깊은 장원(莊園)은, 예이츠가 결혼 후 구입하여 여름 별장으로 쓴 볼릴리 타워(Thoor Ballylee)와 더불어, 혼란스런 현실에 이상적 질서를 부여하는 상징이 된다. 한편, 예이츠는 여배우이며 열렬한 민족주의자인 모드 곤을 "내 일생의 커다란 근심거리"(the great trouble of my life)라고 말한 바 있는데, 그녀에 대한 사랑은 그녀가 다른 사람과 결혼한 뒤에도 10여 년간 지속되었고, 아마도 평생동안 마음에서 그녀를 완전히 떠나보내지는 않았던 것으로 보인다. 그의 시에서 그녀는 트로이의 헬렌으로 이상화되어 직접 나타나기도 하고, 표면에 묘사되는 시인의 정서에 잠재하는 심층적인 이미지로 자리잡기도 한다. 또한 1914년에 간행된 중기 시집 『책임』(*Responsibilities*) 이후에 확립되는 후기 시의 단단한 문체는 1903년 그녀의 결혼 이후에 겪은 마음의 상처를 반영하는 것이라고도 하니 그녀가 예이츠에게 얼마나 지속적인 영향을 끼쳤는지 짐작할 수 있다.

이들과는 다른 방식으로 예이츠의 시에 영향을 끼친 또다른 여인은 그의 아내인 조지 하이드-리즈(Georgie Hyde-Lees)였다. 그의 주장에 따르면, 그녀는 영적인 존재들과 무의식중에 교감하는 영매의 역할을 맡아 소위 자동기술(automatic writing)의 방법으로 인간의 개성과 문명의 생성과 발전, 말하자면 만물의 존재원리와 이치를 이해할 수 있는 지식을, 처음에는 혼자서 나중에는 그의 도움을 받아, 수년간에 걸쳐 기록했다고 한다. 예이츠는 이것을 체계적으로 정리한 것이라며 1925년에 『비전』(A Vision)이라는 제목으로 출판했다. 신비주의나 비교(秘敎)에 대한 연구는 청년시절부터 그가 관심을 집중해온 분야였다. 무신론자인 아버지의 영향과 빅토리아조의 과학발전이 가져온 기성종교에 대한 불신 때문에 기독교를 멀리하기는 했지만, 그의 내부에 자리잡은 종교적 기질은 끊임없이 영혼과 우주의 신비를 탐구하게 하였다. 그것은 20세기 초 유럽의 일부 지식인 사이에 유행하던 신비주의에 대한 관심과도 부합하는 것이었다. 그의 시에 나타나는 주술적 리듬이나 신비주의적 상징과 이미지는 이러한 관심이 드러난 것이며, 어떻게 씌어졌든간에 『비전』이 그의 시의 상징체계에 통일성을 부여했다는 것이 일반적인 평가이다.

이밖에도 그의 시에 직접적으로나 간접적으로나 큰 영향을 준 일들이 많이 있었다. 블레이크(W. Blake) 시의 편찬, 아서 싸이먼즈(Arthur Symons)와의 교류, 에즈라 파운드(Ezra Pound)와의 만남, 1916년의 부활절 봉기, 아일랜드 내전, 볼릴리 타워의 구입과 수리, 회춘수술 등 표현방식이나 주제의식에 좀더 광범위한 영향을 끼친 것도 있고, 단순히 한 시편의 소재나 배경이 되는 것도 있었다. 그가 경험한 모든 일을 여기서 거론할 수는 없겠지만, 중요한 것은 어느 시인에게서도 그 예를 찾아볼 수 없을 정도로 예이츠에게는 시가 곧 삶이요, 삶은 곧 시였다는 점이다. 그는 자신의 삶을 시에 담음으로써 삶을 완성하고 시를 완성하려 했다. 시를 통해 삶을 완성하려는 그의 노력은 시기별로 특징을 갖는데, 통일적인 연계성을 지니도록 선정된 시들을 꾸준히 수정하여 수록한 『시선집』(Collected Poems of W. B. Yeats)으로 남게 된다.

2. 대립과 갈등

예이츠의 시를 읽을 때 혼란을 겪게 되는 것 중 하나는 어떤 시에서 주장한 가치가 다른 시에서는 부정되고 오히려 반대되는 가치가 찬양된다는 점이다. 또는 한 시편에서도 대립되는 두 개의 가치가 겉으로 드러나는 선호도에 상관없이 시인의 마음속에서 충돌하고 갈등한다는 것이다.「노년과 함께 오는 지혜」(The Coming of Wisdom with Age)를 예로 들어보자.

> 잎은 많지만, 뿌리는 하나.
> 내 청춘의 거짓된 나날들 내내
> 햇빛 속에서 나는 잎과 꽃들을 흔들었노라.
> 이제 나는 시들어가리라 진리 속으로.
>
> Though leaves are many, the root is one;
> Through all the lying days of my youth
> I swayed my leaves and flowers in the sun;
> Now I may wither into the truth.

자연의 다양성의 표현인 잎과 꽃은 자연의 진리의 상징인 뿌리와 대비되고 있다. 삶의 햇빛을 흠뻑 받는 젊은 시절에 화자는 다채로운 꿈(거짓)을 꾸어보았으나 나이가 들어 정열이 시들어버린 지금, 삶의 진실을 캐는 명상의 삶을 살 수밖에 없으리라는 인식이 들어 있다. 그러나 "시들어가리라"는 표현은 시인이 진리를 추구하는 것이 시간의 흐름에 거역할 수 없는 데서 나온 지혜일 뿐 아직도 잎과 꽃이 지닌 아름다움을 아쉬워하고 있다는 것을 보여준다. 잎-꽃/뿌리, 젊음/노년, 거짓/진리 등이 대립되는 가운데 언뜻 삶의 흐름에 순응하는 깨달음을 보여주는 것 같지만 마음의 갈등은 여전히 남아 있다.

예이츠의 시에 나타나는 대립적 특성은 개별 시편에 국한되지 않는다.

그것은 그의 시를 어느 시기에 한정하거나 전체로 보거나 간에 두드러지게 나타나는 특징 중의 하나이다. 초기 시에서는 꿈과 이상의 세계를 추구하는 가운데서도 흔히 현실세계에 대한 애착이 나타난다. 「이니스프리의 호수 섬」의 경우, 전원적 삶에 대한 그리움이 절실하게 나타나지만 거기에는 런던의 도시생활에 대한 대립적 암시가 있다. 「1916년 부활절」에서는 유동하는 삶과 돌 같은 의지의 삶이 대비된다. 『탑』(*The Tower*)과 『나선형 계단』(*Winding Stairs*) 등 육체의 한계를 벗어나기 위해 정신과 지성을 찬양하는 후기 시편들의 경우, 그 이면에는 육체에 대한 그리움이 깃들여 있다. 예이츠 시의 이러한 대립적 요소는 아마도 "갈등 없이는 진보도 없다"(Without contraries is no progression)고 한 블레이크의 영향을 많이 받았기 때문일 것이다. 그러나 그의 시가 지닌 대립적 경향은 무엇보다도 삶 자체의 복잡성을 시로 표현해내고자 하는 데 따른 것이었다. 변화 많은 삶이 가져다준 재료는 선택을 요구하나, 그는 섣불리 선택을 해버리기보다는 그 재료들이 그의 상상력 속에서 서로 다투다가 마음의 자연스런 귀결이 이루어지길 바란다. 그의 마음속에서 꿈과 현실, 육체와 영혼, 삶과 예술, 정열과 지성 등은 지속적인 대립과 갈등을 벌이고, 그의 시에 서로 유기적으로 연결되어 나타난다.

물론 예이츠는 한편으로 그러한 갈등이 해소되는 통일적 존재(Unity of Being)를 이상적 상태로 보았다. 그는 주체와 객체가 일치하는 순간, 하나이면서 모두이고 모두이면서 하나가 되는 순간, 삶과 예술이 통합되는 순간을 가장 행복한 상태로 꿈꾸었다. 그러나 인간이 그러한 상태에 도달하는 것은 가능하다고 하더라도 순간적일 수밖에 없고, 더욱이 그러한 존재의 완성이 이루어지는 순간 대립과 갈등은 멈추고 예술적 창조의 에너지가 소진될 것이라는 것이 그의 딜레마였다. 노년에 이르러 삶의 비극성을 수용하는 데서 오는 갈등의 해소는 말기 시에서 일시적으로 비극적 환희(tragic joy)라는 주제로 꽃피지만, 「써커스 동물의 도망」(The Circus Animals' Desertion)에서 보듯이 그것은 그의 시의 종착점이 다가왔음을 의미하는 것이었다.

　예이츠 시에 나타나는 대립과 갈등은 그의 시에서 정서와 감정의 소용돌이를 느끼게 한다. 그것은 이미지를 강렬하게 하고 개별적인 시에서 순간순간 삶을 살아가는 시인의 의식과 정열을 함께 경험하게 한다. 물론 언어에 대한 통제력이 약해질 때 때로는 의도적인 작위성을 느끼게 되는 것도 사실이다. 그러나 그의 시 중 탁월한 시에서, 가령 「비잔티움으로의 항해」와 같은 시에서 정신과 예술의 세계에 대한 화자의 간절한 기원은, 젊은이의 삶이 지닌 활력을 시샘에 가까울 정도로 부러워하는 늙은 화자의 의식과 대립되어 있기 때문에 우리에게 그만큼 더 절실해진다. 그러한 갈등은 다소 맥빠진 낭만적 회피를 주제로 한 초기 시에서도 어느정도 긴장감을 느끼게 해주는 것인데, 예이츠가 시적 에너지를 얻는 것은 바로 이러한 대립관계를 통해서라고 해도 과언이 아니다.

3. 상징과 이미지

　20세기 시에 큰 영향을 준 상징주의는 프랑스에서 시작되어 1890년대에는 영국에도 소개가 되었다. 1890년대 영국시인들은, 1910년대에 이르러서야 영국 시단에서 본격적으로 주목받게 될 이미지의 정확성과 복잡성 때문이 아니라, 몽롱한 암시성 때문에 상징주의 시에 매력을 느꼈다. 예이츠의 초기 시에 나타나는 상징들도 꿈결 같은 암시성을 지니고 있기 때문에 그가 프랑스 상징주의의 직접적인 영향을 받았다고 할 수 있을지도 모른다. 아서 싸이먼즈가 최초로 프랑스 상징주의 시인들을 영국 시단에 소개하는 『문학에서의 상징주의운동』(*The Symbolist Movement in Literature*, 1899)을 썼을 때 그는 그 책을 예이츠에게 헌정하기도 했다. 그러나 예이츠는 프랑스 상징주의의 영향을 받기 전에 이미 켈트족의 설화나 신비주의에서 나온 나름대로의 상징적 이미지를 동원한 시들을 쓰고 있었다. 블레이크가 비전(vision)을 보았듯이, 그는 상징적 이미지를 마음속에서 명상하며 시를 썼다. 시대적 흐름을 탄 상징주의운동에 발맞추어, 그는 독자적으로 상징에 대한 이론을 발전시켜나갔다.

예이츠의 시에 나타나는 대립적 요소가 시인의 마음에서 일어나는 갈등을 느끼게 한다면, 상징적 이미지들은 풍부하고 깊은 암시성을 느끼게 한다. 그의 시에 나타나는 상징들은 장미·나무·새 같은 자연물에서부터 쿠훌린(Cuchulain), 레다(Leda) 같은 신화 속의 인물이나 자신의 집이었던 탑, 선물로 받은 일본도 같은 개인적 소유물에 이르기까지 다양하다. 그러한 상징들은 어느 시 한 편에서 사용되는 것으로 그치지 않고 흔히 다른 시에서 동일하거나 유사한 상징으로 다시 나타난다. 그의 시에 반복해서 나오는 중요한 상징들에는 나무·새·집·바다·마스크·장미 등이 있는데 그 것들이 시에 나타나는 빈도는 시기마다 다르다. 초기에는 장미가 집중적으로 나오는데 중기에는 마스크가 중요하다. 바다의 상징적 이미지는 처음에 강렬하게 사용되다가 차츰 그 빈도가 줄어든다. 탑의 상징적 이미지는 간헐적으로 사용되다가 후기에 집중적이고 지속적으로 사용된다. 그러나 나무와 새는 그의 시 전체에 걸쳐 언제나 중요한 상징적 이미지를 지니고 나타난다. 반복해서 나타나는 이러한 상징적 이미지들은 복합성을 띠고 있으면서, 때로는 그의 시를 유기적으로 연결해주는 기능을 하기도 한다.

예이츠의 시에 나오는 상징들은 전통적으로 영시에서 사용되는 친숙한 것들도 있고 개인적 의미를 담은 사적인 것들도 있다. 그러나 전통적인 이미지를 이용할 경우에도 그는 자신의 삶의 경험들을 담아 그것에 복합적인 의미를 부가했다. 예를 들어, 그의 초기 시에서 중요한 상징물로 자주 나오는 장미는 전통적 상징으로서, 심미주의자들이 추구하는 완벽한 아름다움을 뜻할 수 있다. 또는 예이츠가 잘 알고 있었던 셸리나 신비주의자들의 책에 나오는 영원하고 초월적인 아름다움과 사랑을 뜻할 수도 있다. 그러나 다른 한편으로 장미는 오랫동안 수난의 역사를 이어온 아일랜드 자체라고도 할 수 있다. 더 나아가 그것은 예이츠가 사랑한 여인 모드 곤을 나타내는 것이기도 했다.

또한 예이츠의 상징들은 유형화되어 있지 않고 시에서 거듭 변화하는 발전적 양상을 띠기도 한다. 앞에서 인용한 「노년과 함께 오는 지혜」에서 나무는 잎·꽃·뿌리의 구성체로서 존재의 다양성과 근원을 동시에 표현하는 상징물이 되고 있다. 헐벗은 나뭇가지와 무성한 나뭇가지는 노년과 청춘을 대비시킴으로써 인간의 유한성에 대한 시인의 정서적 불안감을 드러낸다. 그러나 일반화되어 있는 이러한 나무의 이미지는 「비잔티움으로의 항해」에서는 황금가지로 바뀌어 영원한 예술품에 대한 완벽한 상징으로 변형되어 나타나고, 「초등학생들 사이에서」(Among School Children)의 마지막 연에서는 밤나무로 구체화되어 잎·줄기·꽃이 혼연일체가 된 통일적 존재의 이미지로 발전한다. 이렇게 반복되며 발전한 상징적 이미지들은 서로를 환기하면서 한결 암시성이 풍부한 이미지를 만들어낸다. 아마도 예이츠의 시에 나오는 상징적 이미지들 중에서 가장 강한 연상적 환기력을 지닌 것은 백조·나이팅게일·매·수탉 등으로 나타나는 새의 이미지일 것이다.

예이츠의 시에 나오는 상징이 하나의 체계 속에서 의미를 갖게 된 것은 1925년에 출판된 『비전』에 힘입은 바가 크다. 여기에 나오는 인간의 유형과 문명의 성쇠에 대한 상징체계는 여러가지 복잡한 방식으로 달의 28가지 상(相)과 결부되어 설명된다. 예이츠는 여기에서 유추되는 상징적 이미지들을 기존에 사용하던 상징적 이미지들과 결합시키거나 새롭게 끌어들여 시 속에서 사용했다. 그의 대표작이라고 평가받는 『탑』과 『나선형 계단』 등의 후기 시집에는 나선형 계단, 회전하는 팽이, 소용돌이 등 모든 종류의 나선형이 중요한 상징이 되는데, 이것은 『비전』에 나오는 원뿔형 회전 이미지를 이용한 것이다. 나선형의 회전 이미지는 인간의 경험이 단선적인 움직임이 아니라 부침(浮沈)이 있는 복합적인 것이라는 점에서 인생행로를 의미할 수도 있고, 역사의 진행에 굴곡이 있다는 점에서 문명의 시작과 종말을 의미할 수도 있다. 이러한 상징적 이미지를 통해 그는 청춘과 노년, 시간과 영원, 삶과 예술, 광기와 지혜 등 삶이 지닌 역설적 요소들을 자신의 시에 표현해낼 수 있었던 것이다.

4. 작품

「쿨 호수의 야생 백조」(The Wild Swans at Coole, 1917)

이 서정시는 친구이자 후원자인 그레고리 부인의 저택인 쿨 파크의 호수를 배경으로 하고 있다. 예이츠는 1897년부터 여러 해 동안 여름을 그곳에서 보냈다. 이 시가 쓰여진 1916년 10월, 그는 우울한 시간을 보내고 있었다. 예이츠가 여러 번에 걸쳐 청혼한 바 있는 모드 곤이 그해 부활절 봉기에 가담한 전 남편을 잃자, 그는 마지막으로 청혼을 하지만 거절당한다. 그해 여름 절망적인 기분으로 그녀의 양녀 이절트(Iseult)에게 한 청혼마저도 거절당하고 만다. 51세의 나이에 미혼인 예이츠가 가정을 이뤄보지도 못한 채 인생의 황혼기에 이르렀다는 느낌이 든 것은 당연한 일이겠지만, 그에게 더 심각한 것은 자신의 내부에서 일어난 변화였다.

그 변화는 시에서 두 가지 대립요소로 드러난다. 하나는 "한결 가벼운 발걸음으로 이 호숫가를 거닐었던" 19년 전의 예이츠와 "10월의 황혼녘에" "쓰라린" 가슴으로 호숫가를 거니는 현재의 예이츠이다. 또다른 하나는 "모든 것이 변했다"고 느끼는 현재의 예이츠와, "마음이 늙지 않는" 백조들이다. 사랑의 좌절도 좌절이지만 사랑의 정열이 예전 같지 않음을 자각하는 데서 오는 상심——시 창조의 에너지가 소진되었다는 데서 오는 상심도 포함된다——이 백조를 바라보는 시인의 대조적 관점에서 더 크게 느껴진다. 백조들과는 달리 시인은 젊음에서 노년으로 향해 가는 삶의 유한성을 절실하게 느끼는 것이다. 그렇기 때문에 논란거리가 되는 "내가 언젠가 잠을 깨어/그들이 날아가버린 것을 발견했을 때"라는 구절도 죽음에 대한 인식으로 보는 것이 타당하다 여겨진다.

시에 나타나는 상징과 이미지도 유한한 삶과 영원성의 대립적 차이를 강화시키고 있다. 전체 5연으로 구성된 이 시의 1연을 중심으로 살펴보자. "10월 황혼 아래"라는 구절로 한 해가 막바지에 이르고 하루 해가 저무는 것이 느껴진다. 장년기에 접어든 시인은 세월의 흐름을 느끼고 있다. 나무와 숲이 쇠락을 맞이하는 것에서도 삶의 유한성이 절실하게 느껴진다. 그러한 절박감은 대립되는 상징과 이미지들로 강화된다. 시인과 달리, 백조는 "한결같이 지칠 줄 모르는" "정열과 패기"(passion or conquest)를 지니고 있기 때문에 영원의 상징이다. "신비롭고 아름다운" "야생의" 백조는, 「레다와 백조」(Leda and the Swan)에 나오는 백조로 변형된 제우스신을 연상시켜 자연스럽게 힘과 지혜의 상징이 된다. 이러한 상징적 이미지는 백조들이 "부서지는 커다란 원을 그리며 선회"하는 2연의 회전 이미지에 연결되어, 인생의 황혼기에 접어든 시인 자신은 존재와 역사의 거대한 흐름 앞에 한낱 미약한 존재에 불과하다는 인식을 깊게 한다. 또한, 이러한 중심적 이미지는 부수적인 이미지들과 연결되어 있다. 예이츠의 상징체계에서 흙은 유한성을, 물과 공기는 영원성을 나타낸다. 시인은 "말라 있는" 길(흙)을 걷고 있고, 백조는 고요한 하늘(공기)이 비쳐 있는 호수(물)에 떠 있다. 대립된 요소들은 다른 대립적 요소들과 각각 연결되어 얼핏 보기에 단순한 예이츠의 시에 깊은 울림을 더해주고 있는 것이다.

「1916년 부활절」(Easter 1916, 1920)

이 시는 정치시이자 애도시로서 1916년 부활절에 패트릭 피어스(Patrick Pearce)와 제임스 코널리(James Connolly)를 중심으로 한 아일랜드 민족운동가들이 더블린의 중앙우체국을 점령하고 독립을 선포했다가 영국군에게 체포되어 처형당한 직후 씌어졌다. (영미의 비평가들은 그들을 반란군 또는 폭도라고 부르는 경우가 많다.) 이때 처형당한 사람 중에는 모드 곤의 전 남편 존 맥브라이드(John Macbride)도 끼어 있었다. 무장봉기 직후 아일랜드에서는 실패가 예견된 그들의 무모한 행동에 비판적인 견해도 많았다. 당시 영국은 독일과 전쟁중이었고, 전쟁중에 협조하면 자치를 허용하겠다는 약속을 한 바 있었다. 그런데 그들이 독일의 사주를 받았다는 꽤 믿을 만한 증거가 나오자 영국정부는 어느 때보다 가혹하게 이 사건을 처리했다. 여기에 자극받아 일어난 민족적 분노는 분열되어 있던 아일랜드의 정치세력들을 일시적으로 하나로 뭉치게 하였다. 이 사건에 대해 예이츠가 이 시에서 드러내는 태도는 "무시무시한 아름다움"(terrible beauty)이라는 모순어법에서 보듯이 복합적이며 애매하다. 그 구절에 표현된 경외감에는, 민족정신을 고양시킨 그들의 영웅적 행동에서 느껴지는 아름다움과 무의미할 수도 있을 죽음으로 귀결된 그들의 과격한 행동에 대한 공포감이 뒤섞여 있다.

예이츠의 복합적인 태도는 이 시의 전개과정에서도 확인된다. 1연에서 시인은 "별다른 뜻 없는 인사치레"를 건네는 더블린의 평범한 일상생활을 "무시무시한 아름다움"으로 다가오는 민족주의자들의 영웅적 행동과 대비시킨다. "무시무시한"이라는 표현에 유보적 태도가 숨어 있지만, 일단 그들의 행동을 찬양하고 있다. 2연에서는 애도의 분위기에 맞추어 무장봉기에 참여한 희생자들을 회고한다. 그러나 3연에서 대비되고 있는 흐르는 물과 그 가운데에 있는 돌의 이미지를 통해 예이츠가 이 사건을 긍정적으로만 보고 있지 않다는 것을 알 수 있다. 하나의 대의에 몰두해온 민족운동가들이 그 경직성으로 인해 삶의 유동적 흐름을 해칠 수도 있다는 것을 암시함으로써 그들의 행동에 대한 의구심을 드러낸다. 그러한 태도의 변화는 순간순간 변화하는 자연의 다양한 양상들이 생동감 있게 묘사되고 있는 데서도 확인된다. 4연에서 그는 다시 애도시의 본령으로 돌아가 그들의 행동에 대한 판단을 "하늘의 몫"으로 유보하면서 그들의 죽음을 애도한다. 그들의 죽음은 대의를 성취하려는 꿈을 꾸다가 치른 고귀한 희생이라는 점에서 긍정적으로 조망된다. 그러나 여기에서도 영국정부가 약속을 지킨다면 이는 불필요한 죽음이 아닌가 하는 의문이 남아 있다.

이 시에서 예이츠가 복합적 태도를 드러내는 근본적인 원인은 아마도 부활절 봉기 이후의 아일랜드 예술풍토에 대한 우려감 때문일지도 모른다. 민족운동의 와중에서 아일랜드 문인들은 지속적으로 적극적인 정치적 발언을 요구받아왔다. 아일랜드 문예부흥운동의 한 부분을 담당하고 있던 예이츠는 그러한 압력에 맞서 이미 힘든 싸움을 벌인 바 있었다. 이 사건에서 그는, 한편으로는 아일랜드의 영광이 재현되는 아름다움을 느끼면서도, 한편으로는 앞으로 닥칠 예술가로서의 어려움을 내다보았던 것이다.

「비잔티움으로의 항해」(Sailing to Byzantium, 1928)

예이츠는 이 시에서 순환적인 삶의 한계를 초월하는 예술의 창조적 변형력을 주제로 다루고 있다. 비잔티움은 터키의 옛 도시인 이스탄불인데, 『비전』에서 예이츠는 유스티니아누스(Justinianus) 황제가 통치하던 6세기경의 동로마제국 수도 비잔티움을 종교·예술·삶이 일체화된 이상적인 곳이라고 찬양한 바 있다. 여기서 그는 비잔티움을 자신의 삶이 하나의 예술품으로 변환되는 상상적 비전의 배경으로 삼고 있다.

1연에서 화자는 "관능적 음악에 사로잡혀" 살아 있는 모든 것을 찬양하는 젊음의 환희를 지켜보면서 거기에 생의 한계에 대한 인식이 결여되어 있음을 느낀다. 노인인 화자는 "나이 먹지 않는 지성의 기념비"가 자신의 영역임을 의식한다. 2연에서 화자는 젊음을 상실한 노인에게 소중한 가치는 영혼을 추구하고 찬양하는 것이라는 깨달음을 얻고, 상상적 비전을 통해 성스러운 도시 비잔티움으로 항해해온다. 3연에서 화자는, 비잔틴 문화의 대표적 예술인 황금 모자이크 벽화에 그려진 성인들을 매개로 해서 "영혼의 노래 스승들"이 될 현자들을 시적 비전에 초대한다. 그리고 자신이 삶과 죽음의 순환적 한계를 벗어나 "영원의 예술품"으로 변형되기를 기원한다. 4연에서 화자는 영원의 예술품으로 변형될 자신의 형상을 "황금가지 위에 놓인" 황금새로 구체화한다. 그것은 "잉태하고, 태어나고, 죽는" 자연물의 속성을 벗어나 영원히 변하지 않는 완벽한 예술품으로서 삶의 굴레를 벗어나는 초월적 형상이 될 것이다.

이 시에서 예이츠가 전체적으로 일관되게 젊음이 지닌 모든 긍정적 가치——사랑·정열·육체——를 부정하고 노년의 긍정적 가치——지혜·지성·영혼——를 찬양하는 듯하지만, 그의 마음속에 깃들여 있는 삶에 대한 애착은 여기서도 갈등을 유발하고 있다. 노인의 입장에서 부정되고 있지만, 1연에 나타나는 물짐승·들짐승·날짐승의 환희에 찬 생명력의 약동은 화자의 시샘 섞인 부정을 능가하고도 남음이 있다. 2연에서는 노년에 걸맞은 영혼의 찬양이 소중하게 인식되지만 그에 반해 허수아비로 인식되는 노년의 서글픈 상실감이 부각되고 있다. 3연에서 화자는 현자들의 도움을 받아 영원의 예술품으로 변환되고자 기원하지만, 그 기원 속에는, 노년이지만 "욕망에 병들고/죽어가는 동물에 얽매여" 있어서 삶에 대한 애착을 버리지 못하고 있는 화자의 곤혹감이 들어 있다. 4연에서 영원의 예술품인 황금새는 자연의 순환을 벗어나 삶을 초월한 것으로 묘사되면서도 여전히 "과거, 또는 현재, 또는 미래"를 노래하고 있다.

젊음과 노년, 삶과 예술의 대립적 요소들 사이에서 예이츠가 드러내는 갈등의 양상은 이 시에서 사용된 주요한 상징적 이미지들의 복합성에서도 확인된다. 여기서 노래는 젊음을 구가하는 관능적 음악이 되기도 하고 영혼의 정화를 기원하는 찬송가가 되기도 한다. 또한 새는 나무 위에서 삶을 마음껏 노래하기도 하고 황금가지 위에서 삶을 초월한 예술 그 자체가 되기도 한다. 그리고 자연의 새는 나선형 회전의 이미지를 통한 신비로운 비상을 거쳐 영원의 예술품으로 변형된다. 이러한 상징적 이미지들이 시의 표면적 주제와 잠재된 갈등을 반영하는 복합적 심상을 구축함으로써, 풍부하고 깊은 암시성이 생겨나고 있다. 〔이두진〕

추천문헌
W. B. Yeats, *Collected Poems of W. B. Yeats* (London: Macmillan 1950). 예이츠가 일생 동안 쓴 많은 시 중에서 수정을 거쳐 선정해놓은 시를 수록한 예이츠 시의 정본.
Richard Ellmann, *Yeats: The Man and the Masks* (New York: Macmillan 1948). 예이츠의 삶과 그의 시의 발전과정을 작품 이면에 있는 다면적 개성에 초점을 맞춰 정리한 평전.
Peter Faulkner, *Yeats* (Milton Keynes: Open Univ. Press 1987). 예이츠의 시와 그 특성을 알 수 있도록 설명하면서도 독자의 능동적인 해석을 유도하는 예이츠 입문서.
A. N. Jeffares, *A New Commentary on the Poems of W. B. Yeats* (Stanford, Calif.: Stanford Univ. Press 1984). 신화나 전설, 예이츠의 편지나 논평, 전기 등에서 시와 관련된 자료들을 모아놓은 주석서.
John Unterecker, *A Reader's Guide to W. B. Yeats* (New York: Farrar, Straus & Giroux 1972). 예이츠의 시 각각에 대하여 때로는 간단하게, 그러나 대개는 세밀하게 분석을 시도하여 예이츠의 시를 처음 만나는 독자에게 매우 유용한 연구서.

T. S. 엘리어트

1. 머리말

   T. S. 엘리어트(Thomas Stearns Eliot, 1888~1965)는 다양한 방식으로 소개할 수 있다. 그는 자신의 독특한 시세계로 영미문학의 모더니즘을 개척한 시인으로, 또는 영국 시문학사 또는 유럽의 시문학사에서 발생한 '감수성의 분열'(dissociation of sensibility)을 감지해내고, '몰개성 시론'(poetry of impersonality)을 주장함으로써 현대시의 새로운 시작법을 제창한 현장 비평가로, 또는 기독교 세계관을 시화한 탁월한 종교시인으로도 소개될 수 있다. 나아가 『대성당의 살인』(*Murder in the Cathedral*) 및 『가족의 재회』(*The Family Reunion*) 『칵테일 파티』(*The Cocktail Party*) 등으로 당대에 상당한 성공을 거두기도 하고, 『대성당의 살인』처럼 지금도 거듭 공연되는 시극을 창작함으로써 시극운동을 펼쳐간 극작가로서의 성취를 조명할 수도 있겠다.

   그러나 엘리어트가 영문학사에 굳건한 위치를 확보하게 되는 것은 뭐니뭐니 해도 그의 시작활동에 의해서이다. 실상 그의 몰개성 시론도 자신의 시세계를 형성해가는 과정에서 복잡다단한 현대문명 속에서 시인이 느끼는 느낌을 '과학의 상태'에 도달할 정도로 정확하게 표현하기 위해 제안하게 된 시작법이다. 실제의 시창작 경험에서 우러나온 주장, 이른바 '작업장 비평가'(workshop critic)로서의 시론인 것이다. 그는 시가 '강력한 감정의 자연발생적인 넘쳐흐름'(the spontaneous overflow of powerful feeling)이라고 보는 워즈워스의 낭만주의 시관에 반대하며, 좋은 시는 사상과 정서가 통합된 감수성에 의해 강렬하게 통일된 '정서의 지적 등가물'(the intellectual equivalent of emotion)이라고 주장한다. 중기 이후에 더욱 강해지는 종교시인으로서의 면모도 현대적 삶에 대한 자신의 느낌을 시화(詩化)해간 엘리어트가 마지막에 도달한 모습이며, 종교적 주제를 암시성 짙은 독특한 시적 대사로 꾸려가는 극작품들도 엘리어트 시세계의 연장선상에서 읽을 수 있다.

2. 시인이 되기까지

엘리어트는 1888년 6월 26일 미국 미주리 주의 쎄인트루이스에서 태어났다. 그의 할아버지 윌리엄 그린리프 엘리어트(William Greenleaf Eliot)는 유니테리언교의 저명한 목사였다. 미국의 교파 중 하나인 유니테리언교는 예수의 신성(神性)과 예정설을 부정하고, 현세 속의 성실성과 영적 권위에 대한 복종을 강조하며, 공동체 속에서의 도덕적 의무와 책임을 소홀히하지 말 것을 요구한다. 이 교파의 목사답게 그는 사회봉사활동에 왕성한 열의를 보인 실천가였다. 그는 자신의 개척교회를 성공적으로 운영했을 뿐만 아니라, 교육에도 관심을 기울여 3개의 학교와 워싱턴 대학을 설립하기도 했다. 아버지 헨리 웨어 엘리어트(Henry Ware Eliot)는 이런 부친의 영향으로 자신의 예술가적 기질(그의 꿈은 화가였다)을 접어둔 채 성공한 사업가가 된다. 엘리어트가 태어난 이듬해 할아버지 윌리엄 엘리어트는 사망하지만, 그가 드리워놓은 근엄한 분위기와 성실성 및 종교적·도덕적 책임을 중시하는 가풍은 어린 엘리어트에게 지대한 영향력을 미쳤다. 그러나 선천성

탈장증을 지닌 채 약골로 태어난 엘리어트는 실천적 행동보다는 사색을 즐기는 내성적인 아이였다. 화창한 날에도 커다란 소파에 파묻혀 독서에 열중하는 일이 다반사였다. 이런 그에게 더 직접적인 영향력을 미친 이는 어머니 샬럿 챔프 엘리어트(Charlotte Champe Eliot)였다. 그녀는 스스로 시인이 되고자 했던 인물이며, 만년에 장시 『싸보나롤라』(Savonarola)를 출간하기도 한다. 그녀는 어린 시절의 엘리어트를 문학과 책의 세계로 이끈 안내자였다.

일찍부터 문학적 감수성을 훈련받은 엘리어트는 스미스 아카데미(Smith Academy) 재학 시절인 12살에 에드워드 피츠제럴드(Edward Fitzgerald)가 번역한 『오마르 카이얌의 루바이야트』(Rubayat of Omar Khayam)를 읽고 대단한 감동을 받았다고 전해진다. 이후 그는 4행시를 쓰기 시작하여, 바이런과 존슨 등의 시풍을 모방한 습작들을 남겼다. 엘리어트의 모방 및 패러디의 재능은 이때에도 돋보였는데, 아마도 자신의 주요 작품들에 선배 시인들의 시행을 적절히 활용하는 기술은 진작에 준비된 것인 듯하다. 하버드 대학 진학을 위해 최고의 과정으로 알려진 보스턴 근교의 밀턴 아카데미(Milton Academy)에서 1년간 수학한 엘리어트는 1906년 7월에 원하던 대학에 입학한다.

대학에서 엘리어트는 중세역사 및 고대철학과 현대철학·그리스문학·영문학·불문학·비교문학 등을 두루 공부했다. 공부에 관한 한 그는 모범생이었으며, 동료들 사이에 역사와 철학, 문학에 박식한 주석가로 통했다. 그러나 개인 엘리어트는 여전히 말수 적은, 내성적이고 고독한 모습의 소유자로, 요청받았을 때만 지적이고 재치있는 답변을 제시하는 정도였다. 그의 시공부가 본격적인 궤도에 오르는 것은 대학 2학년 때부터이다. 불문학 연구과정에서 보들레르를 읽게 되고, 대도시를 배경으로 현대적 삶이 배태한 삶의 우울과 권태, 개인의 고독을 절규처럼 뱉어낸 그의 시세계에 감동받는다. 뒤이어 그는 아서 싸이먼즈(Arthur Symons)의 『문학에서의 상징주의운동』(The Symbolist Movement in Literature)을 접하게 되는데, 이 책에서 자신과 유사한 기질의 프랑스 상징주의 시인 쥘르 라포르그(Jules Laforgue)를 만난다. 그의 전집을 즉시 주문해 읽을 정도로 심취한 엘리어트는 그에게서 자신이 늘상 느껴온 고독과 우울, 병적인 감상을 새로운 방식으로 표현하는 시적 기교를 배운다. 내적 감정을 지성의 힘으로 관찰해서, 감정의 무늬들을 있는 그대로 제시하는 것이 아니라 그 다양한 이면까지도 드러내는, 지적이고 반어적인 구어체의 시어를 획득하는 것이다. 달리 말해 현대적 삶 속에서 느끼는 자신의 감정을 날카로운 지성의 힘으로 벼려내어 독특한 시적 정서로 표현할 수 있는 방법론을 찾아낸 것이다. 또한 그는 존 던(John Donne)으로 대표되는 영국의 17세기 형이상학파 시인들로부터 감정과 지성을 통합하는 전범을 본다. 존슨(Samuel Johnson)의 표현대로 "가장 이질적인 생각들을 폭력적으로 묶을"(the most heterogeneous ideas are yoked by violence together) 수 있었던 이 시인들이 그에게는 통합된 감수성을 보유하고 있는 선배들로 보였다.

내면의 감정을 지적인 시선으로 다시 관찰하며, 감정 및 그것을 촉발시킨 사물의 다양한 면모를 반어적이고 다의적인 시어로 제시하게 되면, 시인 자신은 시적 화자로부터 한 걸음 물러나게 된다. 이런 측면은 엘리어트가 탐독해온 엘리자베스조 극작품들의 영향과 그가 평생 동안 유지한 극작에 대한 열망과 합세해서 일종의 '극적 독백'(dramatic monologue) 형식을 만들어낼 것이다. 그러나 그것은 대체로 내면의 감정 혹은 의식을 읊조리는 것이기에 '내적 독백'(interior monologue)의 형식을 띤다. 「J. 앨프리드 프루프록의 사랑노래」(The Love Song of J. Alfred Prufrock)를 포함해서 엘리어트의 시 중 많은 부분이 이런 내적 독백의 형식을 취하고 있다.

한편, 엘리어트의 시세계를 이해함에 있어 빠뜨릴 수 없는 것은 그가 철학도였다는 사실이다. 하버드 대학 석사과정을 마친 그는 1914년 가을 철학공부를 계속하기 위해 영국 옥스퍼드의 머튼 콜리지(Merton College)로 건너간다. 그는 당시 그곳의 교수이기도 했던 영국의 관념철학자 브래들리(F. H. Bradley)에 대한 박사학위 논문을 쓰게 된다. 브래들리의 인식론을 주로 다룬 이 논문 「F. H. 브래들리 철학에서의 경험과 인식대상」(Experience and the Object of Knowledge in the Philosophy of F. H. Bradley)은 무질서한 개인적 경험이 어떻게 질서잡힌 인식체계를 띠게 되는가를 설명하고자 한다. 그는 개인의 파편적 경험들이 어떤 양태이건 일종의 질서잡힌 세계로 정돈되지 않는다면 인간의 인식이 가능하다고 할 수도 없고, 세계 속에 개인이 존재한다 하기도 어렵다고 본다. 그래서 엘리어트는 "가설이지만 사실인 양 취급하려 하는 완전히 조직화된 세계에 대한 믿음"이 필요하다고 판단하며, "어떻게 또 얼마나 가까이 우리가 이 절대적 질서의 세계에 접근하였는가 하는 문제"가 중요하다고 역설한다.

엘리어트 자신의 시작활동도 이 절대적 질서를 추구하는 기나긴 여정으로 볼 수 있다. 심지어 그는 1927년 질서와 전통을 찾아 영국으로 귀화하며, 영국 성공회로 개종하기도 한다. 그의 시들, 특히 후기의 종교적인 시들은 이 절대적 질서의 세계에 근접하려는 그의 열망이 얼마나 강한가를 잘 보여준다.

3. 「J. 앨프리드 프루프록의 사랑노래」와 현대의 삶에 대한 관찰

파운드(Ezra Pound)가 "최초의 현대적 시"라 상찬한 「J. 앨프리드 프루프록의 사랑노래」는 전형적인 내적 독백의 시이다. 이 시는 엘리어트가 23세 되던 해인 1910년부터 쓰기 시작해 이듬해 완성한 것이다. 문학과 철학 사이에서 방황하는 젊은이, 미래에 대한 어떤 확실한 약속도 보장받지 못한 시인 지망생 엘리어트는 과연 어떻게 자신의 고독감과 좌절감을 그려낼 것인가.

이 시의 뒤에 놓여 있는 사건은 한 독신 중년남자의 청혼이다. 그러나 청혼이라는 사건 자체는 그리 중요하지 않다. 시가 중심적으로 드러내는 것은 청혼과 관련해서 시적 화자 프루프록이 떠올리게 되는 온갖 상념들이며, 그리고 그 우유부단한 화자의 주저하는 심리적 풍경이다. 엘리어트가 용의 주도하게 붙인 제사(epigraph), 지옥에서 단떼가 만난 기도(Guido da Montefeltro)의 발언이 암시하듯이 그 심리적 풍경은 지옥에 떨어진 자의 고백에 해당한다.

주저하는 분리된 또다른 자아를 달래기라도 하듯이, 혹은 현대적 삶 속에서 개인이 느끼는 고독과 좌절에 억지로 눈감으려는 독자들을 초청이라도 하듯이, "우리 이제 가보세, 그대와 나"(Let us go then, you and I)로 시작하는 시구는 시적 화자의 내면풍경 이모저모를 차례로 보여준다.

> 창유리에 등을 비벼대는 노란 안개,
> 창유리에 콧등을 비벼대는 노란 연무,
> 저녁 구석구석을 혀로 핥고서,
> 수채에 괸 웅덩이 위에 머뭇거리다,
> 굴뚝에서 떨어지는 검댕을 등에 받고,
> 테라스 곁을 미끄러져, 껑충 뛰어오른다,
> 고즈넉한 시월의 밤인 줄 깨닫고는,
> 집 주위에 웅크리고서, 잠이 들었다.

이 구절은 프루프록이 처한 완벽한 무기력과 권태를, 방문이 이루어지는 저녁 풍경에 대한 묘사로써 절묘하게 드러내고 있다. 주저하고 안절부절못하는 화자의 내면심리와는 대조적으로 여인들은 무심하게 '미껠란젤로를 얘기하며'(talking of Michelangelo) 방안을 오가기만 한다. 그를 더욱 당혹하게 하는 상황은 그가 이미 사태의 전말을, 나아가 삶의 무의미함을 이미 다 알고 있다는 사실이다. 중산층 여인들의 속물근성도 너무나 잘 알고 있고, 의미없이 지나가는 인생의 "저녁과 아침과 오후를 이미 다 알아버린"(Have known the evenings, mornings, afternoons) 것이다. 한마디로 "나는 내 삶을 커피 스푼으로 다 재버린"(I have measured out my life with coffee spoons) 프루프록이다.

그는 자신의 외로움과 무력감을 다음처럼 술회한다.

좁은 길을 통해 황혼녘에 가보았다고나 할까
창밖으로 기댄 셔츠 차림의 고독한 남자들
그들의 파이프에서 피어나는 연기를 보았다고나 할까? . . .

조용한 바다 밑바닥을 어기적거리는
한쌍의 울퉁불퉁한 게다리나 되었을 것을.

복잡다단한 현대문명 속에서 삶의 의미를 확인하기 힘든 채, 고독과 좌절감, 권태에 휩싸인 프루프록은 조심스레 자신의 심경을 "셔츠 차림의 고독한 남자들"이 피워올리는 파이프의 연기를 보았다는 것으로 표현해보고자 한다. 또한, 차라리 절망으로 이르는 이 모든 느낌으로부터 완전히 벗어난 무감각한 한쌍의 게 다리나 되었으면 좋겠다고 생각해본다. 그러나 "그건 결코 아니에요,/내가 말하려는 건 그것이 절대 아니에요"(That is not it at all,/That is not what I meant, at all.)라는 여인의 대답은 그를 더욱 의기소침하게 만들고, 프루프록은 늙어가는 자신의 모습을 재확인하며 좌절한다. 그가 할 수 있는 일은 고작해야 낭만적인 삶의 한순간을 상상해보는 일뿐이다. 그러나, 그는 그것이 자신에게 허용된 삶의 가능성이 아님을 이미 알고 있다. 현실의 목소리, "인간의 목소리"는 우리(방문에 초대된 '너와 나')를 깨워내 익사시키기 때문이다.

우리는 바다의 방에 머물렀다
홍색 갈색의 해초로 장식한 바다 처녀들 곁에
인간의 목소리가 우릴 깨운다, 우리 익사한다.

4. 『황무지』와 『재의 수요일』

1915년 엘리어트는 영국 중산층 출신의 처녀 비비언 헤이우드(Vivien

Haigh-Wood)와 결혼한다. 체질적으로 병약한 데다 심해지는 신경쇠약으로 고통받던 그녀와의 결혼생활은 엘리어트를 더욱 어려움 속으로 밀어넣었다. 미국의 가족과는 한마디 상의조차 없이 단행한 결혼이기에 생계를 유지하기 위해 엘리어트는 1917년부터 로이드 은행에 근무하게 된다. 『황무지』(The Waste Land)가 씌어지는 1921년은 은행 근무, 비비언과의 결혼생활, 그러면서도 계속해야 하는 문필작업 등에서 오는 과로와 긴장으로 엘리어트 자신이 신경쇠약에 걸릴 정도로 힘든 해였다. 실제로 그는 그해 11월 스위스 로잔느의 요양소에 입원하기도 한다. 한편, 이 어름은 1차대전 후 유럽의 정치·경제적 상황 또한 최악이던 때이다. 당시 영국의 경기는 바닥으로 치달았고, 실업자가 2백만에 달했으며, 연립정부는 속수무책으로 방관하고 있었다. 『황무지』가 엘리어트 자신의 표현대로 "개인적이며 매우 사소한 삶에 대한 불만의 해소"(the relief of a personal and wholly insignificant grouse against life)라는 개인적 자서전의 모습을, 그리고 붕괴하는 서구의 암담한 지형도의 양상을 동시에 띠고 있는 사연은 이런 상황과 무관하지 않다.

"더 나은 장인"(il miglior fabbro) 에즈라 파운드의 대수술로 원래 길이의 3분의 1, 그러면서 더 완전한 구조로 남게 된 이 시는 5부로 이루어져 있다. 이 시의 뒤에는 기독교적 성배 찾기의 전설, 중근동(中近東)의 재생의 풍요제, 힌두교의 우파니샤드 철학, 예수와 부처의 가르침 등이 깔려 있다. 이들 전설과 가르침들을 배경으로 황무지에 비길 수 있는 현대적 삶의 재생 가능성과 방법을 찾아가는 것이 이 시의 주제라면 주제이다.

1부 「사자(死者)의 매장」은 사월을 "가장 잔인한 달"로 느끼게 하고, 겨울을 오히려 따뜻하다고 말하게 하는, 삶의 의미를 상실한 현대인의 의식을 제시하며, 재생을 기약하는 어떤 제례의식이 필요함을 암시한다. 파편화(fragmentation)와 병치(juxtaposition)의 수법으로 나열된 시구들은 형식의 차원에서도 파편화된 현대인의 삶을 반영하고 있다. 엘리어트가 동원하는 파편적 병치의 대상은 성경 구절에서부터 단떼의 시구, 셰익스피어와 웹스터의 대사, 바그너의 오페라 『트리스탄과 이졸데』, 그리고 보들레르의 시에까지 이른다. 마리(Marie)라고 불리는 유럽 유한계급의 처녀가 느끼는 삶의 무의미함을 묘사하는 것으로 출발한 이 부분은 "한줌의 먼지 속 두려움을 보여주리"(I will show you fear in a handful of dust)라는 약속으로 이어지며, 삶의 의미를 놓친 채 그날 그날을 살아가는 현대의 도시인 군상을 다음처럼 제시한다.

> 비(非) 실재의 도시,
> 겨울 새벽 갈색 안개 아래,
> 한무리 사람들 런던다리 위를 흘러갔다, 그렇게 많이,
> 죽음이 그렇게 많은 이들을 망쳤는지 나는 몰랐다
> 짧고 간헐적인 한숨들 내뱉으며,
> 사람들 눈길 발치에 박고 있었다.
> 언덕바지 넘쳐 오르며, 킹 윌리엄 가를 흘러내렸다,
> 성모 마리아 울노스 성당 아홉의 마지막 타종 소리
> 죽은 소리로 시간 알리는 그곳.

"죽음이 그렇게 많은 이들을 망쳤는지 나는 몰랐다"라는, 『지옥편』에서 나온 단떼의 구절은 이들의 모습을 지옥문 안의 죽은 영혼들에 비교하며, 이들이 죽음과도 같은 삶을 살고 있음을 단적으로 보여준다. 이들의 삶에 어떤 의미가 되살아나기 위해서는, 그리하여 황무지와도 같은 현대문명이 갱생하기 위해서는, 어떤 희생의 제의, 이를테면 어부왕의 '수사'(death by water)나 매장된 풍요신의 부활이 필요한 것이다. 1부는 "그대! 위선의 독자여!──나의 닮은꼴이여,──나의 형제여!"(You! hypocrite lecteur!─mon semblable,─mon frère!)라고, 보들레르의 『악의 꽃』의 서시 「독자에게」(Au Lecteur)의 마지막 행을 차용함으로써 독자들을 깨워내 시 속으로 동참시키며 끝난다.

이처럼 어떤 특정 인물을 등장시켜 현대적 삶의 고독과 공허를 제시하기

도 하고, 기존 텍스트에서 구절들을 차용해오는 '텍스트 인유'(textual allusion)를 통해 적절한 시적 효과를 자아내는 방식은 『황무지』에서 특히 돋보이는 기법이다. 2부와 3부는 이 비실재의 도시들에 사는 사람들의 공허하고 고독한 삶을, 나아가 생명과 재생의 가능성이 박탈된 그들의 삶을 더욱 구체적으로 보여준다. 2부 「체스 놀이」(A Game of Chess)는 상류층 여인이 느끼는 근원적 고독을 "나는 당신이 무얼 생각하는지 결코 몰라요"(I never know what you are thinking)라는 절규로 그려내고, 하층민의 타락상은 약물로 유산을 거듭한 겉늙어 보이는 군인의 아내 릴(Lil)의 걱정으로 드러낸다.

3부 「불의 설교」도 그리스 신화의 유명한 예언가로 남자와 여자의 "두 삶 사이에서 헐떡이는"(throbbing between two lives) 티레시아스(Tiresias)를 등장시켜, 그의 시선에 비친 한 여자 타이피스트의 저녁 생활을 조명함으로써 공허해진 인간관계와 생명이 비어버린 성생활의 단면을 제시한다. 여드름투성이의 허영기 가득 찬 청년은 진정한 사랑의 관계를 바라지도 않고, 남겨진 여인은 무감각하게 귀찮은 일이 지나갔음을 다행이라 여기고 있을 뿐이다.

> 그녀는 돌아서서 잠시 거울을 들여다보고,
> 애인이 떠났음을 거의 의식치도 않는다;
> 그녀 머리엔 어렴풋한 한 생각 지나갈 뿐:
> '이제 일 치렀어: 끝나서 좋아.'
> 사랑스런 여인이 실수를 범했을 때
> 자기 방을 혼자 다시 서성일 때
> 자동적인 손길로 머리카락 매만지고,
> 축음기에 레코드 하나 건다.

누군가의 희생이 있었음을 암시하는 짧은 4부 「수사」(Death by Water) 이후에, 5부 「천둥이 말한 것」(What the Thunder Said)은 재생의 가능성을 집중적으로 탐구한다. 예수의 처형과 부활이 있고 난 후, 성배를 찾는 기사가 모험의 마지막 단계인 "위험스런 성당"(the Chapel Perilous)에 도달했을 때, "그러자 한줄기의 비를 몰아오는 습한 바람"(Then a damp gust/Bringing rain)이 불어온다. 히말라야 산맥 위로 검은 구름들이 몰려오고, "정글은 침묵 속에서 엎드려, 웅크린"(The jungle crouched, humped in silence) 채 비를 기다린다. 그러나 과연 이 천둥은 또다른 "비 없는 메마르디 메마른 천둥"(dry sterile thunder without rain)이 아니라, 진실로 재생과 풍요의 비를 뿌려주는 천둥일 것인가. 그 답은 천둥이 말한 바에 우리가 어떻게 답할 수 있는가에 달려 있다.

"다"(DA)라고 들려오는 천둥의 소리를 힌두교 우화에 의하면 신들은 '베풀라'(Datta)로, 인간들은 '공감하라'(Dayadhvam)로, 악마들은 '자제하라'(Damyata)로 각기 다르게 해석한다. "우리는 무얼 주었는가?"(What have we given?) 인간들은 과연 공감하는가? 인간들은 과연 자제하였는가? 현대의 황무지에 재생과 부활의 비내림은 미지수로 남은 채 시는 끝난다.

1927년 엘리어트는 영국 성공회로 개종했다. 개종과 더불어 절대적 질서의 세계를 더욱 갈구하게 되는 엘리어트의 첫 시는 『재의 수요일』(Ash Wednesday)이다. 당대의 기독교인들에게 찬사를 받고, 비기독교인인 친구들조차 최소한의 공감을 표하기도 했던 이 시는 황무지의 무질서와 무의미를 신앙에 대한 열망으로 극복하려 한다. 『재의 수요일』은 엘리어트가 단떼의 시편들, 특히 『새로운 삶』(Vita Nouva)의 의미를 현대의 삶 속에서 다시 확인하려 한 시이다. 단떼의 이 작품은 엘리어트가 「단떼론」에서 말한 것처럼 어린 시절의 날카로운 경험들을 (성적 경험까지 포함하여) 종교적 신앙으로 승화해낸 시이다. 단떼의 이른바 '통합된 감수성'(unified sensibility)이 감성과 지성, 종교적 믿음을 갈등 없이 소화해낼 수 있었던 작품인 것이다.

여섯 부로 구성된 『재의 수요일』에서 독자들은 엘리어트의 '절대'(the Absolute)에 대한 갈망을 쉬이 읽어낼 수 있다. '성녀'(the Lady)에 대한 명상과 기도로 이어지는 이 시는 화자의 영혼이 마치 『천국편』의 단떼처럼 구원의 계단을 올라가는 구조를 지니고 있다. 그리고 그 구원의 길은 현세의 온갖 유혹을 차례차례 떨쳐내는 과정이다. 기독교의 전통적인 "부정의 길"(via negativa)을 걷는 것이다. 그러나 엘리어트 자신의 이 부정의 길은 적어도 이 시에서 그렇게 성공하고 있는 것 같지 않다. 그래서 이 시는 기독교의 섭리를 성공적으로 시화하거나 믿음의 강렬한 순간을 제시하지도 못한다. 단지 시인의 절대에 대한 열망을 시화하는 데만 성공하고 있다. 예컨대 마지막 6부의 한 대목을 보자.

> 이익과 손실 사이에서 흔들리며
> 꿈들이 교차하는 이 찰나의 여정에서
> 꿈들이 교차한 탄생과 죽음 사이의 황혼 속에서
> (성부여 축복해주소서) 비록 이런 것들을 바라기를 바라지 않으나
> 활짝 열린 창문으로부터 화강암 해안으로
> 하이얀 돛들은 여전히 바다로 난다, 먼 바다로
> 찢기지 않은 날개들

"이익과 손실 사이에서 흔들리는" 현세 속의 화자는 물질적이고 육체적인 모든 것들을 "바라기를 바라지" 않는다. 그러나 화자는 현세의 온갖 사물들이 지니는 감각적 매력을 완전히 떨쳐버릴 수 없다. "찢기지 않은 날개"라서 자신의 마음과 영혼은 여전히 감각적 흥취가 살아 있는 바다 쪽으로만 날려 하기 때문이다. 뒤이어지는 부분에서 "잃어버린 마음"(the lost heart)은 "잃어버린 라일락과 바다 소리 속에서"(In the lost lilac and the lost sea voices) 환희하고, "연약한 영혼"(the weak soul)은 되살아나 "꺾인 미역취와 잃어버린 바다 냄새"(the bent golden-rod and the lost sea smell)에 반역하는 것도 바로 이 때문이다.

『재의 수요일』은 시인의 절대에 대한 갈망에도 불구하고, 자신의 울음과도 같은 기도가 성모에게 가닿기를 바라는 것에서 그친다. "저의 외침이 당

신에게 당도하게 하소서"(And let my cry come unto Thee).

5. 『네 개의 사중주』: 절대적 질서를 찾아서

엘리어트의 절대적 질서를 찾고자 하는 노력은 『네 개의 사중주』(*Four Quartets*)에서 더욱 두드러진다. 엘리어트가 네 개의 사중주 중 첫번째인 『번트 노튼』(*Burnt Norton*)을 완성한 것은 1935년이다. 이 시는 『대성당의 살인』(1935)을 쓰고 난 후 극에서 제외된 시행들과 단상들을 중심으로 지어진 것이다. 그가 『네 개의 사중주』를 사계절과 네 요소(공기·흙·물·불)를 중심 이미지로 하는 일련의 장시로 구상하게 된 것은 『이스트 코우커』(*East Coker*)를 쓰던 1940년 여름이다. 이후에 『드라이 쌜비지즈』(*Dry Salvages*), 『리틀 기딩』(*Little Gidding*) 등이 1941년과 42년에 차례로 발표된다. 『이스트 코우커』를 완성하고 난 엘리어트는 전체 시가 지닐 구조를 확신한 듯하며, 개별 시들이 지닐 구조에 대해서도 분명히 파악하고 있었다. 그가 세번째 사중주 『드라이 쌜비지즈』를 위해 작성한 시작 메모가 이를 잘 보여준다. 나아가 이 메모는 다른 시들의 구조를 이해하는 데도 크게 도움된다.

1. 바다 풍경—일반적
2.   —과거 고통의 영속성이라는 특정한 문제
3. 과거의 실수는 영원 속에서만 화해된다. 아류나와 크리슈나
4. 동정녀 마리아님에 주소(訴). '어머니'와 '아버지'의 의미
5. 일반화: 과거로부터의 해방이 미래로부터의 해방이다. 시간을 넘어서기, 동시에 시간 속으로 더 깊이 들어가기. 영혼과 대지.

여기서 볼 수 있듯이 엘리어트는 자신의 경험을 용의주도하게 일반적인 것에서 특별한 것의 순서로 제시하고, 거기에 종교적 혹은 형이상학적 의미를 부여하는 계기를 마련한 뒤, 다시 일반화의 과정을 거침으로써 절대적 질서의 세계를 시화하려 하고 있다. 그래서 비평가들은 『네 개의 사중

주』가 독특한 '부여된 구조'(imposed structure)를 지닌다고 본다. 그렇다면 각 사중주의 시적 성공 여부는 개인적 경험을 절대적 질서의 세계를 보여주는 구체적 이미지로 어떻게 승화해내는가에 달려 있다. 앞서 『재의 수요일』에서 확인해본 것과 동일한 문제가 끼어드는 것이다. 네 개의 사중주 중 『리틀 기딩』은 일반적으로 이 점에서 가장 성공적이라 알려져 있다.

이 시는 엘리어트가 1936년에 방문한 성공회 순례지 리틀 기딩에서 경험한 한순간의 강렬한 이미지로 출발한다.

> 한겨울의 봄은 그 자체의 계절
> 시간 속에 걸려, 극과 열대 사이에서,
> 비록 일몰을 향해 젖어 있지만 영원한 것.
> 짧은 하루가 가장 밝을 때, 서리와 불로,
> 짧은 해는 연못과 도랑 위의 얼음을 불붙인다,
> 마음의 열기인 바람 없는 추위 속에서,
> 물기 낀 거울 위에
> 이른 오훗날 실명할 정도의 섬광을 반사한다.
> 촛대나 화로의 불꽃보다 강렬한 불빛이
> 둔한 정신을 충동인다: 바람이 아니라, 한 해의
> 암울한 기간중 성령강림의 불, 융해와 결빙의 사이에서
> 영혼의 즙이 요동친다. 땅의 냄새나
> 살아 있는 것의 냄새는 없다.

리틀 기딩의 조그마한 교회를 방문한 시인이 그 도상에서 종교적 체험을 하고 있다. 한겨울의 삭막한 풍경이 어느 순간 햇빛 속에서 불타오르듯이, 성령강림의 불꽃은 메마른 영혼에 봄날의 갱생을 가져다준다. 봄날 나무의 수액이 요동치듯, '영혼의 즙이 요동치'며, 바람 없는 그러나 햇빛으로 작열하는 추위 속에서 마음은 그 열기를 끌어내고 있다. 어느 겨울날 오후에 햇빛으로 변화하는 외부의 풍경과, 그것을 보고 있는 시인의 영혼이 갱생하

는 내부적 변화가 분리할 수 없이 연결되어 있어 "비전과 교리"(vision and doctrine)의 완전한 합일을 보여주고 있는 것이다.

그러나 인용부분의 마지막 줄이 보여주듯이 이렇게 비전과 교리가, 개인적 경험과 종교적 의미가 완벽하게 합치하는 순간은 "땅의 냄새"와 "살아 있는 것의 냄새"를 부정하게 된다. 이어지는 대목에서 볼 수 있듯이 그 순간은 "생식의 계획"(scheme of generation)에서 분리된 "순간적인 개화"(transitory blossom)의 시간이기 때문이다. 이런 딜레마에 처한 시인은 『리틀 기딩』 1부 후반부에서 결국 절대적 질서의 순간을 깨닫는 수단으로 일상적인 사고나 지식은 부적당하며, 언어 자체도 그 전달의 매개체로서 불완전한 것임을 강조하게 된다.

한겨울의 봄이 아니고 평범한 봄에, 일상적인 마음으로 리틀 기딩을 찾는 이는 단지 의미의 껍데기만을 보게 되고, 진정한 종교적 비전을 위해서는 일상적인 감각과 개념을 모두 벗어버려야 한다. 그 순간은 "단어의 단순한 나열 이상인 기도"(And prayer is more than an order of words) 속에서, 산 자들의 언어를 넘어선 사자(死者)들의 불꽃혀에 의해서만 말해질 수 있다.

> 살아 생전 말을 지니지 못했던 사자들이
> 죽었으므로, 그대에게 말할 수 있다: 사자들의 대화는
> 불꽃혀로 이루어지는, 산 자들의 언어를 넘어선 것.

산 자들의 언어를 넘어선 사자들의 언어로만 표현될 수 있는 절대적 질서의 세계를 엘리어트는 2부에서도 추구한다. 전쟁중 '공습경보원'(air-raid warden)의 역할을 하고 있던 시절에 씌어진 시답게 이 부분은 폭격과 파괴의 이미지들이 주도하고 있다. 이런 무질서와 파괴의 현실을 엘리어트는 최후의 날에 대한 광경으로 제시하고 있으며, 더불어 절대적 질서의 세계에 대한 강한 열망을 표현한다. 그리하여 시인은 『네 개의 사중주』 전편을

통해 가장 권위있는 목소리로 말할 수 있는 계기를 "사자의 세계로부터 온"(come from the dead) "낯익은 복합적인 유령"(familiar compound ghost)에게서 찾는다. 폭격 맞은 런던의 밤거리에서 만난 이 유령은 단떼의 목소리를 지니고 있다. 또한 엘리어트는 유령이 발언하는 대목에 『신곡』의 시형식을 그대로 사용한다. 요컨대 절대의 세계에 대해 가장 권위있게 말할 수 있는 화자를 독자들은 만난 것이다. 그러나 이 유령은 절대적 질서와는 가장 무관한, 그러면서도 시인에게는 가장 중요한 충고를 해준다.

> 그대 자신의 것으로, 그리고 그것도 남들에게
>   용서받기를 바라야 한다. 마치 내가 그대에게
>   좋고 나쁜 것 모두 용서받길 바랐듯이. 지난 계절의 과일은 동났고
>   배부른 짐승은 텅빈 양동이를 걷어차리라
>   지난해의 단어는 지난해의 언어에 속하고
>   내년의 단어는 또다른 목소리를 기다리기 때문.

사자의 언어를 통해 절대적 질서의 순간인 종교적 비전을 제시하기보다, 속세적 의미와 관습적인 개념으로 오염된 언어로는 그러한 순간을 생성해내기 어렵다고 유령은 충고하고 있다. 이 대목에서 독자들은 모더니즘 시의 한 전형적인 특징, 즉 영원한 질서와 조화의 비전을 기대하는 순간, 그 초월적 의미로 충일한 세계는 유보되고, 또다른 약속으로 대치되는 모더니즘 시의 메커니즘을 만난다. 예컨대 예이츠의 「비잔티움으로의 항해」의 경우를 보면, 자연적 존재로부터 완전히 벗어나 '영원의 예술품'(the artifice of eternity)이 된 화자가 노래하는 내용은 영원한 질서와 조화의 세계이어야 한다. 그러나 그 황금새는 "지나간 것, 지나가고 있는 것, 혹은 다가올 것에 대해"(Of what is past, or passing, or to come) 노래할 것이라는 또다른 약속을 노래할 뿐이다. 영원한 질서와 조화는 시인의 주관적 세계 속에 있거나, 시의 환기력에 자극받은 독자들의 주관적 참여에 의해 생성되어야 한다.

마찬가지로 엘리어트는 끊임없는 노력으로 인간의 언어를 정화해가고, 그 결과 절대적 질서의 세계를 표현할 수 있게 될 것이라 약속한다.

> 우리의 관심은 말이었으며, 말은 우리로 하여금
> 종족의 방언을 정화하도록 요청하기 때문.

현대시인 엘리어트가 할 수 있었던 최선은 시를 통한 절대적 질서의 세계 구현이 불가능함을 자인하면서, 자신의 열망이 읽는 이의 강렬한 신앙에 힘입어 시적으로도 어느정도 성공하게 되기를 기대할 수밖에 없었다. 이것 또한 절대적 질서 추구의 열망과 그 불가능함에 대한 시인을 동시에 보여주는 모더니즘의 한 특징이라 하겠다. 그런 점에서 엘리어트 시세계가 지닌 포스트모더니즘적 측면을 읽어내려는 최근의 시도는 당연하다. 또한 모더니즘과 포스트모더니즘 사이의 관계를 일면적으로 보는 견해들이 지닌 위험성도 충분히 경계되어야 할 것이다.

가장 성공적인 사중주 『리틀 기딩』은 독자들의 신앙심에 호소하며, 무질서한 세계 속의 우리의 경험과 열망이 궁극에는 하나의 절대적 질서의 세계 속에 안주하게 되기를 다음처럼 바라며 끝난다.

> 이 **사랑**의 인도와 이 **부르심**의 목소리로
>
> 우리는 탐험을 멈추지 않으리라
> 그리고 우리 탐험의 모든 끝은
> 우리가 출발한 곳에 도달하는 것이며
> 처음으로 그 장소를 알게 되는 것.　　(강조는 원문)

6. 맺음말

여지껏 우리는 엘리어트가 시인으로 성장해가는 과정의 한 측면을, 그리고 절대를 찾아가는 그의 시적 여정을 간략히 살펴보았다. 그러나 이런 간

략한 추적은 항시 부분적이라는 한계를 지닐 수밖에 없다. 그것은 단지 엘리어트 시세계의 입구로 향한 손짓일 정도이며, 그 세계 내의 갖가지 구체적 연구과제를 넌지시 시사할 따름이다.

엘리어트의 시세계에 초대받은 이들은 그러므로 다음과 같은 연구과제들을 소화함으로써 엘리어트 시에 대한 자신의 이해를 튼실하게 살찌워야 한다. 라포르그와 보들레르 등을 필두로 한 프랑스 상징주의와 엘리어트의 관계, 나중에는 존 던마저 감수성의 분열증세에 시달린다고 보게 되는 엘리어트의 감수성 분열론이 지닌 유럽 시문학사적 함의, 엘리어트의 시에 표현된 믿음이 기독교 속에서 지니는 위상, 절대 추구의 실패 혹은 난망함을 토로하는 엘리어트 시의 포스트모더니즘적 측면, 이와 관련된 그의 언어관, 그리고 더욱 넓은 맥락에서는 그의 시세계 및 문학행위가 지닌 문화적 기능과 그 이데올로기적 함의 등이 주요한 공부의 과제가 될 것이다. 특히 마지막 세 가지는 최근의 주된 연구동향이기도 하다. 〔서강목〕

추천문헌

한국영어영문학회 편 『T.S. 엘리어트』(민음사 1978). 국내에서 출간된 연구논문 모음집이다. 초기시에서부터 후기의 극작품에까지 엘리어트 문학세계를 일별하게 해준다.

Peter Ackroyd, *T. S. Eliot* (London: Hamish Hamilton Ltd. 1984). 가장 최근에 나온 엘리어트의 전기이다. 그간 접근하기 어려웠던 자료들까지 섭렵하여 그의 생애를 재구성한 장점이 돋보인다. 근자에 나온 국역판도 참고할 만하다.

George Bornstein, *Transformations of Romanticism in Yeats, Eliot, and Stevens* (Chicago: Univ. of Chicago Press 1976). 모더니즘을 대표하는 3대 시인을 대상으로 그들의 시세계와 낭만주의의 관계를 추적하는 책이다. 엘리어트의 모더니즘적 시세계도 결국 낭만주의적 질서 파악의 한 변형태란 점을 잘 논증해준다.

F.O. Matthiessen, *The Achievement of T. S. Eliot* (1935 rpt.; Oxford: Oxford Univ. Press 1958). 엘리어트의 문학세계에 대한 초기의 주요 연구업적 중 하나이다. 그의 평론과 시들 그리고 극작품에 대해 비교적 평이하게 안내한다.

C.K. Stead, *Pound, Yeats, Eliot and the Modernist Movement* (London: The Macmillan Press Ltd. 1986). 모더니즘 시운동의 큰 흐름 속에서 엘리어트의 시세계 및 그 의의를 설명하는 책이다. 모더니즘 시인들의 정치적 성향에 대한 기본적인 궁금증을 풀 수 있다.

W. H. 오든과 딜런 토머스

1. W. H. 오든

　19세기 말부터 이미 시인으로 활동을 시작한 예이츠를 별도로 한다면 20세기의 영국시인들 중 가장 유명하고 영향력 있는 시인은 단연 T.S. 엘리어트이다. 그렇다면 그뒤를 잇는 영국시인들 중 엘리어트의 후계자라고 말할 수 있을 만큼 시인으로서의 능력을 인정받은 사람은 누구일까. 다름아닌 오든(W.H. Auden, 1907~73)이다. 흥미로운 것은, 미국 태생으로 영국시민이 된 엘리어트가 영국과 미국 양쪽의 문학사와 문학 앤솔로지에 다 포함되는 데 비해, 오든은 1946년 미국시민으로 귀화했음에도, 그래서 웹스터 사전에는 영국 태생의 미국시인이라고 명시됨에도 불구하고, 미국사와 미국문학 앤솔로지에 포함되는 경우는 극히 드물다는 점이다. 여기에는 문학 외적인 요소들도 작용할지 모르나, 그만큼 오든의 시세계가 본질적으로 영국적이고 유럽적이었음을 말해준다.

　오든은 1907년 요크에서 태어나 버밍엄과 노포크 지방에서 자란 후 옥스퍼드 대학의 크라이스트 처치 콜리지에서 교육을 받게 된다. 옥스퍼드 졸업 후 교편을 잡기도 하고, 또 정부의 공보부처에서 영화담당으로 일하기도 했다. 옥스퍼드를 다니던 시절부터 시인의 길을 걷기 시작하여 1928년 개인적으로 시집을 내는데, 2년 뒤인 1930년 엘리어트가 오든의 시들을 받아들여 페이버 출판사를 통해 공식적으로 첫 시집 『시편들』(*Poems*)이 나오게 된다. 이 시집은, 시집 제목부터 뚜렷한 타이틀 없이 그냥 '시편들'이라 한 것과 마찬가지로, 각 시들도 제목 없이 I, II, III 하는 식으로——에밀리 디킨슨(Emily Dickinson)의 시들처럼(디킨슨의 시들에는 원래 숫자도 붙어 있지 않았지만)——들어가 있다. 나중에 이 시들에는 제목이 붙게 되는데, 그중 몇편을 살펴보자.

> 선생님, 어느 누구의 적도 아니신 분, 자신을 역으로 도치시키고자
> 하지 않는 그 누구도 용서하시는 분, 아낌없이 베푸소서,
> 우리에게 주소서 힘과 빛을, 견딜 수 없는 신경성 가려움,
> 이유(離乳)의 고갈, 거짓말쟁이의 편도선염,
> 안으로 파고든 왜곡된 순결성을
> 치유하는 영험한 손길을.
> (…)
> 도시에서 혹은 차도의 끝에 있는
> 시골집에서 사는 각 치료자들을 공표하소서,
> 죽은 자들의 집을 약탈하소서, 새로운 양식의 건축물들을
> 바라보며 빛을 발하소서, 심장의 변화를.

이 시는 『시편들』의 마지막 시로서, 후에 「탄원」(Petition)이라는 제목이 붙게 된다. 쏘네트 형식의 이 시만 보아도 오든이 얼마나 시어와 표현들, 씬택스(구문 배치) 등에 신경을 쓰고 있는지 알 수 있다. "역으로 도치시키고자 하지 않는"('will'을 동사로 처리하여 이렇게 번역하였으나, 이는 실상 명사이기도 한데, 하느님의 '뜻'이기도 하고 그에 반역하고 싶어하는 인간의 '의지'이기도 하다), "신경성 가려움" "이유의 고갈" "거짓말쟁이의 편도선염" "안으로 파고든 왜곡된 순결성" "공표하소서" "약탈하소서" 등의 시어와

표현들, "심장의 변화"라는 수수께끼 같은 말과 그 말의 위치——"새로운 양식의 건축물"과 "심장의 변화"가 동격이라면, "새로운 양식의 건축물"이란 모더니즘 양식의 건물을 뜻하는 것이 아니라 정신세계의 새로운 구조를 뜻하는 것으로 읽히는데, 예수의 가슴에 그려진 하트 모양의 빨간 심장이 빛을 발하는 성화(聖畫)들이 있다("치료자"도 기독교적 용어이다)——등이 그 예인데, 이는 오든의 초기 시가 쉽게 읽히기를 거부한다는 점에서 고대영시로부터 엘리어트에 이르기까지의 영향을 고스란히 이어받고 있음을 보여준다. 오든의 시는 아이러니, 풍자, 진지하고 심각한 이야기를 낮추어 이야기하기, 눈과 의식을 의도적으로 뒤흔드는 이미지들과 구문들, 또한 의도적으로 모호하거나 생경한 표현들, 의도적으로 생략적이고 모호한 구문 배치 등 손쉬운 단순화를 거부하는, 즉 클린스 브룩스(Cleanth Brooks)의 용어를 빌리면, '풀어쓰기'(paraphrase)를 거부하는 성격을 지니는 것이다. 이 시에 대해 에드윈 뮤어(Edwin Muir)라는 유명한 비평가조차도 도대체 이 시가 우주의 우두머리(하느님)에게 보낸 시인지 학교의 우두머리(교장)에게 보낸 시인지 모르겠다고 말했던 것은 내용의 손쉬운 단순화를 거부하는 오든 시의 성격을 반증한다.

하지만 오든이 초기 시절부터 영국의 보수적인 전통에서 늘상 느껴지는 소시민적 안락함, 인간을 타락시키는 산업주의, 그리고 이런 것들에서 연유되는 정신적 황폐함을 직시하였고, 그에 대한 대안을 찾으려 했던 것은 사실이다. 『시편들』의 또다른 시를 보자. 이는 "Consider this..."로 시작하기 때문에 보통 「생각해보라」라는 제목으로 통한다.

> 나아가시라, 스포트 호텔의 두꺼운 판유리 창문을 통해
> 보이는 대산괴(大山塊)의 경치를 보고 탄복하시라,
> 그곳에서 머리 수가 모자라는 일단의 사람들 무리에 끼시라,
> 모피 차림의, 똑같은 옷차림의, 위험한, 느긋한,
> 예약석에 별처럼 앉아

한 유능한 밴드에 의해 감정을 공급받는,
또다른 곳, 폭풍우치는 늪지대의 부엌에 앉아 있는
농부들과 그들의 개들에게도 전달되는 감정을.

알프스 산에 놀러 와 있는 소수의 지배계급들——그 겉모습은 그럴 듯하지만 그들의 내부는 차갑게 얼어붙어 있어 라디오에서 흘러나오는 음악으로 감정을 "공급받"지 않으면 안되는 그들. 그들이 농부들과 공유하는 것이 있다면, 라디오로 대변되는 산업사회에 같이 살고 있다는 것. 하지만 농부들에게 전달되는 감정은 폭풍우를 몰고 와 눈사태를 일으켜 소수의 무리를 뒤엎어버릴 수도 있다는 것(따라서 "위험한"은 "위태로운"으로도 읽힐 수 있다). 이런 것들이 이 시에 담긴 뜻일 것이다.

여기서 오든과 엘리어트의 대비는 뚜렷이 드러난다. 두 시인 모두 정신적 황폐함을 이야기했지만, 엘리어트는 좀더 일반적·관념적이었던 반면 오든은 좀더 특정적이고 구체적이었다. 따라서 그 대안도 확연히 다를 수밖에 없었다. 엘리어트의 대안이 종교적이고 명상적이라면, 오든은 정신치유적이고(프로이트의 영향으로) 무엇보다 사회주의적이었다. 오든을 좌파 이데올로기에 경도된 스티븐 스펜더(Stephen Spender)와 루이스(C. D. Lewis) 같은 시인들과 더불어 흔히 "30년대 시인들"의 일원으로 보는 까닭이 여기에 있다. 이중에서도 오든이 가장 뛰어난 시인으로 꼽히는데, 이는 그의 시가 가진 이처럼 복잡한 맛 때문이다.

오든은 정치적인 관심을 가지고 있었고 그것을 직접 글로 표현하기도 했다. 특히 여러 나라의 정치·사회적인 상황을 그린 글들도 여럿 있는데, 중국을 다녀와서 쓴 『전쟁으로의 여정』(*Journey to a War*, 1939. 산문과 시의 복합형태)은 우리 같은 동양인에게는 특히 흥미로운 글이다. 또한 1937년 내란이 한창이던 스페인에 두 달 정도 체류한 후 나온 시가 다음의 「스페인 1937년」(Spain 1937)이다.

돌기둥 사이에서 이단자들을 심판하던 일,

선술집에서 신학상의 논쟁을 하고
        샘물에서 기적적으로 치유된 건 어제의 일,
어제는 악마의 연회. 하지만 오늘은 투쟁.

발전기와 터빈을 설치하던 건 어제의 일,
식민지 사막에 철로를 건설하던 일,
        어제는 인류의 기원에 대한
일품의 강연. 하지만 오늘은 투쟁.

어제는 그리스의 절대적 가치에 대한 믿음,
영웅의 죽음에 내려지는 커튼,
        어제는 석양에의 기도와
광인에의 숭배. 하지만 오늘은 투쟁.

프랑꼬의 우파 쿠데타에 저항하던 좌파 공화정부를 지지하기 위해 쓴 이 시는, 그러나 전반적으로 부정적인 평가를 받는다. 너무 들쭉날쭉한 표현과 전개방식 때문에 긴장과 압축의 힘이 일정하지 않다는 평가와 함께 좌파 공화정부의 입장에서 볼 때도 뜨거운 지지를 느낄 수 없다는, 소위 '선동성'(propaganda)의 면에서도 실패작이라는 것이다.

사실 오든은 이미 1930년대 후반에 들어서면서 궁극적인 정치적 해결로서의 사회주의로부터 점점 멀어지게 된다. 이 시가 수록된 시집 『또다른 시간』(*Another Time*, 1940)에는 「1939년 9월 1일」(September 1, 1939)이라는 유명한 시가 있다. 그 첫 연과 마지막 연은 다음과 같다.

난 52번가의
한 술집에 앉아 있다
불확실성과 두려움을 느끼며
허울뿐인 희망들이
미천하고 부정직한 십년의 세월의 숨을 내뿜고 있으니.

분노와 두려움의 파도가
한편으론 밝고 한편으론
어두워진 땅 위를 돌아다닌다,
우리의 사생활을 사로잡으며.
뭐라 말로 할 수 없는 죽음의 냄새가
9월의 밤을 불쾌하게 만든다.

밤 아래 무방비 상태로
우리의 세계가 마비된 듯 누워 있다,
하지만 어디에나 점점이
아이러니컬한 광점(光點)들이
정의로운 자들이 서로
메씨지들을 주고받는 곳에서 빛을 발한다.
그들처럼
에로스와 먼지로 이루어진 내가,
똑같은 부정과 절망에
에워싸인 내가,
긍정의 불길을 발할 수만 있다면.

이 시의 제목이 된 1939년 9월 1일은 히틀러의 나찌군대가 폴란드를 침공함으로써 2차대전이 시작된 날이다. 예이츠의 「1916년 부활절」(Easter 1916)을 연상시키는 이 시는, 그러나 아일랜드 독립운동의 영웅들의 죽음을 찬미함으로써 "무시무시한 아름다움"(terrible beauty)을 노래했던, 여전히 기존 사회체제의 변혁이라는 거대담론의 장이었던 예이츠의 시와는 달리, 유럽 정치의 종말을 노래한 "정치적 만가"(political elegy)라고 할 수 있다. 그는 좀더 개인적인 대안("긍정적인 불길")을 제시하고자 하는데, 그것은 인간과 인간 사이의 보편적인 사랑으로 나타난다. ("인간은 사랑을 하든가 멸망하든가 해야 하는 동물이다"라고 오든은 말했다.) 결국 오든은 유럽을 버리고 미국을 택하고(말년에는 다시 조국 영국과 유럽으로 돌아오긴

하지만), 그의 시들도 사회적 변혁에 대한 믿음을 버리고 기독교적 사상을 바탕으로 하게 된다.

오든 연구자로 유명한 스피어즈(M.K. Spears)는 오든 시의 변모과정을 네 시기로 구분한다. 1932년까지의 초기 시가 그 첫째로, 고대 영시와 유럽 시의 전통, 혁명적 정치사상, 심리분석 이론 등의 다양한 영향이 혼재한 시기이고, 1933~38년의 두번째 시기는 오든이 좌파의 총아로 떠오른 시기이며, 미국으로 이주해서 미국시민이 되기까지의 기간과 우연치 않게 겹치게 되는 1939~47년이 세번째 시기이다. 이 세번째 시기에는 『또다른 시간』을 비롯해 『새해 서간』(*New Year Letter*, 1941), 크리스마스 오라토리오이자 셰익스피어의 『폭풍』에 대한 논평인 『바다와 거울』(*The Sea and the Mirror*)을 포함하고 있는 『당분간』(*For the Time Being*, 1944) 등이 발표되었는데, 맑스와 프로이트의 영향이 종교적이고 실존적인, 때로는 미학적인 관심으로 대체되는 것을 볼 수 있다. 인간의 소외감을 다룬 『불안의 시대』(*The Age of Anxiety*, 1947)는 이 시기의 마지막 작품이다. 그 이후 그는 1973년 오스트리아의 빈에서 사망하기까지 몇 군데를 옮겨다니며 살았는데, 점점 명상적이고 내면적이 되어 인간의 우정과 사랑 이외에는 그 어떤 대안에 대해서도 회의적인 시각을 보여준다.

이 마지막 시기의 가장 대표적인 시집으로 꼽히는 『아킬레스의 방패』(*The Shield of Achilles*, 1955)에 들어 있는 표제시는 비극의 세계를 소름이 끼칠 정도로 냉정하고 객관적인 눈길로 그려낸다. 아킬레스의 어머니 테티스 여신은 헤파이스토스에게 멋있는 방패를 만들어줄 것을 부탁하지만, 그녀의 기대와는 달리 그 방패에 그려진 세상은 "납덩이 같은 하늘" "어떤 도움도 오지 않는" 세상, "잡초만 무성한 들판," 돌팔매질하는 소년과 그에게서 도망가기 바쁜 새, "소녀들은 강간당하고, 두 소년들은 제3의 소년을 난도질하는" "약속이 지켜지는 세상이라고는/들어본 적 없는" 세상이다. 테티스는 "아들을 기쁘게 하기 위해/신이 만들어놓은 것을 보고/낙담하여 소리 높여 울었다". 아킬레스는 어차피 "오래 살지도 못할" 것이건만. 사실이 시선은 이미 오래 전에 「미술관」(Museé des Beaux Art, 『또다른 시간』에 실려 있음)에서 이카루스의 추락을 그린 브뤼겔의 그림을 보던 데서도 예견된 것이다.

오든은 "시가 아무 일도 일어나게끔 하지 않는"(「W. B. 예이츠를 추모하며」)다는 것을 뼈저리게 느꼈음에 틀림없지만, 그 자신의 다른 표현에 따르면, "내가 가진 것이라고는/겹겹의 거짓을 풀어헤치는 목소리뿐"이며 시가 최소한 "사건을 일으키는 한 방법으로, 하나의 입으로" 살아남는다는 것을 믿고자 한다. 이렇게 시의 또는 시인의 존재이유를 때로는 진지하게 때로는 유희적으로 노래한 오든은 예이츠와 엘리어트의 모더니즘 전통을 잇는 영국 출신의 대표적 시인으로 꼽힐 만하다.

2. 딜런 토머스

토머스는 1914년 웨일즈 지방의 스원시(Swansea)에서 영어 교사의 아들로 태어났는데 아버지의 교육 탓인지 웨일즈 토박이말을 잘 몰랐었다고 한다. 20세 되던 해인 1934년 런던으로 거처를 옮겼고, 같은 해 첫 시집 『18편의 시들』(18 Poems)이 나오면서 주목을 받는다.

오든보다 약간 연하인 그는 여러가지 면에서 오든과 대비된다고 할 수 있다. 오든이 엘리어트의 뒤를 이어 고전적이면서도 모더니즘풍의 시를 썼던 반면, 토머스는 처음부터 블레이크나 셸리류의 환영적(visionary)이고 낭만적인 시인의 부류로 여겨졌다. 그리하여 그는 오든의 시에 대항했던 그룹인 '신묵시록파'(The New Apocalypse)──격정적이고 난삽하고 때로는 초현실주의적인 이미지들의 표현을 즐겨 사용한 시인들로, 조지 그랜빌 바커(George Granville Barker, 1913~91)와 버넌 P. 왓킨즈(Vernon Phillips Watkins, 1906~67) 등이 있다──의 총아로 떠올랐던 것이다. 미국시의 전통과 비교해보면, 토머스는 격정적이면서도 한편으론 음유적이고 또 신비주의적이기도 한 월트 휘트먼(Walt Whitman, 1819~92)-크레인(Hart

Crane, 1899~1932)-긴즈버그(Allen Ginsberg, 1926~97)의 계보에 가깝다고 할 수 있다.

이러한 일반적인 인상에 걸맞게 그의 시의 주제도 인간과 자연의 유기체적인 통일성, 죽음과 삶의 순환적인 고리 등으로 나타난다. 첫 시집에 실린 시들 중에서는 「초록색 관을 뚫고 꽃을 밀어올리는 힘」(The Force That Through the Green Fuse Drives the Flower)이 대표적이다.

> 초록색 관을 뚫고 꽃을 밀어올리는 힘이
> 나의 초록색 세월을 밀어올린다, 나무의 뿌리를 마르게 하는 그 힘이
> 나의 파괴자이다.
> 나는 고개를 떨군 장미에게 말없이 말한다
> 내 젊음도 똑같은 겨울의 열로 구부러짐을.
>
> 바위를 뚫고 물을 흐르게 하는 힘이
> 나의 붉은 피를 흐르게 한다, 흐르는 물길을 마르게 하는 그 힘이
> 내 흐름을 밀랍으로 만들어버린다.
> 나는 내 핏줄에 대고 말없이 입을 열고 말한다
> 똑같은 입이 산속 샘물을 들이켬을.
>
> (…)
>
> 그리고 나는 연인의 무덤에 말없이 말한다
> 내 시트에도 똑같은 구불구불한 벌레가 기어가고 있음을.

우리는 토머스 같은 음유시인적인(bardic) 시인들에 대해 편견을 가질 수 있다. 즉, 이들은 영감에 의존하기 때문에 시어나 표현, 구문 배열 등에 일일이 신경을 쓰지 않고 다층적이고 복잡한 시구조를 만들어내지 못한다는 생각이 그것이다. 휘트먼이나 긴즈버그의 경우에도 이런 속단이 적용되곤 한다. 그러나 뛰어난 음유시인들은 즉흥적으로 시를 쓰지 않는다. 이 시

에 나타난, 자연을 지배하는 힘과 인간을 지배하는 힘을 연결하는 독창적 상상력을 보라. 단순히 영감적 호흡에만 의존하지 않고 삶과 죽음의 혼재(죽음 속의 삶, 삶 속의 죽음)를 이야기한 두 줄짜리 마지막 연에 이르기까지 각 연은 탄탄하게 짜인 구조를 가지고 있고 독특한 낱말과 색다른 이미지들이 구사되고 있다.

토머스는 1946년 『죽음과 입구』(*Deaths and Entrances*)라는 시집을 내는데, 여기에는 그의 명성을 후세에까지 확립시켜준 시들이 여러 편 들어 있다. 독특한 이미지들과 구문으로 유명한 「런던에서 불타 죽은 아이를 슬퍼함을 거부함」(A Refusal to Mourn the Death, by Fire, of a Child in London)은 또한 비가(elegy)이기를 거부한 비가로 유명하다.

> 내 결코 인류를 만들고
> 새와 짐승과 꽃을
> 낳고 모든 것을 숙이게 하는 어둠이
> 마지막 빛이 부서짐을 침묵으로 이야기하고
> 정지한 시간이
> 마구를 단 채 굴러넘어지는 바다로부터 오고
>
> 내 다시 물방울의
> 둥그런 천상과
> 곡식 이삭의 예배당으로 들어가야만 하기 전까지는
> 장엄하게 불타 죽은 아이를 슬퍼하기 위해
> 소리의 그림자라도 기도하게 하거나
> 내 소금기 있는 씨앗을
>
> 상복의 작디 작은 골짜기에도 뿌리지 않을 것이라.
> 난 그녀의 떠나감으로 인해
> 인류를 엄숙한 진실로써 죽이지도 않을 것이고
> 이 이상

순진과 젊음의 비가로써
삶의 길을 따라가며 모독하지도 않을 것이라.

최초로 죽은 이들과 함께 깊이 런던의 딸이 누워 있구나,
오랜 벗들,
세월을 뛰어넘은 결들, 그녀의 어머니인 대지의 어두운 암맥들에 뒤덮인 채,
굽이치는 템즈 강의
슬퍼하지 않는 물가에 비밀스러이.
최초의 죽음 후엔, 또다른 죽음이란 없는 것이니.

　이 시는 2차대전 때 독일군의 공습을 받은 런던의 상황을 배경으로 한 것이다. 보통의 비가와는 달리 이 시는 아예 '슬퍼하지 않겠다'고 나옴으로써 기존 비가의 틀을 깨버린다. 시의 형식도 파격적이다. 네 문장에 네 연으로 이루어진 이 시의 첫번째 문장은 모두 13행으로서 3연에 걸쳐 있고, 첫 단어인 "결코"(Never)와 연결되는 동사인 "……것이라"(Shall)는 10행에 가서야 나타난다. 이러한 구문은 복받쳐오르는 슬픔을 참고 끝까지 그것을 억누르려는 화자의 비장한 심리의 외형적 표출로 볼 수 있다. 그렇다면 왜 참는가? 이 시의 대미를 장식하는 마지막 문장 한 줄에 그 이유가 요약되어 있다. 스스로의 죄악으로 영원한 삶을 빼앗겨버린 인간의 첫 죽음(아담, 이브, 아벨) 이후에는 어떠한 죽음도 새로울 것이 없기 때문이다. 이 세상에 종말이 와 새로운 천국이 열림으로써 죽음이 완전히 극복되기 전까지는.
　반비가적인 비가를 시험해본 토머스는 「펀 힐」(Fern Hill)과 「10월의 시」(Poem in October)에서 독특한 이미지들("안개 사이로 내민 뿌리들을 한/달팽이 크기의, 바닷물에 전 교회……"(「10월의 시」), "시간은 날 푸르면서도 죽어가게 했노라/내 사슬에 묶인 채 바다처럼 노래불렀건만"(「펀 힐」))과 독특한 말놀림("옛적 옛날에"once below a time, "달 새도록"all the moon long (「펀 힐」)), 그리고 독특한 구문의 특징을 잃지 않으면서도 어린 시절과 젊은 시절의 천진했던 환희("신비로움은/시냇물과 노래하는 새에 여전히/

살아서 노래불렀지"(「10월의 시」))의 상실을 전통적 의미의 비가형식으로 들려주는데, 이 두 시들은 워즈워스의 「틴턴 사원」(Tintern Abbey)이나 키츠의 송가들(Odes)에 비견할 만한, 아름답고 훌륭한 시들이다.

사실 토머스가 이처럼 뛰어난 기교와 진지한 주제를 지닌 시인이었음에도 불구하고 아류 낭만주의 시인처럼 인식되어온 데는 토머스 자신이 보헤미언처럼 살았던 것이 큰 이유를 차지한다. 또한 옛날의 음유시인들처럼 낭송하는 것을 좋아했던 까닭에(그만큼 목소리도 좋고 유명한 음유시인이자 대중가수인 밥 딜런 Bob Dylan은 이 시인을 숭배하여 이름을 따기도 하였다) 1950~53년에 걸쳐 미국에서 여러 번의 낭송회를 성공적으로 가졌는데, 이때의 과로가 원인이었는지 토머스는 1953년 뉴욕에서 급사하고 만다. 토머스의 이른 죽음은 영국 시단의 큰 손실로 여겨진다.

〔이일환〕

추천문헌

C.B. Cox ed., *Dylan Thomas: A Collection of Critical Essays* (Englewood Cliffs, N. J.: Prentice-Hall, 1966). Twentieth Century Views 씨리즈 중 하나로 좋은 글들이 여러 편 들어 있다.

John Fuller, *A Reader's Guide to W. H. Auden* (New York: Farrar, Straus and Giroux 1970). Reader's Guide 씨리즈 중 하나로 오든 연구의 좋은 입문서.

M.K. Spears, *The Poetry of Auden: The Disenchanted Island* (New York: Oxford Univ. Press 1963). 오든에 대한 좋은 지침서. 특히 장시들에 대한 글이 주목할 만하다.

William York Tindall, *A Reader's Guide to Dylan Thomas* (New York: Farrar, Straus and Giroux 1962). Reader's Guide 씨리즈 중 하나.

Oscar Williams ed., *Master Poems of the English Language* (New York: Pocket Books 1968). 영시 연구의 기본이 될 비평모음집. 오든과 토머스에 대해서도 몇편의 글이 실려 있다.

조지프 콘래드

1. 개인적 생애

콘래드(Joseph Conrad, 1857~1924)는 원래 폴란드의 영토였지만 제정 러시아의 식민통치를 받고 있던 우끄라이나 지방에서 태어났다. 부친인 아뽈로 날레즈 꼬르제니오브스끼(Apollo Nalecz Korzeniowski)는 낭만적 성향의 열렬한 애국주의자이자 작가로서 시와 희곡을 쓰고 셰익스피어와 빅또르 위고의 작품들을 번역하기도 했다. 모친인 에브리나 보브로브스까(Evelina Bobrowska)는 현실적인 면을 중시하는 지방호족 출신이었다. 폴란드 독립을 쟁취하려는 부친의 정치적 활동으로 콘래드 가족은 1862년 북부 러시아로 유배되었으며 그의 어머니는 콘래드가 일곱살일 때, 아버지는 그가 열한살이 되었을 때 각기 병고로 세상을 떠났다. 이후 콘래드는 부유한 변호사인 외숙부 따데즈 보브로브스끼(Tadeusz Bobrowski)의 후원을 받으며 성장하게 되는데, 어린 시절 경험한 고아로서의 상실감과 박탈감, 유형지의 체험은 그의 생애와 작품에 지대한 영향을 미쳤다고 볼 수 있다.

콘래드는 어린 시절에 병약하고 정규교육도 제대로 받지 못했지만 모험담과 낭만적 소설들을 많이 읽으면서 선원이 되겠다는 생각을 품게 되었고 열여섯살이 되던 1874년에 프랑스의 마르쎄이유에서 견습선원 생활을 시작하였다. 이후 4년 동안 프랑스 상선의 선원으로서 서인도제도와 카리브해 등을 항해하고 1878년 영국에 입항하면서 프랑스 생활을 청산하게 된다. 이때부터 영어를 배우기 시작한 콘래드는 1880년에 2등 항해사 자격증을, 1884년에 1등 항해사 자격증을 얻고, 1886년에 선장 자격시험에 합격하고 영국 국적을 취득한 후, 오스트레일리아, 동남아시아, 콩고 등지를 항해하였다. 선원으로서 이 시절의 경험은 그의 소설의 중요한 소재들을 제공하였을 뿐 아니라 작가 콘래드의 가치관과 세계관을 형성하는 데도 결정적인 영향을 미쳤다.

1889년 콘래드는 처녀작 『올메이어의 우행』(*Almayer's Folly*, 1895)을 집필하기 시작하여 1894년에 탈고, 피셔 언원 출판사로 보내는데 평론가 에드워드 가넷(Edward Garnett)의 눈에 띄어 출간된다. 이로써 그는 20여 년에 걸친 선원생활을 청산하고 작가로서 새로운 삶을 시작하게 된다. 1896년에 그는 제시 죠지(Jessie George)라는 서적상의 딸과 결혼하여 두 아들을 두며 1912년 『기연』(*Chance*, 1912)이 베스트쎌러가 될 때까지 가난한 생활과 숱한 병고로 고통을 받는다. 1924년에 세상을 떠날 때까지 30여년 동안 그는 많은 장편·단편소설들과 네 권의 산문집·희곡·편지 등을 집필하고, 실험적인 서사기법에 있어서나 그 주제에 있어서 고도로 현대적인 작품세계를 이루어 영국의 대표적인 현대소설가 중 한 사람으로서 입지를 확보하게 된다.

2. 콘래드의 작가적 위상

콘래드는 19세기 말 빅토리아 시대에서 20세기 초 모더니즘에 이르는 전환기에 작품활동을 하면서 전통적인 사실주의 소설과 달리 다양하고 혁신적인 서술기법을 실험하고 또한 현대의 삶과 문명에 대한 여러 고찰을 표현하고자 했다. 그런데 대부분의 영국 작가들과 달리 국외자로서 영어로 작품을 썼으며 20여년 동안 선원생활을 했다는 등의 전기적 사실들로 인해서 그의 작품은 영국소설의 문화적 전통이나 단일한 비평적 시각을 통해 고찰하기가 어렵다. 게다가 그의 작품세계는 심오하고 다양한 내용 때문에 단적으로 규정하기 어려운 복합적인 성격을 띠고 있다. 콘래드 작품에 대해 다양한 각도의 비평적 접근과 평가가 이뤄져온 것도 그의 작품세계의 복합적 성격과 다양성 및 깊이를 반증한다고 하겠다.

그러나 콘래드에 대한 모든 비평의 근저에는 하나의 공통된 인식이 깔려 있는데 그것은 그의 작품이 인간과 사회의 도덕적 문제에 대한 진지한 통찰을 담고 있다는 것이다. 리비스(F. R. Leavis), 게라드(Albert Guerard) 등이 바로 이 핵심적 문제를 중점적으로 다룬 대표적인 비평가들이다. 이들은 콘래드 문학의 도덕적 주제를 천착함으로써 그가 가진 삶의 비전과 도덕적 성찰을 분석하고 해설하는 데 주력했다. 이와같은 도덕적 비평은 콘래드 비평의 주류를 이루어왔으며, 오늘날 콘래드 문학이 향유하는 높은 위상을 확보하는 데에도 크게 기여하였다. 콘래드의 작품은 후세 영미권의 작가들뿐 아니라 현대 남미와 아프리카 작가들에게도 진지한 탐구의 대상이 되어왔으며, 후기제국주의 시대를 이해하려는 작가들이나 서술과 언어의 문제를 탐구하고 서술양식 및 장르를 실험하는 작가들에게 중요한 준거점으로 작용해왔다.

3. 콘래드의 작품세계: 「어둠의 오지」 『로드 짐』 『노스트로모』

콘래드의 지속적인 관심사는 물질적 이익을 추구하는 자본주의적·제국주의적 기획으로 인해 분자화되고 물화되는 현대문명의 문제로서, 그의 소설은 이러한 문제를 탐구하는 문학적 장치였다. 그가 추구하는 세계는 공동의 삶을 위해 헌신적 노력을 바치는 평범한 인간들이 진정한 영웅으로 평가될 수 있는 세계이며, 이들이 구현하는 속성은 공동체에 대한 헌신과 인간 결속에 대한 충실성 등 현대사회가 상실해버린 덕목이다. 그러나 이러한 가치의 추구는 세기말의 정치적, 사회·경제적, 인식론적 변화를 담고 있는 그의 작품에서 현대의 삶에 대한 회의주의적 인식론과 갈등을 일으키며, 바로 이러한 점에서 그는 전대의 소설가들과 확연히 분리된다. 콘래드는 현대인의 삶에서 공유할 수 있는 가치가 사라졌으며 이상주의적 기획은 변질되게 마련이라는 사실을 누구보다도 날카롭게 인식하고 있었다. 따라서 그의 작품에는 삶에 대한 사실주의적·인식론적 회의주의와 삶의 본질적인 의미를 추구하는 낭만적 전망이 공존하며, 그들 사이의 갈등이 작품에 역동성을 부여하는 동시에 그의 여러 작품의 취약점인 구조적 균열의 원인이 되는 것이다.

콘래드의 대표적 작품으로는 대략 「어둠의 오지」(Heart of Darkness, 1899) 『로드 짐』(Lord Jim, 1900) 『노스트로모』(Nostromo, 1904) 『밀정』(The Secret Agent, 1907) 『서구인의 눈으로』(Under Western Eyes, 1911) 『승리』(Victory, 1915) 등을 꼽을 수 있다. 비평가들은 그의 작품을 시기적으로 분류하여 1896년까지를 제1기, 1897년부터 1911년까지를 제2기, 그 이후를 제3기로 나누는데, 제3기를 또한 1911~17년의 전환기와 1918~24년의 쇠퇴기로 분류하기도 한다. 많은 비평가들은 소위 제2기에 산출된 정치소설들을 콘래드의 걸작이라고 평가하며 후기 작품들은 『그림자의 선』(The Shadow-Line, 1917) 외에는 모두 작가의 창조력이 쇠진했음을 보여준다고 주장해왔다. 그러나 말레이 군도를 중심으로 한 초기 소설들이나 남녀간의 사랑을 다루는 후기 소설들에서도 콘래드는 인간관계의 문제를 고찰하고 있는데, 특히 왜곡된 인간관계를 그리면서 바람직한 모델을 제시하려는 노력을 기울이고 있다는 점에서 그의 일관된 관심과 의식의 발전을 찾아볼 수 있다.

콘래드의 소설을 소재나 배경에 따라 분류하면 우선 그 자신의 경험을 바탕으로 선원생활을 그려낸 중·단편 소설들, 당대 모험담의 기법에 의해 말레이 군도를 배경으로 식민주의자의 행적을 담은 소설들, 자본주의적·제국주의적 기획에 의해 물화되는 인물들이나 유럽의 혼탁한 정치상황에서 파괴되는 인간을 그린 중기의 정치소설들, 전형적인 연애담의 구조를 담은 후기 소설로 분류할 수 있다. 여기에서는 이러한 분류에 따라 주요 작품들을 간략히 소개함으로써 그의 작품세계를 개관하고자 한다.

자전적 체험의 탐구: 「어둠의 오지」

「어둠의 오지」는 출판된 지 1백년이 넘었지만 지금까지도 많은 비평가들의 논란과 해석을 불러일으키는 작품이다. 특히 근자에 들어 탈식민주의에 대한 논의가 활발해지면서 이 중편소설은 그 논의의 중심적인 텍스트로 자리잡게 되었다. 특히 나이지리아의 작가 치누아 아체베(Chinua Achebe)가 콘래드에 대해 아프리카 흑인을 인간 이하의 존재로 묘사한 극단적인 '인종주의자'라고 비판하면서부터 그의 정치적 신조나 작품의 이데올로기성에 대한 논의는 문학비평의 중요한 이슈가 되었는데, 콘래드가 과연 서구의 식민주의 이데올로기를 옹호한 인종주의자인가라는 문제를 둘러싼 논쟁은 이 작품이 현재의 국면과도 깊이 연관되어 있음을 입증한다고 하겠다. 즉, 이 소설은 지금까지도 아프리카나 아시아에 대한 현대 구미 독자들의 인식에 지대한 영향을 미치고 있을 뿐 아니라 아프리카·중남미·아시아의 독자들에게도 직접 관련이 있어서 식민주의 또는 탈식민주의 문제를 논의하는 준거틀로 사용되는 것이다. 탈식민주의의 유명한 비평가 호미 바바(Homi K. Bhabha)가 탈식민주의 연구에 이 작품의 그림자가 길게 드리워져 있다고 말한 것도 이 작품이 미치는 영향력을 감안한 발언이라 할 수 있다.

이 소설은 일차적으로 작가 콘래드의 선원생활 경험을 바탕으로 한 자전적 기록이다. 콘래드에게 선원생활은 단순히 과거의 완결된 경험이 아니라 작가로서 현재의 시점에서 재음미함으로써 부단히 새로운 의미와 가치를 띠게 되는 중요한 삶의 경험이다. 특히 아프리카 콩고 여행은 그의 삶과 의식에 전환점을 이루는 중요한 사건으로, 콩고에 가기 전에 자신은 순전히 동물에 지나지 않았다는 작가 자신의 술회에서도 알 수 있다. 그의 에쎄이 「지리와 탐험가들」에서 콘래드는 어린 시절에 당대 지리상의 발견을 수행한 탐험가들을 순수한 열정으로 진리를 추구하는 영웅적 인물로 동경했지만 실제로 아프리카에서 "인간의 양심과 지리적 탐험의 역사를 더럽힌 비열한 약탈품 쟁탈전"을 알게 되면서 소년의 이상화된 꿈이 종말을 고하게 되었다고 기술하기도 한다. 아프리카 여행을 통하여 콘래드는 탐험에 대한 낭만적 동경이나 문명과 빛을 전파한다는 식민주의의 이데올로기가 순전히 허상이었음을 인식하게 된 것이다. 이러한 식민주의의 실상에 대한 환멸과 의식의 혼란은 이 소설의 화자이자 작가의 대변인이라고 볼 수 있는 말로우(Marlow)의 여행담을 통하여 형상화되고 있다.

이 중편소설은 19세기 말 벨기에령 콩고를 배경으로 화자인 말로우가 콩고 강을 거슬러올라가 내지의 주재소에서 상아 수집으로 유명한 커츠(Kurtz)를 데려오는 임무를 맡았던 경험을 회상하며 몇몇 동료들에게 들려준 내용을 익명의 청자가 서술하는 형식으로 구성되어 있다. 표면적으로 이 작품은 당시 유행하던 이국적 모험담처럼 보이지만, 당대의 모험담이 신비로운 모험이나 색다른 경험을 제시하면서 식민주의 정책이 아프리카나 아시아의 야만인들에게 문명을 전파한다는 식으로 식민주의를 정당화하는 것과는 전혀 다르다. 우선 이 작품의 중심인물인 커츠는 유럽에서 교육받고 이상주의적 이념을 가지고 식민사업에 뛰어들지만 아프리카의 오지에서 탐욕과 정복욕의 화신으로 변모하여 원주민들을 억압하고 착취하는 폭군으로 전락하며, 말로우는 아프리카의 오지에서 식민주의의 실상을 목격하고 그 비인간적인 참상에 대해 서술하며 식민주의에 대한 혐오감을 드러낸다.

이처럼 이 작품이 식민주의의 실상에 대한 비판을 담고 있지만 그렇다고 해서 식민사업 전반을 통렬하게 비판하는 유형의 정치소설로만 볼 수는 없다. 이 소설의 도처에서 드러나는 도덕적 의미와 판단의 모호함, 특히 커츠가 임종시 부르짖는 외침("The horror, the horror!")의 의미라든가 말로우가 커츠에 대해 혐오감을 느끼면서도 동시에 매료되는 심리적 동기, 또한 작품의 후반부에 말로우가 커츠의 약혼녀에게 거짓말을 하는 장면, 그리고 식민주의에 대한 말로우의 전반적인 입장 등은 한마디로 규정하기 어려우며 때로 여러가지 상반되는 해석을 가능하게 하기 때문이다. 이처럼 애매하고 복잡한 성격과 진리나 도덕의 상대적 가치에 대한 모호한 진술로 해서 이 소설은 종종 모더니즘 문학기법의 선구자로 간주되었으며 이러한 점에서 프레드릭 칼(Frederick R. Karl)은 이 소설을 기점으로 "19세기가 20세기로 넘어갔다"고 평가하기도 했다.

이 소설의 핵심적인 문제, 즉 식민주의 기획과 관련하여 가장 많이 언급되는 부분은 "땅을 정복한다는 것, 그것은 우리와 얼굴색이 다르다든가 코가 약간 납작한 사람들로부터 땅을 빼앗는 것을 의미하는데, 자세히 들여다보면 그다지 좋아 보이는 일이 아니지. 그것을 구제하는 것은 오로지 이념이야. 그 이면에 있는 이념, 감상적인 가장이 아니라 하나의 이념. 그리고 이념에 대한 비이기적인 믿음이지. 세워놓고 그 앞에서 절을 하고 제물을 바치는 그 무엇 말이야"라는 말로우의 발언이다. 여기서 말로우는 식민주의의 비열한 약탈상과 파괴작업을 구제할 수 있는 고귀한 "이념"의 필요성을 역설하는데 실상 이 발언은 액면 그대로 받아들이기 어려운 것이라 볼 수 있다. 무엇보다도 순수한 이념이 식민주의 사업을 정당화할 수 있는가의 문제가 작품을 통하여 검증되어야 할 텐데, 오히려 이 소설은 이상주의적 개혁가로 시작했지만 무자비한 약탈자이자 정복자로 변신한 커츠의 행적을 통하여 말로우가 이념의 불모성, 즉 식민주의 아래서 도덕적 이념이 변질되고 타락할 수밖에 없다는 사실을 인식하는 과정을 그리고 있다. 결국 식민주의 이념의 필요성에 대한 말로우의 발언은 작품의 진행에 의해 반증되는 구조적 아이러니를 낳을 뿐이다. 또한 "절을 하고 제물을 바치는" 이념의 이미지에서도 이미 이념이 물신화될 수 있는 가능성, 즉 식민주의 현실과 괴리된 허상으로서 강력한 영향력을 행사하는 이데올로기로 변모할 수 있음을 암시하고 있다고 하겠다.

그런데 이념의 불모성에 대한 인식에도 불구하고 말로우 또는 작가 콘래드는 다른 한편 선의적이고 도덕적인 이념의 가능성에 대한 믿음을 버리지 않고 도덕적 이념을 실천하려는 인물들에 대해 심정적 공감을 보내고 있다. 여기서 식민주의를 위시한 여러 문제들에 대한 도덕적 모호함이나 양면성이 발생한다고 볼 수 있다. 커츠의 이념이 변모하고 타락하기는 했지만 그가 도덕적 이념을 가지고 출발했고 결국 자신의 타락상을 인식하고 스스로에 대한 심판을 내린다는 점에서, 말로우는 아예 물질주의적 이익추구에 눈먼 다른 조야한 식민주의자들보다 커츠를 높이 평가하며 이런 점에서 "악몽들 중의 선택"으로 커츠에 대한 유대감을 느끼는 것이다. 콘래드의 관심사는 서구 식민주의자들, 특히 도덕적으로 이상주의적인 인물들이 식민사업의 맥락에서 어떻게 변질되고 파괴되어가는가를 고찰하는 것이고, 이러한 인물들의 행적을 통해 19세기 말의 서구사회를 반성적으로 비판하는 작업을 수행하고 있다. 이상주의적인 인물들조차 타락할 수밖에 없는 곳이 식민사회라면 물질적 이익만을 추구하는 다른 식민주의자들은 거론할 필요조차 없는 문제적 상황일 것이며, 따라서 도덕적 이념을 가지고 식민사업에 뛰어든 인물들은 좀더 극명하게 식민주의의 문제점들을 드러내는 지표라 할 수 있다. 커츠는 이후 짐(Jim), 노스트로모, 찰스 굴드, 안토니아, 링가드(Lingard) 등으로 이어지는 이상주의적 영웅들의 원형적 인물이며, 이들이 식민주의 또는 제국주의의 맥락에서 어떻게 좌절하고 타락하는가, 그리고 이들이 실패할 수밖에 없는 내외적 요인이 무엇인가라는 문제는 콘래드의 지속적인 탐색의 주제인 것이다.

말레이 군도의 모험담: 『로드 짐』

콘래드의 첫 작품인 『올메이어의 우행』과 『도서의 추방자』(*An Outcast of the Islands*, 1896) 『구조』(*The Rescue*, 1920)는 링가드를 중심으로 한 삼부작을 이루고 있는데 이 삼부작은 주제나 배경에서뿐만 아니라 인물과 작품에 대한 착상에 있어서도 『로드 짐』과 유사성을 보이고 있다. 삼부작에 등장하는 링가드는 짐(Jim)의 전신이라 할 만한 인물로서 이들은 공통적으로 영국의 폐쇄적인 사회에서 탈출하여 각기 말레이 군도의 가상의 지역, 쌈버

(Sambir)와 파투산(Patusan)에서 절대적인 지배력을 발휘하며 원주민사회의 지배자로 군림한다. 이들은 영국의 식민지 확장 단계에서 백인으로서 교역을 통해 원주민사회와 접촉하고 원주민 내부의 정치적인 갈등에 관여하여 영향력을 행사한다. 유색인사회에서 이들은 거의 절대적 존재로 부각되며 온정주의적 지배를 통해 잠시 안정된 사회를 형성하는 듯이 보이지만, 이들의 정치적 지배와 관여는 원주민들의 정치적 후계자를 죽음으로 몰고 가고 결국 그 사회의 혼란을 가중시킴으로써 이들의 삶도 좌절과 실패로 끝난다.

　이처럼 콘래드 초기 작품들은 이국적인 배경에서 식민주의자들의 행적을 그리고 있다는 점에서 1880년대에 유행한 모험소설에 속한다고 볼 수 있고, 당대의 비평가들이 콘래드의 작품들을 스티븐슨(R. L. Stevenson)이나 키플링(R. Kipling)의 소설과 비교하며 평가한 것도 이러한 유사성을 주목했기 때문이다. 그러나 콘래드는 식민주의자들의 모험에 바탕을 두고 있으면서도 모험소설의 영웅적 인물이 아니라 타락한 문제적 인물과 그들의 반영웅적 행적을 그리고 있다는 점에서 모험소설을 패러디하고 있다고 볼 수 있다. 대중적 모험담의 모티프를 두루 사용하고 있지만 그 장르의 기본적인 요건이라고 할 수 있는 모험은 전혀 이루어지지 않고 있는 것이다. 여기에 등장하는 백인들은 대부분 하잘것없는 인물들이며 모험은 과거에 이루어진 일로 몇가지 희미한 전설이나 향수어린 회상으로 남아 있을 뿐이다. 사실 그들이 회상하는 과거의 모험도 결코 영웅적 행위가 아니라 그 의미와 가치가 의심스러운 행위로 제시된다. 콘래드는 백인들의 서술에 대한 원주민의 반대서술을 병치하는 다성적 서술구조를 사용하여 백인들의 행위를 다른 각도에서 해석하고 제국주의 이데올로기를 뒤집어보며, 영웅적 인물인 원주민 데인(Dain)과 바발라치(Babalachi) 등의 행적을 통해 백인들에 의해 위협받는 말레이 문화와 사회를 분명하게 드러내고 있는 것이다.

　『로드 짐』의 파트나(Patna) 호 에피쏘드를 다룬 부분은 백인공동체의 규율을 위반함으로써 실추된 자신의 명예에 대해 깊은 굴욕감을 느끼는 인물이 그 사회로부터 소외되는 과정을, 파투산의 에피쏘드는 그러한 인물이 식민사업을 통해 명예를 회복하고 영웅적 자아상을 실현하려는 이야기를 담고 있다. 짐이 정착하게 된 말레이 반도의 오지는 이질적 문명간의 접경지대로서 그의 영웅적 자아상을 실현하고 그가 지닌 규범의 가치를 시험하는 무대가 된다. 영웅적 행위를 꿈꾸는 주인공 짐이 과연 어떠한 인물이며, 그의 행적을 어떻게 평가할 수 있을 것인가라는 문제는 다양한 관점을 통해 전달되는데, 그 결과 이 소설은 상당히 복잡한 서술구조를 갖게 된다. 이 작품의 첫 네 장은 주인공의 모험에 대한 자기방종적인 동경을 비판적이며 냉소적으로 보는 전지적 서술자의 관점으로 시작한다. 그러나 이러한 냉소적인 태도는 말로우의 공감적 서술에서 점점 약화되고(5~18장), 쉬타인(Stein)의 에피쏘드(19~21장)에서 짐은 불가능한 꿈을 추구하는 낭만주의적 딜레마를 상징하는 인물로 부상하며, 파투산의 에피쏘드(22~44장)에서는 영웅적 모험담의 인물로 부상하는 것이다. 이와같이 이 소설에서 짐의 행위를 조망하는 틀 자체가 변화할 뿐 아니라 짐의 행위를 평가하는 여러 인물들의 다양한 시각이 상대적으로 제시되고 있다는 점은 서술구조의 복합성을 더하고 있다.

그러나 거의 작품 전체의 화자로서 말로우는 짐의 행위에 대한 여러 인물들의 관점을 제시하면서 행위규범의 의미와 가치를 점검한다. 따라서 이 작품은 크게 보아 낭만적 자아상을 실현하려는 짐과 그에 대하여 비판적이면서도 공감적인 인물인 말로우를 두 축으로 하여 구성되어 있다. 이러한 구조는 낭만적 인물을 사실주의적 시각에서 아이러니컬하게 전달하는 틀을 형성하는데, 이러한 이중구조에서 짐은 영웅적 행위를 희구하는 그 나름의 탐색을, 말로우는 짐의 행위를 구술하면서 행위규범의 의미를 탐구하는 형이상학적 탐색을 수행하는 것이다. 이 두 가지 탐색을 매개하는 것은 행위규범의 문제이다. 말로우가 짐에게 일차적으로 느끼는 것은 선원으로서의 동류의식이며 그것은 "우리들 중의 하나"라는 말로 표현되는 인종적·문화적·직업적 동질감이다. 그러나 "우리"의 일원으로서 믿을 만한 인물이 인도양에서 800명의 회교도 순례자들을 태우고 항해하던 중 배가 손상을 입고 침몰할 위기에 처하자 배와 승객들을 버리고 도망쳐버린 파렴치한 행위를 저질렀기에 말로우는 무척 유감스럽게 여기며 "불변의 행위규범"에 대한 의구심을 가지게 되는 것이다. 말로우의 지속적인 관심사는 백인들, 좁게는 백인 선원들을 결합하는 행위규범이 과연 존재하는 것인가, 존재한다면 그 사회적 도덕적 근거가 무엇이며, 그것은 얼마만한 구속력을 가지고 있는가 하는 문제이며, 그를 통해 규범에 대한 믿음을 견지하면서 짐의 파렴치한 행위를 설명할 수 있는 이유를 찾으려는 것이다. 말로우는 파트나호의 기관장과 브리어리(Brierly) 선장, 프랑스 포함의 대위 등의 말과 행적을 제시하면서 규범의 문제를 고찰한다. 작가는 이러한 여러 인물들의 에피쏘드를 병치하고 각각의 관점과 행위를 짐의 행실에 대한 변주로 제시하는 독특한 서술기법을 통해 규범의 문제를 탐구하는 대위법적 구조를 만들고 있는 것이다.

  이 소설에서 말로우는 "빛과 질서" "질서와 윤리적 진보의 도덕성" 등 식민주의의 이데올로기가 식민사업을 정당화할 수 없는 서구적 이념일 뿐이며 이러한 서구적 관념은 백인사회를 보호하는 피난처이자 "사소한 편의를 위한 합의", 즉 식민주의의 실상을 왜곡하는 허구적 이데올로기라는 사실을 정확히 간파하고 있다. 더구나 서구의 이념이 통용되지 않고 본국의 구속력이 미치지 않는 타자의 공간에서 인간은 개인적 규범에 따라 행동할 수밖에 없으며, 바로 이 시점에서 개인의 내면적 가치나 결함이 여실히 드러나는 것이다. 콩고의 원주민사회에서 절대자로 군림하게 된 커츠의 타락이 그의 무자비한 탐욕과 정복욕 때문이었다면, 짐의 내적 가치를 결정적으로 테스트하는 사건은 브라운(Brown)과의 대면인데, 이 테스트를 통해 입증되는 것은 짐의 개인적 명예규범조차 타자의 세계에 적용될 수 없는 서구적 관념이라는 사실이다. 짐은 명예심이라는 이상적 규범을 가지고 타자의 세계와 대면하지만 그러한 가치의 이질성으로 인해 원주민들과 동화되지 못하고 진정한 유대를 형성하지 못한다. 따라서 그의 행적은 식민주의나 제국주의적 기획이 아무리 선의를 가진 온정적인 것이라 하더라도 정당화될 수 없음을 입증하는 것이다. 이러한 점에서 그의 식민사업의 실패와 좌절은 제국주의적 기획 전반에 대한 작가의 비판을 예시하는 것이며 바람직한 개인적 삶은 유기적 공동체 안에서만 가능한 것이라는 작가의 소신을 시사한다고 하겠다.

정치소설: 『노스트로모』

영국의 저명한 비평가 리비스는 『노스트로모』에 대해서 사회·역사적 상황을 세밀하게 탐구한 뛰어난 작품이며 영어로 씌어진 최고의 소설이지만 또한 문제점이 많은 작품이라고 평가한다. 가공의 공화국 코스타구아나(Costaguana)의 연안 도시 쑬라코(Sulaco)는 유럽의 자본으로 교역이 이루어지고 철도부설이 진행되며, 홀로이드(Holroyd)의 금융자본이 대변하는 북미의 신식민주의 세력의 침입을 받는 등 역사적 공간으로 구체화되고 있으며, 다른 한편 "성소"와 "사원" 같은 이미지를 통하여 전통적 건국신화를 연상시키는 서사시적 규모로 한 사회의 역사를 제시하는 소우주가 되고 있다. 이 소설은 남아메리카의 가공의 지역을 상정하여 역사적 구체성과 통시적 상징성을 동시에 부여하면서 물질적 이익 추구를 둘러싼 한 사회의 역사적 형성과정을 그리고 있다.

코스타구아나의 정치적 상황은 귀족들의 연방주의와 토착민들의 통합주의가 각축전을 벌이며 순환적 패턴을 보인다. 구즈만 벤토(Guzman Bento)의 독재는 블랑꼬(Blanco) 귀족들이 지지하는 리비에라(Riviera)의 공화국 설립으로 이어지며 이는 18개월 만에 몬테로(Montero)의 군사독재로 이어진다. 드꾸(Decoud)가 제창한 분리주의운동은 몬테로의 독재를 피하려는 연방주의 운동이며, 분리주의 혁명에 성공한 쑬라코 공화국을 코스타구아나의 다른 지방과 다시 통합하려는 움직임이 작품의 마지막 부분에서 암시되고 있다. 이처럼 순환적으로 반복되는 역사전개는 암시적 이미지의 반복적 사용과 과거와 현재, 미래를 임의로 뒤섞는 시간전도(time shift)의 기법을 통해 제시됨으로써, 역사적 사건이 걷잡을 수 없이 진행되고 있지만 실제로 의미있는 발전이나 변화가 이루어진 것은 아니라는 인상을 강화한다.

실제로 쑬라코가 코스타구아나로부터 분리되어 독립적인 공화국을 건설하는 과정은 다양한 개인들의 이해가 임의로 집적되고 교차하는 가운데 이루어진다. 그것은 물질적 이익에 대한 굴드(Gould)의 집착과 기독교정신의 보급이라는 이데올로기로 무장한 홀로이드의 제국주의 세력, 프랑스제국을 재현하려는 몬테로 장군의 야심, 쏘틸로(Sotillo)의 탐욕, 안토니아(Antonia)에 대한 사랑으로 정치적 사건에 개입하게 된 드꾸의 분리주의정책, 기득권을 보호하려는 기존의 제국주의 세력과 스페인계 귀족들, 그리고 정치에 대해서 무지한 노동자들과 인디언들의 순종 등 여러 요인들이 결합된 결과이다. 독재자들이나 제국주의자들이 내거는 민주주의·자유·평등, 진보와 같은 이데올로기는 각각의 이해관계를 치장하는 빛나는 의상이자 공허한 구호이고, 이데올로기적 이론의 모델을 추구하는 역사적 시각도 그 나름의 이해관계를 바탕에 두고 있는 것이다.

이 작품의 핵심적인 인물은 드꾸와 굴드, 노스트로모라고 볼 수 있는데 이들은 코스타구아나의 역사적 사건 진행에 결정적인 영향을 미치고 있을 뿐 아니라 이들의 행적은 역사를 보는 상이한 관점들을 각각 예시하고 있다. 이들 중에서 역사를 객관적으로 보는 시각을 구현하고 있는 인물은 세기말적 지식인인 드꾸이다. 그는 역사에 현실적으로 접근하려는 작가의 태도를 대변하고 있는데, 인간은 기본적으로 자기본위적이며 이기적인 존재로서, 행동을 결정짓는 동기는 그들이 내세우는 목적이나 이념과 달리 감정적이거나 경제적인 욕구이고, 정치적 경제적 패권을 획득하려는 모든 행위는 희극적인 "죽음의 소극"이라고 생각하는 회의주의자이다. 역사의 동인에 대한 드꾸의 예리한 통찰은 쑬라코의 변천과정에서 상당히 타당한 것임이 입증된다. 그러나 역사적인 통찰력에도 불구하고 그의 역사관은 자신의 계급이나 종족, 교육에 의한 편견을 벗어나지 못하고 있다. 자신의 내면에서 회의주의가 무너짐으로써 비롯되는 드꾸의 자살은 회의주의적 사고의 위기를 예시하고 있고, 아이러니나 회의주의도 "전체적 사물의 체계"에 대한 참여를 바탕으로 할 때만 가능한 것이라는 작가의 소신을 보여준다고 하겠다.

코스타구아나에서 물질적 이익을 추구함으로써 그 사회의 중대한 변화를 가져오는 주역은 굴드이다. 처음에 굴드에게 광산개발은 단순히 물질을 개발하는 것이 아니라 윤리적 이념을 실행하기 위한 모험으로 여겨진다. 그러나 그는 낭만적 개혁가에서 완벽한 자본가이자 기능성의 화신으로 변모하게 되고, 이런 점은 「어둠의 오지」의 커츠를 연상시킨다. 그들은 영국에서 교육받은 지식인이고 도덕적인 이념을 가지고 모험을 시작하지만 이념을 달성하기 위한 수단 그 자체와 자신을 동일시하게 됨으로써 이념의 변질을 겪게 된다. 무자비한 정복자로 상아를 강제로 채취한 커츠와는 다르지만 자본주의적 기업가인 굴드도 은광 개발을 통해 하나의 신화를 이룩한다. 이 자본주의적 신화 즉, 끝을 모르는 물질적 이익의 추구는 그 자체의 논리에 따라 독재의 전횡과 무질서 못지 않은 무정부상태를 초래한다는 점에 비판의 초점이 맞추어지고 있다.

노스트로모는 이딸리아의 제노바 하류계층 출신의 선원으로서 물질적 이익 추구의 신화가 사회적 삶과 역사를 지배하는 쑬라코에 영웅적 인물로 등장하여 놀라운 업적으로 명성을 얻고 부유한 선장이 되어 신분상승에 성공하는 듯이 보인다. 그가 추구하는 것은 물질적 이익이 아니라 과거의 전설적 영웅들처럼 용감한 업적을 쌓아 인구에 회자하는 불멸의 명성을 얻는 것이다. 그러나 그의 영웅적 자질은 물질적 이익의 신화에 접하면서 변화를 겪게 된다. 쑬라코의 분리운동 가운데 싼 또메 광산에서 채광된 은을 숨기는 과업은 노스트로모의 자질을 판가름하는 결정적인 테스트가 되는데, 그는 자신이 충성을 바친 자본가들이 이익추구의 논리에 따라 개인을 인격이 아닌 도구로 생각하는 집단이라는 사실을 인식하고 기존의 정체성에 환멸을 느끼게 되면서 은에 집착하게 된다. 이 소설의 후반부는 거짓 영웅이 되어버린 노스트로모와 두 자매 간의 삼각관계를 그리는 통속적 멜로드라마로서 타락한 노스트로모의 영웅적 위상을 보존하려는 애매한 결말부분과 함께 많은 비평가들의 비판을 받아왔다. 그러나 이러한 결말은 역사적 기록이나 공적인 평판이 실상과는 괴리된 것이라는 작가의 의식을 보여주는 한편, 현대의 삶에서 상실되어버린 덕목, 즉 충실성이나 용기와 같은 미덕을 대변하는 인물에 대한 작가의 동경을 시사한다고 하겠다.

  이 소설에서 에밀리아 굴드(Emilia Gould)가 차지하는 위치는 삶에 대한 작가의 통찰력과 관심이 확대되고 심화되고 있음을 보여준다. 그녀는 현실의 실상을 알지 못하는 커츠의 약혼녀와 달리 자본주의와 제국주의의 발달이 어떠한 대가와 희생을 요구하는지, 이러한 발달과정에서 도덕적 이상주의가 어떻게 변질되는지를 자신의 경험을 통해서 인식하고 있는 인물이다. 그녀는 드꾸의 역사적 단견을 넘어서서 역사적 세력의 주체로서 토착민들의 존재를 인식하고 있으며, 자신의 남편 굴드가 물신화되는 과정을 직시하고 또한 타락한 노스트로모의 실상을 덮어줌으로써 그의 명성을 역사에 남기는 등, 작가의 의식에 가장 근접한 인물이며 때로 작가의 임무를 대행하기도 하는 인물이다. 이전의 작품들이 남성들의 낭만적·이상주의적 행위가 그들 개인의 삶을 파괴하는 과정에 비중을 두었다면, 『노스트로모』에서는 그러한 행위가 인간관계의 가장 기본적인 단위를 파괴하는 점에 한층 진지한 비판이 가해지고 있다. 이러한 사실은 콘래드의 관심이 초기 작품들의 남성중심적인 세계(선원집단이나 식민주의자들의 사회 등)로부터 점차 확대되고 있음을 보여준다. 이후 『밀정』의 위니 벌록(Winnie Verloc), 『서구인의 눈으로』의 나딸리에 할딘(Nathalie Haldin), 후기 로만스의 플로라(Flora)와 레나(Lena), 리타(Rita) 등의 여성인물들은 남성들의 행위에 의해서 왜곡되는 여성들의 삶과 인간관계에 대한 작가의 관심을 반영하고 있다. 이러한 점에서 『노스트로모』는 이후 작품들이 나아갈 방향을 암시하는데, 그것은 남성들의 자기중심적 가치 추구로 인하여 억압받는 여성들의 삶을 조명함으로써 기본적인 인간관계 정립을 위한 가치를 탐구하는 것이다.

언어 탐구와 형식 실험

자신의 작가관을 피력한 것으로 유명한 『나씨써스 호의 검둥이』(*The Nigger of the Narcissus*) 서문에서 콘래드는 예술작품은 변화하는 일상의 경험에서 "지속적이고 본질적인 것"을 찾는 시도이며 "눈에 보이는 우주의 모든 외양 아래 놓여 있는 다양하면서도 하나인 진실을 밝힘으로써 그 우주의 진가를 올바르게 나타내려는" 시도라고 정의한다. 또한 그것은 삶의 파편들 가운데 어딘가 놓여 있는 "적절한 말"(right word)을 찾아내는 구조 작업으로서 사라지는 순간의 국면들을 포착하여 기억의 영속성이라는 형식을 부여하는 것이다. 이러한 예술관에서 드러나듯이 콘래드에게 창작과정은 곧 본질적인 의미를 발굴하기 위한 노력이며 작가는 불확실하고 일시적인 경험의 세계에서 진실을 추구하는 존재인 것이다.

그러나 진실을 밝혀내려는 그의 작업은 인간의 내밀한 동기나 삶의 실상이 불가해한 것이라는 그의 회의주의적 인식과, 경험을 전달하는 언어의 불투명성에 대한 인식으로 인하여 지난한 고통의 연속이었다. 콘래드는 부단히 기법과 양식의 실험을 거듭하였으며 그 결과 그의 작품은 전래의 다양한 문학장르를 창조적으로 계승하여 형성한 새로운 양식이 되었다. 그의 많은 작품들은 "Tale"이나 "Romance" 등의 부제에서 보이듯 탐색구도를 통한 모험담이나 연애담을 담고 있지만, 그러나 그러한 장르의 기본적 조건들을 전도함으로써 아이러니컬한 구조를 이룬다. 또한 인물 설정이나 사건을 다루는 방식에서 시간적·공간적 구체성을 추구하는 사실주의 소설과 달리 추상적이고, 특정한 개인의 내면심리보다는 사건 또는 에피쏘드를 중시하고 있으며, 빈번한 시간 전도와 "지연된 해독"(delayed decoding), 반복적 이미지의 사용 등 여러가지 기법을 통해 인상주의적이고 상징적인 효과를 주고 있다. 그리고 많은 작품들이 전지작가적 구성이 아닌 직접적 구술, 편지, 기록 등 이야기하기(storytelling)의 형식인데, 이러한 여러 겹의 서술구조는 인식의 불확실성이나 인간간의 소통의 어려움을 반영하는 한편 여러 인물들이 의미형성 작업에 동참하도록 함으로써 그 의미를 확산하는 기능도 하고 있다. 말로우나 익명의 화자를 중심으로 조직된 복합적 서술구조는 콘래드가 그의 작품에서 창조한 우애적 세계의 비전을 구현하고 있는바 그러한 비전을 공유하는 작가와 독자의 공동체로 확산될 수 있을 것이다. 〔이미애〕

추천문헌
● 텍스트

The Works of Joseph Conrad, The Uniform Edition, 22 volumes (London: Dent 1923~28); reprinted and enlarged, 26 volumes (London: Dent 1946~55).

Collected Works of Joseph Conrad, The Kent Edition, 26 volumes (Garden City, N. Y.: Doubleday, Page 1926).

나영균 옮김, 『노스트로모』(한길사 1983).

윤종혁 옮김, 『로드 짐』(금성출판사 1990).

● 비평서

Albert J. Guerard, Conrad the Novelist (Cambridge: Harvard Univ. Press 1958). '밤으로의 여행' 이론에 따라 콘래드의 소설을 도덕적·심리적 차원에서 분석한 고전적인 비평서.

Ruth L. Nadelhaft, Joseph Conrad: Feminist Readings (Atlantic Highlans, N. J.: Humanities Press International, INC. 1991). 여성론적 입장에서 콘래드의 소설을 재조명한 비평서로 손꼽을 수 있다.

Zdzislaw Najder, Joseph Conrad: A Chronicle (Cambridge: Cambridge Univ. Press 1983). 콘래드의 생애에 대한 심도있는 분석과 해명을 겸한 전기이다.

Benita Parry, Conrad and Imperialism: Ideological Boundaries and Visionary Frontiers (London: The Macmillan Press 1983); Edward W. Edward, Culture and Imperialism (New York: Alfred A. Knopf 1994). 제국주의 이데올로기에 대한 고찰을 다룬 저서. 이 두 저서는 제국주의 기획과 그 이데올로기에 대한 콘래드의 양면적 태도를 논의하고 있다.

Ian Watt, Conrad in the Nineteenth Century (Berkeley: Univ. of California Press 1979). 콘래드 작품의 인상주의적 기법에 대한 상세한 해설과 도덕적 의미 분석에 뛰어난 비평으로 정평이 나 있다.

Cedric Watts, The Deceptive Text: An Introduction to Covert Plots (Sussex: The Harvester Press 1984). 콘래드 작품에 내재한 플롯과 작품 상호간의 연계성을 찾아내고 "야누스적 구도"라는 표현으로 다양하고도 상충되는 의미가 텍스트에 공존하고 있음을 밝히고 있다.

D. H. 로렌스

1. 생애와 작품세계

   D. H. 로렌스(David Herbert Lawrence, 1885~1930)는 영국 중부 노팅엄셔(Nottinghamshire)의 이스트우드(Eastwood)에서 광부인 아버지와 교사를 지낸 어머니 사이에서 넷째로 태어났다. 영문학사에서 로렌스처럼 노동계급 출신으로 대작가의 반열에 오른 경우는 매우 드문데, 이런 배경이 그에 대한 온당한 평가를 가로막는 요인으로 작용하기도 하였다. 마치 셰익스피어가 정규교육을 받지 않았다는 이유로 그가 문학적 '천재'이지만 고전에는 무지하다고 보는 선입견이 팽배했던 것처럼, 로렌스가 뛰어나고 특이한 작가임을 인정하는 경우라 하더라도 당대에는 그의 작품세계의 진정한 탁월성을 쉽게 인정하려 들지 않는 경향이 있었던 것이다.
   로렌스의 아버지 아서(Arthur)는 무식하지만 육체적 건강성과 본능적 활기를 지닌 사람이었고, 어머니 리디아(Lydia)는 청교도적 성향을 지녔으며 자식들을 노동계급에서 벗어나게 하려고 갖은 노력을 기울인 여인이었다. 결혼 직후, 퇴근한 남편이 탄광의 흙먼지를 씻지도 않은 채 식탁에 앉자 그녀는 그의 행동을 도무지 이해할 수가 없었다. 그러자 아서는 아무렇지 않게 "이건 깨끗한 먼지야"라고 대꾸한다. 이는 로렌스의 성장사를 이해하는 데 하나의 상징적인 일화라 할 수 있다. 공동체의 전통이 살아 숨쉬는 탄광촌에서 자연스럽게 받아들여지던 생활방식이 리디아에게는 벗어나야 할 질곡으로 다가왔고, 남편의 무절제한 생활과 술주정은 도덕적 타락으로만 보였다. 부모 사이의 이러한 계급적·정신적 갈등은 그의 초기 대표작 『아들과 연인』(Sons and Lovers, 1913)에서 충실하게 묘사되고 있다. 남편에게서 궁극적 만족을 기대할 수 없게 된 여인들이 흔히 그렇듯이, 리디아에게 아들 로렌스는 연인과도 같은 대리적 존재가 된다. 뛰어난 재능을 가진 병약한 아들에 대한 리디아의 애정은 절대적이었고 로렌스는 어머니가 원하는 가치를 실현하기 위해 안간힘을 쓰며 성장하게 된다.

말년에 쓴 한 에쎄이에서 로렌스는 자신이 아버지의 세계를 온당하게 바라보지 못했음을 술회하고 있다. 아버지에게는 노동하는 남자들 특유의 동류의식이 있었고 그것이 기계적 조직사회의 폭압성에 꺾이지 않는 힘의 원천이 되었음을 뒤늦게 깨닫게 된 것이다. 그리고 광부가 된 어린 시절 친구들의 모습에서 아버지 시대의 천진하고도 활기찬 패기가 사라지고 말았음을 가슴아프게 바라보게 된다. 이러한 변화는 점차 전면화되는 산업체제 앞에서 개인의 생명력이나 전통적 세계의 자생력이 무력화되는 과정을 나타내는 징후였던 것이다.

로렌스는 대학 진학을 전후한 시기부터 습작에 열성을 기울인다. 그의 시 작품들이 『잉글리시 리뷰』(English Review)에 실리면서 그는 유망한 청년작가로 주목받는다. 첫 장편 『흰 공작』(The White Peacock, 1911)도 좋은 반응을 받는다. 그의 대표 장편 중 하나인 『무지개』(The Rainbow, 1916)의 주인공 어슐라(Ursula)가 그랬던 것처럼, 로렌스는 '교육령'(Education Act)의 혜택을 받아 노팅엄 대학을 장학생으로 졸업한 후 크로이든에서 교사생활을 한다. 그 무렵 그는 대학시절 프랑스어를 배운 위클리(Weekley) 교수의 집을 방문하게 되고, 그의 아내 프리다(Frieda von Richthofen)와의 운명적인 만남이 이루어진다. 프리다는 독일 귀족집안의 딸로서 인습에 구애

받지 않는 자유분방한 여성이었다. 프리다가 남편과 정식으로 이혼한 후 로렌스는 그녀와 결혼한다. 프리다와의 결합은 로렌스의 문학세계에 중요한 영향을 끼친다. 프리다는 로렌스 작품 소재의 풍부한 원천이자, 그녀와 맺는 육체적·정신적 충일과 갈등의 과정은 남녀관계가 현대사회의 방향과 어떻게 맞물리는지를 탐구하는 유효한 장을 제공한다.

이 무렵 발발한 1차대전 역시 로렌스의 일생에 결정적인 사건이 된다. 전대미문의 대재난이자 전면전의 양상을 띤 이 세계전쟁이 당대인들에게 미친 충격은 엄청난 것이었지만, 특히 로렌스에게는 서구의 문명과 사상이 근본적으로 한계에 다다랐음을 나타내는 의미를 갖는다. 사랑과 평등을 외치면서 개인의 존엄성을 무참히 짓밟고 대량살상을 자행하는 이율배반이 어떻게 가능한 일인가, 전쟁의 근본 동기가 상업주의적 이해관계에 있다면 이 체제를 넘어설 희망은 어디에 있는가, 나아가 서구 근대의 역사가 그것이 부정해온 탈서구적 가치와 만날 가능성은 과연 존재하는가, 이런 의문들은 그로 하여금 영국을 떠나 이딸리아, 오스트레일리아, 미국, 멕시코 등 세계 각지를 떠돌며 그 해답을 탐색하게 하는 추동력이 된다.

『아들과 연인』 이후 로렌스는 『무지개』와 『연애하는 여인들』(*Women in Love*, 1920)에서 남녀관계를 주축으로 근대세계의 실상을 내면으로부터 묘파한다. 이러한 모색은 『아론의 지팡이』(*Aaron's Rod*, 1922) 『캥거루』(*Kangaroo*, 1923) 『날개 돋친 뱀』(*The Plumed Serpent*, 1926) 등으로 이어지면서 그 배경을 점차 확장해나간다. 말년에 영국으로 돌아와 집필한 『채털리 부인의 연인』(*Lady Chatterley's Lover*, 1928)은 산업체제가 어떻게 인간을 비속하게 만들고 남녀간의 따뜻한 교류를 가로막고 있는지, 그리고 이에 맞선 두 주인공의 사랑이 어떻게 전개되는지를 탄탄한 사실주의적 필치로 그려낸다.

로렌스는 1930년 지병인 폐결핵으로 프랑스 방스의 요양원에서 세상을 뜬다. 유해는 화장되어 그가 새로운 문명의 가능성을 발견했던 미국 뉴멕시코 주의 타오스(Taos)로 옮겨져 안장된다. 로렌스는 십여 편의 장편 외에도 수많은 중·단편과 에쎄이·시·희곡·편지 및 그림을 남겼다. 그의 작품세계는 현대세계에 대한 탁월한 진단이자 인간의 창조성을 지켜내려는 투쟁이었다는 점에서 그 의의를 높이 살 수 있다. 그가 죽은 후 프리다는 다음과 같이 그의 생애를 요약한 바 있다. "그는 자기가 보고 느끼고 인식한 것을 글을 통해 그의 동포들에게 전달했다. 그것은 빛나는 삶이자, 한층 충일한 생명에의 희망이었고 … 영웅적이고 측량할 길 없는 재능이었다."

영국소설의 전통에서 로렌스의 위상은 여러 면에서 주목할 만하다. 우선, 로렌스는 20세기 영국의 대표적 소설가로 평가되면서도, 당시 각광받던 조이스(J. Joyce)나 프루스뜨(M. Proust) 등의 모더니즘적 경향과는 다른 지향의 작품들을 썼다. 이런 사실 때문에 그는 인본주의적 인간관이나 전통적인 언어관에 뿌리를 둔 작가로 이해되기도 한다. 로렌스의 작품은 충실한 묘사와 선이 굵은 사건전개라는 면에서 19세기 사실주의 소설의 맥을 이어받은 것은 분명하지만, 걸작 장편 『무지개』 이후 인간 심층의 탐구를 현대문명의 흐름과 연관짓는 실험적 언어와 예리한 심리묘사 등을 보면 그를 전통적 작가의 하나로 한정짓는 것은 무리가 있다. 요컨대, 사실주의와 모더니즘, 나아가 최근의 포스트모더니즘의 그물망에도 쉽사리 잡히지 않는다는 점에서 우리는 작가 로렌스의 특이한 위상을 발견할 수 있는 것이다. 그에게 소설의 진정한 과제는 지금 무엇을 느끼는가에 탐닉하는 일일 수 없으며, 인간의 삶을 점차 빈곤하게 만드는 물질 중심의 기계문명에 대처하며 "새로운 상태로 나아갈 원동력"(the motive-power for a new state of things)을 제공하는 것이었다. 소설에 대한 로렌스의 이러한 기대는 그의 생애와 사상, 그리고 창작기법 등을 충실히 이해할 수 있는 실마리이기도 하다.

로렌스의 생애에서도 짐작할 수 있듯이, 그의 예술적 관심사는 유럽중심적 관점을 넘어선 것으로 해석될 수 있다. 당시 많은 모더니스트들이 예술가에게 적대적으로 변모하는 환경을 '현대적' 징후로 받아들이며, 대중으로부터의 소외를 예술가의 특권인 양 인식함으로써 엘리뜨주의라는 후대의 비판을 받게 된다. 반면, 로렌스가 영국을 떠나게 된 배경은 이와 사뭇 다르다. 서구사회에 대한 그의 부정은 '타자'로 지칭되던 제3세계에 대한 열린 태도이자 새로운 문명을 향한 창조적 모색이라는 점에서 적극적인 선택이었다고 볼 수 있기 때문이다. 유랑생활은 로렌스에게 외부인의 시선으로 영국을 비롯한 제1세계의 동향을 객관적으로 관찰할 기회를 제공하는 한편, 서구문명의 전통 속에서 성장한 작가로서 제3세계적 삶의 현단계와 그 가능성에 더욱 엄정하게 반응하는 성과를 낳는다. 『무지개』와 『연애하는 여인들』에 나타난 비전이 시공간적으로 근대 유럽세계를 내면으로부터 꿰뚫는 작가의 웅대한 스케일을 반영한다면, 멕시코를 배경으로 한 『날개 돋친 뱀』의 주인공 케이트(Kate)는 유럽인의 비판적 인식에 기초한 진정한 자기쇄신의 과정이 제3세계의 잠재적 가능성과 어떻게 만날 수 있는지를 예리하고도 균형있게 포착한 한 본보기라 하겠다.

콜럼버스가 미대륙을 발견한 이래 서구 백인들이 제3세계로 뻗어나간 것을 근대의 전형적 지표라고 본다면, 최근 '지구화'의 이름으로 전세계를 동질화하는 움직임 역시 이러한 팽창욕구와 다를 바 없다고 할 수 있다. 그런 점에서 지리적이고 인적인 교류는 오늘날의 피할 수 없는 현실이기도 하다. 로렌스의 작품에서 끈질기게 제기되는 '타자'의 문제도 이런 방향에서 그 의의를 찾을 수 있다. 작중인물들이 겪는 이주(migration)의 경험을 그림으로써 로렌스는 서구인들이 다른 장소와 다른 민족 및 다른 문화와 만날 때 제기되는 여러 문제들에 깊이있게 다가갈 수 있었다.

이렇듯 로렌스는 인간 주체(subjectivity)를 단절되고 추상적인 관념들의 조합이 아니라 그들이 처한 터전에 따라 변화하는 존재로 파악한다. 이런 점에서 그의 인간관이 해체주의적 관점을 앞서 통찰했다는 주장도 가능해진다. 하지만 로렌스의 사유에는 또한 현대이론과 맞아떨어지지 않는 면이 존재한다. 그에게 인간이란 온갖 살아 있는 타자──및 자연──와의 관계를 통해 꽃피는 존재로서, 바로 거기서 주체와 타자의 역동적 관계의 가능성이 열리는 한편, 이 역동성 자체도 각 개체의 관념과 '의지'(will)로써 좌우할 수 없다는 점이 중요하다. 로렌스는 존재들간의 원활한 소통과 거기서 비롯되는 새로운 단계로의 나아감, 그리고 이 과정에서 없어서는 안될 각 개체의 창조성의 발현이 있을 때 비로소 진정한 '힘'(power)의 복원이 가능하다고 보며, 현문명의 회생 가능성도 바로 거기서 찾고자 한다.

로렌스 작품의 고유한 측면은 그의 언어관과 담론기법에서도 발견된다. 실험적 기법에 대해 무관심하거나 서툰 작가라는 기존의 평가와는 달리, 로렌스의 소설에서 동일한 양식과 어조로 제시된 작품을 발견하기란 그리 쉽지 않다. 가령, 남녀관계의 성취 문제를 다루는 그의 지속적 관심이 반영된 많은 단편들의 경우에도, 전통적 사실주의적 필치가 돋보이는 「처녀와 집시」(The Virgin and the Gipsy) 「목사의 딸들」(Daughters of the Vicar) 「말장사꾼의 딸」(The Horse Dealer's Daughter) 등이 있는가 하면, 「무당벌레」(The Ladybird) 「공주」(The Princess) 「도망간 수탉」(The Escaped Cock) 등에서는 우화적이고 신화적인 분위기가 자유롭게 구사된다. 주제의 복합성에 부응하는 다양한 기법을 총괄적으로 활용한 「쎈트 모어」(St. Mawr)와 같은 중편에서 이런 점은 더욱 확연하게 입증된다. 소설이 전하는바 커다란 방향성을 놓치지 않으면서도 이야기의 매국면과 상황을 섬세히 주도해나가는 로렌스의 절박한 어조와 언어는 복잡한 구성과 시점에도 불구하고 전체적으로는 단조로운 주제로 귀결되는 현대의 많은 소설과 뚜렷이 구분된다. 다양하고 파격적인 기법을 활용하면서도 현실세계를 끊임없이 환기하며 그 세계를 살아가는 인간들의 근본적인 변화를 겨냥한다는 점에서, 로렌스의 언어는 세계와 무관하게 기호적 독립성을 상정하는 구조주의적 언어관과는 양립하기 어려운 것이다.

초기의 대표적 장편 『아들과 연인』과 로렌스의 최고 걸작으로 평가되는 『연애하는 여인들』을 통해 이 점을 좀더 소상히 살펴보자. 『아들과 연인』은 폴 모렐(Paul Morel)의 성장사를 그리면서 당대 사회에 대한 작가의 관찰과 문제의식을 고스란히 내비친다. 특히 이 작품에서 치밀하게 묘사된 모자간의 특별한 애착관계는 오이디푸스 컴플렉스에 대한 문학적 탐색의 탁월한 예로 받아들여지기도 한다. 폴은 어머니의 삶을 자신의 것과 동일시한 결과, 이성과의 원만한 관계 수립에 어려움을 겪는다. 이 과정은 공동체적 토대가 점차 희박해지는 가운데 폐쇄적 가족관계——이 경우 모자관계——의 중압감이 한층 더 가중되는 현상과 무관하지 않다. 이런 점들을 살펴볼 때 폴이 처한 곤경은 한 젊은이가 겪을 수 있는 특수한 심리적 '증상'에 그치지 않고, 현대세계에서 진정한 자아를 찾는 과정이란 그 세계에 대한 전면적인 대응을 수반할 수밖에 없는 것임을 암시한다고 볼 수 있다.

여기에다 폴 부모의 계급적 차이도 갈등을 심화하는 요인으로 작용한다. 육체적 건강성과 자발성을 지녔으나 의식적 각성에는 눈감은 채 살아가는 아버지 월터 모렐의 삶을 아들 대에서는 넘어서야 한다는 어머니의 열망에는 근대세계를 이끌어나간 추진력이 엿보인다. 주어진 사회 속에서의 적응과 개인의 진정한 각성과 발전이 어떻게 만나고 갈등하는가의 문제는 디킨즈(C. Dickens)와 하디(T. Hardy) 등 선배 작가들이 고심한 주제와도 상통한다. 작가 자신이 훗날 회고한 대로, 『아들과 연인』은 자전적 배경에서 우러나오는 정서적 강렬함과 자연주의적 묘사 때문에 때로 인물들에 대한 정당한 형상화가 방해받기도 한다. 이 점은 근대가 전개되는 커다란 맥락에서 개인의 성장사를 다룬 『무지개』에서는 극복되거니와, 어둠과 꽃과 자연의 충일한 이미지와 더불어 조야한 산업사회를 헤쳐나가는 폴에 대한 공감은 이 소설을 대하는 독자에게 감동을 주기에 충분하다.

『연애하는 여인들』은 독창적이고도 원숙한 필치로 브랭웬(Brangwen) 집안 두 자매의 대조적인 사랑의 행보를 추적한다. 영화의 장면들처럼 빠르고도 단속적으로 엮어나가는 이 소설의 일화들을 이해하자면 연대기적 서술에 의존하는 전통적 소설에 비해 집중도 높은 읽기가 필요하다. 또한 인물 각각의 행동동기를 그들만의 고유한 목소리를 통해 다양하고 충실히 그린다는 점에서는 제임스 조이스나 포크너(W. Faulkner) 등이 활용한 '다중적 시점'(multiple points of view)을 연상시키기도 하지만, 인물들의 시점을 상호관계를 통해 종합하고 진전시키는 힘은 에피쏘드적 내면묘사와는 거리가 멀다. 여기에 사건의 핵심으로 파고드는 전지적 화자의 진술은 작품의 묘사적 예술성에 박진감과 깊이를 부여한다. 가령, 이 장편의 한가운데 배치된 「산업계의 거물」(The Industrial Magnate) 장에서 화자는 현대 기계체제의 동력과 실상을 거침없이 파고든다. 이러한 서술은 제럴드(Gerald)를 비롯한 작중인물들이 이 세계에서 갖는 전형성을 집약적으로 전달하는 효과를 낸다.

『아들과 연인』 이후 로렌스의 주요 장편에서 여성이 주요 인물로 등장하는 것도 특기할 사항이다. 『연애하는 여인들』의 어슐라는 『무지개』에 이어 현대여성으로 살아가는 고뇌와 열망을 고스란히 분출하는 한편, 그녀의 성장이——특히 버킨(Birkin)과의 만남을 통하여——기존 사회에 대한 전면적인 반성으로 이어진다는 점에서 통상적 의미의 '성장소설'과는 격을 달리한다. 이런 점에서 로렌스의 여성관에 대해 협의의 '페미니즘'과 맞지 않는다고 비판할 수는 있어도 그를 반여성적 작가로 몰 수는 없다고 하겠다. 오히려 로렌스의 소설들은 독자로 하여금 어떤 추상적 관념이 아니라 나날의 삶에서 제기되는 복합적인 문제들에 구체적으로 반응할 기회를 제공한다고 볼 수 있다.

2. 「목사의 딸들」의 두 선택

로렌스의 작품세계의 매력과 깊이에 접근할 수 있는 대표적 단편으로 「목사의 딸들」(1914)을 들 수 있다. 이 단편은 영국 중부의 탄광촌을 배경으로 목사의 두 딸이 각기 다른 계층의 남자와 결혼하는 과정을 담고 있다. 일견 평범한 소재이면서도 그것을 제시하는 작가의 섬세하고 균형잡힌 시각은 당대 사회의 변화양상을 폭넓게 파고든다. "교회가 이미 과거의 유물이 되어버린" 상황에서 사회적 신분 외에는 그 무엇도 의지할 바가 없어진 목사관의 삶이 실제적이고 새로운 성향을 띤 탄광촌 사람들의 민중적 삶의 방식과 대비되어 나타난다. 신분질서와 계급구별이 유별난 시대에 사람들이 받아들이던 전제는 이제 그 기반을 잃게 된 것이다. 그러나 이에 대한 저항 또한 만만치 않다. 신분질서가 해체되는 가운데 기존의 상층부에 속한 목사는 은연중 속물적이고 물질주의적인 가치관을 내면화하게 된다. 그리고 여기에 이들의 '정신주의적' 성향이 얽혀 문제는 더욱 복잡해진다.

이러한 변화는 목사의 맏딸 메어리(Mary)와 그녀의 선택을 통해 집약되어 제시된다. 동생 루이자(Louisa)가 "이상(理想)보다는 적을 더 많이 가진" 데 반해, 메어리는 "아름다운 옆모습과 지고한 운명에 복종하는 순수한 표정을 지닌 소녀"이다. 곤궁한 살림을 근근이 이어가는 이 가정에 물질적 도움을 줄 남자인 매씨(Massy)와 결혼하는 메어리는 일견 자기희생적 여성으로 비쳐질 법하다. 하지만 결혼의 동기가 단순히 이런 면에 국한되지 않고, 육체에 대한 정신의 우위를 믿는 그녀 나름의 신념에서 비롯된다는 사실이야말로 그녀의 독특한 성격을 웅변한다. "매씨의 육체는 상상도 할 수 없는 것이지만, 지력에 있어서는 그는 뭔가 확고한 존재였다. 그가 참여하면 대화는 곧 균형잡힌 추상적인 분위기를 유지하게 되었다. 자연발생적인 탄성이라든가 개인적 신념의 격한 주장이나 표출 같은 것들은 사라지고, 다만 냉정하고 합리적인 주장만이 남게 되는 것이었다." 메어리는, 남자로서는 소름끼치는 존재이지만 정해진 교리에 따라 자선을 베풀고 목사(rector)로서의 의무를 행하는 매씨가 근본적으로 '선함'을 믿어 의심치 않는다. "그녀의 육체적 자아는 그보다 더 자랑스럽고 더 강했으며, 그를 싫어하고 경멸했다. 하지만 그녀는 그의 도덕적 정신적 존재에 붙잡혀 있었다 … 그리고 그녀의 가족은 지켜보고 있었다."

인간적 감정의 폭을 이해하지 못하는 매씨와의 결혼은 메어리의 존재적 자유를 처음부터 옥죄는 것이지만, 그녀는 그가 제공하는 부와 사회적 의무로 말미암아 '자유'를 획득하게 되었다고 자신을 설득한다. 육체를 지불하는 대가로 물질적으로나 정신적으로 더 높은 자유를 얻었다는 것이다. 만약 메어리가 어머니가 되는 경험을 겪으면서 자신의 육체적이고 온전한 면모를 대면하지 않았다면, 그녀는 이 삶의 내용이 순수한 '의(義)'에 대한 헌신이라는 자기기만 하에 진정한 삶을 '거래'한 것임을 직시할 수 없었을 터이다. 아이를 가진 후 메어리는 자신이 옳다고 믿었던 바를 전면적으로 되돌이킬 수밖에 없는 뼈아픈 괴로움을 겪게 된다. 일상을 살아가는 여성으로서, 어머니로서 겪는 '육체의 반격'이 관념주의의 두터운 장벽을 돌파하는 장면이라 하겠다. 이 점은 특히 서구 형이상학이 여성의 육체를 침묵시키고 대상화한다는 페미니즘의 비판과 일치하는 대목이기도 하다. 메어리의 '정신주의적' 지향이 자기희생적 외관에도 불구하고 물질주의적 속물성의 이면임을 극화한 점에서 이 소설이 주는 울림은 크다.

루이자와 광부인 알프레드(Alfred)의 결합은 메어리가 선택하고 결국 좌절할 수밖에 없었던 행로를 정면으로 거스르는 힘겨운 시도로 요약할 수 있다. 목사관의 교육을 받고 자랐으며, 언니의 '고결성'을 믿었던 루이자가 결국 그것이 허위임을 깨달아가는 과정은 인습과 계급적 편견과 맞서는 전면적인 대응이라 할 만하다. 사랑하는 사람과 결혼하겠다는 루이자의 어쩌면 단순한 소망은 그녀의 전존재를 건 용기가 있었기에 가능했던 것이다.

남녀간의 결합에 계급의 차이와 갈등의 문제가 얽혀 나타나는 경우로는 이 소설 외에도 「처녀와 집시」 「패니와 애니」(Fanny and Annie) 『채털리 부인의 연인』 등이 있다. 이 작품들에서 여주인공들이 사랑을 성취하기 위해서는 중산계급의 속물적이고 위선적인 삶의 방식을 극복하는 일이 필수적인 과정으로 수반된다. 한편 자신의 행로에 대해 끊임없이 고심하는 알프레드의 예를 보면, 작가가 노동계급에 대한 본능적인 동류의식을 지니면서도 이들이 이 시대의 진정한 대안으로 서기 위해 어떤 자질들이 요구되는지를 적극적으로 모색하고 있다고 볼 수 있다. 목사관을 지탱하던 정신적 우월성이 물질적 유혹 앞에서 맥없이 무너지듯이 돈의 위력이 모든 가치를 무력화하는 오늘날, 이 소설이 전하는 메씨지는 더욱 절실하게 다가온다.

3. 『무지개』와 근대적 남녀관계

『무지개』는 여러 차례의 수정과 개작을 거쳐 1915년에 빛을 보았지만 곧 출간금지 조치를 당한다. 『채털리 부인의 연인』의 경우처럼 직접적인 성묘사가 그 주된 원인으로 지목되었지만, 이 장편과 『연애하는 여인들』에 대한 당대의 껄끄러운 반응의 이면에는 좀더 복합적인 이유들이 자리잡고 있다. 가령 전쟁에 대해 서슴없이 비판하는 대목이 당국의 입장에서는 눈엣가시처럼 거슬렸다면, 편집자 가네트(E. Garnett)가 그랬듯이 기존의 소설에서 기대됨직한 인물유형으로는 해명되지 않는 이 소설의 남녀의 행동양식은 쉽게 수긍되기 어려웠을 것이다. 이 장편의 탁월함을 전반적으로 인정하는 현재에 와서도 이런 반응이 완전히 불식된 것으로 보이지는 않는다. 로렌스 소설에서 남녀관계가 갖는 역사적 함의에 주목하기보다는 그것이 단지 양성간의 해소될 길 없는 갈등의 반복이라고 보는 해설이나, 작품 맥락과는 무관한 작가의 철학적 사변이 개입된다는 비판들 역시 수그러들지 않고 있다.

한 학기 동안 로렌스 작품을 강의한 경험을 이야기하면서 미국의 한 교수는 로렌스를 이해하려면 반드시 선입견 없는, 혹은 자신의 편견을 깨는 독서태도가 필요하다고 역설한다. 한번 듣고 말려고 CD를 사는 사람이 없듯이, 거듭된 읽기와 사색은 공들인 한 권의 작품에 다가가는 필수요건이라는 것이다. 로렌스는 진정으로 새로운 경험을 담은 소설을 읽으며 겪는 괴로움을 굳어버린 근육을 움직이려 할 때 오는 아픔에 비유한 바 있다. 격심한 통증 때문에 우리는 종종 그 이야기를 외면하거나 자기방식으로 바꾸어 읽고 싶은 유혹에 빠지게 된다.

『무지개』를 읽는 일 역시 이러한 새로움을 감당할 자세를 요구한다. 이 소설에서 자족적인 농경사회에서 산업화된 근대세계로 진입하는 과정은 브랭웬 집안 삼대의 결혼과 남녀관계를 중심으로 연대기적으로 펼쳐진다. 남녀관계의 성취 문제에 초점을 맞춤으로써 개인의 내면적 열망과 그들이 몸담은 사회상이 포괄적으로 탐구되는 것이다. 1세대인 톰 브랭웬(Tom Brangwen)에게 "사랑이라는 과제는 무엇보다 진지하고 두려운" 것으로 다가온다. 그에게 '사랑'은 일상의 진부함에서 벗어나 근대세계에서 그 나름으로 참다운 존재를 찾는 지난한 과정과 다르지 않다. 사회주의적 이상과 환멸을 모두 경험한 리디아(Lydia Lensky)와의 결합을 통해 톰은 자신의 열망의 실마리를 찾게 된다. 이들 남녀가 서로 다른 과거와 배경을 극복하고 합일에 이르는 데는 이들이 아직 자연과의 합일이 가능한 전통적 세계에 뿌리를 두고 있다는 점과 무관하지 않다. 실로 1세대의 삶에는 바람과 어둠의 자연세계, 계절의 추이에 순응하는 인간들의 삶, 출산과 죽음의 순환을 거듭하며 면면히 이어지는 유장함이 깃들여 있다. 아내가 산고를 겪는 밤, 톰이 의붓딸 애너(Anna)를 달래는 장면은 잊지 못할 감동으로 우리에게 다가온다. 톰 부부가 서로의 다름을 인정하는 가운데 이루어놓은 무지개의 아치 아래서 애너는 안정감 있게 뛰놀 수 있었던 것이다.

 2세대의 애너와 윌(Will Brangwen)은 서로를 깊이 사랑하면서도 앞세대가 누린 '균형'에 다다르지 못할 뿐 아니라, 갈등의 원인이 무엇인지 의식하지 못한다. 이 점이야말로 2세대의 갈등을 격렬하게 만든다. 톰과 리디아의 결합이 나름의 성취에도 불구하고 근대 진입과 적응의 문제를 한편으로 젖혀둠으로써 가능했다면, 이제 이 문제는 더이상 회피할 수 없는 것으로 2세대를 압도하고 있다고 볼 수 있다. 신혼의 윌은 외부세계와의 원만한 관계를 맺지 못하고 기독교의 신비적 성향에 심취하는데, 이는 아내에 대한 의존의 형태로 나타난다. 특히 7장 「성당」(The Cathedral)에서 이들의 갈등은 정점에 다다른다. 여기서 애너의 반란적 웃음소리는 성당건물에 대한 윌의 도취를 일거에 깨뜨려버린다. 많은 평자들은 이 문제를 기독교와 이교주의, 신비주의와 합리주의, 혹은 정신과 육체의 갈등 등으로 파악한다. 하지만 윌의 퇴행적 성향이 창조적 자기갱신을 외면한 데서 비롯되었고 이 점에서 애너와의 대립이 더욱 극단적으로 치닫는 점을 볼 때, 이들의 갈등은 역사적 변화의 한가운데서 펼쳐지는 것임을 알 수 있다. 교회 건축물에 대한 도취와 노팅엄에서 만난 처녀와의 일탈적 행위, 그리고 애너의 육체에 대한 감각적 탐닉으로 이어지는 윌의 '절대미'(Absolute Beauty)에 대한 집착은 실상 정신과 감각의 분열을 예고하는 시대적 징후이며, 이 점이야말로 그를 근대적 특징을 체현하는 인물로 만든다. 7장 이후 그는 "상상력 없는 지식과 기교"만으로 만들어지는 복제품 생산에 재능을 보이고 나아가 민주적 교육의 확산을 의미하는 공교육에 봉사하는 인물로 다시 태어난다. 남편에 대한 애너의 신랄한 공격은 윌의 파편적 면모에 대한 정당한 대응인 면도 있으나 그 나름의 문제점도 배태하고 있다. 남성의 존재를 부인하는 애너의 '대모'(Magna Mater)적 면모 역시 남녀간의 균형적 관계를 이루기 위해서는 넘어서야 할 장벽으로 남아 있기 때문이다.

  2세대의 근대 진입은 이렇듯 복잡한 과정을 겪으며 이루어진다. 3세대인 어슐라 앞에는 부모세대에 열린 가능성과 짐이 더욱 무겁게 드리워진다. '미지의 자아'를 찾으려는 소녀 어슐라의 방황과 모색은 개인으로서 정체를 희구하는 근대 여성들에게 하나의 표상처럼 인상깊게 다가온다. 결혼의 장을 통해 외부세계와 조우한 애너와는 달리, 어슐라에게는 외부세계의 실상을 몸소 체험하는 일이 급선무가 된다. 어슐라의 의식 내면을 조명하는 소설 후반부의 언어가 가파르고 때로는 격렬한 어휘들로 격앙되는 것도 이러한 이유에서이다. 부모로부터 독립하여 '남자의 세계'의 적대적 분위기와 대결하고 대학이 주는 애초의 희망이 환멸로 탈바꿈하는 일련의 경험을 겪으면서 어슐라의 자의식은 점차 강해진다.

  세계와의 손쉬운 화해를 거부하는 어슐라의 이런 면모는 그녀의 삶에 이중적으로 작용한다. 그것은 한편으로 개인을 단지 전체의 부속물로 환원하는 산업체제의 강고함에 도전하는 힘이 되지만, 그 과정에서 자신의 본모습을 외면하는 허위의식으로도 나타난다. 전쟁에 복무하는 자신의 삶에 아무런 회의도 갖지 않는 공병장교 스크리벤스키(Anton Skrebensky)와의 사랑을 통해 그녀의 이런 면모는 여실히 드러난다. 교교한 달빛이 비취는 링컨셔 해변에서 사랑을 나누는 장면에서 어슐라의 분열된 모습은 정점에 도달한다. 그녀의 '선하고 사랑스러운 자아'는 스끄리벤스끼를 받아들이려 하지만, '저 타오르고 부식하는 다른 자아'는 그의 공허한 실상에 파괴적으로 응수할 수밖에 없는 것이다. 2세대의 결혼이 그러하였듯이, 여기서도 개인과 세계의 창조적인 관계 수립 없이는 남녀간의 충족된 사랑 또한 기대하기 힘든 것임을 알 수 있다.

이러한 어슐라의 행로에 대해 근대세계에 대한 지나치게 부정적인 반응이라고 말하는 평자들도 있다. 가령 케이트 밀레트(Kate Milett) 같은 페미니즘 비평가는 스크리벤스키에 대한 어슐라의 치열한 공격을 작가의 반여성적 성향이 반영된 것으로 비난하기도 한다. 하지만 이런 관점에서는 어슐라의 선택이 "그녀 삶의 한계를 벗어나려는 투쟁"임을 밝히기가 어려워진다. 그녀의 모색을 통해 이 세계의 진상이 밝혀질 뿐 아니라, 이 과정은 자신의 내부에 깃들인 허위까지도 극복함으로써 얻어진 것이다. 윌의 분열된 양상과 애너의 파괴적 성향 모두를 극한까지 경험하면서도 거기에 내재된 부정적 면모를 넘어서는 어슐라의 이야기는 근대세계의 속성을 예리하게 꿰뚫은 성과에 다다랐다고 할 수 있다. 그리고 『연애하는 여인들』에 이르러 이 이야기는 더욱 완결된 모습으로 우리 앞에 제시된다. 〔강미숙〕

추천문헌

로렌스의 소설은 펭귄판이 널리 보급되어 있고, 산문은 『피닉스』(*Pheonix*)와 『피닉스 II』(*Phoenix II*)가 바이킹 출판사에서 나와 있으며, 케임브리지 대학 출판부에서 간행중인 로렌스 전집을 통해 완결된 형태로 접할 수 있다. 케임브리지 전집에는 로렌스의 서간집과 『호저의 죽음에 대한 명상과 다른 산문들』(*Reflections on the death of a Porcupine and Other Essays*, 1988)을 비롯한 수필, 그리고 대부분의 단편 및 장편소설이 포함되어 있다. 이 가운데 간행 당시 대폭 수정·삭제된 부분을 복원한 『아들과 연인』(*Son and Lovers*)이 최근에 출간되었다. 케임브리지 판에는 집필과정 및 출판 경위와 당대의 반응들을 담은 소개말과 자상한 설명주도 붙어 있어 작품이해에 도움이 된다.

Peter Balbert, and Phillip L. Marcus eds., *D. H. Lawrence: A Centenary Consideration* (Ithaca: Cornell Univ. Press 1985). 로렌스 탄생 1백주년을 기념하여 출간된 책으로 11편의 논문을 통해 그의 작품의 다양한 면모를 조명하고 있다.

Michael Bell, *D. H. Lawrence: Language and Being* (Cambridge: Cambridge Univ. Press

1991). 언어학적 방법론과 철학적인 조망을 결합한 평서로서 영문학에서 로렌스의 특수한 위상을 밝히는 데 주력하고 있다.

F. R. Leavis, *D. H. Lawrence: Novelist* (Harmondsworth: Penguin 1955). 로렌스 소설에 대한 당대 평단의 접근법을 수정하며 작품에 대한 깊이있는 이해를 시도한 최초의 본격적 비평서이다.

강미숙 「『무지개』의 제2세대와 근대적 남녀관계」, 『영학논집』 23호(서울대 1999). 『무지개』의 제2세대에 대한 자세한 읽기를 통해 이 장편의 역사적 지평을 부각하고 있다.

김정매 『어둠의 불꽃』(문학과지성사 1988). 로렌스의 생애 및 작품 소개와 더불어 주요 비평서들에 대한 개관을 덧붙이고 있는 연구서이다.

백낙청 「로렌스소설의 전형성 재론: 『연애하는 여인들』에 그려진 현대예술가상을 중심으로」, 『창작과비평』 76호(1992 여름). 『연애하는 여인들』 30·31장의 집중적 분석을 통해, 로렌스 문학이 현대 예술과 비평이론의 핵심을 통찰하고 있음을 규명하는 작품론이자 이론적 모색이다.

제임스 조이스

1. 조이스 문학의 독창성과 실험정신

　제임스 조이스(James Joyce, 1882~1941)는 20세기 전반에 걸쳐 서구를 풍미한 모더니즘 문학을 주도한 대표적 소설가이다. '현현'(顯現, epiphany) '의식의 흐름'(stream of consciousness) 등의 용어를 문학사전에 처음 등장케 하고 현대문학에 커다란 변혁을 초래한 세계적 작가로 조이스는 20세기의 호메로스이며 셰익스피어라고 불린다. 20세기 전환기의 다양한 사고와 폭넓은 사회적·지적 풍토를 종합하여 예술적으로 승화한 현대의 서사시를 창조함으로써, 독자는 그의 작품에서 현실과 환상, 추억과 욕망이 서로 뒤엉킨 현대인의 정신적 갈등과 방황을 목격하게 된다.

　조이스 문학의 특성은 무엇보다 그의 독창적인 실험성에 있다. 첫 작품에서부터 마지막 작품에 이르기까지 구사된 신화적 상징, 몽따주와 패러디, 시간의 현대적 개념, 환상과 무의식의 세계, 다양한 문체, 다원적 세계관, 서술기법의 끊임없는 변화, 독창적인 어휘 창조 등은 그의 지칠 줄 모르는 실험정신을 보여준다. 그것은 단순히 일시적인 전위적 유행을 반영하기보다는 삶과 거기서 추출되는 예술세계의 의미를 밑바닥까지 헤쳐보려는 작가의 투철한 장인정신을 의미한다.

  그의 문학적 실험은 무엇보다 언어에서 두드러진다. 어휘가 지닌 의미의 다양성을 왜곡하면서까지 두 개 이상의 단어를 임의적으로 이리저리 결합하여 전혀 생소한 어휘를 창조함으로써 등장인물의 섬세한 동작, 미묘한 심리, 삶의 부조리한 역설을 동시에 결합어 속에 투영시킨다. 조이스의 언어조탁이 가장 극심한『피네건즈 웨이크』(*Finnegan's Wake*)의 첫 장을 펼치면 어떠한 사전에서도 찾아볼 수 없는 신조어들이 무수히 튀어나온다. 그러나 그 글을 낭송해보면 신조어의 발음에서 연상되는 여러 단어들을 떠올릴 수 있게 되는데, 그 여러 단어들이 지닌 의미들은 각자 문맥에서 제자리를 잡고 문장의 전체 의미를 담게 된다. 그러므로 한 문장을 여러 의미로 해석하게 된다. 더구나 어휘의 발음과 철자를 영어에만 국한하지 않고 프랑스어·독일어·스페인어·핀란드어·그리스어·중국어 등등 무수한 외국어를 동시에 활용하고 있어 어휘 변용이 무척 다채롭다. 문학이란 언어를 매개로 삶의 세계에 의미를 부여하는 작업이라면, 조이스는 자기만의 새로운 언어를 창조하여 삶의 세계에 새로운 의미를 창출하고 생성해간다.

  많은 어휘들은 제각기 역사적·문화적 맥락을 담고 있다. 가장 손쉬운 예를 들어『피네건즈 웨이크』첫머리에 나오는 "이브와 아담 교회"(Eve and Adam's)는 더블린의 리피 강가에 서 있는 '아담과 이브 교회'를 지칭하지만, 동시에 금방 성경 창세기에 나오는 최초의 인간을 떠올리게 하는가 하면, 아일랜드 역사를 잘 아는 사람들에게는 이 교회와 같은 거리에 있던 '아담과 이브 주점'을 상기하게도 한다. 가톨릭교를 억압하던 17세기 영국의 지배하에서 마음놓고 성당에 나갈 수 없었던 교인들은 '아담과 이브 주점'에 가는 척하면서 몰래 지하교회에 갔던 것이다. 이처럼 한 어휘가 세 가지 다른 의미를 담고 있으며, 세 가지 의미는 이 작품의 문맥에서 각각의 역할을 갖는다. 따라서 음가와 철자상의 유사성을 이용하여 여러 어휘들을 하나로 합성한 조이스의 신조어는 한 어휘 안에 여러가지 역사적·문화적 의미들을 함축하게 된다. 조이스는 의도적으로 여러 역사와 신화·설화·민요·종교 등을 동시에 암시하는 인유를 위해 이러한 신조어를 만들었다고 하겠다.

조이스의 기발한 합성어는 곧잘 웃음을 자아내게끔 한다. 조이스 문학에 전반적으로 흐르는 희극성(이를 "joycity"라는 신조어로 부름)은 조이스가 언어를 조탁해서 만든 동음이의어(pun)를 통해 교묘히 표출된다. 음가는 같지만 의미는 서로 정반대인 어휘들이 병치됨으로써, 상반되는 삶의 현상이 결국은 상호연관되어 있다는 조이스의 세계관이 드러난다. 사물의 절대성보다는 상대성을 수긍하고 일직선적 역사성보다는 순환적 역사성을 내세우는 세계관이 그의 언어에까지 반영되고 있다.

2. 조이스의 모더니즘과 '의식의 흐름' 기법

조이스가 성취한 서술기법의 새로움은 등장인물의 내면의식 또는 잠재의식을 서술상의 표층으로 끌어올린 점이다. 일상적 생활에서 우리의 잠재의식은 손쉽게 겉으로 표출되지 않기 때문에 이제까지의 소설들은 이것을 꿈이나 환상을 통해 드러내는 방식을 택하였다. 그러나 조이스는 의식의 연상작용을 통해 숨겨져 있던 내면의 사고를 겉으로 드러나게 만든다. 즉, 어떤 특정한 사물을 보는 순간 그 사물과 연관되어 잊혀져 있던 과거의 여러 사건 및 생각들을 기억해내고 그대로 물이 흐르듯 기록해나간다. 의식의 연상작용이란 억지로 통제하고 억압할 수 있는 의지의 현상이 아니어서, 그 잡다한 과거의 기억 중에는 심지어 등장인물이 현실에서 숨기고 싶어하는 비밀스런 내용도 자연스럽게 표출되기 때문에, 독자들은 이를 통해 등장인물의 내면의식을 샅샅이 엿보게 된다. 외면적으로 관찰될 수 있는 객관적 사실이나 사회적 현실에 초점을 맞추었던 리얼리즘 소설의 세계와는 다르게, 의식의 흐름 기법을 사용하는 조이스 작품들은 주인공의 주관적 세계, 은밀한 심리 세계, 억눌려 있던 잠재의식의 세계로 나아간다. 리얼리티라는 것이 객관적으로 파악될 수 있다는 사실주의 문학의 세계관에 도전하여 개인의 주관성에서 삶의 진실을 포착하려는 모더니즘 문학의 새로운 입장과 인식론이 전개될 수 있는 서술상의 가능성을 의식의 흐름 기법은 열어주고 있다.

　의식의 연상작용은 나름대로의 논리성은 갖되 논리적 인과관계에 얽매이지 않으면서 물과 같이 유연하고 자유롭게 뻗어나간다. 때로는 의식과 의식 사이에 간극과 비약이 발생하기도 하고 갑작스런 단절이 생기기도 한다. 의식은 일정한 이미지나 사고를 중심으로 연속되다가도 어느 순간 이를 벗어나 임의로 흘러가는 경우가 많다. 더구나 의식의 내용이 주인공의 지극히 사적인 것일 경우가 많다. 당연히 독자가 주인공의 의식의 흐름을 따라가기가 쉽지 않아 난해성이란 문제가 발생한다. 또한 의식의 흐름을 다루는 조이스 작품들은 사건이 발전되어가는 이야기 전개 중심이 아니라 주인공의 내적 반응과 심리에 중심을 맞추게 된다.

　이처럼 디킨즈 같은 사실주의 소설과는 전혀 다른 양상이 조이스의 모더니즘 소설에서 벌어지게 된다. 사실주의 소설에 익숙한 독자에게 조이스의 텍스트는 분명히 생소한 어려움을 주지만 외면적 행동 뒤에 숨겨 있는 주인공의 심리적 동기, 내면적 갈등, 쉽게 노출되지 않는 은밀한 개인적 인생관 등 엄청나게 커다란 삶의 영역을 독자가 접할 수 있게 해준다. 따라서 한 개인의 진실된 삶의 세계를 드러내기에는 이러한 의식의 흐름 기법이 더욱 적절할 수 있다. 물론 의식의 연속적인 흐름 속에 생긴 간극을 독자가 따라가기에는 어려움도 있지만, 그 간극은 그만큼 독자의 상상력을 촉발한다. 예컨대 『율리씨즈』의 경우 때로는 작품의 후반부를 읽어야 전반부에서 이뤄진 의식의 흐름을 제대로 이해할 수 있기 때문에 독자 나름대로 작품의 이곳과 저곳을 서로 짜맞추며 의미를 해독해야 하는 창조적인 의미생성의 독서방식이 필요하다. 조이스의 텍스트가 자주 퍼즐에 비유되는 이유가 여기에 있다. 조이스의 텍스트는 단 한번의 독해로 끝나는 것이 아니라 반드시 또다시 읽을 수밖에 없다. 여기에는 많은 끈기가 필요하지만, 끈기있게 퍼즐을 맞춰가는 과정에서 독자가 맛보는 즐거움은 그 어느 텍스트에서도 찾아볼 수 없는 새로움이라고 하겠다.

3. 『더블린 사람들』——아일랜드 민족의 도덕사

조이스의 첫 작품 『더블린 사람들』(*Dubliners*)은 14편의 단편과 1편의 중편을 모아놓은 단편집이다. 대학을 졸업하고 유럽으로 방랑을 떠나기 전 1904년에 첫 단편을 쓰기 시작하여 여러 번 수정을 거친 끝에 1907년에 완성한 이 작품집은 조이스의 문학세계와 작가로서의 성숙과정을 잘 드러내준다. 짤막한 단편들은 군더더기를 찾아볼 수 없을 만큼 압축적으로 씌어 있으면서도, 그 결말에서는 주제를 일순간 암시적으로 또는 상징적으로 드러내는 극적 전환이 선명하게 제시된다. '현현' 또는 '이피퍼니(epiphany)'라 불리는 서술방식이 각 단편마다 사용되고 있는데, 조이스는 현현을 "갑작스런 영적 현시(顯示)"라고 정의하였다. 즉, 잡다한 일상성으로 이루어진 현실 속에서 우리는 자아의 본래 모습을 망각하고 살아가지만, 어떤 평범한 사건과 부딪치는 일순간 자아의 두터운 각질이 균열을 일으키며 그 틈새로 본질을 드러내는 찰나가 존재한다. 조이스의 현현은 바로 이러한 순간을 포착하여 극적으로 독자에게 또는 주인공 자신에게 드러나게끔 한다. 평범하고 초라한 일상성을 벗어나 존재의 (영적) 진실을 인식하게 만드는 현현의 순간을 조이스는 각 단편마다 형상화하고 있다.

출판사에 보낸 편지에서 조이스는 이 작품을 통해 "아일랜드 민족의 도덕사"를 쓰려고 하였으며, 이 작품의 주제는 "마비"(paralysis)라고 밝혔다. 작가는 평범한 일상적 삶에 매몰된 더블린 시민들의 자아를 마비된 영혼으로 신랄하게 비판함으로써 의식의 새로운 각성을 강력하게 촉구한다. 각 계층의 더블린 시민들이 무감각하게 이어가는 하루하루의 생활은 영혼의 마비 또는 도덕성의 상실을 나타낸다는 것이다. 조이스가 겨눈 매서운 비판의 칼날은 좀더 구체적으로 보면 그 당시 대영제국의 식민지로 오랫동안 시달려왔으면서도 근대성의 새로운 흐름에 전혀 무지한 채 전통의 구습과 고착된 과거에 대한 향수에만 매달려온 조국 아일랜드의 낭만적 의식을 겨냥하고 있다. 시대착오적인 영웅주의, 종교적 맹목성, 식민지 상황에서도 현실을 모르는 자아탐닉 등을 냉혹하게 파헤치는 자아비판이 『더블린 사람들』의 중심 소재이다.

이 작품의 제목이 보여주듯이 배경은 더블린 시민들의 삶이라는 제한된 테두리 안에서 이루어지고 있지만, 조이스의 시선은 작은 모래알에서 보편성을 찾는다. 더블린 시민들이 보이는 영적 마비 현상은 그들에게만 국한되지 않고 20세기 전환기의 모든 서구사회에도 해당된다. 즉, 20세기 전환점에서 아직도 19세기적 낭만주의 사고에 집착하고 있는 모든 문화현상을 조이스는 거부한다. 낭만적 감상에 휩싸여 현실을 올바르게 인식하지 못하는 각 개인은 심리적으로나 도덕적으로 무언가가 결여된 주체라고 생각하였다. 이러한 주체들을 조이스는 냉철한 자연주의적 문체로써 낱낱이 해부해간다.

조이스가 이 단편집의 작품들을 유년기·청년기·성년기·대중의 공중생활이란 4단계로 크게 구분하여 더블린 시민들의 생활상을 묘사하고 있다는 것은 이 작품들이 일관된 주제와 구조로 이루어졌다는 특성을 말해준다. 15편의 중·단편들이 산발적으로 모여 있는 것이 아니라 철저한 구도에 따라 씌어지고 서로 일정한 조응점, 즉 중심 테마를 축으로 연결되어 있다는 뜻이다. 즉, 작가는 삶의 양상을 4단계로 나누어 어린 시절부터 성인시기까지 마치 한 편의 성장소설(Bildungsroman)처럼 초점을 확대시켜나간다. 또한 어느 한 계층에 국한하지 않고 사회의 각 계층을 다룸으로써 사회의 총체적 삶을 그린 듯한 인상을 준다. 이 단편집에서는 인간의 성장순서에 따라 배열한 시간적 구성뿐만 아니라 더블린이라는 공간적 배경도 중요하다. 유럽의 변방에 위치한 조그만 도시라는 일정한 공간에서 다루어진 삶의 모습은 현대 도시인의 공통된 양상을 축약한 일종의 조감도 역할을 한다. 이것은 어느 한 장소를 핵심으로 점차 확대되어 펼쳐지는 총체적 서구 역사의 현장을 포착하는 기법이다.

4. 『젊은 예술가의 초상』──개별자적 주체의 창조

마비된 주체에 대한 조이스의 반발은 『젊은 예술가의 초상』(*A Portrait of the Artist as a Young Man*, 1916)에 이르러 한 개별적 주체의 새로운 저항적 삶을 창조하는 데로 이어진다. 이 소설은 조이스 자신의 자전적 내용을 밑그림으로 삼아 예술가의 전형을 그려나간 성장소설의 형식을 갖춘 작품으로, 아버지에게서 옛날 옛적 동화를 듣고 있는 어린아이 시절부터 독자적 자아를 성취한 젊은 예술가로 성장해가기까지의 과정을 상징적으로 기술해간다. 조이스의 모습을 딴 주인공 스티븐 디덜러스가 예술가로서의 자아를 획득해가는 내면적 과정이 소설의 초점이 되고 있으며, 또한 그 과정은 한 개별자가 기성제도에 철두철미하게 대항하는 반항과 저항의 연속이다. 젊은 예술가로 성장한 스티븐이 토로하듯이 그 저항의 대상은 새로움을 창조하려는 예술가의 자유로운 창조의식을 가로막는 "국가, 언어, 종교"이다. 국가·언어·종교는 한 개인의 정체성을 이미 규정짓는 꽉 짜인 틀이며 이미 오랜 역사 속에 굳어진 올가미이기도 하다. 독수리·비둘기·참새 등 새의 이미지를 빌려 표현한 예술가의 도약하는 주체적 자아는 개별성을 허용하지 않는 거대한 제도와 가치체계에 대립할 수밖에 없다. 작품의 마지막에서 주인공은 가족과 사랑까지 포함한 기존 사회의 모든 인습적 속박을 거부하고 자기 민족의 "아직 창조되지 않은 양심"을 창조하기 위하여 조국을 등지고 유럽으로 떠날 결심을 굳힌다.

『젊은 예술가의 초상』은 5개의 장으로 구성되어 있다. 각 장마다 자신을 둘러싸고 있는 주위 환경에 반발하며 자신의 독립된 자아를 추구하는 주인공의 첨예한 심리적 갈등이 주된 내용으로 반복되며 작품의 구조를 형성한다.

먼저 제1장은 스티븐이 아기일 때부터 예수회 기숙학교인 클롱고이즈 우드에 다닌 아홉살까지를 다루고 있다. 외눈안경을 쓴 아버지에 안겼을 때 느끼는 독특한 체취에서 시작해 이웃집 소꿉친구인 신교도 여자아이와 결혼하겠다고 말해 꾸중듣는 과정이 간략히 제시된다. 초등학교 시절은 부모와 떨어져 기숙사에 머무는 외롭고 쓸쓸한 시기이다. 내향적인 스티븐은 반에서 우등생이지만 친구들과 활발하게 어울리지 못하고 혼자 지낸다. 친구한테서 조롱받기도 하고, 친구한테 떠밀려 변기통에 빠지기도 한다. 그 일로 감기에 걸려 간호실에 누워 있고, 성탄절에는 집에 돌아와 저녁 만찬을 하며 집안 식구끼리 열띤 정치논쟁을 벌이는 것을 바라보기도 한다. 또는 선생의 부당한 처벌에 항의하러 교장선생에게 찾아가 그 부당함을 열거한다. 짤막하게 연속되는 사건을 통해 주인공의 내향성, 예민한 시적 감수성, 어린 자아에 대한 탐구, 권위에 도전하는 반항자의 모습이 잘 드러난다.

제2장은 사춘기에 접어든 주인공의 내적 갈등이 노출된다. 집안이 몰락하여 학교를 그만두게 된 주인공은 혼자 독서에 몰두하며 낭만적 몽상의 세계로 도피한다. 초라하게 변모한 자기 생활에 대한 좌절과 반발심은 가까스로 다시 입학하게 된 중학교에서도 지속된다. 그의 작문은 종교적 정통교리를 거스르는 내용을 담고 있으며, 사회의 반항아였던 바이런을 최고의 시인으로 평가하다가 친구들에게 두들겨맞기도 한다. 현상논문에 당선되어 그 상금으로 가족을 고급식당에 초대하기도 하는 등 허세를 부리지만, 결국에는 돈이 다 떨어지자 전보다 더욱 쓸쓸함을 느끼게 된다. 가정의 몰락과 개인적인 좌절감, 그로 인한 반발심, 그리고 점차 눈뜨게 되는 성적 욕망으로 주인공은 사창가에서 첫 경험을 치른다.

이 경험은 스티븐에게 깊은 죄의식의 흔적을 남겨, 수업시간에도 고민하는 모습이 제3장 첫머리에 등장한다. 이어 스티븐은 예수회 학교에서의 행사인 사흘간의 피정(避靜)에 참가하는데, 무시무시한 지옥에 대한 사제신부의 웅변적인 설교는 그를 공포에 몰아넣기에 충분하였다. 죄의식에 시달리던 스티븐은 마침내 개심하여 어느 조그만 교회에서 고해성사를 마치고 돌아와 성스러운 성찬예식을 접하며 영적 환희를 맛본다. 어쩌면 사건이 단조롭게 진행되는 듯싶지만 3장의 매력이라고 한다면 기독교의 도그마를 의도적으로 왜곡하면서 죽음·심판·지옥의 이미지를 강렬하게 각인시키는 설교의 수사법이다.

　제4장은 스티븐의 삶에 있어 중요한 변화의 과정을 그린다. 학업이나 신앙생활에 있어서 모범이 되는 스티븐에게 교장선생은 사제의 길로 나설 것을 권고한다. 그러나 홀로 생각에 잠기며 바닷가로 향하던 스티븐은 세계 저편에서 인간들이 자신의 이상한 이름을 놀려대며 부르는 소리를 들으면서 예술가로서의 숙명적 미래를 자각하게 된다. 이윽고 해변에서 물장난치는 한 소녀의 모습을 보는 순간 그는 자신이 창조할 새로운 예술의 비전을 체험하며, 이 서정적 '현현'의 장면에서 이 소설은 극적인 정점에 이른다.

　제5장은 주인공의 대학시절을 다룬다. 대학 친구와의 대화 속에서 독자는 주인공이 겪고 있는 부모와의 갈등과 내적 고뇌를 목격한다. 또한 점차 선명해지기 시작하는 주인공 자신의 미학이론들이 피력된다. 예술적 자유를 추구하는 자신의 영혼을 가로막는 사랑하는 여자와 가족, 종교, 편협해져가는 아일랜드의 문화적·사회적 풍토를 거부하고 스티븐은 마침내 예술가의 사명으로 조국의 "아직 창조되지 않은 양심"을 발견하기 위해 조국을 등지고 유럽으로 떠날 결심을 굳힌다.

　예술가의 진정한 자아를 인식함으로써 존재의 참된 의미를 깨닫는 스티븐의 성숙과정은 개인의 주체성을 최정점으로 하는 현대적 자아의 승리를 의미한다. 사실주의 문학에서의 자아실현이란 궁극적으로 공동체와 조화된 개인의 정체성을 획득하는 일이지만, 이 소설의 주인공은 공동체의 가치관을 "공허한 울림"으로 치부하고, 지극히 이기적이라고 부를 정도로 자신에게 적합한 새로운 미지의 세계를 찾아나선다. 어떠한 타협도 거부하는 주인공 스티븐이 20세기 현대인의 개인주의적 자아를 대변하는 대표적 모형으로 자리잡는 이유도 바로 여기에 있다.

　그러나 이 작품은 낭만주의적 이상에 젖은 치기어린 젊은이의 반항만을 그린 단순한 소설은 아니다. 어느 작가보다도 집요하다 할 만큼 치밀한 조이스는 독자로 하여금 젊은 예술가 주인공의 이기주의적 결점을 목도하게 한다. 주인공이 고양된 감정에 빠져 있을 때, 그 무모한 자기탐닉을 유머와 아이러니로 균형을 잡는다. 이 작품이 지닌 미묘함은 이와같이 독자의 공감과 아이러니라는 거리감을 배합하여 서로 상반된 반응을 동시에 일으키는 점에 있으며, 독자는 작품에서 어느 뚜렷한 작가의 목소리를 발견하는 대신 이중적 목소리가 공존하고 있음을 감지하게 된다. 19세기의 소설에서처럼 사건을 이끌고 때로 교훈적인 의미까지 던지는 작가의 목소리는 사라지고 대신 독자들은 전지전능한 시점에서가 아니라 주인공을 뒤쫓으며 그가 보고 느끼는 대로 보고 느끼며 그의 반응과 사고를 따라간다. 그러나 의식의 흐름 기법을 통해 제시되는 주인공의 시선에 독자가 몰입하는 순간 자기탐닉에 빠진 주인공의 아직 미숙한 심리를 되새기게 한다.

이러한 작가의 입장을 조이스는 주인공의 입을 통해 다음과 같이 기술한다. "예술가란 창조의 신처럼 자신의 수공품 안에, 뒤에, 위에, 또는 그 너머 보이지 않는 채, 실체에서 벗어나 정화되어, 무관심한 듯, 자신의 손톱만 매만지며 남아 있는다." 이 유명한 구절은 엘리어트의 몰개성 이론과 동일한 의미로, 모더니즘 미학의 기본 원리이기도 하다.

『젊은 예술가의 초상』이 모더니즘 소설의 대표적 텍스트로 읽혀지는 이유는 이밖에도 여러가지가 있다. 이 작품은 느슨한 곳을 찾을 수 없도록 구성의 짜임새가 철저한 기획 속에 이루어진 정제된 예술적 결정체이다. 성장소설이란 틀에 맞추어 주인공이 성장해가는 단계에 따라 표현방식과 문체도 계속 바뀌어나간다. 유아시절을 다루는 소설의 첫 장면은 유아기의 어린이가 받는 소박하고 감각적인 인상 그대로를 기록하는가 하면, 마지막 장면은 대학교육을 받고 철학과 문학에 몰두하는 젊은 지성인에 걸맞은 사색적이고 지적인 문체를 사용한다. 또한 19세기에 가장 주된 서술형식으로 자리잡은 성장소설의 구조를 그대로 이어받은 것이 아니라, 5개의 각 장 끝과 다음 장의 첫부분이 상승과 하강의 분위기로 대조되어 소위 "나선 형식"(spiral form)을 이루는 변형을 꾀하고 있는 것도 주목할 점이다.

더구나 이 소설에서 작가는 '의식의 흐름'(좀더 정확한 전문용어로 표현하면 '자유 간접 내적 독백' free indirect interior monologue)이란 서술방식을 본격적으로 실험하여 주인공의 내면심리를 가장 사실적으로 기술하려고 시도하였다. 외부 묘사와 주인공의 내적 명상이 아무런 전환 표시 없이 서로 넘나드는 의식의 흐름 기법은 『젊은 예술가의 초상』에서처럼 서술적 관점이 3인칭이면서도 주인공의 내면의식이 변화하는 과정을 보여주는 데 효과적이다. 겉으로 드러나지 않는 자의식의 내용을 있는 그대로 제시함으로써 독자의 공감을 강하게 유도하여 심리적 사실주의의 효과를 높인다.

이처럼 이 작품은 심리적 사실성을 부각시키면서도 전반적으로 상징의 잠재력에 깊이 의존하고 있다. 예를 들어, 스티븐 디덜러스는 그 이름으로 보아 기독교 순교자 스티븐(St. Stephen)의 이미지와 그리스신화에 나오는 예술적 장인 다이달로스(Daidalos)의 이미지를 결합한 인물임을 알 수 있다. 평범한 사물과 정황에 대한 묘사 뒤편에는 항상 강렬한 이미지를 심고 있으며, 이 이미지들은 전체 문맥에서 주제적 내용과 깊이 결합된 상징적 의미를 갖는다. 이 작품에 앞서 이미 『더블린 사람들』의 맨 마지막 중편 「죽은 자들」(The Dead)에서 상징주의 기법이 두드러진다는 사실은 그만큼 조이스가 초기의 자연주의 문학에서 진일보하여 모더니즘의 길로 나아갔다는 뚜렷한 징표가 된다.

5. 『율리씨즈』── 현대인의 일상성과 내면의식

『율리씨즈』(*Ulysses*, 1922)를 모더니즘 소설의 최정점으로 꼽는 데에는 여러 이유가 있다. 조이스는 이 작품에서 가장 전형적인 도시 소시민이 생활하는 어느 평범한 하루를 소재로 택하였다. 『젊은 예술가의 초상』의 주인공은 개별자적 존재를 주장하는 사회 반항아의 특이성을 갖고 있지만, 『율리씨즈』의 주인공 리오폴드 블룸(Leopold Bloom)은 더블린에서 광고 대행업을 하는 평범한 시민이다. 작품의 시간적 배경은 어느 특정한 하루(이를 '블룸즈데이' Bloomsday라고 부른다)로 국한되어 있지만, 그날도 블룸의 생활은 여느 날과 크게 다를 바 없다. 아침 8시에 일어나 오줌기가 밴 돼지

내장을 지져 식사를 하는 데서 시작하여 늦은 밤 담장을 넘어 들어와 잠이 들려는 아내의 곁에 거꾸로 누워 잠이 드는 것으로 블룸의 하루는 끝을 맺는다. 외면상으로는 별다른 사건이 없이 하루가 마감되는 극히 일상적 삶을 장대한 분량으로 파노라마처럼 그려감으로써 20세기의 새로운 서사시를 창조한 것은 모더니즘 문학의 가장 큰 성과 중의 하나라고 하겠다.

『율리씨즈』는 호머의 서사시『오디쎄이아』(Odysseia)에서 구조적 모형을 따왔기 때문에, 두 작품은 여러 측면에서 많은 유사성이 있다.『율리씨즈』의 주인공 블룸도『오디쎄이아』의 주인공인 그리스 왕이며 장군인 오디쎄우스를 의식하며 설정되었지만, 블룸의 왜소한 소시민적 모습은 고대의 영웅으로 칭송받는 오디쎄우스와는 너무도 차이가 있다. 그러나 조이스는 고대와 현대간의 엄청난 시간적 간격을 뛰어넘어 두 인물 사이의 공통점을 발견한다. 조이스는 오디쎄우스에서 가장 지혜로운 고대 영웅의 모습을 본 것이 아니라 가장 다면체적 인간의 모습을 찾았으며, 이제 블룸의 평범한 존재에서 내면적으로 가장 복잡다단한 인간상을 구현한다. 그의 일거수 일투족은 평범한 소시민의 일상성을 극화한 것이지만, 사소한 행동과 진부한 생각마다 의미있는 인간사의 묘한 다양성을 내포한다. 예를 들어, 블룸의 특이한 아침식사 메뉴는 그의 혈통인 유대인의 전통제례를 풍자하는 듯싶으며, 아내와 블룸이 서로 거꾸로 누워 자는 특이한 자세는 이는 부부관계가 원만치 않음을 말해준다. 단일한 문화적 공동체를 형성하고 있는 더블린에서 유대인이라는 사회적 위상, 태어난 지 11일 만에 죽은 아들로 인해 생긴 부부간의 성적 갈등은 블룸의 생활에서 사적 영역이 그렇게 평탄치 않음을 보여준다.

블룸 나름대로의 개별성은 이밖에도 무수히 나열할 수 있다. 유난히도 여성 같은 섬세함과 소심함, 신문소설란에 응모하여 일확천금을 꾀하는 허황한 욕망, 하루의 경비를 일일이 따져보는 현실적인 꼼꼼함, 쭈그러진 감자를 부적처럼 늘 몸에 지니고 다니는 미신, 얼굴도 모르는 여자와 은근히 사랑의 편지를 주고받는 관계, 노출된 여성의 다리를 훔쳐보는 즐거움, 정확하지도 않은 잡다한 과학상식들, 싸구려 연애소설을 좋아하는 취향 등 서로 모순되는 특성이 공존하는 블룸의 개성에서 오히려 한 개인의 참다운 성격을 보는 듯한 친근감을 느낀다. 다원화된 현대사회에서는 한 개인의 성격 역시 다면체가 될 수밖에 없다. 독특하지만 단일한 성격의 스티븐 디덜러스와는 전혀 다른 현대인의 주체성을 우리는 블룸에게서 발견할 수 있다. 이처럼 조이스는 다면체로 구성된 현대인의 내재적 모습과 일상적 삶을 『율리씨즈』에서 창조하였다.

『오디쎄이아』는 트로이전쟁이 끝나고 집으로 귀환하기까지 10년간 영웅 오디쎄우스의 방랑과 모험을 그린 서사시이다. 『율리씨즈』는 단 하루를 시간적 배경으로 하지만, 600면이 넘는 작품의 긴 분량은 역시 주인공 블룸의 방랑을 중심 소재로 다루고 있다. 물론 소재의 중요성은 더블린 시내를 하루 동안 떠도는 실제의 방랑에 있기보다는, 거리를 떠돌며 한시도 쉬지 않는 블룸의 내적 방황──의식의 흐름을 통해 드러나는 파편화된 갖가지 잡다한 사고들──에 있다. 무분별한 사고가 파노라마처럼 펼쳐져 마치 분열된 의식의 나열처럼 보이며, 이것은 아내 몰리가 그녀의 정부와 집에서 만나기로 한 오후 4시가 가까워질수록 더욱 심해진다. 삶의 안정된 터전을 이루며 개인의 정체성을 확인시켜주는 근원을 고향이라고 부른다면 현대인은 전통·종교·가정의 뿌리를 상실한 이방인이며 방랑자이다. 유대인 블룸은 전세계를 헤매는 "방랑하는 유대인"(Wandering Jew)의 전설을 현대사회에서 그대로 재현하고 있다.

그러나 그 분열은 4시가 넘으면서 그리고 작품의 후반부로 접어들면서 점차 수습되며 질서를 갖게 되는데, 이 작품의 묘미는 분열된 현대인의 정체성과 혼돈의 세계를 수습해나가는 조이스의 현대적 상상력과 비전에 있다. 추상적으로 말하면, 조이스의 모더니즘적 비전이란 지나간 "역사의(즉, 과거의) 악몽"에 얽매이지 않고 역사를 "차이를 수반하는 반복"(a repetition with difference)으로 인식하는 세계관과 역사관의 긍정적 대전환이다. 이를 구체화하면, 아내의 부정(不貞)에 큰 의미를 부여하기보다는 오히려 이를 그녀에 대한 열정을 새로이 불러일으키는 자극의 기회로 보아 인식의 전환을 이룰 때 블룸은 집으로 귀환할 수 있다. 그것은 아내 몰리에게도 마찬가지다. 의식의 흐름 기법으로 가장 뛰어난 『율리쎄즈』의 맨 마지막 장은 마침표가 하나도 없이 40면 가량이 이어지면서 몰리의 의식만이 전개된다. 어린 시절부터 현재까지 자신이 살아온 전과정을 훑어가는 몰리의 의식은 궁극적으로 만병초가 우거진 4월 호우드 언덕(the Howth)에서 블룸이 처음으로 청혼하며 키스하는 사랑의 장면을 회상하면서 끝을 맺는다. 이러한 끝맺음은 아내에게 되돌아오는 블룸의 귀환과 서로 호응하는 결말이며, 『오디쎄이아』에서 귀환한 오디쎄우스와 그의 정숙한 아내 페넬로페가 결합하는 끝맺음을 상기시킨다. 그러나 이러한 결말은 19세기 사실주의 소설에서 흔히 등장하는 궁극적 화합의 주제나 구성과는 그 성격이 다르다. 블룸이 처음으로 몰리에게 청혼하는 회상의 장면에서 중요한 점은 자신이 사랑하는 블룸에게서 사랑의 고백을 끌어내게끔 적극적으로 다가가는 몰리의 열린 마음이다. 이것은 타자가 나를 "yes"라고 받아주게끔 이끄는 유혹이며, 나 또한 타자에게 "yes"라고 기꺼이 응답해주고 싶은 열정이다. 그러기에 몰리의 독백으로 이어지는——의식의 흐름 기법 중에서도 '자유 직접 내적 독백'을 사용해 서술되는——『율리쎄즈』의 마지막 장은 종결을 표시하는 마침표 대신에 새로운 열림을 뜻하는 "yes"로 모두 대치되어 "yes"로 넘쳐흐르고 있는지도 모른다. 이는 고립과 소외 속에서도 현대사회의 불모성에 도전하여 마침내 긍정을 이끌어내는 조이스적 세계관의 표현이다.

　『율리쎄즈』에서는 방랑이 등장인물들에만 그치지 않고, 이 작품의 서술 기법 역시 온갖 '방랑'을 겪는다. 전체 18개의 장으로 나누어진 작품에서 전반부는 비교적 서술상의 일정한 패턴을 유지하지만, 후반부는 각 장마다 새로운 서술기법과 문체를 선보인다. 실제로 조이스는 후반부를 여러 번 개작했는데, 이 과정에서 서술기법과 문체상의 철저한 실험을 거쳤다. 특히 언어실험에 몰두했던 조이스는 패러디를 익살스럽게 활용한다. 『율리쎄즈』에서 패러디는 권위적 문체와 목소리를 해체하는 중요한 의미를 지닌다. 따라서 조이스의 패러디는 단순한 비판적 풍자의 역할만이 아니라 다양한 목소리의 공존을 목표로 한다. 그러한 작가의 의도는 서술기법의 다양성에서도 드러난다. 각 장마다 새로운 서술기법이 도입되면서 동시에 화자의 존재까지 뒤바뀌거나 새로운 형태의 화자가 도입됨으로써, 작품 전체에 의미를 부여하고 통제하는 전통적인 작가의 목소리(the authorial voice)는 사라질 수밖에 없게 된다. 작품 전체에 단 하나의 목소리가 아니라 서로 이질적이고 배타적인 목소리가 공존할 때 개방된 사회가 가능해지기 때문이다.

'마비'의 폭로, 개별자적 자아 추구, 끝없는 방랑을 주제로 한 조이스의 작품세계는 전반적으로 고착된 전통과 권위에 대한 저항이라는 일관된 흐름을 갖고 있다. 이처럼 확정된 세계를 거부하는 조이스의 문학정신은 처음부터 아방가르드적 예술실험을 끊임없이 행하게 만들었다. 그것은 조이스가 젊은 시절 몰두한 무정부주의적 정치관의 반영이기도 하다. 유럽을 전전하면서도 늘 자신이 태어난 더블린 세계에 집착하는 그의 문학세계에는 항상 문학의 원형과 새로움이 공존한다. "차이를 수반하는 반복"을 강조하며 의미의 생성이 어느 선까지 가능한지를 계속 타진해나간 불굴의 예술정신은 시대가 바뀌어도 조이스의 작품을 늘 새롭게 만든다. 〔홍덕선〕

추천문헌
● 일차 참고자료

James Joyce, *Dubliners: Text, Criticism, and Notes*, ed. Robert Scholes and A. Walton Litz (Viking Press 1969, 홍덕선 옮김 『더블리너즈』, 한신문화사 1999). 주석, 해설, 참고 사진 첨부.
김종건 옮김 『더블린 사람들』(범우사 1988).
James Joyce, ed. *A Portrait of the Artist as a Young Man: Text, Criticism, and Notes* Chester G. Anderson (Viking Press 1968, 이재호 옮김 『젊은 예술가의 초상』, 신아사 1977). 주석과 해설 첨부.
홍덕선 옮김 『젊은 예술가의 초상』(문학과지성사 1997); 김종건 옮김 『젊은 예술가의 초상』 (범우사 1988).
James Joyce, *Ulysses: The Corrected Text*, ed. Hans Gabler (New York: Vintage 1986). 판본의 정확성에 관해서는 많은 논란이 있지만, 이 판본이 가장 원본에 충실한 것으로

평가받고 있다.

김종건 옮김 『율리씨즈』(범우사 1988).

James Joyce, *Finnegan's Wake* (London: Faber and Faber 1942). 어느 판본이나 동일하다. Penguin판도 좋다.

● 이차 참고자료

Derek Attridge and Daniel Ferrer, *Post-Structuralist Joyce* (Cambridge: Cambridge Univ. Press 1984). 데리다를 비롯한 탈구조주의 비평가들의 비평모음집으로 내용은 어렵지만 조이스 비평의 새로운 면모를 밝혀주고 있다.

Derek Attridge ed., *The Cambridge Companion to James Joyce* (Cambridge: Cambridge Univ. Press 1990). 조이스 문학의 배경과 전 작품세계를 일목요연하게 해설한 여러 유명 비평가들의 연구논문 모음집으로 기본 연구서로서 훌륭하다.

Bernard Benstock ed., *James Joyce: The Augmented Ninth* (Syracuse Univ. Press 1988). 조이스 국제학회의 발표논문을 모은 비평집이어서 산만한 점이 있지만, 조이스 비평의 새로운 흐름을 파악하기에 좋은 책.

Richard Ellmann, *James Joyce*, Rev.(New York: Oxford Univ. Press 1982). 20세기의 가장 훌륭한 기념비적 전기물로 손꼽히며, 1959년 초판을 크게 개정한 수정판.

Clive Hart, and David Hayman, *James Joyce's "Ulysses": Critical Essays* (Berkeley: Univ. of California Press 1974). 『율리씨즈』 18장을 각각 18명의 비평가들이 나누어 텍스트를 꼼꼼히 분석한 비평집으로 가장 먼저 읽어야 할 기본서.

Colin MacCabe, *James Joyce and the Revolution of the Word* (London: Macmillan 1979). 조이스 문학의 실험성에 함축된 정치적 입장을 세밀하게 추적한 비평서.

C.H. Peake, *James Joyce: The Citizen and the Artist* (Stanford: Stanford Univ. Press 1977). 조이스 작품세계의 발전과정을 주제 중심으로 분석한 비평서로, 평이하게 읽을 수 있다.

John Paul Riquelme, *Teller and Tale in Joyce's Fiction: Oscillating Perspectives* (Baltimore: Johns Hopkins Univ. Press 1983). 서술기법상의 실험성을 면밀하게 다룬 비평서로서 조이스의 탈구조주의적 문학세계를 해명하고 있다.

버지니어 울프

1. 버지니어 울프의 현대성

버지니어 울프(Virginia Woolf, 1882~1941)는, 뛰어난 비평가이자 전기작가인 레슬리 스티븐(Leslie Stephen)의 딸로, 1882년 런던에서 출생했다. 문학적이며 학구적인 가정에서 성장한 울프의 교육적 배경은 빅토리아조에서 출발했다고 볼 수 있다. 그러나 그녀의 예민한 감성은 지적으로 급변하는 시대조류에 민감하게 반응하고 있었다. 이 변화가 소설에 끼친 영향을 그녀는 일련의 에쎄이를 통해서 피력했으며, 이 에쎄이들은 동시대 작가가 직면한 문제점과 지향해야 할 문학형식을 예시하고 있다.

울프 문학과 관련해서, 1910년 12월 런던에서 있은 후기인상파 전시회는 특기할 만하다. 여기 출품된 작품들은 전통적 개념에서 벗어나 리얼리티에 대한 새로운 시각을 제시하고 있었던바, 울프가 막연하게 감지하고 있던 새로운 비전을 이 전시회를 통해 확인한 셈이 되었다. 빅토리아조 말기 및 에드워드조 작가들이 리얼리티에 대해 지녔던 비교적 안정된 시각은, 이제 유동적이고 상대적이며 불연속적인 성격을 띤 리얼리티로 대치되고, 리얼리티에 대한 이러한 인식은 울프 문학의 바탕이 되었다. 케임브리지 출신의 오빠 토비(Thoby)를 포함한 블룸즈버리 그룹(Bloomsbury Group)은 새시대의 문화창조에 견인차 역할을 했으며, 예술가로서 울프가 당면한 문제들, 외부적 모습과 내면적 체험, 주체와 객체, 의식과 무의식 등의 문제를 풀어나가는 데 있어 더없이 훌륭한 지적 동료였다.

일상의 표피 아래 숨겨진 삶의 깊숙한 내면을 탐구하고자 했던 울프가 문학적 소재로 삼은 것은 "평범한 날에 마음에 떠오른 것"(what the mind receives on an ordinary day, 『일반 독자』 The Common Reader, 149면)이었다. 삶을 더욱 진실하게, 그리고 더욱 충실하게 묘사해야 한다면, 작가가 다루어야 할 것은 바로 삶의 본질을 이루고 있는 내면의식이라고 울프는 주장한다. 빅토리아조 소설작품의 전제가 되어온 사회적 가치관은 현대사회에서는 이제 유효하지 않거니와, 인간 내면세계의 탐구에 몰두하는 울프로서는 사회의식보다 개인의 내면의식에 관심의 초점이 맞추어져 있었다. 따라서 울프의 소설에서는 급전하거나 다채로운 스토리 진행도 볼 수 없고, 인물묘사에 있어서도 외부적으로 드러나는 모습보다는 개인의 체험이나 기분·느낌·사고양식 등을 통해 그 정체를 밝힌다. 전통적인 인물의 설정이나 플롯, 작품의 구성 및 서술은, 이제 그녀의 문학적 장치가 될 수 없었다. 울프는『일반 독자』에 수록된 또 하나의 에쎄이 「엘리자베스 1세 때의 극에 대한 노트」(Notes on an Elizabethan Play)에서 현대인이 느끼는 삶에 대한 리얼리티는 르네쌍스 시대나 19세기 작가들의 그것과는 판이하다고 지적한다. 그녀는 합의된 의견이나 통합된 신조 및 믿음을 현대사회에서는 더 이상 기대할 수 없음을 알고 있었다. 이제 작가로서 울프가 당면한 문제는 공동체적인 믿음이 부재하는, 극히 개인적이고 회의적인 현대인의 삶을 어떠한 예술적 표현을 통해 나타낼 것인가이다. 그녀는 우선 초기 작품인『월요일이나 화요일』(Monday or Tuesday, 1921), 또는「벽 위에 난 자국」(The Mark on the Wall, 1921)과 같은 단편에서, 새로운 문학기법을 시도해 보인다.「벽 위에 난 자국」에서는 한 조그만 점이 일련의 의미있는 연상들을 촉발하지만 그것은 결국 달팽이였음이 밝혀진다. 플롯이 단순해 보이는 이 단편은 내용에 있어서는 복잡하기 그지없다. 서술자의 마음이 그 알 수 없는 점을 중심으로 계속 우연적인 연상작용을 증폭해나가다가 스토리가 끝날 무렵 이 의식은 그저 무질서하게 우연발생적으로 생겨난 것이 아닌 삶·시간·역사에 대한 명상으로서, 궁극적으로는 묵시론적 비전으로 끝맺는다. 『귀신 들린 집』(*A Haunted House*, 1943)에 수록된 단편들에서도 연대기적 혹은 연속적 스토리의 진전이 아닌, 연상작용에 의한 정신적·감정적 흐름을 좇음으로써, 우리에게 익숙한 스토리 전개에서 의도적으로 벗어나려는 시도를 하고 있음을 볼 수 있다. 이에 따라 자연히 스토리 배경도 시간과 공간의 제약을 받지 않고 기분에 따라 자유롭게 설정된다.

무엇보다도 개인의 의식의 기록에 충실하고자 했던 울프는 그때그때의 기분이나 느낌을 효과적으로 전달하기 위해 문학형식과 장르의 구분을 자유자재로 넘나들며 소설 속에 시나 극 또는 에쎄이 형식 등을 도입하였다. 마치 인상파 화가의 그림처럼 자연을 묘사하거나 인간의 섬세한 심상을 나타낼 때는 시적 리듬과 정서로 전달하는가 하면 주제를 분석하거나 논할 때는 에쎄이적 성격을 띠기도 한다. 스토리의 진전도 일정한 목표점을 향하여 상식적 논리에 따라 이뤄지기보다는, 인간의 의식작용을 닮아 생각이 불연속적이며 다차원적으로, 동시다발적으로 이뤄지는 체험처럼 역동적 패턴에 따른다. 이처럼 울프의 소설이 지닌 심리적 특성은 시간에 대한 인식에서도 큰 변화를 가져왔다. 시간의 흐름은 시계의 시간이 아닌, 서술자의 의식상태, 곧 생각·감정·느낌·기억·인성 등에 따라 압축·팽창·정지한다. 이처럼 시간은 의식과 직결되어 있기 때문에 시간에 대한 체험은 외부 사건의 추이를 기록함으로써 표현되기보다는 의식의 강도에 비례하여 인지된다. 새로운 문학기법에 대한 실험을 거쳐, 울프는 이제 장편소설을 쓰는 일에 몰두하게 된다. 이제 울프의 주요 작품 중 두 개의 소설과 하나의 에쎄이를, 앞서 지적한 울프 문학의 특징을 근거로 하여 간략하게 살펴보기로 한다.

2. 『댈러웨이 부인』

『댈러웨이 부인』(Mrs. Dalloway, 1925)은 울프가 성공을 거둔 첫 작품이다. 이 작품에서 울프는 중년에 접어든 댈러웨이 부인의 일생을 단 하루——1923년 6월 중순, 수요일——에 집약하여 단상과 기억을 불연속적인 꼴라주 형식으로 제시하였다. 이 소설은 이날 아침 국회의원 남편을 둔 댈러웨이 부인이 저녁에 그녀의 집에서 열릴 파티를 위해 꽃을 사러 외출하는 것으로 시작하여 파티에 대한 묘사로 끝나는, 특별한 사건은 일어나지 않는 그저 단순한 일상의 하루를 그리고 있다. 그러나 독자는 하루 동안 댈러웨이 부인의 의식이나 행동을 좇으면서, 그녀의 과거, 성장과정, 성격 등 개인의 역사뿐만 아니라 그녀와 관련이 있는 사람들이나 그날 그녀가 우연히 마주치는 사람들을 만나게 된다. 웨스트민스터에 있는 가족에 대한 반응이나, 옛 구혼자이며 이제 막 인도에서 돌아온 피터 월쉬 등에 대한 그녀의 생각을 통해서 독자는 이들을 보게 된다. 울프는 "그녀는 생각했다 또는 기억해낼 수 있다" 등의 말로 과거에 대한 언급이 순전히 작중인물의 의식을 통해서 전달되고 있음을 독자에게 계속 상기시킨다.

이 작품을 하루라는 짧은 시간 안에 일어난 것으로 축약한 이유는 무엇일까? 초점을 액션에 두기보다 인간의 내면의식에 둔다면, 이를 집중적으로 다루기 위해서는 실제의 시간을 많이 설정할 수가 없거니와, 그 이상으로 늘릴 필요도 없다. 작품 속에 설정한 시간은 단 하루라 해도, 그 안에서 얼마든지 많은 의식을 다룰 수 있기 때문이다. 『댈러웨이 부인』에서 개발된 괄목할 만한 테크닉으로 크게 두 개를 들 수 있는데, 하나는 서로 다른 인식과 시점의 발굴이며, 또 하나는 시간상 현재와 과거를 넘나드는 의식작용의 탐구이다. 『댈러웨이 부인』의 실험적 문학기법은 시간에 대한 새로운 개념을 바탕으로 하고 있다. 부인의 현재의 체험은 과거에 대한 기억과 뒤섞여 있어 과거는 그 자체로서도 존재하지만 그에 대한 결과, 그리고 현재와의 관련 속에서 생생하게 재현된다. 시간에 대한 새로운 의식은 또한 작품의 구조 면에서도 혁신적인 스토리 진행방법을 낳았다. 마치 인간의 마음속에 과거와 현재, 그리고 미래가 구분 없이 동시에 공존하고 있듯이 이 소설에는 장(章)의 구분이 없다. 스토리도 연대순으로 진행되어가기보다는 과거와 현재가 수시로 교차되며 인물의 의식의 흐름에 따라 전개된다. 바로 모더니즘 소설을 특징짓는 기법인 '의식의 흐름'과 '내적 독백'이 바탕이 되어 있음을 볼 수 있다. 울프는 『댈러웨이 부인』에서 '내적 독백'을 효과적으로 사용함으로써 시간의 제약에서 해방될 수 있었다.

현대소설로서 『댈러웨이 부인』의 가장 특기할 점은 대상물이나 사건, 좀 더 확대하면 리얼리티에 대한 인식자의 이해라고 할 수 있다. 개인의 시각이라는 주관성 때문에 리얼리티에 대한 이해는, 설혹 인식자에게는 그 자체가 진리로 여겨진다 해도, 다른 관점에서 볼 때 제한성과 왜곡을 피할 수가 없다. 이 작품은 진리의 절대성보다는 상대성을 은연중 시사하고 있다. 『댈러웨이 부인』에서 가장 비정상적인 감지(感知)로 인하여 왜곡된 인식을 하는 극단적인 사례는 바로 쎕티머스 스미스(Septimus Smith)의 경우이다. 작품에서는 주인공 클러리써 댈러웨이의 의식이 지배적이지만, 한편으로 그녀의 의식의 대응자 또는 분신이라 할 수 있는 의식이 쎕티머스의 의식이다. 두 사람은 서로 알지 못하고 만난 일도 없으나 둘 다 강렬하고도 민감한 감지력을 지녔으며 마치 "반투명의 봉투"(『일반 독자』 150면)와도 같은 자신들의 의식 속에 싸여 있다. 물론 정신분열 증세를 보이는 쎕티머스에 비해 클러리써는 외부적으로는 평온함을 유지하여 어느 누구도 그녀의 영혼의 저변에 있는 불안정하고 어두운 심층을 알지 못한다. 소설 속에서 이 두 사람의 의식은 나란히 나아가며 작품의 끝에서 쎕티머스의 자살 소식을 들은 클러리써는 그와의 깊은 유대감을 느낀다. 쎕티머스는 시인의 눈으로 세상을 바라보며 대상물에 대해서 극단적인 비전을 갖고 파악한다. 그는 은유적으로 생각할 뿐만 아니라 외부 리얼리티에 자신의 내적 비전을 투영함으로써 그것이 사실인 양 느끼게 되어, 자신의 부인 레지아(Rezia)를 꽃이 핀 나무로 보는가 하면, 또한 붉은 꽃이 그를 통해서 자라고 있다고 생각하고, 나뭇잎들과 이야기하며, 새들이 그리스어로 말하는 것을 듣는다고 상상한다. 쎕티머스의 시각은 분열된 세계로 대상물들과 사건들이 서로 혼란스럽게 얽혀 있고, 공간 개념에 있어서도 외부의 공간은 의식에 압도되어 장면들은 괴상한 방법으로 분열되고 조립된다. 이는 곧 정신분열자가 느끼는 풍경으로, 심적 불안감이 외부로 표출되면서 내면적 리얼리티와 외부적 리얼리티가 구분없이 혼합되어 있다. 개인의 의식을 극단적으로 발현하는 쎕티머스에 대해 클러리써 댈러웨이는 어느정도 공감하는데, 이로써 클러리써와 같은 정상인도 왜곡된 비전에 수시로 노출되어 있음을 말해준다고 하겠다. 그러나 왜곡된 양상이긴 하지만 쎕티머스의 혼란스런 비전은 또한 인간의 감지력이 얼마나 풍요로운지를 말해준다.

이 작품에서 울프는 이 두 사람의 인지 외에도 몇몇 서로 입장이 다른 사람들을 등장시킴으로써 리얼리티에 대해 얼마나 다른 해석과 다양한 의견들이 있는지 보여준다. 물론 하나의 리얼리티에 대해서 합의된 의견도 도출될 수 있으나 항상 개인적인 이해는 존재하며, 울프는 이 고도로 개인적이고 섬세한 의식을 독자들에게 제시하고 있다.

3. 『등대로』

『댈러웨이 부인』이 출판된 지 2년 만에 좀더 성숙한 울프의 예술성을 보여줄 작품이 나오는데, 바로 『등대로』(To the Lighthouse, 1927)이다. 이 작품에서는 『댈러웨이 부인』에서 개발된 독특한 테크닉이 반복해 나타나되 훨씬 진전된 양상을 보인다. 『등대로』는 세 장으로 나뉘어 있으며, 첫 장인 「창」(The Window)에서는 1차대전이 발발하기 몇년 전 9월 하순 어느날 스코틀랜드 가까이에 있는 한 섬에서 휴가를 보내는 램지 부부와 아이들, 그리고 이들이 초대한 손님들이 등장한다. 여기에서 어린 제임스의 눈을 통해 본 철학교수인 아버지 램지와 어머니 램지 부인을 중심으로 인식의 문제가 이전의 작품들에 비해 훨씬 심도있게 다루어진다. 두번째 장인 「시간의 흐름」(Time Passes)에서는 여러 해 동안 방문하지 않아 퇴락한 섬에 있는 이들의 집이 주인공들을 대신한다. 전쟁으로 인하여 램지 가족은 이곳을 찾지 못하는데, 그동안 램지 부인이 세상을 떠나고, 앤드루는 전쟁중에, 그리고 프르(Prue)는 출산중에 죽었다. 이러한 이 집안에 일어난 큰 변화들은 청소부인 맥냅 부인(Mrs. McNab)과 배스트 부인(Mrs. Bast)의 회상 형식으로 간단하게 말해진다. 그리고 세번째 장 「등대」(The Lighthouse)에서는 10년 후 살아남은 가족이 다시 같은 방문객들과 이곳을 찾으며, 예술가 릴리 브리스코(Lily Briscoe)가 이곳을 처음 방문했을 때 시작한 그림을 완성하면서 끝난다. 이 마지막 장에서는 과거에 대해 회상하는 서술이 나오는데, 이 서술은 과거의 사실이 현재에 대해 어떠한 의미를 갖는가를 주시하고, 나아가 과거와 현재가 서로를 조명하면서 각각 상호텍스트적 의미 부여를 하게 된다. 이것은 작품의 전체구조와 관련되는데, 작품을 구성하는 세 개의 장들은 서로 상호의존적인 연관성을 맺으며 의미를 형성한다. 그림을 완성하면서 화가인 릴리 브리스코는 죽은 램지 부인과 이 집안 가족들에 대해, 그리고 자신 앞에 펼쳐진 경관에 대해 섬광과도 같은 비전을 체득한다. 소설의 시작에서 어린아이였던 제임스도 성장하여 삶에 대한 이해의 폭이 넓어지면서 어린 시절 아버지에게 느끼던 분노가 이제 이해로 바뀐다. 특히 작품의 시작에서는 날씨 때문에 이행하지 못했던 등대로의 방문을, 작품의 마지막에서 램지 부인이 죽고 제임스가 성장한 후에야 램지와 두 아이들이 실행하는 것은 상징적 의미가 크다.

『등대로』에서 울프는 무엇보다도 시간과 인식의 문제에 주력하고 있으며 이를 표현해낼 문학기법 개발에 골몰했던 것 같다. 인생 전체가 하루에 집약된 『댈러웨이 부인』에서는 현재와 과거가 서로 구분 없이 한데 뭉뚱그려져 있어 내용이 시간에 따라 구분되거나 시간의 연대기적인 흐름에 따르지 않는 데 비해, 『등대로』에서는 시간과 의식의 관계에 대하여 이와는 또 다른 차원에서 실험을 하고 있다. 내용전개는 얼핏 시간의 흐름에 따르고 시간대에 맞춰 나뉘어져 있으나 근본적으로는 의식과 시간의 상관관계에 초점이 맞추어져 있다. 그 결과 상당히 실험적인 기법이 시도되는데, 이 작품의 첫 장과 마지막 장은 똑같이 하루나 몇 시간이라는 짧은 시간을 다루지만 작품의 거의 전부를 차지할 만큼 분량이 많은 데 비하여, 10년의 시간을 다루는 두번째 장은 짤막하고 간단하게 처리된다. 시간을 시계상의 시간이 아닌 의식의 강도와 비례시키고 있기 때문이다. 램지 부부의 대조되는 의식을 탐구하는 첫 장과 인물들이 비전을 체험하는 세번째 장은 짧은 시간이지만 의식이 복잡하고 강렬한 데 비해, 두번째 장은 시간적으로는 길지만 의식은 복잡하지 않다. 전형적인 노동자계급의 이름이라고 울프가 밝힌 바 있는 청소부인 맥냅 부인과 배스트 부인의 비교적 단순한 마음속에 투영된 이들 가족에 대한 회상은 사건 전달의 차원에 머물며, 그리 섬세하지도 심오하지도 않고, 독특한 인식에서 우러나온 것도 아니다. 세번째 장에 제시된 릴리의 생생하면서도 풍요로운 회상과는 사뭇 대조적이다. 실제 시계상의 시간은 첫 장에서는 마치 정지된 듯한 느낌이 드는 데 비해, 둘째 장에서는 제목 그대로 시간이 흐르고 있으며, 셋째 장은 첫 장과 상응하고 있어 시간이 역으로 가는 느낌을 준다.『등대로』에서는 이처럼 작품의 구조와 내용이 작가의 시간과 의식에 대한 새로운 고찰과 맞물려 있음을 볼 수 있다.

  앞에서 살펴보았듯이 이 작품의 주요 주제 중 하나는 인간의식에 대한 탐구이다.『댈러웨이 부인』이 서로 다른 시점에 입각한 의식의 여러 층을 드러내 보였듯이『등대로』에서도 각 인물들의 다양한 의식이 더욱 대담하고 심층적으로 드러나 있어 인간이 육신이나 형체를 지닌 존재라기보다는 영적 존재로 느껴지게 한다. 특히 울프 특유의 언어기법인 서정적이며 시적이고 함축적인 언어 구사와 은유의 사용은 이들의 의식을 고양시켜 작가가 중시하는 '영성'(spirituality)을 더욱 두드러지게 한다. 그러나 인물들 각각의 의식은 개인적 차원에 머물지 않고 인간의 전형적 유형을 나타내며 사회의 다양한 구성원을 대표함으로써 이들의 모임은 사회의 축소판 같은 인상을 준다.『댈러웨이 부인』에서 클러리써와 쎕티머스의 의식이 서로 다르지만 상호작용하는 관계로 탐구되는 데 비해, 『등대로』에서는 이와는 또 다른 구도 속에서 램지와 램지 부인의 의식, 그리고 예술가 릴리 브리스코의 의식이 탐구되고 있다. 램지 부부는 리얼리티에 대한 서로 상반된 이해를 통해서 남성성과 여성성의 본질을 드러낸다. 램지와 램지 부인의 의식은 대칭적 구조 속에서 서로 대립하고 있으며 이들의 갈등은 어떠한 타협이나 해결점 없이 그대로 남아 있으나, 작품의 끝에서 릴리 브리스코는 예술가로서 이 두 사람의 삶에 대해 관망하며 삶에 대한 비전을 체득한다. 소설이 시작하면 바로 램지와 램지 부인의 리얼리티에 대한 상반된 인식의 대비가 어린 아들 제임스의 시각을 통해 제시되고 또한 이 두 인식간의 갈등이 암시된다. 철학교수인 램지에게 리얼리티는 단순히 명백한 진리 그 자체이다. 그에게 희망이나 아름다움, 또는 동정심 등 인간적인 감정이 수반된 리얼리티는 유효하지 않다. 그는 다음날 등대에 가고 싶어하는 어린 제임스에게 날씨가 좋지 않아 등대에 갈 수 없을 것이라고 주장하는데, 이러한 자신의 주장이 들어맞자 부인을 빗대어 엄정한 객관적 사실에 근거하지 않는 생각은 모두 넌쎈스라는 것을 확신하며 의기양양해한다. 램지의 일생의 포부는 지식을 통해 절대적 진리에 도달하는 것이지만 학자로서 성숙기에 들어선 지금도 이를 성취하지 못했고 또한 앞으로도 희망이 없다고 느끼며 그는 실망감에 휩싸인다. 그러나 이는 어쩌면 처음부터 존재하지 않는 영구불변의 진리를 찾고자 하는 허영심에서 비롯된 것으로 볼 수도 있겠다. 삶에 대한 램지의 이런 비전은 불가피하게 자신을 실패자로 여기게끔 하고, 타인과의 관계에서도 자신을 외로운 존재로 만든다. 어린 제임스는 아버지의 태도에 대해 극단적인 혐오감마저 느낀다. 램지가 표방하는 이러한 유형의 인식은 아내와 아이들에게는 상처를 주지만 언제나 옳은 것으로 판명될 만큼 정확한 것이며, 그는 삶이라는 냉엄한 사실을 그대로 직면하고자 하는 자기 생각에 가족들이 따라주기를 바란다. 이러한 인식의 소유자인 그에게 삶이란 그저 용기, 진리추구 그리고 고된 생을 견뎌내는 힘이 필요한 것일 뿐이다. 견고하고 준엄한 삶의 현실 혹은 사실을 힘들게 견뎌내는 자신에 비해 이를 직면하려 하지 않는다 하여 램지는 부인에게 화를 낸다. 자신이 견지하는 인식의 방향과는 너무도 판이한 그녀의 인식을, 완벽함과 절대성을 추구하는 그로서는 참을 수가 없는 것이다.

이에 비하여 램지 부인의 인식세계는 완전히 대조적이다. 삶에 대한 그녀의 태도는 냉혹한 사실에 근거하기보다는 검증되지 않은 희망과 남에 대한 동정심에서 비롯된다. 등대에 가고 싶어하는 아들에게 그녀는 아마도 다음날 날씨가 좋아져 갈 수 있을 것이라고 위로한다. 그녀의 리얼리티에 대한 인식은 객관적 사실보다는 희망에 근거한 것이다. 사실상 비현실적인 그녀의 인식은 그러나 어린아이들에게는 사실 이상의 효과를 낳게 되는데, 이것은 그녀의 인식의 동기가 아이들의 감정에 대한 배려와 위안에서 나오기 때문이다. 램지 부인은 자신의 인지의 근거가 남에 대한 동정심과 그들의 감정에 대한 배려에 있는 것처럼, 다른 사람들의 인지 역시 그들이 지닌 감정과 흥미에 제약을 받는다는 것을 알고 있다. 다른 사람들에 대한 그녀의 특별한 배려에는 그들의 존재에 대해 잘 알지 못한다는 생각이 깔려 있다. 램지 부인의 이러한 태도는 리얼리티에 대한 인식에 있어서 그녀가 램지보다도 훨씬 유동적임을 말해준다. 램지의 경우 확고부동한 불변의 인지를 추구하는 데 비하여, 램지 부인은 리얼리티에 대한 인식이 시간과 공간, 그리고 개인에 따라 극히 가변적임을 기본적으로 인정하고 있는 것이다. 이러한 부인을 램지는 나무라고 경시하는데, 아이러니컬하게도 자신의 태도에 확신을 가지면서도 그는 끊임없이 부인의 관심과 동정심을 요구한다. 부인에게 의존적인 램지의 태도는 램지 부인의 비현실적인 인식이 기본적으로 남에 대한 배려와 위안 그리고 삶에 대한 희망에서 유래하며, 거짓이나 오판(誤判) 또는 왜곡의 차원에서 이해될 것은 아니라는 것을 말해준다.

여섯살 난 제임스의 눈에 아버지는 허영심 많고 파괴적이며 칼날처럼 예리하고 극히 이기적인 인물로 비친다. 이에 비해 어머니는 창조적이며 다산성을 가진 활력을 불어넣는 자로 나무와 샘에 비유된다. 평자에 따라서 램지는 불모성, 램지 부인은 생산성을 상징하는, 즉 한쪽은 부정적이며 다른 쪽은 긍정적인 인식의 발원체처럼 제시되기도 하는데, 이런 문맥에서 보면 램지가 나타내는 남성의 불모성은 램지 부인을 통해 보이는 여성의 비옥함을 열망하는 것으로 이해할 수도 있다. 특히 페미니즘적 시각에서는 이 점이 더욱 강조되는 듯하다. 존 배철러(John Batchelor)가 지적한 바와 같이 일부 페미니스트 비평가들은 이 작품을 '성의 전쟁'을 다루는 소설로 보고 생명을 창조하는 생산적인 램지 부인과 예술가(화가)인 릴리 브리스코는 불모적인 가부장제에 대항하여 고투하는 것으로 보고 있다(Batchelor 94면). 페미니즘적 시각에서 볼 때 수긍이 가기는 하지만, 이러한 견해가 작품의 전체적인 맥락에서 볼 때 보편적인 타당성을 지닌 것인지는 의문이다. 결과적으로 램지 부인이 가능성을 암시했던 등대로의 여행("magical quest")는 사실상 무산되고, 결국 삶은 그것에 대해 지니는 환상이나 희망을 벗겨내려는 램지의 주장대로 판명되고 말기 때문이다.

　어린 시절 제임스에게 손에 닿을 수 없는 먼 곳에 위치하여 신비에 싸인 낭만적인 마력을 발산하던 등대는 성장한 후 실제로 도달해보니 한갓 '삭막한 탑'(bare tower)에 불과했다. 그러나 제임스는 등대에 대해 어린 시절 자신이 지녔던 환상이 무너졌음에도 불구하고 환상이 지닌 가치와 소중함을 인지한다. 그는 등대에 대해 지녔던 낭만적인 인식 또한 그 나름의 진리를 지니고 있음을 인정하며, "그 어느 것도 단순히 한 가지만을 가리키지 않는다. 다른 한편도 역시 등대였던 것이다"(nothing was simply one thing. The other was the Lighthouse too)라고 말한다. 어린 시절 삶에 대해 꿈을 키워주며 격려하던 어머니 램지 부인의 직관적인 인식과 아버지 램지가 표방하는 현실적이며 이성적인 인식이 그에게 똑같이 필요하며 소중한 것임을 알게 된 것이다. 어쩌면 이러한 인식을 필요로 하는 사람은 제임스뿐만은 아닐 것이다. 램지에게 부인의 위안이 필요했듯이 램지 부인도 자신이 지닌 리얼리티에 대한 혼란스러움과 깊이에 대하여 이를 질서있게 정리하고 현실화할 램지의 이성적이고 합리적인 처방이 필요할지 모른다. 이처럼 『등대로』는 어떤 면에서 삶에 대한, 그리고 리얼리티에 대한 해석에 있어

서로 다른 담론들이 상충하고 경합을 벌이는 소설로 볼 수 있다. 인식의 문제를 다루는 현대소설로서 『등대로』는 시적인 이미지와 상징 그리고 섬세하며 서정적인 시어를 사용하여 극히 미학적인 차원에서 시간과 의식이라는 현대적 이슈를 구현해냈다.

4. 『나 혼자만의 방』

　페미니즘과 울프의 관계에 대해서는 논란의 여지가 많다. 그러나 울프의 에쎄이나 비평은 여성성에 대하여 강하게 의식하고 있음을 부인할 수 없다. 기본적으로 울프는 여성은 지적으로 남성과 동등하며 단지 여성이 처한 생활조건 때문에 문화적인 일을 하지 못할 뿐이라고 확고하게 믿고 있다. 울프는 여성의 사회적·지적·물질적 동등권을 주장하나, 여성의 정치적 권리를 위한 투쟁보다는 여성이 교육적으로 그리고 문화적으로 남성과 동등한 권리를 누리는 일에 더 관심을 보였다.

　『나 혼자만의 방』(A Room of One's Own)은 울프의 여성에 대한 이러한 생각들을 체계적으로 정리한 에쎄이집으로 현대 페미니즘 이론에 있어 고전이라 할 수 있다. 이 책은 1928년 10월 케임브리지 대학의 '뉴햄 콜리지의 예술학회'에서 행한 강연원고를 기초로 한 것으로 후에 울프는 이 발표의 논점을 계속 발전시켜 『나 혼자만의 방』이라는 책으로 만들었다. 이 책은 여성에 대한 논의를 다루는데 픽션과 에쎄이, 이론 등이 혼합된 독특한 방식을 취한다. 논점을 전개하는 데 있어서는 이론적인 내용을 픽션의 틀을 사용하여 전달하는데 어조는 진지하면서도 유머를 사용하여 호전적이거나 무거운 느낌을 주지 않는다. 원래 페미니스트들에 대하여 그리 호의적이지 않고 정치적 활동단체를 조직하는 일에 대해서도 회의적이었던 울프이고 보면 그녀의 이러한 논지 전개의 스타일에 수긍이 간다.

　『나 혼자만의 방』의 내용을 전체적으로 크게 둘로 나누어보면 하나는 여성의 사회적·문화적 동등함을 이루기 위한 물질적 여건의 개선에 대한 문제이고, 다른 하나는 여성작가의 글쓰기 문제라고 할 수 있겠다. 울프는 소설에서는 상상력이나 인식과 사유의 세계를 추구하며 미학적인 데 비하여, 여성문제를 다루는 『나 혼자만의 방』에서는 제목 자체가 암시하듯 형이상학적인 차원이 아닌 형이하학적 접근을 하고 있다. 울프는 서구문명사에서 여성문제에 대한 진단이나 해결방안만큼은 철저하게 물질적인 차원에서 논하고 있다. 과거에 물질적 여건이 마련되지 않은 환경에서 재주있는 여성이 어떻게 좌절하게 되었는가를, 이 저서의 백미라고 할 수 있는 셰익스피어의 누이에 대한 우화를 통해 탁월하게 고찰한다.

『나 혼자만의 방』에서 탐구하는바 여성이 어떻게 한 작가로 완성되어가는지의 주제에 대해서는, 전반부인 1~3장까지는 서구문명사에서 여성이 처해 있던 사회적·가정적 환경과 인식을 진단하며 오류를 지적하고, 후반부인 4장부터는 좀더 본격적으로 문학의 문제를 다루고 있다. 물론 이를 위해서는 기본적으로 우선 물질적인 여건이 마련되어야 한다는 주장은 일관되게 나타난다. 4장에서는 19세기의 여성작가들을 중심으로 소설이라는 문학장르와 여성의 글쓰기 문제가 논의되는데, 특히 제인 오스틴, 에밀리 브론테, 샬롯 브론테, 그리고 조지 엘리어트 소설에 대한 비평과 이들 작가에 대한 비교에서 드러나는 통찰력은 경이로울 정도이다. 5장에서는 이제 현대로 넘어와 매리 커마이클이라는 가상의 여류소설가를 통하여 현대사회에서 여성작가가 무엇을 어떻게 써야 하는지, 그리고 어떠한 마음가짐으로 글쓰기에 임해야 하는지에 대하여 매우 진지하고 열정적으로 논하고 있다. 이제 현대 여성작가는 성별을 전혀 의식하지 않을 정도로 남성과 동등한 위치에서 글을 쓸 수 있어야 하며, 그렇게 되었을 때 비로소 여성만의 독특한 글을 쓸 수 있다는 것이다. 여성이 자기의 길을 부단히 개발하며 글을 쓸 때 주위에서 때로는 찬사나 조언으로 때로는 조롱 등의 방식으로 참견을 해오게 마련인데, 이에 대하여 당당하게 맞서도록 매리 커마이클에게 격려를 보낸다. 그녀는 남성작가들이 일상적으로 범하는 오류를 지적하면서 여성이 자신의 성에 대한 열등의식을 배제하고 아예 성적 차이에 대해서 의식조차 하지 말고 글을 쓸 것을 거듭 당부한다. 그리고 이 가상의 현대 여성작가가 성을 의식하지 않고 이 일을 성공적으로 해냈음에 찬사를 보낸다. 마지막 장인 6장에서도 이 논의는 거듭 강조되며, 더 나아가 좋은 글이란 19세기에 코울리지(T. S. Coleridge)가 제의했듯이 남성성과 여성성이 동시에 같이 나타나는 심적 상태를 보여주어야 한다고 주장한다. 그리고 최종적으로 문학적인 논의에 앞서 해결되어야 만할 물질적 여건을 다시 한번 상기시키고 있다.

『나 혼자만의 방』은 여성론적 에쎄이집으로, 문학작품은 아니지만 그 서술방식에 있어서 시적으로 함축성 있는 언어구사와 절묘한 메타포 사용, 그리고 극적인 구성과 스토리 전개 등은 어느 작품 못지않게 문학성이 짙다. 지적인 가정에서 태어나 고전적 학식을 쌓은 작가인데도 불구하고 여성문제에 대하여 아주 실제적인 차원에서 진단과 처방을 내리고 있는 현실적 통찰력 또한 경이롭다.

5. 맺음말

울프 이전의 영국소설은 본질적으로 대중의 정서를 대변하였던만큼, 당시의 소설가들은 공적 가치를 구현해줄 소설 패턴을 사용해야 했다. 그러나 울프는 그러한 대중적 가치의 쇠락을 감지하고, 공적 가치보다는 개인적 체험을 감당할 수 있는 문학형식이 필요하다고 생각했다. 다시 말해서 개인적 비전을 구현해줄 수 있는 구성이나 서술형식이 필요했으며, 따라서 정형화된 장르나 소설양식을 탈피해야만 했다. 이런 점에서 울프 문학의 하나의 특징인 서정적 형식은 개인적 체험을 더욱 강렬하게 전달하는 데에 성공했다고 할 수 있을 것이다. 또한 울프는 도덕적 교훈 같은 것을 표방하지 않는다. 울프에게 진리란 외부로부터 부여된 도덕률이 아니라, 바로 창의성이 넘치는 감지력이었다.

울프의 인식이 창조해낸 리얼리티는 감지하는 위치와 방향에 따라 끊임없이 변모하는 속성을 갖고 있다. 인간의 존재를 사회성보다는 개인의 의식체로 나타내는 울프 문학에서는, 전통소설에서 볼 수 있는 견고하고 확고부동하며 절대적 가치를 표방하는 진리는, 미해결적이고, 불확실하며 불연속적인, 지극히 유동적인 진리로 바뀐다. 이러한 유동적인 인식이 바로 새로운 리얼리티의 창출을 가능하게 하며 리얼리티에 대한 무한한 가능성, 그 다채로운 비전의 지평선을 활짝 열어놓았다. 〔전은경〕

추천문헌

Virginia Woolf, *The Common Reader* (New York: A Harvest/HBJ Book 1984). 버지니어 울프 자신의 에쎄이집으로 영문학사상 14세기부터 20세기에 걸쳐 씌어진 작품과 작가에 대한 비평이다. 여기에 수록된 비평문은 작가 자신의 지적대로 지식 전달을 위한 딱딱한 비평서라기보다는 읽는 즐거움을 맛볼 수 있는 점이 특징이다. 전혀 학자연하지 않는, 위트 넘치는 필치로 그러나 어느 문학비평서보다도 문학에 대하여 날카로운 통찰력으로 진지하게 때로는 통렬하게 논하고 있는데 무엇보다도 울프 자신의 문학적 관점을 이해하는 데 도움이 된다.

John Batchelor, *Virginia Woolf: The Major Novels* (Cambridge: Cambridge Univ. Press 1991). 울프 연구에 대한 개론서로 작가의 생애, 문학적 특징, 그리고 다섯 편의 주요 작품에 대하여 주요 주제를 중심으로 논하고 있다. 울프 이해에 있어 새로운 관점과 흥미로운 이슈들을 끌어낸 점이 돋보이는, 울프에 대한 입문서로 권장할 만하다.

Rachel Bowlby ed., *Virginia Woolf* (London and New York: Longman 1992). 울프 작품에 대해 대체로 최근에 논란이 되는 비평이론들을 작품에 적용한 비평서로서 울프 연구에 있어 다양한 접근을 시도한 논문들이 수록되어 있다.

Pamela L. Caughie, *Virginia Woolf and Postmodernism: Literature in Quest and Question of Itself* (Urbana and Chicago: Univ. of Illinois Press 1991). 대표적 모더니스트 작가 중 한 사람으로 손꼽히는 울프를 포스트모던 관점에서 재조명하는 비평서로, 해체주의 비평이론을 울프의 글쓰기에 접목시켜 서술기법, 페미니스트 이슈 등을 비중 있게 다루고 있다.

윌리엄 골딩과 존 파울즈

1. 2차대전 이후 영국소설의 양상: 전통과 실험

    20세기 영국소설의 흐름은 2차대전을 기점으로 크게 전반기와 후반기로 나뉜다. 전반기는 전통적인 소설에 맞서 '새로운'(novel) 소설을 추구하는 모더니즘이 본격적으로 활성화되고 전파된 시기로, 콘래드에서 로렌스, 조이스, 울프로 이어지는 대표작가들을 중심으로 영국소설의 새로운 전성기가 펼쳐졌다. 반면에 후반기는 전반기를 주도하던 모더니즘 소설이 점차 퇴조하면서 시작된다. 1940년대로 오면서 모더니즘 소설이 더이상 새로울 게 없는 일반적인 양식이 되자 새로운 돌파구를 찾으려는 노력이 뒤따르게 된 것이다. 2차대전 직후 10여년은 이러한 시도에 앞선 일종의 준비기간이자 과도기에 해당한다. 리얼리즘 소설전통의 계승과 실험소설의 욕구가 공존하던 이 과도기의 경험을 바탕으로 20세기 영국소설은 포스트모더니즘, 탈식민주의, 그리고 최근의 이민계 작가들의 다국적 소설로 이어지는 또다른 전성기를 맞기에 이른다.
    2차대전 이후의 과도기에 등장한 영국소설에서 눈에 띄는 현상 가운데 하나는 실험소설에 대한 반발과 함께 리얼리즘적 재현의 필요성이 크게 대두했다는 점이다. 가령, 윌리엄 쿠퍼(William Cooper), 앵거스 윌슨(Angus Wilson), 필립 라킨(Philip Larkin) 등은 모더니즘 소설이 사회로부터 단절된 개인의 소외와 형식의 실험에만 몰두했다고 비판하면서 공동체의 일원으로서의 개인의 사회적 삶을 밀도있게 재현하는 전통적인 리얼리즘 소설과 지방색 소설에 역점을 둔다. 영국소설의 진정한 성취는 19세기의 위대한 빅토리아조 소설에 있다는 윌슨의 주장이 암시하듯이, 이들은 공동체의 역사·도덕·풍습·상식, 그리고 그 안에서의 개인의 일상적인 경험을 사실적으로 진솔하게 기록하는 것이 곧 소설가의 참된 임무라고 믿었다.

이러한 리얼리즘 소설의 새로운 대두는 초기 비평가들에 의해 영국소설의 전반적인 침체로 받아들여지곤 했다. 전성기의 모더니즘 소설에 견줄 만한 새로운 실험정신이나 대가가 발견되기는커녕, 오히려 과거의 전통으로 회귀하려는 것처럼 보였기 때문이다. 이러한 진단이 아주 틀린 것은 아니지만, 당시의 영국소설을 전반적으로 조망했다고 하기에는 너무 단순한 게 사실이다. 리얼리즘 소설을 옹호한 전후(戰後)의 영국소설가들은 리얼리즘으로 '복귀'했다기보다는 19세기를 거쳐 20세기 내내 지속되어온 리얼리즘 전통을 계승했을 뿐이다. 게다가 리얼리즘과 반실험주의적 성향만으로 당시의 영국소설을 평가한다는 것은 편협한 판단이 아닐 수 없다. 20세기 전반기에도 그랬듯이, 전후 영국소설은 면면히 유지되어온 리얼리즘 전통과 그에 맞서는 반리얼리즘적 실험의 각축을 바탕으로 발전해왔기 때문이다.

침체기라는 평가와 달리 1950년대에는 전후의 영국소설을 이끌고 갈 신진 작가들이 대거 등장하기 시작한다. 예컨대, 윌리엄 쿠퍼, 바버러 핌(Barbara Pym), 도리스 레씽(Doris Lessing, 1950), 앵거스 윌슨(1952), 킹슬리 에이미스(Kingsley Amis), 아이리스 머독(Iris Murdoch), 윌리엄 골딩(Wiliam Golding, 1954), 뮤리얼 스파크(Muriel Spark, 1957), 앨런 씰리토(Alan Sillitoe), 존 버거(John Berger, 1958) 등은 모두 이 시기에 활동을 시작하며, 몇해 뒤인 1963년에는 존 파울즈(John Fowles)와 마거릿 드래블

(Margaret Drabble)이 등단한다. 영국소설의 새로운 중흥은 바로 이러한 신진 작가들로부터 비롯되었다. 앞서 말한 대로 이 가운데 일부는 리얼리즘 전통에서 소설의 돌파구를 찾으려 했다. 반면에 그밖의 여러 작가들은 리얼리즘 소설에 회의를 품고 우화·고딕·환상·메타 픽션 등의 형식을 다양하게 실험했다. 이러한 회의와 실험은 1960년대를 거치면서 한층 거세고 활발해졌다. 여기에는 60년대의 사회변화와 함께 외적인 영향도 적지 않았다. 롤랑 바르뜨(Roland Barthes)의 구조주의 이론, 쌔뮤얼 베케트(Samuel Beckett)와 로브-그리예(Alain Robbe-Grillet)의 반소설, 그리고 미국의 포스트모더니즘 소설은 리얼리즘적 재현에 대한 회의를 더욱 부추겼으며 아울러 실험적 글쓰기의 사례를 폭넓게 제공했다. 그 결과 리얼리즘 소설의 전성기였던 빅토리아 전통을 비롯하여 실재·허구·정체성·작가의 권위·서사 등의 문제가 심각하게 재고되기에 이르고, 새로운 형태의 소설에 대한 실험도 이전에 비해 훨씬 다양해졌다.

그런데 여기서 한가지 유의할 점은 이러한 실험소설에서 리얼리즘이 완전히 거부된 것은 아니라는 사실이다. 빽빽하게 기록된 사회적 배경, 세부적인 장면 묘사, 자유주의-인본주의적인 인물의 등장을 여전히 찾아볼 수 있다. 즉, 전후 영국소설에서 이루어진 실험은 극단적이었다기보다는 리얼리즘 전통을 제한된 형태로나마 계속 유지하면서 전개되었다고 할 수 있다. 골딩의 『파리 대왕』(Lord of the Flies, 1954)과 파울즈의 『프랑스 중위의 여자』(French Lieutenant's Woman, 1967)는 각각 1950년대와 60년대의 대표작으로, 중흥기를 맞아 새롭게 변화해가는 전후 영국소설의 특징적인 양상을 잘 대변해준다.

2. 윌리엄 골딩의 『파리 대왕』

『파리 대왕』은 1983년에 노벨 문학상을 수상한 골딩(1911~93)이 마흔셋에 쓴 데뷔작으로 그의 작품 가운데에서도 가장 유명하다. 이 작품의 가장 큰 특징은 인간 본성에 대한 골딩의 비관적 통찰과 복합적인 우화의 사용이다. 골딩은 2차대전 당시 영국 해군으로 참전하여 깨달은 문명의 야만성과 인간의 어두운 내면을 알레고리적 이야기인 우화의 형식을 빌려 함축적으로 다룬다. 비록 2차대전이라는 구체적인 사건의 영향을 받긴 했지만, 작품은 대부분의 우화가 그렇듯이 특정한 시간과 공간에 얽매이지 않고 다분히 공상적인 배경하에서 전개된다. 예컨대 소설의 사건은 핵전쟁 직후의 참사를 피하기 위해 타고 가던 비행기가 사고로 적도의 어느 외딴 섬에 착륙하면서 시작된다. 이러한 가상적인 미래와 사회 바깥의 공간 설정을 통해 골딩은 당시의 역사적 정황을 우회적으로 풍자할 뿐 아니라, 그것을 넘어선 인간 본성의 신화적인 원형과 보편적인 의미를 탐구한다.

『파리 대왕』의 뼈대를 이루는 표류·모험·구원의 이야기 틀은 그다지 새로운 것이 아니다. 대니얼 디포우의 『로빈슨 크루쏘우』를 비롯하여 밸런타인(R. M. Ballantyne)의 『산호섬』(*The Coral Island*, 1857), 그리고 스티븐슨(R. L. Stenvenson)의 『보물섬』(*Treasure Island*, 1883)과 같은 모험이야기의 고전에서 유사한 예를 쉽게 찾을 수 있다. 그러나 골딩의 모험이야기는 적어도 주제나 분위기에 있어 그러한 근대적 원형들과는 매우 대조적이다. 이 점은 골딩이 『파리 대왕』의 모델로 삼은 『산호섬』과의 비교에서 여실히 드러난다. (골딩은 『산호섬』에서 인물의 이름을 따왔을 뿐 아니라 그 제목을 작품 중간에 직접 언급하기까지 한다.) 두 작품 모두 적도의 외딴 섬에 난파된 영국소년들의 모험을 다룬다는 점에서는 기본적으로 비슷하다. 하지만 그 모험을 통해 제시하는 세계상은 판이하게 다르다. 먼저 『산호섬』에서의 소년들의 모험은 그야말로 목가적이다. 섬에서 경험하게 되는 악이라고는 식인종의 출현과 같이 외적인 것이 전부일 뿐, 소년들은 구조의 그날까지 서로 도와가며 행복하게 열심히 살아간다. 그나마 식인종들도 기독교에 감화된다. 마침내 소년들은 교사에 의해 구조되고 모두 하느님의 은총에 감사한다. 이처럼 『산호섬』은 근면, 정직, 기독교적 신념만 있으면 어떠한 역경이든 극복할 수 있다는 빅토리아 시대의 낙관적인 가치관을 그대로 반영한다. 반면에 골딩의 현대판 표류기는 훨씬 암울하다. 『산호섬』에서와 달리 악은 단지 외부에 있지 않다. 오히려 그것은 인간의 깊은 내면에 사악한 야수처럼 도사리고 있어서 이성이나 정의, 문명 등으로는 도저히 다스려지지 않는다. 기독교적인 은총이나 섭리를 기대할 수도 없다. 피기(Piggy)의 죽음을 비탄하는 랠프(Ralph)의 마지막 모습에서처럼, 오직 "순수의 종말, 인간 본성의 암흑"에 대한 깨달음만이 한없는 눈물과 함께 주어질 뿐이다. 이와같이 『파리 대왕』은 빅토리아 시대의 낙관주의와 자유주의적 진보의 이상에 대해 강한 의문을 던진다.

골딩의 『파리 대왕』이 인간사회에 관한 강렬한 우화라는 사실은 많은 비평가들도 지적하는 바이다. 그런데 이러한 우화가 제시하는 알레고리의 의미는 결코 단순하지가 않다. 단순한 알레고리라고 하기에는 그것이 상징하는 의미가 매우 다층적이다. 그 가운데 대표적인 것을 들자면, 『파리 대왕』은 적어도 세 가지 의미의 알레고리, 즉 정치, 심리학에서 말하는 인간정신, 그리고 종교에 관한 알레고리로 이해할 수 있다.

먼저 『파리 대왕』은 2차대전 이후의 세계 정치상황에 관한 알레고리라고 할 수 있다. 작품에 등장하는 인물들은 특정한 통치이념과 지도자의 유형을 각각 대변한다. 가령, 랠프는 선하기는 하지만 능력이 그리 뛰어나지는 못한 민주주의 국가의 지도자에 해당한다. 합의에 근거한 법에 따라 다스리는 것이 통치자로서의 그의 이상이다. 피기는 랠프의 이성적인 조언자로서 등장한다. 비록 육체적인 결함 때문에 직접 통치를 할 수는 없지만, 민주주의 지도자인 랠프에게 분별력 있는 조언을 해준다. 이들과는 반대로 잭(Jack)은 전체주의적인 독재자를 대변한다. 그는 이성과 합리적인 판단에 의거하기보다는 추종자들의 감정을 자극하거나 카리스마에 의존하여 통치해나간다. 피기와 대칭이 되는 로저(Roger)는 돼지를 죽이는 행위에서 가장 큰 기쁨을 느끼는 인물로, 독재자가 권력을 유지하는 데 없어서는 안될 충직스런 부하 겸 하수인의 역할을 맡는다.

각 인물들의 이러한 정치적 역할은 2차대전 당시와 그 이후의 세계 상황을 잘 반영한다. 전쟁 당시 영국의 처칠 수상과 미국의 로우즈벨트 대통령이 이끄는 민주주의 국가들은 히틀러와 무쏠리니의 전체주의 세력과 팽팽히 맞섰다. 이러한 대립은 전쟁이 연합국의 승리로 끝나면서 일단락되지만, 세계는 특히 50년대 초로 오면서 또다른 대립의 국면에 접어든다. 서유럽과 미국 중심의 자유진영과 동유럽과 소련 중심의 공산진영으로 세계질서가 양분되면서 새로운 긴장이 야기된 것이다. 게다가 골딩이 이 소설을 쓸 무렵에는 지나친 핵무기 경쟁으로 전쟁 직전의 위기에 놓일 만큼 세계는 매우 불안정했다. 이러한 역사적 배경을 고려할 때 『파리 대왕』은 당시의 세계 상황에 관한 정치적 알레고리이자 세계 지도자들에 대한 일종의 경고로 이해할 수 있다.

『파리 대왕』은 인간 정신에 관한 알레고리로서도 거의 손색이 없다. 그 예로서, 잭, 피기, 랠프는 프로이트가 말하는 인간 정신의 세 영역인 이드(id), 초자아(superego), 에고(ego)를 각각 의인화하고 있다. 먼저, 잭은 본능적 충동의 원천인 이드의 알레고리적 재현이라고 할 수 있다. 프로이트에 따르면, 이드는 그 자신의 충동을 만족시키기 위해 부단히 애쓴다. 종종 성적이기 쉬운 충동을 어떻게 해서든지 만족시킴으로써 쾌락을 얻고자 한다. 잭에게서 두드러진 사냥과 살상에 대한 충동은 바로 이 이드에서 비롯된다. 이러한 잭의 충동은 암퇘지를 죽이는 장면에서 절정에 이르는데, 특히 이 행위는 성적인 함의가 매우 짙다. 잭은 자기 자신의 쾌락에만 몰두하며, 그것을 얻기 위해서라면 어떠한 행동도 개의치 않는다. 초자아는 이드의 충동적인 행위를 통제하는 일종의 내적인 검열자로, 피기의 역할에서 그러한 초자아를 찾을 수 있다. 피기는 계속해서 불을 지펴야 하며 어린 소년들을 책임지고 돌봐야 한다고 랠프에게 끊임없이 주지시킨다. 그렇게 함으로써 랠프로 하여금 잭을 제어하도록 재촉하는 것이다. 잭은 자신의 쾌락을 성취하는 데 방해가 되는 피기를 증오하며, 피기도 이 사실을 알고 있다. 그런데 피기는 혼자만의 힘으로는 잭을 누를 수가 없다. 초자아가 이드를 다스리기 위해 에고를 필요로 하듯이, 피기도 에고의 역할을 하는 랠프의 도움에 의존해야 한다. 에고는 쾌락에 대한 이드의 요구와 초자아가 부과하는 사회적 책무를 중재하는 인간의 의식에 해당한다. 프로이트는 이러한 중재과정을 현실원칙이라고 부르는데, 이 원칙하에서는 고통스럽고 치명적인 결과를 피하기 위해서라도 즉각적인 쾌락은 거부되어야 한다. 랠프의 행위는 이러한 에고의 특성을 잘 반영한다. 랠프는 구조의 유일한 희망인 불을 살리는 데 온 힘을 기울이며 잭에게는 사냥을 뒤로 미루도록 촉구한다. 잭이 좇는 본능적 충동과 쾌락을 섬으로부터 먼저 구조되어야 한다는 현실적 필요에 따라 다스리려는 것이다. 그러나 이들간의 대립은 결국 피기의 죽음과 잭의 지배로 끝난다. 프로이트적으로 살펴본 이러한 구도를 통해 골딩은 사회규범이 강화되지 않는다면 이드가 인간정신을 지배하게 되리라는 점을 조심스럽게 암시한다.

이외에도 『파리 대왕』은 종교적인 충분히 알레고리로서 읽힐 만하다. 이 점은 작품의 배경에서부터 나타나는데, 온갖 과일을 비롯해 생존에 필요한 것들로 가득 찬 적도의 섬은 에덴 동산을 상징한다고 할 수 있다. 그리고 작품 초반에 어린 소년이 뱀같이 생긴 동물을 보았다고 하는 부분은 에덴 동산과도 같은 이 섬에서 펼쳐질 인간의 타락에 관한 이야기를 연상시킨다. 이러한 타락의 모티프는 기독교에서의 바알세불(Beelzeebub), 즉 악마를 상징하는 "파리 대왕"과 낙하산병의 추락을 통해 더욱 고조된다. 파리로 온통 뒤덮인 채 막대기에 꽂혀 있는 죽은 돼지의 머리에서 인간이 본래 지니고 있는 악의 표상("나는 너의 일부야")을 발견한 싸이먼은 이내 낙하산병의 부패한 시신으로부터 또다른 파리떼와 죽음을 만나게 되고, 그런 다음에 잭과 그의 무리가 함께 벌이는 악마적 도살 제의에서 짐승으로 내몰린다. 결국 『파리 대왕』은 인간이 어떻게 해서 에덴의 순수한 낙원에서 죽음과 파괴의 죄많은 세상으로 쫓겨나게 되었는지에 관한 이야기이다. 여기서 싸이먼은 예수와 같은 구원적인 인물로 등장한다. 예수처럼 박해와 순교의 길을 걸을 뿐 아니라, 오직 그만이 소년들을 죄악으로부터 구원할 수 있는, 인간과 악에 대한 진정한 인식을 갖고 있다. 그러나 죽음은 그들에게는 아무런 의미가 없다. 그의 인식도 그의 죽음과 함께 사라지고 만다. 단지 랠프의 때늦은 깨달음만이 모든 것이 끝나버린 비극의 마지막을 장식할 뿐이다.

알레고리가 『파리 대왕』의 주제를 다각적으로 드러내는 매우 효과적인 형식인 것은 사실이지만, 그것을 너무 강조하다 보면 잘 짜여진 예술작품으로서의 다른 특징들을 간과하기 쉽다. 이 가운데 특히 리얼리즘적인 요소들, 예컨대 생생한 장면 묘사, 역동적인 인물 묘사, 통일성과 속도감이 있는 플롯 전개 등은 알레고리의 거시적인 형식을 보완하는 미시적인 형식으로서 함께 주목할 만하다. 먼저, 생생한 장면 묘사는 피기가 죽는 장면에서 가장 돋보인다. 로저가 던진 바위에 맞아 절벽 아래로 떨어져 죽는 피기의 마지막 순간을 골딩은 사실적이면서도 담담한 필체로 눈앞에 펼쳐 보인다. 인물 묘사에 있어서도 골딩은 각 인물들에게 변화와 입체감을 부여함으로써 단순히 알레고리적인 역할자에 머물지 않도록 한다. 이러한 예로 잭의 변모는 매우 인상적이다. 첫 사냥에서 칼을 갖고도 돼지를 잡지 못하던 미숙한 합창단 소년에서 후반부의 잔혹한 인간 사냥꾼으로 바뀌는 잭의 변화 과정을 골딩은 뛰어난 솜씨로 그려낸다. 끝으로 『파리 대왕』의 모험 이야기는 바닷가에서의 첫 장면으로부터 마지막 사냥 장면에 이르기까지 시종일관 빠르고 긴장감 넘치게 전개되다가 랠프가 붙잡히기 직전의 마지막 순간에 절정에 달한다. 그런데 이 절정의 순간 사건의 긴장감은 해군 장교의 갑작스런 출현에 의해 깨져버린다. 일견 해군 장교의 출현은 랠프의 목숨을 구한다는 점에서 긍정적인 결말처럼 보인다. 그러나 골딩은 작품의 마지막에서조차 『산호섬』류의 전통적인 모험이야기에 반하는 비판적 알레고리의 의도를 다시 한번 드러낸다. 해군 장교가 타고 온 순양함이 전쟁무기로 무장한 군함이라는 사실에서 짐작할 수 있듯이, 골딩은 랠프의 구조를 통해 독자들에게 안도감을 주기는커녕 오히려 소년들이 돌아가게 될 어른들의 세계는 그들이 겪은 섬의 세계와 거의 차이가 없으리라는 점을 상기시킨다. 즉 그곳이 섬이든 기존의 사회이든, 인간은 서로를 무차별적으로 쫓고 죽이다 못해 언제라도 삶의 터전 자체를 완전히 날려버릴 수 있는 그러한 곳에 살고 있다는 사실을 골딩은 비관적인 어조로 시사하고 있는 것이다.

3. 존 파울즈의 『프랑스 중위의 여자』

도리스 레씽의 『황금 노트북』(Golden Notebook, 1962)과 더불어 1960년대 영국소설의 대표작으로 손꼽히는 존 파울즈(1926~)의 『프랑스 중위의 여자』는 빅토리아조 소설을 포스트모더니즘적인 방식으로 다시 쓴 작품이다. 이 작품에서 빅토리아 시대에 대한 파울즈의 관심과 접근은 앞에서 살펴본 골딩의 우화적인 방식보다 훨씬 더 노골적이며 직접적이다. 내용뿐 아니라 인물·배경·서술·플롯 등에서 파울즈의 작품은 빅토리아 시대의 리얼리즘 소설을 방불케 한다. 그렇다고 파울즈가 빅토리아조 소설을 단순히 모방하거나 복사하는 것은 아니다. 그보다는 패러디의 목적을 갖고서 그것을 의도적으로 차용하여 흉내낸다. 이와같이 빅토리아조 소설을 패러디하는 데 있어 파울즈는 양면적인 태도를 취한다. 즉, 한편으로는 리얼리즘적 재현의 환상을 전통적인 방법으로 강화하면서도, 다른 한편으로는 현대적인 인물 설정, 시기적으로 멀리 떨어진 두 시대의 혼합, 화자 혹은 인물로서의 작가의 개입, 그리고 복수적인 결말 등의 방법으로 그것을 깨뜨린다. 이러한 패러디를 바탕으로 파울즈는 『프랑스 중위의 여자』에서 빅토리아 시대의 가치관과 그것이 문학적으로 가장 잘 반영된 당시의 대표적인 소설형식을 현재의 관점에서 재고하며, 그러는 가운데 허구와 실재의 경계, 자유와 실존의 문제, 그리고 새로운 소설형식의 가능성을 탐색한다.

『프랑스 중위의 여자』는 여러가지 면에서 빅토리아 시대의 소설처럼 보인다. 우선 내용 면에서 이 작품은 1867년도의 영국사회를 배경으로 펼쳐지는 세 남녀의 삼각관계와 그로부터 파생되는 개인과 사회의 갈등에 초점을 맞춘다. 새침하면서도 순종적인 성격의 전형적인 빅토리아조 여성 어니스티나(Ernestina), 프랑스 중위의 창녀라는 낙인이 찍힌 가련하면서도 단호한 여인 쎄러(Sarah), 그리고 이 두 여인 사이에서 갈등하는 귀족계급의 젊은 지식인 찰스(Charles), 이들 모두는 빅토리아 시대 소설에 자주 등장하는 인물들의 전형과 관습적인 갈등구도를 연상시킨다. 아울러 파울즈는 이 인물들이 처해 있는 당시의 시대상황을 리얼리즘적인 필치로 충실히 재현한다. 도덕에서부터 문화·정치·경제·종교·과학에 이르기까지 개인을 에워싸고 있는 사회적 환경의 여러 층위를 포괄적으로 제시함으로써 당시의 시대상과 그 안에서의 인간상황을 조망한다.

이러한 빅토리아 시대적 소재는 그것을 전달하는 리얼리즘적 기법에 의해 더욱 돋보인다. 먼저, 소설의 무대를 설정하여 제시하는 방법부터 이 작품은 매우 사실적이며 구체적이다. 이 점은 소설의 첫 장에서부터 확연하게 드러난다. 찰스가 약혼녀 어니스티나와 1867년 3월 26일 아침에 영국 남서해안에 있는 라임 레지스의 부두를 걸어가는 장면으로 소설을 시작하는 것에서 알 수 있듯이, 파울즈는 사건의 시간과 장소를 처음부터 구체적으로 언급함으로써 이야기의 사실성을 공공연하게 부각시킨다. 뿐만 아니라 파울즈는 인물들의 의상이나 생김새, 습관을 묘사할 때에도 당시의 일반적인 풍속에 근거하여 빅토리아풍의 문체로 상세하게 전달한다.

소설의 사실성이 돋보이는 데에는 이야기를 서술해나가는 화자의 역할이 크다. 이야기는 1867년에 일어난 사건을 한 세기가 지난 20세기의 현대판 일인칭 전지적 화자가 서술하는 식으로 전개된다. 그런데 이 과정에서 일인칭 전지적 화자는 빈번히 이야기에 개입하여 사실성을 강조한다. 가령 앞서 말한 첫 장면에서 다소 현학적인 화자는 1967년 당시의 코브 해안의 단순한 전신에 지나지 않는 소설 속의 1867년의 코브 해안을 역사적으로 실재한 것처럼 보이게 하고, 독자로 하여금 소설 속의 사건을 라임 레지스에서 실제로 일어난 역사적 사건의 일부로 받아들이게 한다. 또한 화자는 빅토리아 시대의 대표적인 문인·사상가·과학자들이 당시의 시대상황과 인간조건에 대해서 쓴 저술을 다양하게 발췌하여 각 장의 제사(epigraph)로 제시함으로써 마치 빅토리아 시대의 소설을 읽는 것 같은 느낌을 준다.

그러나 파울즈가 내용과 기법 면에서 강화하고 있는 이러한 리얼리즘적 환상은 빅토리아조 소설의 저변에 깔려 있는 기본 전제와 전통적인 관습을 현대의 관점에서 패러디하기 위한 포스트모더니즘적 전략에 다름 아니다. 파울즈의 전지적 화자는 빅토리아 시대와 현대 사이에 존재하는 사고와 습관의 차이를 자주 언급한다. 그리고 동시에 빅토리아인들의 결코 변화하지 않을 것 같던 안정된 세계는 1867년을 중심으로 19세기 중후반에 이미 와해의 길로 접어들었음을 상기시킨다. 이 점은 파울즈가 소설의 구체적인 시간을 1867년으로 설정한 데에서 얼마간 엿볼 수 있다. 1867년은 맑스의 『자본론』 제1권이 출판된 해이자, 주인공 찰스가 신봉하는 다윈의 진화론이 관심과 논란의 대상으로 떠오르던 시기이다. 다시 말해서 파울즈는 진화론과 맑시즘 같은 새로운 사상이 기독교적 가치관, 중산층의 도덕률, 산업자본주의 등에 근거한 빅토리아 사회의 신념을 무너뜨리는 데 얼마나 커다란 영향을 끼쳤는지를 익히 알고 있는 현대적 화자의 관점에서 소설을 쓰고 있는 것이다.

빅토리아조적으로 보이는 소설에 현대적 관점이 의도적으로 개입한 예는 주요 인물의 설정에서도 쉽게 발견된다. 가령 어니스티나라는 전형적인 빅토리아조 여성상에 대비되는 쎄러는 사회적 신분이나 도덕성에서 당시의 영국사회가 배척한 부정적인 여성상으로 등장한다. 신흥 중산층의 외동딸로 자란 어니스티나가 그녀의 이름이 암시하듯이 얌전하고 도덕적인 숙녀의 표본이라면, 쎄러는 가난한 소작농 출신의 고아인데다 외간 남자와의 성적 일탈로 인해 사회로부터 버림받은 부도덕한 여인의 표본처럼 보인다. 그러나 타락한 여인으로서의 모습은 파울즈가 겉에 부여한 19세기적 상투형일 뿐, 쎄러는 근본적으로 20세기적인 사고구조를 갖고 있는 인물이다. 어니스티나와는 달리 쎄러는 강한 의지, 독립심, 그리고 정열의 소유자로 사회에 의해 길들여지기를 거부한다. 당시의 사회에 맞서는 쎄러의 태도는 단호하면서도 신비스러울 만큼 계략적이다. 인간의 개성을 억압하는 빅토리아 시대의 왜곡되고 편협한 규범에서 벗어나기 위해 쎄러는 한편으로는 프랑스 중위 바르귀엔느(Varguennes)와의 허구적인 경험을 창조하여 그것을 사회에 대응할 수 있는 자기방어의 기제로 삼고, 다른 한편으로는 그 뒤에서 열정을 간직한 채 자기만의 독립적인 삶을 추구한다. 즉, 사회에 맞서 자유를 추구하는 역설적인 방법으로 쎄러는 고의적으로 '프랑스 중위의 여자'라는 딱지를 감수한다. 이와같이 존경받는 빅토리아조 여성상에 전적으로 위배되는 쎄러의 면모는 20세기적인 신(新)여성상의 출현을 예고하는 것으로, 파울즈는 두 여성상의 대비를 통해 빅토리아 사회가 얼마나 억압적이었는가를 드러낸다.

자유롭고 창조적인 삶을 열망하는 쎄러의 신비스러운 매력은 찰스의 인생에 엄청난 시련과 전기(轉機)를 가져다준다. 찰스는 지배계급에 속하면서도, 당시의 가치관에 역행하는 진화론을 열렬히 신봉할 만큼 기존 질서에 회의를 품어온 인물이다. 그러던 찰스에게 쎄러의 세계는 시대의 유산을 떨쳐버리고 새롭게 거듭나는 계기를 제공한다. 쎄러와의 만남이 은밀히 지속되면서, 찰스는 자기 자신도 모르고 있었던 자신의 숨겨진 자아와 그가 동경하는 삶의 거대한 가능성을 깨닫는다. 어니스티나와의 관계에서는 전혀 찾을 수 없었던 모험과 열정의 세계를 쎄러로부터 발견한 것이다. 급기야 찰스는 파혼으로 인해 사회적 신분과 특권, 도덕적 체면, 유산을 잃게 되더라도 끝까지 쎄러를 택하기로 결심한다. 그만큼 찰스에게 사라는 새롭게 발견한 인간성의 해방과 자아의 실현을 위해 없어서는 안될 존재이기 때문이다. 찰스가 기존 질서에의 순응과 안정을 거부하고 쎄러에게로 나아가는 과정은 예속에서 벗어나 자유를 추구하려는 현대적인 시도라고 할 만하다.

빅토리아 시대의 소설에 대한 파울즈의 패러디는 서술형식면에서 특히 통렬하다. 파울즈는 일인칭 전지적 화자의 메타 픽션(소설 쓰기에 관한 소설) 혹은 자의식적인 서술기법을 이용해 리얼리즘 소설의 환상과 관습을 여지없이 희화화한다. 이 가운데 가장 집요하게 문제삼는 것은 빅토리아 시대 소설에서 흔히 발견되는 전지적인 신으로서의 소설가의 역할이다. 파울즈의 자의식적 화자는 등장인물들에게 어떠한 절대적 권위도 행사하지 않겠다고 공공연하게 밝힌다. 그가 보기에 전지적인 존재로서의 소설가의 역할은 이미 시대에 뒤졌을 뿐 아니라 더이상 가능하지도 않다. 그러한 전통적인 역할의 모델이 되었던 우주의 전지전능한 신이 현대에 와서 사라지면서 전지성에 대한 믿음도 함께 사라졌기 때문이다. 파울즈는 소설의 13장에서 화자를 전면에 내세워 전지성에 대한 회의를 나타낸다. 자기에게도 쎄러는 신비의 존재라고 말하면서, 화자는 자신이 취한 전지적 화자의 모습은 단지 위장에 불과하며, 그가 현재 "말하고 있는 이야기[도] … 모두 상상에 의한 것"이라고 고백한다. 이어서 그는 "내가 지금까지 내 인물들의 생각과 은밀한 내면을 아는 척했다면, 그것은 이 이야기의 배경이 되는 [빅토리아 시대] 당시에 일반적으로 인정되던 관습, 즉 소설가는 신 다음 가는 존재라는 관습에 따라 … 쓰고 있기 때문이다. 소설가는 모든 것을 다 알 수 없다. 단지 아는 척할 뿐이다"라고 털어놓는다. 이러한 고백은 작가 자신이 이야기 속에 직접 등장하는 55장에서도 잘 나타난다. 파울즈는 쎄러를 찾으러 런던으로 가고 있는 찰스를 어떻게 처리할까 결정하기 위해 예언자처럼 수염을 기른 빅토리아 시대의 소설가로 변장을 하고서 열차에 동승한다. 그리고는 자기로서도 쎄러가 무엇을 원하는지가 분명치 않으며, 그녀가 지금 어디에 있는지조차 전혀 모르겠다고 독자들에게 고백한다. 이와같이 겉보기엔 빅토리아 시대의 소설가를 닮았지만 실질적으로는 전지적 작가로서의 위엄이 결여된 소설가의 모습을 제시함으로써 파울즈는 리얼리즘적 재현과 작가적 권위의 절대성을 심문한다.

 신적인 권위의 중심이 사라진 상황에서 소설가가 떠맡아야 할 일은 그로 인해 확장된 자유를 적극적이며 창조적으로 이용할 수 있는 실존적 공간을 소설 텍스트 속에 구현하는 것이다. 이런 점에서 파울즈의 탈권위주의적 패러디는 궁극적으로 등장인물과 독자들에게 그러한 자유의 공간을 제공하기 위한 전략이라고 할 수 있다. 작품의 복수(複數) 결말이 그 대표적인 예이다. 파울즈는 인물들간의 갈등을 이미 정한 구도대로 깔끔하게 해결하거나 그들의 운명을 결정짓기를 거부한다. 인물들이 끝에 가서 어떻게 될

지는 작가가 단정지을 수 있는 문제가 아니기 때문이다. 그럴 만한 절대적인 권한과 능력이 작가에게는 없을 뿐더러, 그것은 각 인물이 자신의 삶을 어떻게 선택해가느냐에 달려 있다. 이와 마찬가지로 독자의 입장도 작가가 정해놓은 단정적인 결말에 일방적으로 묶일 필요가 없다. 인물의 선택에 따라 그의 운명과 작품 결말의 가능성이 달라지는만큼, 독자가 참여하여 선택할 수 있는 해석의 폭도 아울러 다양해진다.

파울즈의 복수 결말은 이러한 취지가 십분 반영된 실험적 시도이다. 파울즈는 독자들에게 세 개의 결말을 제시한다. 먼저 44장에 나타난 첫번째 결말에서 파울즈는 전통적인 리얼리즘 소설의 결말로 끝맺는다. 즉, 화자는 찰스가 쎄러가 머물고 있는 엑스터에 도착했을 때 기차에서 내리지 않고 어니스티나에게 되돌아가서 그녀와 결혼하지만, 결혼생활이 그다지 행복하지는 못했다고 설명한다. 그러나 이 결말은 일종의 허위 결말임이 화자에 의해 곧 밝혀진다. 이는 엑스터로 가는 열차칸에서 찰스가 꿈꾼 "상상의 결말"이었던 것이다. 꿈에서 깨어난 찰스는 현실과의 타협을 거부하고 엑스터에서 내림으로써 실존적 선택의 길로 나아간다. 앞서 언급한 55장에서 예언자 같은 모습으로 등장한 작가는 찰스의 이러한 실존적 여정을 어떻게 종결지을지 고민하다가 두 개의 상이한 결말을 제시하기로 결정한다. 등장인물에게 부여하기로 한 자유와 선택권을 존중하기 위해서는 그 방법밖에 없다고 생각했기 때문이다. 이렇게 해서 제시된 두 결말 가운데 첫번째에서 찰스는 딸 랄라지(Lalage)로 인해 마침내 쎄러와 재결합한다. 그러나 19세기 소설에서 흔히 볼 수 있는 이 해피엔딩식의 닫힌 결말은 또다른 결말로 다시 바뀐다. 즉, 성공적인 흥행주로 변장하여 다시 등장한 작가가 시계를 15분 앞당기자, 쎄러와 결합하지 않고 혼자 외롭게 남는 찰스의 모습이 소개되고, 그것으로 소설은 끝을 맺는다. 전통적인 결말에 이어 현대 소설에서 자주 볼 수 있는 열린 결말이 제시되고 있는 것이다.

파울즈의 복수 결말은 그 중에 반드시 어느 하나이어야 할 필요가 없으며 상상하기에 따라서는 더 다양해질 수 있다. 소설에 나타난 것만으로 보자면, 파울즈는 결말을 빅토리아 시대식의 닫힌 결말이나 모더니즘 소설의 열린 결말 가운데 어느 하나로 끝맺지 않는다. 그 대신에 서로 상이한 복수 결말을 제시함으로써 등장인물뿐 아니라 독자에게도 선택의 자유를 제공하고 능동적인 참여와 창조적인 독서를 유도한다. 이처럼 복수 결말은 파울즈가 작품 전반에 걸쳐 추구해온 자유에 대한 실존적 탐색이 소설형식으로 드러난 결과이다. 다양한 선택과 해석이 가능한 진정한 의미의 열린 텍스트를 파울즈는 복수 결말과 같은 실험적 형식을 빌려 구현하고 있는 것이다.

끝으로, 파울즈가 『프랑스 중위의 여자』를 집필하면서 남긴 다음의 메모는 20세기 후반의 영국소설가들이 기존의 소설 전통에 맞서 다양하게 펼쳐온 실험정신의 요지를 간명하게 제시한다. "소설이라는 단어의 어원을 기억하라. 소설(a novel)은 새로운 어떤 것이다. 그것은 반드시 작가의 현재와 관련되어 있어야 한다. 그러므로 1867년에 살고 있는 척하지 마라. 그것이 거짓이라는 것을 독자들은 알고 있다는 사실을 항상 명심하라."

〔박인찬〕

추천문헌
● 텍스트
William Golding, *Lord of the Flies* (London: Faber and Faber 1954).
John Fowles, *The French Lieutenant's Woman* (New York: Signet 1969).

● 비평서
Malcolm Bradbury, *The Modern British Novel* (London: Penguin 1993). 20세기 영국소설에 관한 개론서 가운데 가장 대표적인 책으로 19세기 후반에서 1980년대에 이르는 현대 영국소설의 흐름을 상세한 배경 설명과 함께 시대별로 다루고 있다.
Bernard Dick, *William Golding* (New York: Twayne 1987). 골딩에 관한 대표적인 비평서 가운데 하나로 골딩 소설의 개관과 주요 작품론을 담고 있으며, 특히 『파리 대왕』에 관해서는 고대그리스의 비극작가 에우리피데스(Euripides)의 『주신들』(*Bacchae*)이 작품에 끼친 영향과 그밖의 신화 및 기독교적 배경을 상세하게 설명하고 있다.
L. L. Dicksondm, *The Modern Allegories of William Golding* (Tampa: Univ. of South Flroida Press 1990) 골딩의 소설을 현대사회와 문명에 관한 우화와 풍자로 설명하고

있다.

Lawrence Friedman, *William Golding* (New York: Continuum 1993). 비교적 최근에 나온 개론서로 골딩의 소설을 작품별로 평이하게 개괄하고 있다.

Robert Huffaker, *John Fowles* (New York: Twayne 1980). 가장 많이 언급되는 파울즈 연구서 가운데 하나로 파울즈 소설의 전체적인 개관과 주요 작품론을 접할 수 있으며, 『프랑스 중위의 여자』에 관해서는 작품의 개관·플롯·역사성·작가의 역할·실험성 등을 상세하게 다루고 있다.

Susana Onega, *Form and Meaning in the Novels of John Fowles* (Ann Arbor: UMI 1989); Thomas Foster, *Understanding John Fowles*(Columbia: Univ. of South Carolina Press 1994). 파울즈의 소설에 나타난 실존주의·주체·여성·문학적 실험 등의 문제를 작품별로 깊이 있고 상세하게 다루고 있다.

쌔뮤얼 베케트

1. 부조리극과 베케트

20세기 서구 연극사에서 가장 중요한 사건을 쌔뮤얼 베케트(Samuel Beckett, 1903~89)의 1953년 『고도를 기다리며』(*En Attendant Godot; Waiting for Godot*) 공연으로 지목하는 흐름이 지배적이다. 이 작품 자체가 갖는 극미학의 오묘함도 이러한 평가에 기여하는 바가 크지만 더욱 중요한 것은 『고도를 기다리며』가 앞선 시대에 여러 갈래로 나누어진 아방가르드적 요소를 한 줄기로 모아 하나의 통일된 형식으로 완성시킴으로써 그 이후 세대의 아방가르드 연극형식의 기원을 이루었다는 데 있다. 앞선 시대의 아방가르드 극의 특징은 결국 종래의 자연주의 내지는 사실주의 극에 반하는 반(反)미메시스극이라는 데 있다.

반미메시스극은 아리스토텔레스의 『시학』(*The Poetics*)에 기초한 드라마투르기(Dramaturgie, 극작술)를 거부한다. 반미메시스극은 가령 연극의 플롯이 처음·중간·끝이 있고 일정한 길이를 지녀야 한다는 플롯 구성원칙이나 비극의 주인공이 영웅적 지위와 지력 그리고 풍모를 지녀야 한다는 주인공 자질에 있어서 『시학』의 원칙에 정면으로 위배된다. 이에 더해 반미메시스극의 대사 구성방식도 일상 언어생활을 반영하지 않고 각 작품 나름의 언어게임에 기초하며 그 결과 연극적 사건의 흐름에 논리성이 결여되어 전체적으로 부조리한 연극적 세계를 보여준다. 부조리한 특성을 더욱 도드라지게 하는 요소는 시간과 공간의 유동성으로 환상과 현실 내지는 연극과 현실이 가끔 교차하여 기묘한 부조화를 빚어낸다는 점에 있다. 마지막으로 대부분의 부조리극은 이 세상을 지탱해주는 궁극적인 원칙이 부재한다는 데 동의하는 듯이 보인다.

이러한 시각에서 볼 때 다양한 반미메시스극들 중 특히 부조리한 경향을 지닌 연극의 효시를 이루는 것은 알프레드 자리(Alfred Jarry)의 『위부왕』(*Ubu roi*) 계열 작품이다. 그 이후 이오네스꼬(E. Ionesco), 아다모프(A. Adamov), 주네(J. Genet), 삐란델로(L. Pirandello), 스토퍼드(T. Stoppard), 핀터(H. Pinter) 등 무수한 작가들이 베케트를 전후로 하여 작품 활동을 하였다. 여기에서는 영문학을 다루는만큼 해롤드 핀터(Harold Pinter)의 부조리극에 초점을 맞추어 그 특징을 설명하면서 베케트의 부조리극이 갖는 연극사적 의미를 규명하도록 하겠다.

핀터의 부조리극은 통상 '위협희극'(comedy of menace)이라고 불린다. 그의 초기극의 경우 표피 텍스트(surface text)상의 대사구성은 일상 언어 구성과 너무도 흡사하여 관객에게 마치 제3자로서 극중 대사를 어깨너머로 엿듣고 있다는 착각을 불러일으킬 정도이다. 즉, 표피상으로는 너무도 미메시스극 관례에 충실하다. 그러나 이러한 일상의 대화, 나날이 벌어지는 신문 읽기나 차 마시기 등의 제의(ritual)는 그 자체의 허구성, 비실재성을 폭로하기 위한 소도구 내지는 장치에 불과하다. 즉, 외견상 탄탄한 실재감을 갖는 일상생활을 어느 극적인 순간에 전복함으로써 핀터는 부르주아적 삶의 허구성, 부조리함을 폭로하고 안락한 부르주아적 삶을 인생의 알파와 오메가로 여기는 극중 인물을, 나아가 관객들을 위협한다.

그리하여 핀터의 극에서는 모든 표피 텍스트가 극적 전환이나 클라이맥스 순간에 찢어지면서 핀터적인(Pinteresque) 광경이 펼쳐진다. 그러나 그

광경에 대한 해석은 각양각색일 수 있다. 『방』(The Room)의 마지막 장면에서 우리는 라일리(Riley)란 정체 불명의 인물을 만나게 되고 그리고 여주인공 로즈(Rose)는 마치 주술에 걸린 듯 장님이 된다. 『생일 파티』(The Birthday Party)에서 주인공 스탠리(Stanley)가 왜 마지막 장면에 끌려가야 하는지 모르며 극중에서 골드버그(Goldberg)와 매칸(McCann)이 스탠리를 심문하는 언사는 단지 조리없는 요설에 지나지 않는다. 『요리운반 승강기』(The Dumb Waiter)에서 살인청부업자인 거스(Gus)가 마지막 장면에서 왜 오히려 당해야 하는가에 대한 해명은 불분명하다.

반면 베케트의 무대에는 일상의 제의가 없다. 철저하게 추상화되어 텅 빈 무대에 가깝다. 주인공들은 인류종말론에 나타나는 원형적 인물들인 양 일상언어와는 다른 언어게임, 연극게임을 하는 듯이 보인다. 베케트의 무대 이미지는 핀터의 이미지보다 더 원형적이며 따라서 관객의 뇌리에 무의식적으로 더욱 강렬하게 각인된다. 가령 핀터의 부조리적 세계는 정치적 메타포로 읽힐 수 있는 구체적 요소들을 지니고 있다. 그러나 베케트의 부조리적 세계는 좀더 근본적인 물음, 글쓰기(재현)의 문제와 인간 존재에 대한 물음이다. 즉, 세상을 예술적으로 재현하는 일이 가능한가 하는 물음과 나는 이 세상을 청맹과니 내지는 허깨비로 사는 것은 아닌가 하는 물음이다.

이러한 근본적인 화두를 연극화한 베케트는 더블린의 스틸오간(Stilorgan)구에서 적산 사무소(quantity surveying firm)를 경영하는 아버지 빌 베케트와 어머니 메리 사이에서 태어났다. 그의 조상은 베께(Becquet) 성을 가진 프랑스인이며 위그노(Hugenots)로서 종교탄압을 피하여 17세기 후반 아일랜드로 이주해왔다. 그의 초기 작품활동은 주로 소설 집필로, 포스트모던 소설의 전범을 보여주는 삼부작 『몰로이』(Molloy) 『말론 죽다』(Malone Dies) 『이름붙일 수 없는 것』(The Unnameable)을 비롯하여 『머피』(Murphy) 등의 작품을 썼다. 그러나 그가 문명(文名)을 날리게 된 것은 1953년 1월 5일 로저 블랭(Roger Blin)이 연출을 맡아 빠리의 바빌론 소극장에서 올린 『고도를 기다리며』 공연 이후이다. 물론 이 사건으로 베케트는 소설창작을 작파하고 희곡작가로 전향한다. 이후 그는 20세기 후반기의 연극사를 새로이 쓰게 하는 일련의 극작품들을 생산한다.『유희의 끝』(*Fin de Partie, Endgame*)을 비롯하여, 라디오극 『추락하는 것』(*All That Fall*)『크랍의 마지막 테이프』(*Krapp's Last Tape*) 등 매우 전위적인 극들을 시도하였다. 특히 『유희의 끝』은 아도르노로부터 아우슈비츠 사건 이후 달라져야만 하는 예술의 전범을 보여주는 작품이란 호평을 받는다. 이러한 연극적 성취로 베케트는 1969년 노벨 문학상을 수상하게 된다.

2.『고도를 기다리며』분석

아방가르드 연극미학의 첨단을 온몸으로 밀고 나간 베케트의 예술적 궤적을 추적하기 위해 그 출발선상에 있으면서 20세기 불후의 명작으로 꼽히는 『고도를 기다리며』를 감상해보기로 한다. 막이 열리면 무대 위는 텅 비어 있다. 앙상한 가지만 서넛 붙은 고사목 한 그루, 그리고 작은 돌 더미 하나, 그 위에 앉아서 장화를 벗으려고 무진 애를 쓰는 에스트라공(고고)만이 있을 뿐이다. 이윽고 블라드미르(디디)가 들어오자 기진맥진한 상태에서 "할 수 있는 게 없어"(Nothing to be done; Rien a tire)라고 고고는 토로한다. 관객들은 이 장화벗기 장면을 처음에는 일상적인 제스처로서 예사롭게 넘긴다. 그러나 극이 진행되면서 고고의 편집광적인 장화벗기는 전면에 부각되며 상징적인 의미를 띤다. 당연히 관객은 왜 주인공은 플롯의 발전에 전혀 기여하지 못하는 저런 하찮은 일에 매달리는 것일까 하고 궁금해한다. 대부분의 관객에게 이 의문은 이어지는 좀더 큰 사건에 휩쓸려 사라진다. 그러나 주도면밀한 관객들은 바로 이 장면이 1953년 1월 5일 빠리 바빌론 소극장에서의 초연이 갖는 연극사적 사건의 해명에 핵심 열쇠가 될 수 있음을 예감한다.

즉, 여기서 장화를 벗음은 우리의 기존 습관을 버림을 의미한다. 인간은 물론 발닿는 대로 살아가는 존재이다. 그 발의 움직임을 좌우하는 것은 신발이다. 여기서 베케트는 관객의 관극 습관과 방식에 대해 우회적으로 비판한다. 다시 말하여 기존 자연주의나 상징주의, 표현주의 등의 장화를 신고 있는 사람은 최소한 이 연극의 프롤로그에 해당하는 장화벗기 장면에서 모든 기존 관극방식을 버리라고 넌지시 훈수하는 것이다. 그러나 그것은 쉬운 일이 아니며 고고가 숨을 헐떡이면서 장화를 빼내려다 거의 기진맥진하는 것은 너무도 당연하다. 아니, 오히려 고고의 장화벗기는 쉽다고 할 수 있다. 이 장화벗기의 환유(synecdoche)를 통해 관객들에게 보내는 베케트의 신호는, 이 연극을 즐기려면 최소한 고고만큼 온 사지를 다 비틀어서라도 꽉 밴 습관을 떨쳐버리려 애쓰고 그에 따른 고통도 감수하라는 것이므로.

주지하다시피 새로운 연극의 패러다임에 공감한다는 것은 거의 불가능하다고 할 수 있다. 바빌론 소극장 초연에 대한 당대 세계적 연극평론가들, 그것도 세계 아방가르드 연극의 본산인 빠리에서 활동하는 상당수의 비평가들도 결국 자기들의 장화를 벗지 못한 채 이 연극을 사기극으로 매도하지 않았던가? 그리고 좀더 전통적인 런던 비평가들은 더욱더 자기들의 장화의 끈을 굳게 죄면서 1955년 8월 3일 아트 시어터 클럽(Art Theatre Club) 초연을 혹평했다. 가령 밀턴 슐먼(Milton Schulman)은 "모호하게 만듦으로써 별것 아닌 것을 의미심장한 주제로 끌어올리려는 그런 따위의 작품이며, … 그의 상징들도 유아용『천로역정』수준을 넘지 못한다"(Bair 453면)라고 하였다.

그러나 이 작품 이후 서구 연극사는 새롭게 씌어졌다. 이 작품은 전세계에서 하루 24시간 동안 단 1분도 공연되지 않은 시간이 없을 정도로 우리시대의 고전이 되었으며, 또한 많은 배우들이 고고와 디디 역할놀이에서 배우로서의 가능성을 확인하려고 하고, 수많은『고도를 기다리며』의 모방작, 혼성모방 내지는 패러디극들이 양산되었음을 인정할 때, 이 극의 연극사적 의의에 대해서는 다시 한번 생각해보지 않을 수 없다.

20세기의 연극을『고도를 기다리며』이전과 이후로 나누는 연극사가도 있다. 마틴 에쓸린(Martin Esslin)이 주장하듯 이 연극이 그 이후 세계 특히 서구 무대를 지배하기 시작한 부조리극의 효시이기 때문일까? 물론 부조리극의 기법과 주제가 전통극의 연극적 관례(theatrical convention)와는 확연한 경계선을 긋고 있고 이 작품은 그 전환의 중심에 서 있기 때문에, 이 주장은 매우 일리 있는 것이다. 그러나 이 주장을 곧바로 부조리극의 문제성과 『고도를 기다리며』의 연극사적 의의와 일치시키려고 하는 것은 옳지 않다. 부조리극의 문제성, 즉 부조리적 세계관과 연극기법은 이 작품이 근본적으로 제기하는 기존 연극의 재현행위에 대한 문제성에 비하면 하나의 부분집합일 따름이다. 가령 에쓸린은 인구에 회자하는 그의 저서 『부조리극』(The Theatre of the Absurd)에서 부조리적 태도를 "전 시대의 확고부동했던 기본적 가정들을 검토한 바 미흡할 뿐만 아니라 값싸고 심지어 유치하기까지 한 환상에 불과한 것으로 폄하하여 결국 폐기처분하는"(23면) 입장으로 보았다. 그리하여 까뮈(A. Camus)가 피력했듯 "인간은 돌아올 수 없는 유배자가 된다. 왜냐하면 그는 잃어버린 땅의 기억도 박탈당하고 도래할 약속의 땅에 대한 희망도 갖지 못하기 때문이다"(Esslin 23면 재인용). 이러한 세계관을 이오네스꼬의 말을 빌려 설명하면 "부조리는 목표가 부재한 것이다. … 종교적·형이상학적·초월적 뿌리와 단절되어 있으므로 인간은 길을 잃었다. 그리하여 그의 모든 행위는 무의미하고, 부조리하고 소용에 닿지 않는다"(Esslin 23면 재인용). 또한 부조리적 언어관에 대해서도 에쓸린은 "부조리극은 합리적인 장치와 추론적인 사유를 노골적으로 포기해버림으로써, 인간조건의 무의미함의 의미와 합리적인 접근의 불충분성을 표현해내려고 애쓴다"(24면)라고 진단하고 있다.

그러나 베케트 부조리극의 세계관과 언어는 단순히 '조리없음'(absurd)이란 현상적 진단을 거부한다. 우선 언어적 측면을 보더라도 베케트극의 언어현상은 표피 텍스트상의 조리가 있고 없음을 넘어서 주어진 실재(reality)를 언어적으로 번역하는 재현행위와 연결되어 있다. 이제껏 우리는 언어화된 텍스트의 투명성, 순수성을 당연한 것으로 받아들여 텍스트 속의 담론이 지시하는 세계의 성격을 규명하는 것과 문학비평의 작업을 동일시하였다. 그러나 이러한 "자연에 거울 비추기"(to hold a mirror up to nature)는 작가나 비평가의 작업에서 더이상 핵심적인 부분이 될 수 없다는 인식에 이르렀다.

전통적 글쓰기의 막다른 골목에까지 다다른 베케트는 예술가의 곤경을 이렇게 토로한다. "표현할 대상도 표현할 매체도, 표현할 재료도, 표현할 능력도, 표현할 욕구도 없으면서 표현해야만 하는 의무만 남음"(*Disjecta* 139면). 이러한 깨달음을 더욱 구체화하기 위하여 이 글에서는『고도를 기다리며』에 나타나는 인식의 허구성, 인간존재의 허망함, 언어의 위장성을 순서대로 살펴보도록 하겠다.

우리가 일상생활에서 주고받는 통상적 지식이 과연 진실에 기초한 것인가에 대한 물음은 이 작품의 중요한 테마로서 거듭 변주되어 나타난다. 가령 성경 텍스트에 대한 디디의 의문제기가 바로 그것이다. 예수와 함께 좌우측의 십자가에 묶인 두 도적의 운명에 대한 정설은, 한 도적은 마지막 순간에 구원을 받고 다른 한 도적은 지옥에 떨어졌다는 것이다. 네 명의 복음서 저자 중 25%에 해당하는 단 한 사람만이 한 명의 구원을 기록하고 나머지는 구원에 대한 언급이 없다. 좀더 정확하게 말하면 나머지 두 사람은 아예 도적의 존재에 대해 거론조차 않으며 마지막 한 저자는 둘 다 예수를 놀렸기 때문에 지옥에 떨어졌다고 기록하고 있다. 그런데 왜 우리는 25%에 해당하는 기록을 100% 믿어야 하는가? 고고의 말대로 "인간이 모두 멍청한 닭대가리라서" 그런가?

여기서 베케트는 인간의 모든 체험의 근간이 되는 기존 텍스트의 존재방식에 대해서 의문을 제기하고 있는 것이다. 즉, 기존의 텍스트는 모두 특정한 이데올로기적 편향, 개인적 취향, 또는 텍스트 생산의 의도에 의해서 조작된 하나의 생산물이라는 것이다. 그리고 이러한 텍스트는 알뛰세르(L. Althusser)가 일컫는 이데올로기 국가장치(ISAs) 등을 통해 보편화·자연화되어 우리에게 주입되는 방식으로 재생산된다. 여기에서 재생산품은 지배적 이데올로기이다. 고고는 이에 기초한 지배적 독서(dominant reading)를 거부하며 모든 텍스트를 극히 주관적인 개인의 감각에 의존하여 수용한다. 마치 『이방인』(*L'Étranger*)의 뫼르쏘가 모든 거창한 형이상학과 법률·사회 관습·도덕률 등을 순전한 개인의 감각적 지각으로 환원해 수용하듯이. 고고에게 성경은 종교적 텍스트가 아니다. 성경을 읽어보았느냐는 디디의 질문에 "성지의 지도가 생각나. 컬러판이었는데. 정말 멋졌어. 사해는 창백할 정도로 푸르스름하고, 보는 순간 목이 탔어. 저기야말로 우리가 갈 곳이야, 라고 말하곤 했지. 우리 신혼여행 말이야. 수영도 하고 행복할 거야"라고 대답한다.

여기서 성경은 거창한 이데올로기로서 재현되지 않는다. 단지 타오르는 목마름으로, 인생의 절정인 신혼여행지로서 성경의 표지그림이 제시될 따름이다. 그러나 베케트는 고고의 느낌을 단순히 개인적 감각적 차원에만 해석되게끔 묶어두지 않는다. 그는 특유의 중의법(double entendre)으로 일상성과 형이상학을 동시에 비끌어매놓는다(황훈성 108~11면). 그리하여 목마름은 단순한 육체적 목마름에 그치지 않고 영혼의 갈망을 나타내며 신혼여행은 단순한 인간의 여행이 아니라 복음서에서 화촉을 밝히고 돌아올 신랑을 기다리는 신부 우화를 암시한다. 이처럼 기독교를 영적·육적 갈증을 해소해주는 장소이며 신혼여행처럼 생의 환희를 줄 수 있는 곳으로 보는 이런 소박한 갈망이 권력화·정치 이데올로기화한 현재의 종교적 실천보다 훨씬 더 종교심의 본질에 가깝지 않을까 하는 작가의 의문이 텍스트 이면에 깔려 있다.

텍스트를 수용하는 과정 못지않게 어떤 현상을 재현한다는 것 또한 매우 어려운 일이다. 왜냐하면 보는 시각에 따라 한 현상에 대한 천차만별의 재현이 가능하기 때문이다. 가령, 러키의 목이 로프에 쓸려서 고름이 흐를 때

디디 진물이 흘러.
고고 로프 때문이야.
디디 쓸렸기 때문이야.

고고 어쩌겠어.
디디 매듭 때문이야.
고고 쓿렸다니까.

둘 다 맞으면서 실상 둘 다 틀린 해명이다. 그러나 우리는 대개 사물이나 사태의 한 측면만 보고 다른 측면의 관찰자를 무시하거나 매도하기 일쑤이다.

그리고 인상깊은 모자 돌리기 장면도 마찬가지이다. 디디는 러키가 두고 간 모자를 들여다보면서 모자 속의 어떤 힘이 러키로 하여금 광분하여 장광설을 뱉어내게 했는가 살펴보고 모자를 털어보기도 한다. 왜냐하면 모자를 벗기는 순간 러키는 말을 잇지 못하고 쓰러졌기 때문이다. 그리하여 고고와 디디는 러키의 모자를 쓰고서 그의 흉내를 내보기도 한다. 이는 대표적인 '꼬메디아 델라르떼'(commedia dell'arte, 즉흥 가면희극) 장면으로, 여기에 형이상학적인 의미를 부여하면 인간은 모자 몇개를 바꾸어 쓰면서 그때마다 뻐기다 마침내 뭐가 뭔지도 모르고 사라지는 존재이다. 에디스 케른(Edith Kern)이 지적했듯이, 이는 인간의 지적 유희에 해당한다. "인간이란 새로운 퍼스펙티브가 두뇌에 들어왔을 때 이물감을 느끼지만 곧 적응하여 마치 자기 고유의 관점처럼 편안함과 자유로움을 느끼는 것이다. 마치 새 모자에 익숙하듯이, 이를 극단으로 몰고 가면 우리 인간은 하나의 모자걸이에 지나지 않는 존재이다"(황훈성 113면).

이 장면의 의미를 좀더 구체적으로 규명하면 소위 지식인들 특히 비평가들에 대한 베케트의 조소에 해당한다. 비평가들이란 자기의 전공인 몇몇 이론틀, 맑스·프로이트·라깡·루카치·데리다·푸꼬·들뢰즈의 이론들을 마치 전가(傳家)의 보도(寶刀)처럼 휘둘러 창작품을 갈가리 찢어놓는다. 마치 사이비종교 광신도들인 양 자기들이 받들어 모시는 '이론신'의 말씀을 금과옥조로 삼고 다른 이단들의 작품 해석을 공격한다. 베케트 자신도 그 희생자 중의 하나였다. 비평가에 대한 베케트의 조소는 『고도를 기다리며』

에서 "crrrrritic"이라고 욕설하는 장면에서도 나오지만 그 대표적인 풍자는 『오하이오 즉흥극』에서 두 인물이 작품을 읽는 장면으로 오하이오 주립대학 베케트 국제 씸포지움을 풍자한 사실에서도 잘 드러나 있다. 사실 이 『고도를 기다리며』 전에 쓴 작품들은 『크랍의 마지막 테이프』 주인공 크랍의 한탄처럼 비평가나 독자층의 호응을 받지 못했다. 어쨌든 베케트는 인간들이 자기 자신의 몇가지 모자(평생을 가도 몇개 써보지 못하는)에 매달려 세상이나 텍스트를 재단하고 행동하는 것을 비꼬고 있다.

이러한 재현과 텍스트 수용의 문제는 바로 인간 존재의 허망함으로 넘어간다. 왜냐하면 인간이 인식하고 재현하는 모든 것에 이처럼 원점(0,0)이 없다면 인간의 모든 행위는 그 좌표를 잃게 된다. 좌표를 잃으면 인간의 모든 노작(勞作)은 그 의미와 가치를 상실하게 된다. 인간은 단지 청맹과니에 그치고 생은 단순한 연명에 불과하다. 바로 이러한 인식이 고고와 디디의 기다림이 시작되는 출발점이다. 우리 같은 필부들은 아예 기다리려고 하는 마음조차도 먹지 않는다. 그런 불요불급한 투자를 하기에 세상은 너무 바쁘게 돌아가고 있지 않는가?

그런데 고고와 디디는 왜 약속도 지키지 못하는 고도라는 존재와 이 삭막한 기다림의 자리를 모두 버리지 못하는 것일까? 마치 카프카(F. Kafka)의 『성』에 나오는 K가 구질구질한 입성 절차를 무시하고 훌쩍 떠나지 못하듯이. K나 고고와 디디의 삶, 즉 기다림으로 점철된 삶은 진퇴양난으로 치닫는다. 비유적으로 말하면 K에게 있어서 성 아래 주민과의 만남은 고기와 그물의 만남이다. K가 합리적으로 문제를 해결하려 하면 할수록 그는 더욱더 그물 속으로 엉켜든다. 어쨌든 그물코에 일단 한번 걸려들면 체념도 탈주의 안간힘도 소용이 없다. 애당초 자유의 바다로 유영하기는 글렀다. 그렇기에 우리 세속적 지혜를 가진 자들은 하이데거(M. Heidegger)의 '일상인'(das Man)으로 현존재(Dasein)를 전당포에 맡겨놓고 살아가는 좀더 개운한 삶을 선택하는 것이다.

그러나 이 개운함이란 하나의 허상이다. 어떤 실존적 위기가 닥쳐왔을 때 우리는 그 개운함이 삶에 대한 무책임과 동의어임을 확인하게 되고 우리의 존재 깊숙이 뿌리박힌 좀더 근원적인 욕망과 대면하게 된다. K에게 이 욕망은 어차피 태어난 이상 성으로 들어가서 자신의 존재와 역할을 부여, 확인받고 싶은 욕망에 해당하며 이는 쉽게 제거할 수 없는 종류의 것이다. 비록 그 과정은 진퇴양난이요 결국 도로(徒勞)로 그칠 수밖에 없지만. 마치 지난 가을 벌목한 그루터기에 대지에서 빨아올린 봄의 수액이 허망하게 흥건하듯이, 풍성한 잎과 풍요로운 과실은 단지 이상향의 꿈으로만 존재할 뿐이다.

베케트는 일찍이 아놀드 필링크스(Arnold Geuilincx)의 "아무것도 할 수 없는 곳에서는 무언가 하려고 애쓰면 안된다"(Ubi nihil vlaes, ibi nihil velis)라는 금언을 신봉하였고 이는 『고도를 기다리며』의 핵심 주제이다. 그러나 성에 들어가고 싶은 K나 고도를 친견하고자 하는 고고나 디디의 욕망은 사라지지 않은 상태에서 모두 무언가 애를 쓴다. K는 (바깥세계에서 습득한) 인간의 언어와 합리성으로써 성의 입장권을 획득하고자 하는 반면, 두 뜨내기가 할 수 있는 것은 단지 기다림이며 무행동(inaction)이다. K는 그러나 인간의 언어라는 그물 속에 스스로 걸려 파닥거릴 따름이다. 왜냐하면 언어는 현실을 위장하는 것이고 단지 상대방을 위협, 피로하게 하기 위한 방책에 불과하기 때문이다. 뷔르겔의 대사에서 입증되듯이 구체적이지만 지리장황한 언설은 오히려 언어의 무의미함, 폭력성을 더욱 두드러지게 할 따름이다. 뷔르겔 대사의 표면을 지배하는 논리나 구체성은 K에게는 아무 소용에 닿지 않는다.

그 반면 고고와 디디 두 뜨내기는 유희에 빠진다. 무목적성의 유희는 최소한 잘못 시작한 인간기획의 포물선을 연장하거나 오류에 빠진 인간관을 재생산하지는 않는다. 그리하여 그들은 기다리는 시간을 유희로 때우는 것이다. 그 유희도 일정한 대본이 없다. 그들은 마치 연극 오디션에 응모한 배우 지망생처럼 행동한다. 연출가는 옆방에서 오디션 지원자들을 면접하고 있다. 면접 순서는 정해져 있지 않아 고고와 디디는 무작정 기다려야 한다.

그들은 자기들이 맡을 역은 물론 대본에 대해서도 깜깜절벽이다. 그러나 그들이 명심해야 하는 단 하나의 불문율은 이 연극을 통해서 수차례 반복되는 모티프, "가자/안돼/왜 안돼?/고도를 기다리니까"처럼 그 자리를 떠나지 않는 것이다. 실제로 오디션 대기실에서 무슨 놀이를 하든 그 자리를 떠나서는 안 된다. 자리를 비운 사이 연출가가 호출했을 경우 그들은 실격이 되기 때문이다.

그리하여 그들은 테니스 게임 같은 말 주고받기를 하고, 때로는 "한 발로 뒤뚱거리며 서서 나무 역할을 하기"(do the trees)도 한다. 그렇게 해서라도 신이라는 존재가 자기를 인지해주었으면 하는 간절한 바람 때문이다.

   (고고 나무 역할을 함, 비틀거림)
   고고 신이 나를 내려보고 있는 것 같애?
   디디 그럴려면 눈을 감아야지
   (고고 눈을 감는다. 더욱 비틀거림)
   (멈추고 주먹을 내지르며 목청껏) 하느님이여 저에게 자비를 제발제발 자비를

중심에서 떨어져 있고 중동무이하는 존재이기에 두 뜨내기가 하는 행동은 놀이인지 노동인지 그 구분조차 무의미하며 하나의 짓거리에 불과하다. 중심에서 온 전령인 소년의 언어는 두 뜨내기의 언어와 분절언어로서 같은 체계를 지녔으나 그 지시적 세계는 전혀 다르다. 우선 그 소년이 어제 온 소년과 동일한 인물인지에 대해 고고와 디디의 기억은 희미하기만 하다. 그리고 주변세계에서 주워들은, 중심에서 발간하였다고 전해지는 복음서의 내용과 소년의 이야기는 딴판이다. 즉, 카인과 아벨의 이야기와는 달리 양을 키우는 이 소년의 형은 오히려 고도로부터 매를 맞고 염소를 키우는 자기는 무사하다고 한다. 이런 상황에서 소년이 고도에게 무어라고 전할까요라고 하자, "네가 우리를 보았다고 하렴. (휴지) 우리를 본 게 틀림없잖니?" 한다. 2막 끝무렵에서는 디디도 화가 나서 "분명히 우리를 보았지. 내

일 다시 와서 우리를 본 적이 없다고 하진 않겠지?"라고 고함치며 소년을 치려고 한다.

이처럼 『고도를 기다리며』에는 언어와 인간존재의 문제가 서로 밀접하게 얽혀 있다. 베케트는 언어적 재현의 불충분함과 오류를 소설작품에서는 정신분열적 텍스트 전략을 통해서, 희곡작품에서는 언어유희나 몸체놀이를 통해서 형상화하려고 시도하였다. 그 결과 특히 『고도를 기다리며』 같은 작품은 탁월한 아방가르드 작품으로서 그후 세대에 긴 그림자를 드리우고 수많은 모작들을 낳았다. 결론적으로 말하여 『고도를 기다리며』는 인간존재의 허망함과 인간 언어의 오류성을 미학적으로 결합시킨 우리 시대의 고전이다.

〔황훈성〕

인용문 출처

Deidre Bair, *Samuel Beckett: A Bibliography* (New York: Summit Books 1990).
Samuel Beckett, *Waiting for Godot: A Tragicomedy in Two Acts* (Grove Press 1954).
_____, *En attendant Godot* (Les Editions de Minuet 1952).
_____, *Disjecta: Miscellaneous Writings and Dramatic Fragments*. Ruby Cohn ed., (New York: Grove Press Inc. 1984).
Martin Esslin, *The Theatre of the Absurd* (Harmondsworth: Penguin Books Ltd. 1968).
Beryls Fletcher et als., *A Student's Guide to the Plays of Samuel Beckett* (London: Faber & Faber Ltd. 1978).
Edith Kern, "Beckett and the Spirit of commedia dell'arte," *Modern Drama* 9 (1966), 260~67면.
황훈성 『기호학으로 본 연극세계』(신아사 1998).

추천문헌

Ruby Cohn, *Just Play: Beckett's Theatre* (Princeton: Princeton Univ. Press 1980). 베케트의 미국 최고 권위자인 콘의 세번째 베케트 비평서로 공연텍스트에 대한 본격적 분석이며 베케트의 유희적 세계관을 설득력 있게 제시하고 있다.
Martin Esslin, *Pinter: The Playwright* (London: Methuen 1992). 독창적인 내용은 없으나 핀터의 전작품에 대한 상식적인 해설서이다. 전작품을 개관하려고 하는 초심자에게 유용한 개론서이다.
Beryls Fletcher and John Fletcher, *A Student's Guide to the Plays of Samuel Beckett* (London: Faber & Faber Ltd. 1985). 난해한 베케트의 각 작품을 명쾌하게 설명해놓은

지침서이며 초연 당시 신문의 문화면 비평들을 소개하고 있다.

James Knowleson and John Pilling, *Frescoes of the Skull: The Late Prose and Drama of Samuel Beckett* (New York: Grove Press Inc. 1980). 후기로 갈수록 더욱 압축되고 불가해해지는 베케트의 후기 산문과 축소극(dramaticule)에 대한 권위있는 해설서이며 후기극 입문서로 독보적이다.

카릴 처칠

1. 처칠의 삶과 연극

1938년 풍자만화가 아버지와 배우이며 모델인 어머니의 외동딸로 태어난 카릴 처칠(Caryl Churchill, 1938~)은 비교적 부유하고 안정된 런던 중산층 가정에서 자랐다. 1956년 옥스퍼드의 마거릿 홀 콜리지에 입학하여 영문학 교육을 체계적으로 받았으며, 대학시절부터 여러 편의 작품을 무대에 올렸다. 1961년 법정 변호사 데이비드 하터와 결혼하여 세 아들을 낳는 동안에도 라디오와 텔레비전 극을 쓰면서 극작가로서의 활동을 멈추지 않았다. 그러나 처칠의 본격적인 연극계로의 등단은 『집주인』(*Owners*)이 로열 코트 극장에서 공연된 1972년부터 시작되었다. 이후 처칠은 전적으로 극장무대를 위해서만 일하며, 영국 및 미국의 연극계에서 주목받고 나아가 현대 영국의 주요 극작가로 인정받게 되었다.

유복한 가정, 옥스퍼드에서의 교육, 화려한 무대경력이라는 다분히 부르주아적인 배경에도 불구하고 처칠은 당대의 사회주의 극작가들과 함께 영국의 시대정신을 공유한다. 처칠이 창작에 몰두한 시기는 영국 연극이 혁신적이며 대중적인 좌파 정치운동의 중심지가 되던 시기였다. 1964년 출범한 노동당이 아무런 사회적 변화도 일으키지 못하자 맑시즘을 바탕으로 사회에 대한 환멸과 분노를 표출하고 혁명을 시도하려는 움직임이 연극인들 사이에서 나타났다. 더욱이 베트남전 반대운동, 체코혁명, 아일랜드 민족운동, 노동운동 등으로 영국인들이 정치의식화되었던 1968년 이후, 연극계에는 사회주의 성향의 집단작업을 하는 극단의 설립이 가속화되었다. 1956년 이후 영국에 영향을 끼치게 된 브레히트(Bertolt Brecht)는 이와같은 영국 극단의 정치적 기상을 더욱 고조시켰다. 처칠은 브레히트의 기법을 대거 도입한 '괴물군단'(Monstrous Regiment)과 '조인트 스탁'(Joint Stock) 같은 양대 신진 극단과 관계를 맺고 함께 일했다. 주로 라디오극을 쓴 직후인 1975년 브레히트의 이론을 도입한 이 두 극단과 함께 일한 것은 처칠의 극 내용과 기법 양자를 혁신하고 정치화했다.

처칠이 사회 속에서의 남녀관계를 그 사회 여건과의 긴밀한 연관관계 속에서 검토하는 법을 배운 것은 브레히트로부터였다. 브레히트처럼 처칠은 연극은 사회의 모순을 발견하고 사회를 변혁하여 역사발전에 기여해야 한다고 믿고, 이성에 호소하여 관객의 질문을 이끌어내는 배움의 극장을 창조했다. 특히 처칠은 브레히트의 소격(疏隔)효과와 게스투스(Gestus, 사회 내의 물질적 역학관계를 드러내는 배우들의 구체적인 동작)의 개념을 이용하여 억압에 대한 사회적·비판적 분석을 시도했다. 에피쏘드 구조와 노래로 인과적 내러티브의 흐름을 중단하는 점, 관객과 극중인물 사이에 비판적 거리를 유지하는 점, 특정 상황의 권력관계 및 계층간의 충돌양상을 폭로하고 비판한 점에서 처칠은 브레히트의 직속 후예였다.

처칠은 여성억압의 원천으로서 자본주의·가부장제·계급사회를 한꺼번에 분석하는 사회주의 페미니즘의 입장을 전격 수용하면서 여성이 사회에서 열등한 자리로 추방당하게 된 사회적·물질적 경위를 설명하는 일을 극작활동의 주요 목표로 삼았다. 사회주의 페미니즘은 영국에서 특히 발전했는데, 이는 영국의 페미니스트 단체가 대체로 사회주의적 성향을 지닌 노동자계층을 주축으로 결성되었기 때문이다. 1974년에 노동운동에 참여한 남녀들이 '여성노동자헌장'을 작성하면서 물질적 변화를 요구했던바, 이러한 움직임과 발맞추어 첫번째 '여성극단회의'가 결성되었다. 이로써 수많은 여성극단 창설에 박차가 가해졌으며 이제껏 여성문제를 무시해온 사회주의 극단들이 페미니즘의 논의에 관심을 갖는 계기가 되었다. 여기서 정치적 측면과 예술적 측면에서 사회주의와 페미니즘의 관계를 설명해낼 수 있는 적절한 이론을 개발하려는 움직임이 일어나기 시작했다. 처칠의 극 역시 자본주의 경제 및 사회의 권력이론에 비추어 성문제에 새로운 의미를 구축하려는 노력의 일환이었다.

처칠의 극작가로서의 본격적인 활동은 '괴물 군단'과 '조인트 스탁'과 관계를 맺은 1970년대부터 시작된다. 이 시기로부터 시작하여 처칠의 극은 주제별로 대략 세 부류로 나누어진다. 첫번째 부류는 역사극으로, 영국 17세기 역사를 두 극단과의 협동작업을 통해 재조명한 『비니거 탐』(*Vinegar Tom*, 1976)과 『버킹엄셔에 비치는 빛』(*Light Shining in Buckinghamshire*, 1976)을 손꼽을 수 있다. 최근의 루마니아혁명을 극화한 『광란의 숲』(*Mad Forest*, 1990)과 푸꼬(M. Foucault)의 『감시와 처벌』에 기초한 유머극『물러터진 순경』(*Soft Cops*, 1978/1983)도 역사극으로 볼 수 있다. 사회적 변화는 개인의 변화와 긴밀하게 연관되었다는 주제를 극화하는 두번째 부류의 극 『클라우드 나인』(*Cloud Nine*, 1979)과 『한입 가득 새들』(*A Mouthful of Birds*, 1986)에서 처칠의 스타일에 대한 실험과 주제의 혁신적 고찰은 꽃을 피우게 된다. 처칠은 브레히트 이론을 발전시킨 복장전환, 교차배역, 복합배역 등의 참신한 극적 스타일을 사용하여 성에 대한 상투적 관념과 인습적 체제에 과감히 도전한다. 세번째 부류는 자본주의와 권력을 주제로 하는 극들——『집주인』(*Owners*, 1972) 『성공한 여성들』(*Top Girls*, 1980), 『엄청난 돈』(*Serious Money*, 1987)——이다. 다양한 기법을 이용하지만 인물들의 특징이 한층 사실적으로 부각되는 이 작품들은 자유주의 페미니즘의 한계를 드러내고 사회주의 페미니즘이야말로 사회변화의 더 나은 통로임을 제시한다.

2. 역사 다시 쓰기──『비니거 탐』

'괴물 군단' 극단과 공동작업으로 씌어진 『비니거 탐』은 여성문제에 중점을 둔 작품이다. 이 극에서 처칠은 당시 같은 시기에 활동하던 남성 사회주의 극작가들과의 근본적인 차이를 선포함으로써 여성극작가로서의 위치를 공고히한다. 남성극작가들의 극이 민중을 주요한 논의대상으로 삼는다면, 처칠은 계급갈등, 노동현장, 권력투쟁의 문제를 페미니즘 논의에서 제기된 성차별의 문제와 접목시킨다. 브레히트의 역사관을 수용하면서 영국 마녀의 역사를 여성의 입장에서 재조명한 이 작품에서, 마녀사냥을 통한 여성의 탄압은 자본주의 윤리, 계급갈등, 기독교 교리, 전문지식의 확대 등의 복합적인 요인들간의 상호 연쇄작용의 결과로 인식된다. 이 극은 화형을 동반했던 마녀사냥이, 실상은 기독교와 자본주의에 기반을 둔 가부장제가 그 권세를 강화하고 체제의 확립을 굳건히하기 위해 사용한 정치적 도구에 지나지 않으며, 마녀라는 치욕스러운 이름을 얻은 소외되고 가난한 17세기의 영국여성들은 이런 정치도구의 희생물이었다는 점을 강력하게 전달한다.

이 극은 21개의 장면으로 이루어졌으며 7명의 여성이 등장한다. 사생아를 키우면서 성적으로 자유분방한 삶을 영위하는 앨리스(Alice), 가난한 과부인 앨리스의 어머니 조언(Joan), 결혼하였지만 최근 임신한 아이를 유산시키고자 하는 쑤전(Susan), 민간치료사로서 결혼을 거부하고 경제적 독립을 성취한 엘렌(Ellen), 강요된 정략결혼을 거부하는 지주의 딸 베티(Betty), 경제적 이득을 위해 다른 여성들을 고발하는 잭의 부인 마저리(Margery), 마녀사냥꾼을 도우며 생계를 유지하는 구디(Goody) 부인이 바로 그들이다. 이 극은 7명의 여성인물들을 비슷한 비중으로 소개하면서 가난한 여성을 자본주의의 이윤추구 논리로 소외시키고, 가부장제 결혼관습에 저항하는 여성을 환자로 간주하고, 자기 신체의 주인이 되어 욕망을 추구하거나 낙태하는 여성을 기독교의 교리에 따라 죄인으로 단죄하고, 기술을 습득하여 경제적인 독립을 한 여성 민간치료사를 악마로 부르는 과정이 바로 마녀사냥의 실체임을 밝힌다. 즉, 여성억압이 계급갈등, 경제여건, 권력구조와 복합적으로 밀착해 있음을 구체적으로 제시한다.

처칠은 앨리스를 비롯한 많은 주변부 여성들이 겪는 고난의 역사적 특성을 강조하기 위해, 브레히트의 서사극 기법을 이용한다. 17세기 역사를 묘사하는 불연속적 에피쏘드에 첨가된 현대식 노래는 한편으로는 이 작품에 묘사된 역사가 현대의 새로운 시각에 의해 재조명된 것임을, 다른 한편으로는 17세기의 가부장제가 보여주는 여성혐오증의 잔재가 현대까지도 남아 있음을 직시하도록 한다. 현대식 노래의 삽입이 극적 내러티브의 인과적 흐름을 깨면서 관객의 비판적 시각을 일깨우고 현재의 시각이 과거 속에 침투하거나 과거 역사가 현재까지 질주하는 과거와 현재 상호간의 역동성을 강조하였다면, 21개의 불연속적 에피쏘드는 게스투스의 개념을 이용하여 성적 억압을 포함한 17세기 영국의 사회적·경제적·정치적 여건을 구체적으로 담아낸다. 이로써 처칠은 가부장제의 여성착취가 하나의 독자적인 현상이 아니라 인간들이 물질적 삶을 영위해가는 역사적 상황과 불가분의 관계를 맺는다는 점을 또다시 강조한다.

이 작품에서 가장 두드러진 게스투스는 마저리가 힘들게 우유를 저어 버터를 만들려는 동작과 조언이 허기를 채울 빵을 만들기 위해 마저리에게 이스트를 애타게 구걸하는 행위에서 발견된다. 이 게스투스의 상징적 동작은 17세기 영국사회 권력구조 내에서 가난한 여성과 부유한 여성 두 계층 간의 필연적 충돌양상을 드러낸다. 여기서 인간의 생존에 필수적인 음식물──버터를 만들 만큼 풍부한 양의 우유와 빵을 만드는 효소인 소량의 이스트──은 마저리가 속하는 중산층 가정이 누리는 풍요와 과부 조언 가정의 처참한 빈곤상태를 효과적으로 대비시킨다. 또한 조언에게 소량의 이스트조차(빵이 아니라) 제공해주지 않는 신흥 중산층으로 부상한 마저리의 모습은 마저리의 조언에 대한 물질적 학대, 즉 경제적 격차가 빚어내는 여성 간의 반목을 극대화한다. 마지막 장면은 기독교 전통에 깊이 뿌리를 박고 있는 여성혐오증을 비판적으로 조명하기 위해 여배우들이 17세기 두 남자

교수들의 역할을 맡도록 구성된다. 에드워드 시대의 희극배우 복장을 한 여배우들이 중세의 유명한 신학교수 크래머와 스프렌거의 역할을 맡고 노래를 부르는 이 장면에서 관객은 17세기 여성착취를 현대의 여성착취와 비교 분석하게 된다. 이 복장전환의 기법은 또한 이 사회에서 성별구분이 갖는 연극성과 인위성을 지적해주는 데도 효과적이다. 이 기법은 여성배우들이 인위적으로 남성교수의 역을 맡는 것처럼 가부장제 경제구조에 적극적으로 참여한 이 극의 마저리 부인과 구디 부인도 가부장사회가 여성에게 부여한 순종적 역할을 성공적으로 연기하고 있다는 점을 자각하도록 관객을 설득한다.

3. 역학 연기와 성의 정치성―『클라우드 나인』

브레히트를 응용한 복장전환, 인종교차, 다중배역, 2인 1역 등의 다양한 기법을 통해 성역할의 연극성을 더욱 효과적으로 보여주는 것은 처칠의 극 중 두번째 부류에 속하는『클라우드 나인』에서이다. 처칠은 7명의 배우가 나이·성·인종이 다른 13명의 역할을 맡도록 하며 1막과 2막에서는 다른 두 배우가 같은 등장인물의 역을 연기하게 한다. 식민지의 억압과 여성 억압의 병렬관계에 초점을 맞추는 이 작품은 현재(현대)와 과거(빅토리아 시대)를 양편에 나란히 담은 두 폭의 병풍과 같다. 과거의 그림은 사회규범이 개인의 욕망을 무시하고 개인은 전적으로 의무에 의존하는 고정된 가부장제를 그린다. 현재의 그림은 과거의 것과 정반대로 전통적인 역할을 거부하고 욕망에 근거한 융통성 있는 인간관계를 묘사한다. 과거와 현재간의 이같은 독특한 균형은 서로 다른 시기를 비판적으로 비교·대조할 수 있는 기회를 부여하고, 이 과정에서 자아는 고정되거나 보편적이지 않으며 역사적 요인에 의해 형성된다는 것을 부각시킨다.

이 극은 제국주의의 통치자이자 가부장제의 권력가로서 등장하는 클라이브(Clive)가 그의 가족을 소개하는 장면에서 시작된다. 가정에서는 아내와 자식들을 통치하며 밖에서는 식민지인들을 지배하는 클라이브 밑에서 이 극의 인물들은 자아를 잃어버린다. 클라이브의 아내 베티, 아들 에드워드(Edward), 딸 빅토리아(Victoria) 그리고 흑인 하인 조슈어(Joshua)는 클라이브의 생각과 말을 내면화하여 클라이브가 원하는 형의 인물이 된다. 베티는 늘 남편이 제공하는 안락한 장소에서 피아노와 독서를 즐겨야 하고, 에드워드는 인형을 좋아하는 본래의 여성성을 포기하고 아버지 클라이브와 같은 강한 남성이 되려고 노력해야 하며, 조슈어는 자기 민족을 혐오하며 백인이 원하는 대로 살아가도록 억압받는다. 이들은 모두 클라이브에 의해 고유한 자아를 잃는다. 이러한 자아의 결핍을 시각적으로 표출하기 위해 처칠은 배우의 성과 역할을 불일치시킨다. 일례로 여성인물 베티는 남자배우가 연기한다. 베티 역을 남자배우가 맡게 함으로써 처칠은 베티가 현실에서도 연기하고 있다는 사실을 시각적으로 전달한다. 성을 교차시키는 이러한 배역으로, 무대에서의 성의 규범이 도치되고 이 희극적 도치는 고정된 성이데올로기를 낯설게 하면서 성역할의 인위성을 고발한다.

그러나 이같은 인위적인 자아에 기반을 둔 클라이브의 이상적 가정이 허상에 불과하다는 것은 이 극의 인물들이 모두 사회에서는 금지된 비밀스런 성관계를 갖는다는 점에서 드러난다. 베티는 동성애자 해리에게 욕정을 느끼고 클라이브는 과부인 썬더스(Saunders) 부인과 관계를 갖는다. 가정교사 엘렌은 베티에게 동성애를 느끼고, 해리는 어린 아들 에드워드와 조슈어를 그의 동성애 파트너로 삼는다. 그러나 클라이브는 자신을 중심으로 한 권력체제가 붕괴되는 것을 막기 위해 이러한 탈선행위들을 정당화한다. 자신의 썬더스 부인과의 관계는 결혼 외적인 관계로 가정에 아무런 변화를 초래하지 않기 때문에 허용될 수 있되, 부인 베티의 외도는 여성의 욕정을 드러내는 것이므로 눈감을 수 없다. 해리와 엘렌의 결혼은 이러한 탈선행위로 노출된 위험한 관계들을 정리하는 클라이브의 해법이다. 해리와 엘렌의 결혼식을 진행시키면서 클라이브는 모든 인물들을 전통적인 빅토리아 시대의 성역할로 재정비한다. 그러나 이와같은 탈선행위 속에 드러나는 비밀스러운 욕망들은 클라이브의 가부장제와 그의 제국에 위협적이다. 인물들의 탈선적 성관계는 비밀스러운 사생활과 공적인 역할 연기로 양분되어 있는 빅토리아 시대 성풍속의 경직성과 왜곡상을 가차없이 고발한다.

2막은 인물들이 25살 더 먹은 현대를 무대로 한다. 1막의 공간이 협소하고 규제적이었다면, 2막의 배경은 넓은 운동장이다. 배경만큼이나 이 막의 분위기는 훨씬 더 열려 있고, 인물들은 많은 선택의 가능성을 부여받는다. 인물들은 자아를 찾고자 노력하며 사회규범으로 규정된 역할 연기를 거부한다. 통치자 클라이브는 더이상 존재하지 않으며 클라이브와 베티의 딸 빅토리아는 남편 마틴(Martin)과의 별거를 고심한다. 에드워드는 게리(Gerry)와 동성애를 즐기지만 고통을 느낀다. 레즈비언인 린(Lin)은 빅토리아와 관계를 시작하며 에드워드도 린과 빅토리아의 관계에 끼여든다. 베티는 클라이브와 이혼하여 혼자 살며 자위를 즐긴다. 린의 딸 캐시(Cathy)는 여성에게 부과된 구속에서 벗어난 여성이 되고자 하지만 혼돈에 빠진 어머니 린에 의해 혼란을 겪는다. 이러한 혼돈은 캐시 역을 남성이 연기하는 것으로 두드러진다.

1막에서와는 달리 베티가 여성배우에 의해, 에드워드가 남자배우에 의해, 빅토리아가 더이상 인형이 아니라 여배우에 의해 연기되는 점은 현대의 인물들에게 부여된 자유를 상징한다. 즉 인물마다 자연적인 성에 어울리는 배우의 배역은 성의 역할이 이제는 사회적 강요가 아니라 개인적 선택의 문제가 되었음을 시사한다. 편협한 권력구조와 역할연기는 사라지고 인물들이 긴 독백을 통해 자신들의 감정을 열린 태도로 정직하게 논할 수 있는 시대가 되었다. 그러나 이런 자유도 혼돈을 의미할 뿐이다. 인물들은 자신들이 가야 할 곳이 어디인지 알지 못하며 미래는 불확실하다. 현대의 인물들은 혼란과 불안의 문제를 집단적인 성의 축제에 참여함으로써 해결한다. 성·나이·계급에 관계없이 모든 인물들이 하나로 융화되는 이 실험적 성의 축제에서 전통적 규범과 역할이 완전히 뒤바뀐다.

그러나 아무리 20세기의 사람들이 자신들이 누리는 자유에 환호성을 지른다 해도 그들이 처한 권력관계——경제적·개인적·가정적——의 그물망은 변하지 않은 채 남을 수 있다. 현대사회에서 여성과 동성애자는 이제 더 이상 피해자가 아니며, 식민지의 원주민도 이제 더이상 존재하지 않지만, 계급과 성차별은 현대인의 혼돈 속에 여전히 자리잡고 있다. 빅토리아는 노동자계층에 속하는 린의 상황을 이해하지 못하며 군인인 린의 남동생 빌(Bill)의 욕망은 여전히 아일랜드에서 국가를 방어해야 한다는 이름으로 억제되고 왜곡된다.

그럼에도 불구하고 이 극의 마지막 순간은 개인의 노력에 의해 상황이 어느정도 달라질 수 있음을 시사한다. 이 극에서 가장 감동적인 순간은 제1막의 베티가 제2막의 베티와 재결합하는 마지막 장면이다. 베티에게 있어서 변화되는 성역할을 감당하는 일은 아주 어렵다. 그러나 이 두 자아의 결합은 그녀가 옛날의 베티를 새로운 베티와 통합시킬 수 있는 상상의 능력을 지녔다는 것을 암시하며, 이와같은 베티의 상상력은 사회의 모든 사람들에게 희망을 준다. 두 명의 다른 배우가 베티역을 연기하는 이 장면에서 관객은 또한 고정된 자아개념이란 없다는 인식에 도달한다. 두 명의 다른 베티가 공존하는 것을 바라보는 관객은 자아는 유동적이며 역사와 그 이데올로기에 따라 얼마든지 변형되고 수정될 수 있다는 점을 자각한다.

4. 결론

처칠의 극은 영국의 사회주의 정치연극의 토양에서 싹텄지만 거기에 머물지 않고 현대 영국과 미국에서 활동하는 남녀 극작가들과 견줄 만한 혹은 그들을 능가하는 자신만의 독특한 연극미학을 발전시켰다. 처칠의 극은 가부장제·자본주의·사회제도의 모순과 문제, 그 중에서도 특히 여성을 포함한 주변 인물의 억압 문제를 분석하지만, 지나치게 교훈적이거나 신랄한 비판만 쏟아내기 일쑤인 여타의 정치극과는 현격히 구별되는 세계를 창출했다. 이러한 새로운 정치극의 탄생은 처칠이 우리 시대의 중요한 사회문제를 담아낼 새롭고 혁신적인 연극문법을 창조함으로써 가능했다. 또한 처칠은 사회문제를 중대 관심사로 부각시킬 수 있는 새로운 연극미학의 창시자로 인정받고, 또 상업적 성공을 거두었다는 점에서 영미의 여타의 여성극작가들과도 구별된다. 팸 젬스(Pam Gems)를 제외한 영국과 미국의 다른 여성극작가들은 나름대로의 혁신성에도 불구하고 영국과 미국 무대 전반에서, 또 연극인과 대중 모두에게서 광범위한 호응을 얻지 못하고 비평가들의 지속적인 관심도 끌지 못했다. 처칠의 극이 다른 여성극작가들의 작품과 달리 비평가들에게 지속적으로 인정받고 흥행에 성공할 수 있었던 요인은 무엇일까? 다음과 같은 점들을 지적할 수 있을 것이다. 첫째, 처칠의 극에서 제기된 관심사들은 여성문제나 어떤 특정한 부류의 문제에 한정되지 않고 보편성을 지닌다. 둘째, 처칠의 극은 강한 정치성에도 불구하고 엄격하게 사회주의나 페미니즘의 노선을 따르는 편협성을 보이지 않으며 어느 쪽으로도 치우치는 일이 없다. 셋째, 여러 장르를 적절히 혼용하고 자유롭게 연극적 관례를 활용하는 처칠의 기법이 관객에게 신선한 충격을 주며 아울러 그녀의 사상을 효과적으로 전달한다. 넷째, 깊이있고 광범위한 독서를 바탕으로 씌어진 처칠의 극은 그 지적 엄밀성과 철저함으로 관객의 깊이있는 사고를 적극 유도한다. 그러나 무엇보다도 처칠의 극이 성공할 수 있었던 것은 작품들이 현실의 문제와 그 재현방식에 끊임없이 질문을 던지는 열려 있고 깨어 있는 지식인의 위상을 여실히 보여주었기 때문일 것이다.   〔이희원〕

추천문헌

Sue-Ellen Case, *Feminism and Theater* (New York: Methuen 1988). 페미니스트 입장에서 기존 연극과 여성연극을 바라보는 인식틀을 제공한다. 여성연극의 맥락에서 처칠의 작품을 이해하는 기초 지식을 제공한다.

Catherine Itzin, *Stages of the Revolution: Political Theater in Britain since 1968* (London: Methuen 1980). 1968년 이후 영국의 사회·정치적 배경과 더불어 발전하게 된 영국 연극의 동향 및 극작가와 극단 사이의 협동작업을 개괄적으로 짚어주고 그 맥락에 처칠을 자리매김한다.

Amelia Howe Kritzer, *The Plays of Caryl Churchill* (New York: St. Martin's 1991). 처칠의 작품을 시대별로 정리하면서 처칠이 차용하는 혁신적 연극기법과 처칠이 전달하고자 하는 혁명적 메씨지의 긴밀한 연관성에 주목한다.

Phyllis R. Randall, *Caryl Churchill: A Casebook* (New York: Garland 1988). 처칠의 초기 작품부터 『한입 가득 새들』까지의 작품들을 분석한 각종 연구논문들을 모아놓은 대표적인 처칠 앤솔로지이다.

아체베와 루슈디

1. 영문학에 대한 조망과 반성

　치누아 아체베(Chinua Achebe, 1930~)의 문학은 우리로 하여금 영문학 전반에 대해 다시 생각해보는 계기를 제공한다. 한 작가의 집필은 많은 경우 자신의 이전 세대와 당대 작가들로부터 도움을 받으면서도 자신만의 영역을 찾으려는 노력이다. 그만큼 그것은 그를 에워싼 문학세계 전반에 대한 평가를 담지하는 경우가 많고, 이것이 그 작가에 대한 문학적 가치판단의 기준으로 제시되기도 한다. 아체베는 여러가지 의미에서 작가 일반에 보이는 이러한 경향을 더욱 두드러지게 하는 존재이다.

　아체베는 나이지리아에서 태어났고, 또 이곳을 그의 삶과 문학의 주된 거주지로 하고 있다. 나이지리아가 영국 식민지체제에 흡수되고 거기서 탈피하는 과정을 시간적 배경으로 하는 그의 소설은 영국, 나아가 서구의 정치와 문화를 거기에 속하지 않는 타자의 입장에서 평가하고 있다. 이러한 입장은 그의 작품활동에서 영국과 영문학 전통 전반에 대해 총괄적인 비판적 거리두기를 가능하게 하는 요소로 작용한다. 물론 이러한 비판적 거리두기는 19세기 말 영국의 제국주의적 팽창이 절정에 달하면서 콘래드(J.

Conrad), 로렌스(D.H. Lawrence), 포스터(E.M. Forster) 그리고 오웰(G. Orwell) 등에 의해 제기되기 시작하였다. 하지만 이들의 문제제기는 궁극적으로 영국의 테두리에서 벗어났다고 할 수 없었다. 영국 바깥으로부터의 조망은 특히 20세기에 와서 양적·질적으로 확대된다. 바로 이러한 경향 한 가운데에 소위 영연방이라 불린 지역에서 씌어지는 문학이 있으며, 그 문학적 성과를 대표할 수 있는 작가 가운데 하나가 아체베이다.

하지만 아체베의 문학이 영국의 정치적 지배와 영문학에 대해 반응태로서만 생성된 것은 아니다. 그것은 분명 영국의 식민지배에 대한 저항담론적 성격과 역할을 갖고 있지만 그와 동시에, 자신의 공동체가 식민지배 형태에서 새로운 유럽형 국가형태로 나아가는 과정에서 겪는 부조리와 고뇌를 담고 있기 때문이다. 물론 탈식민적 과도기에서 직면하게 되는 이러한 혼란 역시 식민기간 동안 자기 결정이나 훈련의 기회를 빼앗긴 사정에 기인한다. 이러한 역사적 맥락에서 아체베의 문학은 외부적 폭력에 대한 저항과, 내적으로 아직 질서 잡히지 못한 사회를 관찰하면서 이 속에서 고민하고 상처받는 삶을 얘기하고 있다.

이러한 과도기적 혼란의 한 요인은 민족국가의 문제이다. 탈식민 과정에서 영국이 나이지리아로 묶어놓은 지역은 200개가 넘는 다른 언어를 가진 민족으로 구성되어 있었다. 이러한 지역이 진정한 하나의 정치단위로 독립하고 또 이를 유지한다는 것은 참으로 지난한 일이었다. 한 민족을 하나의 정치체제 아래 묶는다는 것 자체가 르네쌍스 이후 유럽의 정치적 이상이었는데, 나이지리아가 이러한 이상을 받아들인 것은 무비판적인 것인 한편, 식민의 경험 이후 현대사회에서의 생존을 위한 불가피한 선택으로 보인다. 나이지리아 남부의 최대 종족은 여루바(Yoruba), 에도(Edo, 혹은 비니 Bini), 익보(Igbo, 혹은 이보 Ibo), 그리고 이비디오(Ibidio)이다. 아체베는 익보족 출신으로, 자신의 종족이 지켜온 문화적 전통을 새롭게 하면서 이를 나이지리아라는 새로운 정치체제에 연결시키는 것도 아체베 문학의 중요한 문제의식 가운데 하나이다.

아체베 문학이 사용하는 언어, 즉 영어의 문제도 앞에 언급한 영국의 식민지배의 유산과 새로운 국가건설이라는 과제와 긴밀히 연결되어 있다. 이 지역에서 영어는 어쩔 수 없는 유산일 뿐만 아니라, 다언어 상태에서 하나의 국가단위를 형성하는 데 일정한 순기능을 할 수 있게 된 것이다. 아체베가 작품에서 영어를 사용하는 것은 이러한 사회적 요구에 의한 것만은 아니다. 그는 개인적으로 영어가 자신의 생각과 감정을 표현하는 데 아무런 불편이 없고 오히려 더 자연스럽게 느껴지는 매개체라고 말한다. 어떻든 그에게 영어는 주어진 것이고, 그는 그것을 쓰기를 원한다는 것이다.

자국어로 씌어졌다 하여 그 문학이 반드시 서구의 영향에 오염되지 않았다고 말할 수 없듯이, 영어로 씌어진 문학이 반드시 아프리카의 문학현장에서 배제되어야 할 이유는 없다는 것이 아체베의 생각이다. 이러한 생각의 저변에는 이제 영어가 영국의 영어(English)만이 아니라 여러 종류의 영어(english)이며, 영문학(English literature)이 아니라 영어문학(english literatures)의 존재도 인정되어야 한다는 의식이 깔려 있다. 다시 말해 문제는 누가 어떤 목소리를 내는가이며, 이야기의 내용이 영어의 성격을 바꾸게 된다는 점이 중요하다는 것이다.

2. 영문학 되받아쓰기

『몰락』(*Things Fall Apart*, 1958)은 그의 첫 소설이자 대표작이다. 이미 3백만 부 이상이 팔리고, 30개 이상의 언어로 번역된 작품이다. 이 소설은 한편으로 익보족 마을인 우무오피아(Umuofia)의 오콩코(Okonkwo)의 자수성가와 좌절 그리고 죽음을 다루면서, 다른 한편으로는 그가 속한 우무오피아와 그 주변세계의 몰락을 보여주고 있다. 이런 점에서 오콩코의 죽음 전까지는 일종의 성장소설(Bildungsroman)로 여겨질 수 있는데, 이후 그의 자살에 이르는 마지막 부분에서는 그의 개인사와 부족사가 결합되면서 민족문학적 서사시의 성격을 띤다.

작품의 시대적 배경은 19세기 중반에서 말에 걸쳐 있다. 역사적으로 영국의 세력이 우무오피아에 당도하게 되는 것은 매우 긴 과정이었다. 이집트를 포함한 북아프리카 지역과의 교류는 서구문명 형성의 중요한 동인이었다고 할 수 있다. 그것이 상호호혜적이기보다는 일방적 수탈의 양상을 띠게 된 것은 노예무역이 본격화하면서부터이다. 근대적 형태의 노예무역은 15세기 초에 북아프리카로부터 시작되어, 1480년대에는 포르투갈인들, 1562년에는 영국인들에 의해 베닌에까지 확대되었다. 특히 영국은 17세기 중반 이후 아프리카와 서인도제도 그리고 유럽을 잇는 삼각무역 구도 속에서 자국의 부를 지속적으로 증대할 수 있는 체제를 구축하면서, 영국 신사의 호주머니는 해외에서 들어온 돈으로 채워지게 되었다. 영국이 중간노예상을 거쳐 아프리카 내륙에 영향을 미치던 단계에서, 직접적으로 그 내부로 들어가게 되는 것은 19세기 중반부터이다. 영국에게 아프리카는 정복해야 할 가치순위와 용이도에 있어서 마지막 대륙이었고, 그 선두에는 1841년부터 시작되는 리빙스턴(D. Livingston)의 탐험이 있었다.

나이지리아 지역 전체에 대한 영국의 지배는 1861년 라고스(Lagos)를 점령함으로써 본격화되어, 1900년에 남부와 북부 나이지리아에 각각 독립적인 보호령을 세우고, 이후 1914년 이를 다시 나이지리아 식민국(Colony of Nigeria)으로 통합하는 과정을 거쳤다. 『몰락』은 이러한 역사적 맥락과 시대를 배경으로 한다. 그렇다면 『몰락』의 전편에 흐르는 풍요로움은 사실 풍전등화와 같은 것임을 알 수 있다. 공식적 독립(1960) 이전에 한동안 영국이 나이지리아에 정권이양을 준비한 기간이 있었는데, 이 소설은 그 기간 동안에 씌어진 것이다. 사실 그 시기의 아체베의 소설을 좀더 정확히 파악하기 위해서는 2년 후에 발표한 『평온의 종언』(*No Longer at Ease*, 1960)을 함께 고려해야 할 것이다. 이 작품에는 『몰락』을 쓸 무렵에 직면하고 있던 현실이 그려진다. 본격적인 국가건설로 가는 길목인 정권이양기에 이미 적나라하게 드러나는 경제적·도덕적 해이와 부패 앞에 좌절하는 오콩코의 손자가 주인공이다. 분명 『몰락』은 자신들의 공동체와 전통이 서구에 의해 폭력적으로 해체되는 과정을 되돌아보고, 풍요로웠던 전통문화를 되뇌면서 이에 내재한 정신을 새로운 국가건설의 도덕적·문화적 토대로 삼으려는 시도이다.

『몰락』은, 그 제목이 예이츠(W. B. Yeats)의 시 「재림」(The Second Coming)에서 왔듯이, 기존체제의 붕괴가 또다른 체제를 잉태하는 계기가 될 수 있음을 암시한다. 하지만 이제까지의 문화를 대체할 수 있는 자신들만의 문화의 복원이 가능한 것인지, 가능하더라도 오늘날의 상황(익보 공동체가 아닌 나이지리아 국가체제)에서도 유효할 것인지는 불투명하다는 불안감이 내재해 있다. 다시 말해, 『몰락』에는 서구의 폭력에 대한 고발과 함께 새로운 국가건설의 시점에 당면하여 이를 거울로 삼아 새로운 사회모델을 구성해내고자 하는 의지가 담겨 있는 것이다.

『몰락』은 영국 출신 작가들이 아프리카를 대하는 방식에 대한 이 지역 출신 작가들의 자기주장이기도 하다. 여러 영국 작가들은 아프리카를 작품의 배경으로 삼아왔다. 특히 19세기 말 제국주의적 피상성이 가득한 해거드(H. Rider Haggard)의 작품이 대표적이라 할 수 있는데, 아체베의 『몰락』에는 특히 케리(Joyce Cary)와 콘래드에 대한 거리두기와 반작용이 눈에 띈다. 나이지리아에서 영국 식민관료를 지낸 경험이 있는 케리는 『미스터 존슨』(*Mister Johnson*, 1939)에서 영국 식민지하에서 일하는 원주민 하급관료의 우스꽝스럽고 천연덕스러운 낙천주의와 그것이 그의 비극적 처형으로 귀착하는 과정을 그리고 있다. 그는 철저하게 영국적인 것을 신봉하면서 영국화하려고 하지만, 그것은 어울리지 않는 것일 뿐만 아니라 불가능한 것이다. 케리는 이러한 소재를 다루는 데 있어서, 해거드의 경우와 달리 존슨에게서 영국인에게는 없는 장점을 보고, 그의 상황을 이해하며, 영국적 정의의 모순을 고발하고 있다. 그러나 일면 케리는 원주민의 상황을 변호하는 듯하지만, 이는 또다른 제국주의적 서술행위일 수 있다. 서방세계의 동방세계에 대한 견해가 항용 경멸과 경외심이라는 양극단을 진자운동해왔듯이, 케리는 해거드에 대해 동전의 양면처럼 아프리카의 현실을 직시하지 못하고 이를 낭만적으로 그리는 오류를 범하고 있는 것이다.

케리의 경우와 달리 콘래드의 「어둠의 오지」에서 콩고 강 유역의 아프리카는 멈춰버린 인류의 역사이며, 원주민은 원시인이나 단순한 배경에 지나지 않는 존재이다. 커츠, 그리고 그를 찾아나선 말로우가 콩고 강을 따라 올라가는 여정은 역사를 거슬러올라가는 것이자 무지와 광란으로 되돌아가는 과정으로 여겨진다. 아체베는 한 에쎄이에서 이 작품이 흑인들의 인간으로서의 면모마저 의심하고 있다고 비판한다. 「어둠의 오지」가 발표된 이후 커츠의 삶에 주목한 비평들은 이 주인공의 경험을 인간 내면의 악의 문제라는 보편적이고도 실존적인 차원에서 설명해왔다. 커츠의 경우가 굳이 말해 실존적이라면, 아체베는 의도적으로 원주민에게도 이러한 삶이 비일비재함을 보여주고자 한다. 어쩌면 오콩코의 인간적이면서 영웅적인 면모, 실수하는 인간, 그리고 전통과 문화가 있는 사회는 무엇보다도 원주민이 스스로의 삶에 대해 얘기할 수 있도록 목소리를 부여함으로써 부각될 수 있는 것이기도 했다. 특히 「어둠의 오지」의 마지막에서 커츠가 유럽의 인류학자들에게 보내는 보고서와 같이, 『몰락』에서 지방 행정관은 『니제르 강 상류 원시종족과의 강화』(*The Pacification of the Primitive Tribes of the Lower Niger*)라는 책 속에 자신이 심혈을 기울이는 문명화사업을 기록해간다. 하지만 우리는 소위 '원시종족'의 입장에서 모든 이야기를 들은 이후이므로 이러한 보고서가 그야말로 무지와 문화적 폭력에 불과하다는 것을 안다.

한편 아체베의 문학은 아프리카, 특히 나이지리아에서 영어로 씌어진 문학들에 대한 비판적 반응이라는 면을 간과할 수 없다. 가령 『몰락』이 나오기 몇해 전 런던에서 출판된 투투올라(Amos Tutuola)의 『야자주 술꾼』(*The Palm-Wine Drunkard*, 1952)의 경우, 아프리카에서 변형된 구어체 영어로 토속적인 이야기구조 속에 펼쳐지는 취한 듯한 주인공의 죽음의 땅으로의 여행이 그 원시적 건강함 때문에 딜런 토머스(Dylan Thomas) 등의 열렬한 환영을 받지만, 뚜렷한 사회·문화·정치의식이 결여되어 있다는 점은 케리의 작업과 크게 다를 바 없다.

이러한 다중의 역사적 부담 속에서 아체베의 문학은 영국 작가들의 제국주의적 글쓰기와 토속작가들의 향수적 글쓰기를 지양하는 글쓰기이고자 한다. 여기에는 수많은 전통설화와 격언과 유머 그리고 문화적 의식들로 가득 차 있다. "태양은 자신 앞에 무릎을 꿇은 자보다 서 있는 자에게 먼저 비춘다" "어린아이도 손만 씻으면 왕과 같이 식사할 수 있다" "두꺼비는 대낮에 괜스레 뛰지는 않는다" 등의 속담은 의도적일 만큼 이야기 전개 가운데 적절히 배치되어 있다. 이 소설의 서사양식은 분명 서양문학 일반의 소설형식과 이러한 전통적·구술적 요소들을 결합함으로써 변화해가는 시대와 인물을 담는 데 적절한 매체가 되고 있다. 여기서 과연 소설이라는 형식이 나이지리아의 역사와 현실을 담기에 적절한 것인가 하는 질문이 있을 수 있다. 하지만 소설형식은 서구의 장르라는 전제는 그 역사적 형성과정을 살펴보면 당연한 것만은 아니다. 가령 그것은 동서양의 교류에 의해 더욱 구체화된 것일 수 있다는 관찰도 있기 때문이다.

3. 평화적·개방적 문화를 위한 희원

『몰락』에는 주어진 두 개의 문화 사이에서 오늘에 적절한 삶의 양식을 찾기에 앞서 요구되는 것이 있는데, 그것은 오콩코와 그가 속한 우무오피아 문화의 한계를 인식하는 것이다. 오콩코는, 이웃마을의 범죄행위를 속죄하도록 마을에 바쳐져 자신의 식솔로 보살피고 있던 이케메푸나(Ikemefuna)를 직접 처형한다. 오콩코로서는 정이 든 그를 자기 손으로 처리하겠다는 마음에서 행한 것이지만, 마을사람들에게는 좋게 받아들여지지 않는다. 어쩌면 이것은 오콩코의 자만심을 반증하는 것으로 보인다. 영웅적 오콩코의 비극적 결함에 못지 않게, 그가 속한 사회의 문화 또한 여러가지 약점을 갖고 있다. 그 가운데 하나가 강고한 가부장적 제도이다. 이것은 단순히 일부다처제만을 의미하지는 않는다. 사회 전반에서 남성의 공적 영역과 여성의 사적 영역이 이분화되어 있는 것이다. 이는 오콩코로 하여금 지나치게 남성적 성향을 갖도록 했으며, 그의 삶에 수반되는 몇몇 피할 수 있었던 고통의 원인이기도 하다.

물론 『몰락』에서 여성의 역할이 과소평가되고 있는 것만은 아니다. 여기에서 풍부한 민담 등 구술문화의 전승자는 여성이다. 어머니가 거북의 등이 조각난 까닭 등을 아이들에게 설명하는 장면은 한 사회가 나름의 체계 속에서 세상을 이해하고 해석하며 살아가는 모습을 보여준다. 그만큼 여성은 한 집단의 내적 문화와 안정성을 유지하는 기능을 수행한다. 아체베는 여성의 이러한 측면을 주로 사회적 전통의 차원에서 인정하고 있는 것으로 보인다. 하지만 그가 여성과 남성의 영역이 분명한 사회를 전적으로 긍정하고 있는 것은 아니다. 오콩코의 아들이면서도 기독교로 개종하는 은워예(Nwoye)의 경우가 한 예로서, 그는 오콩코가 일생동안 거부해온 "여자 같은" 남자이다.

여기에서 문제되는 것은 한 개인과 사회의 내적 유동성과 변화의 문제이다. 남과 여의 공간적 구별은 필연적으로 내적 유동성의 한계를 가져온다. 이러한 유동성의 결핍은 사회계급간의 관계에서도 관찰된다. 마을의 종교상 금기시되는 '소외계급'(osu), 관습적으로 항상 버림받게 되는 쌍둥이, 그리고 자신이 한동안 형처럼 따르던 이케메푸나를 죽인 아버지를 두려워하는 은워예 등 마을의 외곽에 위치한 존재들이, 막 들어온 기독교에 매료되는 것은 당연한 일이었다. 하지만 여기서 분명하고도 중요한 것은 아체베의 문제의식과 이를 판단하는 중립적 목소리이다. 아체베는 기독교가 소외된 집단을 끌어안는 것 자체에 대해서 부정적이지는 않다. 오히려 그러한 소외된 집단을 만들어낸 사회를 꼬집는다. 하지만 그는 기독교가 마을과 마을의 전통을 전적으로 무시해가는 과정에 대해서는 매우 비판적이다. 기독교도들은 마을의 신성한 존재로 여겨지는 비단뱀을 죽인다. 이는 마을 전통을 극단적으로 부정하는 행위이다. 이 사건에 대해 마을의 원로들은 오히려 인간이 신의 일에 간섭해서는 안 되고 이는 신과 신성한 뱀을 죽인

자 사이에 해결해야 할 문제로 여길 뿐이다. 그 며칠 후 범인은 죽고 만다. 이와같이 『몰락』은 문화와 문화의 접촉에서 관용보다는 폭력이 유발되는 경우가 많으며, 이는 기독교와 서구에 의해 행해지고 있음을 보여준다.

『몰락』은 문화적 접촉과 교류의 문제에 대해서도 많은 것을 시사한다. 아체베는 우선적으로 서구가 노예거래와 같은 폭력으로 한 문화적 공동체를 와해시키는 한편, 서구의 기독교 역시 진정한 문화적 교류를 이끌어내지 못한 오류를 고발하고 있다. 이에 비해 우무오피아의 전통사회는 어느정도 다른 문화에 대해 열려 있는 것으로 보인다. 이들은 자신들의 생활이 간섭 당하지 않는 한 기독교도들에게 교회터를 제공하는 등 이들을 용인하면서, 그 "괴이한" 교리를 여유있게 받아넘기려고 노력한다. 하지만 아체베가 서구의 편협성과 폭력성을 고발하고, 자신의 전통문화의 관용성을 내세우는 이분법적 사고를 하고 있는 것은 아니다. 오히려 그는 『몰락』에서 서구의 이러한 폭력적 역사를 고발하는 만큼, 자신의 전통문화와 그러한 공동체에 내재해 있는 오류를 또한 동등하게 지적하고 있다.

"하느님 아버지"를 섬기는 기독교(142)는 전통적 가족관계 특히 아버지와 아들의 관계를 파괴함으로써 한 사회의 몰락을 가져오는 원인이 된다. 하지만 여기에는 그러한 전통적 가족관계도 폭력적인 경우가 있다는 지적이 담겨 있다. 이에 덧붙여 이 사회가 시대의 변화에 적응할 만큼 그렇게 충분히 준비되어 있지 못하다는 단점도 지적되고 있다. 주인공 오콩코의 비극은 이러한 자기폐쇄적이고 변화하지 못하는 삶에서 찾아진다. 그는 제국주의적의 횡포 앞에서 자신의 존엄성을 지키기 위해 자결한다. 이러한 그의 삶과 죽음이 비극인 것은 이미 그가 어렵게 쌓아올리고 지켜온 자신과 공동체의 가치관이 허물어지고 아무런 힘을 발휘하지 못하게 된 상황이 도래했기 때문이다. 오콩코에게 가해진 7년간의 유배는 형벌이라기보다는 자신의 삶과 공동체에 대해 거리를 두고 바라볼 수 있는 좋은 기회였고, 그는 이를 긍정적으로 활용한 것으로 보인다. 하지만 불행히도 서구와의 교류라는 시대적 변화는 이러한 방식에 의해 이해될 수 있는 성질의 것이 아니었다. 민담과 속담의 세계 역시 이 시점에서는 너무나 단순한 것으로, 새로운 시대의 지표로는 충분한 것이 아니라는 아쉬움도 남는다.

주인공 오콩코의 이러한 한계는 우무오피아, 익보, 나아가 나이지리아의 과거에서 발견되는 것이며, 이체베가 이를 되뇌는 이유는 이것이 분명 나이지리아의 오늘과 내일을 위한 지침이 될 수 있기 때문이다. 『몰락』에서 진정한 혼란의 원인은 전시대의 문화가 폭력적으로 해체된 후, 적절한 대체문화를 찾지 못하는 데 있다. 아체베가 오콩코의 예에서 환기하는 것은 서구의 폭력적 역사를 기억하면서, 외부에 대해 더욱 적극적으로 자신을 열 수 있는 문화와 사회체제일 것이다.

4. 비판적 공간으로서의 글쓰기: 쌀만 루슈디

역사적 배경에 있어서 『몰락』이 19세기 후반을 다루었다면, 아체베의 이후 작품들 가운데 『신의 화살』(Arrow of God, 1964)은 영국의 지배가 완성되는 1920년대, 『평온의 종언』(No Longer at Ease, 1960)은 독립으로 가는 정권이양기로서 가치관의 부재가 두드러진 1950년대, 『민중의 사람』(A Man of the People, 1966)은 독립후의 무질서와 부패가 만연한 좌절의 시대인 1960년대를 다루고 있다. 이들은 아체베의 4부작으로 불릴 만큼 상호연계성을 갖는다. 우리가 여기에서 주목할 점은 아체베의 『몰락』은 이미 그의 후기작에서 더 많은 비중을 갖게 되는 자기비판적 시각을 내비치고 있다는 것이다. 이와같이 식민주의 정치와 문화에 대한 저항 못지않게 독립 이후 자신의 상황에 대한 자기반성적 성찰은 이후 많은 탈식민 작가들의 주제가 되었다. 이러한 기조의 글쓰기 가운데 특히 눈에 띄는 작가로는 쌀만 루슈디(Salman Rushdie)를 들 수 있다.

탈식민 계열의 작가는 지역적으로 아프리카와 인도 그리고 서인도제도 등으로 삼분된다. 루슈디는 그 가운데 인도를 출발점으로 하고 있지만, 그의 작품세계는 출신지인 인도와 유년기 이후에 살게 된 영국 모두로부터 일정한 거리를 두고 있다. 좀더 엄밀하게 얘기하자면, 그의 작품은 두 나라 혹은 동서양 사이의 어떤 중간 지점에 위치해 있고, 나아가 식민과 피식민 혹은 탈식민의 이분법 자체가 식민적 유산이라는 생각을 담고 있다고 할 수 있다. 그런만큼 저항적 탈식민을 강조하는 입장에서 보면 그것은 또 매우 이상주의적이고 유희적이며, 제3세계를 무대로 한 무책임한 '포스트모던적' 행위로 여겨질 수 있다.

　루슈디의 『자정의 아이들』(Midnight's Children, 1980)은 이러한 그의 작품세계를 대표한다. 방대한 분량에도 불구하고 이 소설의 골격은 비교적 단순하다. 소설은 영국으로부터 인도가 독립한 시각인 1947년 8월 15일 자정에 태어난 주인공 쌀림 싸이나이(Saleem Sinai)의 개인적 운명이 인도의 격동하는 역사 속에 얽히게 되는 과정을 기술하고 있다. 쌀림의 할아버지와 할머니의 만남, 쌀림이 자신과 거의 같은 시각에 태어난 다른 동료들과 텔레파시에 의해 형성하게 되는 네트워크, 종교문제로 인한 인도와 파키스탄의 분리, 그에 따른 전쟁들, 파키스탄과 인도의 부패정권과 독재정권 아래에서의 고단한 삶, 이런 가운데 쌀림이 피클 공장의 주인이라는 평범한 시민으로 귀착하는 모습 등이 대체적인 줄거리를 형성하고 있다. 그러나 정작 중요한 것은 이러한 줄거리보다는 이에 덧붙여진 여러가지 사건과 이야기들일 것이다. 독자는 오히려 이러한 곁가지 이야기를 통해 자신이 원하는 바 특히 인도에 대해 매우 인상깊은 정보를 접하는 기쁨을 느끼게 된다. 물론 이러한 에피쏘드들은 일목요연한 일직선적인 이야기로 정리되기를 거부한다. 이는 일직선적 이야기가 주인공의 지난한 삶을 담아낼 수도 없고 복잡다기한 인도 전체와 그 역사적 궤적을 그려낼 수 없기 때문이기도 하다. 루슈디가 인도는 존재하지 않는다고 언급하거나 자신을 단지 봄베이 출신으로 규정하고자 하는 것은 인도의 이러한 다양성을 강조하고자 해서일 것이다. 그에게 인도가 단지 영국의 구 식민지라는 하나의 정의는 너무나 터무니없는 것이다. 동일한 논리로, 쌀림의 정체성 또한 한마디로 규정되지 않는다. 실제로 그는 철수한 영국 식민지 관료와 인도인 가정부

사이에 태어난 힌두교도였지만 태어나자마자 다른 아이와 바뀌어 회교도 집안에서 자라게 된 것이다. 이러한 정황은 모든 것들은 바뀌어왔고 바뀔 수 있는 잠정적인 것에 불과하다는 인식을 담고 있다.

루슈디의 이러한 서술형식은 항용 포스트모더니즘과 연계되어 논의되어 왔다. 하지만 이 작품이 분명하게 보여주고 있는 것은 이러한 이야기가 포스트모더니즘 혹은 서구소설 형식에 못지않게 인도 혹은 동양적 전통에 뿌리박고 있다는 사실이다. 화자 쌀림의 원형은 『아라비안 나이트』에서 끊임없는 이야기로 자신의 생명을 구한 셰헤라자데(Scheherazade)에서 찾을 수 있다. 특히 이러한 동양의 이야기들이 18세기 초엽부터 본격적으로 유럽에 번역되기 시작하고, 이것이 서구소설의 형성에 일정한 역할을 한 것을 감안한다면, 루슈디의 소설은 그 형식에 있어서 동서양 모두에 뿌리를 두고 있다고 할 수 있다.

루슈디가 이와같이 동서양을 아우르는 서술형식에 담고 있는 내용은 동서양 모두에 대해 비판적인 것으로, 특히 인도에 대해서는 "자기 비판적 애정"을 담고 있다고 할 수 있다. 그가 전세계적으로 알려지게 된 것은 그의 『악마의 시』(*The Satanic Verses*, 1989)가 마호메트와 회교의 권위를 훼손했다 하여 이란의 종교지도자 호메이니가 그에게 파문 선고(사실상 처형을 허용하는 교시)를 내린 것을 통해서이다. 하지만 루슈디는 이 소설에서 서구의 독자를 겨냥해 인도와 회교의 권위와 여러가지 기이함을 상업화한 면이 있지만, 그와 동시에 식민적 종주국인 영국의 문화적 편견을 심도있게 비판하고 있다. 특히 소설의 마지막에서 주인공이 인도로 귀향하는 결말은 작가의 인도에 대한 태도를 알 수 있는 지표라 하겠다. 호미 바바(Homi Bhabha)를 비롯한 탈식민주의 문화이론가들이 혼종성(hybridity)나 혼성 모방(mimicry)의 개념에 가장 걸맞은 작가로 루슈디를 들고 있는 이유가 여기에 있다. 즉 이들은 동서양 혹은 식민과 탈식민이 혼재하는 양상을 지적하면서 이러한 이분법이 안정적이기보다는 항상 그 경계가 유동적임을 보여줌으로써 식민의 논리로부터 자유롭고자 한다. 이러한 과정에서 이들은 모두 물리적 지도보다는 문화적 지도를 염두에 두면서, 문화적 논리를 강조하는 또다른 공통점을 갖게 된다. 루슈디의 경우 이는 소설적 세계가 현실세계로부터 일정한 독립을 유지하면서 자유로울 것을 요구하는 것으로 나타나기도 한다. 이는 많은 작가들이 이제껏 식민과 탈식민이라는 논리 속에 어쩔 수 없이 구속된 느낌을 받던 것에서 벗어나 바야흐로 진정 창조적이고 비판적인 문학공간을 확보하려는 움직임이라 평가할 수 있다. 물론 여기서 궁극적으로 문제시될 수 있는 것은 이러한 공간이 일정한 경제·사회적 여건에 의해 혹은 극히 일부에게만 가능하게 된 것이 아닌가 하는 점이다.

루슈디 문학은 내용과 형식 그리고 문화적 의의 면에서 볼 때 20세기 후반에 영미 이외의 지역을 배경으로 영어로 씌어진 소설작품을 대변하고 있다. 한편으로 이는 전 시대의 경우와 마찬가지로 서구세계가 비서구세계의 여러 면모를 왜곡하고 상업화하는 것에 스스로 편승하는 것이 될 수 있고, 다른 한편으로 비서구세계는 이를 자신의 문화에 대한 일정한 반성의 계기로 삼을 수도 있을 것이다. 이런 점에서 현재는 식민적 전유(appropriation)의 지속, 이에 대한 저항, 그리고 이러한 구별 자체에 대한 부정 등이 교직되는 시점이라고 할 수 있다. 이들 가운데 어느 것이 더 지배적 방식이 되고 있는지에 대한 평가는 최소한 그 판단의 시점과 위치에 따라 변화할 수 있을 것이며, 또 이에 따라 세계화 혹은 전지구화하는 영어문학의 구체적 의미 또한 결정될 것이다. 〔조규형〕

추천문헌

Bill Ashcroft, Gareth Giffiths, Helen Tiffin, *The Empire Writes Back: Theory and Practice in Post-Colonial Literature* (London: Routledge 1990).(이석호 옮김, 『포스트 콜로니얼 문학이론』(민음사 1996). 영미 이외의 지역에서 전개되고 있는 탈식민주의 문학활동과 그 이론에 대한 포괄적인 개론서.

바트 무어-길버트(Bart Moore-Gilbert), 이경원 옮김, 『탈식민주의! 저항에서 유희로』(한길사 2001); 릴라 간디(Leela Gandhi), 이영욱 옮김, 『포스트식민주의란 무엇인가』(현실문화연구 2000). 탈식민주의에 대한 한층 이론적인 논저.

Timothy Brennan, *Salman Rushdie and the Third World* (New York: St. Martin's 1989). 루슈디와 제3세계의 관계를 다룬 본격적 연구서.

David Carroll, *Chinua Achebe: Novelist, Poet, Critic* (London: Macmillan 1990); Innes, C. L., *Chinua Achebe* (Cambridge: Cambridge Univ. Press 1990). 아체베 문학 일반에 대한 개괄적 입문서.

D. C. R. A. Goonetilleke, *Salman Rushdie* (London: Macmillan 1998). 스리랑카의 학자가 쓴 루슈디에 대한 매우 좋은 개괄적 입문서.

Bruce King, "The New Internationalism: Shiva Naipaul, Salman Rushdie, Buchi Emecheta, Timothy Mo and Kazuo Ishiguro." James Acheon ed. *The British and Irish Novels since 1960* (New York: St. Martin's 1991), 192~211면. 오늘날 영문학에서 탈식민적 주제와 연관될 수 있는 작가를 간략히 소개하고 있는 논문.

찾아보기

ㄱ

가면극(masque) 83
가스(Samuel Garth) 171
가워(J. Gower) 35, 40
가웨인 시인(Gawain-Poet) 34, 36
『가웨인과 녹색 기사』(*Sir Gawain and the Green Knight*) 39
『가족의 재회』(*The Family Reunion*) 461
『감성여행』(*A Sentimental Journey*) 152
『감성의 남자』(*The Man of Feeling*) 152
감수성의 시대(Age of Sensibility) 151, 230
개스켈 부인(Elizabeth Gaskell) 261
『거지의 오페라』(*Beggar's Opera*) 172
『걸리버 여행기』(*Gulliver's Travels*) 144, 148, 172, 182, 187~95, 299
게이(John Gay) 172
『경이로운 해』(*Annus Mirabilis*) 158
『경험의 노래』(*Song of Experience*) 274~75
고대 영어문학 28~31
『고도를 기다리며』(*Waiting for Godot*) 441, 570, 572~82
고드윈, 윌리엄(William Godwin) 245
고딕소설 153~55
『고버덕』(*Gorboduc*) 81
「고별시편」(Valediction) 125
골드스미스(O. Goldsmith) 152
골딩, 윌리엄(William Golding) 442, 555~62
「공주」(the Princess) 513
『공주』(*The Princess*) 261
『광대한 싸가쏘 바다』(*The Wide Sargasso Sea*) 444
『광란의 무리를 떠나』(*Far from the Madding Crowd*) 386

『교수』(*The Professor*) 352
『교양과 무질서』(*Culture and Anarchy*) 422~25
구조주의 19, 556
국민국가 69~71, 74, 80, 87
「굴뚝청소부」(The Chimney Sweeper) 275~78
궁정문학 36~41
『귀신 들린 집』(*A Haunted House*) 541
『귀향』(*The Return of the Native*) 386~88, 394
『그녀가 창녀라니』('*Tis Pity She's a Whore*) 84
『그대 좋으실 대로』(*As You Like It*) 78, 87, 88
『그라나다 정복』(*The Conquest of Granada*) 164
그레이, 앨러스데어(Alasdair Gray) 446
그레이, 토머스(Thomas Gray) 151, 288
「그리스도 강탄절 아침에」(On the Morning of Christ's Nativity) 131
그리어, 저메인(Germaine Greer) 443
그리어슨(Grierson) 122
그린, 그레이엄(Graham Greene) 441
그린, 로버트(Robert Greene) 82
『극문학론』(*An Essay of Dramatic Poesy*) 161, 163
극적 독백(dramatic monologue) 126, 411~13, 464
기독교적 인문주의(Christian Humanism) 73, 133, 174
『기사의 회상록』(*Memoirs of a Cavalier*) 198
기상(奇想, conceit) 79

『기연』(Chance) 492
길드 드라마(Mystery Drama) 34
「꽃」(The Blossom) 124

ㄴ

『나선형 계단』(Winding Stairs) 452, 455
『나씨써스 호의 검둥이』(The Nigger of the Narcissus) 506
「나의 전처 공작부인」(My Last Duchess) 406, 415~17
「나이팅게일을 기리는 시」(Ode to a Nightingale) 313~14
『나 혼자만의 방』(A Room of One's Own) 550~52
『날개 돋친 뱀』(The Plumed Serpent) 510, 512
『남과 여』(Men and Women) 406
내적 독백 543
『네 개의 사중주』(Four Quartets) 473~77
『네 조아들』(Four Zoas) 267
「노년과 함께 오는 지혜」(Coming of Wisdom with Age) 451, 455
노르만 정복 27, 28
『노생거 애비』(Northanger Abbey) 318
『노스트로모』(Nostromo) 494, 502~505
노튼(Thomas Norton) 81
농민반란 38, 53
『농부 피어스』(Piers Plowman) 34, 36
뉴먼(J. H. Newman) 398
「늙은 수부의 노래」(The Rime of Ancient Mariner) 294~300

ㄷ

『다섯 눈 모양』(The Quincunx) 446
『대니얼 데론다』(Daniel Deronda) 261, 371
「대사원의 폐허에 서서」(Stanzas from the Grande Chartreuse) 421
『대성당의 살인』(Murder in the Cathedral)

461, 473
『댈러웨이 부인』(Mrs. Dalloway) 542~46
더렐, 로렌스(Lawrence Durrell) 442
『더블린 사람들』(Dubliners) 527~28
『던씨아드』(Dunciad) 145, 172
던, 존(John Donne) 73, 121~29, 464
데이브넌트, 윌리엄(William Davenant) 149
『데이비드 커퍼필드』(David Copperfield) 342
『데이오』(Deor) 31
데커(Thomas Dekker) 82
도널드슨(E. Talbot Donaldson) 56
도덕극 34
도덕적 우화 341
「도우버 비치」(Dover Beach) 420
도일, 코난(Conan Doyle) 434
「독 사과나무」(A Poison Tree) 279~80
『돈 쎄바스천』(Don Sebastian) 166
『돈 주안』(Don Juan) 306
『동물농장』(Animal Farm) 440
『두 번째 목자 이야기』(The Second Shepherd's Play) 34
드라이든, 존(John Dryden) 79, 121, 143, 157~68, 171, 303
『드라이 쎌비지즈』(Dry Salvages) 473
『드라큘라』(Dracula) 434
드래블, 마거릿(Margaret Drabble) 444, 555
『드레피어의 편지』(Drapier's Letters) 144, 185
『들림』(Possession) 446
『등대로』(To the Lighthouse) 544~50
디킨즈, 찰스(Charles Dickens) 255, 333~49, 514
디포우, 대니얼(Daniel Defoe) 144, 148, 195~205, 557
『또다른 시간』(Another Time) 483

ㄹ

라여먼(Layamon) 37
라킨, 필립(Philip Larkin) 442, 555
라파엘 전파 266
「랄레그로」(L'Allegro) 131
래드클리프, 앤(Ann Radcliffe) 154, 252
『래쓸러스』(Rasselas) 146, 231
『랠프 로이스터 도이스터』(Ralph Roister Doister) 81
『램블러』(The Rambler) 230~31
램, 찰스(Charles Lamb) 286
랭런드(W. Langland) 34, 36
러블리스, 리처드(Richard Lovelace) 80
러스킨, 존(John Ruskin) 262, 407, 426
「런던」(London) 279, 281
『런던』(London) 231
「런던에서 불타 죽은 아이를 슬퍼함을 거부함」(A Refusal to Mourn the Death, by Fire, of a Child in London) 488~89
레씽, 도리스(Doris Lessing) 443, 555, 562
『로도스 공격』(The Siege of Rhodes) 149
『로드 짐』(Lord Jim) 494, 498~502
로렌스(D. H. Lawrence) 437~39, 441, 508~22, 596
로맨스 38
『로몰라』(Romola) 371
『로미오와 줄리엣』(Romeo and Juliet) 87~88, 92
『로빈슨 크루쏘우』(Robinson Crusoe) 148, 195, 198, 201~205, 557
『로젠크란츠와 길든스턴은 죽었다』(Rosencrantz and Guildenstern are Dead) 445
로제티(Dante Gabriel Rossetti) 266, 404
로제티, 크리스티나(Christina Rossetti) 404
로지, 데이비드(David Lodge) 446
로크, 존(John Locke) 142
『록사나』(Roxana) 148, 198

롤리, 월터(Sir Walter Ralegh) 78
롱기누스(Longinus) 153
루슈디, 쌀만(Salman Rushdie) 447, 604~608
루이스(C. D. Lewis) 482
루이스, 매슈 그레고리(Matthew Gregory Lewis) 153, 252
루이스, 죠지 헨리(George Henry Lewes) 370
르네쌍스 71~75
리비스(F. R. Leavis) 263, 341, 369, 493, 502
리스, 장(Jean Rhys) 444
「리씨더스」(Lycidas) 131, 134~35
『리어왕』(King Lear) 84, 88, 89, 98~103
리얼리즘 554~56, 562, 563, 565, 567
『리처드 2세』(Richard II) 88, 89
리처드슨, 쌔뮤얼(Samuel Richardson) 146, 209, 218~29
『리틀 기딩』(Little Gidding) 473
『리틀 도릿』(Little Dorrit) 255, 339
리 헌트(Leigh Hunt) 형제 253
릴리, 존(John Lyly) 82

ㅁ

마블, 앤드루(Andrew Marvell) 79, 121
마스튼, 존(John Marston) 82
『막대한 유산』(Great Expectations) 337, 342~48
『말괄량이 길들이기』(The Taming of the Shrew) 94~98
말로우, 크리스토퍼(Christoper Marlowe) 73, 82
『말론 죽다』(Malone Dies) 442, 572
말장사꾼의 딸」(The Horse Dealer's Daughter) 513
맑스, 칼(Karl Marx) 204, 254, 564
맑스주의 19
매닝, 로버트(R. Manning) 33

매켄지(Henry Mackenzie) 152
맥(Maynard Mack) 170
『맥베스』(Macbeth) 88, 89
「맥 플렉노」(Mac Flecknoe) 145
『맨스필드 파크』(Mansfield Park) 246, 318
맬러리(T. Malory) 40, 41
『맵 여왕』(Queen Mab) 251, 309
머독, 아이리스(Iris Murdoch) 442, 555
『머리타래의 강탈』(The Rape of the Lock) 145, 169, 178~79
『머피』(Murphy) 572
『멋진 신세계』(Brave New World) 439
메타 픽션 565
「명상에 잠긴 요하네스 아그리콜라」(Johannes Agricola in Meditation) 412, 413
명예혁명 157, 158, 171, 197
모더니즘 436~39, 441, 511, 525, 526, 533~35, 543, 554~55, 568
『모두 제 기질대로』(Everyman in His Humour) 82
모리스, 윌리엄(William Morris) 404
모어, 토머스(Thomas More) 73, 299
모우, 티모시(Timothy Mo) 447
목가(pastoral) 78
「목사의 딸들」(Daughters of the Vicar) 513, 515~17
『목자의 달력』(The Shepheardes Calender) 77, 115~16
몬머스 공작(Duke of Monmoth) 144, 159, 197
『몰던 전투』(The Battle of Maldon) 29, 31
『몰락』(Things Fall Apart) 597~604
『몰로이』(Molloy) 442, 572
『몰터의 유대인』(The Jew of Malta) 82
『몰 플랜더즈』(Moll Flanders) 148, 198
『몰피 여공작』(The Duchess of Malfi) 83, 84
묘지파 151

「무당벌레」(The Ladybird) 513
『무명의 주드』(Jude the Obscure) 386, 388, 389, 396~402
「무정」(The Indifferent) 124
『무지개』(The Rainbow) 509~12, 515, 518~21
「문학과 과학」(Literature and Science) 427, 429
『문학에서의 상징주의운동』(The Symbolist Movement in Literature) 453, 463
『문학평전』(Biographia Literaria) 294
문화연구 19
문화유물론(cultural materialism) 175, 176
『물러터진 순경』(Soft Cops) 586
『미국』(America) 267
『미들마치』(Middlemarch) 371, 375~83
「미술관」(Museé des Beaux Art) 486
『미스터 존슨』(Mister Johnson) 599
민족주의 160
『민중의 사람』(A Man of the People) 604
밀(J. S. Mill) 261, 397, 426
『밀정』(The Secret Agent) 494, 505
『밀턴』(Milton) 267, 271
밀턴, 존(John Milton) 73, 80, 130~38, 180

ㅂ

바르뜨, 롤랑(Roland Barthes) 556
바바, 호미(Homi K. Bhabha) 495, 606
바이런(George Gordon Lord Byron) 248, 263, 301, 303~307, 311, 408, 409
바이얏(A. S. Byatt) 446
반소설 556
반즈, 줄리언(Julian Barnes) 446
『반지와 책』(The Ring and the Book) 406, 417
『방』(The Room) 572
『방랑자』(The Wanderer) 31
밸런타인(R. M. Ballantyne) 557

612

버거, 존(John Berger) 555
버넌, 존(John Bunyan) 199
버니(Francis Burney) 154
버비지, 제임스(James Burbage) 81
버지스, 앤소니(Anthony Burgess) 444
버크, 에드먼드(Edmund Burke) 245
버클리, 조지(G. Berkeley) 142
『버킹엄셔에 비치는 빛』(Light Shining in Buckinghamshire) 586
버틀러, 메릴린(Marylin Butler) 249, 319
번즈, 로버트(Robert Burns) 151
『번트 노튼』(Burnt Norton) 473
『베니스의 상인』(The Merchant of Venice) 88
베닛, 아놀드(Arnold Bennett) 436
베르길리우스(Vergilius) 162
『베어울프』(Beowulf) 27, 31, 42~50
베이컨(F. Bacon) 142
베케트, 쌔뮤얼(Samuel Beckett) 441, 442, 445, 556, 570~83
『베포』(Beppo) 306
벤섬(J. Bentham) 258, 335
「병든 장미」(The Sick Rose) 279~80
『보물섬』(Treasure Island) 557
보에티우스(Boethius) 39
보우들러(Thomas Bowdler) 410
『복낙원』(Paradise Regained) 132
『복수자의 비극』(The Revenger's Tragedy) 83
본(Henry Vaughan) 79
볼, 존(John Ball) 53
『볼포니』(Volpone) 83
『부엉이와 나이팅게일』(The Owl and the Nightingale) 33
부조리극 571
『부조리극』(The Theatre of the Absurd) 575
분변시(糞便詩) 186
『분별과 감성』(Sense and Sensibility) 318, 321
브라우닝, 로버트(Robert Browning) 262, 403~18
브라우닝, 엘리자베스(Elizabeth Barrett Browning) 404
브래드버리, 맬컴(Malcolm Bradbury) 446
브레히트(B. Brecht) 585, 587~89
브론테 자매 261, 350~67
브론테, 샬롯(Charlotte Brontë) 318, 350~60
브론테, 에밀리(Emily Brontë) 350~52, 360~66
『브룻』(Brut) 37
블레이크, 윌리엄(William Blake) 263, 265~82
블룸즈버리 그룹(Bloomsbury Group) 540
『블리크 하우스』(Bleak House) 348
『비너스와 아도니스』(Venus and Adonis) 79
『비니거 탐』(Vinegar Tom) 586~89
비드(Bede) 29
「비잔티움으로의 항해」(Sailing to Byzantium) 455, 459~60, 476
『비전』(A Vision) 450, 455
비티(James Beattie) 306
『비평론』(An Essay on Criticism) 143, 169, 177~78
『빌레뜨』(Villette) 352
뻬드라르까식 쏘네트 118, 124
뿔치(Luigi Pulci) 306
삐란델로(L. Pirandello) 571

ㅅ

「사랑의 연금술」(Love's Alchemy) 124
『사슬에서 풀려난 프로메테우스』(Prometheus Unbound) 251
사실주 526, 536
사절판(Quarto) 93

『산호섬』(The Coral Island) 557
상징주의 533, 574
『새로운 아르카디아』(New Arcadia) 111
「생각해보라」 481~82
샤프츠버리 백작(1st Earl of Shaftesbury) 144
샤프츠버리(3rd Earl of Shaftesbury) 150
샤프, 톰 446
섀드웰, 토머스(Thomas Shadwell) 145
『섀밀러』(Shamela) 149, 210, 223
『서곡』(The Prelude) 252, 284, 290
『서구인의 눈으로』(Under Western Eyes) 494, 505
「서문」(Preface) 421
『서정담시집』(Lyrical Ballads) 286~89, 294, 295, 414
『서투른 흉내』(Travesties) 445
「서풍을 기리는 시」(Ode to the West Wind) 308~10
『선녀여왕』(The Faerie Queene) 116~18
『설득』(Persuasion) 318, 327~32
『성공한 여성들』(Top Girls) 586
『성난 얼굴로 돌아보라』(Look Back in Anger) 441
『성난 올랜도』(Orlando Furioso) 117
「성 목요일」(Holy Thursday) 275~78
「성 씨므온 스타일라이쯔」(St. Simeon Stylites) 412, 413
성 아우구스티누스(St. Augustinus) 35
성장소설(Bildungsroman) 528, 597
『세 연령의 집담회』(Parliament of Three Ages) 33
『셜리』(Shirley) 350, 352, 408, 409
셰리단(R. B. Sheridan) 152
「셰익스피어 서문」(The Preface to the Plays of William Shakespeare) 231, 234~38
셰익스피어, 윌리엄(William Shakespeare) 15, 86~103, 162

셸리(Percy Bysshe Shelley) 250, 263, 301, 304, 307~11, 397, 408, 409
셸리, 메어리(Mary W. Shelley) 249
소극적 수용능력(negative capability) 314
『소묘』(Descriptive Sketches) 289
소설의 발생 147, 198~201
『소설의 발생』(The Rise of the Novel) 148, 198
쇼, 버나드(Bernard Shaw) 433, 435, 437
『수사』(The Monk) 153, 252
「숙녀의 화장실」(The Lady's Dressing Room) 186
『순수와 경험의 노래들』(Songs of Innocence and Experience) 266, 273~79
『순수의 노래』(Song of Innocence) 273~74
순회문고 147
『숲의 사람들』(The Woodlanders) 386~88
스위프트, 그레이엄(Graham Swift) 446
스위프트, 조너선(Jonathan Swift) 148, 172, 176, 182~94, 210, 299
스윈번(Algernon Charles Swinburne) 262, 404, 435
스콧, 월터(Walter Scott) 252, 318
스콧, 폴(Paul Scott) 447
스턴(Laurence Sterne) 152
스토커, 브램(Bram Stoker) 434
스토퍼드(Tom Stoppard) 445, 571
스티븐슨(R. L. Stevenson) 434, 499, 557
스틸(Richard Steele) 150
스파크, 뮤리얼(Muriel Spark) 442, 555
『스페인 비극』(Spanish Tragedy) 83
스펜서(H. Spencer) 369
스펜더, 스티븐(Stephen Spender) 482
스펜서, 에드먼드(Edmund Spenser) 73, 75, 77, 107, 113~20, 306
「슬픔을 기리는 시」(Ode on Melancholy) 314~15
『승리』(Victory) 494

『시골과 도시』(*The Country and the City*) 319
「시골 묘지에서 쓴 비가」(An Elegy Written in a Country Churchyard) 151, 288
『시골 출신의 아내』(*The Country Wife*) 149
『시를 위한 변론』(*The Defence of Poesy*) 106~109
시민혁명 130
「시성(諡聖)」(The Canonization) 125~28
「10월의 시」(Poem in October) 489~90
「시의 연구」(The Study of Poetry) 427, 428
「시의 옹호」(A Defence of Poetry) 310
『시학』(*Ars Poetica*) 177
『시학』(*The Poetics*) 570
식민주의 119, 163~67, 204
신고전주의 162, 177, 217, 235, 236
『신국』(*De Civitate Dei*) 35
'신묵시록파' 486
신비평 19
신역사주의 19
『신의 화살』(*Arrow of God*) 604
『실낙원』(*Paradise Lost*) 132, 135~37, 180
「실연」(The Broken Heart) 125
『십이야』(*Twelfth Night*) 87~89
『십자가의 꿈』(*The Dream of the Road*) 29, 31
싸우디, 로버트(Robert Southey) 285
싸이먼즈 아서 453, 463
『싸일러스 마너』(*Silas Marner*) 371~75
쌔크빌(Thomas Sackville) 81
써클링(Sir John Suckling) 80
쎄네카(Seneca) 81
『쎄실리어』(*Cecilia*) 155
쏘네트 77, 114
『쏘르델로』(*Sordello*) 406
쏘쉬르(F. de Saussure) 19
「쏟트 모어」(St. Mawr) 513
씨드니, 필립(Sir Philip Sidney) 73, 75, 77, 104~12
『씨실리언 로맨스』(*A Cicilian Romance*) 154
씰리토, 앨런(Alan Sillitoe) 555
씽(J. M. Synge) 435
『씽글턴 선장』(*Captain Singleton*) 198

ㅇ

아놀드, 매슈(Matthew Arnold) 173, 262, 404, 419~30
아다모프(A. Adamov) 571
『아들과 연인』(*Sons and Lovers*) 509, 513, 515
『아레오파지티카』(*Areopagitica*) 131
『아론의 지팡이』(*Aaron's Rod*) 510
『아르카디아』(*Arcadia, Old Arcadia*) 105~109
아리스토텔레스 161, 570
아리오스또(Ludovico Ariosto) 114, 117, 306
『아모레띠와 축혼가』(*Amoretti and Epithalamion*) 118
아방가르드 537, 582
『아버스넛에게 보내는 편지』(*An Epistle to Dr. Arbuthnot*) 173
『아서왕 시편』(*Idylls of the King*) 417
『아서왕의 죽음』(*Morte Arthure*) 39, 41
『아스트로필과 스텔라』(*Astrophil and Stella*) 109~10
『아우렝 제베』(*Aureng Zebe*) 166
『아이들러』(*The Idler*) 231
『아이린』(*Irene*) 231
『아이반호우』(*Ivanhoe*) 252
『아일랜드의 현사태에 대한 견해』(*A View of the Present State of Ireland*) 119
아체베, 치누아(Chinua Achebe) 495, 595~604
「아침 인사」(The Good-morrow) 125

「아카데미의 문학적 영향」(The Literary Influence of Academy) 426
『아킬레스의 방패』(The Shield of Achilles) 485~86
『아테네의 타이먼』(Timon of Athens) 92
『악마의 시』(The Satanic Verses) 606
알레고리 35, 117, 558, 559, 561
「압살롬과 아키토펠」(Absalom and Achitophel) 144, 159
『애덤 비드』(Adam Bede) 371
애크로이드, 피터(Peter Ackroyd) 446
앵글로 쌕슨족 43
「앵초꽃」(The Primrose) 124
『야자주 술꾼』(The Palm-Wine Drunkard) 600
「양」(The Lamb) 273~75
「어둠의 오지」(Heart of Darkness) 494~98, 600
『어려운 시절』(Hard Times) 257, 337~41
「어린 검둥이」(The Little Black Boy) 275~76
『엄청난 돈』(Serious Money) 586
『에마』(Emma) 318
에쓸린, 마틴(Martin Esslin) 574, 575
에이미스, 킹슬리(Kingsley Amis) 442, 555
『에트나 산의 엠페도클레스』(Empedocles on Etna, and Other Poems) 421
『에피싸이키디언』(Epipsychidion) 400
엔클로저 운동(Enclosure Movement) 88, 386
엘리어트(T. S. Eliot) 122, 445, 461~78
엘리어트, 죠지(George Eliot) 261, 368~84, 439
『여성의 권리 옹호』(A Vindication of the Rights of Woman) 245
『여성의 종속』(The Subjection of Woman) 261
『여자 환관』(Female Eunuch) 443

『역병 난 해의 기록』(A Journal of the Plague Year) 198
『연금술사』(The Alchemist) 83
『연애하는 여인들』(Women in Love) 510, 512~15
『연인의 고백』(Confessio Amantis) 40
「영국 "민중"에게 고함」(A Song: "Men of England") 308
『영국 시인전』(The Lives of the English Poets) 231
영웅극 149, 163~67
영웅이구체(heroic couplet) 143, 173
『예루살렘』(Jerusalem) 267, 271~72
'예술을 위한 예술' 448
예아트족(Geats) 43
예이츠(W. B. Yeats) 434~36, 448~60, 476, 484, 599
오거스턴 시대(Augustan Age) 141~43, 211
오든(W. H. Auden) 440, 479~86
『오디쎄이아』(Odysseia) 534, 535
『오르페오 왕』(King Orfeo) 38
『오만과 편견』(Pride and Prejudice) 318, 321~27
오비디우스(Ovidius) 72, 124
『오셀로』(Othello) 88, 98
오스본, 존(John Osborne) 441
오스틴, 제인(Jane Austen) 246, 263, 317~32
오웰(George Orwell) 440, 596
오케이시, 숀(Sean O'Casey) 439
『오트랜토 성』(The Castle of Otranto) 153
『오하이오 즉흥극』 579
옥스퍼드운동 397
『온건한 제안』(A Modest Proposal) 144, 186
『올리버 트위스트』(Oliver Twist) 342
『올메이어의 우행』(Almayer's Folly) 492
와이어트(Sir Thomas Wyatt the Elder) 77
와일드, 오스카(Oscar Wild) 262, 433, 434,

616

와트, 이언(Ian Watt) 198
왕당파 시인 79, 80
왕정복고 시대 130, 135~37, 141~43, 158, 171
울스턴크래프트, 메어리(Mary Wollstonecraft) 245
울프, 버지니어(Virginia Woolf) 369, 437, 539~53
『워더링 하이츠』(Wuthering Heights) 350, 352, 360~66
워, 이블린(Evelyn Waugh) 439
워즈워스, 윌리엄(William Wordsworth) 252, 263, 283~301, 306, 427
『워터랜드』(Waterland) 446
월폴, 로버트(Robert Walpole) 145, 172, 174, 208
월폴, 호러스(Horace Walpole) 153
웨스트, 레베카(Rebecca West) 441
웨슬리, 존(John Wesley) 257
『웨이벌리』(Waverley) 252
웰즈(H. G. Wells) 433, 434, 436, 437
웹스터, 존(John Webster) 83
웹, 씨드니와 비어트리스(Sidney & Beatrice Webb) 437
『위대한 전통』(The Great Tradition) 341
『위부왕』(Ubu roi) 571
위철리(W. Wycherley) 149
위클리프(J. Wicliff) 34, 53
「윈저 숲」(Windsor-Forest) 291
윈터슨, 저넷(Jeanette Winterson) 446
윌리엄즈, 레이먼드(Raymond Williams) 319, 369, 386
유딜(Nicholas Udall) 81
『유돌포 성의 비밀』(The Mysteries of Udolpho) 154
『유럽』(Europe) 267
유럽중심주의 166
『유리즌 이야기』(Book of Urizen) 267

『유토피아』(Utopia) 73, 299
『유희의 끝』(Fin de Partie, Endgame) 573
「율리씨즈」(Ulysses) 406, 412, 415~17
『율리씨즈』(Ulysses) 526, 533~37
융(C. G. Jung) 438
의사서사시 169, 179
'의식의 흐름' 438, 523, 525, 526, 532, 533, 536, 543
이글턴, 테리(Terry Eagleton) 369
「이니스프리의 호수 섬」 452
『이름붙일 수 없는 것』(The Unnameable) 442, 572
이미지즘 437
『이블리나』(Evelina) 154
이셔우드, 크리스토퍼(Christopher Isherwood) 439
『이스트 코우커』(East Coker) 473
이시구로, 가즈오(Kazuo Ishiguro) 447
이오네스꼬(E. Ionesco) 571
『이탤리언』(The Italian) 154
『인간론』(An Essay on Men) 143, 179~80
『인간의 권리』(The Rights of Man) 245, 288
『인간의 헛된 욕망』(The Vanity of Human Wishes) 145, 233~34
『인내』(Patience) 36
『인디언 여왕』(The Indian Queen) 164
『인디언 황제』(The Indian Emperor) 164
인문주의(휴머니즘, 르네쌍스 인문주의) 71~75, 90, 105, 132~34
『일년 내내』(All the Year Around) 342
『일리아드』(Illiad) 169
「1주년」(The Anniversary) 125
「일출」(The Sun Rising) 125
「일 펜쎄로쏘」(Il Penseroso) 131

ㅈ

자리, 알프레드(Alfred Jarry) 571
『자본론』(The Capital) 254, 564

『자에는 자로』(Measure for Measure) 89
자연주의 533, 574
『자정의 아이들』(Midnight's Children) 605
「장례식」(The Funeral) 124
『장미의 이야기』(Roman de la Rose) 40
장미전쟁 69
「재림」(The Second Coming) 599
『재의 수요일』(Ash Wednesday) 467~73
『잭 대령』(Colonel Jack) 198
『저녁산책』(An Evening Walk) 289
『전쟁으로의 여정』(Journey to a War) 482
절대군주(제) 69~72, 76, 90, 104, 158
『젊은 예술가의 초상』(A Portrait of the Artist as a Young Man) 529~33
『정결』(Cleanness) 36
「정신병원 독방」(Madhouse Cells) 411~12
정신분석학 19
『정원의 처녀』(The Virgin in the Garden) 446
『정치적 정의에 관한 탐구』(Inquiry Concerning Political Justice) 245
「J. 앨프리드 프루프록의 사랑노래」(The Love Song of J. Alfred Prufrock) 465~67
『제인 에어』(Jane Eyre) 261, 350~60, 444
제1차 선거법 개정(안) 243, 375
제프리 오브 몬머스(Geoffrey of Monmouth) 37
젬스, 팸(Pam Gems) 593
조이스, 제임스(James Joyce) 204, 437, 439, 511, 523~38
『조제실』(Dispensary) 171
『조지프 앤드루즈』(Joseph Andrews) 145, 149, 209~12, 213
존슨, 라이오넬(Lionel Johnson) 448
존슨, 벤(Ben Jonson) 78, 82, 107, 161, 162, 291
존슨, 쌔뮤얼(Samuel Johnson) 145, 146,
220, 230~39, 464
종교개혁 71~75
「종달새에게」(To a Sky-Lark) 308, 310~11
주네(J. Genet) 571
「죽은 자들」(The Dead) 533
『줄리언과 마달로』(Julian and Maddalo) 304
중기 영어문학 28, 31~41
『진정한 영국인』(The True-Born Englishman) 144, 171
『진주』(Pearl) 34, 36
『진짜 애국자』(The True Patriot) 209
질크라이스트(A. Gilchrist) 266
『집주인』(Owners) 586

ㅊ

차티즘(Chartism) 251, 335
『찰스 그랜디슨 경』(Sir Charles Grandison) 227~28
『채털리 부인의 연인』(Lady Chatterley's Lover) 443, 510, 517, 518
『책들의 전쟁』(The Battle of the Books) 184
『책임』(Responsibilities) 449
「처녀와 집시」(The Virgin and the Gipsy) 513, 517
처칠, 카릴(Caryl Churchill) 445, 584~93
「1939년 9월 1일」(September 1, 1939) 483~84
「1916년 부활절」(Easter 1916) 457~59
『1984년』(Nineteen Eighty-four) 440
『천국과 지옥의 결혼』(The Marriage of Heaven and Hell) 268, 269, 275, 280
『천로역정』(Pilgim's Progress) 199
「1819년의 영국」(England in 1819) 308
『철학의 위안』(De Consolatione Philosophiae) 39
청교도혁명 157, 158, 160
「초등학생들 사이에서」(Among School

Children) 455
「초록색 관을 뚫고 꽃을 밀어올리는 힘」(The Force That Through the Green Fuse Drives the Flower) 487
초서, 제프리(Geoffrey Chaucer) 51~66
초현실주의 440
『최후의 심판 진풍경』(The Vision of Judgment) 306
『추도시편』(In Memoriam) 258
『추락하는 것』(All That Fall) 573

ㅋ

카울리, 에이브러햄(Abraham Cowley) 80, 121
카터, 앤젤라(Angela Carter) 444
『칵테일 파티』(The Cocktail Party) 461
칼라일(Thomas Carlyle) 262, 426
『캐드먼의 찬미가』(Caedmon's Hymn) 29, 31
『캐스터브리지의 시장』(The Mayor of Casterbridge) 386, 388
『캔터베리 이야기』(The Canterbury Tales) 39, 55~66
『캥거루』(Kangaroo) 510
『커밀러』(Camilla) 155
컴벌랜드(Richard Cumberland) 150
케리(Joyce Cary) 599
코울리지, 쌔뮤얼 테일러(Samuel Taylor Coleridge) 245, 258, 263, 283~301, 552
콘래드, 조지프(Joseph Conrad) 434, 437, 491~507, 595, 599, 600
콜로드니, 아넷(Annette Kolodny) 370
콜리어(J. Collier) 150
쿠퍼, 윌리엄(William Cooper) 555
「쿨 호수의 야생 백조」(The Wild Swans at Coole) 456, 457
『크랍의 마지막 테이프』(Krapp's Last Tape) 573, 579
크래셔(Richard Crashaw) 79
『크레씨드의 유언』(Testament of Cressid) 39
크롬웰, 올리버(Oliver Cromwell) 71, 160
『클라우드 나인』(Cloud Nine) 586, 589~92
『클러리써』(Clarissa) 146, 224~27
클러프(Arthur Hugh Clough) 404
클리블런드(John Cleveland) 80
키드(Thomas Kyd) 82, 83
키블(J. Keble) 398
키츠, 존(John Keats) 250, 263, 301, 311~15
키플링, 러드야드(Rudyard Kipling) 434, 499

ㅌ

「탄원」(Petition) 480~81
탈구조주의 19
탈식민주의 19, 444, 554, 606
『탑』(The Tower) 452, 455
『태엽장치 오렌지』(A Clockwork Orange) 444
『태풍』(The Tempest) 166
『탬벌레인』(Tamburlaine) 82
터너(Cyril Tourneur) 83
테니슨(Alfred Lord Tennyson) 258, 403~18
『테베의 점령』(The Siege of Thebes) 40
『테스』(Tess of the d'Urbervilles) 261, 386, 388, 390~97
텔웰, 존(John Thelwell) 286
토머스, 딜런(Dylan Thomas) 440, 486~90, 600
톰슨(James Thompson) 306
『톰 조운즈』(Tom Jones) 211~17
『통 이야기』(A Tale of a Tub) 184, 186
『투사 삼손』(Samson Agonistes) 132
『트로일러스와 크리쎄이더』(Trolilus and Criseide) 38

『트리스트럼 섄디』(Tristram Shandy) 152
「트위크넘 정원」(Twickman Garden) 124
「틴턴 사원」(Lines Composed a Few Miles Above Tintern Abbey) 288~94

ㅍ

『파리 대왕』(Lord of the Flies) 556~62
파블리오(fabliau) 39, 65
『파우스터스 박사』(Doctor Faustus) 82
파울즈, 존(John Fowls) 444, 555, 556, 562~69
「패니와 애니」(Fanny and Annie) 517
패럴(J. G. Farrell) 447
『패밀러』(Pamela) 146, 148, 209, 221~24
팬티쏘크러씨(Pantisocracy) 285
팰리저(Charles Palliser) 446
「펀 힐」(Fern Hill) 489
페미니즘 19, 550, 586, 593
페이터, 월터(Walter Pater) 262, 433
페인, 토머스(Tomas Paine) 245, 287
「펜스허스트」(To Penshurst) 291
『평온의 종언』(No Longer at Ease) 598, 604
포드, 존(John Ford) 84
포스터(E. M. Forster) 436, 437, 596
포스트모더니즘 444, 445, 511, 554, 556, 606
포우프, 알렉산더(Alexander Pope) 143, 169~81, 210, 291, 303
「포피리아의 연인」(Porphyria's Lover) 412, 413
『폭군의 사랑』(Tyrannick Love) 166
『폭풍』(The Tempest) 75, 84, 89
표현주의 574
풍자문학(풍자시) 144, 170, 172
퓨지(Edward Pusey) 398
프라이스, 리처드(Richard Price) 245
『프랑스 중위의 여자』(French Lieutenant's Woman) 444, 556, 562~69

『프랑스혁명에 관한 고찰』(Reflections upon the Revolution in France) 245
『프랑켄슈타인』(Frankenstein) 249
프레이저(G. M. Fraser) 447
프로이트(S. Freud) 438, 559, 560
프리스틀리, 조지프(Joseph Priestley) 245
프리얼, 브라이언(Brian Friel) 445
플레처, 존(John Fletchter) 83
『플로베르의 앵무새』(Flaubert's Parrot) 446
『플로스 강의 물방앗간』(The Mill on the Floss) 261, 371
『피네건즈 웨이크』(Finnegan's Wake) 524
피스크, 존(John Fiske) 368
『피터보로 연대기』(Peterborough Chronicle) 33
핀터, 해럴드(Harold Pinter) 445, 571, 572
필(George Peele) 82
필딩, 헨리(Henry Fieding) 144~46, 149, 206~18, 223
『필릭스 홀트』 371
핌, 바버러(Barbara Pym) 444, 555

ㅎ

하디, 토머스(Thomas Hardy) 261, 385~402, 404, 433, 514
하우스먼(A. E. Housman) 433
하워드(Henry Howard) 77
하클리프(Thomas Hoccleve) 40
「학자 집시」(Scholar Gypsy) 421
『한 말괄량이 길들이기』(The Taming of a Shrew) 97
『한입 가득 새들』(A Mouthful of Birds) 586
할럼(Arthur Hallam) 407
할리(Harley)의 필사본 40
할리(Robert Harley) 184
해거드(H. Rider Haggard) 599
『해럴드 도령의 순례』(Childe Harold's Pilgrimage) 248, 305~307

해체주의 19
『햄릿』(Hamlet) 88~89, 98
허버트, 죠지(George Herbert) 79, 121
헉슬리(T. H. Huxley) 261
헉슬리, 올더스(Aldous Huxley) 439, 440
『헛소동』(Much Ado about Nothing) 87
헤릭(Robert Herrick) 80
『헨리 4세』(Henry IV) 87
헨리슨, 로버트(Robert Henryson) 39
혁명적 낭만주의 408, 418
「현시기 비평의 기능」(The Function of Criticism at the Present Time) 426
현현(顯現, 이피퍼니 epiphany) 523, 527
형이상학파 79, 121~22, 437, 464
호라티우스(Horatius) 146, 161, 169, 177
「호랑이」(The Tyger) 273~75

『호머 번역에 관하여』(On Translating Homer) 427
호메로스(Homeros) 162, 169
『혹스무어』(Hawksmoor) 446
『혼 왕』(King Horn) 38
홉킨즈(Gerard Manly Hopkins) 404
『황금 노트북』(Golden Notebook) 562
『황무지』(The Waste Land) 467~73
후견제 75~76
휴즈, 테드(Ted Hughes) 442
흄(D. Hume) 142
『흰 공작』(The White Peacock) 509
히니, 씨머스(Seamus Heany) 443
『히어로와 리앤더』(Hero and Leander) 79
힐, 제프리(Geoffrey Hill) 442

글쓴이 소개

강미숙(姜美淑) 인제대 영문과 강사
강지수(姜知秀) 인하대 영문과 교수
김 번(金璠) 한림대 영문과 부교수
김순원(金純源) 경원대 영문과 조교수
김옥엽(金玉葉) 관동대 인문학부 영어영문학 전공 부교수
김일영(金一泳) 성균관대 어문학부 영어영문학 전공 교수
박인찬(朴仁贊) 숙명여대 영문학부 교수
박찬길(朴贊吉) 이화여대 영문과 부교수
서강목(徐康穆) 한신대 영문과 부교수
설준규(薛俊圭) 한신대 영문과 교수
성은애(成銀愛) 단국대 영문과 교수
신경숙(申敬淑) 연세대 영문과 교수
신광현(申光鉉) 서울대 영문과 부교수
신양숙(申良淑) 인천대 영문과 교수
여건종(呂健鐘) 숙명여대 영문과 교수
유명숙(柳明淑) 서울대 영문과 교수
유재덕(兪在悳) 한신대 영문과 강사
윤지관(尹志寬) 덕성여대 영문과 교수
윤효녕(尹孝寧) 단국대 영문과 교수
이경원(李慶援) 연세대 영문과 교수
이두진(李斗鎭) 가톨릭대 외국어문학부 영어영문학 전공 교수
이미애(李美愛) 서울대 어학연구소 연구원
이미영(李美英) 천안대 영어과 조교수
이시연(李始衍) 서울대 영문과 초빙교수
이일환(李一煥) 국민대 영문과 교수

이종우(李鍾旰) 홍익대 영문과 조교수
이진아(李眞雅) 제주대 영문과 교수
이현석(李炫錫) 경성대 영문과 교수
이희원(李喜媛) 서울산업대 영어과 조교수
장정희(張庭姬) 광운대 영문과 교수
전수용(全秀庸) 이화여대 영문과 교수
전은경(田恩卿) 숭실대 영문과 교수
전인한(全寅漢) 서울시립대 영문과 교수
정남영(鄭男泳) 경원대 영문과 교수
정이화(鄭理化) 성신여대 영문과 교수
조규형(趙圭衡) 고려대 영문과 교수
조애리(曺愛利) 한국과학기술원 교양과정부 교수
최예정(崔藝靜) 호서대 영문과 조교수
한애경(韓愛卿) 한국기술교대 영문과 교수
홍덕선(洪德善) 성균관대 어문학부 영어영문학 전공 교수
황훈성(黃薰性) 동국대 영문과 교수

영미문학의 길잡이 1
영국문학

초판 1쇄 발행/2001년 8월 25일
초판 15쇄 발행/2023년 10월 10일

엮은이/영미문학연구회
펴낸이/강일우
책임편집/김정혜 김민경 부수영
펴낸곳/(주)창비
등록/1986년 8월 5일 제85호
주소/10881 경기도 파주시 회동길 184
전화/031-955-3333
팩시밀리/영업 031-955-3399 편집 031-955-3400
홈페이지/www.changbi.com
전자우편/human@changbi.com

ⓒ 영미문학연구회 2001
ISBN 978-89-364-8309-9 03800
ISBN 978-89-364-7992-3 (전2권)

* 이 책 내용의 전부 또는 일부를 재사용하려면
  반드시 저작권자와 창비 양측의 동의를 받아야 합니다.
* 책값은 뒤표지에 표시되어 있습니다.